W0004168

GUINNESS

BUCH DER REKORDE

Die Show zum Buch

Das Erste

Am 4. Dezember ist es soweit: **„GUINNESS – DIE SHOW DER REKORDE"** geht um 20.15 Uhr im Abendprogramm des Ersten an den Start. Damit erfährt das GUINNESS BUCH DER REKORDE – bereits seit Jahrzehnten das spannendste Drehbuch des Lebens – erstmals eine Umsetzung als großer unterhaltsamer Samstagabend-Event. Zu diesem Zweck wurde eine exklusive Zusammenarbeit des Bayerischen Rundfunks mit Guinness Publishing London und dem deutschen Guinness Verlag in Hamburg initiiert.

Moderiert wird die Show der Superlative von **REINHOLD BECKMANN**. Im Zentrum der Sendereihe stehen atemberaubende Spitzenleistungen und unglaubliche Verrücktheiten aus der faszinierenden Welt der Guinness-Rekorde. Internationale Guinness-Rekordhalter werden ihre speziellen Fähigkeiten demonstrieren und sich ihren Herausforderern stellen. Die Rekordversuche der Show bewegen sich im Spannungsfeld zwischen Kraftakten, Geschicklichkeitswettbewerben, außerordentlichen Gedächtnisleistungen und

INTERNET

Hintergrundinformationen zur Show (aktuelle Stargäste, Rekordhalter, Musikacts etc.) gibt es auf den BR-Online-Seiten unter **www.guinness-show.de.** Außerdem finden sich dort Gewinnspiele, ein Guinness-Quiz und eine aktuelle Rekordbörse.

REINHOLD BECKMANN

„Rekorde faszinieren mich wie die meisten anderen Menschen auch. Wer etwas besser kann als ich, wird von mir gehörig bewundert, ganz gleich, ob er die 100 Meter in unter 10 Sekunden läuft oder schneller stricken kann als der Rest der Menschheit. Außerdem war ich schon als Jugendlicher rekord- und wettkampfsüchtig. Wer fährt schneller von der Schule nach Hause? Wer kann weiter spucken, wer kann dicke Steine weiter werfen? Wir haben uns in Twistringen regelrechte ‚Olympiaden' ausgedacht, und mein Ehrgeiz, Rekorde zu brechen, war riesig. Zum Glück haben meine Eltern mich manchmal einfangen können und überredet, es statt mit Wettrodeln oder Hochsprung (über selbstgespannte Leinen) auch mal mit Hausaufgaben zu versuchen."

GUINNESS

DIE SHOW DER REKORDE

wirklich verblüffenden Rekorden aus der Welt des Alltags. Prominente Juroren sind in der Show zu Gast und bezeugen – wie es die weltweiten Guinness-Regeln vorsehen – den ordnungsgemäßen Ablauf der Rekordversuche. Daneben werden **HÖCHSTLEISTUNGEN** aus Technik und Natur, aus dem Sportbereich und dem Showbusiness präsentiert, für **GLANZ UND GLAMOUR** sorgen nationale und internationale Pop- und Rockstars. Highlight jeder Sendung ist ein neuer, spektakulärer Rekordversuch, der den Zuschauern mittels einer Außenschaltung vorgestellt wird.

AUSSENREPORTERIN

Die Eisschnellläuferin Franziska Schenk, Sprintweltmeisterin 1997 und Inhaberin des aktuellen Deutschen Rekordes über 500 m und 1000 m, wird für Guinness – Die Show der Rekorde in Außenschaltungen über spektakuläre Rekordversuche berichten.

JOHN EVANS

Für den langjährigen Rekordhalter aus Marlpool, Derbyshire, ist Reinhold Beckmann eher ein Leichtgewicht. Seine persönliche Bestmarke steht bei 100 Ziegelsteinen (Gesamtgewicht 184,6 kg) oder aber bei 94 Milchkästen (je 1,36 kg), die er jeweils mühelos auf dem Kopf balanciert. Neben John Evans werden zahlreiche internationale und nationale Rekordhalter ihr Können in der Show unter Beweis stellen.

LIEBE LESERIN, LIEBER LESER,

stolz präsentieren wir Ihnen das neue GUINNESS BUCH DER REKORDE 1999, mit mehr als 81 Millionen verkauften Exemplaren in 37 Sprachen das erfolgreichste Buch der Welt.

In diesem Jahr ist beim GUINNESS BUCH DER REKORDE vieles ganz neu und aufregend anders:

Wir haben weltweit recherchiert und die besten Rekorde aus allen internationalen Redaktionen in einer globalen Ausgabe versammelt. Über 2 Millionen Menschen auf der ganzen Welt finden jetzt im GUINNESS BUCH DER REKORDE 1999 mehr deutsche Rekordleistungen als je zuvor. Weil wir Ihnen die spannenden internationalen Rekorde vorstellen möchten, haben wir deutschen Leistungen in diesem Jahr etwas weniger Platz eingeräumt.

Das GUINNESS BUCH DER REKORDE 1999 bietet Außerordentliches aus vielen populären Lebensbereichen, die wir zum ersten Mal in das Buch aufnehmen. Wir haben mehr Stars, mehr Hi-Tech, mehr Lifestyle und Fun als je zuvor zusammengetragen und zeigen Ihnen, wie faszinierend unsere Welt wirklich ist.

Dieses GUINNESS BUCH DER REKORDE ist auf der ganzen Welt entstanden. Eine Agentur in New York entwarf das Design, Grafiker in London entwickelten es weiter, wir in Hamburg gaben ihm den letzten Schliff. Die besten Fotos und Bilder sind in einem überraschenden Magazin-Layout umgesetzt.

Viel Spaß mit dem neuen GUINNESS BUCH DER REKORDE 1999 wünscht Ihnen
Die Redaktion

GUINNESS VERLAG IM INTERNET

PS: Ständig neue Rekorde, Gewinnspiele und Unterhaltung finden Sie im Internet unter **www.guinness-verlag.de**

1

Jack Nicholson erhielt als einer von sieben Schauspielern zweimal den Oscar als bester Schauspieler.

2

Fabergés wertvollstes Ei ist aus einem Stück Kristall, das mit mehr als 3.000 Diamanten besetzt ist.

3

Kin und Gin Kanie wurden 1992 an ihrem 100sten Geburtstag zu den berühmtesten Zwillingen Japans.

7

Der stärkste Serienwagen ist der McLaren F1 6.1. Er kostet die Kleinigkeit von 1,8 Mio. DM.

8

1985 waren rekordverdächtige acht Mann Besatzung an Bord der Challenger 61A im All.

9

Der verseuchteste Ort der Welt ist Tschernobyl in Rußland. 70% des radioaktiven Niederschlags kamen dort auf die Erde.

Inhalt

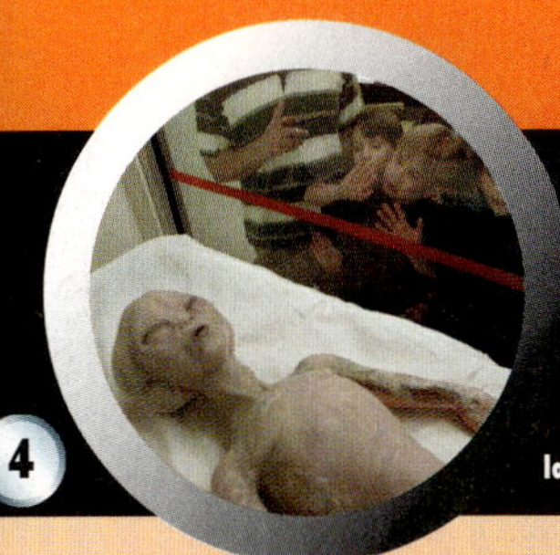

4

Die umstrittenste Ufo-Meldung stammt aus dem Jahr 1947, als in Roswell, USA, angeblich ein Ufo mit Alien landete.

5

Eines der größten Kleinkinder ist der 17 Monate alte Zack Strenkert, der erstaunliche 31,75 kg wog.

6

Steve Kutcher ist Tierausbilder, seine Spezialität sind Spinnen. Viele seiner Tiere hatten schon Rollen in großen Hollywoodfilmen.

10

Mehr als 200 Episoden mit den Simpsons wurden mittlerweile im amerikanischen Fernsehen ausgestrahlt.

11

The Prodigy haben mit zwölf aufeinanderfolgenden Veröffentlichungen die Top 15 der Charts erreicht.

12

Die glückliche Martina Hingis (Schweiz) gewann mit 15 Jahren und 282 Tagen das Doppel der Frauen in Wimbledon 1996.

weltruhm

Hollywood

REICHSTE SCHULE
Die Beverly Hills High School ist die vermögendste Schule in Hollywood. Die Schule wurde 1928 auf einem Grundstück von 10,5 ha am Lasky Drive eingerichtet. Erträge aus ihren eigenen Ölquellen garantierten die großzügigen Sportmöglichkeiten der Schule wie den Swimming-pool, der durch Frank Capras Film *It's a wonderful world* (USA, 1946) berühmt geworden ist. Ehemalige Schüler waren unter anderem Richard Dreyfuss, Carrie Fisher und Richard Chamberlain, heute nutzen sie viele Eltern aus Hollywood. Die Schule in der TV-Serie *Beverly Hills 90210* ist nicht mit der wirklichen Schule identisch.

MEISTE EHEN
Die Schauspieler Stan Laurel, Mickey Rooney, Lana Turner, Georgia Holt und Zsa Zsa Gabor waren alle insgesamt achtmal verheiratet. Elizabeth Taylor hat bis heute ebenfalls achtmal geheiratet, jedoch nur sieben verschiedene Ehemänner (Richard Burton zweimal).

MEISTE KNASTAUFENTHALTE
Errol Flynn, der Star aus *The adventures of Robin Hood* (Die Abenteuer des Robin Hood, USA, 1938) und *They died with their boots on* (USA, 1941), wurde öfter als jeder andere Hollywood-Star eingesperrt. In den 20er Jahren saß er in New Guinea zwei Wochen im Gefängnis, weil er einen Mann geschlagen hatte, der ihn mit seinem Nachnamen ohne den Zusatz „Herr" anredete. 1929 wurde eine Anklage wegen Mordes fallengelassen, da kein Leichnam gefunden werden konnte. 1933 sperrte man ihn in Somalia ein, weil er einen Zollbeamten geschlagen hatte, und ein paar Jahre später trat er einem Polizisten in New York auf den Fuß, weil dieser seinen Wagen angehalten und ihn angeblich auf bedrohliche Weise um ein Autogramm gebeten hatte. Er verbrachte die Nacht in einer Zelle.

GRÖSSTE RIVALEN
Peter Sellers und Orson Welles haßten einander so inständig, daß, als sie in dem Film *Casino Royale* (Großbritannien, 1967) in einer Szene am Spieltisch miteinander hätten spielen müssen, die Szenen an unterschiedlichen Tagen gedreht und der jeweils andere gedoubelt werden mußte.

WERTVOLLSTE BEINE
Die Schauspielerin Cyd Charisse, die in *Brigadoon* (USA, 1954) und in *Singin' in the rain* (USA, 1952) mitspielte, besaß eine Versicherungspolice auf ihre Beine über den Betrag von 5 Mio. Dollar (8,8 Mio. DM). Damit übertraf sie Betty Grable, die „das Mädchen mit den 1-Million-Dollar-Beinen" genannt wurde, als sie im Jahr 1940 ihre Beine für einen Betrag von 1,25 Mio. Dollar (2,2 Mio. DM) versicherte.

MEISTE RUHMESABDRÜCKE
Kirk Douglas, der Star des Films *The Vikings* (Wikinger, USA, 1958) und *Spartacus* (USA, 1960), war das erste Mitglied seiner Familie, das sich auf dem Hollywood Boulevard, Los Angeles, USA, verewigte, als seine Fußabdrücke 1962 in Stein gegossen wurden. Sein Sohn Michael, der in *Fatal Attraction* (USA, 1987) und *Basic Instinct* (USA, 1992) mitspielte, wurde im September 1997 gebeten, seine Fußabdrücke zu hinterlassen. Die Hand- und Fußabdrücke befinden sich jetzt Seite an Seite, womit die Familie Douglas die erste ist, von der zwei Generationen Abdrücke im Zement hinterlassen haben. Inzwischen sind Kirk und Michael in mehr als 100 Filmen aufgetreten.

LÄNGSTE HOLLYWOOD-KARRIERE
Lillian Gish hatte ihr Debüt in *An Unseen Enemy* (USA, 1912), ihr letzter Film *The whales of august* (USA, 1987) wurde 75 Jahre später gedreht.

GRÖSSTER FRIEDHOF
Der Forest Lawn Memorial Park in Glendale, Hollywood, umfaßt eine Fläche von 135 ha und besitzt drei Kirchen. Zu seinen berühmtesten Gräbern gehören die von Walt Disney, Errol Flynn, Nat King Cole, Clark Gable und Jean Harlow.

BERÜHMTESTE STRASSE
Mulholland Drive, die lange Hauptverkehrsstraße, die die Trennlinie zwischen dem San Fernando Valley und dem

MEISTE TITELSEITEN IM *LIFE*-MAGAZIN
Elizabeth Taylor war insgesamt elfmal auf der Titelseite des *Life*-Magazins. Liz begann ihre Filmlaufbahn 1942 im Alter von zehn Jahren mit dem Film *There's one born every minute*. Sie gewann für *Butterfield 8* (1960) und *Who's afraid of Virginia Woolf* zwei Oscars, und war die erste Schauspielerin, die 1 Mio. Dollar für einen Film erhielt, nämlich für *Cleopatra* im Jahr 1963.

GRÖSSTES HAUS

Ein herrschaftliches Haus am Mapleton Drive, Hollywood, wurde für Aaron Spelling gebaut, dem Produzenten populärer Fernsehserien wie *Drei Engel für Charlie*, *Denver Clan*, *Fantasy Island* und *Beverly Hills 90210*. Seine Tochter Tori (dritte von links) ist ein Star der Serie. Das Haus nimmt 3.390 m^2 auf einem 6.040 m^2 großen Grundstück ein und umfaßt ein Puppen-Museum, vier Bars, drei Küchen, ein Gymnasium, ein Theater, acht Doppelgaragen, einen gigantischen Swimming-pool, eine Bowlingbahn, eine Eislaufbahn, sechs gestaltete Gärten, zwölf Springbrunnen und einen Raum, in dem Geschenke verpackt werden.

eigentlichen Los Angeles bildet, wird von teuren Häusern gesäumt. Die Strecke, auf der die Straße die Grenze zwischen Beverly Hills und Bel-Air passiert, hat den Spitznamen „Bad Boy Drive" erhalten, weil sich dort die Besitztümer der berühmten Party-Gastgeber Jack Nicholson, Warren Beatty und Marlon Brando befinden.

TEUERSTES HOTEL

Das Beverly Hills Hotel am Sunset Boulevard mit dem Spitznamen „Pink Palace" ist das teuerste Hotel Hollywoods und eines der teuersten Hotels in der Welt. Seine Spitzensuiten kosten 3.300 Dollar (5.808 DM) pro Nacht.

REICHSTES TIER

Der innig geliebte Welsh Corgi Morgan Gardner der Leinwandlegende Ava Gardner wurde mit einem monatlichen Gehalt, einer eigenen Limousine sowie einem eigenen Hausmädchen bedacht, als der Star 1990 starb. Er lebte sieben Jahre von seinem Erbe in einer Hollywood-Villa, bevor er am 15. März 1997 im Alter von 15 Jahren starb. Morgan, ein Geschenk für Ava von ihrem dritten Ehemann Frank Sinatra, wurde im Garten Gregory Pecks begraben.

POPULÄRSTE DIÄTEN-DESIGNER

PhD-Ernährungsforscher Tony Perrone hat Diäten für Stars wie Demi Moore, Denzel Washington und Robin Williams entworfen, während Carrie Latt Wiatt von Diet Designs Gerichte mit geringem Fettanteil für Jennifer Aniston, Ben Stiler und Neve Campbell nach Hause lieferte. David Kelmenson und Seven Kates von den Brentwood Training Studios sind dafür bekannt geworden, daß sie in die Restaurants kommen, um Kunden beim Bestellen zu beraten.

MEISTE HOCHZEITEN

Zsa Zsa Gabor wurde entweder 1917, 1918 oder 1919 (das wahre Geburtsdatum bleibt ein Geheimnis) in Ungarn geboren und hatte in einer Anzahl von Filmen Nebenrollen. Berühmter wurde sie jedoch aufgrund ihrer aufeinanderfolgenden, vermögenden Ehemänner. Mit angeblich 13 Jahren heiratete sie zum ersten Mal. Nachdem sie in die USA geflohen war, heiratete sie in kurzer Folge den texanischen Hotelmagnaten Conrad Hilton, den britischen Schauspieler George Sanders, die Geschäftsmänner Herbert Hunter und Joshua Cosden Jr. und den Erfinder der Barbiepuppe Jack Ryan. Ihr siebenter Ehemann war der Rechtsanwalt Michael O'Hara, der sich um ihre Scheidung von Ryan gekümmert hatte. 1982 behauptete Zsa Zsa, daß ihre acht Tage währende Ehe mit Felipe de Alba, den sie auf See geheiratet hatte, ungültig war, da sie immer noch mit O'Hara verheiratet gewesen sei. Ihre längste Ehe war die mit Ehemann Nr. 8, Prinz Frederick von Anhalt, den sie 1986 heiratete und von dem sie 1998 geschieden wurde. Zsa Zsa, die unter anderem in *Moulin Rouge* und *A Nightmare on Elm Street 3* mitspielte, war ebenfalls mit J.F. Kennedy, Henry Kissinger, Mario Lanza, Sean Connery, Richard Burton und Frank Sinatra liiert.

Film-stars

FRANZÖSISCHER SPITZENVERDIENER
Gerard Depardieu, der für den Oscar für *Cyrano de Bergerac* (Frankreich, 1990) nominiert war und zehn Césars gewann, ist der höchstbezahlte französische Filmdarsteller. Im Jahr 1992 erhielt er 1,89 Mio. Dollar (ca. 3,3 Mio. DM) für seine Rolle als Christoph Kolumbus in *1492*. Er bekam ebenfalls 1,32 Mio. Dollar (ca. 2,3 Mio. DM) für Werbespots für italienische Teigwaren.

EINSATZFREUDIGSTER SCHAUSPIELER
Daniel Day Lewis wird nachgesagt, daß er viele schlaflose Nächte in einer nachgemachten Gefängniszelle verbrachte, um sich auf seine Rolle in *Im Namen des Vaters* (Irland/Großbritannien/USA, 1993) vorzubereiten. Für *Der letzte Mohikaner* (USA, 1992) lebte er in einem Überlebenscamp, lernte Spurenlesen, Tiere zu töten und Kanus herzustellen.

Nicolas Cage ließ sich für seinen Part in *Kuß des Vampirs* (USA, 1988) ohne Schmerzmittel zwei Zähne ziehen. Er aß ebenfalls sechs lebende Schaben, um die Szene „wirklich schockierend" werden zu lassen.

GRÖSSTE GEWICHTSZUNAHME
Robert De Niro nahm insgesamt 27,21 kg für seine Rolle als Schwergewichtsboxer Jake La Motta in dem klassischen Streifen *Raging Bull* (Wie ein wilder Stier, USA, 1980) zu.

GRÖSSTER GEWICHTSVERLUST
Gary Oldmans verlor so viel Gewicht, um den Punkstar Sid Vicious in *Sid und Nancy* (Großbritannien, 1986) zu spielen, daß der britische Schauspieler wegen Unterernährung im Krankenhaus landete.

Jennifer Jason Leigh nahm 39 kg für ihre Rolle als magersüchtiger Teenager in dem Fernsehfilm *The best little girl in the world* (USA, 1981) ab.

GRÖSSTE ALTERSSPANNE
Dustin Hoffman war 33 Jahre alt, als er in der Titelrolle in *Little Big Man* (USA, 1970) eine Altersspanne von 17 bis 121 Jahren spielte.

ERFOLGREICHSTES NACKTDOUBLE
Shelly Michelle ist für viele der berühmtesten Frauen von Hollywood auf der Leinwand aufgetreten. Sie doubelte Julia Roberts in *Pretty Woman* (USA, 1990) und Kim Basinger in *My stepmother is an alien* (USA, 1988) und *Final Analysis* (USA, 1992).

MORALISCHSTE FILMVERTRÄGE
Komödiendarsteller Robin Williams ist bekannt für seine moralisch korrekten Filmverträge. Jeder Vertrag verbietet kommerzielle Werbung in Verbindung mit Alkohol, Tabak, Waffen, Gewaltspielzeug, Softdrinks und Junk-Food.

DIE KOSTSPIELIGSTE WARTEZEIT
Eddie Murphys sprichwörtliche Verspätung soll die Produzenten von *Boomerang* (USA, 1992) angeblich mehr als 1 Mio. Dollar (ca. 1,76 Mio. DM) gekostet haben.

DIE MEISTEN HAUPTROLLEN
John Wayne war in in 153 Filmen, von *The Drop Kick* (USA, 1927) bis zu *The Shootist* (USA, 1976), zu sehen. Bis auf elf Ausnahmen spielte er in allen Filmen die Hauptrolle.

ERFOLGREICHSTER SCHAUSPIELER-POLITIKER
Ronald Reagan, der 1951 in *Bedtime for Bonzo* auftrat, wurde 1966 und 1970 zum Gouverneur von Kalifornien gewählt und 1980 Präsident der USA.

LÄNGSTE FILMKARRIERE
Curt Bois hatte mit acht Jahren sein Debut in *Der fidele Bauer* (Deutschland, 1908) und seinen letzten Filmauftritt in Wim Wenders' *Himmel über Berlin* (Deutschland, 1988).

LÄNGSTE FILMPARTNERSCHAFTEN
Die indischen Superstars Prem Nazir und Sheela standen bis 1975 in insgesamt 130 Filmen gemeinsam vor der Kamera.

GRÖSSTE LEINWANDFAMILIE
In der Familie Redgrave gab es vier Generationen von Leinwandschauspielern, angefangen von Roy Redgrave, der sein Leinwanddebut im Jahr 1911 hatte, über Sir Michael Redgrave und dessen Töchter Vanessa und Lynn und Sohn Corin bis zu Vanessas Töchtern Joely und Natasha und Corins Tochter Jemma.

JÜNGSTER NUMMER-1-KASSENSTAR
Shirley Temple war sieben Jahre alt, als sie Nummer-1-Star durch das Einspielergebnis des Jahres 1935 wurde.

HÖCHSTBEZAHLTER KINDERDARSTELLER
Macaulay Culkin wurden 1 Mio. Dollar (ca. 1,76 Mio. DM) für *My Girl* (USA, 1991) gezahlt, als er elf Jahre alt war. In der Folge erhielt er 5 Mio. Dollar (ca. 8,8 Mio. DM) zuzüglich 5 % Bruttoertrag für *Home alone II: Lost in New York* (Kevin allein in New York, USA, 1992) und angeblich 8 Mio. Dollar (ca. 14 Mio. DM) für *Richie Rich* (USA, 1994).

JÜNGSTE OSCAR-GEWINNERINNEN
Tatum O'Neal war zehn Jahre alt, als sie für die beste Nebenrollendarstellerin in *Paper Moon* (USA, 1973) nominiert wurde.

Shirley Temple wurde 1934 im Alter von fünf Jahren für ihre Leistungen mit einem Ehrenoscar ausgezeichnet.

MEISTE AUSZEICHNUNGEN ALS BESTER SCHAUSPIELER
Jack Nicholson, der den Academy Award für den besten Schauspieler in *One flew over the Cuckoo's Nest* (Einer flog über das Kuckucksnest, USA, 1975) und *As Good as It Gets* (USA, 1997) gewann, ist einer der sieben Schauspieler, die den Preis zweimal gewonnen haben. Im Jahr 1998 stufte ABC News den Star als einen der mächtigsten Männer in Hollywood ein. Er erreichte 11 Oscar-Nominierungen für den besten Darsteller und die beste Nebenrolle. Die anderen Schauspieler sind Spencer Tracy für *Captain Courageous* (USA, 1937) und *Boys Town* (USA, 1938), Fredric March für *Dr Jekyll and Mr Hyde* (Dr. Jekyll und Mr. Hyde, USA, 1937) und *The Best Years of Our Lives* (USA, 1946), Gary Cooper für *Sergeant York* (USA, 1941) und *High Noon* (USA, 1952), Marlon Brando für *On the Waterfront* (USA, 1954) und *The Godfather* (Der Pate, USA, 1972), Dustin Hoffman für *Kramer vs. Kramer* (USA, 1979) und *Rain Man* (USA, 1988) und Tom Hanks für *Philadelphia* (USA, 1993) und *Forrest Gump* (USA, 1994).

ÄLTESTE OSCAR-GEWINNERIN
Jessica Tandy erhielt die Auszeichnung 1990 im Alter von 80 Jahren als Beste Schauspielerin für *Driving Miss Daisy* (Miss Daisy und ihr Chauffeur).

MEISTE AUSZEICHNUNGEN ALS BESTE SCHAUSPIELERIN
Katharine Hepburn gewann vier Oscars für *Morning Glory* (USA, 1933), *Guess Who's Coming to Dinner* (Rat' mal, wer zum Essen kommt, USA, 1967), *The Lion in Winter* (Der Löwe im Winter) (Großbritannien, 1968) und *On Golden Pond* (Am goldenen See, USA, 1981). Sie hält mit 48 Jahren auch den Rekord für den längsten Zeitraum, in dem die Preise gewonnen wurden.

MEISTE OSCAR-NOMINIERUNGEN OHNE AUSZEICHNUNG
Richard Burton wurde sechsmal nominiert (für *My Cousin Rachel* (Meine Cousine Rachel, USA, 1952), *The Robe* (USA, 1953), *The Spy Who Came in from the Cold* (Großbritannien, 1965), *Who's afraid of Virginia Woolf* (Wer hat Angst vor Virginia Woolf?, USA, 1966), *Anne of the Thousand Days* (Großbritannien, 1970) und *Equus* (Großbritannien, 1977), er gewann jedoch nie einen Preis.

MEISTE OSCAR-VERLEIHUNGEN
Bob Hope nahm 13mal an der Oscar-Verleihung teil: 1940, 1945, 1946, 1953, 1955, 1958, 1959, 1960, 1966, 1967, 1968, 1975 und 1978.

KLEINSTER SCHAUSPIELER IN HAUPTROLLEN
Der Fallschirmjäger und Kampfsport-Schwarzgurt Weng Weng, der Star von *Agent 00* (Philippinen, 1981) und *For Your Height Only* (Philippinen, 1984), war 86 cm groß.

KLEINSTE SCHAUSPIELERIN
Tamara de Treaux, die die Titelrolle in *ET: Der Außerirdische* (USA, 1982) spielte, war 78 cm groß.

KLEINSTE SCHAUSPIELERIN IN EINER HAUPTROLLE
Linda Hunt, die den Oscar für ihre Rolle als eurasischer Kameramann in *The Year of Living Dangerously* (Australien, 1982) erhielt, ist 1,44 m groß.

KLEINSTER AMERIKANISCHER SCHAUSPIELER IN HAUPTROLLEN
Danny DeVito, der das Gegenstück von Arnold Schwarzenegger in *Twins* (Die Zwillinge, USA, 1988) spielte, ist 1,52 cm groß.

BERÜHMTESTER KLEINSTER SCHAUSPIELER
Billy Barty, der The Little People of America Inc. gründete, ist der einzige kleinwüchsige Mensch, der in Hollywoods Walk of Fame geehrt wurde. Barty, 1,14 m groß, spielte in rund 150 Filmen mit.

LÄNGSTER MÄNNLICHER STAR
Christopher Lee, Veteran von Horrorfilmen wie *Dracula* (Großbritannien, 1958) ist mit einer Größe von 1,95 m der längste Star.

GRÖSSTE OBERWEITE
Chesty Morgan, der Star aus *Deadly Weapons* (USA, 1974) hat einen Brustumfang von 1,85 m.

TEURE SCHAUSPIELERIN
Mit einem Preis von 12,5 Mio. Dollar (ca. 22 Mio. DM) pro Film ist Demi Moore eine der teuersten Schauspielerinnen heutzutage in der Welt. 1962 als Demetria Guynes geboren, begann sie ihre Schauspielkarriere im Alter von 20 Jahren. Sie hat bis jetzt 26 Filme gedreht. 1987 wurde sie durch den Sänger Little Richard mit dem Schauspielerkollegen Bruce Willis verheiratet.

GRÖSSTER VERTRAGSBRUCH
1991 sagte Kim Basinger vier Wochen vor Drehbeginn ihre Mitarbeit bei *Boxing Helena* ab. 1993 verurteilte sie ein Gericht für diesen Vertragsbruch zu einer Strafe von 8,1 Mio. Dollar (ca. 14,2 Mio. DM). In zweiter Instanz wurde diese Entscheidung aufgehoben, und sie einigte sich mit dem Regisseur des Films außergerichtlich. Andernfalls hätte diese hohe Strafe zum Konkurs des Stars geführt.

TV-stars

GUTE ZEITEN, SCHLECHTE ZEITEN
Als erste tägliche Serie startete RTL *Gute Zeiten, schlechte Zeiten* am 11. Mai 1992. Montag bis Freitag sehen täglich ca. 4,9 Mio. Zuschauer ab drei Jahre die Serie, die auf einer australischen Soap basiert. 18 Autoren schreiben die Storys, bis April '97 haben schon 1.841 Schauspieler und 21.135 Komparsen mitgespielt. Neun Schauspieler wechselten im Lauf der Zeit ihre Rolle innerhalb der Serie.

HÖCHSTBEZAHLTER FERNSEHSCHAUSPIELER
Jerry Seinfield, der Star der amerikanischen Sitcom *Seinfield*, war mit geschätzten 94 Mio. Dollar (ca. 165,4 Mio. DM) der höchstbezahlte Fernsehstar und der reichste Fernsehschauspieler. Seine Einnahmen wurden 1997 auf 66 Mio. Dollar (ca. 116,1 Mio. DM) geschätzt.

HÖCHSTBEZAHLTE NACHRICHTENSPRECHER
Christiane Amanpour, die Frontberichterstatterin für CNN und CBS, wurde nach einem nie dagewesenen Honorar-Krieg zwischen amerikanischen Fernsehstationen die höchstbezahlte Nachrichtensprecherin der Welt. Die Auslandskorrespondentin unterzeichnete einen Vertrag über 2 Mio. Dollar (ca. 3,5 Mio. DM) mit NBC, einen Vertrag über 1,5 Mio. Dollar (ca. 2,6 Mio. DM) mit CNN und einen Vertrag für 60 Minuten über 500.000 Dollar (ca. 880.000 DM) mit CBS. Sie hatte sich mit der Berichterstattung aus dem Bosnien- und dem Golfkrieg einen Namen gemacht.

HÖCHSTBEZAHLTE FERNSEHKÖCHIN
Die britische Köchin Delia Smith soll ein Vermögen von 38,4 Mio. Dollar (ca. 67,5 Mio. DM) angehäuft haben, wodurch sie auf Platz 837 der reichsten Personen Großbritanniens kam. Die Küchenchefin hatte sechs Fernsehserien moderiert und dazu mehr als 13 begleitende Kochbücher verfaßt.

MEISTGESEHENER MÄNNLICHER FERNSEHSTAR
George Clooney, der den Kinderarzt Doug Ross in dem bekannten amerikanischen Krankenhausdrama *ER* spielt, ist der am meisten gesehene männliche Fernsehstar der Welt. Er soll 147.200 Dollar (ca. 259.000 DM) für jede Episode der Sendung erhalten, die in der Spielzeit 1996/97 pro Episode durchschnittlich 20,78 Mio. Zuschauer in den USA und 3,45 Mio. Zuschauer in Großbritannien hatte. Clooney spielte auch an der Seite von Quentin Tarantino, Harvey Keitel und Juliette Lewis in *Dusk Till Dawn* (USA, 1996), mit Michelle Pfeiffer in *One Fine Day* (USA, 1996) und mit Uma Thurman und Alicia Silverstone in *Batman and Robin* (USA, 1997).

MEISTGESEHENER WEIBLICHER FERNSEHSTAR
Brooke Shields ist der Star der amerikanischen Fernsehsendung *Suddenly Susan*, die in der Spielzeit 1996/97 von rund 20,09 Mio. Menschen gesehen wurde, das ist die höchste Rate für eine Fernsehsendung mit einem weiblichen Star. Shields machte sich im Alter von 15 Jahren erstmals einen Namen in *The Blue Lagune* (USA, 1980).

MEISTGESEHENER DEUTSCHER FERNSEHMODERATOR
Thomas Gottschalks Show *Wetten, daß...?* erreichte im Jahr 1997 mehr als 71 Mio. Zuschauer und 23 % der gesamten Einschaltquoten. Gottschalk tritt auch in vielen anderen Fernsehsendungen und nationalen Werbekampagnen auf.

HÖCHSTBEZAHLTER WEIBLICHER FERNSEHSTAR
Die Talkmasterin Oprah Winfrey, die 1997 104 Mio. Dollar (ca. 183 Mio. DM) verdiente, ist mit einem geschätzten Gesamtvermögen von 201 Mio. Dollar (ca. 353 Mio. DM) die reichste Fernsehentertainerin der Welt. Sie soll allein 130 Mio. Dollar (ca. 228 Mio. DM) für ihre Talkshow erhalten haben, die seit elf Jahren in Folge die Nr. 1 unter den Fernsehtalkshows ist. 1997 verklagte eine Gruppe texanischer Viehzüchter den Star, weil sie angeblich die Fleischindustrie mit einem Kommentar über BSE beleidigt hatte.

MEISTAUSGEZEICHNETER LATE-NIGHT-MODERATOR
Seit die *Harald Schmidt Show* am 5. Dezember 1995 zum ersten Mal ausgestrahlt wurde, hat sich Deutschlands populärster Late Night-Moderator in mehr als 450 Sendungen durchschnittlich ca. 1,5 Mio. Zuschauern pro Abend präsentiert. Der 41jährige Harald Schmidt begrüßte in dieser Zeit mehr als 1.000 Gäste im Capitol, einem ehemaligen Kino in der Kölner Innenstadt. Harald Schmidt ist eine Medienpersönlichkeit, die auf viele Jahre als Kabarettist und Satiriker zurückblicken kann. Dementsprechend lang ist die Liste der Auszeichnungen, die Harald Schmidt erhalten hat: 1992 den Adolf Grimme Preis in Bronze für die Gala „Weihnachten mit Harald Schmidt", 1993 den Telestar, den Bambi und die Goldene Europa-Auszeichnung, 1994 die Goldene Kamera, 1997 den Adolf Grimme Preis, den Bambi, den Goldenen Löwen, den Telestar und den Teletext Award, 1998 den Medienpreis für Sprachkultur. Seit kurzem produziert Schmidt seine Sendung mit einer eigenen Produktionsfirma selbst. Während der Fußballweltmeisterschaft im Sommer 1998 vermarktete sich Schmidt in Kooperation mit einer führenden Fast-food-Kette in einem WM-Sonderstudio.

LINDENSTRASSE

Seit 13 Jahren sehen bis zu 10,4 Mio. Zuschauer Sonntag für Sonntag die neueste Folge der *Lindenstraße*. Mit 40 Minuten – satten 33 Prozent – mehr Sendezeit in Vollstereoton und 40 verschiedenen Szenen produzierte die ARD 1998 eine besonders schöne Episode. Kein Wunder, daß die Serie im Februar 1998 die Goldene Kamera für „herausragende Fernsehleistungen" verliehen bekam.

BEKANNTESTER FERNSEHKULTSTAR

Gillian Anderson, die in der amerikanischen Science-fiction-Serie *X-Files* die Agentin Scully spielt, ist einer der bekanntesten Fernsehstars der 90er Jahre. Anderson wurde 1996 von 10.000 Lesern des *FHM Magazine* zur erotischsten Frau der Welt gewählt. Sie verdient für jede Episode 58.000 Dollar (ca. 102.000 DM), und im Juni 1997 unterzeichnete sie einen Vertrag über 6,6 Mio. Dollar (ca. 11,6 Mio. DM).

SCHNELLSTER FERNSEHVERTRAG

Am 20. Juni 1997 verpflichtete das amerikanische Produktionsunternehmen King World die Schauspielerin/Komikerin Roseanne Barr, den Star der beliebten Serie *Roseanne*, für eine neue Talkshow. Fünf Tage später wurde die Sendung von sieben großen Fernsehstationen übernommen.

POPULÄRSTER FERNSEHSTAR RUSSLANDS

Valdisch Pelsch, der Star der Musiksendung *Ugudaj Melodiju* (Raten Sie die Melodie), ist Rußlands bekannteste Fernsehpersönlichkeit. Die Sendung, die sechsmal in der Woche ausgestrahlt wird (drei Livesendungen und drei Wiederholungen am Vormittag), erreicht in Rußland einen Zuschaueranteil von 56 %.

POPULÄRSTER FERNSEHSTAR BRASILIENS

Regina Duarte, die seit über 33 Jahren im brasilianischen Fernsehen auftritt und in vielen brasilianischen Seifenopern (Telenovelas) spielte, ist Brasiliens bekanntester und vielfältigster Fernsehstar. Sie hat den Spitznamen „Namoradinha do Brasil" (Brasiliens Geliebte).

HÖCHSTER ABGELEHNTER BETRAG

Im Dezember 1997 schlug der Komödienschauspieler Jerry Seinfeld den höchsten Personenvertrag in der Geschichte des Fernsehens aus. NBC hatte dem Star 5 Mio. Dollar (ca. 8,8 Mio. DM) pro Episode für weitere Episoden der *Seinfeld*-Serie geboten. Ein Drittel der amerikanischen Bevölkerung schaltete ein, um die letzte Folge im Mai 1998 zu sehen. Überall im Land fanden den ganzen Tag und die ganze Nacht Seinfeld-Parties statt. Ein 1 Minute langer Werbespot in einer der 75minütigen Folgen kostete die Werbekunden mehr als 1,66 Mio. Dollar (ca. 2,9 Mio. DM).

POPULÄRSTER FERNSEHSTAR JAPANS

George Tokoro, der gegenwärtig in zwei japanischen Spitzensendungen auftritt, ist der bekannteste Fernsehstar der Nation. Tokoro präsentiert lokale Gerichte des ganzen Landes und thematisiert die japanische Geschichte.

sportler

SCHNELLSTER GOLFMILLIONÄR

Im Jahr 1996 brauchte der amerikanische Golfspieler Tiger Woods nur neun Pro-Starts, um 1 Mio. Dollar (ca. 1,76 Mio. DM) zu gewinnen. Zum Ende seiner Debütsaison hatte er fünf Turniere gewonnen und er erhielt über 2 Mio. Dollar (ca. 3,5 Mio. DM). Er war der bestverdienende Golfspieler des Jahres 1997 und der zweithöchstbezahlte Werbeträger im Sport, als er 2,1 Mio. Dollar (ca. 3,7 Mio. DM) an Gehalt und Siegprämien und 24 Mio. Dollar (ca. 42 Mio. DM) an Werbeverträgen erhielt. Ein Vertrag mit Nike für eine neue Woods-Bekleidungskollektion brachte 1995 weitere 40 Mio. Dollar (ca. 70 Mio. DM). Außerdem folgten Werbeverträge mit American Express, Rolex und Asahi.

GRÖSSTER SPORT-SPONSORENVERTRAG

Michael Jordan, der legendäre Punktemacher der amerikanischen Basketball-Mannschaft Chicago Bulls, soll 12 Mio. Dollar (ca. 21 Mio. DM) im Jahr für seinen Vertrag mit dem Sportartikelhersteller Nike erhalten haben. Während seiner gesamten Laufbahn soll ihm Nike insgesamt 100 Mio. Dollar (ca. 176 Mio. DM) gezahlt haben.

HÖCHSTE EINNAHMEN

Im Jahr 1996 erhielt der amerikanische Boxer Mike Tyson für drei Kämpfe die Rekordsumme von 75 Mio. Dollar (ca. 132 Mio. DM). So viel hatte noch niemals ein Sportler vorher in der Geschichte des Sports in einem Jahr verdient. 1986 wurde Tyson mit seinem Sieg über Trevor Berbick in Las Vegas im Alter von 20 Jahren und 144 Tagen der jüngste WBC-Schwergewichtsweltmeister aller Zeiten. Am 7. März 1987 wurde er mit seinem Sieg über James „Knochenbrecher" Smith auch WBA-Weltmeister und am 2. August 1987 Weltmeister aller Klassen, als er mit seinem Sieg über Tony Tucker auch den IBF-Titel erkämpfte.

ERFOLGREICHSTE KARRIEREN

Michael Jordan erhielt während seiner achtjährigen Basketball-Karriere mehr als jeder andere Sportler in der Geschichte. 1997 betrugen die Gehälter und Siegprämien des jetzt 34jährigen insgesamt 30 Mio. Dollar (ca. 52 Mio. DM) zuzüglich weiterer 47 Mio. Dollar (ca. 83 Mio. DM) für Werbeaufdrucke, die ihn nun zum fünften Mal in sechs Jahren zum höchstbezahlten Sportler machen. Im Jahr 1998 überstiegen die Einnahmen seiner Laufbahn 300 Mio. Dollar (ca. 528 Mio. DM).

GRÖSSTER SPORTVERTRAG

Im Jahr 1997 unterzeichneten die amerikanischen Basketballer Shaquille O'Neal, Alonzo Mourning und Juwan Howard jeweils Verträge im Wert von über 100 Mio. Dollar (ca. 176 Mio. DM), die ersten neunstelligen Verträge in der Sportgeschichte.

ERFOLGREICHSTE MUSIKKARRIERE

Shaquille O'Neal, Basketballspieler von den Los Angeles Lakers, verfolgt ebenfalls eine sehr erfolgreiche Musikkarriere. Er brachte mit 21 Jahren sein Debütalbum *Shaq Diesel* (1993) heraus und gründete 1997 sein Plattenlabel Twism (The World Is Mine), ein Joint-venture mit A&M Record.

GOLF

Die höchsten Einnahmen aller Zeiten während einer Laufbahn auf der amerikanischen PGA-Tour beträgt 11,91 Mio. (ca. 21 Mio. DM), die Greg Norman aus Australien zwischen 1976 und 1997 erzielte.

Der Saison-Rekord beträgt 2,1 Mio. Dollar (ca. 3,7 Mio. DM) und wurde von dem amerikanischen Spieler Tiger Woods 1997 erzielt.

Bernhard Langer aus Deutschland verdiente von 1976 bis 1997 8,58 Mio. Dollar (ca. 15 Mio. DM).

Die Rekordkarriereeinnahmen einer Golferin liegen bei 5,97 Mio. Dollar (ca. 10,5 Mio. DM), die von Betsy King (USA) von 1977 bis 1997 erreicht wurden.

In einer Saison verdiente Annika Sorenstam aus Schweden 1997 1,24 Mio. Dollar (ca. 2,2 Mio. DM).

Im Jahr 1997 erhielt der 68jährige Golfspieler Arnold Palmer

HÖCHSTBEZAHLTER FUSSBALLER

Der brasilianische Fußballer Ronaldo Luis Nazario de Lima, unter dem Namen Ronaldo bekannt, machte 1997 im Alter von gerade 20 Jahren einen Transfer im Wert von 28,8 Mio. Dollar (ca. 50,6 Mio. DM) vom Klub FC Barcelona zu Inter Mailand und erhält jetzt über 160.000 Dollar (ca. 280.000 DM) pro Woche, wodurch er zum reichsten Fußballer der Welt wurde. Hier startet er in der Umgebung von Rio de Janeiro eine Pirelli-Werbekampagne. Ronaldo war Mitglied der brasilianischen Siegermannschaft bei den Weltmeisterschaften im Jahr 1994 und gewann 1996 mit der Olympiamannschaft Brasiliens eine Bronzemedaille. Als er zu Inter Mailand kam, stieg der Kartenverkauf in der Saison um 40 % an. 1998 gewann Inter Mailand den UEFA-Cup, wobei Ronaldo das dritte Tor bei einem 3:0 Sieg über den italienischen Klub Lazio Rom schoß. Ronaldo, der gerade 22 Jahre alt ist, wird zu den größten sportlichen Superstars aller Zeiten gerechnet.

insgesamt 16,1 Mio. Dollar (ca. 28 Mio. DM) aus Gehältern, Siegprämien und Werbeverträgen, wodurch er zum zwölftbesten Verdiener im Sport wurde. Palmer, der als erster über 1 Mio. Dollar auf der PGA-Tour gewann, spielt immer noch auf der PGA-Senior-Tour.

TENNIS
Im April 1998 hatte die amerikanische Tennisspielerin Martina Navratilova immer noch den Rekord für die höchsten Einnahmen in der Laufbahn einer Sportlerin inne, obwohl sie sich schon 1994 von ihrer 14 Jahre andauernden Karriere auf dem Tennisplatz zurückgezogen hatte. Sie erhielt allein 20,34 Mio. Dollar (ca. 36 Mio. DM) an Preisgeldern für ihre Rekordanzahl von 167 Siegen in Einzel- und 165 Siegen in Doppelkonkurrenzen.

Bis April 1998 erhielt der deutsche Tennisstar Steffi Graf insgesamt 20,18 Mio. Dollar (ca. 35,5 Mio. DM) an Preisgeldern. Es wird geschätzt, daß sie bis zum Ende der Saison die Einnahmen von Navratilova überschreiten wird. Navratilova hält jedoch weiterhin den Rekord, wenn Werbe- und Sponsorenverträge in die Einnahmen der gesamten Laufbahn einbezogen werden.

Bis April 1998 beliefen sich die Einnahmen des Tennisspielers Pete Sampras während seiner Laufbahn allein aus Preisgeldern auf 32,3 Mio. Dollar (ca. 57 Mio. DM). Im Jahr 1997 wurden ihm 8 Mio. (ca. 15 Mio. DM)) für seine Werbeverträge mit Nike und Wilson gezahlt. Sampras hält mit 6,5 Mio. Dollar (ca. 11,5 Mio. DM) im Jahr 1997 ebenfalls den Rekord bei den Männern für die höchsten Einnahmen in einer Saison.

FORMEL 1
Im Jahr 1996 wurde dem deutschen Formel-1-Fahrer Michael Schumacher die Rekordsumme von 25 Mio. Dollar (ca. 44 Mio. DM) gezahlt, um in Ferraris Formel-1-Mannschaft zu fahren. Das ist das höchste Gehalt in der Geschichte der Formel 1. Schumachers Gesamteinnahmen betrugen 1997 nach Schätzungen 35 Mio. Dollar (ca. 62 Mio. DM) einschließlich Gehalt und Siegprämien sowie Werbeeinnahmen.

JÜNGSTE MILLIONENVERDIENERIN
Im Jahr 1997 wurde der 16 Jahre alte Schweizer Tennisstar Martina Hingis zur jüngsten Sportlerin, die jemals 1 Mio. Dollar (ca. 1,76 Mio. DM) gewann. Bis April 1997 erhielt die Nummer eins der weiblichen Tenniswelt 3 Mio. Dollar (ca. 5,3 Mio. DM) und bis September jenen Jahres hatte sie insgesamt 37 Erfolge errungen. Die einzige Frau, die in der Geschichte der Open ein Jahr in besserer Form begonnen hatte, ist Steffi Graf, der 1987 in Folge 45 Siege gelangen. Hingis wurde die erste Frau, die 4 Mio. Dollar (ca. 7 Mio. DM) im Verlauf einer einzigen Saison gewann. Zusätzlich zu dem Preisgeld sind ihre Sponsorenverträge nach Schätzungen 5 Mio. (ca. 8,8 Mio. DM) im Jahr wert. Einen neuen Weltrekord als Spitzenverdienerin stellte sie 1997 mit einem Saisongewinn von 3,4 Mio. Dollar (ca. 6 Mio. DM) auf.

MEISTE TITELSEITEN
Michael Jordan erschien am 16. Februar 1998 zum 42. Mal auf der Titelseite von *Sports Illustrated*, dem Sportmagazin mit einer Auflage von 23 Mio. Exemplaren. Den alten Rekord mit 34 Titelseiten hielt der Boxer Muhammad Ali.

pop-stars

MEISTE FANKLUBS
Es gibt weltweit über 480 aktive Elvis-Presley-Fanklubs, mehr als für jeden anderen Star. Das ist um so erstaunlicher, als es von Elvis mit Ausnahme weniger Songs keine Aufnahmen in anderen Sprachen als Englisch gibt. Das hindert offensichtlich nicht daran, überall auf der Welt ein überzeugter Elvis-Fan zu sein.

REICHSTE POPGRUPPE
Die Beatles sind die reichsten Musik-Entertainer aller Zeiten. Im Jahr 1997 wurden ihre Einnahmen auf 68 Mio. Dollar (ca. 120 Mio. DM) geschätzt. Die Beatles wurden 1960 gegründet und hatten ihren ersten Hit mit *Love Me Do* im Jahr 1962. Nach der Auflösung der Band im Jahr 1970 verfolgten die „fab four" – Paul McCartney, John Lennon, Ringo Starr und George Harrison – erfolgreiche Solokarrieren.

BÖRSENNOTIERTER POPSTAR
David Bowie beherrscht ein geschätztes Vermögen von 907 Mio. Dollar (ca. 1,5 Mrd. DM). 1997 erzielte Bowie 55 Mio. Dollar (ca. 96 Mio. DM) durch die Ausgabe von Wertpapieren, die er an die Prudential Insurance verkaufte. Andere Stars, darunter Mitglieder der Rolling Stones, taten es ihm angeblich nach.

KAUFSÜCHTIGSTER POPSTAR
Elton Johns durchschnittliche monatliche Kreditkartenrechnung beträgt rund 413.000 Dollar (ca. 720.000 DM). Zu seinen denkwürdigsten Einkaufsbummeln gehörten 63.000 Dollar (ca. 110.000 DM) für einen Besuch in der Blumenabteilung von Bloomingdales, New York, USA, und 330.000 Dollar (ca. 580.000 DM) für ausgiebiges Shopping beim Juwelier Theo Fennell in London, Großbritannien.

GRÖSSTE WERBEAKTION
Zu den Werbeaktionen für Michael Jacksons Album *HIStory* (1995) gehörte eine 9,1 m hohe, aufblasbare Statue des Stars auf dem Gebäude von Tower Records in Hollywood, USA, ein riesiges Schild am Times Square, New York, und eine weitere Statue, die auf einem Schleppkahn die Themse in London, Großbritannien, hinunterschwamm. Jacksons Plattenfirma Sony gab 40 Mio. Dollar (ca. 70 Mio. DM) für den Start des Albums in den USA, Großbritannien, Italien, Australien, Japan, Südafrika und den Niederlanden aus.

GRÖSSTER GERICHTSSTREIT ÜBER EINEN PLATTENVERTRAG
George Michael focht 1993 und 1994 einen neun Monate dauernden Gerichtsstreit aus, in welchem er versuchte, seinen Vertrag mit Sony Music zu beenden. Er verlor seinen Prozeß, der ihn ungefähr 1,96 Mio. Dollar (ca. 3,4 Mio. DM) kostete.

MEISTE WERBEPARTNER
Die Spice Girls halten mit zehn unterschiedlichen Werbepartnern im Jahr 1997 den Rekord für die größte Anzahl von Promotion-Aktionen einer Gruppe in einem einzigen Jahr. Zu den Partnern gehörten Sony Play Station, Mercedes sowie ein Deal über 1 Mio. Dollar (ca. 1,76 Mio. DM) mit Pepsi. Der Vertrag schloß ein, daß 40.000 Pepsitrinker zu einem Konzert der Spice Girls mit After-Show-Party nach Istanbul geflogen wurden.

TEUERSTE SONG-WERBUNG
Microsoft zahlte den Rolling Stones für die Verwendung ihres Hits *Start me Up* in der Werbekampagne für Windows 95 8 Mio. Dollar (ca. 14 Mio. DM).

GRÖSSTES GEPLATZTES WERBEGESCHÄFT
Bruce Springsteen lehnte 1987 12 Mio. Dollar (ca. 21 Mio. DM) für die Verwendung seines Songs *Born in the USA* in einem Autowerbespot der Firma Chrysler ab.

COVERREKORD
Mick Jagger ist insgesamt 15mal auf dem Cover des Magazins *Rolling Stone* erschienen. Das erstemal war er auf dem Cover der 50. Ausgabe am 10. August 1968, letztmalig erschien er mit Keith Richards am 11. Dezember 1997 (Ausgabe 775).

TEUERSTER AUSVERKAUF
Elton Johns Garderobe mußte aufgrund der überbordenden Menge mehrmals ausgeräumt werden. Die letzten beiden Secondhand-Verkäufe des Stars brachten insgesamt 875.000 Dollar (ca. 1,5 Mio. DM) für die Elton-John-AIDS-Stiftung. Einmal mußte er sogar ein Geschäft mieten, um mehr als 10.000 Outfits zu verkaufen. Das Bühnenkostüm und die Andenken-Abteilung von Elton Johns Verkauf bei Sotheby's in London, Großbritannien, zu dem sowohl persönliche Besitzgegenstände als auch Kleidungsstücke gehörten, erbrachten bei einer Auktion 758.133 Dollar (ca. 1,3 Mio. DM).

POPULÄRSTER SCHLAGERSÄNGER
Guildo Horn trat am 26. Februar in der Bremer Stadthalle bei der nationalen Vorentscheidung für den Grand Prix d´Eurovision auf. In 17 deutschen Städten wurden riesige Wahl-Partys veranstaltet, über 7,73 Mio. Zuschauer verfolgten das Event, doppelt so viele wie im Vorjahr, und sagenhafte 62 % der Anrufer (420.652 Zuschauer) stimmten für ihren „Meister". Damit stand fest: Guildo Horn vertritt Deutschland in Birmingham. Erstmalig in der Grand-Prix-Geschichte wurde ein Künstler mit einer Live-Übertragung verabschiedet. Die ARD zeigte Horn vor seinem Flug nach England auf dem Marktplatz von Trier. Auch wenn Guildo Horn in England nicht gewann, sondern nur Platz 7 belegte, ist er einer der populärsten deutschen Schlagersänger, der das Schlager-Fieber nach Deutschland zurückgeholt hat. Selbst sein Lieblingsgebäck, Nußecken nach dem Rezept seiner Mutter, fand sich plötzlich wieder in deutschen Bäckereien.

TEUERSTES KLEIDUNGSSTÜCK
Ein Mantel aus dem früheren Besitz von John Lennon – der Afghan coat, den er 1967 auf dem Cover des *Magical-Mystery-Tour*-Albums der Beatles trug – wurde 1997 für 57.750 Dollar (ca. 101.000 DM) von dem Sohn des Stars, Julian Lennon, erworben.

Für 19.360 Dollar (ca. 34.000 DM) wurde bei Christie's in London, Großbritannien, im Mai 1994 ein von Madonna getragenes Korsett verkauft.

Das teuerste Kleidungsstück, das dem Künstler ♀, der sich früher Prince nannte, gehörte, ist ein vollständiges Bühnenkostüm, das für 20.570 Dollar (ca. 36.000 DM) bei Christie's in London, Großbritannien, im Dezember 1991 verkauft wurde.

Das teuerste Kleidungsstück von Michael Jackson ist ein weißer Rheinkiesel-Handschuh, der für 28.050 Dollar (ca. 49.000 DM) im Dezember 1991 verkauft wurde.

WERTVOLLSTER LIEDTEXT
Paul McCartneys handgeschriebener Text für *Getting Better* von den Beatles wurde im September 1995 für 257.000 Dollar (ca. 450.000 DM) verkauft.

BEKANNTESTES HOTEL
Im Chelsea Hotel in New York übernachteten u.a. Frank Zappa, Jimi Hendrix, Iggy Pop, Bob Dylan und Janis Joplin. Sid Vicious ermordete dort seine Freundin Nancy.

MEISTE GRAMMYS IN EINEM JAHR
Michael Jackson erhielt 1984 acht Grammys. Jackson wurde am 29. August 1958 in Gary, Indiana, USA, geboren und begann seine Karriere als Kinderstar in der Band seiner älteren Brüder, den Jackson Five. Er begann 1972 seine Solokarriere mit *Got To Be There*. 1982 veröffentlichte er *Thriller*, von dem mehr als 48 Mio. Kopien weltweit verkauft wurden.

MADONNA
Geboren am 16. August 1958 als Madonna Louise Ciccone in Rochester, Michigan, USA, verkaufte die selbsternannte „Königin der Gegensätze" weltweit 100 Mio. Platten. Madonnas Durchbruch gelang 1984 mit *Like A Virgin*. Sie ist ebenfalls als Schauspielerin erfolgreich, unter anderem in *Desperately Seeking Susan* (Susan, verzweifelt gesucht) (1985) und *Evita* (1996).

Models

SCHWERSTES SUPERMODEL
Sophie Dahl, Enkelin des britischen Schriftstellers Roald Dahl, wurde von der Moderedakteurin Isabella Blow entdeckt, die der Meinung war, die Schönheit mit den Maßen 102-76-102 cm und der Kleidungsgröße 16 sehe wie ein Playboy-Bunny aus. Sophie hat mit Top-Fotografen wie David Bailey gearbeitet, erschien in *Vanity Fair* und als Model auf großen Modeschauen wie der von Nina Ricci. Ihre Agentur verbot ihr abzunehmen.

MEISTE TITELFOTOS
Die Deutsche Claudia Schiffer wurde in ihrem Heimatland im Alter von 17 Jahren in einer Disco entdeckt und hat seitdem ohne Unterbrechung als Model gearbeitet. Fotos von ihr wurden auf 550 Titelseiten von Zeitschriften veröffentlicht.

GRÖSSTER KOSMETIKVERTRAG
1993 unterschrieb Claudia Schiffer den größten je abgeschlossenen Kosmetikvertrag; für das zukünftige Revlon-Gesicht hatte sie ein Angebot von 6 Mio. Dollar (ca. 10,6 Mio. DM) erhalten. Claudia hat an Kampagnen aller großen Modehäuser teilgenommen und ist besonders bei Karl Lagerfeld beliebt. Sie hat ihr eigenes Fitness-Video produziert und 1998 in *The Blackout* ihr Filmdebüt gegeben. Zusammen mit zwei Kolleginnen, den Supermodels Naomi Campbell und Christy Turlington, besitzt sie das Fashion Café in London, Großbritannien.

LÄNGSTER VERTRAG
Christy Turlington aus den USA hat Calvin Klein fast zehn Jahre lang vertreten – für die Mode- und Kosmetikindustrie ein Rekord.

DRAMATISCHSTER KARRIEREWECHSEL
Bevor Jayne Windsor von der Agentur Select unter Vertrag genommen wurde, war

Durch ihre zweimalige Weigerung, beim Abschluß von großen Deals einen Exklusivvertrag zu unterschreiben, hat das Model übliche Vertragsbedingungen verletzt und damit den Boden für Veränderungen bereitet. 1995 gab sie die internationalen Laufstege auf und arbeitet heute unter anderem für Max Mara und Calvin Klein.

BESTBEZAHLTE LAUFSTEG-SHOWS
Einer derjenigen, die hauptsächlich am Entstehen des Supermodel-Phänomens beteiligt waren, war der verstorbene italienische Designer Gianni Versace, der Topmodels angeblich für halbstündige Shows in den späten 80er und frühen 90er Jahren je 50.000 Dollar (ca. 88.000 DM) zahlte – unter der Bedingung, daß sie in der laufenden Saison nur in seiner Show auftreten würden. Es heißt, daß diese Praxis die Elite-Gruppe von Mädchen wie Christy Turlington, Naomi Campbell und Linda Evangelista hervorbrachte, die in den frühen 90ern die Modezeitschriften beherrschte.

KLEINSTES SUPERMODEL
Kate Moss wurde 1990 in New York entdeckt. Wegen ihrer Größe von knapp über 1,69 m schien es unwahrscheinlich, daß aus der britischen Schülerin ein Model werden könnte, sie löste jedoch mit einem neuen Model-Typ und dem „Grunge"-Trend eine Revolution aus. Kates erster Vertrag – mit Calvin Klein – war 1991 über 2 Mio. Dollar (ca. 3,5 Mio. DM) wert.

HÖCHSTE ABSÄTZE
Das britische Supermodel Naomi Campbell wurde von der „Elite"-Talentsucherin Beth Boldt beim Einkaufen in Covent Garden, London, entdeckt und hat seit ihrem ersten Titelfoto für die französische *Vogue* eine steile Karriere gemacht. Sie ist heute eines der erfolgreichsten Models der Welt, und Fotos von ihr sind auf unzähligen Titelseiten erschienen. 1993 machte Naomi Schlagzeilen, als sie bei Vivienne Westwoods „Anglomania"-Modenschau auf ihren 30 cm hohen Plateausohlen umfiel und ihr Fußgelenk verdrehte (Bild unten). Die blauen Schnürschuhe aus künstlichem Schlangenleder sind heute in einer speziell angefertigten Vitrine im Victoria and Albert Museum, London, zu sehen. Zu den vielen bekannten Personen, mit denen Naomi ein Verhältnis gehabt hat, gehören die Schauspieler Robert de Niro und Sylvester Stallone, der Boxer Mike Tyson, U2-Bassist Adam Clayton und der Flamenco-Tänzer Joaquín Cortés. Sie ist heute international eine Berühmtheit und hat ein Album mit dem Titel *Baby Woman* und den Roman *Swan* veröffentlicht. Auch in Filmen (*Miami Rhapsody*, *Invasion of Privacy* und *Girl Six*) ist sie aufgetreten und ist Mitinhaberin des Fashion Café in London. Im November 1993 verließ sie ihre Agentur Elite New York und wurde daraufhin von Ford unter Vertrag genommen.

sie eine 21jährige alleinerziehende Mutter von zwei Kindern und arbeitete in einer Fabrik in Newcastle. Heute verdient sie 200 Dollar (ca. 352 DM) pro Stunde bei ihrer Arbeit für Zeitschriften wie *Elle*, *Vogue*, *Harpers* und *Queen*.

GRÖSSTES SUPERMODEL

Das in Australien geborene Supermodel Elle MacPherson ist 1,85 m groß und unter dem Namen „The Body" bekannt, weil ihre Maße 91-61-89 cm als perfekt gelten. Elle hatte ihr Debüt auf der Leinwand in *Sirens* (1994) und ist heute Schauspielerin. Sie produziert eine der beliebtesten australischen Dessous-Kollektionen mit einem Jahresumsatz von 30 Mio. Dollar (ca. 52,8 Mio. DM).

SUPERMODEL MIT DEN LÄNGSTEN BEINEN

Von allen Supermodels hat das Model Nadja Auermann mit 1,14 m die längsten Beine. Sie wurde 1993 berühmt, als die Modewelt Grunge ausrangierte und durch Glamour ersetzte. 1994 war sie bereits auf den Titelseiten von *Harper's Bazaar* und der amerikanischen und britischen *Vogue* zu sehen und arbeitete für prestigeträchtige Modehäuser wie Versace und Prada.

ÄLTESTES SUPERMODEL

Mit 34 Jahren ist das kanadische Model Linda Evangelista das älteste Supermodel auf dem Laufsteg. Nach Angaben ihrer Agentur Elite erhält sie immer noch viele Angebote. Lindas Erfolg beruht wahrscheinlich teilweise darauf, daß sie für ihre Wandlungsfähigkeit bekannt ist. 1990 behauptete sie, ihre gesamte Freizeit mit Haarefärben zu verbringen. Von Linda stammt auch das berühmte Supermodel-Zitat: „Für weniger als 10.000 Dollar am Tag steigen wir gar nicht aus dem Bett."

JÜNGSTES SUPERMODEL

Seit sie im Alter von 15 Jahren von einem Talentsucher in Manchester, Großbritannien, entdeckt wurde, hat das Model Karen Elson die Modewelt im Sturm erobert. Mit 18 ist sie heute das jüngste Supermodel und war bereits der Star vieler Kampagnen – unter anderem für Christian Lacroix, Hermès und Comme des Garcons.

JÜNGSTES SUPERMODEL MIT EINEM GROSSEN KOSMETIKVERTRAG

Nikki Taylor war 13 Jahre alt, als sie 1989 bei einem Wettbewerb für „Neue Gesichter" einer führenden New Yorker Modellagentur 500.000 Dollar (ca. 880.000 DM) gewann – den höchsten Betrag bei einem Wettbewerb dieser Art, den je ein Mädchen gewann, das später zum Supermodel werden sollte. Danach schloß sie einen Vertrag mit L'Oreal für Cover Girl, was sie zum jüngsten Mädchen mit einem großen Kosmetikvertrag machte. Im Alter von 16 Jahren war sie Millionärin und gründete ihre eigene Firma, Nikki Inc. Heute hat sie einen eigenen Rechtsanwalt, einen Steuerberater, einen Manager und ihren eigenen Publizisten.

LÄNGSTE KARRIERE ALS SUPERMODEL

Seitdem sie im Alter von 13 Jahren während ihrer Schulferien entdeckt wurde, hat Christy Turlington länger als jedes andere Supermodel als Model gearbeitet. Christy begann 1987, mit 17 Jahren, ausschließlich als Model Karriere zu machen. Schon 1988 identifizierte man das Parfum Eternity mit ihrem Gesicht, und sie verdiente für zwölf Tage Arbeit mit Maybelline über 800.000 Dollar (über 1,4 Mio. DM).

HÖCHSTE GAGE

Das amerikanische Supermodel Cindy Crawford begann mit 17 Jahren und verdient heute schätzungsweise 12 Mio. Dollar (ca. 21,1 Mio. DM) im Jahr. 1989 erhielt sie von Revlon 600.000 Dollar (ca. 1,06 Mio. DM) für 20 Tage Arbeit. Cindy moderiert außerdem die Show *House of Style* auf MTV und verkaufte von ihrem Fitness-Video innerhalb eines Monats nach Veröffentlichung 2 Mio. Kopien.

schicksale

MEISTBESUCHTES GRAB
Graceland, der frühere und letzte Aufenthaltsort von Elvis Presley, empfängt jährlich über 700.000 Besucher aus aller Welt. Der Rekord von 753.962 Besuchern wurde 1995 erreicht.

MEISTE TRAUERNDE
Am 17. August 1977 versuchten 75.000 trauernde Fans, Elvis' offenen Sarg zu sehen, circa 20.000 schafften es bis in das Foyer von Graceland. 3.166 Blumengebinde wurden von Fans und berühmten Persönlichkeiten gesandt.

BELIEBTESTER POSTER-STAR
James Dean, der Star von *East of Eden* (USA, 1955) und *Rebel Without a Cause* (USA, 1955), starb 1955 bei einem Autounfall im Alter von 24 Jahren, aber seine Legende lebt weiter. Allein in den letzten sechs Jahren verkaufte Cartell International mehr als 17.500 Poster von James Dean.

BERÜHMTESTER GRABRAUB
Im März 1978 wurde der Körper des Stummfilmstars Charlie Chaplin aus seinem Grab in Vevey, Schweiz, gestohlen. Die Grabräuber, Roman Wardas und Gatscho Ganew, forderten 133.240 Dollar (ca. 243.000 DM) Lösegeld für Chaplins Körper, sie wurden jedoch schnell gefaßt.

MEISTE UNFALLOPFER
Die Rockstars Ritchie Valens, Buddy Holly und „The Big Bopper" Richardson wurden durch denselben Flugzeugabsturz am 3. Februar 1959 getötet. Die Stars hatten die Maschine gechartert, um sich nicht schlechten Straßenverhältnissen aussetzen zu müssen. Valens soll seinen Platz durch das Werfen einer Münze erhalten haben.

SPÄTESTER HIT
Words of Love von Buddy Holly (& The Crickets) stellte den Rekord für den größten Zeitraum zwischen dem Tod eines Künstlers und einem Nummer-1-Hit auf, als er im Februar 1993, 34 Jahre nach Hollys Tod, an der Spitze der britischen Album-Charts stand.

MEISTE TAGESVERKÄUFE
Von Elvis wurden am 17. August 1977, einen Tag nach seinem Tod, auf einen Schlag 20 Mio. Alben verkauft.

MEISTE POSTHUME NUMMER-EINS-HITS
Der ehemalige Beatle John Lennon, der am 8. Dezember 1980 in New York erschossen wurde, hatte in den folgenden beiden Monaten drei Nummer-1-Hits.

ROCKKONTROVERSE
In einem umstrittenen Musikdokumentarfilm wurde der Selbstmord von Kurt Cobain, dem Leadsänger der Grungeband Nirvana aus Seattle, in Frage gestellt. Der Journalist Nick Broomfield enthüllte neue Aussagen von Zeugen, die behaupten, Geld für die Ermordung von Cobain erhalten zu haben. Die Witwe des Stars, Courtney Love, hat diesen Film kürzlich verboten, dadurch ist das Medieninteresse daran nur noch gestiegen.

LÄNGSTE ZEIT IN DEN CHARTS
Frank Sinatras Album *My Way* war im Juni 1998, fast 40 Jahre nach Sinatras *Come Fly with Me*, in den britischen Charts. Der Sänger hält ebenfalls den Rekord für die längste Laufzeit eines Top-20-Albums in den USA: Sein erster Auftritt in den Charts während der Rockära war *In The Wee Small Hours* am 28. Mai 1955, sein jüngster Auftritt war *Duets II* am 31. Dezember 1994. Sinatra starb am 20. Mai 1998. Zu den Trauergästen gehörten seine ehemalige Frau Mia Farrow, die frühere First Lady Nancy Reagan, die Sänger Bob Dylan, Tony Bennett und Liza Minnelli, die Schauspieler Jack Lemmon, Jack Nicholson und Sophia Loren sowie viele andere Berühmtheiten.

PROMINENTENFRIEDHOF
Jim Morrison ist einer der vielen bekannten Persönlichkeiten wie Chopin und Oscar Wilde, die auf dem Friedhof Père Lachaise in Paris begraben sind. Morrison, der Leadsänger der Doors, wurde am 3. Juli 1971 im Alter von 27 Jahren tot im Bad eines Pariser Hotelzimmers aufgefunden. Eine Autopsie wurde nicht durchgeführt, auf dem Totenschein ist als Todesursache Herzversagen angegeben. Seit seiner Beerdigung auf dem Friedhof Père Lachaise haben Tausende von Menschen Morrisons Grab besichtigt. Verwandte von anderen auf dem Friedhof bestatteten Personen haben um seine Umbettung ersucht, da viele Besucher Graffitis auf die Grabsteine sprühen und Abfall herumliegen lassen. Morrisons Grabmiete läuft im Jahr 2001 aus, angeblich soll sein Leichnam nach Los Angeles gebracht werden.

JÜNGSTES ÜBERDOSISOPFER
River Phoenix war 23 Jahre alt, als er 1993 im Nachtclub The Viper Room einen Kollaps erlitt. River war ein leidenschaftlicher Umweltschützer und hatte früher auch an Anti-Drogen-Kampagnen teilgenommen. Zu den Höhepunkten in Phoenix' Laufbahn gehörten *Stand By Me* (USA, 1986) und *My Own Private Idaho* (USA, 1991).

BERÜHMTESTER MÖRDER
Am 11. Oktober 1978 wurde Nancy Spungen von ihrem Freund Sid Vicious, dem Bassisten der Sex Pistols, im Chelsea Hotel in New York ermordet. Vier Monate später beging Vicious mit einer Überdosis Selbstmord. Er hinterließ ein Gedicht für seine „verstorbene Liebe", das mit den Worten endete: „Ich möchte dieses Leben nicht leben, wenn ich nicht für Dich leben kann".

Der Film *Sid and Nancy* (Großbritannien, 1986) mit Gary Oldman und Chloe Webb und Courtney Love in ihrer ersten Filmrolle schildert die dramatischen Ereignisse um Sid und Nancy.

UNSTERBLICHER STAR
Marilyn Monroe ist auf einer Rekordanzahl von Postern vertreten: Seit 1992 hat Cartell International weltweit mehr als 37.500 Poster des Stars verkauft. Das kalifornische Unternehmen Stargen plant, die DNA berühmter Amerikaner, darunter die von Marilyn Monroe, zu entnehmen und zu speichern.

ROCKSTAR-SELBSTMORD
Michael Hutchence, der Leadsänger der Rockgruppe INXS, starb am 21. November 1997 im Alter von 37 Jahren in einem Hotelzimmer in Sydney, Australien. Nach einem Unfall im Jahr 1992 soll er zu Depressionen geneigt haben, die angeblich später zu seinem Selbstmord führten. INXS war gerade dabei, eine Tour aus Anlaß ihres 20jährigen Bestehens zu planen, als sich Hutchence umbrachte.

weltpolitiker

HÖCHSTBEZAHLTER REGIERUNGSCHEF
Ryutaro Hashimoto, seit 1996 Premierminister Japans, hat ein Jahresgehalt von 343.000 Dollar (ca. 603.000 DM) einschließlich monatlicher Zuschüsse und Prämien.

MEISTE PRÄSIDENTENPALÄSTE
Saddam Hussein, seit 1979 Präsident des Iraks, besitzt acht Hauptpaläste, zu denen insgesamt 1.058 Gebäude gehören, sowie weitere kleinere Residenzen im Irak. Sein Palast in Babylon, 88 Kilometer südlich von Bagdad, wurde neben den Ruinen des Palastes von Nebukadnezar II. (630–562 v. Chr.) gebaut. Jeder Stein trägt die Inschrift „Der Führer, Saddam Hussein, Sieger von Allah". Weitere Paläste entstehen gegenwärtig in Bagdad und in Saddams Heimatstadt.

TEUERSTE PRÄSIDENTENEINFÜHRUNG
Die Einführung des amerikanischen Präsidenten in Washington DC, die alle vier Jahre stattfindet, ist die teuerste der ganzen Welt. George Bushs Einführung im Jahr 1989 kostete insgesamt 30 Mio. Dollar (ca. 52,8 Mio. DM).

MEISTE STAATSCHEFS
Eine Gedenksondersitzung der Generalversammlung wurde im Oktober 1995 im Hauptquartier der Vereinten Nationen in New York, USA, abgehalten, um den 50. Jahrestag der UN zu begehen. An ihr nahmen 128 Staats- und Regierungsoberhäupter teil.

FREMDESTER PRÄSIDENT
Valdus Adamkus, der 1998 Präsident Litauens wurde, kehrte 1997 in die Republik zurück, nachdem er für mehr als 50 Jahre in Chicago, Illinois, USA, gelebt hatte. Seine Gegner sagen, daß er Litauisch mit amerikanischem Akzent spricht.

ZÖGERLICHSTER PRÄSIDENT
Kim Jong-Il ist seit dem Tod seines Vaters im Jahr 1994 Staatsoberhaupt der Koreanischen Demokratischen Volksrepublik (Nordkorea). Bis Juni 1998 hatte Kim den Präsidententitel formell noch nicht übernommen, obwohl er die mächtigste Position im Land innehatte: Führer der Koreanischen Arbeiterpartei.

LITERARISCHSTER PRÄSIDENT
Der Staatschef mit dem größten literarischen Ruf ist Vaclav Havel, ein tschechischer Dramatiker und Poet, dessen Arbeiten nach dem sowjetischen Einmarsch im Jahr 1968 20 Jahre lang verboten waren. Er wurde 1989 Präsident der Tschechoslowakei und 1993 Präsident der Tschechischen Republik.

BÜRGERNAHSTER PREMIERMINISTER
Der dänische Premier Poul Nyrup Rasmussen, dessen private Telefonnummer im öffentlichen Telefonbuch steht, beantwortet oft persönlich Telefonanfragen dänischer Bürger. Die Offenheit der dänischen Regierung griff sogar auf die Monarchin über: Jeder Bürger kann um eine persönliche Privataudienz mit der Königin Margrete II. ersuchen.

GRÖSSTER SOZIALER AUFSTIEG
Kocheril Raman Narayanan wurde als der 10. Präsident Indiens im Juli 1997 in sein Amt eingeführt, obwohl er im Rang eines „Unberührbaren" (die niedrigste soziale Kaste in Indien) steht und sehr arm war. Die Kastendiskriminierung wurde im Jahr 1947 offiziell abgeschafft, ist jedoch noch nicht aus der indischen Gesellschaft verschwunden.

MACHTVOLLSTE FAMILIE
Bis zum Jahr 1995 war Barzan Ibrahim, ein Halbbruder des irakischen Präsidenten Saddam Hussein, UN-Botschafter und kontrollierte einen großen Teil des familiären Vermögens. Ein weiterer von Saddams Halbbrüdern, Watban Ibrahim, war Innenminister, und ein dritter Halbbruder, Sabaoni Ibrahim, Chef der allgemeinen Sicherheit. Saddams Schwiegersohn, Kamal Hussein, war Kommandeur der Präsidentengarde, bis er im Jahr 1995 nach Jordanien floh, seine Söhne, Udday und Qusay, halten mehrere Staats- und andere Ämter inne.

GRÖSSTE MEHRHEIT
Die größte persönliche Mehrheit für einen Politiker erhielt Boris Jelzin als Kandidat für die Versammlung der Deputierten des Volkes von Moskau während der Parlamentswahlen in der Sowjetunion im Jahr März 1989. Er erhielt 5,12 Mio. Stimmen von 5,72 Mio. Wahlberechtigten im Moskauer Wahlbezirk. Sein nächster Rivale erhielt 392.633 Stimmen.

Benazir Bhutto erzielte mit 94.462 Stimmen 98,458 % der Wählerstimmen in ihrem Wahlbezirk Larkana-III während der allgemeinen Wahlen des Jahres 1990 in Pakistan. Der am nächsten liegende Kandidat erhielt 718 Stimmen.

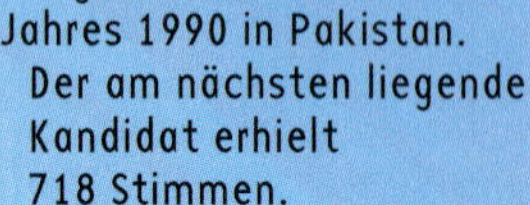

DICKSTER STAATSCHEF
Helmut Kohl ist seit 1982 Kanzler Deutschlands. Mit einer Größe von 1,93 m und einem Durchschnittsgewicht von 120 kg ist er der Staatschef mit der größten Körperfülle. Kohls Gewicht schwankt beträchtlich, manchmal wiegt er weitaus mehr als 120 kg, nimmt jedoch in Sanatorien ab. Sein gesunder Appetit ist sprichwörtlich, und seine Frau Hannelore hat ein Buch mit dem Titel *Eine kulinarische Reise durch Deutschland* veröffentlicht. Darin stellt sie einige der Lieblingsgerichte des Kanzlers vor, nämlich viele kräftige Fleischgerichte und Cremespeisen, aber auch einige kalorienreduzierte Gerichte wie Paderborner Möhrensalat. Kohl ist hier mit Tony Blair abgebildet, dem ersten britischen Premierminister, der ein Live-Interview über das Internet gab. Interviewer Sir David Frost traf eine Auswahl aus mehr als 700 Fragen, die vor dem Interview am 28. April 1998 an die Website der Downing Street 10 geschickt wurden. Tony Blair vertritt die Meinung, das Internet könne zu einer größeren Beteiligung der Bürger an der Politik beitragen.

LÄNGSTE AMTSZEIT
Fidel Castro wurde im Juli 1959 Premierminister in Kuba und ist seit dem 3. Dezember 1976 Präsident von Kuba und Staats- und Regierungsoberhaupt.

LÄNGSTE POLITIKERREDE
Chief Mangosuthu Buthelezi, der Chef der Inkartha Friedenspartei und südafrikanischer Minister für innere Angelegenheiten, sprach an elf von 18 Tagen während der Legislativversammlung von Kwazulu durchschnittlich zwei Stunden.

JÜNGSTER PREMIERMINISTER
Der jüngste Kopf einer Regierung ist Dr. Mario Frick, der im Alter von 28 Jahren am 15. Dezember 1993 Premierminister von Liechtenstein wurde.

JÜNGSTER PRÄSIDENT
Das jüngste republikanische Staatsoberhaupt eines Landes ist Lt. Yama Jammeh, der am 26. Juli 1994 im Alter von 29 Jahren Präsident des provisorischen Rates und Staatsoberhaupt von Gambia und am 27. September 1996 im Alter von 31 Jahren zum Präsidenten gewählt wurde.

ÄLTESTE PREMIERMINISTERIN
Sirimavo Bandaranaike wurde 1994 im Alter von 78 Jahren Premierministerin Sri Lankas. Schon 1960 war sie als erste Frau der Welt Premierministerin geworden. Ihre Tochter, Chadrika Bandaranaike Kumaratunga, ist die Präsidentin des Landes.

ÄLTESTER PRÄSIDENT
Rafael Caldera wurde 1993 im Alter von 76 Jahren Präsident Venezuelas. Zwischen 1969 und 1974 war er schon einmal Präsident. Wenn Rafael Caldera im Februar 1999 sein Amt aufgibt, wird das älteste republikanische Staatsoberhaupt der 82jährige Kiro Gligorow, der Präsident der Republik Mazedonien, sein.

GRÖSSTE MANNSCHAFT
Das republikanische Staatsoberhaupt mit der größten Mannschaft ist der amerikanische Präsident Bill Clinton, hier mit dem bestbezahlten Politiker, Japans Premierminister Ryutaro Hashimoto, abgebildet. Einschließlich Hausbediensteter, Speisen- und Getränkelieferanten, Gartenpersonal, Sicherheitspersonal und Assistenten hat das Weiße Haus mehr als 1.000 Angestellte.

KRANKESTER PRÄSIDENT
Boris Jelzin, der Präsident der Russischen Föderation, mußte bisher bei neun bekanntgeworden Krankenhausaufenthalten behandelt werden, einige davon waren Notaufnahmen. Das Durchschnittsalter männlicher Russen von 58 Jahren hat er bisher um neun Jahre überlebt.

partys und galas

SICHERSTE HOLLYWOOD-HOCHZEIT

1991 wurden zur achten Trauungszeremonie von Elizabeth Taylor 1.000 Journalisten auf Michael Jacksons Besitz in Neverland Valley, Kalifornien, erwartet. Das 1.093 ha große Areal wurde durch die schärfsten Sicherheitsmaßnahmen überwacht, die die Welt je gesehen hat. 80 Wachleute arbeiteten mit berittener Polizei und Leibwächtern zusammen, um Eindringlinge abzuhalten, rote und weiße Ballons schwebten in 165 m Höhe über dem Grundstück, damit nicht aus Hubschraubern gefilmt werden konnte. Trotzdem landete ein Fallschirmspringer mit Videokamera, er wurde jedoch sofort festgenommen. Taylor heiratete den früheren Bauarbeiter Larry Fortensky. Sie trug ein Valentino-Kleid aus gelbem Chiffon, das 20.000 Dollar (ca. 35.000 DM) gekostet haben soll. Die offiziellen Hochzeitsfotos von Herb Ritts wurden exklusiv an das Magazin *Hello!* verkauft. Im Jahr 1996 reichte Elizabeth Taylor die Scheidung ein.

RÜCKENMARKSFORSCHUNG

Am 1. Februar 1998 war Christopher Reeve (oben mit seiner Ehefrau und seinem Sohn) Gastgeber der größten Hollywood-Spendengala zur Erforschung von Rückenmarksleiden. Das Ereignis brachte 256.000 Dollar (ca. 450.000 DM) ein. Im Mai 1995 hatte Reeve, der Hauptdarsteller von *Superman* (Großbritannien, 1978), einen Reitunfall, der zu einer Querschnittslähmung führte und ihn an den Rollstuhl fesselt.

SPENDENSAMMLUNG

Die Geburtstagsparty an Elizabeth Taylors 65. Geburtstag am 15. Februar 1997 in Hollywood brachte insgesamt 1 Mio. Dollar (ca. 1,76 DM) für die AIDS-Hilfe. Die Feier wurde von Stars wie Michael Jackson, Dennis Hopper, Shirley McLaine, Cher, Roseanne Barr, Patti LaBelle und Madonna besucht.

GRÖSSTE KARITATIVE SENDUNG

Die von Jerry Lewis geleitete Sendung „Stars across America" zugunsten der Muskeldystrophievereinigung erreichte 1997 27,6 Mio. amerikanische Haushalte und 75 Mio. amerikanische Zuschauer. Diese Zuschauerzahlen werden sonst nur bei US-Baseballmeisterschaftsspielen und der Oscarverleihung erreicht. Die $21\frac{1}{2}$stündige Live-Revue wird von CBS Television City in Hollywood ausgestrahlt und von rund 200 Fernsehsendern des „Love Network" übernommen. Die von Jerry Lewis moderierte und produzierte Sendung war die erste im Fernsehen übertragene Spendenveranstaltung, die mehr als 1 Mio. Dollar (ca. 1,76 Mio. DM) sammelte. 1997 erbrachte sie 50,47 Mio. Dollar (ca. 89 Mio. DM).

MEISTE KRIEGSOPFER-SPENDEN

Pavarottis zwei Konzerte zugunsten der Kriegskinderhilfe, die Kinder in der ganzen Welt unterstützt, brachten 863.915 Dollar (ca. 1,5 Mio. DM) ein. Zu den Konzerten kamen auch Künstler wie Eric Clapton, Brian Eno und Sheryl Crow. Bono von U2 schrieb für die Veranstaltung im Jahr 1995 den Titel *Miss Sarajevo*.

GRÖSSTE FEIER IM BUCKINGHAM-PALAST

Die Gartenparties der britischen Königsfamilie werden von mehr als 30.000 Menschen im Jahr besucht. Seit über 100 Jahren gibt es mindestens drei Feiern pro Jahr und jedesmal kommen ungefähr 8.000 Menschen.

GRÖSSTE ROCK-BENEFIZVERANSTALTUNG

Live Aid war das erste Rockkonzert, das über Satellitenverbindungen in zwei Ländern gleichzeitig stattfand. Das 17stündige Konzert wurde im Wembley-Stadion, London, und im JFK-Stadion, Philadelphia, am 13. Juli 1985 veranstaltet und von 150.000 Menschen (80.000 Menschen in Philadelphia und 70.000 in London) besucht. Mehr als 1,6 Mrd. Menschen in der ganzen Welt sahen die Satellitenübertragung dieses Ereignisses. Die britische Hilfsorganisation Band Aid der Musiker Bob Geldof (links auf dem Bild in der Mitte mit Pete Townsend und Paul McCartney) und Midge Ure initiierte das Konzert. 51,36 Millionen Pfund (ca. 140,8 Mio. DM) und seitdem weitere 37,5 Millionen Pfund (ca. 105,6 Mio. DM) kamen für den Äthiopischen Hungerhilfsfonds zusammen. Zu den auftretenden Stars gehörten Queen, U2, Elvis Costello, INXS, Sting, Phil Collins, die Beach Boys, Elton John, Mick Jagger und Tina Turner. Während des Finales kamen alle Musiker auf die Bühne und sangen *Do They Know It's Christmas*. Diese Single war Weihnachten 1984 die Nummer eins in Großbritannien, verkaufte 6 Mio. Exemplare und erbrachte rund 5,14 Mio. Pfund (ca. 14 Mio. DM).

Normalerweise werden ungefähr 27.000 Tassen Tee, 20.000 Sandwiches und 20.000 Stück Kuchen konsumiert.

GRÖSSTES STAATSBANKETT
Bei einem Staatsbesuch wie dem des Kaisers von Japan im Juni 1998 hält die Queen Elizabeth II ein Staatsbankett zu Ehren des Gastes ab. Die Abendessen, an denen im allgemeinen bis zu 140 Personen teilnehmen, sind die größten formellen, regelmäßig im Palast abgehaltenen Abendessen. Das jährliche Treffen aller akkreditierten Botschafter beim Court of St. James hat eine Gästeliste von 1.500 Personen und ist der größte im Buckingham-Palast abgehaltene Empfang.

GRÖSSTES EREIGNIS IM WEISSEN HAUS
Das jährlich stattfindende Eierrollen, das an der Vorderseite des Weißen Hauses am Montag nach Ostern veranstaltet wird, ist die größte Feierlichkeit im Präsidentengebäude. Am 31. März 1997 nahm eine Rekordzahl von 29.000 Personen daran teil.

GRÖSSTE PARTY IN LAS VEGAS
Das erste, nun jährlich stattfindende Frank Sinatra Classic Gedenkgolfturnier von Las Vegas wurde vom 28. bis 31. Mai 1998 im Andenken an Frank Sinatra ausgetragen, der am 15. Mai 1998 gestorben war. Die Erlöse gehen an das Barbara-Sinatra-Kinderzentrum in Rancho Mirage, Kalifornien, sowie an Opportunity Village, Las Vegas. Die Gedenkveranstaltung war die größte Party, die jemals in Las Vegas abgehalten wurde. Allein das Golfturnier zog nach Schätzungen 10.000 Zuschauer an. Unter den Gästen auf der Smoking-Party waren Gregory Peck, Robert de Niro, Leslie Nielsen, Jack Lemmon und Dina Merrill. Zu den Ehrengästen des Turniers gehörten Bruce Springsteen, Brooke Shields, Andre Agassi und Aga Khan.

ERFOLGREICHSTER SPENDENAUFRUF
Ein Konzert von Elton John mit Jessye Norman und Luciano Pavarotti am 8. Februar 1997 und die anschließende Versteigerung brachte 900.000 Dollar (ca. 1,6 Mio. DM) für die Elton-John-Aids-Stiftung (EJAF). Zu den Preisen gehörten ein Abendessen mit Cindy Crawford und Tennisstunden mit Andre Agassi. Gäste waren unter anderem Billy Joel und Whoopi Goldberg.

VERSCHWENDERISCHSTE GEBURTSTAGSFEIER
Am 13. Juli 1996 veranstaltete Sir Muda Hassanal Bolkiah Mu'zzaddin Waddaulah, der Sultan von Brunei und ehemals reichste Mann der Welt, die verschwenderischste Feier der Welt. Zu den Attraktionen gehörten ein Vergnügungspark, der später den Menschen in Brunei geschenkt wurde. Die Feier kostete insgesamt 27,2 Mio. Dollar (ca. 48 Mio. DM), von denen 16 Mio. Dollar (ca. 28 Mio. DM) für drei Popkonzerte von Michael Jackson ausgegeben wurden.

GRÖSSTES ROCKBENEFIZ FÜR AIDS
Das Konzert in Gedenken an den im November 1991 an Aids gestorbenen Freddie Mercury (links) im Wembley-Stadion, London, versammelte am 20. April 1992 ungefähr 75.000 Menschen. Nahezu 1 Mrd. Menschen in mehr als 70 Ländern erlebten die Veranstaltung im Radio oder TV. Das Rockbenefiz brachte insgesamt 25 Millionen Dollar für die AIDS-Hilfe. Künstler wie U2, Elton John, Queen, Guns 'N' Roses und Liza Minnelli traten auf. Freddie Mercury war der Leadsänger der Rockgruppe Queen, zu deren Hits *Bohemian Rhapsody* (1975) und *We Are The Champions* (1977) gehörten.

Diana und Königshäuser

DIANAS WOHLTÄTIGKEIT
Im März 1998 wurde die Diana-Rubbelkarte für den Princess-of-Wales-Gedächtnisfonds herausgebracht. Das eingenommene Geld geht an die von Diana favorisierten wohltätigen Zwecke, wozu AIDS-Hilfe, Kampf gegen Krebs und die Obdachlosen gehören. Am ersten Tag wurden 250.000 Karten verkauft. 20 Pence des 1 Pfund teuren Loses gehen an die Gedenkstiftung.

HÖCHSTE ANZAHL AN FERNSEHZUSCHAUERN
Das Begräbnis von Diana, der Prinzessin von Wales, am 6. September 1997 wurde von mehr Menschen gesehen als jemals irgendeine andere Fernsehübertragung. Weltweit wurden 2,5 Milliarden Zuschauer geschätzt.

AM HÄUFIGSTEN FOTOGRAFIERTE FRAU
Es ist unmöglich, genau festzustellen, wie viele Fotos von Diana in ihrem kurzem Leben gemacht wurden; sie war jedoch zweifellos in den letzten 15 Jahren die am häufigsten fotografierte Frau. Weder Grace Kelly noch Jackie Kennedy zogen die Aufmerksamkeit der Medien in einem solchen Ausmaß an. Fotos von Diana und Dodi al-Fayed, gemacht während ihrer Ferien vor der Insel Sardinien kurze Zeit vor ihrem Tod, wurden für 210.000 Dollar (ca. 370.000 DM) verkauft. Es wird angenommen, daß Mario Brenna, der Fotograf, weltweit bis zu 3 Mio. Dollar (ca. 5,2 Mio. DM) aus ihrem Verkauf erhalten hat.

ÖFFENTLICHSTE HOCHZEIT
Am 29. Juli 1981 waren ungefähr 750 Millionen Menschen in 74 Ländern live der Fernsehübertragung der Hochzeit von Diana und Prinz Charles in der St. Paul's Cathedral in London, Großbritannien, zugeschaltet. Die Einnahmen aus Erinnerungsstücken überstiegen nach Schätzungen 650 Mio. Pfund (ca. 1,76 Mrd. DM). Das von Elizabeth und David Emmanuel entworfene Hochzeitskleid wird auf der Ausstellung in Althorp zum Gedenken an Diana gezeigt.

MEISTVERKAUFTE SINGLE
Candle in the wind, ein ursprünglich von Elton John und Bernie Taupin 1973 komponiertes Lied über Marilyn Monroe, wurde als Achtungsbezeigung für Diana umgeschrieben, auf ihrer Beisetzung von Elton John vorgetragen und später am Tag aufgezeichnet. Am 19. Dezember 1997 präsentierte der Sänger seine CD, die an 33 Millionen Verkäufe von *Candle in the wind* 1997 – Something about the way you look tonight anschloß. Als erste Single, die in fast jedem Land an der Spitze der Charts lag, erhielt sie weltweit mehr als 140 Platin-Platten und wurde bis zum Ende des Jahres 1997 in vielen Ländern die am meisten und am schnellsten verkaufte Single.

TEUERSTER TEXT
Im Februar wurde der handgeschriebene Text von *Candle in the wind* 1997 für 400.000 Dollar (ca. 700.000 DM) an die Lund Foundation for Children verkauft, die von Walt Disneys Tochter, Sharon Disney-Lund, gegründet wurde. Er besteht aus drei handgeschriebenen Seiten und einer gedruckten Version und ist der wertvollste zeitgenössische Text.

TEUERSTE KLEIDUNGSSTÜCKE
Der Rekord für das wertvollste, auf einer Auktion angebotene Kleidungsstück liegt bei 200.000 Dollar (ca. 352.000 DM) für ein Kleid aus blauer Seide und Samt aus dem Besitz von Diana, das am 26. Juni 1997 bei Christie's in New York, USA, verkauft wurde. Das Kleid, eines aus einer Auswahl von Kleidern, die Diana für die britische und amerikanische AIDS-Hilfsorganisationen spendete, trug sie 1985 beim Tanz mit John Travolta im Weißen Haus in Washington DC. Der alte Rekord für ein bei einer Auktion verkauftes Kleidungsstück lag bei circa 255.000 DM für den weißen Anzug, den John Travolta in dem Film *Saturday Night Fever* (USA, 1977) getragen hatte.

Auf einer Auktion für wohltätige Zwecke im September 1997 in Boston, Massachusetts, USA,

GRÖSSTER BLUMENSCHREIN
Zwischen dem 1. und 8. September 1997 wurden nach Schätzungen 5 Mio. Blumensträuße mit einem Gewicht von circa 15.000 Tonnen in Gedenken an Diana am Buckingham Palast, am St. James Palast und vor Dianas Wohnhaus, dem Kensington Palast (links abgebildet), in London niedergelegt und bildeten so den größten, jemals bekannt gewordenen Blumenschrein. Diana starb zusammen mit ihrem Freund Dodi al-Fayed un dessen Fahrer Henri Paul am 31. August 1997 nach einem Autounfall bei der Pont de l'Alma in Paris. 16 Stunden nach dem Unfall wurde ihr Leichnam nach London zurückgebracht. Trauernde begannen, Blumen an den Palästen niederzulegen, nachdem die Nachricht von dem tragischen Ereignis bekannt geworden war, und insgesamt 43 Bücher wurden allein im St. James Palast mit Kondolenzbotschaften der Bevölkerung gefüllt. Am 9. September, drei Tage nach ihrer Beerdigung, richtete Dianas Brude Earl Spencer und der Rest ihrer Familie einen Appell an die Öffentlichkeit, mit dem Geld, das für Blumen ausgegeben worden wäre, einen der von Diana favorisierten wohltätigen Zwecke zu unterstützen. Die Blumen, die die Bevölkerung an den Toren von Dianas Wohnsitz niedergelegt hatte, wu den in einem Boot zu Dianas Grabstätte auf einer Insel im Park in Althorp gebracht und um ihr Grab herum drapiert oder an Krankenhäuser verteilt.

LANDMINEN
Im Januar 1997 machte Diana einen Besuch in Huambo in Zentralangola, einem der am dichtesten mit Minen verseuchten Gebiet der Welt. Diana wurde von der britischen Minenräumorganisation Halo Trust informiert. Am 18. September 1997 wurde in Oslo von über 100 Ländern ein Verbot von Landminen unterzeichnet. Dabei fehlten die USA, China, Rußland, Pakistan und Indien.

GRÖSSTE ANDENKENPRODUKTION
Bis Dezember 1997 hatte die Andenkenindustrie weltweit bereits Einnahmen in Höhe von 240 Mio. Dollar (ca. 422 Mio. DM) erzielt. Nach Schätzungen tragen 25.000 Produkte offiziell und inoffiziell Dianas Bild oder Unterschrift, darunter Aschenbecher, Rosensträucher und Puppen (oben). Es gibt circa 36.000 Internet-Seiten in Verbindung mit Andenken an Diana.

zahlte ein anonymer Käufer 200.000 Dollar (ca. 350.000 DM) für ein schwarzes Samtkleid, das Diana auf einer Londoner Premiere im Jahr 1985 getragen hatte.

TEUERSTES BUCH
Die in Leder gebundene, limitierte Ausgabe des Katalogs von Dianas Kleidern wurde am 4. Oktober 1997 im Grosvenor House Hotel, Mayfair, London, Großbritannien, für 50.000 Pfund (ca. 145.000 DM) an Firoz Kassam, den Chef der Hotelkette Holiday Inn in Asien, verkauft.

MEISTE PER INTERNET ÜBERMITTELTE BEILEIDSBEKUNDUNGEN
Die Rekordzahl von 350.000 Personen hinterließ auf der offiziell eingerichteten Website des britischen Königshauses Beileidsbotschaften für Diana. Die Website des britischen Königshauses ist auch die beliebteste königliche Website: In dem Monat nach dem Tod von Diana wurde sie von rund 14 Mio. Menschen angewählt.

MEISTE REVOLUTIONSOPFER
Zwischen 1918 und 1919 wurden während der russischen Revolution 15 Mitglieder der russischen Zarenfamilie von den Bolschewiken getötet, darunter auch der Zar Nikolaus II., Zarin Alexandra, ihre fünf Kinder und sieben weitere Mitglieder der Familie. Es gibt bis heute das Gerücht, daß eines der Zarenkinder dem Massaker in Jekaterinenburg entfliehen konnte.

MEISTE UNFALLOPFER EINER KÖNIGLICHEN FAMILIE
Sieben Mitglieder der königlichen Familie von Hessen (Ernst Ludwig, der letzte Großherzog von Hessen, und seine Gattin, sein Sohn, seine Schwiegertochter und drei Enkel) starben bei einem Flugzeugunglück in Ostende, Belgien, am 16. November 1937.

MEISTE STAATSÄMTER
König Norodom Sihanouk von Kambodscha war von 1941 bis 1955 König, von 1955 bis 1966 Premierminister, von 1960 bis 1970 Staatsoberhaupt und Regent, 1970 Chef der Exilregierung, 1976 Präsident, von 1982 bis 1988 Exilpräsident, von 1989 bis 1991 Chef der Exilregierung, 1991 Präsident des Nationalrates und von 1991 bis 1993 Staatsoberhaupt. 1993 wurde er wieder zum König ernannt.

KÖNIGIN DER HERZEN
Am 1. Juli 1997, ihrem 36. Geburtstag, nahm Diana an einer Gala aus Anlaß der Hundertjahrfeier der Tate Gallery in London teil. Es war das erste Mal, daß sie nach ihrer Scheidung gemeinsam mit der königlichen Familie auftrat. Sie trug ein schwarzes, mit Perlen besticktes Abendkleid von Jacques Azagury, die Queen-Mary-Diamanten und ein Smaragdhalsband.

ÄLTESTE KÖNIGSFAMILIE
Die gegenwärtige japanische Kaiserfamilie stammt von Jimmu ab, von dem behauptet wird, daß er am 11. Februar 660 vor Christus den Thron bestiegen hat.

REICHSTE KÖNIGSFAMILIE
Die saudiarabische Saudi-Dynastie ist die reichste königliche Familie. 1998 hatten König Fahd und die saudischen Prinzen nach Schätzungen ein persönliches Vermögen von 32,2 Mrd. Dollar (ca. 57 Mrd. DM).

GRÖSSTE KÖNIGLICHE FAMILIE
In der saudischen Königsfamilie gibt es mehr als 4.200 Prinzen und über 40.000 andere Verwandte.

MEISTE GESCHWISTER
König Mswati III. (Swasiland) hat 600 Geschwister. Sein Vater hatte 112 Ehefrauen.

wirtschaft
und
Big Business

Reichtum

REICHSTER MANN
Bill Gates, der 42jährige Vorstandsvorsitzende und Mitgründer der Microsoft Corporation, hat ein Nettovermögen von 39,8 Mrd. Dollar (ca. 70 Mrd. DM). Sein Reichtum übertrifft nun den des Sultans von Brunei, dessen Vermögen auf 38 Mrd. Dollar (ca. 66,9 Mrd. DM) geschätzt wird.

REICHSTE FRAU
Liliane Bettencourt ist die Tochter des Gründers von L'Oreal. Als Erbin des Vermögens aus dem Kosmetik-Imperium besitzt sie netto 8,4 Mrd. Dollar (ca. 14,8 Mrd. DM).

REICHSTER TEENAGER
Prinz Abdul Aziz Bin Fahd von Saudi-Arabien erhielt 1987 im Alter von 14 Jahren 300 Mio. Dollar (ca. 528 Mio. DM). Sein Vater, der König, hatte erfahren, daß der Prinz mehr als sein bereits sehr großzügiges Taschengeld ausgab.

JÜNGSTER MULTIMILLIARDÄR
Athina Onassis Roussel, die Enkelin des Schiffsmagnaten Aristoteles Onassis, erbte 1988 im Alter von drei Jahren ein auf 5 Mrd. Dollar geschätztes Imperium und die griechische Insel Skorpios. Über das Vermögen verfügen können wird sie 2003, wenn sie 18 wird.

REICHSTER DIKTATOR
Der irakische Diktator Saddam Hussein besitzt 5 Mrd. Dollar (ca. 8,8 Mrd. DM). Es wird vermutet, daß sein Reichtum auf dem Schmuggel-Monopol seines Sohnes beruht.

TEUERSTE HÄUSER
1997 kaufte Wong Kwan, Vorsitzender von Pearl Oriental Hol-

TEUERSTER LUXUSDAMPFER
Der teuerste Luxusdampfer der Welt, die *World of ResidenSea*, soll im Jahr 2000 vom Stapel laufen. Von seinen 250 seetüchtigen Apartments, die zur Zeit für 1,3–5,8 Mio. Dollar (ca. 2,3–10,2 Mio. DM) zum Verkauf stehen, werden die attraktivsten die 199,92 m² großen Penthouse-Apartments mit je drei Schlafzimmern und Badezimmern sein. Das 304 m lange Schiff, das zur Zeit von einer deutschen Werft gebaut wird, soll 529,7 Mio. Dollar (ca. 932,3 Mio. DM) kosten und wird das luxuriöseste je gebaute Schiff sein. Die 500 Mann starke Besatzung möchte die Gäste ebenso zufriedenstellen wie sieben Restaurants, Bars, ein Kino, ein Casino, ein Nachtclub, ein römisches Bad, eine Andachtsstätte, eine Bibliothek, Museen, ein Business-Service-Center mit Büropersonal und ein zugelassener Wertpapier-Broker. Auf den drei obersten Decks werden sich Geschäfte, ein Supermarkt, ein Schwimmbecken, eine einziehbare Ablegestelle für Wassersport, eine Golf-Akademie, ein Tennisplatz und ein Hubschrauber-Landeplatz befinden. Die *World of ResidenSea* wird dem Lauf der Sonne folgen, so daß es an Bord immer Sommer bleibt. Die Passagiere unterbrechen ihre Fahrt für Veranstaltungen wie die Olympischen Spiele 2000 in Sydney und dem Grand Prix von Monte Carlo und feiern den Beginn des neuen Jahrtausends mit einem zweitägigen Halt an der internationalen Datumsgrenze.

REICHSTE MÄNNER
Viele Jahre lang war der Sultan von Brunei (oben Mitte) der reichste Mann. Dieses Jahr wurde sein Vermögen von dem des Bill Gates übertroffen. Der Reichtum des letzteren schwankt jedoch entsprechend dem Wert der Microsoft-Aktien, und der Abstand zwischen den Vermögen der beiden ist gelegentlich minimal.

dings, zwei Grundstücke im Erschließungsgebiet Skyhigh, Hong Kong, für 70,2 Mio. Dollar (ca. 123,6 Mio. DM) und 48,9 Mio. Dollar (ca. 86 Mio. DM). Berichten nach wurde ein weiteres Grundstück für 98,88 Mio. Dollar (ca. 174 Mio. DM) verkauft. Mit ca. 57.771 DM pro m² war es damals das teuerste Haus der Welt.

Das Haus von Bill Gates in Seattle, USA, wurde von Gutachtern aus King County auf 53.392.000 Dollar (ca. 93.969.920 DM) bewertet. Gates behauptet, es sei 30,3 Mio. Dollar (ca. 53,3 Mio. DM) wert.

TEUERSTE INSELN
Die 161,88 ha große Insel Niihau, Hawaii, ist die größte Insel in Privatbesitz in den USA und wurde auf 100 Mio. Dollar (ca. 176 Mio. DM) bewertet. Sie ist in Besitz der Familie Robinson.

Die teuerste momentan auf dem Markt erhältliche Insel ist D'Arros, eine Seychelleninsel. Das Atoll, das eine Fläche von 242,8 Hektar und eine private Lagune umfaßt, eine Fluglandebahn und drei Wohnhäuser einschließt, ist für 21 Mio. Dollar (ca. 37 Mio. DM) zu kaufen.

LUXURIÖSESTER PRIVATJET
Die 35 Mio. Dollar (ca. 61,6 Mio. DM) teure *Gulfstream V*, das höchst fliegende Passagierflugzeug nach der Concorde und das schnellste Langstrecken-Luxusflugzeug, kann mit beinahe Schallgeschwindigkeit 6.500 Seemeilen weit fliegen. Wenn es mit maßgefertigten Extras ausgestattet wird, erhöht sich sein Wert auf 40 Mio. Dollar (ca. 70,4 Mio. DM). Passagiere waren unter anderem bereits Diana, Princess of Wales, und Dodi Al-Fayed.

TEUERSTE YACHT
Die *Prince Abdul Aziz*, die der saudi-arabischen Königsfamilie gehört und 1984 für 109 Mio. Dollar (ca. 191,8 Mio. DM) gebaut wurde, wird als die teuerste Yacht der Welt angesehen. Sie ist gleichzeitig die größte Yacht der Welt, mit einer Besatzung von 60 Mann, einem komplexen Unterwasser-Beobachtungssystem und einem Schwimmbecken, das sich in eine Tanzfläche verwandeln läßt.

GRÖSSTER PHILANTHROP
Der US-Tycoon Charles „Chuck" Feeney hat beinahe alles von seinen 4,1 Mrd. Dollar (ca. 7,2 Mrd. DM) Vermögen verschenkt, besitzt weder ein Auto noch ein Haus und trägt eine 16-Dollar-Armbanduhr. Der Reichtum des 66jährigen stammt aus dem Duty-Free-Imperium, das er mitgegründet und an Moet & Chandon verkauft hat. Den größten Teil seines Geldes hat er in Bildung und Forschung in Irland investiert, und 5 Mio. Dollar (ca. 8,8 Mio. DM) für persönliche Lebenskosten beiseite gelegt.

GRÖSSTE VERMÄCHTNISSE
1997 spendete der US-Medientycoon Ted Turner 1 Mrd. Dollar (ca. 1,76 Mrd. DM) an die Vereinten Nationen.

1991 kündigte der Verlagstycoon Walter Annenberg seine Absicht an, seine Sammlung von Kunstwerken im Wert von 1 Mrd. Dollar (ca. 1,76 Mrd. DM) dem Metropolitan Museum of Modern Art in New York, USA, zu hinterlassen.

HÖCHSTE SCHEIDUNGSREGELUNG
Die höchste jemals auf der Welt öffentlich bekanntgegebene Scheidungsregelung belief sich auf 500 Mio. Pfund (ca. 1,5 Mrd. DM) plus Immobilienbesitz. Sie wurde 1982 durch die Anwälte von Soraya Kashoggi von ihrem Mann Adnan, einem saudi-arabischen Unternehmer, erzielt.

REICHSTE ROCKSTAR-ERBIN DER NEUNZIGER
Lisa Marie Presley, die Tochter von Elvis, hier zu sehen mit Michael Jackson, ihrem früheren Ehemann, hat 130 Mio. Dollar (ca. 228,8 Mio. DM) geerbt. Sie erhielt 38 Mio. Dollar (ca. 66,9 Mio. DM) an ihrem 30. Geburtstag 1997 und den Rest in Raten. Als Elvis starb, stand sein Nachlaß vor der Liquidation, ist seitdem aber zu einem der weltweit erfolgreichsten Merchandising-Unternehmen geworden.

LUXUS

WERTVOLLSTER SCHMUCK
Der Verkauf der Sammlung der Herzogin von Windsor am 3. April 1987 bei Sotheby's in Genf, Schweiz, erzielte 53 Mio. Dollar (ca. 93 Mio. DM).

Der teuerste Ring war ein Diamantring mit einem 13,49karätigen Fancy Deep Blue, von einem Käufer aus Asien im April 1995 für 7,5 Mio. Dollar (ca. 13,2 Mio. DM) bei Christie's, New York, USA, erworben.

Der kostspieligste Diamant pro Karat war ein 1987 bei Christie's, New York, verkauftes rot-violettes Liebhaberstück von 0,95 Karat. Es erzielte 926.315,79 Dollar (ca. 1.630.316 DM).

Der höchste je für einen Diamanten gezahlte Preis betrug 16,55 Mio. Dollar (ca. 29,13 Mio. DM), für einen bei Sotheby's in Genf am 17. Mai 1995 verkauften 100,10karätigen, birnenförmigen „D" Flawless-Diamanten. Er wurde von Scheich Ahmed Fitaihi für seine Kette von Juweliergeschäften in Saudi-Arabien gekauft.

Der höchste bekannte Preis für einen Rohdiamanten betrug 9,8 Mio. Dollar (ca. 17,25 Mio. DM), für einen 255,10karätigen Stein aus Guinea, gekauft 1989 von der William Goldberg Diamond Corporation zusammen mit der Chow Tai Fook Jewellery Co. Ltd.

Der höchste, je für einen Rubin gezahlte Preis beträgt 4,6 Mio. Dollar (ca. 8,1 Mio. DM), für einen Ring mit Diamanten und einem 32,08karätigen Rubin von Chaumet in Paris. Er wurde 1989 bei Sotheby's in Genf verkauft.

Der höchste Preis pro Karat für einen Rubin beträgt 227.300 Dollar (ca. 400.000 DM) für einen Ring mit 15,97karätigem Stein, der am 18. Oktober 1988 bei Sotheby's, New York, verkauft wurde.

Den höchsten Preis für eine Perle erzielte die eiförmige, 15,13 g schwere La Régente. Sie gehörte früher zu den französischen Kronjuwelen und wurde am 12. Mai 1988 bei Christie's in Genf für die Rekordsumme von 864.280 Dollar (ca. 1.521.133 DM) verkauft.

Der Rekordpreis pro Karat für einen Smaragd beträgt 107.569 Dollar (ca. 189.322 DM), für den 19,77karätigen Smaragd in einem Ring mit Diamanten, der am 2. April 1987 bei Sotheby's in Genf für 2,13 Mio. Dollar (ca. 3,75 Mio. DM) verkauft wurde.

WERTVOLLSTES EI
Fabergé, Goldschmied der russischen Zarenfamilie, stellte zwischen 1885 und 1917 circa 56 Ei-Skulpturen für den Hof des Zaren her. Die wertvollste ist das Winter-Ei aus einem Stück Kristall, das mit mehr als 3.000 Diamanten besetzt ist. Das Schmuckstück wurde im November 1994 bei Christie's, Genf, für 5,58 Mio. Dollar (ca. 9,8 Mio. DM) gehandelt. Das wertvollste Oster-Ei (oben) erbrachte bei Sotheby's, New York, ca. 3,7 Mio. DM.

TEUERSTER QUEUE
Ein Queue unter Verwendung von 18 Diamanten und 14karätigem Gold wurde von Joe Gold Cognoscenti Cues, USA, entworfen. Es ist 22.000 Dollar (ca. 38.000 DM) wert, seine Herstellung dauerte 9 Monate. Es ist das wertvollste Queue, das Joe Gold je hergestellt hat. Der Kunde war ein gewisser Mr. Keith Walton.

TEUERSTE KISTE
Ein Satz juwelenbesetzter Cartier-Kosmetikkoffer mit einem eingelegten Fragment altägyptischen Stahls wurde im November 1993 bei Christie's, New York, für die Rekordsumme von 189.000 Dollar (ca. 332.640 DM) verkauft.

TEUERSTE UHREN
Die höchste Summe, die je für eine Taschenuhr gezahlt wurde, beträgt 3,15 Mio. Dollar (ca. 5,55 Mio. DM), für eine Patek Philippe „Calibre '89" mit 1.728 Einzelteilen, erzielt

TEUERSTER BILLARD-TISCH
The Golden Fleece wurde auf 100.000 Dollar (ca. 176.000 DM) geschätzt und ist damit der teuerste Billard-Tisch der Welt. Der mit 23karätigem Blattgold überzogene und mit einem speziellen alten Lack geschützte, geschnitzte Tisch ist der einzige seiner Art. Entworfen und gebaut wurde er von dem Ehepaar Andee und Gil Atkisson, deren Firma als eine der besten Billard-Tisch-Hersteller gilt.

WERTVOLLSTER KUNSTSCHATZ
Das Bernsteinzimmer, das aus geschnitzten Bernsteinplatten und reich verzierten Stühlen, Tischen und Bernstein-Ornamenten bestand, wurde 1716 Katharina der Großen von Friedrich Wilhelm I. von Preußen geschenkt und im Katharinenpalast bei St. Petersburg, Rußland, aufgebaut. Das Zimmer galt als das „Achte Weltwunder" und stand ganz oben auf Hitlers Beutekunst-Wunschzettel. Vor der deutschen Invasion entwickelte er einen genauen Plan, wie das Zimmer zu zerlegen sei. Sowjetische Truppen vergruben die empfindlichen Platten im Schloßgarten. Hitler ließ sie wieder ausgraben und in das Schloß von Königsberg (heute Kaliningrad), Ostpreußen, schaffen. 1945 wurde das Zimmer eingelagert, weil die Rote Armee vorrückte, und seitdem ist es verschwunden. Eine einzige Platte tauchte 1997 in Deutschland auf, und die Hoffnungen stiegen, das Zimmer wieder zusammentragen zu können. Inzwischen haben 22 russische Kunsthandwerker damit begonnen, das Zimmer mit großem Aufwand nach Vorkriegs-Aufnahmen nachzubilden. Insgesamt 60 Tonnen Bernstein sind dafür eingeplant, die 164 Mio. Dollar (ca. 288,64 Mio. DM) kosten sollen. Die Arbeit wird noch mindestens 15 Jahre andauern.

am 9. April 1989 bei Habsburg Feldman in Genf, Schweiz.

Die teuersten zur Zeit auf der Welt im Handel erhältlichen Armbanduhren sind Uhren von Abraham-Louis Breguet aus 18karätigem Gold mit Tourbillon, immerwährendem Kalender, Minuten-Repetierwerk und rückläufigem Datum. Nur zehn davon wurden hergestellt. Jedes Exemplar kostet 450.000 Dollar (ca. 792.000 DM).

Die teuerste Rolex der Welt ist heute eine sehr seltene „Oyster Perpetual", die im April 1997 bei Antiquorum in Genf, Schweiz, für die Summe von 83.220 Dollar (ca. 146.468 DM) verkauft wurde. Die Herren-Armbanduhr aus 18karätigem Gold mit Diamanten ist wasserdicht und hat eine Aufziehautomatik.

TEUERSTE GEPÄCKSTÜCKE
Ein vollständiger Satz Reisegepäck von Louis Vuitton mit einem Armoire-Koffer, einem Schrankkoffer, einem Streamer-Koffer, vier passenden Koffern, einer Hutschachtel, einer Reisetasche und einem Schmuckkoffer kostet insgesamt 601.340 Dollar (ca. 1.058.358 DM), womit dieses Set das teuerste Gepäck der Welt ist.

TEUERSTE SCHUHE
Kaiser Feldmarschall Jean Feeder Bokassa von Zentralafrika gab für seine selbstinszenierte Krönung 1977 ein Paar perlenbesetzter Schuhe zum Rekordpreis von 85.000 Dollar (ca. 149.600 DM) beim Haus Berluti, Paris, Frankreich, in Auftrag.

TEUERSTES BRAUTKLEID
Eine von Hélène Gainville entworfene Hochzeitsgarnitur wird auf einen Wert von 7.301.587,20 Dollar (ca. 12.850.793 DM) geschätzt. Das Brautkleid, das mit Diamanten bestickt und auf eine Platinschicht montiert ist, wurde am 23. März 1989 in Paris präsentiert.

TEUERSTE ZIGARREN
Am 16. November 1997 zahlte ein Käufer aus Asien die Rekordsumme von 9.890 Pfund (ca. 28.680 DM) pro Stück für 25 von der kubanischen staatlichen Tabakfabrik hergestellte Trinidad-Zigarren.

TEUERSTES CHIRURGISCHES INSTRUMENT
Im August 1993 wurde bei Christie's, London, für eine deutsche mechanische Kettensäge aus dem 19. Jahrhundert die Rekordsumme von 34.848 Dollar (ca. 61.333 DM) gezahlt.

TEUERSTER SCHÄDEL
Am 6. März 1978 wurde in London, Großbritannien, der Schädel des schwedischen Philosophen und Theologen Emanuel Swedenborg für 5.500 Pfund (ca. 15.950 DM) von der Königlich Schwedischen Akademie der Wissenschaften gekauft.

TEUERSTES MONOPOLY-SPIEL
1988 kreierte der Juwelier Sidney Mobell, San Francisco, USA, ein exklusives Monopoly-Spiel für 2 Mio. Dollar (ca. 3,52 Mio. DM). Das Spielbrett besteht aus 23karätigem Gold, und die Würfel haben Augen aus 42 geschliffenen Diamanten.

TEUERSTE TELEFONKARTE
Der höchste bekannte Preis, der für eine Telefonkarte gezahlt wurde, beträgt 49.462 Dollar (ca. 87.053 DM), für die erste je in Japan ausgegebene Karte, die im Januar 1992 verkauft wurde.

TEUERSTER FÜLLFEDERHALTER
Ein japanischer Sammler zahlte im Februar 1988 die Rekordsumme von 218.007 Dollar (ca. 383.693 DM) für den „Anémone"-Füllfederhalter, hergestellt von der französischen Firma Réden. Der Füller war mit insgesamt 600 Edelsteinen besetzt, darunter Smaragde, Amethyste, Rubine, Saphire und Onyx, und eine Gruppe erfahrener Handwerker hatte zu seiner Fertigstellung über ein Jahr benötigt.

TEUERSTER BRIEF
Am 22. Januar 1981 wurde an die Hamilton Galleries in New York, USA, die Rekordsumme von 12.500 Dollar (ca. 22.000 DM) für einen zweiseitigen, vom ehemaligen US-Präsidenten Ronald Reagan unterschriebenen Brief gezahlt. Der undatierte Brief enthielt ein Lob auf den Sänger und Schauspieler Frank Sinatra. Dies ist der teuerste von einer noch lebenden Person unterzeichnete Brief.

TEUERSTE TONBÄNDER
1997 zahlte die US-Regierung 28 Mio. Dollar (ca. 49,3 Mio. DM) an die Nachlaßverwalter des ehemaligen Präsidenten Richard Nixon für die Watergate-Aufnahmen, die ihn 1974 zum Rücktritt zwangen. Sie bewiesen, daß er geplant hatte, die Abhöraktion gegen das Hauptquartier der Demokratischen Partei zu verschleiern. Die Bänder befinden sich heute im Nationalarchiv der USA.

TEUERSTES DREHBUCH
Clark Gables Exemplar des Drehbuchs von *Gone With The Wind* verkaufte sich im Dezember 1996 bei Christie's, New York, für 244.500 Dollar (ca. 430.320 DM).

TEUERSTES STÜCK TORTE
Im Februar 1998 wurde ein Stück Torte von der Hochzeit des Herzogs und der Herzogin von Windsor bei Sotheby's, New York, für 29.900 Dollar (ca. 52.624 DM) an den kalifornischen Unternehmer Benjamin Yim und seine Frau Amanda verkauft. Die Torte wurde als Teil der Windsor-Sammlung versteigert, mehr als 1.000 Dollar Auktionswert hatte man nicht erwartet.

glücksspiel

GRÖSSTES POKER-TURNIER

Die World Poker Series, 1997 gewonnen von Stu Unger (oben rechts), ist das größte Poker-Turnier der Welt. Die jährliche Veranstaltung fand zum ersten Mal 1970 in Binion's Horseshoe, Las Vegas, statt, die Summe der seitdem gewonnenen Preisgelder übersteigt 117 Mio. Dollar (ca. 206 Mio. DM). Der Turniersieger erhält 1 Mio. Dollar (ca. 1,76 Mio. DM), der Einstand ist 10.000 Dollar (ca. 17.600 DM).

GRÖSSTER GEWINN

Der größte jemals erzielte einzelne Gewinn betrug 111,24 Mio. Dollar (ca. 195,78 Mio. DM), gewonnen von Leslie Robbins und Colleen DeVries aus Fond du Lac, Wisconsin, USA, in der Ziehung der Powerball-Lotterie am 7. Juli 1993. In den nächsten 20 Jahren werden die beiden jährlich einen Nettobetrag von 1,5 Mio. Dollar (ca. 2,64 Mio. DM) erhalten.

GRÖSSTER LOTTERIE-JACKPOT

Der größte je angesammelte Lotterie-Jackpot der Welt betrug 118,8 Mio. Dollar (ca. 209,1 Mio. DM) am 17. April 1991 in Kalifornien, USA. Es gab 10 Gewinner.

GRÖSSTER MEGABUCKS-JACKPOT

In Nevada überstieg der progressive Spielautomaten-Jackpot im April 1998 die 15-Mio.-Dollar-Marke (über 26 Mio. DM), womit er bei Gewinn den höchste Automaten-Jackpot in der Geschichte darstellt. Der momentane Rekord liegt bei 12,51 Mio. Dollar (ca. 22,02 Mio. DM), der Summe des Jackpots, den Suzanne Henley im April 1997 in Las Vegas gewann.

EINARMIGER BANDIT

Der Jackpot beträgt 12,51 Mio. Dollar (ca. 22,02 Mio. DM), erzielt von Suzanne Henley auf einer Megabucks-Maschine am 14. April 1997 im New York-Hotel and Casino, Las Vegas. Die damals 46jährige Henley meinte, sie hätte „so ein Gefühl" bei dem Poker-Automaten gehabt, der bei Hauptpreisen mit 746 weiteren Geräten in Verbindung steht. Erst nach über einer Stunde machte sie ihr Spiel.

GRÖSSTER JACKPOT BEIM VIDEO-POKER

Im April 1998 gewann eine Rentnerin aus San Antonio, USA, einen Jackpot von 839.306,92 Dollar (ca. 1,47 Mio. DM) auf dem Five Duck Frenzy™ im Las Vegas Club, Las Vegas, Nevada.

GRÖSSTER GLÜCKSSPIELER

Der größte Glücksspieler oder „Wal" („whale" ist im Englischen ein Ausdruck für Spieler, die in Casinos hohe Summen setzen) der Welt ist der australische Medien-Tycoon Kerry Packer, der über ein geschätztes Privatvermögen von 1,5 Mrd. Dollar (ca. 2,64 Mrd. DM) verfügt. Packer hat in jedem Casino, zu dem er Zutritt hat, einen garantierten Sofortkredit von 20 Mio. Dollar (ca. 35,2 Mio. DM). 1997, nachdem zwei Casinos in Las Vegas 22 Mio. Dollar (ca. 38,7 Mio. DM) an ihn verloren

GRÖSSTE LOTTERIE

Die spanische staatliche Lotterie El Gordo („Der Fette") ist die größte der Welt, mit höheren Ausschüttungen und 800 % besseren Gewinnchancen (1:6) als jede andere Lotterie. Hier sieht man Gewinner, die nach der Ziehung ihrer Zahlen feiern. El Gordo hatte im Dezember 1997 eine Ausschüttung von 1,2 Mrd. Dollar (ca. 2,11 Mrd. DM), mit einem Hauptpreis von 270 Mio. Dollar (ca. 475,2 Mio. DM). Der höchste je ausgespielte Jackpot betrug 236 Mio. Dollar (ca. 415,4 Mio. DM). Die nächstgrößten Lotterien sind die Lotterie des Staates Florida mit 14 Mio. Dollar (ca. 24,7 Mio. DM), die Lotterie der australischen Regierung mit 10 Mio. Dollar (ca. 17,6 Mio. DM), die staatliche deutsche Lotterie mit etwa 11,44 Mio. DM, die Lotterie des Staates New York und die staatliche französische Lotterie mit je 6 Mio. Dollar (ca. 10,56 Mio. DM). Der größte bei einer dieser Lotterien gewonnene Jackpot betrug 7 Mio. Dollar in der Lotterie des Staates Florida. Der durchschnittliche Jackpot der National Lottery in Großbritannien beträgt 2 Mio. Pfund (ca. 5,8 Mio. DM), die Chance, ihn auch zu knacken, liegt bei 1:14 Mio.

hatten, kaufte er sein eigenes Casino. Packer gewann auch die Summe von 26 Mio. Dollar (ca. 45,76 Mio. DM) in sieben Runden Blackjack im MGM Grand Casino, Las Vegas, USA. Sein bevorzugter Einsatz ist 1 Mio. Dollar (ca. 1,76 Mio. DM).

MEISTE GLÜCKSSPIELER
In Australien gibt es mehr Glücksspieler als in jedem anderen Land, und im Schnitt wetten Australier pro Kopf für über 2.700 Dollar (ca. 4.752 DM) im Jahr – dreimal mehr als die US-Bürger.

GRÖSSTES CASINO
Das Casino des Foxwoods Resort in Connecticut, USA, ist das größte der Welt, mit Glücksspielen auf einer Fläche von 17.900 m² und insgesamt 3.854 Spielautomaten, 234 Spieltischen und 3.500 Bingo-Sitzplätzen.

HÖCHSTES CASINO
Das Stratosphere Hotel Casino in Las Vegas ist das höchste Casino der Welt. Der im April 1996 eröffnete, 350 m hohe, 100stöckige Turm mit Baukosten von etwa 550 Mio. Dollar (ca. 968 Mio. DM) ist der höchste freistehende Beobachtungsturm in den USA. Er ist 47,5 m höher als der Eiffelturm in Paris, Frankreich. Das Casino erstreckt sich über eine Fläche von 9.300 m² und besitzt über 2.000 Spielautomaten und Video-Poker-Geräte.

GRÖSSTER POTT IM POKER
1996 gewann Huck Seed, ein professioneller Pokerspieler aus Las Vegas, einen Pott von 2,3 Mio. Dollar (ca. 4,05 Mio. DM) von Dr. Bruce Van Horn aus Ada, Oklahoma, USA – den größten Gewinn in der Geschichte des Spiels. Seed gewann später den Titel in der World Poker Series.

GRÖSSTER BUCHMACHER
Der größte Buchmacher der Welt ist Ladbrokes mit über 2.460 Off-Track-Wettbüros in Großbritannien, 74 in der Republik Irland, 474 in Belgien, sechs in den USA und sieben in Argentinien.

HÖCHSTE WETTQUOTE
1996 bot das Wettbüro William Hill eine Quote von 15 Mio. zu Eins darauf, daß Screaming Lord Sutch von der Monster Raving Looney Party zum Premierminister von Großbritannien gewählt würde – eine höhere Quote, als von demselben Wettbüro dafür geboten wird, daß Elvis Presley in einem UFO das Monster von Loch Ness rammen könnte (14 Mio. zu Eins). Lord Sutch ist seit 1963 eine bekannte Persönlichkeit in der Politik und der dienstälteste britische Parteichef.

HÖCHSTE AUSZAHLUNG
Die höchste Auszahlung beim Pferderennen betrug 1.627.084 Dollar (ca. 2.863.668 DM), an Anthony Speelman und Nicholas Cowan (Großbritannien) auf eine 64-Dollar-9-Pferde-Sammelwette 1987 auf der Rennbahn von Santa Anita, Kalifornien, USA. Nach Abzug der Steuer belief sich der Gesamtgewinn der beiden noch auf 406.768 Dollar (ca. 715.912 DM).

BERÜHMTESTE SPIELERSTADT
Las Vegas ist berühmt für seinen legalen Glücksspiel-Betrieb rund um die Uhr. Casinos und andere Spielhallen säumen den „Strip", und seine Hotels und Nachtclubs haben Vegas zu einer ganzjährigen Touristenattraktion gemacht. Auch als Ort für Hochzeiten ist Las Vegas gefragt – Elvis Presley und Priscilla Beaulieu, Demi Moore und Bruce Willis, Cindy Crawford und Richard Gere heirateten dort.

shopping

GRÖSSTES KAUFHAUS

Mit einer Fläche von 198.500 m² ist Macy's das größte Kaufhaus. Das elfstöckige Gebäude nimmt einen ganzen Block im Herald Square, New York, ein. Macy's besitzt eine Kaufhauskette in den USA und war eines der ersten großen Einzelhandelsgeschäfte, die Läden in Einkaufszentren einrichteten.

MEISTE EINKAUFSZENTREN

In den USA gibt es 1.897 Einkaufszentren (die als abgeschlossene, klimatisch gesteuerte Gebäude definiert werden, die mindestens ein großes Kaufhaus mit vollständigem Sortiment und eine Fläche von mehr als 37.160 m² enthalten). Wenn zu ihnen noch die Anzahl von Lebensmittel-, Drogerie- und Discountmärkten kommt (die allgemein Freiluftanlagen sind), beträgt die Gesamtzahl an Einkaufszentren 42.048.

LÄNGSTES EINKAUFSZENTRUM

Das längste Einkaufszentrum der Welt befindet sich innerhalb des ca. 112 Mio. DM teuren Einkaufszentrums von Milton Keynes, Bucks, Großbritannien. Es ist 720 m lang.

GRÖSSTE EINZELHANDELSFLÄCHE

Das Del Amo Fashion Center in Torrance, Kalifornien, USA, ist nach Quadratmetern das größte Einzelhandelszentrum der Welt, denn es nimmt eine Fläche von 278.000 m² ein.

GRÖSSTES FREILUFT-EINKAUFSZENTRUM

Mehr als 200 Läden auf einer 20 ha großen Fläche hat das Ala Moana Center in Honolulu, Hawaii, womit es zum größten Freiluft-Einkaufszentrum wird. Es wird in jedem Jahr von 56 Mio. Kauflustigen besucht.

GRÖSSTER GROSSHÄNDLER

Der größte Großhandelsmarkt der Welt ist das Dallas Market Center, Texas, USA, das eine Grundfläche von nahezu 641.000 m² hat und 2.580 ständige Vorführräume besitzt, in denen Waren von mehr als 50.000 Herstellern ausgestellt werden.

GRÖSSTER UNTERIRDISCHER EINKAUFSKOMPLEX

Das Toronto Underground in Kanada hat mehr als 9,65 km Einkaufspassagen und insgesamt 1.100 Läden und Restaurants.

GRÖSSTES EINZELHANDELSUNTERNEHMEN

Wal-Mart Stores Inc., das 1962 von Sam Walton in Bentonville, Arkansas, USA, gegründet wurde, hatte bis zum 31. Januar 1996 Nettoeinnahmen von 2,74 Mrd. Dollar (ca. 4,8 Mrd. DM). Bis Juni 1998 hatte es einen Absatz von insgesamt 117,9 Mrd. Dollar (ca. 207 Mrd. DM) und besaß weltweit 3.487 Einzelhandelsstandorte mit 800.000 Angestellten.

MEISTE LÄDEN

Am 28. Januar 1996 hatte die Woolworth Corporation aus New York, USA, weltweit 8.178 Einzelhandelsgeschäfte. Der Gründer des Unternehmens, Frank Winfield Woolworth, öffnete sein erstes Geschäft The Great Five Cent Store in Utica, New York, im Jahr 1879. Woolworth verkauft nicht mehr in den USA.

MEISTE KAUFLUSTIGE IN EINEM KAUFHAUS

Die meisten Besucher, die ein einziges Kaufhaus an einem einzigen Tag besuchten, waren nach Schätzungen 1,07 Mio. Menschen am 20. Dezember 1995 in Nextage Shanghai, China.

GRÖSSTER DUTY-FREE-SHOP

Der größte Duty-Free-Shop der Welt wird von dem indonesischen

ERSTE KUNSTGALERIE IN EINEM SUPERMARKT

Vom 9. Dezember 1997 bis 10. Januar 1998 richtete der Leclerc Supermarkt in Le Cannet bei Cannes an der französischen Riviera in seinen Gängen eine Kunstgalerie ein. Insgesamt 17 Künstler aus der Region zeigten ihre Arbeiten und erhielten sämtliche Gewinne aus den Verkäufen. Der Supermarkt nahm keine Provision. Einige der Künstler waren in der „Kunstgalerie" anwesend, um ihre Arbeiten potentiellen Käufern zu erläutern. Während des Versuchszeitraums konnten Besucher des Supermarktes ihre Einkaufswagen mit Gemälden, Skulpturen und Lithographien füllen, die alle eingeschweißt und für Scannerkassen ausgepreist waren. Die 1.700 Kunstwerke lagen im Preis zwischen 14 und 4.167 Dollar. Zum Ende der fünf Wochen hatte der Supermarkt 185 Werke für insgesamt 5.553 Dollar verkauft. Yves Guidez, einer der Künstler und ein Befürworter des Planes, sagte, daß Kunst für jeden offen sein sollte und Kunstwerke genauso wie Verbrauchsgüter, wie zum Beispiel Waschpulver oder Erfrischungsgetränke, behandelt werden sollten. Eines seiner Werke, eine Bronzeskulptur mit dem Namen *Octave Auguste*, wurde von einem französischen Käufer für 2.500 Dollar (ca. 9.700 DM) erworben.

Tourismusanbieter PT Sonas Topas in Bali gegen Ende des Jahres 1998 eröffnet werden. Damit wird die Gesamtanzahl der Duty-Free-Shops auf der Insel 22 betragen. PT Sonas Topas besitzt gegenwärtig 60 % des indonesischen Duty-Free-Markts und hat auf jedem größeren Flugplatz der Welt die besten Standorte.

GRÖSSTES DUTY-FREE-ZENTRUM

Der Londoner Flugplatz Heathrow ist gegenwärtig das größte Duty-Free-Zentrum in der Welt mit Einkünften von 585,2 Mio. Dollar (ca. 1,2 Mrd. DM) im Jahr 1996. An zweiter Stelle steht mit 425,8 Mio. Dollar (ca. 749 Mio. DM) der Flugplatz von Honolulu, USA, gefolgt von Hongkong, China, mit 380 Mio. Dollar (ca. 668,8 Mio. DM).

Der neue Flugplatz Chek Lap Kok in Hongkong wird alle drei dieser Flugplätze übertreffen und die einträglichste Duty-Free-Einkaufszone der Welt werden.

GRÖSSTE SPIELZEUGLADENKETTE

Toys'R'Us, mit Hauptquartier in Paramus, New Jersey, USA, hat insgesamt 1.000 Läden und eine Verkaufsfläche von weltweit 4 Mio. m². Der größte Einzelladen von Toys'R'Us ist die Filiale in Birmingham, West Midlands, Großbritannien, mit 6.040 m².

GRÖSSTER ABSATZ PRO FLÄCHENEINHEIT

Richer Sounds, eine Hi-Fi-Handelskette in London, erreichte für das am 31. Januar 1994 endende Geschäftsjahr den Spitzenwert von ca. 47.000 DM pro m².

TEUERSTE VERKAUFSFLÄCHE

Oxford Street in London, Großbritannien, ist der teuerste Platz der Welt, um eine Verkaufsfläche zu mieten. Der Preis für die Anmietung einer einem Abfallbehälter entsprechenden Grundfläche ist hier um 25 % auf ca. 1.400 DM gestiegen.

GRÖSSTER TRÖDELMARKT

Im Mai 1994 wurden 214.085,99 Dollar (ca. 377.000 DM) während des von der Winnetka Congregational Church, Illinois, USA, veranstalteten 62. Eintages-Trödelmarktes erzielt.

The White Elephant Sale im Cleveland Convention Center, Ohio, USA, brachte über zwei Tage, vom 18. zum 19. Oktober 1983, 427.935,21 Dollar (ca. 753.000 DM).

GRÖSSTES EINKAUFSZENTRUM

The West Edmonton Mall in Alberta, Kanada, wurde 1981 eröffnet und vier Jahre später fertiggestellt. Das Einkaufszentrum hat die Größe von 110 Fußballplätzen und nimmt eine Fläche von 483.000 m² auf einem 49 ha großen Gelände ein. Das Einkaufszentrum beherbergt mehr als 800 Läden und Dienstleistungsunternehmen sowie elf größere Kaufhäuser. Jährlich werden ungefähr 20 Mio. Kunden bedient, denen 20.000 Parkplätze zur Verfügung stehen. Die Mall läßt keine Konsumwünsche offen.

GRÖSSTER KREDITKARTENUMSATZ

Im Jahr 1995 kaufte Eli Broad, ein Kunstsammler aus Los Angeles, Kalifornien, USA, Roy Lichtensteins Gemälde *I...I,m Sorry* (1965–66) für den Betrag von 2,5 Mio. Dollar (ca. 4,4 Mio. DM), wobei er mit American Express bezahlte. Bei dem größten bis dahin mit Amex abgewickelten Geschäft sparte Broad insgesamt 2,5 Mio. Flugmeilen an.

MEISTE KREDITKARTEN

Walter Cavanagh aus Santa Clara, Kalifornien, USA, besitzt insgesamt 1.397 verschiedene Kreditkarten, die zusammen mehr als 1,65 Mio. Dollar (ca. 2,9 Mio. DM) an Kredit wert sind. Er bewahrt seine Sammlung in der größten Brieftasche der Welt auf, die 76,2 m lang ist und 17,49 kg wiegt.

BESTER HAUTE-COUTURE-KUNDE

Mouna al-Ayoub, die Ex-Frau von Nasser al-Rashid, dem Berater der saudischen Königsfamilie, gibt mehr Geld für Haute Couture als jemand sonst in der Welt aus. Al-Ayoubs teuerste Erwerbung bis jetzt war ein goldbesticktes Kleid von Chanel im Wert von 160.000 Dollar (ca. 280.000 DM).

Marken

WERTVOLLSTER MARKENNAME
Der Markenname Coca-Cola erzielte 1997 Einnahmen im Wert von 48 Mrd. Dollar (ca. 84 Mrd. DM). Coca-Cola gilt auch als der bekannteste Markenname mit dem größten Werbeansehen. Sein Aktienwert stieg von 4 Mrd. Dollar (ca. 7 Mrd. DM) im Jahr 1981 auf mehr als 150 Mrd. Dollar (ca. 264 Mrd. DM) heute.

POPULÄRSTE SPORTARTIKEL
Nike ist mit einem Marktanteil von 35 % der führende Sportartikelhersteller und der größte Schuhhersteller der Welt. Ihr Vermögen beläuft sich auf 6,16 Mrd. Dollar (ca. 10,8 Mrd. DM). Im Jahr 1998 unterzeichnete sie einen Sponsoring-Geschäftsvertrag über acht Jahre mit der US Soccer Federation im Wert von 120 Mio. Dollar (ca. 211 Mio. DM). Bis zu 1 Mrd. Dollar (ca. 1,76 Mrd. DM) setzte sie im Kampf um den Markt mit ihrem Rivalen Adidas ein, um führende Sportler und Mannschaften auf der ganzen Welt zu sponsern. Tiger Woods, Michael Jordan und John McEnroe sind einige der gesponserten Berühmtheiten. Das Logo von Nike, das mittlerweile ausreicht, um die Marke zu erkennen, wurde von einem Designer aus Oregon, USA, im Jahr 1971 für 35 Dollar (ca. 60 DM) entworfen.

TEUERSTER LOGOWECHSEL
Im Jahr 1997 gab British Airways, die größte internationale Beförderungsgesellschaft der Welt, 60 Mio. Pfund (ca. 170 Mio. DM) für ein neues Logo aus. Das vorhergehende Symbol, die Union-Jack-Flagge, wurde durch afrikanische Zeichnungen von Schakalen, japanischen Wellen-Entwürfen und andere, ethnisch inspirierte Kunstwerke ersetzt. Die Zahlungen an Künstler, Rechtsanwälte und Designeragenturen beliefen sich auf ungefähr 2 Mio. Pfund (ca. 5 Mio. DM), und ein gleicher Betrag wurde für die Satellitenübertragung der Einweihungsveranstaltung in 63 Länder ausgegeben. Zu der Kampagne gehörte auch eine Flotte von Booten in Thailand, die auf ihren Segeln die neuen Bilder zeigten.

GRÖSSTES MARKENBERATUNGSUNTERNEHMEN
Im Jahr 1997 vereinigte sich Interbrand mit der Designfirma Newell and Sorrell, die das Image von British Airways überholt hatte, um das größte Markenberatungsunternehmen der Welt zu gründen. Das Unternehmen hat einen Jahresumsatz von 33,2 Mio. Dollar (ca. 58 Mio. DM), gehört der amerikanischen Werbeagentur Omnicom und beschäftigt weltweit 600 Menschen.

ERFOLGREICHSTE MARKENAGENTUR
Die 1981 ins Leben gerufene Agentur Dentsu Young und Rubicam ist das größte Werbeunternehmen der Welt. 1996 hatte es Einnahmen in Höhe von 1,93 Mrd. Dollar (ca. 3,396 Mrd. DM). Dentsu Young and Rubicam hat 19 Büros in zwölf asiatischen Ländern und weltweit 341 Büros. Zu ihren größten Abschlüssen gehören AT&T, Cadbury, Schweppes, Kraft Foods, Colgate-Palmolive, Ericsson, Fuji-Xerox, Nike, Philip Morris, Sony und United Airlines.

GRÖSSTER SPONSORVERTRAG
Im Jahr 1996 unterzeichnete Nike einen Rekordvertrag über 400 Mio. Dollar (ca. 704 Mio. DM) mit der brasilianischen Fußballnationalmannschaft. Er gibt Nike das Recht, zehn Jahre lang eine Reihe von internationalen Fußballveranstaltungen mit den ehemaligen Weltmeistern zu organisieren.

WERTVOLLSTE SAMMELOBJEKTE
Alte Sportschuhe von Nike, Puma und Adidas wurden zum ersten Mal in *Miller's Collectibles* aufgenommen, der Preisbibel für

SPITZEN-SOFTDRINK
Der weltweit populärste Softdrink ist Coca-Cola, der in den USA 1997 einen Anteil von 43,9 % an dem Markt von 54,7 Mrd. Dollar (ca. 96 Mrd. DM) hatte. Pepsi hat einen Marktanteil von 30,9 %. Die Verkaufszahlen von Coca-Cola in den USA im Jahr 1996 ergeben einen Verbrauch von 207,5 Litern pro Person.

GRÖSSTER VERLUST
Die finanziellen Verluste durch Fälschungen belaufen sich auf 5–7 % bzw. 250–350 Mrd. Dollar (ca. 440–616 Mrd. DM). Von 1990 bis 1995 hatte der Welthandel einen Zuwachs von 47 %, der Handel mit gefälschten Waren wuchs um 150 %. Von 1995–1996 beschlagnahmten britische Zöllner 81 Sendungen mit gefälschten Waren im Vergleich zu zwölf Sendungen im Jahr davor. Der Spitzenhersteller gefälschter Waren ist die Türkei, gefolgt von China, Thailand, Italien und Kolumbien. Laut dem Service de Statistiques industrielles gehen 60 % der gefälschten Waren der Welt in die Länder der Europäischen Union. In den USA ist nach Angaben der Motion Picture Association of America (MPAA) die am weitesten verbreitete Form der Produktpiraterie das Umkopieren von Videos; hochentwickelte Anlagen zur Fälschung können Hunderttausende von Kopien in einem Jahr herstellen. Hier wird eine Sendung von gefälschten Videos in Bangkok, Thailand, von einer Dampfwalze zerquetscht. Gegenwärtig bringt die weltweite Produktpiraterie den amerikanischen Filmgesellschaften jährliche Gewinnverluste von 2,5 Mrd. Dollar (ca. 4,4 Mrd. DM). Auch die Musikindustrie verliert jedes Jahr durch Piraterie riesige Summen.

Antiquitätenverkäufer. Die wertvollsten Sportschuhe der Welt sind eine Erstausgabe von Nikes Air Jordan von 1985. Ein noch verpacktes, unverkauftes Paar Air Jordans bzw. eines aus den unverkäuflichen Beständen wurde angeblich für 3.000 Dollar (ca. 5.000 DM) verkauft.

GRÖSSTE CD-PIRATEN
Bulgarien stellt mehr Compact Discs in Produktpiraterie her als jedes andere Land. Das Werk DZU-DMON in Stara Zagora, das während der sowjetischen Ära ein militärisches Computerforschungszentrum war, ist heute eines der fortschrittlichsten digitalen Anlagen im früheren Ostblock. Die jährliche Herstellung von CDs als Raubkopien, die in mindestens sechs Werken stattfindet, beläuft sich auf rund 20 Mio. CDs.

Italien ist nach Angaben der International Federation of the Phonographic Industry das Gebiet mit der größten Produktpiraterie in Westeuropa. Ungefähr 32 % von Italiens heimischem Markt besteht aus illegalen Produkten, und die Piratenverkäufe wurden 1996 auf 145 Mio. Dollar (ca. 255 Mio. DM) geschätzt.

SCHNELLSTE SOFTWARE-PIRATERIE
Innerhalb weniger Stunden nach dem Start von Microsofts Office'97 im Jahr 1996 waren auf einem Markt im Fili Park in Moskau, Rußland, Kopien für 4,68 Dollar (ca. 8 DM) im Angebot. Der Listenpreis lag bei 492 Dollar (ca. 865 DM). Dies geschah trotz der Bitte von Bill Gates an die Russen, die Herstellung von Raubkopien seiner Programme einzustellen.

GRÖSSTE BESCHLAGNAHME
Im Juni 1996 beschlagnahmten amerikanische Zollbeamte in Zusammenarbeit mit der Abteilung der Bezirkspolizei auf Long Island, New York, USA, 425.000 Raub-CDs, 25.000 schwarz hergestellte Plattenalben (meistens Raubkopien von LPs der Beatles) und 2,3 Mio. CD-Hüllen-Booklets.

GRÖSSTE MARKENARTIKEL-RIVALITÄT
Die „Cola-Kriege" zwischen Pepsi und Coca-Cola begannen kurz nach der Einführung von Pepsi im Jahr 1893, sieben Jahre nach dem Start von Coca-Cola. Die teuerste Schlacht bis jetzt war das „Blaue Projekt" im Jahr 1996, das Pepsi 500 Mio. Dollar (ca. 880 Mio. DM) kostete. In einer neunmonatigen Promotion-Aktion wechselte Pepsi die Farbe seiner Dosen von rot, weiß und blau zu blau, um sich von dem großen Rivalen zu unterscheiden. Unter anderem ließ Pepsi auch eine Concorde blau anstreichen. Coca-Cola schlug mit einer eigenen Promotion-Aktion von 500 Mio. Dollar (ca. 880 Mio. DM) zurück.

MEISTE WARENZEICHEN-EINTRÄGE
Die meisten Warenzeichen-Einträge werden in den USA registriert, wo in den neunziger Jahren der jährliche Durchschnitt bei fast 200.000 Einträgen liegt.

MEISTVERKAUFTE KLEIDERMARKE
Levi Strauss & Co ist mit 13,1 % Anteil am Markt im Jahr 1997 und einer weltweiten Belegschaft von 37.500 Menschen der größte Markenbekleidungshersteller. Seine Produkte werden in über 30.000 Einzelhandelsgeschäften in mehr als 60 Ländern verkauft. Der Markenname Levi's wurde Ende des 19. Jahrhunderts bekannt, als der bayrische Einwanderer Levi Strauss sein Geschäft in San Francisco, Kalifornien, USA, errichtete. Originale, gebrauchte Levi's werden für bis zu 8.320 Dollar (ca. 14.500 DM) verkauft, und das wertvollste Stück kostet (rechts abgebildet) 25.000 Dollar (ca. 44.000 DM).

werbung

TEUERSTE FERNSEHWERBUNG
Die Herstellung eines Werbespots für den Computerhersteller Apple Macintosh kostete insgesamt 600.000 Dollar (ca. 1 Mio. DM), die Ausstrahlung nochmals 1 Mio. Dollar (ca. 1,76 Mio. DM). Der von Ridley Scott, dem Produzenten von Blade Runner, (USA, 1992) hergestellte Werbespot war sehr erfolgreich. Der Spot, der auf dem Roman *1984* von George Orwell basierte, wurde nur im Jahr 1984 ausgestrahlt.

SCHNELLSTE PRODUKTION
Eine Fernsehwerbung für die Schuhe InstaPUMP von Reebok wurde während des 27. Superbowlspiels im Atlanta Georgia Dome, USA, am 31. Januar 1993 entwickelt, gefilmt und gesendet. Die Filmaufnahmen endeten vor Beginn des vierten Spielviertels, der Schnitt erfolgte in der Mitte des dritten Viertels, und das fertige, 30 Sekunden lange Produkt wurde in der Pause vor dem vierten Viertel gesendet.

KÜRZESTE WERBUNG
Eine vier Raster dauernde Werbung (eine Sekunde besteht aus 30 Rastern) wurde im Abendmagazin von KING TV am 29. November 1993 ausgestrahlt. Der Spot für Gummitiere von Bon Marche kostete 3.780 Dollar (ca. 6.500 DM).

TEUERSTE WERBEUNTERBRECHUNG
Der amerikanische Fernsehsender NBC kassierte 2 Mio. Dollar (ca. 3,5 Mio. DM) für einen 30-Sekunden-Spot während der letzten Episode der Show *Seinfeld* am 14. Mai 1998. Die Sitcom war mit durchschnittlich 20 Mio. Zuschauern die Nummer eins der Einschaltquoten, die letzte Show sahen wahrscheinlich über 40 Mio. Menschen. Während der gewöhnlichen Episoden kostete die halbe Werbeminute 1998 575.000 Dollar (ca. 1 Mio. DM), das sind 15.000 Dollar (ca. 26.000 DM) mehr als bei *Seinfelds* größtem Rivalen *ER*.

MEISTVERKAUFTE WERBESINGLE
Im Dezember 1995 wurde in dem Fernseh- und Kinowerbespot Levi's *Planet* für die Damenjeans 501 das Lied *Spaceman* von der britischen Band Babylon Zoo verwendet. Der Remix wurde 1996 als Single sofort die Nummer eins der britischen Charts. Das blieb er fünf Wochen lang, bereits in der ersten Woche verkauften sich 420.000 Platten.

LÄNGSTE WERBEBOTSCHAFT
Yellow Pages (Die gelben Seiten), das britische Telefonbuch, gab im Februar 1997 auf einem Londoner U-Bahn-Zug die weltweit längste Werbebotschaft in Auftrag. Der Zug war außen mit Bildern in hellen Farben bemalt, auf denen die Dienstleistungen des Telefonbuches dargestellt wurden, während der Innenraum mit einer mit Gelben Seiten bedruckten Polsterung ausgestattet war. Die Aktion kostete 1 Million Pfund.

MEISTE BERÜHMTHEITEN IN EINEM WERBESPOT
In dem 90 Sekunden langen Werbespot von Reebok mit dem Titel *Field of Dreams*, der 1996 im britischen Fernsehen lief, spielten 22 Stars, darunter Tom Jones, Filmproduzent Richard Attenborough, Opernsänger José Carreras und Ex-Fußball-Star George Best, die Hauptrollen. Die Stars sollten sich vorstellen, der von Reebok gesponserte Fußballstar Ryan Giggs zu sein.

LUKRATIVSTER WERBEVERTRAG
Im April 1997 landete der amerikanische Golfspieler Tiger Woods den lukrativsten Werbe- und Sponsorenvertrag der Geschichte, nachdem er die US Masters im Alter von 21 Jahren gewonnen hatte. Nike heuerte den neuen Star für einen 40 Mio. Dollar (ca. 70 Mio. DM) teuren Fünfjahresvertrag an, zu dem

WELTRAUMWERBUNG
Milk in Space, ein Werbespot für israelische H-Milch, wurde am 25. Juli 1997 an Bord der russischen Station *Mir* gedreht. Er zeigt einen Kosmonauten, der sich einen Schluck frische Milch wünscht. Der russische Kommander Vasily Tsibliyev drückt Milchblasen aus einer Packung mit hebräischer Beschriftung, verschluckt die umherschwebende Milch und lobt sie dabei in den höchsten Tönen.
Die Milch war zusammen mit anderer Fracht durch die *Progress* Space Shuttle an Bord gebracht worden. Die Russen sollen der israelischen Werbeagentur GITAM/BBDO für den 90-Sekunden-Spot 450.000 Dollar (ca. 800.000 DM) berechnet haben.
Im israelischen Fernsehen wurde der Werbespot am 20. August 1997 zum ersten Mal gezeigt. Dies war der zweite Werbefilm der Russen im All: 1996 ließen sich zwei *Mir* Kosmonauten während eines Spaziergangs im All mit einem übergroßen Modell einer blauen Pepsi-Dose filmen.

Produktwerbung und Auftritte in Werbespots gehören. Experten schätzen, daß Woods mit anderen Werbeverträgen rund 1 Milliarde Dollar (ca. 1,76 Mrd. DM) verdienen kann, womit er zum wertvollsten menschlichen Werbeträger würde.

INNOVATIVSTER WERBEVERTRAG
Im August 1995 vereinbarte die Firma Microsoft einen bahnbrechenden Vertrag mit der britischen Tageszeitung The Times, um für ihr neues Betriebssystempaket Windows '95 zu werben. Zum ersten Mal in ihrer 210jährigen Geschichte wurde die Zeitung auf Kosten von Microsoft kostenlos abgegeben. Microsoft erhielt nahezu das Monopol für die besten Werbeflächen und verteilte eine kostenlose 28seitige Beilage mit der Zeitung, deren Auflage auf 1,5 Mio. gesteigert wurde.

MEISTE EXKLUSIV-WERBESPOTS
Zwischen Mai 1994 und Dezember 1996 spielte der britische Schauspieler Bob Hoskins in 55 Fernsehwerbespots für den britischen Telekommunikationsgiganten BT mit. Seine Devise „Es ist gut zu reden" erreichte Platz Nummer eins bei Adwatch, der wöchentlichen Liste des britischen Handelsmagazins Marketing, und blieb 14 Monate lang unangefochten unter den Spitzenspots.

MEISTE PREISE
Der Drugstore-Fernsehwerbespot für die Levis-501-Jeans gewann 33 Preise im Jahr 1995.

MEISTE WERBUNGEN AN EINEM ABEND
Sämtliche 17 Versionen eines 40teiligen Werbespots von Castlemaine wurden am 1. Oktober 1996 am ersten Abend von Granada Sky Broadcasting, Großbritannien, gezeigt.

GRÖSSTER INSERENT
Der Waschmittelgigant Procter und Gamble, der Weltmarken wie Dash, Fairy flüssig und Ariel hergestellt, war im Jahr 1996 der größte nationale Werbeauftraggeber in den USA mit 2,62 Mrd. Dollar (ca. 4,6 Mrd. DM). In einigen westeuropäischen Ländern (darunter Deutschland, den Niederlanden und sämtlichen skandinavischen Ländern) ist er ebenfalls der führende Fernsehwerber. Er gab im Jahr 1995 2,56 Mrd. Dollar (ca. 4,5 Mrd. DM) für Werbung außerhalb der USA aus.

GRÖSSTE WERBEKAMPAGNE
Die 1996 durchgeführte Kampagne für AT&T Telephone Services kostete das Mutterunternehmen AT&T Corporation 474 Mio. Dollar (ca. 834 Mio. DM).

SCHNELLSTES MARKTWACHSTUM
Rußland verzeichnete 1998 von einem Jahr zum anderen einen Anstieg von 94%.

MEISTE SCHAUSPIELER
Global, der weltweit ausgestrahlte Werbespot für British Airways, zeigte 6.300 Menschen in bunten Trainingsanzügen. Aus der Luft aufgenommen, formten sich die Menschen zu Figuren, um riesige Ohren, ein Auge, ein Lippenpaar, ein ganzes Gesicht und schließlich den Erdball zu bilden.
350 Menschen stellten die Lippen, 410 ein Ohr und 2.000 das Gesicht dar.

UMSTRITTENSTE WERBUNG
Die 1991 in Großbritannien ausgestrahlte Benetton-Werbung mit einem Neugeborenen hatte 800 Klagen bei der Werbeaufsichtsbehörde zur Folge. Ebenfalls in Großbritannien gab es 100 Klagen gegen die Werbeplakate mit Model Eva Herzigowa für den Wonderbra, die angeblich männliche Autofahrer ablenkten und dadurch Autounfälle verursachten.

weltmärkte

GRÖSSTE LANDWIRTSCHAFT
Somalia besitzt mit einem geschätzten Anteil von 65 % des Bruttosozialproduktes die am meisten landwirtschaftliche Wirtschaft in der Welt. Seine wichtigsten Feldfrüchte sind Bananen und Zuckerrohr. Zwei Drittel der Arbeitskräfte sind entweder als Nomaden lebende Hirten oder Ackerbauern. Der größte Teil der Infrastruktur wurde durch den Bürgerkrieg im Jahr 1991 zerstört, die folgende Hungersnot mußte mit 47,1 Mio. Dollar (ca. 82 Mio. DM) internationaler Hilfe bekämpft werden.

ÄLTESTE WERTPAPIERBÖRSE
Die Wertpapierbörse in Amsterdam, Niederlande, wurde 1602 im Oude Zijds Kapel für den Handel mit gedruckten Anteilen der Vereinten Ostindienkompanie der Niederlande gegründet.

GRÖSSTER BETRIEBSVERLUST
Im Jahr 1996 gab die Sumitomo Corporation aus Japan zu, daß sie innerhalb von zehn Jahren durch einen ihrer Spitzenhändler Verluste von 2,6 Mrd. Dollar (ca. 4,5 Mrd. DM) an der Londoner Metallhandelsbörse erlitten hatte.

GRÖSSTER WERTPAPIERVERLUST
Ray Kroc, der frühere Vorsitzende der McDonald's Corporation, verlor am 8. Juli 1974 65 Mio. Dollar (114,4 Mio. DM).

HÖCHSTER AKTIENWERT
Am 22. April 1992 erzielte eine einzige Aktie an der Moeara Enim Petroleum Corporation 89.032 Dollar (50.586 Pfund).

GRÖSSTE KAPITALAUFNAHME
Die Privatisierung des japanischen Unternehmens Nippon Telegraph and Telephones im Jahr 1986 hatte ein anfängliches öffentliches Zeichnungsangebot von 12,4 Mrd. Dollar (ca. 21 Mrd. DM).

GRÖSSTE MAKLERGESCHÄFTE
Im Jahr 1997 hatten Merrill Lynch and Company ein Jahreseinkommen von 31, 73 Mrd. Dollar (ca. 55,84 Mrd. DM).

Der elektronische Zeichnerservice Instinet Corp, der im Jahr 1969 seine Arbeit aufnahm, wurde zum größten per Computer abgewickelten Maklergeschäft der Welt, als es im Jahr 1987 von Reuters erworben wurde. Im Jahr 1997 hatte es einen Umfang von über 110 Mio. Aktien pro Tag, die über 55.000 Terminals gehandelt wurden.

REICHSTE LÄNDER
Laut OECD (Organisation für wirtschaftliche Zusammenarbeit und Entwicklung) war im Jahr 1996 die Schweiz mit 43.233 Dollar (ca. 76.000 DM) das Land mit dem höchsten Bruttosozialprodukt pro Kopf. Luxemburg erreichte mit 42.298 Dollar (ca. 74.440 DM) den zweiten und Japan mit 40.726 Dollar (ca. 71.677 DM) den dritten Platz.

GRÖSSTES BRUTTOSOZIALPRODUKT
Das Land mit dem größten Bruttosozialprodukt in der Welt sind die USA mit einem geschätzten Betrag von 7,3 Billionen Dollar (ca. 12,84 Billionen DM) für das Jahr 1997.

HÖCHSTER ZAHLUNGSBILANZÜBERSCHUSS
Japan hatte im Jahr 1993 einen Überschuß von 131,5 Mrd. Dollar (ca. 231,44 Mrd. DM).

HÖCHSTES ZAHLUNGSBILANZDEFIZIT
Die USA hatten für das Kalenderjahr 1987 ein Rekorddefizit von 167,1 Mrd. Dollar (ca. 295 Mrd. DM) zu verzeichnen.

GRÖSSTER INDUSTRIE-ANTEIL
Belorußland hat den größten Anteil an industrieller Wirtschaft: 45 % seines Bruttosozialproduktes stammen aus der Fertigungswirtschaft.

HÖCHSTE BESTEUERUNG
Den höchsten Satz bei der Einkommenssteuer hat Dänemark mit 68 %, eine Nettovermögenssteuer von 1 % kann jedoch in extremen Situationen zu einer Besteuerung des Einkommens von 100 % führen.

NIEDRIGSTE BESTEUERUNG
Die souveränen Länder mit der niedrigsten Einkommenssteuer sind Bahrain und Katar, wo der Steuersatz unabhängig vom Einkommen Null beträgt.

HÖCHSTE INFLATION
Die schwerste Inflation der Welt ereignete sich im Juni 1946 in Ungarn, als der Goldpengö aus dem Jahr 1931 mit 130 Mio. Billarden (1,3 x 10^{20}) Papierpengö bewertet wurde. Banknoten wurden für „Egymillárd billió" (1.000 Trillionen bzw. 10^{21} Pengö) am 3. Juni ausgegeben und am 11. Juli 1946 zurückgezogen. Belege über 1 Mrd. Trillionen (10^{27}) Pengö wurden allein für Steuerzahlungen ausgegeben.

GRÖSSTE WERTPAPIERBÖRSE
Ende Dezember 1996 hatten mehr als 2.900 Unternehmen an der New Yorker Wertpapierbörse (NYSE) ihre Wertpapiere notiert, und mehr als 180 Mrd. Aktien in einem Gesamtwert von 9,2 Trillion Dollar waren für den Handel an der Börse verfügbar, wodurch der Wall Street die größte Marktkapitalisierung der Welt gegeben wurde. Die NYSE hält mit 3,1 Trillionen Dollar (ca. 5,45 Trillionen DM) im Jahr 1995 ebenfalls den Rekord für das größte Umsatzvolumen. Im Vergleich dazu haben London 1,64 Billiarden Dollar (ca. 2,88 Billiarden DM) und die Börsen der Bundesrepublik Deutschland 1,4 Billiarden Dollar (ca. 2,46 Billiarden DM) aufzuweisen. Im Jahr 1792 trafen sich 24 Männer vor einem Baum nah der Stelle, an der sich heute die Wall Street befindet. Dies war der Beginn der NYSE. Im Jahr 1817 wurde sie formell als New York Stock and Exchange Board eingetragen. Wenn der New Yorker Industrieaktienindex demnächst die Zahl 10.000 übersteigt, könnte dies aufgrund eines Computerprogrammfehlers zu einer katastrophalen Situation führen. Ähnlich wie bei dem Jahrtausendprogrammierfehler wird die Zahl 10.000 als 1.000 oder 0.000 gelesen werden. Daraufhin werden die elektronischen Handelssysteme die Wertpapiere möglicherweise fallen lassen und einen weltweiten Absturz des Wertpapiermarktes herbeiführen.

Am 6. November 1923 waren 400.338.326.350.700.000.000 Deutsche Reichsmark in Umlauf, wobei die Inflation das 755.700fache des Jahres 1913 erreichte.

NIEDRIGSTE INFLATION
Die Seychellen hatten im Jahr 1995 eine Deflation, als der Verbraucherpreisindex um 1,28 % fiel.

WERTLOSESTE WÄHRUNG
Im Mai 1998 waren 257.128 angolanische Kwanza einen Dollar wert.

MEISTE AUSLANDSHILFE
Der größte Geber von Auslandshilfe war im Jahr 1996 Japan mit 14,48 Mrd. Dollar (ca. 25,4 Mrd. DM) offizielle Entwicklungshilfe.

Dänemark gab im Jahr 1996 im Verhältnis zu seinem Bruttosozialprodukt mit 0,96 % den größten Betrag an offizieller Entwicklungshilfe aus.

EXPANSION UND RÜCKGANG
Das Bruttosozialprodukt von Thailand wuchs in dem 1995 zu Ende gegangenen Jahrzehnt um durchschnittlich 9,8 % im Jahr. Bis zum Jahr 1998 fiel sie um 0,4 % pro Jahr, so daß Uganda mit einer Wachstumsrate von 10 % das am schnellsten wachsende Land wurde. In zehn Jahren bis 1995 fiel das Bruttosozialprodukt von Armenien um durchschnittlich 12,9 % pro Jahr.

GRÖSSTER BILDUNGSETAT
Kanada und Finnland geben 7,3 % ihres Bruttosozialproduktes für Bildung aus (öffentliche und private Ausgaben).

KLEINSTER BILDUNGSETAT
Das Mitgliedsland der Organisation für wirtschaftliche Zusammenarbeit und Entwicklung, das am wenigsten für Bildung ausgibt, ist die Türkei mit 3,3 % ihres Bruttosozialproduktes.

GRÖSSTER GESUNDHEITSETAT
Die USA sind nach dem Anteil des Bruttosozialproduktes das Land mit den höchsten Ausgaben für das Gesundheitswesen. Im Jahr 1995, dem letzten Jahr, aus dem vergleichbare Daten vorliegen, beliefen sich die Gesundheitsausgaben der USA auf insgesamt 14,2 % des Bruttosozialproduktes.

GRÖSSTE GOLDRESERVEN
Das amerikanische Finanzministerium hatte im Jahr 1996 7,43 Mrd. g (262 Mio. Feinunzen) Gold, die bei einem Preis von 382 Dollar pro Feinunze 100 Mrd. Dollar (ca. 176 Mrd. DM) wert waren. Das amerikanische Golddepot in Fort Knox, 48 km südwestlich von Louisville, Kentucky, USA, ist seit Dezember 1936 das staatliche Hauptdepot des amerikanischen Goldes, und gegenwärtig lagern dort 4,17 Mrd. g (147 Mio. Feinunzen).

ÄRMSTE LÄNDER
Links trägt eine Frau aus Mosambik Wasser auf ihrem Kopf. Für den größten Teil der 90er Jahre hatten Mosambik und Ruanda laut Weltbank die niedrigsten Bruttosozialprodukte pro Kopf in der Welt. 1996 betrug es unter 80 Dollar (ca. 140 DM), dies ist sogar weniger als im Jahr zuvor. Mosambik hatte im Jahr 1996 ein Bruttosozialprodukt pro Kopf von 133 Dollar (ca. 234 DM).

Der Höchstpreis für Gold wurde am 21. Januar 1980 mit 850 Dollar (ca. 1496 DM) erzielt.

GRÖSSTES MÜNZEAMT
Das amerikanische Schatzamt hat eine jährliche Produktion von 15 Mrd. Münzen. Eine Hochgeschwindigkeits-Prägemaschine ist in der Lage, 42.000 Münzen pro Stunde herzustellen.

Firmenpower

GRÖSSTES MEDIENUNTERNEHMEN
Im Jahr 1923, als Walter Elias Disney sein Unternehmen Walt Disney gründete, hatte er ganze 40 Dollar. Sein erster Auftrag über ein kleines Mädchen mit Namen Alice war der Ursprung des größten Unterhaltungsimperiums der Welt. Die Walt Disney Company besaß 1997 Vermögenswerte im Gesamtwert von 37,77 Mrd. Dollar (ca. 66 Mrd. DM) und erzielte einen Umsatz von 22,473 Mrd. Dollar (ca. 39 Mrd. DM). Damit plazierte sie sich weit vor Viacom, der zweitgrößten Mediengesellschaft der Welt, die im selben Jahr einen Umsatz von 13,2 Mrd. Dollar (ca. 23 Mrd. DM) hatte. *Steamboat Willie* (Dampfschiff Willie, USA, 1928), der erste Film Disneys mit einer Filmmusik, war ein sofortiger Erfolg. Seitdem folgten fünfunddreißig weitere Spielfilme.

TEUERSTES GEBÄUDE
Das Hauptquartier der Hong Kong Shanghai Bank ist das teuerste Gebäude der Welt. Es wurde von 1982 bis 1985 erbaut, und der Bau kostete 645,4 Mio. Dollar (ca. 1,13 Mrd. DM), während der Boden, auf dem es errichtet wurde, 387 Mio. Dollar (ca. 681 Mio. DM) kostete. Das 52 Stockwerke umfassende, 178,8 m hohe Gebäude besitzt insgesamt 23 Schnellaufzüge und 63 Rolltreppen (weltweit die meisten Rolltreppen in einem Gebäude). Für die Klimaanlagen und die Spülwasseranlagen wird eingepumptes Meerwasser verwendet.

TEUERSTE BÜROSTANDORTE
Die höchsten Mieten für Büroräume gab es im Juni 1991 in Tokio, Japan. Erstklassige Räume im zentralen Geschäftsbezirk kosteten 2.357 Dollar/m^2 (ca. 4.400 DM). Diese Kosten waren 31 % höher als in Hongkong, dem zweitteuersten Standort der Welt.

HÖCHSTER JAHRESGEWINN
Der größte, jemals von einer Gesellschaft innerhalb von zwölf Monaten erzielte Reingewinn betrug 7,6 Mrd. Dollar (ca. 13,3 Mrd. DM). Er wurde von der American Telephone and Telegraph Company (jetzt AT&T Corporation) vom 1. Oktober 1981 bis 30. September 1982 erzielt.

GRÖSSTE VERKÄUFE
Im Jahr 1995 hatte die General Motors Corporation aus Detroit, Michigan, USA, jährliche Rekordverkäufe von 168,8 Mrd. Dollar (ca. 297 Mrd. DM).

GRÖSSTE UNTERNEHMENSEINNAHMEN
Im Jahr 1976 verzeichnete die Handelsgesellschaft Mitsubishi Corporation Einnahmen von 184,36 Mrd. Dollar (ca. 324 Mrd. DM).

HÖCHSTES ÜBERNAHMEANGEBOT
Das höchste Angebot bei einer Unternehmensübernahme beträgt 21 Mrd. Dollar (ca. 36 Mrd. DM) für das Tabak-, Lebensmittel- und Getränkeunternehmen RJR Nabisco Inc. Die Firma Kohlberg Kravis Roberts bot am 24. Oktober 1988 90 Dollar (ca. 158 DM) pro Aktie. Zum 1. Dezember hatte sich das von Henry Kravis geleistete Angebot bereits auf 109 Dollar (ca. 191 DM) pro Aktie erhöht.

HÖCHSTER MARKTWERT
General Electric aus Fairfield, Connecticut, USA, hat den höchsten Gesamtmarktwert eines Unternehmens in der Welt. Im Mai 1995 wurde es auf 152,3 Mrd. Dollar (ca. 268 Mrd. DM) geschätzt.

GRÖSSTE JAHRESHAUPTVERSAMMLUNG
Insgesamt 20.109 Aktionäre nahmen an der Jahreshauptversammlung der American Telephone and Telegraph Company (jetzt AT&T Corporation) im April 1961 teil.

GRÖSSTER UNTERNEHMENSZUSAMMENSCHLUSS
Der größte Unternehmenszusammenschluß in der Industrie erfolgte zwischen Daimler-Benz und Chrysler. Durch die im Mai 1998 bekanntgegebene Fusion wurde ein Unternehmen mit einem Vermögen von 92 Mrd. Dollar (ca. 161 Mrd. DM) geschaffen.

GRÖSSTE GELDÜBERGABE
Die Ford-Stiftung aus New York, USA, gab im Dezember 1995 die Übergabe von 500 Mio. Dollar (ca. 880 Mio. DM) an insgesamt 4.157 Bildungseinrichtungen und andere Institutionen bekannt.

GRÖSSTER FIRMENKONKURS
Der weltweit größte Firmenkonkurs nach Vermögenswerten belief sich auf 35,9 Mrd. Dollar (ca. 63 Mrd. DM). Der Konkurs wurde von der Erdölfirma Texaco 1987 eingereicht.

GRÖSSTE EISENBAHNGESELLSCHAFT
Die East Japan Railway Company hatte 1996 Einnahmen von 25,63 Mrd. Dollar (ca. 45 Mrd. DM). Das japanische Eisenbahnnetz, mit dessen Bau 1872 begonnen wurde, wird als eines der sichersten und leistungsstärksten in der ganzen Welt eingeschätzt. Es besitzt über 20.000 km Streckennetz und fährt mit durchschnittlich 25.000 Zügen pro Tag. Im Jahr 1964 wurde begonnen, bestimmte Hauptlinien, die knapp 15 % des gesamten japanischen Eisenbahnnetzes ausmachen, mit dem *Shinkansen* oder Geschoßzug zu befahren, der eine Geschwindigkeit von 443 km/h erreichen kann. Hier ist ein ASMA-Geschoßzug beim Überqueren einer Brücke über den Fluß Chikuma in Ueda City, Präfektur Nagano, zu sehen, einem Teil einer brandneuen Verbindung zwischen Nagano, dem Ort der Olympischen Winterspiele 1998, und Tokio.

GRÖSSTE UNTERNEHMEN
Die amerikanische Ford Motor Company, ein multinationaler Motorenhersteller, ist heute nach Vermögenswerten das größte Unternehmen der Welt. Im Jahr 1997 wurden seine Gesamtvermögenswerte mit 222,14 Mrd. Dollar (ca. 390 Mrd. DM) bewertet.

Das größte Unternehmen nach der Anzahl der Beschäftigten ist der amerikanische Postdienst, der im Jahr 1997 mehr als 887.600 Angestellte beschäftigte.

Das größte Unternehmen der Welt nach Gewinnen ist die Royal Dutch Shell Group, ein englisch-niederländisches Gemeinschaftsunternehmen zur Erdölveredelung. Im Jahr 1997 erzielte die Gruppe Gewinne von 8,89 Mrd. Dollar (ca. 15,6 Mrd. DM).

Das größte produzierende Unternehmen nach Einnahmen und Beschäftigten ist die General Motors Corporation, die weltweit 647.000 Arbeitskräfte besitzt. Im Jahr 1997 lagen die Einnahmen des Unternehmens bei 168,39 Mrd. Dollar (ca. 296 Mrd. DM), und es besaß Vermögenswerte von 222,14 Mrd. Dollar (ca. 391 Mrd. DM). Das Unternehmen gab einen Gewinn von 4,96 Mrd. Dollar (ca. 8,7 Mrd. DM) für das Jahr bekannt.

GRÖSSTE BANKEN
Die größte Bank der Welt nach der Zahl der Filialen ist heute die State Bank of India, die am 31. März 1996 die Rekordanzahl von 12.947 Filialen und Vermögenswerte im Gesamtwert von 42 Mrd. Dollar (ca. 73 Mrd. DM) besaß.

Die größte Bank der Welt nach Eigenkapital ist die HSBC Holdings in Großbritannien. Im Jahr 1996 besaß sie 25,8 Mrd. Dollar (ca. 45 Mrd. DM) an Eigenkapital.

Die größte Handelsbank nach Vermögenswerten ist die Bank of Tokyo-Mitsubishi, Japan. Im Juli 1997 besaß sie Vermögenswerte im Wert von 692,3 Mrd. Dollar (ca. 1.107 Mrd. DM).

Die größte Investmentbank der Welt ist Morgan Stanley, Dean Witter, Discover & Co., die eine Marktkapitalisierung von 21 Mrd. Dollar (ca. 37 Mrd. DM) aufweist.

GRÖSSTER ARBEITGEBER
Der weltweit größte kommerzielle Arbeitgeber bzw. Arbeitgeber im öffentlichen Versorgungsbereich ist die indische Eisenbahn, die im Jahr 1997 1.000.000 reguläre Beschäftigte hatte.

GRÖSSTES VERLAGSUNTERNEHMEN
Das größte Verlags- und Druckunternehmen der Welt ist die Bertelsmann AG aus Deutschland. Die Gesamteinnahmen des Unternehmens betrugen im Jahr 1997 14,73 Mrd. Dollar (ca. 26 Mrd. DM).

GRÖSSTE COMPUTERFIRMA
Die Compaq Computer Corp. aus Houston, Texas, USA, ist der größte Hersteller von Personal Computern auf der Welt. Im Jahr 1997 stiegen die Einnahmen um mehr als 30 % auf 24,6 Mrd. Dollar (ca. 43 Mrd. DM) und seine Gewinne stiegen um 36 % auf 1,9 Mrd. Dollar (ca. 3,3 Mrd. DM).

GRÖSSTES TELEKOMMUNIKATIONS-UNTERNEHMEN
Die Nippon Telegraph and Telephone Corporation aus Japan hatte im Jahr 1997 Einnahmen von 78,32 Mrd. Dollar (ca. 137 Mrd. DM).

GRÖSSTES ERDÖLUNTERNEHMEN
Die größte Erdölgesellschaft ist die in den Niederlanden ansässige englisch-niederländische Royal Dutch Shell Group. Im Jahr 1997 hatte sie ein Gesamteinkommen von 128,17 Mrd. Dollar (ca. 225 Mrd. DM).

GRÖSSTE FLUGGESELLSCHAFT
Die in Fort Worth, Texas, USA, ansässige AMR Corporation hatte für das Jahr 1997 Gesamteinnahmen von 17,75 Mrd. Dollar (ca. 31 Mrd. DM), womit sie zur größten Fluggesellschaft der Welt geworden ist.

GRÖSSTE LUFTFAHRTGRUPPE
Die McDonnell Douglas Corp., der größte Militärflugzeughersteller der Welt, und Boeing Co., der größte Verkehrsflugzeughersteller der Welt, fusionierten im Jahr 1996, um die größte Luftfahrtgruppe der Welt zu schaffen. Die jährlichen Gesamteinnahmen der Gruppe betragen ungefähr 35 Mrd. Dollar (ca. 61 Mrd. DM).

GRÖSSTER GETRÄNKEHERSTELLER
Die Coca-Cola Company hat im Jahr 1996 18.018 Mrd. Dollar (ca. 31 Mrd. DM) eingenommen, wodurch sie zum größten Getränkehersteller der Welt wird. Das Bild oben zeigt die weltweit größte Nachbildung einer Coca-Cola-Flasche, die im Showcase Mall auf dem Strip in Las Vegas, USA, im Juli 1997 zu sehen war. Die Vorführung war Teil der Eröffnungsveranstaltung des Coca-Cola-Museums.

GRÖSSTER LEBENSMITTELHERSTELLER
Unilever N.V./Unilever Plc ist der größte Lebensmittelhersteller und der größte Eishersteller der Welt, mit einem Marktanteil von mehr als 50 % in verschiedenen europäischen Ländern. Zu seinen Marken gehören Cornetto, Viennetta und Magnum. Das Unternehmen ist ebenfalls weltweiter Marktführer bei Prestige-Düften wie z.B. Calvin Klein-Parfüm.

GRÖSSTER BRAUEREIBETRIEB
Der größte Brauereibetrieb ist die Anheuser-Busch Inc. aus Missouri, USA. Im Jahr 1995 wurden 10,27 Mrd. Liter Bier verkauft.

GRÖSSTE RESTAURANTKETTE
Die weltweit größte Imbiß-Kette ist McDonald's, deren erster Schnellimbiß in Des Plaines, Illinois, USA, im Jahr 1955 eröffnete. 1997 betrieb McDonald's über 21.000 Restaurants in 101 Ländern. Die weltweiten Einnahmen überstiegen 1997 10,7 Mrd. Dollar (ca. 18 Mrd. DM). Hier bringen zwei Arbeiter ein Schild an einem neuen McDonald's-Restaurant in Peking an.

Wirtschafts-Bosse

MÄCHTIGSTER MEDIEN-TYCOON
Rupert Murdoch (rechts mit seinem Sohn Lachlan) ist einer der mächtigsten Geschäftsleute und erfolgreichsten Unternehmer der Welt. Der Sohn von Sir Keith Murdoch, dem früheren Herausgeber der australischen Tageszeitung *The Melbourne Herald*, wurde 1931 geboren und leitete seine erste Tageszeitung, *The Adelaide Herald*, mit 23 Jahren. Er war Absolvent von Oxford und expandierte mit den Tageszeitungen *The Sun* und *The Times* nach Großbritannien. Heute ist er der Präsident der News Corporation Ltd und der Fox Braodcasting Company, die er 1985 übernommen hat. Sein Kommunikationsimperium News Corporation Ltd ist rund 26 Mrd. Dollar (ca. 46 Mrd. DM) wert. 1985 ließ er sich in den USA einbürgern, um gemäß der dort geltenden Gesetze amerikanische Fernsehstationen besitzen zu können. Murdoch ist jetzt der größte Besitzer von Fernsehstationen in den USA und aufgrund seines weltweiten Einflußbereiches und der Vielfalt seiner Interessen der stärkste Mediengeschäftsmann in der Geschichte. Sein Sohn Lachlan wird wahrscheinlich seine Geschäfte übernehmen.

GRÖSSTER INDUSTRIEMAGNAT
Der legendäre Ölhändler John D. Rockefeller gründete mit seinem Bruder William 1870 die Standard Oil Company of Ohio, USA. Bis zu seinem Tod im Jahr 1937 hatte Rockefeller zu einer Zeit, in der das Bruttosozialprodukt der USA gerade 90 Mrd. Dollar (ca. 158 Mrd. DM) betrug, ein Vermögen 1,4 Mrd. Dollar (ca. 2,6 Mrd. DM) angehäuft. Dadurch wird er mit einem Vermögen, das $^1/_{65}$ des gesamten Landesvermögens ausmachte, zum reichsten Amerikaner aller Zeiten. Im Vergleich dazu beträgt heute das Vermögen von Bill Gates nur $^1/_{213}$ des amerikanischen Bruttosozialproduktes. Auf dieser Grundlage kann Rockefeller als der größte Geschäftsmagnat in der Weltgeschichte angesehen werden.

REICHSTER GESCHÄFTSMANN
William H. Gates III, der Chairman und Geschäftsführer der Microsoft Corporation, ist laut *Forbes*-Magazin mit einem geschätzten Vermögen von 39,8 Mrd. Dollar (ca. 70 Mrd. DM) der reichste Mann der Welt. Wenn das Vermögen von Microsoft weiterhin in dem gegenwärtigen Tempo anwächst, würde Bill Gates mit 48 Jahren der erste Dollarbillionär der Welt. 1997 wuchs sein Nettovermögen um durchschnittlich 400 Mio. Dollar (ca. 704 Mio. DM) in der Woche, und seine persönlichen Anteile sind jetzt zweimal so groß wie das Bruttoinlandsprodukt von Sri Lanka. Sein Vermögen wuchs in dem Jahr um 21,3 Mrd. Dollar (ca. 38 Mrd. DM), das ist mehr, als das Gesamtvermögen des zweitreichsten Geschäftsmannes, Warren Buffet. An einem einzigen Tag im Jahr 1996 vermehrte sich sein Vermögen durch einen Preissprung der Microsoft-Aktien um 2 Mrd. Dollar (ca. 3,5 Mrd. DM).

REICHSTE GESCHÄFTSFRAUEN
Barbara Cox Anthony und Anne Cox Chambers sind mit einem gemeinsamen Vermögen von 10 Mrd. Dollar (ca. 17,6 Mrd. DM) die reichsten Geschäftsfrauen der Welt. Ihr Vater, James Cox, ein armer Farmerjunge ohne Schulabschluß, baute Cox Enterprises auf, ein großes Medienimperium. Zum Zeitpunkt seines Todes im Jahr 1947 gehörten ihm sieben Tageszeitungen, drei Fernsehstationen und verschiedene Radiostationen. Die 74 bzw. 77 Jahre alten Schwestern kontrollieren 98 % des Imperiums, zu dem heute 16 Tageszeitungen, Kabelsysteme mit 3,3 Mio. Teilnehmern, die Beteiligung an Kabelprogrammen (darunter Disney Channel), Radio- und terrestrische Fernsehstationen gehören.

REICHSTE SELFMADE-FRAU
Pam Lopker, die Gründerin des amerikanischen Software-Unternehmens QAD, besitzt nach Schätzungen 425 Mio. Dollar (ca. 748 Mio. DM).

REICHSTE GESCHÄFTSFAMILIE
Laut *Forbes* ist die Familie Walton aus den USA heutzutage die reichste Familie der Welt. Der Begründer des Imperiums, Sam Walton, eröffnete sein erstes „Kleinstadt-Discountgeschäft" im Jahr 1962 in Arkansas, USA. Heute ist Wal-Mart mit 2.750 Geschäften der größte Einzelhändler der USA. Ihm gehören noch weitere 250 Läden in sechs anderen Ländern. Sam Waltons Witwe Helen sowie ihre drei Söhne und eine Tochter haben ein gemeinsames Vermögen von 35 Mrd. Dollar (ca. 61 Mrd. DM).

REICHSTE STEUEREXILANTEN
Die Milliardäre Hans und Gad Rausing, die ihr Vermögen mit dem Verpackungsunternehmen Tetra-Pak machten, gehören heute zu den vermögendsten Einwohnern Großbritanniens. Sie sind die reichsten Steuerexilanten, seit sie im Jahr 1980

GRÖSSTER SPENDER
John Paul Getty II, der Ölerbe und zurückgezogen lebende Sohn von John Paul Getty (seinerzeit der reichste Mann der Welt), hat mindestens 337 Mio. DM seines auf ca. 3 Mrd. DM geschätzten Privatvermögens an eine Reihe britischer Einrichtungen gegeben, wodurch er zum größten privaten Spender des Landes für wohltätige Zwecke wurde. In den 80er Jahren ermöglichte es Gettys Spende von ca. 54 Mio. DM dem Britischen Filminstitut, Tausende alter Filme vor der Zerstörung zu bewahren. Er gab ebenfalls ca. 135 Mio. DM an die National Gallery, London, Großbritannien, und half damit, für den Verbleib verschiedener seltener Kunstwerke in Großbritannien zu sorgen sowie für ihre sachgemäße Pflege zu garantieren. Im Jahr 1986 wurde der 65jährige philantropische Milliardär aufgrund seiner wohltätigen Bemühungen zum Ehrenkomtur des British Empire ernannt. Im Jahr 1997 schließlich verlieh man ihm die britische Staatsbürgerschaft. Sir Paul, wie er jetzt meistens in diversen Zeitschriften genannt wird, zog 1972 nach dem Tod seiner zweiten Frau nach Großbritannien.

ihr Heimatland Schweden verließen. Hans Rausings persönliches Vermögen wird auf 4,8 Mrd. Dollar (ca. 8,4 Mrd. DM) geschätzt.

ZURÜCKGEZOGENSTER GESCHÄFTSMANN
Der Filmdirektor und Flieger Howard Hughes starb im Jahr 1976 auf einem Flug nach Houston, USA, nach einem zwanghaft geheimnisvollen Leben. In den 70er Jahren erhielt er für seine Anteile an der Fluglinie TWA mit 546 Mio. Dollar (ca. 960 Mio. DM) die größte Barzahlung, die jemals an eine Einzelperson entrichtet wurde.

REICHSTER GESCHÄFTSMANN IN TAIWAN
Der reichste Geschäftsmann von Taiwan ist der Versicherungs- und Finanzleistungsmakler Tsai Wan-lin, der mit seiner Familie 8,3 Mrd. Dollar (ca. 14 Mrd. DM) besitzt.

REICHSTER GESCHÄFTSMANN IN KOREA
Der Geschäftsmann Chung Ju Yung erwarb sein Geld mit unterschiedlichen Unternehmen und besitzt gemeinsam mit seiner Familie 6,1 Mrd. Dollar (ca. 10,7 Mrd. DM).

REICHSTER GESCHÄFTSMANN IN HONGKONG
Die Brüder Walter, Thomas und Raymond Kwok, die Immobilienmagnaten, besitzen 13,3 Mrd. Dollar (ca. 23 Mrd. DM).

GRÖSSTER KUNSTSAMMLER
Charles Saatchi wird heute mit einer Sammlung von über 8.000 Werken als der größte private Kunstsammler in Großbritannien angesehen. Nur geschätzte 5 % von Saatchis Sammlung, zu der Werke von Damien Hirst gehören, wurden in der Öffentlichkeit gezeigt; der Rest wird ungesehen in einem Lager aufbewahrt. Saatchi kauft seit nahezu 30 Jahren Werke der modernen Kunst.

GRÖSSTER EUROPÄISCHER KONKURS
Im Jahr 1991 starb Robert Maxwell unter rätselhaften Umständen, kurz nachdem festgestellt worden war, daß er Mittel aus dem Pensionsplan von Maxwell Communications veruntreut hatte. Sein Unternehmen, die Maxwell Communications, wurde zum Gegenstand des größten Konkurses in Europa, als es im Dezember 1992 zusammenbrach. Es besaß vorher 6,35 Mrd. Dollar (ca. 11 Mrd. DM).

GRÖSSTE SCHENKUNGEN
John D. Rockefeller stiftete nach seinem Ableben im Jahr 1937 500 Mio. Dollar (ca. 880 Mio. DM), die heutzutage einen Wert von rund 14,1 Mrd. Dollar (ca. 24 Mrd. DM) hätten.

Zu seinen Lebzeiten und durch in seinem Testament enthaltene Verfügungen über sein Erbe gab Andrew Carnegie, der in Schottland geborene Stahlmagnat, einen Betrag aus, der nach heutigem Geld 3,5 Mrd. Dollar (ca. 6,1 Mrd. DM) betragen würde. Er beschenkte Bibliotheken, den Carnegie-Friedensfond und die Carnegie Hall in New York, USA.

David Packard, einer der Mitbegründer des Druckerherstellergiganten Hewlett-Packard, stiftete, bevor er starb, über 5 Mrd. Dollar (ca. 8,8 Mrd. DM), den größten Teil der zu seinen Lebzeiten erhaltenen Einnahmen.

GRÖSSTE FINANZIELLE SANIERUNG
Im Jahr 1989 besaß Donald Trump zwei Casinos, eine Fluggesellschaft, Gebäude in New York (darunter der Trump Tower), eine 85 m lange Yacht sowie andere Besitztümer mit einem geschätzten Wert von 1,7 Mrd. Dollar (ca. 3 Mrd. DM). Die Rezession und der Konjunkturrückgang auf dem Immobilienmarkt brachten seinen Geschäften 8,8 Mrd. Dollar (ca. 15,4 Mrd. DM) Schulden, mit 975 Mio. Dollar (ca. 1,7 Mrd. DM) haftete Trumps Privatvermögen. Mittlerweile ist sein Vermögen wieder auf 2,5 Mrd. Dollar (ca. 4,4 Mrd. DM) gestiegen, wozu ausgewiesene 500 Mio. Dollar (ca. 880 Mio. DM) in liquiden Mitteln gehören.

SPORTMILLIARDÄRE
Im Jahr 1976 erweiterte der vermögende Philantrop Ted Turner seine Geschäftsinteressen, indem er die Baseballmannschaft der Atlanta Braves erwarb, und im Jahr darauf erwarb seine Gesellschaft, Turner Broadcasting Systems Inc., eine beschränkte Partnerschaft an den Atlanta Hawks. 1985 rief Turner außerdem die Goodwill Games ins Leben.

Groß-verdiener

DAS VIRGIN-IMPERIUM
Richard Branson war laut *Sunday Times* 1998 mit einem geschätzten Vermögen von 5,1 Mrd. DM der vierzehntreichste Mann in Großbritannien. Er verließ mit 16 die Schule, gab ein Studentenmagazin heraus und gründete 1973 ein Plattenlabel, Virgin Records. Heute gehört zum Imperium von Virgin eine Fluggesellschaft, ein Bahnservice, Jeans, Cola, Pensionen und ein Hochzeitsunternehmen.

BESTVERDIENENDER CHIEF EXECUTIVE
Millard Drexler, der Chief Executive Officer (CEO) des Bekleidungsunternehmens Gap, verdiente 1997 104,8 Mio. Dollar (ca. 185 Mio. DM).

Stephen C. Hilbert, der Chief Executive von Conesco, erhielt in einem Zeitraum von fünf Jahren, von 1992 bis 1996, 277 Mio. Dollar (ca. 487 Mio. DM). Er gründete das Bauunternehmen im Jahr 1979 mit einem Darlehen von 10.000 Dollar Dollar (ca. 17.600 DM), jetzt hat es einen Wert von 7 Mrd. Dollar (ca. 12 Mrd. DM).

Der Bankchef mit dem größten Einkommen ist John Reed von Citicorp. 1996 erhielt er 46 Mio. Dollar (ca. 81 Mio. DM) und in den letzten fünf Jahren insgesamt 70 Mio. Dollar (ca. 120 Mio. DM).

BESTVERDIENENDER RECHTSANWALT
1995, als das Magazin *Forbes* seinen jüngsten Überblick über die am besten bezahlten Rechtsanwälte veröffentlichte, verdiente William Lerach den Rekordbetrag von 7 Mio. Dollar (ca. 1,2 Mio. DM).

BESTVERDIENENDER POLITIKER
Boris Beresowski, stellvertretender Chef des russischen Sicherheitsrates, hat ein Vermögen von 4,05 Mrd. Dollar (ca. 7,1 Mrd. DM). Bevor er in die Politik ging, war er Geschäftsmann. Er behauptet, sein Geld mit Öl, Autos und Medien gemacht zu haben.

HÖCHSTE EINKOMMEN
Manual Pangilinan, Leiter der First Pacific National Bank in Hongkong, erhielt 1997 ein Jahresgehalt von 14,34 Mio. Dollar (ca. 25 Mio. DM).

Nina Wang besitzt nach Angaben des Magazins *Forbes* ein Vermögen von 7 Mrd. Dollar (ca. 1,2 Mrd. DM) und wird als die mächtigste Geschäftsfrau Asiens betrachtet. Sie übernahm nach der Entführung und dem Verschwinden ihres Mannes das Immobilienimperium Chinachem, das als der größte private Landbesitzer in Hongkong gilt. Der 108 Stockwerke hohe Nina-Tower der Chinachem-Gruppe in Hongkong, eines der höchsten Gebäude der Welt, ist nach ihr benannt worden.

Der Japaner Yoshiaki Tsutsumi, ein Immobilien- und Transportmogul, besitzt ein Vermögen von 8 Mrd. Dollar (ca. 14,8 Mrd. DM). Ihm gehören über 40 Golfplätze in Japan, und er stellte sich als eine führende Kraft hinter die Bewerbung des Landes um die Olympischen Winterspiele von 1998.

HÖCHSTES VERLEGER-EINKOMMEN
Der in Australien geborene Medienbaron Rupert Murdoch besitzt gegenwärtig ein Vermögen von 2,8 Mrd. Dollar (ca. 5 Mrd. DM). Ihm gehören 36 % der nationalen Presse in Großbritannien, 20th Century Fox in den USA und der amerikanische Fernsehsender Fox, und er hält weltweit Anteile an Tageszeitungen, Magazinen und Büchern.

HÖCHSTBEZAHLTER FILM-GESCHÄFTSFÜHRER
Michael Eisner, der Vorsitzende und Geschäftsführer der Walt Disney Company, erhielt 1996 8,65 Mio. Dollar (ca. 15 Mio. DM). Er ist mit Einnahmen von 236 Mio. Dollar (ca. 415 Mio. DM) der am dritthöchsten bezahlte Chef der Geschäftsleitung in den letzten fünf Jahren.

HÖCHSTBEZAHLTER FERNSEHCHEF
Ted Turner, der Begründer von Cable News Network und stellvertretender Vorsitzender bei Time Warner Inc., besitzt ein Vermögen von rund 3,2 Mrd. Dollar (ca. 5,6 Mrd. DM). Er ist mit der Fitness-Königin und Schauspielerin Jane Fonda verheiratet.

REICHSTER GESCHÄFTSFÜHRER
Bill Gates von Microsoft ist mit 28 Mrd. Dollar (ca. 49 Mrd. DM) bzw. rund 30 % der Anteile an Microsoft der reichste Geschäftsführer der Welt. Bill Gates wurde 1958 geboren und begann seine Softwarekarriere im Alter von 13 Jahren. Er verließ die Harvard-Universität, USA, um sich auf sein neugegründetes Unternehmen zu konzentrieren. Am 4. Februar 1998 wurde er das letzte Opfer des belgischen Sozialkritikers Noel Godin, der für sein Werfen von Sahnetorten auf reiche und berühmte Persönlichkeiten bekannt ist. Zu seinen Opfern gehörten der französische Philosoph Bernard Henri-Lévy und der Filmregisseur Jean-Luc Godard. Gates wurde von vier Sahnetorten getroffen, als er ein Regierungsgebäude in Brüssel, Belgien, betrat. Godin entkam, aber seine beiden Lehrlinge wurden in Gewahrsam genommen. Gates erhob keine Anklage.

HÖCHSTBEZAHLTE DREHBUCHAUTOREN
Shane Black verkaufte das Drehbuch für *The Long Kiss Goodnight* (USA, 1996) an New Line Cinema für 4 Mio. Dollar (ca. 7 Mio. DM). Seiner Freundin, die die Idee dazu hatte, gab er einen Scheck in Höhe von 20.000 Dollar (ca. 35.000 DM), bevor er mit dem Schreiben begann.

Der in Ungarn geborene Joe Eszterhas schrieb 13 Drehbücher, darunter *Flashdance* (USA, 1983), *Basic Instinct* (USA 1992) und *Showgirls* (USA 1995). Er ist Hollywoods höchstbezahlter Drehbuchautor, und seine Drehbücher werden jetzt für mindestens 1 Mio. Dollar (ca. 1.76 Mio. DM) verkauft.

GRÖSSTE PRÄMIE
Lawrence Coss, der Geschäftsführer von Green Tree Financial Corporation, ein Unternehmen, das mobile Häuser finanziert, erhielt 1996 eine Prämie von 102 Mio. Dollar (ca. 179 Mio. DM). Die Prämie machte fast ein Viertel seines Gehalts aus und steigerte seine Gesamteinnahmen in den letzten fünf Jahren auf 216 Mio. Dollar (ca. 380 Mio. DM).

Michael Crichton, der Co-Autor von *Jurassic Park* (USA, 1993) und Erfinder der Fernsehserie *ER*, erhielt 1997 65 Mio. Dollar (ca. 115 Mio. DM).

HÖCHSTBEZAHLTER REGISSEUR
Steven Spielberg, Regisseur von Filmen wie *ET: The Extra-Terrestrial* (ET: Der Außerirdische, USA, 1982) und *Amistad* (USA, 1997) erhielt 1997 283 Mio. Dollar (ca. 498 Mio. DM). George Lucas, der Regisseur von *Star Wars* (USA, 1977), folgte ihm mit 249 Mio. (ca. 438 Mio. DM).

HÖCHSTBEZAHLTER SCHAUSPIELER
Das Magazin *Forbes* schätzte, daß der höchstverdienende Schauspieler 1997 Robin Williams mit 53 Mio. Dollar (ca. 93 Mio. DM) war. Viele von Williams' Einnahmen stammen aus seiner Filmgesellschaft Blue Wolf Productions, die alleine 431 Mio. Dollar (ca. 758 Mio. DM) aus *Mrs. Doubtfire* (USA, 1993) erzielte.

HÖCHSTBEZAHLTER OPERNSTAR
Der italienische Opernstar Luciano Pavarotti soll 16 Mio. Dollar (ca. 28 Mio. DM) im Jahr verdienen.

HÖCHSTBEZAHLTER ZAUBERKÜNSTLER
Der amerikanische Illusionist David Copperfield ist heute der erfolgreichste Zauberkünstler der Welt mit einem Einkommen von 45 Mio. Dollar (ca. 79 Mio. DM) im Jahr 1997.

HÖCHSTBEZAHLTER KÜNSTLER
LeRoy Neiman aus New York, USA, malt Sportler, Jet-Setter und VIPs, darunter Michael Jordan, Frank Sinatra, Liza Minelli, Robert Kennedy Jr. und Fürstin Gracia von Monaco. Er stellt jährlich 1.000 Gemälde her und erhält zwischen 20.000 Dollar (ca. 35.000 DM) und 500.000 Dollar (ca. 880.000 DM) pro Bild.

HÖCHSTBEZAHLTER SCHRIFTSTELLER
Mary Higgins Clark begann zu schreiben, um ihre fünf Kinder zu unterstützen. Ihr erster spannender Roman *„Where Are The Children?"* (1992) brachte ihr 100.000 Dollar (ca. 176.000 DM) an Tantiemen. Im Jahr 1996 unterzeichnete sie einen Vertrag mit Simon and Schuster, der ihr 12 Mio. Dollar (ca. 21 Mio. DM) für jeden ihrer drei Romane brachte; das ist fast das Doppelte des Betrages, der John Grisham und Stephen King gezahlt wird.

ERFOLGREICHSTER INVESTOR
Der 67jährige amerikanische Investor Warren Buffet machte 23,2 Mrd. Dollar (ca. 40 Mrd. DM) beim Spekulieren an der Börse.

HÖCHSTES GEHALT
Der in Ungarn geborene George Soros erhielt 1993 mindestens 1,1 Mrd. Dollar (ca. 1,9 Mrd. DM). Sein Unternehmen, Soros Fund Management, ist Hauptberater der Quantum-Gruppe, zu der Quantum Fund N.V., gehört.

HÖCHSTER GEWINN IM OPTIONSGESCHÄFT
Im Jahr 1997 hatte Andrew Grove von Intel mit 95 Mio. Dollar (ca. 167 Mio. DM) die höchsten Gewinne eines Geschäftsführers.

LUKRATIVSTER GOLDENER HANDSCHLAG
Einen Rekord beim Goldenen Handschlag erzielte F. Ross Johnson mit 53,8 Mio. Dollar (ca. 94 Mio. DM), als er im Februar 1989 von seinem Posten als Vorstandsvorsitzender von RJR Nabisco zurücktrat.

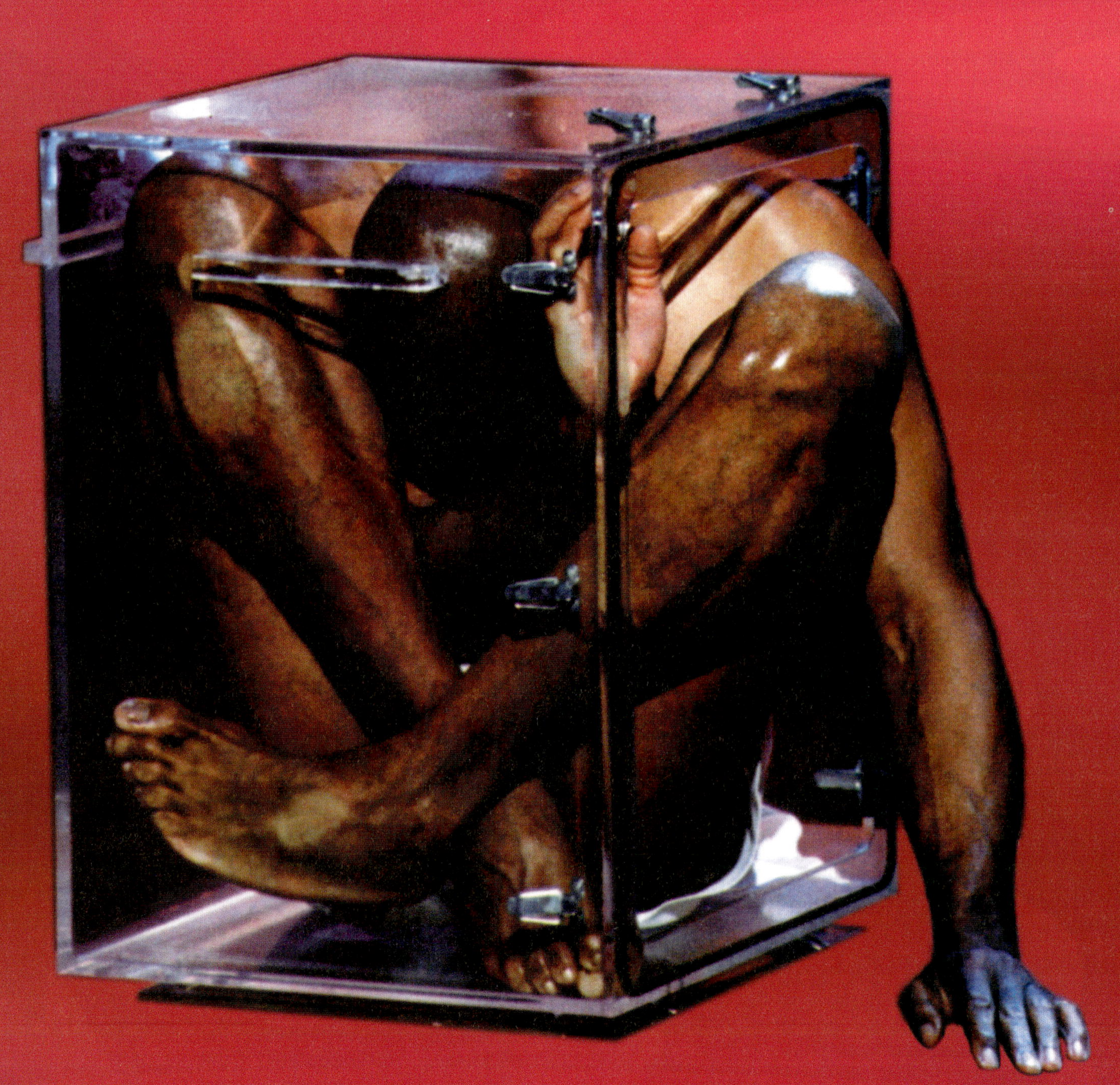

faszinierende Menschen

sammlungen

GRÖSSTE MAUSEFALLENSAMMLUNG
Reinhard Hellwig aus Meerbusch, Bundesrepublik Deutschland, sammelte 2.334 Mausefallen aus insgesamt 66 Ländern, seitdem er sich im Jahr 1964 für sie zu interessieren begann. Die ungewöhnlichste Mausefalle seiner Sammlung ist gegenwärtig die Replik einer 5.000 Jahre alten Mausefalle aus Ton, eine der ältesten Fallen überhaupt. Hellwig ist nicht nur ein leidenschaftlicher Sammler, er erhielt über die Jahre hinweg auch über 6.300 Patente für Mausefallen.

GRÖSSTE HAAR-SAMMLUNG
John Reznikoff aus Stamford, Connecticut, USA, sammelt das Haar längst verstorbener, berühmter Persönlichkeiten. Einige der Haare in seiner 100 Stücke umfassenden Sammlung, die für 1 Mio. Dollar (ca. 1,76 Mio. DM) versichert ist, gehörten berühmten Persönlichkeiten wie Abraham Lincoln, John F. Kennedy, Marilyn Monroe und Elvis Presley.

GRÖSSTE UNTERWÄSCHESAMMLUNGEN
Imelda Marcos, die frühere First Lady der Philippinen, hatte in der Garderobe ihres Palastes 500 schwarze Büstenhalter (einer davon war kugelsicher), 200 Gürtel von Marks und Spencers und 1.000 ungeöffnete Packungen von Strümpfen sowie 3.000 Paar Schuhe.

Robert Corlett und Mary Ann King aus Glasgow, Großbritannien, begannen in den 70er Jahren, Nylonunterhosen zu sammeln, nachdem sie zwei Jahre vorher eine von Engelbert Humperdinck signierte Unterhose in einem Plattencover von Engelbert Humperdinck gefunden hatten. Sie besitzen jetzt über 200 Paar. Seit sie ihre Sammlung in ihrem Geschäft Mr Ben Vintage Clothing ausgestellt hatten, erhalten sie Unterhosen aus allen Teilen Europas.

GRÖSSTE SAMMLUNG VON NACHTTÖPFEN
Manfred Klauda aus Deutschland sammelte insgesamt 9.400 Nachttöpfe, wobei der älteste bereits aus dem 16. Jahrhundert stammt. Seine rekordbrechende Sammlung kann im Zentrum für Außergewöhnliche Museen in München, Bundesrepublik Deutschland, besichtigt werden.

GRÖSSTE SCHUHSAMMLUNG
Sonja Bata aus Toronto, Kanada, sammelte in einem Zeitraum von 50 Jahren 10.000 Paar Schuhe. Während ihr Familienunternehmen Bata der Welt kostengünstiges Schuhwerk verkaufte, kaufte Sonja ausrangierte Schuhe. Sie hat in Toronto ein Museum für ihre Sammlung eingerichtet, zu der die Tanzschuhe von Queen Victoria, John Lennons Schuhe aus seiner Zeit bei den Beatles und Napoleons Socken gehören.

GRÖSSTE SWATCH-SAMMLUNG
Seit 1983 sammelte Fiorenzo Barindelli von Cesano Maderno in Mailand, Italien, 3.562 Swatch-Uhren. Dazu gehören jede im Swatch-Katalog enthaltene Uhr sowie einige Prototypen und Sonderausgaben. Er plant, im Jahr 2000 ein Swatch-Museum zu eröffnen.

GRÖSSTE GARTENZWERGE-SAMMLUNG
Seit 1978 sammelte Anne Atkin aus North Devon, Großbritannien, die Rekordanzahl von 2.010 Gartenzwergen und Kobolden, die alle in ihrem 1,61 ha großen Gartenzwergschutzgebiet wohnen. Die Sammlung von Atkinson wurde in den vergangenen 18 Jahren von mehr als 25.000 Besuchern gesehen.

GRÖSSTE BARBIEPUPPENSAMMLUNG
Tony Mattia aus Brighton, East Sussex, Großbritannien, besitzt rund die Hälfte aller seit 1959 hergestellten Barbiepuppenmodelle und viele Ausgaben von Barbies Freund Ken. Einmal im Monat wechselt er die Bekleidung der Puppen und verbringt Stunden damit, ihnen die Haare zu kämmen. Die Sammlung ist so stark angewachsen, daß er in eine größere Wohnung umziehen mußte.

GRÖSSTE HUNDESTEUERMARKEN-SAMMLUNG
Der 22jährige Marcel Henk aus Biberach bei Heilbronn, Bundesrepublik Deutschland, sammelt seit 1990 Hundesteuermarken. Der Hund der Oma war es, der ihn auf den Geschmack brachte. 55.000 Hundesteuermarken aus 40 Ländern der Erde hat er mittlerweile zusammengetragen. Seine Marken stammen aus dem Zeitraum von 1890 bis 1998. Die meisten Schmuckstücke seiner Sammlung hat Marcel bekommen, indem er in Anzeigenblättern Suchanzeigen aufgab, Rathäuser im In- und Ausland um Steuermarken des abgelaufenen Jahres bat oder Hersteller von Hundemarken direkt anschrieb. Außerdem ist er Mitglied in einem amerikanischen Verein von Hundesteuermarkensammlern und tauscht intensiv mit mehr als 200 Sammlern auf der ganzen Welt. Mittlerweile muß er seine ausufernde Sammlung in Behältnissen nach Ländern getrennt verwalten. Seine Raritäten präsentiert er allerdings in besonderer Form auf rotem Plüsch an der Wand: Zum Beispiel die grüne Brabanter Blechmarke aus dem Jahre 1890 und die Heilbronner Oldies aus den 50er Jahren.

GRÖSSTE BANKNOTENSAMMLUNG
Israel Gerber aus Ashdod in Israel begann 1962 mit dem Sammeln von Banknoten, mittlerweile besitzt er Exemplare aus 215 verschiedenen Ländern und Territorien. Im Jahr 1993 erbrachte die zweite, in Großbritannien herausgegebene 1-Pfund-Note auf einer Auktion einen Rekord von 78.078 Dollar (ca. 137.000 DM). Nicht nur die Seltenheit und der Zustand lassen den Wert einer Banknote ansteigen, sondern auch, wenn sie einen Druckfehler aufweist.

GRÖSSTE MURMELSAMMLUNG
In den letzten 45 Jahren baute der Drucker Sam McCarthy-Fox aus Worthing, Großbritannien, eine Sammlung aus 40.000 Murmeln auf. Zu seiner rekordbrechenden Sammlung gehören sowohl antike Murmeln als auch moderne Glas- und Glasfasermurmeln, die aus Halbedelsteinen hergestellt werden. McCarthy-Fox verbringt viel Zeit auf dem Dachboden, wo er seine Murmeln poliert. Er organisiert ebenfalls internationale Meisterschaften im Murmelspielen.

GRÖSSTE SAMMLUNG VON LUFTKRANKHEITSBEUTELN
Nick Vermeulen aus Wormerveer in den Niederlanden hatte bis Mai 1997 eine rekordbrechende Sammlung von 2.112 verschiedenen Flugzeug-Brechtüten von insgesamt 470 Fluglinien gesammelt.

Oliver Conradi aus Hamburg, Bundesrepublik Deutschland, hat bisher 1.924 Exemplare von 1.320 Fluglinen gesammelt.

MEISTE BIERETIKETTEN
392.614 Stück besitzt Sabrina Breuer (* 1983) aus Würselen, Bundesrepublik Deutschland.

GRÖSSTE KLEEBLATT-SAMMLUNG
Im Jahr 1995 sammelte George Kaminsky während seiner Erholungszeit im Gefängnishof des Gefängnisses State Correctional Institution, in Pennsylvania, USA, über fünf Monate lang eigenhändig insgesamt 13.382 vierblättrige Kleeblätter. Er fand ebenfalls 1.336 fünfblättrige, 78 sechsblättrige und sechs siebenblättrige Kleeblätter in demselben, 2 ha großen Bereich. Die Sammlung wurde an Kaminskys Schwester geschickt, nachdem die amerikanische Behörde für Strafanstalten festgelegt hatte, daß kein Insasse irgend etwas aus irgendeinem Grunde sammeln dürfe.

GRÖSSTE HANDSCHELLEN-SAMMLUNG
Seitdem Chris Gower aus Dorset, Großbritannien, 1968 im Alter von 15 Jahren begann, hat er 412 Paar Handschellen gesammelt. Sein Interesse an Handschellen wurde durch seine Begeisterung für Entfesselungskünste geweckt.

MEISTE KRONENKORKEN
Joachim Dunte aus Paderborn, Bundesrepublik Deutschland, besitzt 176.087 Exemplare.

GRÖSSTE KAUGUMMI-SAMMLUNG
Thomas und Volker Martins aus Freiburg, Bundesrepublik Deutschland, haben seit 1992 1.712 Packungen Kaugummi gesammelt.

GRÖSSTE NUSSKNACKER-SAMMLUNG
Jürgen Löschner aus Neuhausen, Bundesrepublik Deutschland, sammelte seit 1966 rund 2.200 Nußknacker. Sie sind im Nußknacker-Museum untergebracht.

MEISTE TEEBEUTELANHÄNGER
Seit 1992 sammelte Felix Rotter aus Erkrath, Bundesrepublik Deutschland, 5.681 Teebeutelanhänger.

MEISTE BLEISTIFT-ANSPITZER
Kay Oettmeier aus Leipzig, Bundesrepublik Deutschland, hat 1838 Stück gesammelt.

MEISTE GEDICHTE
10.000 handgeschriebene Kindergedichte hat Erika Riemer aus Gratkorn, Österreich, zwischen 1991 und 1997 in zehn DIN-A4-Alben verewigt.

MEISTE SCHLÜMPFE
1018 Schlümpfe umfaßt die Sammlung von Holger Reichert aus Schwäbisch Gmünd, Bundesrepublik Deutschland.

Fans

BELIEBTESTE SF-SERIE
Die Fernsehserie *Star Trek* hat seit ihrer Premiere 1966 eine riesige Fangemeinde bekommen. *Star Trek* wird in mehr als 100 Ländern ausgestrahlt, und an jedem Wochenende findet irgendwo auf der Welt ein „Trekker"-Treffen statt. Es gibt über 500 Fan-Magazine und mehr als 350 Star-Trek-Homepages im Internet. Nach mehr als 400.000 Anfragen von Fans gab die NASA einer ihrer Raumfähren den Namen *Enterprise*.

GRÖSSTE FILMFANS
Sal Piro, der Präsident des amerikanischen Rocky-Horror-Picture-Show-Fanklubs, hat die *Rocky Horror Picture Show* (Großbritannien, 1975) rund 1.000mal gesehen. Die Bühnenshow der *Rocky Horror Picture Show*, auf der der Film basiert, wurde von Richard O'Brien geschrieben und 1973 am Royal Court Theatre, London, uraufgeführt. Heute wird sie in allen größeren Ländern Europas, in Australien und dem Fernen Osten gespielt. Der Film läuft immer noch in über 100 Kinos in den USA. Viele Fans verkleiden sich wie ihre Lieblingsfiguren, wenn sie den Film sehen.

Gwilym Hughes aus Gwynned, Wales, Großbritannien, sah seinen ersten Film im Jahr 1953, als er im Krankenhaus lag. Er führt über all seine Filme Tagebuch und hat bis zum 28. Februar 1997 insgesamt 22.990 Filme gesehen und aufgezeichnet.

BEKANNTESTE PUPPE
Am 13. Mai 1998 protestierte eine Gruppe von Barbie-Fans in Westchester, Los Angeles, dafür, daß ihr Idol auf einer Briefmarke dargestellt wird. Im April 1998 wurde bekannt, daß sich „Barbie Steps Out" mit 30 Mitbewerbern auf einer Auswahlliste befand. Nach einer öffentlichen Abstimmung sollte entschieden werden, ob Barbie auf Briefmarken die 60er Jahre repräsentieren darf. Barbie, mit vollständigem Name Barbara Millicent Roberts, wurde am 9. März 1958 „geboren" und ist seitdem eine der populärsten Frauen geworden. Es wird angenommen, daß ein durchschnittliches Mädchen im Alter zwischen drei und zehn Jahren circa zehn Barbie-Puppen besitzt. Die Liebesbeziehung der Fans zu der Puppe führte zu Tausenden von Fanklubs und zahlreichen Barbie-Treffen jedes Jahr auf der ganzen Welt. Im Jahr 1995 wurde das erste Internet-Treffen der Barbie-Sammler, Cybervention, in Seattle, USA, durchgeführt. Im Jahr 1976 lagerte man während der Zweihundertjahrfeiern der USA einige Barbie-Puppen in versiegelten Kassetten, die erst im Jahr 2076 geöffnet werden.

GRÖSSTE THEATERFANS
Dr. H. Howard Hughes, emeritierter Professor des Texas Wesleyan College, Fort Worth, USA, besuchte von 1956 bis 1987 die Rekordanzahl von 6.136 Vorstellungen.

Edward Sutro sah von 1916 bis 1956 die Rekordanzahl von 3.000 Premieren und über 5.000 Vorstellungen in seiner Heimat Großbritannien.

GRÖSSTE VOGELBEOBACHTER
Phoebe Snetsinger aus Webster Groves, Missouri, USA, hat seit 1965 8.040 von 9.700 bekannten Vogelarten beobachtet. Sie hat damit 82 % der Arten und mehr als 90 % der Gattungen gesehen.

342 Vogelarten in 24 Stunden beobachteten Terry Stevenson, John Fanshawe und Andy Roberts am zweiten Tag der Birdwatch Kenya '86.

MEISTE VÖGEL BERINGT
Zwischen 1953 und dem 26. Februar 1997 beringte Óskar J. Sigurósson, Hauptvogelberinger des Isländischen Institutes für Naturgeschichte und Leuchtturmwärter in Stórhöfôi auf Heimay auf den Westmann Inseln, 65.243 Vögel.

MEISTE ANTENNENAUFNAHMEN
David Neal aus Kent, Großbritannien, hat zehn Jahre lang Aufnahmen von Antennen in seinem Heimatland gemacht hat. Bis Januar 1998 machte der 22jährige mehr als 3.000 Fotos von 524 unterschiedlichen Arten von Antennen. Er will jede Antenne in Großbritannien, insgesamt ungefähr 10.000, fotografieren. David hatte seine Aufnahmen zunächst auf Hochspannungsmasten konzentriert, jetzt findet er jedoch Antennen „majestätischer".

MEISTE PUBBESUCHE
Bruce Masters aus Flitwick, Beds, Großbritannien, hat seit 1960 29.203 Pubs und 1.568 andere Lokale mit Getränkeausschank besucht.

MEISTE RESTAURANTBESUCHE
Fred Magel aus Chicago, Illinois, USA, aß während seiner 50jährigen Tätigkeit als Restaurantbewerter 46.000mal in 60 Ländern. Magel behauptet, die größten Portionen serviere das Restaurant Zehnder's Hotel in Frankenmuth, Michigan, USA. Seine Lieblingsgerichte waren südafrikanische Langusten und Mousse aus frischen englischen Erdbeeren.

MEIST-IMITIERTER STAR

Weltweit gibt es mehr als 48.000 Elvis-Imitatoren. Im Jahr 1998 wurde in den USA die Erste Presleysche Kirche des Heiligen Elvis gegründet. In London unterhält der als „Chinesischer Elvis" bekannte Paul Chan Kunden in seinem Graceland Palace Restaurant mit Elvis-Imitationen. Elvistreffen finden regelmäßig überall auf der Welt statt, hier imitieren zwei Fans ihr Idol bei einem Elvis-Treffen in den USA.

MEISTE WEIHNACHTSKARTEN

Der Rekord für die größte Anzahl verschickter privater Weihnachtskarten beträgt 62.824 Stück. Werner Erhard aus San Francisco, Kalifornien, gelang dies im Dezember 1975.

MEISTE BRIEFE

Uichi Noda, der frühere stellvertretende Finanzminister und Bauminister Japans, schrieb an seine bettlägerige Frau Mitsu während seiner Überseereisen von Juli 1961 bis zu ihrem Tod im Jahr 1985 1.307 Briefe. Sie wurden in 25 Bänden mit insgesamt 12.404 Seiten und über 5 Mio. Buchstaben veröffentlicht.

MEISTE LESERBRIEFE

Von David Green aus Pembrokeshire, Großbritannien, wurde am 21. April 1998 sein 143. Brief in den Hauptleserbriefkolumnen der *Times* veröffentlicht. Sein produktivstes Jahr war mit zwölf Briefen 1972.

LÄNGSTES TAGEBUCH

Col. Ernest Loftus aus Harare, Simbabwe, begann am 4. Mai 1896 im Alter von 12 Jahren mit dem Tagebuchschreiben und führte dies bis zu seinem Tode mit 103 Jahren und 178 Tagen am 7. Juli 1987 fort.

LÄNGSTER FANBRIEF

Der längste Fanbrief wurde am 21.11.1997 an „Caught in the Akt" anläßlich ihres Auftritts zum 30. Geburtstag des Radiosenders Ö 3 von vier ihrer Fans überreicht. Er hatte eine Länge von 562 m.

GRÖSSTE *STAR WARS*-HULDIGUNG

Im Jahr 1998 stellte eine Gruppe von Freunden aus Kalifornien einen zehnminütigen Film her, der fehlende Szenen aus *Star Wars* (USA, 1977) nachstellt. Der Film *Troops* des Regisseurs Kevon Rubio zeigt beispielsweise den Tod von Luke Skywalkers Tante Beru und Onkel Owen, durch die Luke zu seiner Mission der Rettung der Galaxie angeregt wurde. Zu den Fans des Films sollen George Lucas und Mark Hamill gehören.

Essen und Trinken

WARNUNG
Die folgenden Eßrekorde sind bereits Geschichte und sollten heute nicht mehr versucht werden. Der Guinness Verlag erkennt solche Rekorde nicht mehr an. Potentielle Rekordbrecher sollten auf jeden Fall beachten, daß Rekordversuche in bezug auf Essen und Trinken gefährlich sein können, und es sollte stets medizinischer Rat eingeholt werden, bevor ein Rekordversuch unternommen wird. Unter keinen Umständen übernimmt der Guinness Verlag irgendeine Haftung für Erkrankungen oder Tod im Zusammenhang mit Rekordversuchen.

SCHNELLSTER TRINKER
Peter Dowdeswell aus Northants, Großbritannien, trank im Mai 1975 in fünf Sekunden 1,42 Liter.

GRÖSSTE WEINVERKOSTUNG
Im Jahr 1986 verbrauchten rund 4.000 Verkoster 9.360 Flaschen Wein bei einer von der Fernsehstation KQED in Kalifornien, USA, gesponserten Weinverkostung.

GRÖSSTES BARBECUE
1996 wurden 21,7 Tonnen Fleisch und 22 Tonnen Hühnerfleisch im Lancaster Sertoma Club's Chicken Bar-B-Que, Pennsylvania, USA, in acht Stunden gebraten und gegessen.

GRÖSSTER ESSER
Im Jahr 1963 aß Edward Miller hintereinander 28 Hühnchen mit jeweils einem Gewicht von 907 g im Trades Vic's, San Francisco, Kalifornien, USA.

SCHNELLSTER HERINGS-ESSER
Reg Morris filetierte und aß 1988 27 Heringe in 16 Minuten 52,66 Sekunden in Walsall, West Midlands, Großbritannien.

SCHNELLSTE EIERESSER
1984 aß Peter Dowdeswell 13 rohe Eier in einer Sekunde.

1987 aß John Kenmuir 14 gekochte Eier in 14,42 Sekunden.

SCHNELLSTER FRANKFURTER-WÜRSTCHEN-ESSER
Reg Morris aß im Dezember 1986 in Burntwood, Staffs, Großbritannien, 30 Frankfurter Würstchen in 64 Sekunden.

SCHNELLSTER SPAGHETTI-ESSER
Im Jahr 1986 aß Peter Dowdeswell in Halesown, West-Midlands, Großbritannien, 91,44 m Spaghetti in 12,02 Sekunden.

SCHNELLSTER ESSER EINGELEGTER ZWIEBELN
Pat Donahue aß 1978 in Victoria, Kanada, 91 eingelegte Zwiebeln in 1 Minute 8 Sekunden.

SCHNELLSTER BANANEN-ESSER
1973 aß Dr. Ronald Alkana an der University of California, Irvine, USA, in zwei Minuten 17 Bananen, jede mit einem eßbaren Anteil von mindestens 128 g.

SCHNELLSTER GRAPEFRUIT-ESSER
Im Jahr 1976 aß Jim Ellis aus Montrose, Michigan, USA, 1,39 kg Grapefruites in 34,6 Sekunden.

SCHNELLSTER EIS-ESSER
Tony Dowdeswell aß im Juli 1986 in New York, USA, 1,53 kg ungeschmolzenes Eis in 31,37 Sekunden.

SCHNELLSTER NUDELMACHER
Simon Sang Koon Sung machte beim Singapore Food Festival im Jahr 1994 in 59,29 Sekunden 8.192 Streifen aus einem Stück Nudelteig.

SCHNELLSTER ZWIEBELSCHÄLER
Im Juli 1980 schälte Alan St. Jean in Connecticut, USA, 22,67 kg Zwiebeln in 3 Minuten 18 Sekunden.

Im Oktober 1980 schälte Alfonso Salvo aus Pennsylvania, USA, aufgrund von neuen Regeln, welche eine Mindestanzahl von 50 zu schälenden Zwiebeln vorgaben, 22,67 kg Zwiebeln (52 Zwiebeln) in 5 Minuten 23 Sekunden.

SCHNELLSTER AUSTERNÖFFNER
Mike Racz öffnete am 10. Juli 1990 in Invercargill, Neuseeland, 100 Austern in 2 Minuten 20,07 Sekunden.

GRÖSSTER HAMBURGER
Im Jahr 1989 wurde in Outagamie County Fairgrounds, Wisconsin, USA, ein 2,5 Tonnen schwerer Hamburger hergestellt.

SCHNELLSTER EIERKUCHENHOCHWERFER
Ralf Laue (Bundesrepublik Deutschland) warf in Linz, Österreich, 1997 einen Eierkuchen in 2 Minuten 416mal hoch.

LÄNGSTER KEBAB
Ein 880,6 m langer Kebab wurde vom West Yorkshire Family Service Units, der Handelsvereinigung der Besitzer von asiatischen und Nationalitätenrestaurants in Bradford, Western Yorks, Großbritannien, am 19. Juni 1994 hergestellt.

LÄNGSTE SALAMI
Im Jahr 1992 wurde eine Salami mit einer Rekordlänge von 20,95 m von A/S Svindlands Pølsefabrikk, Norwegen, hergestellt.

LÄNGSTE WURST
Eine 46,3 km lange, durchgehende Wurst wurde im April 1995 von M&M Meat Shops und J.M.Schneider Inc. in Kitchener, Ontario, Kanada, hergestellt.

LÄNGSTE BRATWURST
Eine 3,1 km lange Bratwurst wurde in Jena, Thüringen, Bundesrepublik Deutschland, im Jahr 1994 hergestellt.

GRÖSSTE PAELLA
Juan Carlos Galbis und ein Team von Helfern stellten eine Paella mit einem Durchmesser von 20 m in Valencia, Spanien, im März 1992 her. Sie wurde von 100.000 Menschen gegessen.

GRÖSSTES FRÜHSTÜCK DER WELT
Das größte Frühstück der Welt fand am 9. August 1998 vor dem Olympiastadion in Berlin, Bundesrepublik Deutschland, statt. 6.459 Berlinerinnen und Berliner frühstückten für einen guten Zweck: SOS-Kinderdörfer erhielten vom Veranstalter Rama einen Scheck über 100.000 DM. Das Frühstück war schon das zweite Riesenfrühstück, das Rama organisiert hat. In diesem Jahr brach es seinen eigenen Rekord: 20.000 frischgebackene Brötchen, 3.000 Becher Rama und 5.000 Liter Kaffee waren aufgefahren. Die Sonne lachte und fast 50 % mehr Teilnehmer eilten herbei.

GRÖSSTE LEBENSMITTELMESSE
Gudrun und Lena, Promoter auf der „Grünen Woche“ in Berlin, Bundesrepublik Deutschland, beißen vor dem Brandenburger Tor in eine riesige Brezel. Die Messe ist die größte Lebensmittel- und Landwirtschaftsmesse der Welt. 1998 wurde sie von Ausstellern aus über 60 Ländern besucht. Aus Deutschland stammen ebenfalls der größte Apfelstrudel und die längste Bratwurst.

GRÖSSTER EIERKUCHEN
Ein 3 Tonnen schwerer Eierkuchen mit einem Durchmesser von 15,01 m wurde in Manchester, Großbritannien, im August 1994 während der Feierlichkeiten anläßlich des 150. Jahrestages der Genossenschaftsbewegung gewendet.

GRÖSSTE LASAGNE
Eine 21,33 m x 2,13 m große Lasagne wurde von Food Bank für den Monterey County in Salinas, Kalifornien, USA, 1993 hergestellt.

GRÖSSTE PIZZA
Eine Pizza mit einem Durchmesser von 37,4 m wurde im Norwood Hypermarket, Südafrika, am 8. Dezember 1990 hergestellt.

GRÖSSTES OMELETTE
Im Jahr 1994 brieten Vertreter von Swatch in Yokohama, Japan, ein 128,2 m² großes Omelette, in dem 160.000 Eier enthalten waren.

GRÖSSTER CHINESISCHER KLOSS
Im Jahr 1997 stellten die Hong Kong Union of Chinese Food and Culture Ltd. und das Southern District Committee einen Chinesischen Kloß mit einem Gewicht von 480 kg für die Feierlichkeiten zur Rückgabe Hongkongs an China her.

HÖCHSTER KUCHEN
Im August 1997 schuf die Network Television Marketing Ltd. in Faisalabad, Pakistan, einen 32 m hohen Kuchen mit 105 Lagen.

LÄNGSTER APFELSTRUDEL
Ein 1,674 km langer Apfelstrudel wurde am 26. Mai 1994 in Karlsruhe, Bundesrepublik Deutschland, hergestellt.

GRÖSSTER KIRSCHKUCHEN
1990 wurde ein 17,11 Tonnen schwerer Kirschkuchen mit einem Durchmesser von 6,1 m vom Oliver Rotary Club, British Columbia, Kanada, gebacken.

GRÖSSTER MILCHSHAKE
Ein Milchshake von 16.400 Litern wurde 1996 von Age Concern East Cheshire und Lancashire Dairies in Macclesfield, Großbritannien, hergestellt.

GRÖSSTE SÜSSIGKEIT
Im Jahr 1997 wurde ein 2,31 Tonnen schweres Fruchtgeleekonfekt von Bahattin Bulent und Ediz Pektuzun bei Real Turkish Delight, New South Wales, Australien, hergestellt.

Essen und Trinken

TEUERSTE MAHLZEIT PRO KOPF
Im September 1997 gaben drei Personen im Le Gavroche, London, bei einem einzigen Abendessen ca. 36.000 DM aus. Nur ca. 606 DM wurden für das Essen bezahlt, Zigaretten und Spirituosen beliefen sich auf ca. 2.430 DM und die übrigen 32.964 DM kosteten sechs Flaschen Wein. Die teuerste Flasche, ein 1985er Romanee Conti, kostete ca. 13.900 DM. Er wurde als „ein bißchen zu jung" befunden und ging deshalb an das Personal. Die Gäste begannen mit einem 1949er Krug Champagner für ca. 1.576 DM, ihm folgten erlesene Bordeaux- und Burgunderweine: ein 1985er DRC Montrachet zu ca. 3.942 DM, ein 1954er Haut Brion zu ca. 5.913 DM, ein 1967er Château D'Yquem zu ca. 3013 DM und ein 1961er Château Latour zu ca. 5.491 DM.

TEUERSTE FLASCHE WEIN
Im Dezember 1985 wurden ca. 239.000 DM für eine Flasche 1787er Rotwein Château Lafite mit den Initialen von Thomas Jefferson bei Christie's in London, Großbritannien, versteigert. Im Jahr 1986 rutschte der Korken, durch Ausstellungslicht ausgetrocknet, heraus, wodurch der Wein verdarb.

TEUERSTES GLAS WEIN
Den Rekordbetrag von 1.453 Dollar (ca. 2.550 DM) für das erste Glas des Beaujolais Nouveau des Jahres 1993 zahlte Robert Denby in Pickwick's, einem britischen Pub in Beaune, am 18. November 1993.

TEUERSTE SPIRITUOSEN
Die teuerste käufliche Spirituose ist Malt Whisky der Marke Springbank Jahrgang 1919, von dem bei Fortnum & Mason in London, Großbritannien, eine Flasche einschließlich Mehrwertsteuer ca. 19.000 DM kostet.

Der höchste Preis, der auf einer Versteigerung für eine Spirituose gezahlt wurde, betrug 79.552 Dollar (ca. 140.000 DM) für eine Flasche 50 Jahre alten Glenfiddich Whisky. Sie wurde 1992 auf einer Wohltätigkeitsversteigerung an einen anonym gebliebenen italienischen Geschäftsmann verkauft.

TEUERSTES STEAK
Das teuerste Steak stammt vom Wagyu-Rindern, die seit Jahrhunderten um die japanische Stadt Kobe herum gezüchtet werden. Die Herden besitzen eine beachtliche genetische Reinheit, werden königlich behandelt, regelmäßig mit Saké abgerieben und mit riesigen Mengen Bier getränkt. Die Qualität ihres Fleisches wird auf ihr streßfreies Leben zurückgeführt. Seitdem Japan keine Zuchtrinder mehr exportiert, ist das Rindfleisch aus Kobe nur selten erhältlich und kostet rund 570 DM pro Kilogramm.

TEUERSTER FISCH
Sushi-Chefs zahlen phänomenale Preise für den Riesen-Blaufinnenthunfisch. Im Januar 1992 wurde ein 324 kg schwerer Blaufinnenthunfisch für einen Betrag von 83.500 Dollar (ca. 146.000 DM) in Tokio verkauft und in 2.400 Portionen Sushi zu 75 Dollar (ca. 132 DM) pro Gericht aufgeteilt. Die Einnahmen aus dem einen Fisch betrugen nach Schätzungen 180.000 Dollar (ca. 310.000 DM).

TEUERSTER KAVIAR
Der teuerste Kaviar in der Welt ist Almas-Kaviar, die gelben Eier eines Albino-Belugastörs, der für ca. 1760 DM pro 50 g verkauft wird.

TEUERSTE MUSCHELN
Die teuerste Muschel der Welt ist mit ca. 650 DM pro kg die Percebes barnacle. Die als „Trüffel des Meeres" bekannten Entenmuscheln benötigen viel Sauerstoff zum Überleben, und so hängen sie sich an Felsen, an denen das Wasser sehr sauerstoffreich, aber die Wellen sehr gefährlich sind. Fischer riskieren ihr Leben, um sie vor der unbewohnten Insel Sisargas nahe der spanischen Küste zu fangen; Tote und Verletzte sind dabei alltäglich. Wenn die Schalentiere erst einmal in ein Restaurant gelangt sind, werden sie lebendig gekocht und

TEUERSTER TRÜFFEL
Guy Mornier, der Besitzer des Trüffelhauses in Paris, zeigt einen riesigen schwarzen Trüffel von 1,14 kg. Er wurde von einem Hund in Tricastin, Südfrankreich, im Dezember 1997 gefunden und war nach Schätzungen 1.500 Dollar (ca. 2.600 DM) wert. Der teuerste Trüffel der Welt ist *Tuber magmatum pico*, ein seltener weißer Trüffel, der in Alba, Italien, gefunden und für 8.820 Dollar (ca. 31.000 DM) pro Pfund verkauft wurde.

mit einer Knoblauchsauce serviert. Sie sind so hoch angesehen, daß sogar ein Fest, die Fiesta de Los Percebes, zu ihren Ehren gefeiert wird.

TEUERSTE GEWÜRZE
Wilder Ginseng – die Wurzel von *Panax quinquefolium* – aus Chinas Chan-Pak-Gebirge kostete im November 1979 in Hongkong 23.000 Dollar (ca. 40.400 DM) für 23 g. Die jährliche Versandmenge des Gewürzes aus der Provinz Jilin, das von vielen als Aphrodisiakum angesehen wird, liegt unter 4 kg.

SCHÄRFSTES GEWÜRZ
Ein einziges getrocknetes Gramm von Red „Savina" Habanero (1994 Special), das von GNS Spices of Walnut, Kalifornien, USA, gezüchtet wurde, kann eine spürbare „Schärfe" in 577 kg milder Sauce hervorrufen.

GRÖSSTER METALLESSER
Michel Lotito aus Grenoble, Frankreich, ist als Monsieur Mangetout (Herr Allesfresser) bekannt und ißt seit 1959 Metall und Glas. Gastroenterologen, die seinen Magen geröntgt haben, bestätigen seine einzigartige Fähigkeit, bis zu 900 g Metall an einem Tag zu essen. Zur Nahrung von Mangetout gehörten seit 1966 18 Fahrräder, 15 Supermarktwagen, sieben Fernseher, sechs Leuchter, zwei Betten, ein Paar Ski, ein Leichtflugzeug der Marke Cessna, ein Computer und ein Sarg (mit Griffen).
Er zerkleinert die Gegenstände mit einer elektrischen Säge, um sich mundgerechte Happen herzustellen, und anstatt die „Nahrung" zu kauen, schluckt er Metall wie eine Tablette herunter. Er bemerkte sein Talent, als während des Trinkens ein Glas zerbrach, er die Teile kaute und herunterschluckte. Daraufhin begann er, Glas und Metall als Partytrick zu verschlingen. Jetzt lebt er von dieser Fähigkeit und hat seine Widerstandskraft gegen Schmerzen enorm gesteigert. Bis zum Oktober 1997 aß der 47jährige in seiner 22jährigen Laufbahn fast 8 Tonnen Metall. Bananen und hartgekochte Eier verschmäht er, weil sie ihn krankmachen.

TEUERSTER CHILI
Der teuerste Chili wird von Chasen's of West Hollywood, USA, angeboten und kostet 16,75 Dollar (ca. 30 DM) pro g.

TEUERSTE FRUCHT
Im Jahr 1977 zahlte der Restaurantbesitzer Leslie Cooke auf einer Versteigerung in Dublin ca. 1.600 DM für 453 g Erdbeeren.

TEUERSTER KAFFEE
Der indonesische Kaffee Kopi Luwak wird für 150 Dollar pro Pfund (ca. 264 DM) verkauft: Seine Bohnen werden aus den Ausscheidungen von Tieren ausgesondert und zu Kopi Luwak verarbeitet.

GRÖSSTER MITTAGSTISCH
Im März 1998 bereitete ein Team Gedecke für mehr als 15.000 Gäste vor, die gemeinsam an der längsten durchgehenden Tafel aßen. Der Tisch erstreckte sich über 5 km entlang der neu erbauten Vasco-da-Gama-Brücke in Lissabon, Portugal, mit 18 km die längste Brücke Europas. 200 Busse waren nötig, um die Gäste zu ihren Plätzen zu bringen.

GRÖSSTES BIERLOKAL
Der Mathäser in München ist das größte Bierlokal der Welt. An jedem Tag werden 48.000 Liter Bier verkauft.

siegertypen

GRÖSSTE KRAFTDARBIETUNGEN
Grant Edwards aus Sydney, Australien, zog am 4. April 1996 einhändig einen Zug mit einem Gewicht von 201 Tonnen über eine Entfernung von 36,8 m auf einer Eisenbahnstrecke im Rail Transport Museum von New South Wales, Thirlmere, Australien.

Juraj Barbaric zog am 25. Mai 1996 einhändig einen Zug mit einem Gewicht von 360 Tonnen über eine Entfernung von 7,7 m auf einer Eisenbahnstrecke in Kosice, Slowakei.

Khalil Oghaby aus dem Iran hob 1975 im Gerry Cottle's Circus, Großbritannien, einen Elefanten vom Boden hoch.

Juri Scherbina, ein Kraftjongleur aus der Ukraine, warf auf dem Ostgipfel des Berges Elbrus im Juli 1995 eine Kugel mit einem Gewicht von 16 kg 100mal von einer Hand in die andere.

KRAFTZÄHNE
Walter Arfeuille aus Ieper-Vlamertinge, Belgien, hob am 31. Mai 1990 in Paris, Frankreich, Gewichte von insgesamt 281,5 kg mit seinen Zähnen 17 cm vom Boden hoch.

ZÄHNEZIEHEN
Robert Galstyan aus Masis, Armenien, zog am 21. Juli 1992 mit seinen Zähnen in Schtscherbinka, Moskau, Rußland, zwei Eisenbahnwaggons über eine Entfernung von 7 m auf einer Eisenbahnschiene. Die Waggons waren aneinander gekoppelt und hatten zusammen ein Gewicht von 219,175 kg.

GRÖSSTE LUNGENKRAFT
Am 26. September 1994 blies Nicholas Mason aus Cheadle, Greater Manchester, Großbritannien, einen Standard-Wetterballon von 1000 g in 45 Minuten 2,5 Sekunden bis zu einem Durchmesser von 2,44 m auf.

MEISTE PLATTEN
Andreas Häckel zerschlug am 30. August 1997 in Ettenheim 510 Ytong-Platten in 35 Sekunden mit der Handfläche und legte dabei 53 Meter zurück.

SCHNELLSTER HANDSTAND-LÄUFER
Am 19. Februar 1994 lief Mark Kenny aus Norwood, Massachusetts, USA, 50 m auf seinen Händen in einer Rekordzeit von 16,93 Sekunden.

SCHNELLSTER JODLER
Thomas Scholl aus München, Deutschland, erreichte am 9. Februar 1992 in einer Sekunde 22 Töne (15 Falsett-Töne).

SCHNELLSTER TROMMLER
Rory Backwell aus Starcross, Devon, Großbritannien, spielte am 29. Mai 1995 auf insgesamt 400 einzelnen Trommeln in einer Zeit von 16,2 Sekunden.

HÖCHSTE STUHL-BALANCE
Henry hat unter anderem schon auf Stühlen am Grand Canyon, USA, und in Moskau, Rußland, balanciert. Zumeist balanciert er auf zwei Eßtisch-Stuhlbeinen, die auf normalen Wassergläsern stehen. Hier sieht man ihn, wie er in aller Seelenruhe am Rand des L'Aiguille du Midi in 3,842 m Höhe (oben) und über dem Fluß Meuse (unten) in Frankreich sitzt.

KRAFTAKTE IM ZIEHEN
David Huxley zog am 15. Oktober 1997 auf dem Flugplatz von Sydney, Australien, eine 187 Tonnen schwere Qantas Boeing 747-400 über eine Entfernung von 91 m einhändig über die Rollbahn, wobei er seinen vorherigen Rekord von 54,7 m einstellte. Huxley zog ebenfalls die 105 Tonnen schwere Concorde 143 m weit und die 387 Tonnen schwere HMAV Bounty über 25 m.

SCHNELLSTER BARBIER
Tom Rodden aus Chatham, Kent, Großbritannien, rasierte am 10. November 1993 innerhalb von 60 Minuten 278 Menschen mit einem Rasiermesser. Bei einem Durchschnitt von 12,9 Sekunden pro Gesicht floß nur siebenmal Blut.

Mit einem Sicherheitsrasierer rasierte Denny Rowe in Herne Bay, Kent, Großbritannien, 1994 Personen innerhalb von 60 Minuten am 19. Juni 1988. Er benötigte durchschnittlich 1,8 Sekunden pro Freiwilligen und verletzte dabei nur vier von ihnen.

SCHNELLSTER HAARSCHNEIDER
Die meisten Haarschnitte in einer Stunde, nämlich 18 Schnitte, gelangen Trevor Mitchell am 27. Oktober 1996 im Konferenzzentrum von Wembley, wobei er sich an die von der Internationalen Gesellschaft für Künstlerische Haarkunst herausgegebenen Richtlinien hielt. Während dieses Versuches führte er einen Haarschnitt in der Rekordzeit von 2 Minuten 20 Sekunden aus.

SCHNELLSTER SCHAFSCHERER
Der Rekord im Handscheren beträgt 390 Lämmer in 8 Stunden und wurde von Deanne Sarre aus Pingrup in Yealering, Westaustralien, am 1. Oktober 1989 aufgestellt.

Der Rekord im Handscheren bei den Männern liegt bei 353 Lämmern in 9 Stunden und wurde von Peter Casserly aus Christchurch, Neuseeland, am 13. Februar 1976 aufgestellt.

Der Rekord beim maschinellen Scheren mit nur einer Maschine an einem Arbeitstag (9 Stunden) beträgt 805 Lämmer und wurde von Alan MacDonald in Waitnaguru, Neuseeland, am 20. Dezember 1990 aufgestellt. Das ergibt einen Durchschnitt von 89,4 Schafen pro Stunde.

HÖCHSTE EINRADTOUR
Heimo Katzbauer bezwang den Großglockner am 19. September 1997 auf einem Einrad. Nach 1 Stunde und 48 Minuten war er auf 2428 m Höhe und fuhr in 1 Stunde und 22 Minuten zurück.

SCHNELLSTER EHEFRAUEN-TRÄGER
Jouni Jussila trug 1997 seine Ehefrau Tiina über eine 235 m lange Hindernisstrecke in einer Rekordzeit von 1 Minute und 5 Sekunden. Es war Jussilas fünfter Erfolg beim jährlichen Wettbewerb in Sonkajärvi, Finnland.

SCHNELLSTER PALMENKLETTERER
Der jedes Jahr im Sukana Park, Fidschi, stattfindende Wettbewerb im Kokosnußpalmklettern ist zu einem internationalen Ereignis geworden ist, so daß die Organisatoren die Kletterhöhe einheitlich festlegen mußten. Eine 9 m hohe Kokosnußpalme erkletterte Fuatai Solo aus Westsamoa barfuß am 22. August 1989 in 4,88 Sekunden. Nachdem er zum Sieger erklärt worden war, erstieg Fuatai den Baum noch einmal, wobei er dieses Mal sein Preisgeld von 100 Dollar in seinem Mund festhielt.

SCHNELLSTE SPRECHER
Die schnellsten Sprecher der Welt sind Steve Woodmore aus Kent, Großbritannien, Sean Shannon aus Kanada (Bild rechts) und Steve Briers aus Pembrokeshire, Großbritannien. Woodmore sprach bei der *TVS Motor-Mouth-Show* am 22. September 1990 in 56,01 Sekunden 595 Worte (entspricht 637,4 Worten pro Minute). Er trainiert, indem er sich eine Passage aus einem Buch aussucht und diese immer wieder rezitiert, bis sie ihm in Fleisch und Blut übergegangen ist. Er übt gewöhnlich nur am Abend vor dem Sprechereignis, wurde jedoch sein Rekord gebrochen, trainiert er bis zu sechs Wochen, um ihn zurückzugewinnen. Shannon rezitierte am 30. August 1995 in Edinburgh, Großbritannien, Hamlets Monolog „Sein oder nicht sein" (260 Worte) in einer Zeit von 23,8 Sekunden (entspricht 655 Worten pro Minute). Er stellte sein Talent schon als Kind fest, als Leute ihn baten, langsam zu sprechen, da sie nicht verstehen konnten, was er sagte. Briers rezitierte am 6. Februar 1990 die Texte des Albums *A night at the opera* von Queen rückwärts in 9 Minuten und 58,44 Sekunden. Der schnellste Rückwärtssprecher der Welt schließt sich zum Training manchmal für vier Stunden am Tag in seinem Zimmer ein, bis er seine Reden gelernt hat.

siegertypen

MEISTE TELLER
Albert Lucas (USA), oben abgebildet, bewegte 1993 acht Teller, 1997 jonglierte er sie auch. „Bewegt" bedeutet, daß die Anzahl der Fänge mit der Anzahl der genutzten Gegenstände übereinstimmt, während der Fachbegriff „Jonglieren" die wesentlich schwierigere doppelte Anzahl von Fängen erfordert.

LÄNGSTE SEIFENBLASE
Alan McKay aus Wellington, Neuseeland, erzeugte am 9. August 1996 eine 32 Meter lange Seifenblase. Er verwendete einen Seifenblasenring, ein Spülmittel, Glyzerin und Wasser.

GRÖSSTE KAUGUMMIBLASE
Thomas Barro aus Garnerschwang blies am 1. November 1987 ohne Zuhilfenahme der Hände eine Kaugummiblase mit einem Durchmesser von 57 cm.

SEIFENBLASEN
Fan-Yang aus Mississauga, Ontario, Kanada, schuf am 11. August 1997 eine 47,7 m lange Wand aus Seifenblasen mit einer Fläche von ungefähr 376,1 m² im Kingdome Pavilion, Seattle, Washington, USA.

Die größten Seifenblasen in der Schweiz produziert der Schweizer Iwan Pestalozzi aus Binz. Mit seiner selbstkonstruierten Seifenblasenmaschine erzeugt er über 3 m lange und bis zu 90 cm Rekordblasen.

Bernward Krämer aus Traubing, Bayern, gelingen Seifenblasen mit mehr als 3,5 m Länge und 1,5 m Durchmesser. In eine Blase hüllte er am 26. Juni 1996 sieben Personen, einen Hasen und einen Hamster.

WEITESTER FRISBEE-WURF
Der von der World Flying Disc Federation geführte Weitenrekord bei Männern beträgt 200,01 m und wurde von Scott Stokely (USA) am 14. Mai 1995 in Fort Collins, Colorado, USA, aufgestellt. Bei den Frauen schaffte Anni Kreml (USA) am 21. August 1994 in Fort Collins, Colorado, USA, 136,31 m.

WEITESTER GUMMISTIEFELWURF
Ein Challenger Dunlop-Stiefel der Größe 8 wurde am 12. Oktober 1996 in Hämeenlinna, Finnland, von Herrn Teppo Luoma über die Rekordweite von 63,98 m geworfen. Frau Sari Tirkkonen warf am 19. April 1996 in Turku, Finnland, 40,87 m weit.

WEITESTER SPEERWURF
David Engvall warf am 15. Juli 1995 in Aurora, Colorado, USA, einen Speer unter Verwendung einer passenden Haltevorrichtung 258,63 m weit.

GRÖSSTE SPUCK-REKORDE
Die größte Entfernung, über die ein Kirschkern gespuckt wurde, beträgt 28,98 m und wurde von Horst Ortmann in Langenthal, Bundesrepublik Deutschland, am 27. August 1994 erzielt.

David O'Dell aus Apple Valley, Kalifornien, USA, spuckte bei den Weltmeisterschaften im Tabakspucken in Calico Ghost Town, Kalifornien, im März 1994 ein Tabakstück über die Rekordentfernung von 15,07 m.

Einen Wassermelonenkern spuckte Jason Schayot in De Leon, Texas, USA, am 12. August 1995 22,91 m weit.

GRÖSSTER WEINTRAUBENFANG
Die größte Entfernung, über die eine auf ebenem Untergrund geworfene Weintraube mit dem Mund aufgefangen wurde, beträgt 99,82 m. Paul Tavilla warf die in East Boston, Massachusetts, USA, am 27. Mai 1991, James Deady fing sie auf.

LÄNGSTE KRIECHSTRECKE
Über 15 Monate, bis zum 9. März 1985, kroch Jagdish Chander über eine Entfernung von 1.400 km von Aligarh nach Jamma, Indien, um die von ihm verehrte Hindu-Göttin Mata zu besänftigen.

EISSTAPELN
539 Eiskugeln à 16 ml schichtete Gianni Mucignat aus Wallenhorst, Bundesrepublik Deutschland, am 21. März 1989 im Eiscafé Adria auf eine normale Waffeltüte. In 14 Minuten stand der 60 cm hohe und ca. 17 kg schwere Eisturm.

LASSO-SPRUNG
Einen Giant Texas Skip – das ist ein Sprung durch ein senkrecht gedrehtes Seil – durch ein Lassoseil mit 11,5 m Durchmesser schaffte der Artist Fred Schneider am 27. Juli 1996 in München, Bundesrepublik Deutschland.

LÄNGSTE BALANCE
Amresh Kumar Jha balancierte 71 Stunden 40 Minuten in Bihar, Indien, vom 13. bis 16. September 1995 auf einem Fuß. Er stützte dabei seinen Fuß nicht ab und hielt sich nirgendwo fest.

LÄNGSTE ZEIT BEWEGUNGSLOS
Radhey Shyam Prajapati (Indien) stand vom 25. zum 26. Januar 1996 über einen Rekordzeitraum von 18 Stunden 5 Minuten und 50 Sekunden bewegungslos in Gandhi Bhawan, Bhopal, Indien.

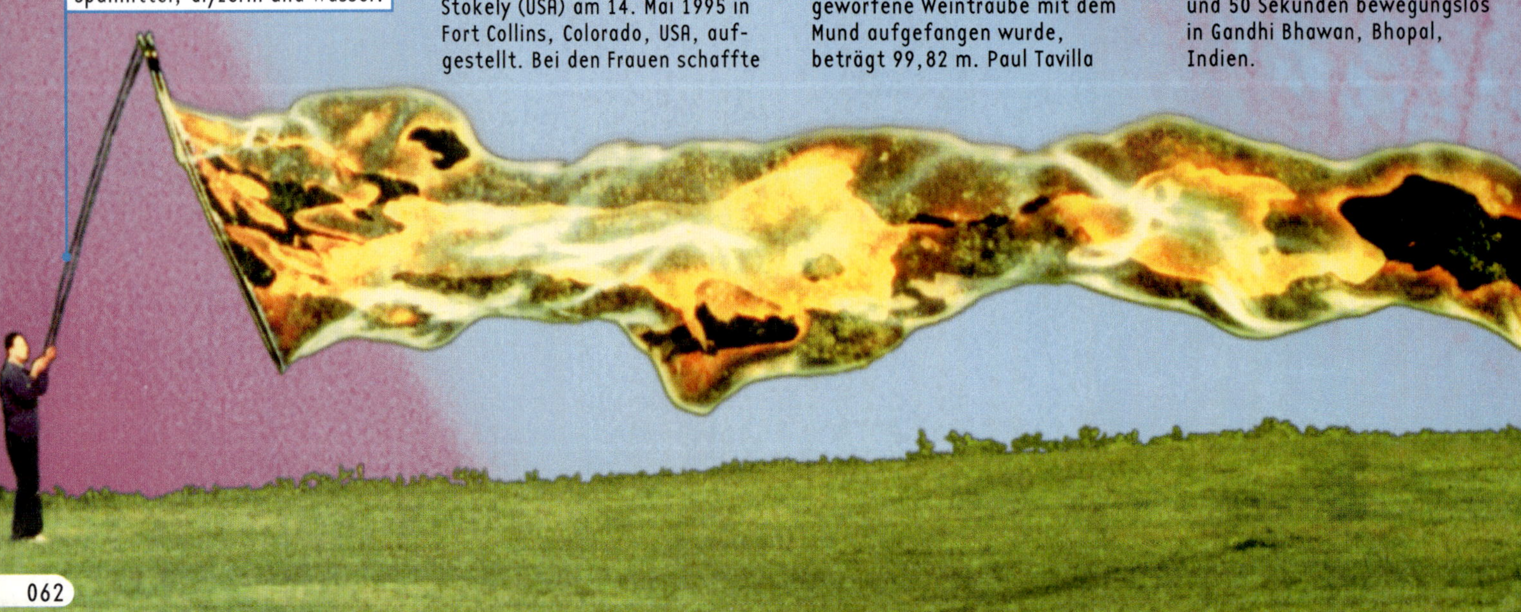

LÄNGSTES ZELTEN
Der indische Fakir Mastram Bapu („zufriedener Vater") verblieb insgesamt 22 Jahre, von 1960 bis 1982, an derselben Stelle am Straßenrand im Dorf Chitra, Indien.

LÄNGSTE ZEIT IN EINEM BAUM
Bungkas kletterte 1970 in dem indonesischen Dorf Bengkes eine Palme hinauf und blieb seitdem dort. Er wohnt in einem Nest aus Zweigen und Blättern. Wiederholte Versuche, ihn zum Verlassen des Baumes zu bewegen, schlugen fehl.

RÜCKWÄRTS EINRADFAHREN
Ashrita Furman (USA) fuhr am 16. September 1994 über eine Entfernung von 85,56 km im Forest Park, Queens, New York, USA.

MEISTE BALANCIERTE EIER
Kenneth Epperson aus Monroe, Georgia, USA balancierte am 23. September 1990 210 Eier gleichzeitig auf einer ebenen Oberfläche. Eine Klasse aus der Bayfield School, Colorado, USA balancierte 467 Eier am 20. März 1986. Das Bild links zeigt den acht Jahre alten Malik Shabazz Pizzarro und Stadtparkranger June Yoo beim Balancieren von Eiern auf einer Mauer im Central Park, New York, USA. Angeblich können am ersten Frühlingstag rohe Eier besser auf einem Ende balancieren. 1996 bewies die Science Alliance das dies auch an jedem anderen Tag gelingt.

MEISTE GEFANGENE BUMERANGS
Lawrence West aus Basingstoke, Hants, Großbritannien, warf und fing einen Bumerang zwanzigmal in einer Minute beim Hallenwettbewerb im Bumerangwerfen, der am 20. März 1998 von der Fernsehsendung der BBC *Tomorrow's World* veranstaltet wurde.

MEISTE RINGE
Mit der rekordbrechenden Anzahl von elf Ringen jonglierte Albert Petrowski, Eugen Belaur und Sergej Ignatow aus der UdSSR (nicht vollständig bewiesen).

CHINESISCHER ZIRKUS
Balance- und Jonglierakte gehen in Europa, Asien und Afrika bis ins Mittelalter zurück, der chinesische Zirkus ist jedoch ganz besonders für seine Balanceakte berühmt. Der Chinesische Staatszirkus ist ein Zirkus ohne Tiere, der weltweit Zuschauer mit seinen verwegenen Hochseil- und Trapezakten, riesigen menschlichen Pyramiden, Tellerbalancen und akrobatischen Leistungen verblüffte.

MEISTE FACKELN
Anthony Gatto (USA) jonglierte 1989 mit sieben brennenden Fackeln.

MEISTE DOMINOSTEINE
Ralf Laue aus Leipzig, Bundesrepublik Deutschland, stapelte am 26. Juni 1997 im Ramada Hotel, Linz, Österreich, erfolgreich 529 Dominosteine auf einen einzigen stützenden Dominostein.

SCHNELLSTER BETTENMACHER
28,2 Sekunden für ein Bett brauchte Wendy Wall aus Sydney, New South Wales, Australien, am 30. November 1978.

HULA-HOOP
Am 27. Mai 1995 kreiste der größte Hula-Hoop-Reifen mit 10 m Umfang 150 Sekunden lang um die Hüften von Roman Schedler (Österreich).

LAUTESTER SCHREI
Annalisa Wray aus Comber, Nord-Irland, erzielte am 16. April 1994 mit dem Ausruf „quiet" 121,7 Dezibel bei einem Wettbewerb in Belfast, Nord-Irland.

GRAMMTRINKEN
Patrick Göb aus Veitshöchheim, Deutschland, trinkt aufs Gramm genau. Bei vier Versuchen verschluckte er sich nur einmal um 1 g.

JÜNGSTER REGISSEUR, DREHBUCHSCHREIBER UND PRODUZENT

Der Thriller *Lex, the wonderdog* (Lex, der Wunderhund, USA, 1972) wurde von Sydney Ling im Alter von 13 Jahren geschrieben, produziert und gedreht, er wurde damit zum jüngsten Regisseur eines professionell hergestellten Spielfilms.

JÜNGSTER HITPARADEN-STAR

Jordy (Lemoine) war viereinhalb Jahre alt, als er die Nummer eins der französischen Charts mit seinem Titel *Dur, dur d'être bébé* (Es ist schwer, ein Baby zu sein) wurde. Der Song kam später in die amerikanischen Billboard-Charts.
1994 boykottierten die größten französischen TV- und Radiostationen den Song, weil Jordys Eltern angeblich die Jugend des Kinderstars ausnutzen.

JÜNGSTER HOLLYWOOD-FILMPRODUZENT

Im Alter von 20 Jahren schrieb, produzierte und leitete Steven Paul die romantischen Komödie *Falling in Love again* (USA, 1980), in der Eliott Gould, Susannah York Michelle Pfeiffer und Steven Paul selbst auftraten.

JÜNGSTER STAR

Baby Leroy Overacker trat im Alter von sechs Monaten an der Seite von Maurice Chevalier in dem Film *Bedtime Story* (USA, 1933) auf.

Die jüngste Person, die in das Who's Who aufgenommen wurde (außer durch ererbte Titel), war der Konzertviolinist Yehudi Menuhin (jetzt Lord Menuhin), ein Wunderkind, das erstmals in der Ausgabe des Jahres 1932 im Alter von 15 Jahren auftauchte.

JÜNGSTER HOCHSCHULABSOLVENT

Michael Kearney begann im September 1990 im Alter von sechs Jahren und sieben Monaten im Santa Rosa Junior College, Kalifornien, USA, ein Studium. Er wurde im Juni 1994, im Alter von zehn Jahren und vier Monaten, der jüngste Absolvent, als er seinen Abschluß in Anthropologie von der Universität South Alabama, USA, erhielt.

JÜNGSTER NOBELPREISGEWINNER

Theodore W. Richards gewann 1914 mit 23 Jahren den Preis für Chemie, Professor Sir Lawrence Bragg den Nobelpreis für Physik des Jahres 1915.

FRÜHESTE TAPFERKEITSAUSZEICHNUNG

Kristina Stragauskaite aus Skirmantiskes, Litauen, erhielt im Alter von vier Jahren 252 Tagen eine Medaille für „Mut bei einem Brand", nachdem sie im April 1989 die Leben ihres jüngeren Bruders und ihrer jüngeren Schwester bei einem Feuer rettete.

JÜNGSTER SCHACHGROSSMEISTER

Am 22. März 1997 wurde Etienne Bacrot aus Frankreich die jüngste Person, die jemals internationaler Schachgroßmeister wurde, indem er das Masters-Turnier in Enghien-les-Bains in der Nähe von Paris im Alter von 14 Jahren und 59 Tagen gewann. Etienne, der im Alter von vier Jahren mit dem Schachspielen begann, brach dabei den vorhergehenden Rekord, den 1994 der Ungar Peter Leko im Alter von 14 Jahren und sechs Monaten aufgestellt hatte.

Die jüngste Person, die eine offizielle Auszeichnung für Tapferkeit erhielt, war der fünf Jahre alte Julius Rosenberg aus Winnipeg, Kanada, der seine drei Jahre alte Schwester vor einem Schwarzbären schützte.

JÜNGSTE ALLEINUMSEGLER

David Dicks aus Australien war 18 Jahre und 41 Tage alt, als er am 16. November 1996 seine Weltumseglung nach 264 Tagen 16 Stunden 49 Minuten beendete.

David Sanderman war 17 Jahre und 176 Tage alt, als er im Jahr 1976 eine 43tägige Atlantiküberquerung beendete.

JÜNGSTE WELTMEISTER

Der jüngste Teilnehmer an einer Weltmeisterschaft war ein unbekannter französischer Junge, der den olympischen Zweier der Niederlande in Paris, Frankreich, am 26. August 1900 steuerte. Der Junge war nicht viel älter als zehn Jahre.

JÜNGSTE POLBESUCHER

Der britische Junge Robert Schumann reiste im Alter von zehn Jahren, am 6. April 1992 zum Nordpol und am 29. Dezember 1993, im Alter von elf Jahren, zum Südpol. Auf seiner ersten Fahrt reiste er per Flugzeug an, während er beim zweiten Mal per Mountainbike eintraf (das er in einem Flugzeug mitgenommen hatte). Am 1. Mai 1997 wurde die acht Jahre alte Alicia Hempleman-Adams aus Swindon, Wiltshire, Großbritannien, die jüngste Person, die jemals den Nordpol besuchte. Alicia flog zum Pol, um ihren Vater David zu treffen, der nach einer Reise von 965,6 km in 57 Tagen als erster den Grand Slam erreichte, d.h. der es geschafft hatte, alle vier Pole, den magnetischen, geografischen, den Nord- und den Südpol zu besuchen und den jeweils höchsten Berg aller Kontinente zu ersteigen.

Fu Mingxia aus China, die in Perth, Australien, am 4. Januar 1991 den Weltmeisterschaftstitel der Damen im Wasserspringen vom Brett erhielt, war zwölf Jahre und 141 Tage alt.

JÜNGSTE TEILNEHMERIN
Die Tennisspielerin Joy Foster war acht Jahre alt, als sie Jamaika bei den Westindischen Meisterschaften in Port of Spain, Trinidad, im August 1958 vertrat, womit sie zur jüngsten Teilnehmerin an einem internationalen Wettbewerb wurde.

JÜNGSTER SALTISPRINGER
Die jüngste Person, die einen vierfachen Salto schaffte, war der 15 Jahre alte Pak Yong Suk aus Nordkoreas Pjöngjang-Zirkus-Truppe.

JÜNGSTE WEHRPFLICHTIGE
Im März 1976 ordnete Präsident Francisco Macías Nguema von Äquatorialguinea eine allgemeine Wehrpflicht für sämtliche Jungen im Alter zwischen sieben und 14 Jahren an. Eltern, die sich widersetzten, ihren Sohn zu übergeben, wurden „inhaftiert oder erschossen".

JÜNGSTE SOLDATEN
Der brasilianische Armeeheld und Staatsmann Luìs Alves de Lima e Silva, Marschall und Herzog von Caxias, trat im Jahr 1808 im Alter von fünf Jahren in sein Infanterieregiment ein.

Fernando Inchauste Montalvo, der Sohn eines Majors der bolivianischen Luftstreitkräfte, ging mit seinem Vater an seinem fünften Geburtstag während des 1932 stattfindenden Krieges zwischen Bolivien und Paraguay an die Front. Montalvo hatte eine militärische Ausbildung erhalten und unterlag der Militärdisziplin.

JÜNGSTER RICHTER
John Payton trat im Januar 1991 im Alter von 18 Jahren und elf Monaten sein Amt als Friedensrichter in Plano, Texas, USA, an.

JÜNGSTES EHEPAAR
Im Jahr 1986 wurde berichtet, daß ein elf Monate alter Junge ein drei Monate altes Mädchen in Aminpur, Bangladesh, geheiratet hat. Die Hochzeit wurde veranstaltet, um eine 20 Jahre andauernde Fehde zu beenden.

JÜNGSTER REKORDBERGSTEIGER
Der jüngste Rekordhalter unter den Bergsteigern ist Dirk Zimmermann aus Dresden, Bundesrepublik Deutschland, der 1989 als 13jähriger mit dem Lampertshorn den 1.088. und letzten Gipfel der Sächsischen Schweiz bestieg. Den ersten Gipfel eroberte er als Zweijähriger – in der Tragetasche seines Vaters.

JÜNGSTER AUTOBIOGRAPH
Drew Barrymore, ein Mitglied der berühmten Barrymore-Familie, wurde am 22. Februar 1975 geboren und war 1989, im Alter von 14 Jahren, Mitverfasserin ihrer Autobiografie *Little Girl Lost*.
Der Star hatte die Schule abgebrochen und ging im Alter von 13 Jahren in eine Rehabilitationsklinik, nachdem ihr Leben als Berühmtheit eine zu große Belastung gewesen war. Drew hatte ihr Bildschirmdebüt im Alter von elf Jahren in einem Fernsehwerbespot für Puppy Choice-Hundefutter, ihr Fernsehfilmdebüt in *Suddenly Love* (1978) und erreichte internationalen Starruhm im Alter von sieben Jahren, als sie in *ET: Der Außerirdische* (USA, 1982) auftrat, dem Science-fiction-Knüller unter der Regie ihres Patenonkels Steven Spielberg.
Bis zum Alter von 21 Jahren hatte die Schauspielerin nackt für ein *Interview*-Titelblatt und für den *Playboy* posiert, Amy Fisher in *The Amy Fisher Story* (1993) gespielt und geheiratet, war aber nach weniger als zwei Monaten geschieden worden. Im Jahr 1996 trat sie in einer Nebenrolle in Wes Cravens *Scream* (USA) auf, dem Horrorfilm mit den größten Einnahmen aller Zeiten. Bis Mai 1998 war sie in insgesamt 37 Filmen für das Fernsehen und die Leinwand zu sehen.

Golden oldies

HITPARADEN-KÖNIG
What a Wonderful World war für Louis Armstrong 1968 in Großbritannien ein Nummer-1-Hit und kam in verschiedenen Ländern 1970 noch auf Platz 1, als er 69 Jahre alt war. Armstrong – genannt „Satchmo" – war fast 63, als er 1964 mit *Hello Dolly!* seine erste Nummer 1 in den Hitparaden hatte. Bekannt wurde er in den 20er Jahren durch seine Aufnahmen mit den Hot Five und den Hot Seven.

ÄLTESTE FALLSCHIRMSPRINGER
Hildegarde Ferrera war bei ihrem Tandem-Fallschirmsprung 1996 bei Mokuleia, Hawaii, USA, mit 99 Jahren die älteste Fallschirmspringerin.

Älteste deutsche Tandemspringerin ist die 87jährige Berta Trott aus Haiger/Dill, die ihren ersten Tandemsprung am 10. Januar 1997 wagte.

Der älteste fallschirmspringende Mann ist Edward Royds-Jones, der am 2. Juli 1994 im Alter von 95 Jahren 170 Tagen bei Dunkeswell, Großbritannien, im Tandem absprang.

ÄLTESTER HOCHSEIL-AKROBAT
Der älteste Hochseil-Akrobat der Welt ist William Ivy Baldwin, der am 31. Juli 1948, seinem 82. Geburtstag, auf einem 97,5 m langen Hochseil in 38,1 m Höhe den South Boulder Canyon, Colorado, USA, überquerte.

ÄLTESTER FAHRER AUF DEM CRESTA RUN
Fürst Constantin von Liechtenstein fuhr am 11. Februar 1997 im Alter von 85 Jahren auf der Rodelbahn des Cresta Run.

ÄLTESTER HEISSLUFTBALLON-FAHRER
Florence Laine aus Neuseeland fuhr im Alter von 102 Jahren am 26. September 1996 bei Cust, Neuseeland, in einem Ballon.

ÄLTESTER BOARDSAILER
Charles Ruijter aus den Niederlanden begann 1978 im Alter von 63 Jahren mit Boardsailing und segelt mit 83 Jahren heute noch auf den Seen um Eindhoven, Niederlande.

ÄLTESTER GEWINNER EINER OLYMPISCHEN MEDAILLE
1912 war Oscar Swahn aus Schweden im Alter von 64 Jahren Mitglied der Siegermannschaft im Schießen auf laufende Hirsche, und gewann 1920 mit 72 die Silbermedaille in derselben Disziplin.

ÄLTESTER BESUCHER BEIDER POLE
Major Will Lacy aus Großbritannien reiste am 9. April 1990 im Alter von 82 Jahren zum Nordpol und am 20. Dezember 1991 im Alter von 84 Jahren zum Südpol. Auf beiden Reisen verwendete er auf dem Hin- und Rückweg ein Leichtflugzeug.

ÄLTESTER BEZWINGER DES MOUNT EVEREST
Der spanische Gitarren- und Geigenbauer Ramón Blanco, der seit 1970 in Venezuela lebt, war am 7. Oktober 1993 mit 60 Jahren 160 Tagen der älteste Mensch, der den Gipfel des Mount Everest erreicht hat.

Die älteste Frau, die den Mount Everest bestieg, war 1996 mit 47 Jahren Yasuko Namba (Japan).

ÄLTESTER MENSCH IM FLUGZEUG
Charlotte Hughes aus Redcar, Großbritannien, bekam 1987 zu ihrem 110. Geburtstag einen Flug mit der Concorde von London nach New York geschenkt. Im Alter von 115 Jahren flog sie 1992 ein weiteres Mal.

LÄNGSTE EHE IN DEN USA
Paul und Mary Onesi, heute 101 und 93 Jahre alt, sind im Bild rechts oben auf ihrer Hochzeit 1917 in Clymer, Pennsylvania, USA, zu sehen. Im Januar 1998 feierten sie ihren 80. Hochzeitstag (Bild unten), was sie zum am längsten verheirateten Ehepaar in den USA heute macht. In den letzten 51 Jahren hat das Paar, das niemals den Valentinstag begeht, in Niagara Falls gelebt, der „Flitterwochen-Hauptstadt" der USA.

ÄLTESTER RAUMFAHRER
US-Senator John Glenn soll im Oktober 1998 der älteste Teilnehmer einer Space-Shuttle-Mission werden. Glenn, 1921 geboren, wurde berühmt, als er im Februar 1962 als erster Astronaut die Erde umkreiste. Der ehemalige Marinepilot, der am Zweiten Weltkrieg und am Koreakrieg teilgenommen hatte, ging in den 70er Jahren in die Politik und wurde 1974 demokratischer Senator für den Bundesstaat Ohio. 1984 wiedergewählt, scheiterte er mit seiner Präsidentschaftskandidatur. Hier sieht man Glenn vor dem Levette Research Laboratory in seinem Space-Shuttle-Anzug vor Beginn des Trainings in der Labor-Zentrifuge im Februar 1998. Glenns Training in der Zentrifuge soll ihn auf die G-Kräfte vorbereiten, die beim Start eines Space Shuttle auf die Astronauten einwirken.

ÄLTESTE PILOTEN
Burnet Patten aus Victoria, Australien, machte am 2. Mai 1997 im Alter von 80 Jahren seinen Pilotenschein, womit er der älteste Mensch ist, der sich je als Pilot qualifizierte. Clarence Cornish aus Indianapolis, Indiana, USA, flog bis zum Alter von 97 Jahren Flugzeuge. Er starb am 4. Dezember 1995, 18 Tage nach seinem letzten Flug.

ÄLTESTER STEILWAND-FAHRER
Der älteste regelmäßig öffentlich auftretende Fahrer ist der 71jährige Jerry De Roye, der einen Indian Type 101 „Scout" Baujahr 1927 fährt.

ÄLTESTER BRÄUTIGAM
Harry Stevens war 103 Jahre alt, als er im Caravilla Retirement Home, Wisconsin, USA, am 3. Dezember 1984 die 84jährige Thelma Lucas heiratete.

ÄLTESTE BRAUT
Minnie Munro wurde wegen ihrer Heirat mit Dudley Reid zur ältesten bekannten Braut der Welt. Sie heiratete den 83jährigen am 31. Mai 1991 in Point Clare, New South Wales, Australien, im Alter von 102 Jahren.

ÄLTESTES GESCHIEDENES EHEPAAR
Das höchste Gesamtalter eines Ehepaares zum Zeitpunkt der Scheidung beträgt 188 Jahre. Ida Stern (91) und ihr Mann Simon (97) aus Milwaukee, Wisconsin, USA, ließen sich im Februar 1984 scheiden.

LÄNGSTE VERLOBUNG
Octavio Guillén und Adriana Martinez aus Mexiko heirateten im Juni 1969, nach einer Verlobungszeit von 67 Jahren. Beide waren bei ihrer Hochzeit 82 Jahre alt.

LÄNGSTE EHEN
Die Cousins Sir Temulji Bhicaji Nariman und Lady Nariman aus Indien wurden 1853 mit fünf Jahren verheiratet. Ihre Ehe dauerte 86 Jahre, bis zum Tod von Sir Temulji 1940 mit 91 Jahren 11 Monaten.

Aufzeichnungen nach heirateten Lazarus Rowe und Molly Webber, beide 1725 geboren, im Jahr 1743. Molly starb nach 86jähriger Ehe im Juni 1829 in Limington, Maine, USA.

LÄNGSTE KARRIERE
Shigechiyo Izumi begann 1872 seine Arbeit in Isen, Japan, und ging nach 98 Jahren 1970 im Alter von 105 Jahren in den Ruhestand.

NATIONALSCHÄTZE
Kin („Gold") und Gin („Silber") Kanie wurden 1992 an ihrem 100. Geburtstag zu den berühmtesten Zwillingen Japans. Während einer Pressekonferenz mit dem Bürgermeister ihrer Stadt Nagoya forderten sie dazu auf, das Alter zu respektieren. Seitdem sind die Zwillinge mehrmals im Fernsehen und in der Werbung aufgetreten und oft interviewt worden. Sie sind heute 105 Jahre alt und nach wie vor bei guter Gesundheit.

Fahrspaß

GRÖSSTES VERKEHRSAUFKOMMEN
Die am stärksten befahrene Straße ist die Interstate 405 (San Diego Freeway) in Orange County, Kalifornien, USA, die täglich von 331.000 Fahrzeugen befahren wird. Die 1,44 km lange Strecke zwischen dem Garden Grove Freeway und dem Seal Beach Boulevard hat in der Hauptverkehrszeit ein Aufkommen von 25.500 Fahrzeugen pro Stunde. In Kalifornien gibt es 19 Mio. Autofahrer.

SCHNELLSTE RÜCKWÄRTSFAHRT
Die höchste Durchschnittsgeschwindigkeit bei einer Non-Stop-Rückwärtsfahrt von über 805 km betrug 58,42 km/h und wurde am 11. August 1996 von John Smith in 13 Stunden und 48 Minuten in einem Chevrolet Caprice Classic beim I-94 Speedway, Fergus Falls, Minnesota, USA, erreicht.

SCHNELLSTE SCHRÄGLAGE
Göran Eliason (Schweden) erreichte am 19. April 1997 in Såtenäs, Schweden, auf den beiden Rädern eines Volvo 850 Turbo 181,25 km/h über 100 m und 159,18 km/h über einen Kilometer.

LÄNGSTE FAHRT AUF ZWEI RÄDERN
Bengt Norberg aus Äppelbo, Schweden, fuhr einen Mitsubishi Colt Gti-16 V nonstop auf zwei

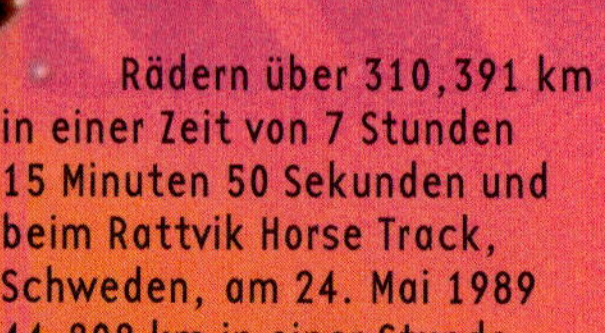

Rädern über 310,391 km in einer Zeit von 7 Stunden 15 Minuten 50 Sekunden und beim Rattvik Horse Track, Schweden, am 24. Mai 1989 44,808 km in einer Stunde.

WEITESTER SPRUNG
Der weiteste Sprung in einem Auto von einer Rampe, bei dem das Auto auf seinen Rädern landet und weitergefahren wird, beträgt 70,73 m und wurde am 3. April 1983 von Jacqueline De Creed in einem Ford Mustang auf dem Santa Pod Raceway, Beds, Großbritannien, aufgestellt.

WEITESTE MOTORRADSPRÜNGE
76,5 m weit sprang Doug Danger (USA) auf einer 1991er Honda CR500 1991 in Loudon, New Hampshire, USA.

Am 19. Juni 1997 übersprang Christian Pfeiffer bei einer Show-Vorführung des Grand-Prix von Deutschland mit einem Bunny Hop Motorradsprung ohne Rampe 33 nebeneinanderliegende Personen.

Fiona Beale aus Derby, Großbritannien, übersprang am 14. August 1997 zwölf Lastkraftwagen 57,9 m weit.

HÖCHSTER FLUG
Im Februar 1998 brach der weltberühmte Stunt-Fahrer Brian Carson aus Tarzana, Kalifornien, USA, seinen eigenen „Autoflug"-Rekord mit einem Flug von 96,6 m in einer speziell gebauten Limousine und einer Geschwindigkeit von 149,6 km/h. Der Stunt fand im Orleans Hotel in Las Vegas, USA, statt.

LÄNGSTE STEILWANDFAHRT
7 Stunden 13 Sekunden fuhr Martin Blume in Berlin, Deutschland, am 16. April 1983 in der Steilwand. Er fuhr eine Yamaha XS 400 über 12.000 Runden auf einer Wand mit einem Durchmesser von 10 m mit einer Durchschnittsgeschwindigkeit von 45 km/h über 292 km.

MEISTE MENSCHEN AUF EINEM MOTORRAD
47 Personen der Army Corps aus Brasilia, Brasilien, fuhren im Dezember 1995 auf einer Harley Davidson.

GRÖSSTE MOTORRADPYRAMIDE
Die Mannschaft der „Dare Devils" aus dem Signals Corps der indischen Armee schuf am 14. Februar 1996 in Jabalpur, Indien, eine Pyramide von 140 Menschen auf elf Motorrädern. Sie fuhren ohne Hilfsmittel eine Strecke von 200 m.

SCHNELLSTE EINRADFAHRT
Die höchste Geschwindigkeit auf dem Hinterrad eines Motorrades erreichte mit 270,04 km/h Patrik Furstehoff (Schweden) am 26. April 1994 auf einer Suzuki GSXR 1100 auf dem Bruntingthorpe Proving Ground, Leics, Großbritannien.

WEITESTE EINRADFAHRT
Yasuyuki Kudo fuhr im japanischen Institut für Autoforschung am 5. Mai 1991 nonstop 331 km auf dem Hinterrad seines Motorrades Honda TLM220R.

LÄNGSTE FAHRRADFAHRT
Die längste Fahrradfahrt auf einem Rad dauerte 10 Stunden 40 Minuten 8 Sekunden. Dieser Rekord wurde von Leandro Henrique Basseto in Madaguari, Paraná, Brasilien, am 2. Dezember 1995 erreicht.

LÄNGSTE BREMSSPUREN
Norman Breedlove hinterließ fast 9,6 km lange Bremsspuren, nachdem der düsengetriebene Wagen *Spirit of America* in Bonnevile Salt Flats, Utah, USA, am 15. Oktober 1964 außer Kontrolle geriet.

SCHNELLSTER CARAVAN
Der Geschwindigkeits-Weltrekord für gezogene Caravans liegt bei 204,02 km/h für einen von einer Ford EA Falcon-Limousine gezogenen Roadstar Caravan.

LÄNGSTE TAXIFAHRT
Die längste Taxifahrt ging über eine Entfernung von 34.908 km von London, Großbritannien, nach Kapstadt, Südafrika, und zurück. Sie kostete 40.210 Pfund (ca. 110.000 DM). Jeremy Levine, Marl Aylett und Carlos Arrese waren vom 3. Juni bis zum 17. Oktober 1994 unterwegs.

SCHWERSTER VERKEHRSUNFALL
Mindestens 176 Menschen starben im November 1982, als ein Tanklastzug im Salang-Tunnel, Afghanistan, explodierte.

MEISTE VERKEHRSTOTE
Lettland ist mit 34,7 Toten auf 100.000 Einwohner das Land mit der höchsten Todesrate bei Verkehrsunfällen.

LÄNGSTE VERKEHRSSTAUS
Der längste bekanntgewordene Verkehrsstau erstreckte sich am 16. Februar 1980 über 176 km von Lyon in Richtung Paris, Frankreich.

Ein Verkehrsstau mit der Rekordanzahl von 1,5 Mio. Autos wurde am 12. April 1990 an der Grenze zwischen Ost- und Westdeutschland gemeldet.

LÄNGSTE AUTOREISE
Seit Oktober 1984 reisten Emil und Liliana Schmidt aus Deutschland in einem Toyota Landcruiser über eine Rekordstrecke von 451.231 km durch insgesamt 117 Länder.

SCHNELLSTE FAHRT
Die schnellste Fahrt über sechs Kontinente mit einer gefahrenen Gesamtstrecke 40.075 km dauerte 39 Tage 7 Stunden 55 Minuten. Navin Kapila, Man Bahadur und Vilay Raman verließen Neu-Delhi, Indien, in ihrem Hindustan „Contessa Classic" am 22. November 1992 und kehrten am 31. Dezember 1992 wieder zurück.

ÄLTESTER FAHRER
Layne Hall aus Silver Creek, New York, USA, wurde am 15. Juni 1989 mit 109 Jahren ein Führerschein ausgestellt.

MOTORRADSPRINGEN
Robbie Knievel, der Sohn des legendären Stuntmans Evil Knievel, flog vor dem Tropicana Hotel, Las Vegas, USA, im Februar 1998 mit 161 km/h 70 m weit über 30 Limousinen hinweg. Der Stunt war Höhepunkt eines zweistündigen TV-Specials. Der 35jährige gelangte 1989 zu Ruhm, als er 49 m über die Fontänen im Caesar's Palace, Las Vegas, USA, sprang, eine Leistung, die seinem Vater 21 Jahre zuvor beinahe das Leben gekostet hätte und unter deren Unfallfolgen er immer noch leidet. Robbie plant auch in der Zukunft spektakuläre Stunts, etwa vom Grand Canyon und über den Brunnen vor dem Nationalmonument in Washington. Robbie Knievel trat schon frühzeitig in die Fußstapfen seines Vaters: Mit neun Jahren stieg er auf eine 10cc Harley Davidson und sprang auf einem Übungsplatz unter Aufsicht seines Vaters 1,5 m von einer Rampe zur anderen.

WELTUMRUNDUNG IM AUTO
Der Rekord für die erste und schnellste Weltumrundung im Auto entsprechend den 1989 und 1991 gültigen Vorschriften, bei der mehr als eine Äquatorlänge fahrend zurückgelegt wurde (40.750 km), wird von Mohammed Salahuddin Choudhury und seiner Frau Neena aus Kalkutta, Indien, gehalten. Die erste Umrundung dauerte vom 9. September bis zum 17. November 69 Tage 19 Stunden 5 Minuten. Die Choudhurys fuhren einen Hindustan „Contessa Classic", Baujahr 1989.

fernreisen

ATLANTIK-ÜBERQUERUNG
Die Neuseeländer Phil Stubbs und Robert Hamill hissen ihre Landesflagge aus Freude darüber, daß sie den Rekord für die schnellste Atlantik-Überquerung per Ruderboot gebrochen haben. Die beiden erreichten Port St. Charles, Barbados, am 22. November 1997, nachdem sie 41 Tage zuvor von Teneriffa aus gestartet waren. Der alte Rekord von Sean Crowley und Mike Nestor betrug 73 Tage.

LÄNGSTER NONSTOP-FLUG
Der längste Nonstop-Flug ohne Auftanken wurde von Robert Ferry (USA) durchgeführt, der im April 1966 einen Hughes YOH-6A 3.561,6 km weit von Culver City, Kalifornien, nach Ormond Beach, Florida, USA, flog.

LÄNGSTE REISEN AUF LINIENFLÜGEN
Die schnellste Reise um die Welt machte der schottische frühere Rugby-Union-Kapitän David Sole, der vom 2. bis 5. Mai 1995 41.709 km in der Zeit von 64 Stunden 2 Minuten zurücklegte.

Bruder Michael Bartlett aus Sandy, Großbritannien, flog 1995 auf Linienflügen in 58 Stunden 44 Minuten um die Welt. Die Reise schloß die Flughäfen ein, die den Antipoden am nächsten waren, und umfaßte eine Strecke von 41.547 km.

Die schnellste Erdumrundung auf Linienflügen nach den Regeln der Fédération Aéronautique Internationale dauerte für David J. Springbett (Großbritannien) 44 Stunden 6 Minuten. Er reiste vom 8. bis 10. Januar 1980 37.124 km weit.

SCHNELLSTE ERDUMRUNDUNG IM HUBSCHRAUBER
1996 flogen Ron Bower und John Williams (beide USA) in einem Bell-Hubschrauber in 17 Tagen 6 Stunden 14 Minuten 25 Sekunden um die Welt.

GRÖSSTE IN EINEM HEISSLUFTBALLON ERREICHTE HÖHE
1988 erreichte Per Lindstrand (Großbritannien) in einem Colt 600 über Texas, USA, eine Höhe von 19.811 m.

GRÖSSTE IN EINEM BALLON ZURÜCKGELEGTE STRECKE
Im Januar 1997 flog Steve Fossett die Rekordstrecke von 16.673,81 km von St. Louis, Missouri, USA, nach Sultanpur, Indien. Der Flug war Teil des Versuchs, die Welt zu umfliegen. In seinem 300.000 Dollar (ca. 528.000 DM) teuren Ballon *Free Spirit* stieg er bis auf 7.300 m auf, erreichte Geschwindigkeiten von über 160 km/h und ertrug Stürme und Temperaturen unter Null.

SCHNELLSTE ATLANTIK-ÜBERQUERUNG
Der Rekord für die schnellste Überquerung des Atlantiks mit 58 Stunden 34 Minuten wurde mit dem 68 m langen Rennboot *Destriero* 1992 aufgestellt.

SCHNELLSTE PAZIFIK-ÜBERQUERUNG
Die schnellste je durchgeführte Überquerung von Yokohama, Japan, nach Long Beach, Kalifornien, USA (eine Gesamtstrecke von 8.960 km oder 4.840 Seemeilen), dauerte 1973 mit dem 50.315-Tonnen-Containerschiff *Sea-Land Commerce* 6 Tage 1 Stunde 27 Minuten. Seine Durchschnittsgeschwindigkeit während der Reise betrug 61,65 km/h (33,27 Knoten).

SCHNELLSTE ATLANTIK-ÜBERQUERUNGEN AUF SEGELSCHIFFEN
Der Rekord für die schnellste Überquerung auf einem Segelschiff mit Mannschaft in West-Ost-Richtung beträgt 6 Tage 13 Stunden 3 Minuten 32 Sekunden und wurde auf der 22,9 m langen Katamaran-Schaluppe *Jet Services 5* zwischen Ambrose Light Tower, USA, und Lizard Point, Cornwall, Großbritannien, vom 2. bis 9. Juni 1990 aufgestellt. Skipper war Serge Madec (Frankreich).

Die schnellste Alleinfahrt mit einem Segelschiff in West-Ost-Richtung dauerte vom 27. Juni bis 4. Juli 1994 auf dem 18,3 m langen Trimaran *Primagaz* zwischen Ambrose Light Tower, USA, und Lizard Point, Cornwall, Großbritan-

ERDUMRUNDUNG MIT EINEM HEISSLUFTBALLON
Das Rennen um die erste Erdumrundung mit einem Heißluftballon wird von dem Virgin-Gründer Richard Branson beherrscht (oben links mit Per Lindstrand, Rory McCarthy und seinem Sohn Sam Branson), der seit 1985 an verschiedenen Rekordversuchen beteiligt war. 1986 überquerte Branson den Atlantischen Ozean in seinem Boot *Virgin Atlantic Challenger 11* in Rekordzeit und überflog 1987 als erster den Atlantik im größten jemals gebauten Heißluftballon. 1991 stellte er durch seinen Flug von Japan nach Kanada einen Ballon-Entfernungsrekord auf. 1997 kündigte Branson an, die Erde in 18 Tagen mit dem *Virgin Global Challenger* umrunden zu wollen, der von der Firma Lindstrand gebaut wurde und am 7. Januar 1997 in Marokko startete. Der Ballon erreichte seine angestrebte Flughöhe von 9.100 m innerhalb der ersten beiden Stunden, aber schon am nächsten Tag mußte die Crew (Branson, Lindstrand und Flugingenieur Alex Richie) nahe der Bechar Militärbasis in der nordwestlichen Wüste von Algerien wegen technischer Probleme notlanden (links). Den aktuellen Ballon-Entfernungsrekord hält immer noch Steve Fosset, seit er im Januar 1997 von den USA nach Indien geflogen ist.

ERSTE EINZELDURCHQUERUNG
Im Januar 1997 war der Forscher Boerge Ousland (Norwegen) der erste Mensch, der die Antarktis allein und ohne Unterstützung durchquerte. Sein 64 Tage dauernder Marsch begann bei Berkner Island und endete bei Scott Base, einer Station in der Antarktis. Während der Reise zog Ousland einen 180 kg schweren Schlitten mit Vorräten und verwendete Skier und ein Segel.

nien, 7 Tage 2 Stunden 34 Minuten 42 Sekunden. Skipper war Laurent Bourgnon (Frankreich).

Der Rekord für die schnellste Ost-West-Überquerung auf einem Segelschiff mit Mannschaft beträgt 9 Tage 8 Stunden 58 Minuten 20 Sekunden und wurde auf dem Trimaran *Primagaz* zwischen Plymouth, Devon, Großbritannien, und Newport, USA, vom 5. bis 14. Juni 1994 aufgestellt. Skipper waren Laurent Bourgnon (Frankreich) und Cam Lewis (USA).

Die schnellste Ost-West-Alleinfahrt auf einem Segelschiff dauerte vom 5. bis 15. Juni 1988 auf dem 18,3 m langen Trimaran *Fleury Michon (IX)* zwischen Plymouth, Devon, Großbritannien, und Newport, Rhode Island, USA, 10 Tage 9 Stunden. Skipper war Philippe Poupon (Frankreich).

SCHNELLSTE PAZIFIK-ÜBERQUERUNGEN AUF SEGELSCHIFFEN
Die schnellste Überquerung auf einem Segelschiff mit Mannschaft dauerte vom 14. bis 31. August 1995 auf dem 18,3 m langen Trimaran *Lakota* von Yokohama, Japan, nach San Francisco, USA, 16 Tage 17 Stunden 21 Minuten 19 Sekunden. Es segelten Steve Fossett und drei Crewmitglieder.

Die schnellste Alleinfahrt auf einem Segelschiff dauerte auf der *Lakota* mit Steve Fossett (USA) an Bord vom 5. bis 24. August 1996 zwischen Yokohama, Japan, und San Francisco, USA, 20 Tage 9 Stunden 52 Minuten 59 Sekunden.

SCHNELLSTE WELTUMSEGLUNGEN
Die schnellste Nonstop-Weltumseglung mit Mannschaft dauerte vom 16. Januar bis 1. April 1994 auf dem von Peter Blake (Neuseeland) und Robin Knox-Johnston (Großbritannien) gesegelten 28-m-Katamaran *Enza* ab Ushant, Frankreich, 74 Tage 22 Stunden 17 Minuten.

Die schnellste Nonstop-Weltumseglung als Alleinfahrt dauerte zwischen November 1989 und März 1990 auf der 18,3 m langen, von Titouan Lamazou gesegelten, einrümpfigen *Ecureuil d'Aquitaine II* ab Les Sables d'Olonne, Frankreich, 109 Tage 8 Stunden 48 Minuten.

GRÖSSTE TAUCHTIEFEN
Die größte je erreichte Tauchtiefe ohne Sauerstoffausrüstung betrug 130 m, erreicht von Francisco „Pipín" Ferreras (Kuba) vor Cabo San Lucas, Mexiko, am 10. März 1996. Er war 2 Minuten 11 Sekunden unter Wasser.

WELTUMRUNDUNG PER MOTORRAD
Der britische Abenteurer Nick Sanders führte zwischen dem 18. April und 9. Juni 1997 eine Weltumrundung von 32.074 km in einer Rekordzeit von 31 Tagen 20 Stunden durch. Die Fahrt begann und endete in Calais, Frankreich, und führte Sanders durch Europa, Indien, Südostasien, Australien, Neuseeland und Nordamerika.

Die größte je erreichte Tauchtiefe mit Tauchausrüstung betrug 282 m, erreicht von Jim Bowden (USA) in der Zacaton-Höhle, Mexiko, im April 1994.

TIEFSTE OZEAN-TAUCHFAHRT
Im Januar 1960 erreichte das in der Schweiz gebaute *Bathyscaph Trieste* der US-Marine mit Dr. Jacques Piccard (Schweiz) und Lieutenant Donald Walsh (USA) an Bord im Marianengraben eine Rekordtiefe von 10.911 m.

LÄNGSTE POLARE SCHLITTENFAHRT
Die aus sechs Mitgliedern bestehende Internationale Trans-Antarktis-Expedition legte vom 27. Juli 1989 bis 3. März 1990 in 220 Tagen zwischen Seal Nunataks und Mirnyj eine Rekordentfernung von 6.040 km mit Schlitten zurück.

LÄNGSTE MOTORRADFAHRT
Emilio Scotto (Argentinien) fuhr von 1985 bis 1995 mit dem Motorrad in 214 Ländern über 735.000 km weit.

LÄNGSTE FAHRRADTOUREN
Seit November 1962 ist Heinz Stucke (Bundesrepublik Deutschland) 365.000 km weit gereist und hat 211 Länder besucht.

Zwischen 1959 und 1976 ist Walter Stolle (Bundesrepublik Deutschland) per Fahrrad über 646.960 km gefahren und hat 159 Länder besucht.

John W. Hathaway (Kanada) ist vom 10. November 1974 bis 6. Oktober 1976 81.430 km per Fahrrad gefahren und war dabei auf jedem Kontinent einschließlich der Antarktis.

fernreisen 

WEITESTE REISE IM SCHNEEMOBIL
Carl, Denis und André Boucher und John Outzen fuhren zwischen dem 2. Januar und 3. März 1992 Schneemobile von Anchorage, Alaska, USA, nach Dartmouth, Nova Scotia, Kanada, wobei sie die Rekordstrecke von 16.499,5 km in insgesamt 56 Reisetagen zurücklegten. Die Überquerung des Kontinents fand zur Feier des 500jährigen Jubiläums der Landung von Christoph Columbus in Nordamerika statt. Diese Fahrt war die erste ihrer Art ausschließlich über Schnee.

MEISTGEREISTER MENSCH
Der meistgereiste Mann der Welt ist John D. Clouse, ein Rechtsanwalt aus Evansville, Indiana, USA, der sämtliche souveränen Staaten und alle außer drei der nicht-souveränen oder anderen Gebiete besucht hat, die Anfang 1998 existierten. Seine jüngste Reise führte ihn 1997 zu den umstrittenen Spratly-Inseln. Johns Sohn George begann mit dem Reisen im Alter von 10 Wochen und hatte den Vater bis zu seinem 5. Geburtstag bereits in 104 Länder begleitet.

WEITESTE FUSSMÄRSCHE
Arthur Blessitt aus North Fort Myers, Florida, USA, hat zu Fuß in über 27 Jahren seit 1969 insgesamt 51.824 km zurückgelegt. Dabei trägt er ein 3,7 m langes Kreuz und predigt während des ganzen Marsches, auf dem er bereits auf allen Kontinenten einschließlich der Antarktis war.

Steven Newman aus Behtel, Ohio, USA, hat vier Jahre (1. April 1983 bis 1. April 1987) damit verbracht, zu Fuß allein 24.959 km um die Welt zu reisen, und zwar schneller als Blessitt. Er hat 20 Länder und fünf Kontinente besucht.

WEITESTER FUSSMARSCH RÜCKWÄRTS
Plennie L. Wingo marschierte vom 15. April 1931 bis 24. Oktober 1932 über mehrere Kontinente 12.875 km von Santa Monica, Kalifornien, USA, nach Istanbul, Türkei.

WEITESTER LAUF RÜCKWÄRTS
Arvind Pandya aus Indien lief in 107 Tagen zwischen dem 18. August und 3. Dezember 1984 rückwärts quer durch die USA (von Los Angeles nach New York), wobei er über 5.000 km zurücklegte. Ebenfalls rückwärts lief er von John O'Groats bis Land's End, Großbritannien, in einer Zeit von 26 Tagen, 7 Stunden vom 6. April bis 2. Mai 1990, und legte dabei eine Gesamtstrecke von 1.512 km zurück.

WEITESTE REISE IM ROLLSTUHL
Rick Hansen aus Kanada, der seit einem Autounfall 1973 unterhalb der Hüften gelähmt ist, legte die Rekordentfernung von 40.075,16 km im Rollstuhl über vier Kontinente und durch insgesamt 34 Länder zurück. Er begann seine Reise in Vancouver, Kanada, am 21. März 1985 und kam dort am 22. Mai 1987 wieder an.

WEITESTE HANDBIKE-REISE
Die meisten Kilometer mit einem „Handbike" legte der querschnittsgelähmte Erwin Verfürth zurück. Am 01. Mai 1997 startete er in Grefrath in Nordrhein-Westfalen und fuhr mit einem speziellen zum Fahrrad umgebauten Rollstuhl insgesamt 3.319 km durch Europa. Das Endziel, seinen Wohnort Teulada an der Costa Brava, Spanien, erreichte er planmäßig am 10. Juli 1997 um 14 Uhr.

GRÖSSTE ENTFERNUNG PER ANHALTER
Seit 1972 ist Stephan Schlei aus Ratingen, Deutschland, kostenlos eine Strecke von insgesamt 807.500 km per Anhalter mitgefahren.

WEITESTE REISE IM PFERDEWAGEN
Die Familie Grant aus Großbritannien hat während ihrer Weltreise im pferdegezogenen Wohnwagen eine Entfernung von

WEITESTE FAHRT PER RASENMÄHER
Im Sommer 1997 unternahm der zwölfjährige Ryan Tripp eine 5.417 km lange Reise durch die USA auf einem Rasenmäher und sammelte dabei 10.400 Dollar (ca. 18.300 DM) für ein krankes Baby in seiner Stadt. Ryan startete in Salt Lake City, Utah, und fuhr den 25 PS starken Walker-Mäher über von der Polizei dafür freigegebene Nebenstraßen einem Auto hinterher, das von Freunden gesteuert wurde. Ryans Vater Todd folgte in einem Pickup-Truck. Der Rasenmäher war mit Autoreifen ausgestattet und hatte eine spezielle Federung und Sitzpolsterung, um die Reise für Ryan bequemer zu machen. Auf dem Weg schlief er in Zimmern, die Hotels an der Strecke zur Verfügung stellten. Neunzehn Bundesstaaten und 42 Tage später erreichte er das Kapitol in Washington DC. Bald danach wurde er um einen Auftritt in David Lettermans Late Show gebeten (Bild rechts). Ryan sucht zusammen mit seinem Vater bereits nach einem neuen Rekord, den er brechen könnte.

über 27.650 km zurückgelegt. Die Reise begann in Vierhouten, Niederlande, am 25. Oktober 1990, und Anfang 1998 waren die Grants nach ihrer Fahrt durch Belgien, Frankreich, Italien, Österreich, das nördliche Jugoslawien, Ungarn, Rußland, die Ukraine, Kasachstan, die Mongolei, China, Japan, die USA und Kanada wieder zu Hause in Großbritannien. Die Reise kostete in den sieben Jahren 60.000 Pfund (ca. DM 174.000).

WEITESTE EINRAD-TOUR
Akira Matsushima aus Japan fuhr zwischen dem 10. Juli und 22. August 1992 mit dem Einrad 5.248 km durch die USA von Newport, Oregon, nach Washington DC.

LÄNGSTE STRECKE AUF STELZEN
Die größte je auf Stelzen zurückgelegte Entfernung beträgt 4.804 km. Vom 20. Februar bis 26. Juli 1980 lief Joe Bowen auf Stelzen diese Strecke von Los Angeles, Kalifornien, nach Bowen, Kentucky, USA. 1891 lief Sylvain Dornon auf Stelzen in 50 Etappen von Paris, Frankreich, nach Moskau, Rußland, über eine Entfernung von 2.945 km. Seine Geschwindigkeit war dabei deutlich höher als die von Joe Bowen.

WEITESTE ENTFERNUNG AUF HÄNDEN
Die größte je von einem auf Händen laufenden Menschen zurückgelegte Entfernung schaffte im Jahr 1900 Johann Hurlinger (Österreich) mit 1.400 km. Er ging in 55 täglichen 10-Stunden-Etappen von Wien, Österreich, nach Paris, Frankreich, mit einer Durchschnittsgeschwindigkeit von 2,54 km/h.

LÄNGSTER SPAZIERGANG AUF DEM WASSER
Rémy Bricka aus Paris, Frankreich, überquerte den Atlantischen Ozean auf 4,2 m langen Skiern. Er verließ Teneriffa, eine der Kanarischen Inseln, am 2. April 1988 und kam am 31. Mai 1988 nach einer Strecke von 5.636 km auf Trinidad in der Karibik an.

LÄNGSTE RUDERPARTIE ÜBER LAND
Rob Bryant aus Fort Worth, Texas, USA, legte 5.278,5 km auf einer Trockenruder-Maschine zurück. Er verließ Los Angeles, Kalifornien, am 2. April 1988 und erreichte Washington DC am 30. Juli.

WEITESTE BOCKSPRÜNGE
Die längste bockspringend zurückgelegte Strecke von 1.603,2 km bewältigten 14 Studenten der Universität Stanford, Kalifornien.

SUPERLEICHT-FLUG
Die Briten Brian Milton (rechts) und Copilot Keith Reynolds posieren im Januar 1998 in London, Großbritannien, kurz vor ihrem Aufbruch zu dem ersten Versuch, die Erde im Superleicht-Flugzeug zu umrunden. Die beiden hatten die Hoffnung, die Reise in ihrem GT-Global-Flieger innerhalb von 80 Tagen zu schaffen, auf einer Strecke, die durch Europa, den Mittleren Osten, Indien, Japan und die USA führen sollte.

WEITESTE PIZZA-LIEFERUNG
Eagle Boys Dial-a-Pizza in Christchurch, Neuseeland, liefern regelmäßig Pizzen nach Scott Base, Antarktis, an die Mannschaft des neuseeländischen Antarktis-Programms. Die Pizzen werden verpackt und zu einem Militärflugplatz gebracht, von dort zusammen mit einer Anleitung zum Aufwärmen per C-130 Hercules neun Stunden lang geflogen.

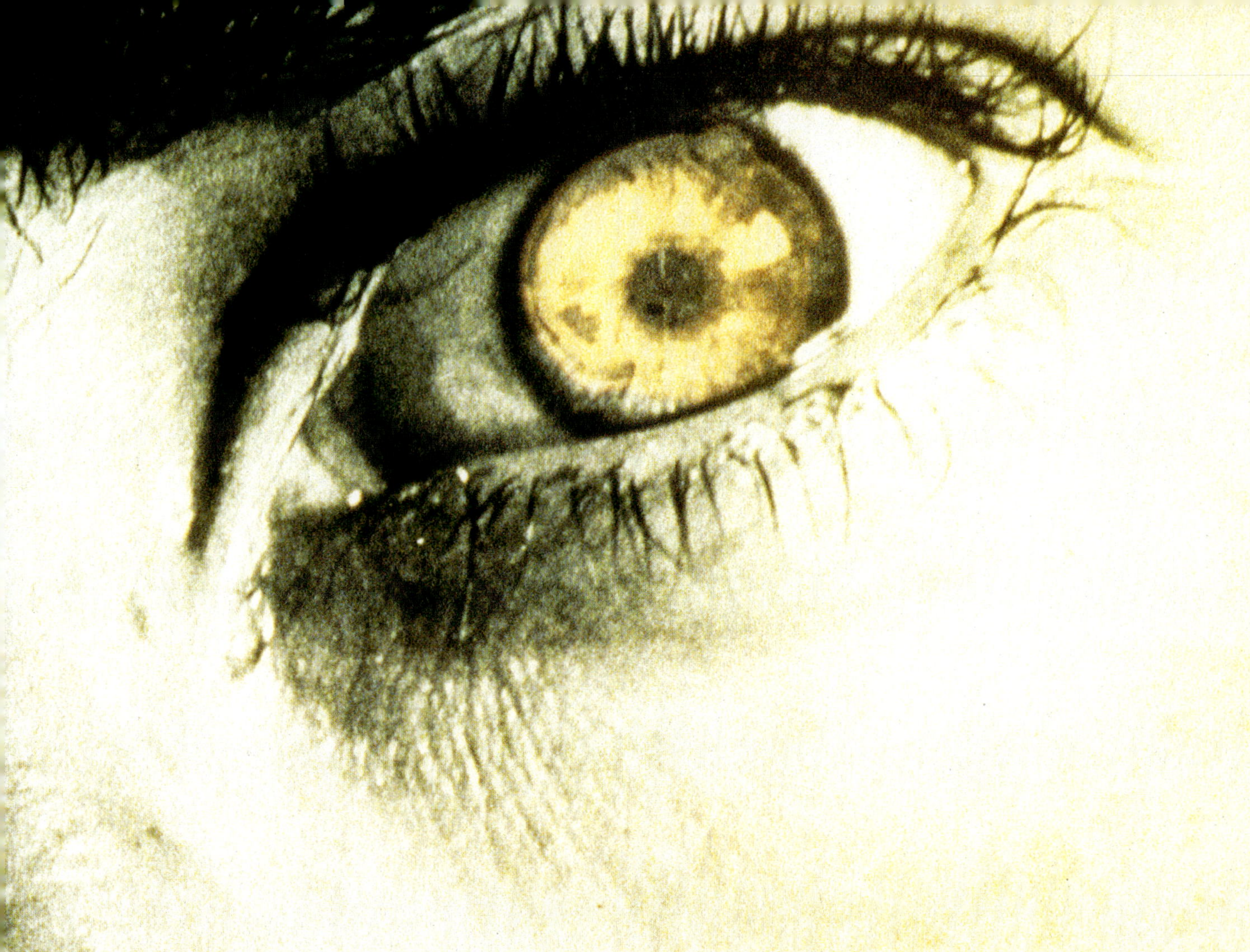

Erstaunliche Schicksale

verbrechen

HÖCHSTE MORDRATEN
Das Land mit den meisten Morden sind die USA, die ungefähr 25.000 Mordfälle pro Jahr verzeichnen.

Das Land mit der höchsten Mordrate im Verhältnis zur Bevölkerung ändert sich von Jahr zu Jahr, aber Kolumbien hat während der letzten zehn Jahre eine gleichmäßig hohe Rate von 77,5 auf 100.000 Einwohner (mehr als achtmal höher als die Rate in den USA).

Die Stadt mit der höchsten Mordrate im Verhältnis zu ihrer Einwohnerzahl ist die kolumbianische Hauptstadt Bogotá, wo Gewalt die am weitesten verbreitete Ursache für den Tod von Personen im Alter zwischen zehn und 60 Jahren ist. Die Stadt hat ungefähr 8.600 Mordfälle pro Jahr zu verzeichnen, das ergibt einen Durchschnitt von 23 Morden pro Tag.

DIE MÖRDER MIT DEN MEISTEN OPFERN
Behram, ein Mitglied des Thug-Kultes, erwürgte zwischen 1790 und 1840 im Oudh-Distrikt von Indien 931 Opfer mit einem gelbweißen Stoffband, dem *ruhmal*.

Die Mörderin mit den meisten Opfern in der westlichen Welt war Elisabeth Báthory. Die Nichte von Stephan Báthory, der 1575 König von Polen wurde, soll angeblich mehr als 600 Mädchen und junge Frauen getötet, deren Blut getrunken und darin gebadet haben, um ihre Jugend zu bewahren. Als die Mordfälle entdeckt wurden, mauerte man sie 1610 in ihrem Heim, Schloß Csej in Transsylvanien (heute Rumänien), ein, in dem sie im Jahr 1614 starb.

Der „erfolgreichste" Mörder des 20. Jahrhunderts war der Banditenführer Teófilo „Sparks" Rojas, von dem behauptet wird, daß er von 1945 bis zu seinem Tode am 22. Januar 1963 zwischen 592 und 3.500 Menschen getötet hat.

Der „erfolgreichste" bekannte Serienmörder der jüngeren Zeit war Pedro Lopez, der 1980 insgesamt 300 junge Mädchen in Kolumbien, Peru und Ecuador tötete. Als das „Monster der Anden" bekannt geworden, wurde Lopez 1980 in 57 Mordfällen in Ecuador angeklagt und zu einer lebenslänglichen Haftstrafe verurteilt.

Die mexikanischen Schwestern Delfina und Maria de Jesus Gonzalez entführten Mädchen, um sie dann in ihren Bordellen arbeiten zu lassen. Das Mörderpaar brachte dabei mindestens 90 (vermutlich aber noch mehr) ihrer Opfer um. Delfina und Maria wurden 1964 zu einer Haftstrafe von vierzig Jahren verurteilt.

Der größte, jemals von einer Person verübte Massenmord fand im April 1982 statt, als der Polizist Wou Bom-kon acht Stunden lang betrunken in der Provinz Kyong Sang-namdo in Südkorea wütete. Er tötete insgesamt 57 Menschen und verwundete weitere 35 mit 176 Salven Schußmunition und Handgranaten, bevor er sich selbst mit einer Handgranate in die Luft jagte.

Die „erfolgreichste" Giftmörderin der Welt war die Krankenschwester Jane Toppan aus Massachusetts, USA, die über einen Zeitraum von 20 Jahren zwischen 30 und 100 Patienten mit Morphium oder Atropin tötete. Im Jahr 1902 gestand Toppan insgesamt 30 Morde, die sie als Gnadenakte bezeichnete. Sie wurde in eine Nervenklinik eingewiesen.

GRÖSSTE KRIMINELLE ORGANISATION
Die Sechs Großen Triaden von China bilden heutzutage die größte organisierte Verbrechervereinigung in der Welt mit weltweit über ca. 100.000 Mitgliedern. Die fünf Triaden mit Hauptquartieren in Taiwan und Hongkong haben sich vor kurzem mit der Triade des Großen Zirkels aus Schanghai, China, vereinigt.

MEISTE ANSCHLÄGE
Charles de Gaulle, von 1958 bis 1969 Präsident Frankreichs, war Ziel der größten Anzahl fehlgeschlagener Mordversuche auf ein Staatsoberhaupt in jüngerer Zeit. Von ihm wird behauptet, daß er zwischen 1944 und 1966 insgesamt 31 Anschläge überlebte.

DIE GRÖSSTE KRIMINELLE BANKENKONTROLLE
Die Russische Mafia, die sich auf Europa und Nordamerika ausgebreitet hat, kontrolliert nach Schätzungen 400 Banken. Dadurch wird es der Organisation möglich, ihre geschätzten jährlichen Gewinne von 250 Mrd. Dollar (ca. 440 Mrd. DM) aus dem Drogenhandel zu waschen.

GRÖSSTE MAFIAPROZESSE
Im Jahr 1986 wurden insgesamt 474 Mafia-Verdächtige formell in Palermo, Italien, angeklagt. Von diesen flohen 121 und mußten somit in Abwesenheit angeklagt werden.

Der größte öffentliche Mafia-Prozeß in der Welt fand im Mai 1995 in Caltanisetta, Italien, statt, als Salvatore „Toto" Riina, der anerkannte Kopf der Sizilianischen Mafia, mit 40 weiteren Bandenchefs zum Prozeß antreten mußte. Riina war des Drogenhandels, der Erpressung und des Mordes in 50 Fällen angeklagt.

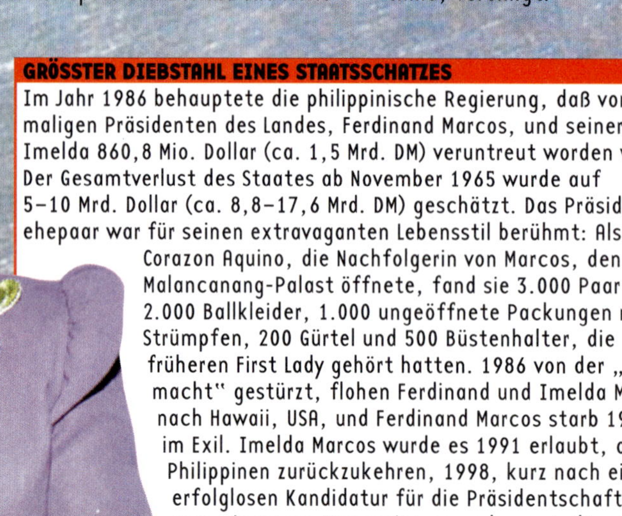

GRÖSSTER DIEBSTAHL EINES STAATSSCHATZES
Im Jahr 1986 behauptete die philippinische Regierung, daß vom ehemaligen Präsidenten des Landes, Ferdinand Marcos, und seiner Frau Imelda 860,8 Mio. Dollar (ca. 1,5 Mrd. DM) veruntreut worden waren. Der Gesamtverlust des Staates ab November 1965 wurde auf 5–10 Mrd. Dollar (ca. 8,8–17,6 Mrd. DM) geschätzt. Das Präsidentenehepaar war für seinen extravaganten Lebensstil berühmt: Als Corazon Aquino, die Nachfolgerin von Marcos, den Malancanang-Palast öffnete, fand sie 3.000 Paar Schuhe, 2.000 Ballkleider, 1.000 ungeöffnete Packungen mit Strümpfen, 200 Gürtel und 500 Büstenhalter, die der früheren First Lady gehört hatten. 1986 von der „Volksmacht" gestürzt, flohen Ferdinand und Imelda Marcos nach Hawaii, USA, und Ferdinand Marcos starb 1989 im Exil. Imelda Marcos wurde es 1991 erlaubt, auf die Philippinen zurückzukehren, 1998, kurz nach einer erfolglosen Kandidatur für die Präsidentschaft, klagte man sie wegen Korruption an und verurteilte sie.

GRÖSSTER DROGENFUND
Am 28. September 1989 wurde Kokain mit einem geschätzten Straßenverkaufswert von 6–7 Mrd. Dollar (ca. 12 Mrd. DM) bei einer Razzia in einem Lager in Los Angeles, Kalifornien, USA, beschlagnahmt. Der 20 Tonnen schwere Fund wurde durch einen Hinweis eines Anwohners veranlaßt, der sich über starken Lastwagenverkehr und das Lager „zu sonderbaren Zeiten und in verdächtiger Art und Weise" verlassende Personen beschwert hatte.

GRÖSSTE RAUBZÜGE
Der Raub in der Deutschen Reichsbank nach dem Zusammenbruch Deutschlands im April und Mai 1945 war der größte Bankraub, der auf der Welt jemals stattgefunden hat. Es wurde geschätzt, daß die gesamte Beute auf der Grundlage des Wertes von 1984 3,34 Mrd. Dollar (ca. 5,8 Mrd. DM) wert gewesen sein muß.

Während der bürgerkriegsähnlichen Unruhen, die in Beirut, Libanon, im Jahr 1976 stattfanden, sprengte eine Guerilla-Einheit die Stahlkammern der British Bank of the Middle East in Bab Idriss und räumte Tresorfächer aus, deren Inhalt auf einen Wert von 50 Mio. Dollar (ca. 88 Mio. DM) geschätzt wurde.

GEWALTVERBRECHEN
Trotz eines angeblichen Rückgangs an Gewaltverbrechen seit 1994 haben die USA wahrscheinlich die meisten bewaffneten Raubüberfälle in der Welt; mehr als 620.000 Fälle werden jedes Jahr offiziell verzeichnet. Bei ungefähr 30 % dieser Verbrechen werden Schußwaffen verwendet, wie auch bei mehr als 1.280.000 Fällen von Mord, Vergewaltigung und Diebstahl pro Jahr.

Der größte aufgezeichnete Juwelenraub geschah im August 1994, als Juwelen mit einem Schätzwert von 46 Mio. Dollar (ca. 81 Mio. DM) aus einem Juweliergeschäft im Carlton Hotel in Cannes, Frankreich, gestohlen wurden.

Der größte, jemals von einer Person gestohlene Gegenstand war das Handelsschiff *SS Orient Trader*, welches in Wolfe's Cove, St. Lawrence Seaway, Kanada, am 5. Juni 1966 von N. William Kennedy losgemacht wurde. Das Schiff driftete zu einem verdunkelten Schlepperschiff und entging so einem Verbot sämtlicher Schiffsbewegungen während eines Streiks. Es setzte dann Segel in Richtung Spanien.

GRÖSSTER FREIKAUF
Eine mit Gold und Silber gefüllte Halle im heutigen Wert von 1,6 Mrd. Dollar (ca. 2,8 Mrd. DM) wurde dem spanischen Eroberer Francisco Pizarro in Cajamarca, Peru, für die Freilassung von Atahualpa, dem letzten Inka-Kaiser, im 16. Jahrhundert gezahlt.

Im Jahr 1975 wurde die Rekordsumme von 57,7 Mio. Dollar (ca. 101 Mio. DM) an die linksgerichtete Guerilla-Gruppe Montoneros für die Freilassung der Brüder Jorge und Juan Born von dem Familienunternehmen Bunge und Born in Buenos Aires, Argentinien, gezahlt.

GRÖSSTER BANKBETRUG
Im Jahr 1989 gab die Banca Nazionale del Lavoro, Italien, zu, daß sie um einen riesigen Geldbetrag betrogen worden war, weil ihre Niederlassung in Atlanta, Georgia, USA, ungenehmigte Darlehensverpflichtungen mit dem Irak eingegangen war. Der Verlust wurde in der Folge auf ungefähr 5 Mrd. Dollar (ca. 8,8 Mrd. DM) geschätzt.

GRÖSSTES WIRTSCHAFTSDELIKT
Im Februar 1997 bekannte sich der Kupferhändler Yasuo Hamanaka des Betrugs und der Fälschung über zehn Jahre hinweg schuldig, was Sumitomo, das größte japanische Handelsunternehmen, ca. 2,6 Mrd. Dollar (ca. 4,5 Mrd. DM) kostete. Der Fall erinnerte an die Skandale um die Daiwa Bank, Japan, und die Barings Bank, Großbritannien, beide aus dem Jahr 1995.

Bestrafung

TODESSTRAFE
Der elektrische Stuhl wurde 1881 von Dr. Albert Southwick als Hinrichtungsmethode erfunden. Southwick, ein Zahnarzt aus den USA, glaubte, damit eine schmerzlose, menschliche Art der Tötung von Kriminellen gefunden zu haben.
Zum ersten Mal wurde 1888 im Staat New York die Hinrichtung durch Stromschlag eingeführt, und im folgenden Jahr das erste Gesetz darüber verabschiedet. Der erste Mensch, der auf dem elektrischen Stuhl getötet wurde, war William Lelmer, der seine Geliebte Matilda mit einer Axt ermordet hatte. Zwischen 1891 und 1963 wurden weitere 614 Strafgefangene auf dem elektrischen Stuhl von Sing Sing hingerichtet. Inzwischen ist die Todesstrafe in der Hälfte der Staaten der Welt abgeschafft; in insgesamt 97 Staaten ist sie noch in Kraft.

GRÖSSTES GEFÄNGNIS

Das größte bekannte Gefängnis der heutigen Zeit war das State Prison of Southern Michigan, USA, das zu Spitzenzeiten eine maximale Kapazität von 6.500 Gefangenen hatte.

Das Kresty-Gefängnis in St. Petersburg, Rußland, faßt zwischen 6.000 und 6.500 Gefangenen.

TEUERSTE GEFÄNGNISSE

Das im Unterhalt teuerste Zivilgefängnis war Alcatraz in der San Francisco Bay, Kalifornien, USA. Inoffiziell „The Rock" genannt, wurde es 1933 zum Hochsicherheits-Gefängnis der Bundesbehörden und 1963 von der Regierung geschlossen, weil die jährlichen Betriebs- und Unterhaltskosten auf das Doppelte der Kosten für jedes andere Gefängnis in den USA angestiegen waren.

Die teuersten heute verzeichneten Gefängnisse (nicht in allen Ländern existieren Statistiken) sind die Hochsicherheits-Gefängnisse in den USA, wo die „Kosten pro Bett" bei 155.000 Dollar (ca. 272.800 DM) im Jahr oder 425 Dollar (ca. 748 DM) am Tag liegen.

MEISTE GEFANGENE

Verschiedene Menschenrechts-Organisationen schätzen, daß es in China zur Zeit ungefähr 20 Mio. Strafgefangene (1.648 auf 100.000 Einwohner) gibt, jedoch wurde diese Zahl offiziell nie anerkannt.

Die meisten Strafgefangenen im Verhältnis zur Bevölkerungszahl der Länder, für die Statistiken zugänglich sind, haben die USA, wo es 1,75 Mio. Gefangene – einen Sträfling auf 147 Einwohner – gibt.

ÜBERFÜLLTESTE GEFÄNGNISSE

Die überfülltesten Gefängnisse gibt es heute in der früheren Sowjetrepublik Turkmenistan, wo mehrere Gefangene 1996 und 1997 in überfüllten Zellen erstickten.

Die Anzahl Inhaftierter im zentralafrikanischen Staat Ruanda ist so groß, daß viele Gefangene in Zelten und ehemaligen Lagerhäusern untergebracht sind.

WENIGSTE GEFANGENE

In Slowenien gibt es weniger als 500 Strafgefangene bei einer Bevölkerung von knapp zwei Mio. Nur wenige Straftäter landen im Gefängnis; wo möglich, werden gemeinnützige Arbeit, Bewährung und ähnliche Methoden angewandt.

MEISTE SCHWEBENDE VERFAHREN

1997 warteten über 35.000 Menschen in nigerianischen Gefängnissen auf ihre Verurteilung. Manche waren damals bereits über zehn Jahre in Haft.

MEISTE HINRICHTUNGEN

In China wird die Todesstrafe häufiger als in jedem anderen Land angewendet. 1996 fanden 2.200 der über 2.930 Hinrichtungen auf der Welt in China statt.

MEISTE GEHÄNGTE

Den Rekord für die größte Zahl von an einem Galgen gehängten Menschen stellte William Duly im Dezember 1862 auf, als er 38 Sioux-Indianer bei Mankato, Minnesota, USA, hängte.

Am 22. Juli 1944 ließ ein deutscher Nazi-Kommandant als Vergeltungsmaßnahme insgesamt 50 griechische Widerstandskämpfer in Athen, Griechenland, hängen.

MEISTE HINRICHTUNGSVERSUCHE

Joseph Samuel wurde 1803 in Sydney, New South Wales, Australien, wegen Mordes zum Tode verurteilt und überlebte drei Versuche, ihn zu hängen. Der erste Versuch schlug fehl, weil das Seil riß, der zweite Versuch ging daneben, als das Ersatzseil sich so weit dehnte, daß Samuels Füße den Boden berührten, und der dritte

BERÜHMTESTER GEFANGENER
Nelson Mandela und Bill Clinton in der Zelle auf Robben Island, in der Mandela über 27 Jahre als Gefangener zubrachte. In den 80er Jahren wurde Mandela häufig als „berühmtester politischer Gefangener der Welt" bezeichnet. Er ist jedoch nur einer von vielen Staatschefs, die aus politischen Gründen im Gefängnis gesessen haben. Kim Dae Jung, der Präsident Südkoreas, saß genauso ein wie der argentinische Präsident Carlos Menem. Zu den Politikern, die während des Sowjet-Kommunismus inhaftiert waren, gehören Vaclav Havel, Arpad Goncz und Franjo Tudjman.

Versuch wurde abgebrochen, als das wieder ersetzte Seil erneut riß. Samuel wurde begnadigt.

Dreimal entging auch John Lee seiner Exekution 1885 in Exeter, Großbritannien; bei jedem Versuch versagte die Falltür.

MEISTE HEXENVERBRENNUNGEN
Mindestens 1.500 angebliche Hexen wurden Mitte des 17. Jahrhunderts innerhalb von weniger als einem Jahrzehnt in Würzburg und Bamberg, Deutschland, auf dem Scheiterhaufen verbrannt. Insgesamt 133 Hexen wurden an einem Tag des Jahres 1589 in Quedlinburg, Sachsen, Deutschland, verbrannt.

MEISTE STRAFGEFANGENE IN DER TODESZELLE
1996 saßen in den 39 US-Bundesstaaten, in denen die Todesstrafe verhängt wird, über 3.150 Gefangene in Todeszellen.

LÄNGSTE ZEIT IN DER TODESZELLE
Sadamichi Hirasawa aus Japan wurde 1948 für schuldig befunden, Bankangestellte mit Zyankali vergiftet zu haben, um 370 Dollar (ca. 652 DM) zu stehlen. Er starb im Alter von 94 Jahren im Gefängnis von Sendai, Japan, nach 39 Jahren in der Todeszelle.

LÄNGSTE GEFÄNGNISSTRAFEN
Der Strafgerichtshof von Bangkok, Thailand, verurteilte Chamoy Thipyaso und sieben ihrer Komplizen am 27. Juli 1989 zu jeweils 141.078 Jahren Gefängnis. Sie waren des Betrugs an der Öffentlichkeit schuldig befunden worden.

Am 11. März 1972 wurden bei der Gerichtsverhandlung über Gabriel March Grandos in Palma de Mallorca, Spanien, 384.912 Jahre Gefängnisstrafe gefordert. Der ehemalige Briefträger hatte 42.768 Briefe nicht zugestellt.

DIE SCHWERSTE STRAFE
betrug 21mal lebenslänglich Gefängnis und zwölfmal die Todesstrafe, für John Gacy, der 33 Jungen und junge Männer zwischen 1972 und 1978 ermordet hatte. Er wurde im März 1980 in Chicago, Illinois, USA, von einem Geschworenengericht verurteilt und im Mai 1994 hingerichtet.

LÄNGSTE ABGESESSENE GEFÄNGNISSTRAFE
Paul Geidel wurde im September 1911 im Alter von 17 Jahren für Mord zweiten Grades verurteilt und 1980 im Alter von 85 Jahren aus der Fishkill Correctional Facility, Beacon, New York, USA, entlassen. Geidel, der 1974 die Aussetzung der Reststrafe auf Bewährung abgelehnt hatte, war 68 Jahre 245 Tage in Haft.

ÄLTESTER HÄFTLING
Bill Wallace verbrachte die letzten 63 Jahre seines Lebens im Aradale Psychiatric Hospital in Ararat, Victoria, Australien, nachdem er im Dezember 1925 einen Mann erschossen hatte. Er starb 1989 im Alter von 107 Jahren.

GRÖSSTER MASSENAUSBRUCH AUS EINEM GEFÄNGNIS
Bei einem Versuch, während der islamischen Revolution zwei US-amerikanische Gefangene zu befreien, nutzten ungefähr 11.000 Gefangene des Gasr-Gefängnisses in Teheran, Iran, am 11. Februar 1979 im größten Massenausbruch der Geschichte die Gelegenheit zur Flucht.

LÄNGSTE FLUCHT
Im Jahr 1923 floh Leonard Fristoe aus dem Nevada State Prison, USA, in welches er 1920 wegen Mordes an zwei stellvertretenden Sheriffs eingeliefert worden war. Im Alter von 77 Jahren wurde er 1969 von seinem Sohn den Behörden übergeben – nach fast 46 Jahren in Freiheit.

MEISTE VERHAFTUNGEN
Von 1957 bis April 1988 wurde Tommy Johns aus Queensland, Australien, über 3.000mal wegen Trunkenheit verurteilt.

HÖCHSTE GELDSTRAFE
Die höchste für eine einzelne Person festgesetzte Geldstrafe betrug 200 Mio. Dollar (ca. 352 Mio. DM). Sie wurde 1990 über Michael Milken in einem Strafverfahren wegen krimineller Profitmacherei und Wertpapierschwindels verhängt. Ursprünglich wurde Milken 98 einzelner Straftaten angeklagt, 92 Anklagen wurden jedoch fallengelassen, nachdem Milken sich schuldig bekannt hatte. Milken erklärte sich auch dazu bereit, zivile Schadensersatzforderungen zu begleichen. Seine Strafe von 10 Jahren wurde ihm erlassen, aber er wurde zu drei Jahren auf Bewährung und 5.400 Stunden gemeinnütziger Arbeit verurteilt.

Falschmeldungen und Hochstapeleien

KORNKREISE
Die als Kornkreise bekannten Vertiefungen in Kornfeldern wurden seit den siebziger Jahren ungefähr 9.000mal vor allem in Großbritannien, den USA und Deutschland gesichtet. Die Erklärungen reichen von Alien-Raumschiffen bis zu Luftwirbeln. Im Jahr 1991 behaupteten zwei britische Männer, seit 1978 die Kreise hergestellt zu haben.

GRÖSSTE PANIK
Das Hörspiel von Orson Welles *War of the Worlds* (Krieg zwischen den Welten), verursachte in den USA unbeabsichtigt eine Massenhysterie, als es am 30. Oktober 1938 gesendet wurde. Die Romanvorlage von H.G. Wells beschreibt die Invasion von Marsbewohnern auf der Erde. Mehrere Mio. Zuhörer, die zu spät eingeschaltet hatten, versäumten die Einführung und hörten eine Reihe von Radiosonderberichten, die Ereignisse mit Außerirdischen beschrieben. Einige Zuhörer, meist aus New York und New Jersey, wurden von Panik ergriffen und verließen ihre Häuser. Die öffentliche Reaktion führte zur Erforschung von Massenhysterien.

LÄNGSTE FALSCHMELDUNGEN
Übergroße Fußspuren, die im Jahr 1948 am Strand von Clearwater, Florida, USA, entdeckt wurden, stammten angeblich von einem riesigen Pinguin. 1988 entlockte ein Reporter der *St. Petersburg Times* dem Falschmelder das Geständnis, daß er einen dreizehigen, aus Beton gefertigten Fuß benutzt hatte.

Weltweite Kontroversen löste im Jahr 1912 die Entdeckung eines halb Mensch/halb Primat-Skelettes in Großbritannien aus. Wissenschaftler glaubten, daß der „Piltdown-Mann" die „fehlende Verbindung" zwischen Menschenaffen und Menschen sein könnte und möglicherweise 1 Mio. Jahre alt sei. Im Jahr 1952 kam heraus, daß den Überresten eines 200 Jahre alten menschlichen Lebewesens der Kiefer eines Orang-Utans beigefügt wurde. Der Erfinder von *Sherlock Holmes*, Arthur Conan Doyle, wurde als möglicher Fälscher verdächtigt.

BERÜHMTESTE FALSCHMELDUNG
Big Foot, eine riesige menschenaffenähnliche Kreatur, die in dicht bewaldeten Gebieten der USA wohnen soll, ist angeblich 1,8 bis 3 m groß und 320 bis 1.135 kg schwer. Am 20. Oktober 1967 filmte Roger Patterson anscheinend Big Foot in Bluff Creek, Nordkalifornien. Skeptiker nehmen jedoch an, daß es sich dabei um einen Mann im Gorillaanzug handelte.

GRÖSSTE POLITISCHE FALSCHMELDUNGEN
Im Jahr 1967 erzeugte das Buch *Report From Iron Mountain* (Bericht vom Eisernen Berg) weltweite Kontroversen. Das angeblich geheime Dokument der amerikanischen Regierung warnte vor Weltfrieden, weil der Krieg soziale und wirtschaftliche Kontrollmöglichkeiten schaffe. Es schlug vor, Umweltverschmutzung, moderne Formen der Sklaverei, Geburtenkontrolle und die Zugabe von Drogen zu Lebensmitteln und Trinkwasser in Erwägung zu ziehen, um in Friedenszeiten die Kontrolle behalten zu können. Nachdem es in 15 Sprachen übersetzt worden war und viele prominente Intellektuelle genarrt hatte, gab der Autor Leonard Lewin 1972 zu, daß es eine Falschmeldung gewesen war.

Im Jahr 1972 wurde angeblich ein primitiver Stamm im Urwald von Mindanao auf den Philippinen entdeckt, der kurz vor dem Aussterben und ohne Kontakt mit der modernen Welt war. Anthropologen entdeckten später, daß der philippinische Kulturminister Manuel Elizalde eine Gruppe ortsansässiger Leute angeheuert hatte, um den Schutz von Minderheiten durch die Regierung zu beweisen.

GRÖSSTE INTERNET-FALSCHMELDUNG
Die ursprüngliche Falschmeldung über den Virus *Good Times* wurde im November 1994 ausgegeben und zirkuliert noch heute im Internet. Die Falschmeldung behauptet, daß die amerikanische Federal Communications Commission vor einem Virus warnt, der per E-Mail versandt wird und Festplatten löscht.

GRÖSSTE JOURNALISTISCHE FALSCHMELDUNG
Ab dem 25. August des Jahres 1835 beschrieb eine Artikelfolge in der *New York Sun* die Entdeckung von Leben auf dem Mond. Der berühmte britische Astronom Sir John Herschel

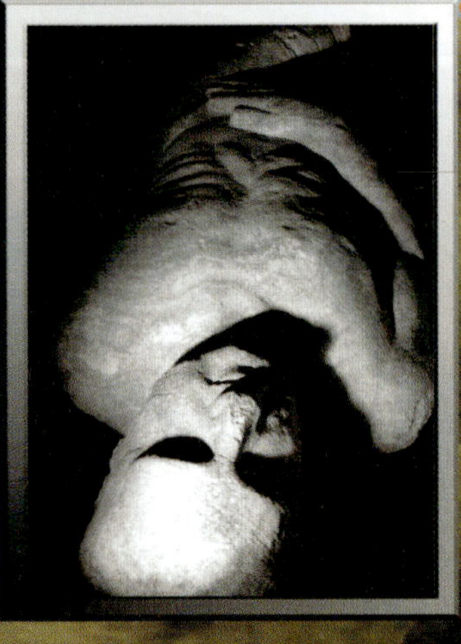

GRÖSSTES GERICHTSVERFAHREN
Im Jahr 1868 verschiffte der Archäologe George Hull aus Binghampton, New York, einen aus Gips gestalteten Riesen von Chicago nach Cardiff, New York, USA, um ihn dann auf der Farm seines Cousins zu begraben. Er hatte die Inszenierung der Falschmeldung seit zwei Jahren geplant. Der Riese wurde bis in die kleinsten Einzelheiten gestaltet und hatte Zehennägel, Nasenlöcher, Geschlechtsorgane und sogar realistisch aussehende Poren auf der Haut, die mit einem Nadelpunkthammer gemacht worden waren. Ein Jahr später, am 15. Oktober 1869, „entdeckten" Arbeiter den Riesen, der umgehend zur Touristenattraktion wurde. Man glaubte, einen fossilierten Riesen oder eine alte Statue vor sich zu haben. Der Zirkusgründer P.T. Barnum versuchte vergeblich, ihn für 50.000 Dollar (ca. 88.000 DM) zu erwerben, und baute daraufhin seinen eigenen, den er für das Original ausgab. In einem Gerichtsverfahren erklärte jeder der Besitzer den Riesen des anderen zur Fälschung. Der Rechtsstreit wurde beendet, als Hull seine Fälschung gestand.

berichtete angeblich über Männern mit Fellkleidung und Flügeln sowie Tempel aus Saphiren und Gold. Die Artikel faszinierten die Öffentlichkeit so, daß die *New York Sun* mit einer Auflage von 19.360 Exemplaren zur größten Tageszeitung der Welt wurde. Konkurrierende Verleger druckten die Artikel nach. Am 16. September wurde die Fälschung bekannt.

GRÖSSTE TAGEBUCH-FALSCHMELDUNG
Im Jahr 1983 wurden der *Stern*, das amerikanische Magazin *Newsweek* und die englische Tageszeitung *The Times* Opfer der größten Falschmeldung der Nachkriegs-Geschichte, als sie „Hitlers Tagebücher" veröffentlichten. Die Tagebücher waren die Arbeit des deutschen Fälschers Konrad Kujau, der auch einige Hitlergedichte nachgemacht hatte. Der britische Journalist und Historiker David Irving bezeichnete sie zuerst als Fälschung, änderte dann seine Auffassung jedoch und behauptete einige Tage, bevor die Fälschung bewiesen wurde, daß sie echt seien.

ERFOLGREICHSTE KUNSTFÄLSCHUNGEN
Im Jahr 1936 malte der holländische Künstler Han van Meegeren seine erste Fälschung, um die Ignoranz von Kunstkritikern unter Beweis zu stellen. Sieben weitere Fälschungen folgten, alle gingen als Arbeiten von Vermeer und de Hooch durch und wurden für mehr als 2,25 Mio. Dollar (ca. 4 Mio. DM) verkauft. Van Meegeren liebte einen verschwenderischen Lebenswandel und kaufte bis zu seiner letztendlichen Inhaftierung eine Villa im Süden Frankreichs und 50 Häuser. Im Oktober 1947 wurde er zu einem Jahr Gefängnis verurteilt, er starb jedoch im Dezember 1947.

GRÖSSTE FILMFÄLSCHUNG
Der neuseeländische Film *Forgotten Silver* (Vergessenes Silber, 1995) sollte angeblich ein Dokument über einen vergessenen Filmpionier, Colin McKenzie, sein. Der Regisseur Peter Jackson setzte die Fälschung als eine Satire auf die große Anzahl historischer Dokumentationen in Umlauf, die anläßlich des einhundertjährigen Bestehens des Kinos hergestellt wurden. Die Geschichte zeigt chronologisch, wie McKenzie im Jahr 1900 im Alter von zwölf Jahren eine Filmkamera entwickelte, er sein eigenes Filmmaterial aus rohen Eiern herstellte, 1911 entdeckte, wie man Material für Farbfilme aus einer Beerenart herstellen konnte, und er letztendlich im Jahr 1937 seinen eigenen Tod filmte. Der Film löste nach seiner Aufführung im neuseeländischen Fernsehen im Jahr 1995 Klagen von betrogenen Zuschauern aus.

GRÖSSTE FOTOGRAFISCHE FÄLSCHUNG
Im Juli 1917 machte die 15 Jahre alte Elsie Wright Fotos von ihrer Cousine Frances und einer Gruppe tanzender Feen in der Nähe von Cottingly, West Yorkshire, Großbritannien. Fotografiefachleute konnten sich nicht erklären, wie solche Bilder von den Mädchen gemacht werden konnten. Am 17. März 1983, 66 Jahr später, gab Frances zu, daß Elsie die Feen ausgeschnitten und bemalt hatte und sie dann mit Hutnadeln an Ort und Stelle befestigte.

GRÖSSTE SPUK-FALSCHMELDUNG
Im Jahr 1974 brachte Ronald DeFeo seine Mutter, seinen Vater, zwei Brüder und zwei Schwestern in ihrem Haus in Amityville, Long Island, USA, um. Die nachfolgenden Hausbesitzer, George und Kathy Lutz, berichteten bald von absonderlichen Erscheinungen. Im Jahr 1977 erschien ein Buch über ihre Erlebnisse, 1979 folgte ein Film. Obwohl die Story des Ehepaares Lutz bald als Falschmeldung entlarvt wurde, basierten weitere sieben Romane und Filme auf dem „Horror von Amityville".

GRÖSSTE PARANORMALE FÄLSCHUNG
Von 1983 bis 1987 glaubten Tausende von Menschen, ein 60 bis 300 m langes, bumerangförmiges Ufo in Hudson Valley, New York, gesehen zu haben. Im Jahr 1987 wurde die Erscheinung durch ein Wissenschaftsmagazin als eine Falschmeldung entlarvt. Eine Gruppe von Piloten namens „Stormville Flyers" hatte Lichter so an ihren Flugzeugen montiert, daß sie im Formationsflug wie ein riesiges Ufo aussahen.

DAS EREIGNIS VON ROSWELL
Im Jahr 1947 gab der Offizier für öffentliche Informationen des Roswell Army Air Field, New Mexiko, USA, eine nicht genehmigte Pressemitteilung heraus, die Armee sei im Besitz einer fliegenden Untertasse, was von einem übergeordneten Offizier der Air Force bestritten wurde. Dies führte zu jahrelangen Kontroversen über die Existenz von Außerirdischen. 1997 erklärten die amerikanischen Militärs, die gefundenen „Körper" seien Dummies aus Testflugzeugen gewesen.

Religionen und Kulte

MEISTE MOSLEMISCHE PILGER

Die jährliche moslemische Pilgerfahrt (hajj) nach Mekka, Saudi-Arabien, zieht jedes Jahr circa 2 Mio. Menschen an. Mekka gilt als Geburtsort Mohammeds, ist eine heilige Stadt und wichtigster Wallfahrtsort des Islam. Alle volljährigen Muslime müßen einmal im Leben dorthin pilgern. Für Nichtmuslime ist Mekka unzugänglich. Im Hof der Hauptmoschee befindet sich die Kaaba, die zentrale Kultstätte. In ihr ist ein schwarzer Meteorit eingelassen, den die Pilger siebenmal umschreiten sollen.

LÄNGSTE BELAGERUNG EINER SEKTE

Die Belagerung des Mount Carmel Centers, Waco, Texas, USA, durch bewaffnete FBI-Beamte dauerte vom 23. Februar bis 19. April 1993. Das Center war der Sitz der Sekte Dravidian, die von dem selbsternannten Messias David Koresh (wirklicher Name Vernon Howell) angeführt wurde. Vier Beamte wurden während eines Schußwechsels niedergeschossen, woraufhin man das Lager umstellte. Am 19. April gingen die Gebäude in Flammen auf, und über 80 Sektenmitglieder, darunter Koresh, starben. Einige der Körper wiesen Schußwunden auf. Es ist nicht bekannt, wie das Feuer entstand, ob es das Ergebnis eines Selbstmordpaktes oder eines Massenmordes war.

MÖRDERISCHSTE SEKTE

Mitglieder der indischen Thuggee-Sekte, einer geheimen Gesellschaft für Kali, der Hindu-Göttin des Todes und der Zerstörung, sollen in 300 Jahren mehr als 2 Mio. Menschen rituell erwürgt haben. Die Sekte wurde während des British Raj im 19. Jahrhundert ausgelöscht, als mehr als 4.000 Mitglieder vor Gericht kamen. Die meisten wurden gehängt oder ins Gefängnis gesperrt.

MEISTE MENSCHENOPFER

20.000 Personen wurden im Jahr 1486 von Aztekenpriestern bei der Einweihung des Großen Tempels (Teocalli) in Tenochtitlan (heute Mexiko-Stadt) getötet.

ENTFERNTESTE REINKARNATION

Nach dem Tod des Lama Thubten Teshe im Jahr 1984, dem Führer des Buddhisten aus der Mongolei, wurde sein wiedergeborener Nachfolger Osel Hita Torres über 8.000 km entfernt in Spanien gefunden. Torres, der 1985 in Spanien geboren wurde, ist der Sohn von zum Buddhismus übergetretenen Katholiken.

JÜNGSTE ENTDECKTE RELIQUIE

Im Jahr 1981 wurde in Yunju, 75 km von Peking, China, eine Schachtel mit der Asche des Buddha gefunden. Nach dem Tod Buddhas um 483 v.Chr. wurde die Asche in Kusinārā (heute Kasia), Indien, in acht Teile geteilt und zur sicheren Aufbewahrung in verschiedene Teile Asiens gesandt.

GRÖSSTE ERSCHEINUNG

Über 70.000 Menschen sahen am 13. Oktober 1915 den Sonnen-„Tanz" am Himmel von Fatima, Portugal, während dem die Jungfrau Maria zum sechsten und letzten Mal auftauchte. Die Erscheinungen von Fatima wurden von der Römisch-Katholischen Kirche offiziell anerkannt.

JÜNGSTE ERSCHEINUNGEN

Seit März 1976 wurde in der Höhle von Betania, Cau, Venezuela, von Maria Esperanza Medrano Bianchini eine Erscheinung gesehen, die später von Hunderten von anderen Menschen bezeugt wurde. Sie wurde 1987 von der Römisch-Katholischen Kirche anerkannt.

LÄNGSTE STIGMATISIERUNG

Padre Pio (Francesco Forguione), ein frommer italienischer Kapuziner-Mönch, trug die Wundmale (die Wunden, die Christus am Kreuz erhalten hatte) von 1918 bis zu seinem Tod im Jahr 1968. Sie wurden von Tausenden von Pilgern betrachtet.

MEISTE FRAUEN IN EINER SEKTE

Dianic Wicca, eine neuheidnische Bewegung, verehrt eine monotheistische Göttin und hat nur weibliche Anhänger. Die Religionsgemeinschaft feministischer Zauberei wurde in den zwanziger Jahren in Kalifornien, USA, gegründet.

MEISTE HINDU-PILGER

Alle drei Jahre nehmen Millionen von Menschen an Indiens Kumbha Mela teil, dem größten Hindu-Fest der Welt. Entsprechend der Mythen wurde der Sohn der Hindugottheit Indra von Dämonen wegen eines Topfes mit Ambrosia (dem Nahrungsmittel der Götter) verfolgt und verschüttete dabei den Nektar an vier Orten – Nasiik, Ujjain, Haridwar und Prayag. Kumbha Mela dauert $1\frac{1}{2}$ Monate und wird reihum an den vier Orten abgehalten, so daß das Ereignis in Prayag („Stätte der Reinigung") alle zwölf Jahre stattfindet. Am 30. Januar 1995 badete die Rekordanzahl von 20 Mio. Menschen im kalten Wasser am Zusammenfluß der Flüsse Ganges und Jumna – ein Ritual, durch das alle Sünden vergeben werden sollen. Schätzungsweise 200.000 Menschen kamen am Tag vor dem Festival stündlich nach Prayag. Die Pilger begannen kurz nach Mitternacht mit dem Baden, gegen zehn Uhr morgens waren schon schätzungsweise 15 Mio. Menschen im Wasser gewesen. Das nächste Kumbha Mela wird im Jahr 2001 stattfinden.

MÄNNLICHE GEMEINSCHAFT
Auf dem Berg Athos, einer 336 km² großen autonomen Republik inmitten Griechenlands, ist alles Weibliche, einschließlich weiblicher Haustiere und Vögel, ausgeschlossen. Die Republik besteht aus 20 orthodoxen Klöstern und deren Niederlassungen.

VERSCHLEIERUNGS-GESETZ
Seitdem die Taliban-Bewegung Kabul, die Hauptstadt Afghanistans, im Jahr 1996 eingenommen hat, müssen afghanische Frauen lose Kleidungsstücke tragen, die ihren Körper und ihr Gesicht verhüllen, und ihre Augen werden von einem Baumwollnetz verdeckt.

GRÖSSTE RELIGION OHNE RITEN
Der Baha'i-Glaube, der von ungefähr 6 Mio. Menschen in weltweit mehr als 70 Ländern praktiziert wird, besitzt keine Zeremonien, keine Sakramente und keine Geistlichkeit. Die Religion, die einen besonderen Wert auf die Bedeutung aller Religionen und die spirituelle Einheit der Menschheit legt, entstand im 19. Jahrhundert aus den Lehren zweier iranischer Visionäre.

GRÖSSTE HOCHZEITEN
Blessing '97 verzeichnete 30.000 Paare, die ihre Heirat im RFK Stadium, Washington DC, USA, im November 1997 bekräftigten. Die Zeremonie wurde von der Holy Spirit Association des Reverend Sung Myung Moon und seiner Frau Dr. Hak Ja Han Moon initiiert. 1995 verheiratete Moon die Rekordzahl von 35.000 Paaren im Olympiastadion von Seoul, Südkorea, sowie weitere 350.000 über eine weltweite Satellitenschaltung.

GRÖSSTE RADIOÜBERTRAGUNG
Decision Hour (Stunde der Entscheidung) ist eine religiöse Radiosendung von dem amerikanischen Baptistenprediger Billy Graham, die seit 1957 regelmäßig gesendet wird und eine durchschnittliche Zuhörerschaft von 20 Mio. Menschen erreicht.

BEDROHTESTE RELIGION
Der Parseismus, eine Religion auf dem indischen Subkontinent, unterstützt weder die Heirat zwischen Angehörigen unterschiedlicher Konfessionen noch die Konvertierung. Die abnehmende Zahl ihrer Angehörigen wird jetzt auf 120.000 geschätzt.

BIZARRSTER GLAUBE
Die Religionsgemeinschaft der Bookletianer um den Guru Bir K'l Abach glaubt an die Macht des nachtaktiven Mediums Fiery.

KLEINSTE CHRISTLICHE SEKTE
Die Sabbathday Lake-Gemeinde der Shaker in Maine, USA, besitzt jetzt sieben Mitglieder, wodurch sie zur kleinsten, noch überlebenden christlichen Sekte geworden ist. Die Shaker, die formell als die United Society of Believers in Christ's Second Appearing (Vereinigte Gesellschaft der an das zweite Erscheinen Christus Glaubenden) bezeichnet werden, wurde 1747 in England gegründet und von Ann Lee, bekannt als Mutter Ann, 1774 in die Neue Welt gebracht. Die Anhänger der Religion gründeten die erste kommunistische Siedlung in den USA und behaupteten, „daß sie vom allmächtigen Gott beauftragt wurden, Amerika das immerwährende Evangelium zu predigen".

AKTIVSTE TRÄNENSTATUE
Im April 1998 glaubte man, eine aus dem Marien-Schrein aus Medjurorje, Bosnien, stammende Statue in der Sant Marti-Kirche, Mora, Katalonien, Spanien, würde blutige Tränen vergießen. Die katholische Kirche bezeichnete sie aber als Fälschung. Die aktivste weinende Statue war eine 40 cm hohe Gipsfigur der heiligen Jungfrau, die 1994 von einem Geistlichen aus Civitavecchia, Italien, in die gleiche Kirche gebracht wurde. Zwischen dem 2. Februar und dem 17. März 1995 scheint die Statue blutige Tränen vergossen zu haben. Bei einer dieser religiösen Erscheinungen war ein Bischof Zeuge.

MEISTE CHRISTLICHE PILGER
Zum Haus der Jungfrau Maria in Loretto, Italien, und zur Basilika des heiligen Anton in Padua, Italien, kommen jedes Jahr rund 3,5 Mio. Pilger, mehr als dreimal so viele wie jedes Jahr Lourdes in Frankreich besuchen.

Rettungen

MEISTE FLUCHTEN
Tatjana Michailowa Russanowa, eine ehemalige sowjetische Staatsbürgerin, ist zwischen 1943 und 1954 insgesamt 15mal aus stalinistischen Arbeitslagern in der ehemaligen Sowjetunion geflohen. Sie wurde 14mal wieder eingefangen und verurteilt.

LÄNGSTER STURZ
Am 26. Januar 1972 überlebte Vesna Vulovic, eine Stewardeß aus dem ehemaligen Jugoslawien, einen Sturz aus einer Rekordhöhe von 10,16 km, als das Flugzeug, in dem sie flog, über Srbska Kamenice, Tschechoslowakei (heute Tschechische Republik), abstürzte.

LÄNGSTER AUFTRIEB
Im Mai 1993 wurde Didier Dahran bei seinem dritten Fallschirmsprung in Boulac, Frankreich, in eine außergewöhnliche Zyklonströmung gesogen. Die Anzeige auf seinem Höhenmesser schoß von 304 m auf 7.620 m, bevor sie an ihrem Höchstpunkt blockierte. Zwei Stunden nach dem Sprung, in einer Höhe, die gewöhnlich nur von Düsenflugzeugen erreicht wird, klappte sein Fallschirm in der dünnen Atmosphäre zusammen, wodurch er abstürzte. Dahran öffnete seinen Ersatzfallschirm und landete in einer Entfernung von 48,3 km vom Absprungsort.

HÖCHSTE GERITTENE WELLE
Am 3. April 1868 ritt ein Hawaiianer mit Namen Holua eine Tsunami mit einer Höhe von „vielleicht 15 m", um sich vor der Welle zu retten.

MEISTE BLITZSCHLÄGE
Die einzige Person, die siebenmal von einem Blitz getroffen wurde, war Roy Sullivan, ein ehemaliger Park Ranger aus Virginia, USA. Im Jahr 1942 verlor Sullivan einen Nagel seines großen Zehs, im Jahr 1969 seine Augenbrauen, im Juli 1970 wurde seine linke Schulter verbrannt, im April 1972 fing sein Haar Feuer, im August 1973 fing wieder sein Haar Feuer und seine Beine wurden verbrannt, im Juni 1976 wurde sein Knöchel verletzt und im Juni 1977 erlitt er Verbrennungen an Brust und Bauch. Im September 1983 beging er aus unerwiderter Liebe Selbstmord.

LÄNGSTES ÜBERLEBEN IN DER KÄLTE
Im Januar 1997 lud Dale Powitsky aus Dayton, Ohio, USA, Rinderhälften in einen Kühlraum, als die schwere Stahltür hinter ihm zuschlug und er für zwei Tage gefangen war. Powitsky sammelte die Etiketten von Tierkörpern und zündete sie an. Dann schnitt er Fett von den Tierkörpern und schmolz es, bevor er das flüssige Fett auf eine Unterlage aus der Asbestummantelung der Kühlrohre tropfen ließ. Er konnte genug Wärme erzeugen, um am Leben zu bleiben.

LÄNGSTES ÜBERLEBEN IN DER WÜSTE
Ein mexikanischer Mann überlebte acht Tage in der Wüste bei Temperaturen von 39 °C. Nur mit 7,6 Litern Wasser ausgestattet reiste er 56,3 km auf dem Rücken seines Pferdes, bis dieses starb, dann lief er 161 km, um Hilfe zu bekommen. Als er schließlich gefunden wurde, war er blind und taub geworden und hatte 25 % seines Körpergewichtes verloren.

TIEFSTE UNTERWASSERRETTUNG
Der Rekord für die tiefste Unterwasserrettung liegt bei 480 m. Roger Chapman und Roger Mallinson waren beide 76 Stunden lang in der *Pisces III* gefangen, nachdem es 240 km südöstlich von Cork, Republik Irland, am 23. August 1973 gesunken war. Das Boot wurde von dem Kabelschiff *John Cabot* nach der Hilfe von *Pisces V*, *Pisces II* und dem ferngesteuerten Bergungsschiff *Curv* am 1. September an die Oberfläche gezogen.

Eine Rettung ohne jede Art von Ausrüstung gelang aus 68,6 m Tiefe. Richard Slater befreite sich aus dem gerammten U-Boot *Nekton Beta* vor der Küste der Insel Catalina, Kalifornien, USA, am 28. September 1970.

Der Rekord für die tiefste Flucht mit Ausrüstung beträgt 183 m, die von Norman Cooke und Hamish Jones aus dem U-Boot *HMS Otus* in Bjørnefjorden vor Bergen, Norwegen, während einer Schiffsübung am 22. Juli 1987 geschafft wurde. Die Männer trugen Standardanzüge mit eingearbeiteten Rettungswesten, bei denen die sich ausdehnende Luft in eine Rettungshaube umwandelte.

LÄNGSTES ÜBERLEBEN UNTER WASSER OHNE AUSRÜSTUNG
Im Jahr 1991 erforschte Michael Proudfoot ein gesunkenes Kreuzfahrtschiff in der Nähe von Baja California, Mexiko, als er dabei den Regler seines Atemgerätes zerdrückte und die gesamte Luft verlor. Proudfoot fand eine große Luftblase, die in der Kombüse des Schiffes eingeschlossen war, und eine fast volle, mit Frischwasser gefüllte Teemaschine. Durch Rationieren des Wassers, langsames Atmen und Essen von Seeigeln blieb er bis zu seiner Rettung zwei Tage lang am Leben.

JÜNGSTER ÜBERLEBENDER DER TITANIC
Millvina Dean war acht Wochen alt, als die *Titanic* auf einen Eisberg fuhr und am 14. April 1912 sank. Obwohl sie dritter Klasse reiste, überlebte Millvina mit ihrer Mutter und ihrem 18 Monate alten Bruder. Ihr Vater Bert war unter den 1.517 Passagieren, die nie wieder gesehen wurden.

ERFOLGREICHSTE RETTUNG
Alle 2.689 Passagiere an Bord der *Susan B. Anthony* überlebten, als das Schiff vor der Normandie, Frankreich, am 7. Juni 1944 sank.

GLÜCKLICHSTE RETTUNG AUS EINEM FLUGZEUG
Am 9. April 1998 verwickelte sich eine Cessna 150 in Stromleitungen und blieb mit einem Rad hängen. Die Behörden unterbrachen sofort die Stromzufuhr in den Leitungen. Der Pilot, der 47 Jahre alte Kranführer Mike Warren, blieb vier Stunden lang im Cockpit in der Mitte zwischen zwei Strommasten in einer Höhe von 18 m über einer Hauptstraße, bis er von Feuerwehrleuten gerettet wurde. Die Retter gaben dem unverletzten Piloten einen Helm durch ein Fenster des Flugzeugs. Er setzte ihn auf, löste seinen Sicherheitsgurt und stieg mit den Füßen zuerst aus dem Cockpitfenster. Dann glitt er an der Unterseite der linken Tragfläche des Flugzeugs in den Sitz einer hohen Kirschenpflückmaschine. Das Flugzeug, bei dem nur ein Propeller verbogen war, wurde dann mit einem Gurtezeug zu Boden befördert.

LÄNGSTES ÜBERLEBEN AUF SEE
133 Tage überlebte Poon Lim von der britischen Handelsmarine auf einem Floß, als sein Schiff, die *SS Ben Lomond*, im Atlantik, 910 km westlich von St. Paul's Rocks, um 11.45 am 23. November 1942 sank, nachdem es von einem Torpedo getroffen worden war. Er wurde von einem Fischerboot vor Salinópolis, Brasilien, am 5.April 1943 aufgenommen und war in der Lage, selbständig an Bord zu gehen.

Der Rekord für den längsten überlebten Zeitraum von zwei Menschen auf einem Floß beträgt 177 Tage. Die Fischer Tabwai Mikaie und Arenta Tebeitabu von der Insel Nikunau in Kiribati waren zusammen mit einem anderen Mann in einem Zyklon gefangen, kurz nachdem sie sich am 17. November 1991 auf eine Fahrt in ihrem 4 m langen, offenen Boot begeben hatten. Sie kamen am 11. Mai 1992 in einer Entfernung von 1.800 km in Westsamoa (heute Samoa) an Land.

ABSTURZ IN DEN ANDEN
Im Jahr 1972 stürzte ein von Uruguay nach Chile fliegendes Flugzeug über den Anden ab, wobei 16 der 45 Passagiere überlebten. Zehn Tage lang froren die Überlebenden bei Temperaturen von – 17,5 °C. Schließlich beschlossen sie, das Fleisch der Toten zu essen. Die Rettungsmannschaften kamen 72 Tage später, nachdem zwei der Überlebenden in acht Tagen über 80 km gelaufen waren, um Hilfe zu holen.

MEISTE, VON EINEM EINZIGEN HUND GERETTETE MENSCHEN
Der berühmteste Rettungshund aller Zeiten ist Barry, ein Bernhardiner, der in seiner 12jährigen Laufbahn in den Schweizer Alpen mehr als 40 Menschen gerettet hat. Seine am besten bekannte Rettung war die eines Jungen, der halberfroren unter einer Lawine neben seiner toten Mutter lag. Barry legte sich selbst über den Körper, um ihn zu erwärmen, und leckte das Gesicht des Jungen, um ihn aufzuwecken, bevor er ihn zum nächstgelegenen Haus brachte.

LÄNGSTES ÜBERLEBEN IN EINER HÖHLE
Fledermäuse werden im allgemeinen als unheilvolle Geschöpfe angesehen, der Höhlenforscher George Du Prisne verdankt ihnen sein Leben. Im Jahr 1983 erforschte er Höhlen in Wisconsin, USA, als er in einen unterirdischen Fluß fiel und in eine große Höhle gesogen wurde. Rettungsmannschaften gaben ihre Suche nach vier Tagen auf, aber Du Prisne überlebte durch Fische und von den Wänden gekratzte Algen. Er befestigte Garn seines Pullovers an Fledermausbeinen. Diese erregten draußen Aufmerksamkeit, und 13 Tage später wurde er gerettet.

ERFOLGLOSESTER SELBSTMORD
Im März 1996 beschloß das frisch vermählte taiwanesische Paar Huang Pin-jen und Chang Shu-mei, Selbstmord zu begehen, weil ihre Eltern ihren Ehewunsch ablehnten. Sie überlebten jedoch vier Selbstmordversuche, wobei sie versuchten, sich zu erhängen, mit dem Auto über eine Klippe zu fahren und von einem 12stöckigen Gebäude zu springen. Nachdem die Eltern daraufhin der Ehe zugestimmt hatten, gaben sie glücklich ihren Plan auf.

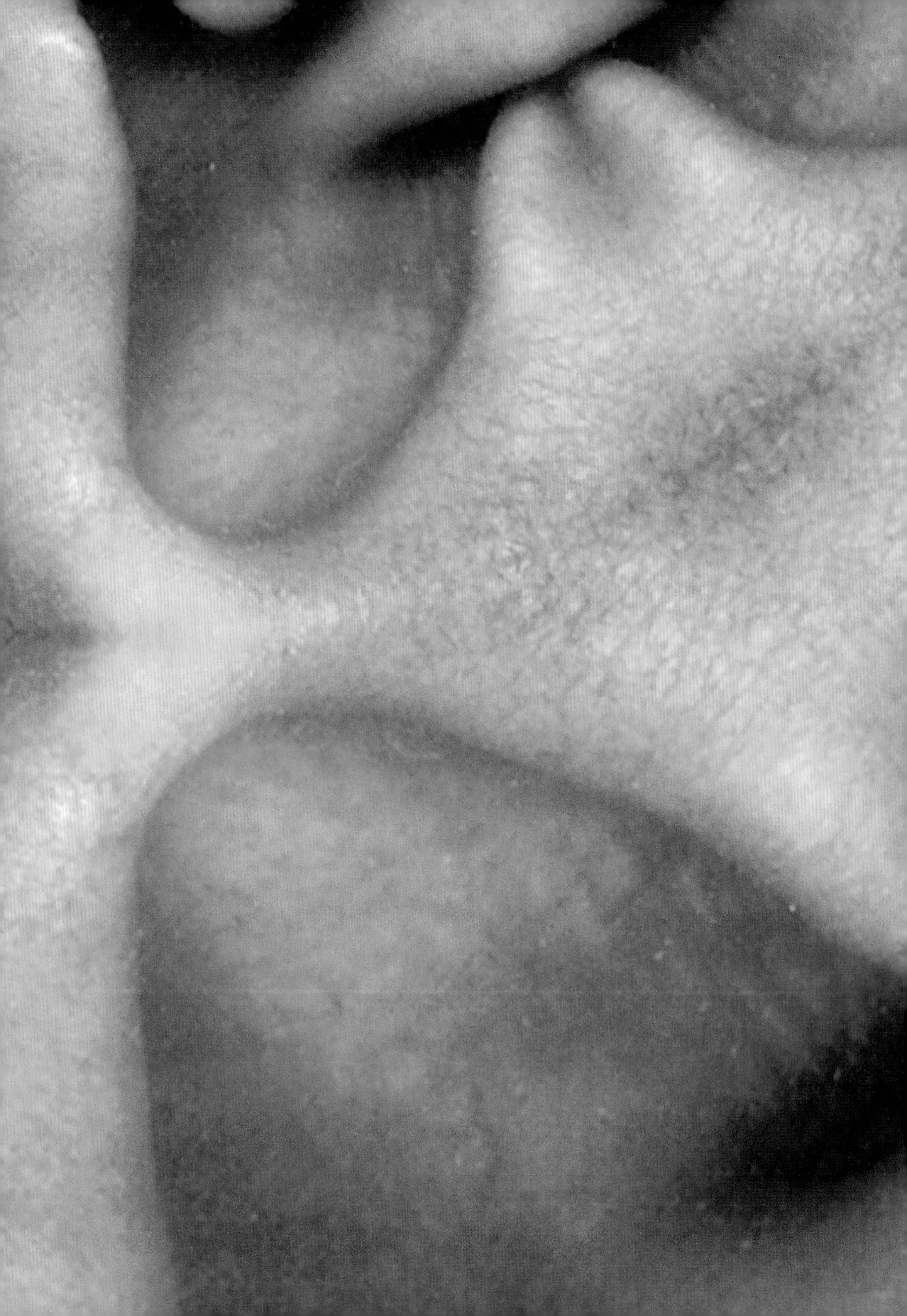

körper

Groß und Klein

VOLK MIT DEN GRÖSSTEN MENSCHEN
Das Volk der Tutsi (auch bekannt unter dem Namen Watussi) in Ruanda und Burundi, Zentralafrika, hat die größten Menschen. Junge erwachsene Männer sind durchschnittlich 1,83 m groß.

VOLK MIT DEN KLEINSTEN MENSCHEN
Die kleinwüchsigsten Pygmäen sind die Mbutsi im Kongo (früher Zaire) mit einer durchschnittlichen Größe von 1,37 m bei Männern und 1,35 m bei Frauen. In manchen Gruppen sind Männer im Durchschnitt nur 1,32 m und Frauen 1,24 m groß. Die Kinder von Pygmäen sind nicht wesentlich kleiner als andere Kinder, jedoch wachsen sie nicht während der Pubertät, da ihr Körper nur kleine Mengen des Hormons IGF produziert, eines insulinartigen Wachstumsfaktors.

GRÖSSTE MENSCHEN
Der erwiesenermaßen größte Mensch, der je gelebt hat, war Robert Wadlow (USA), der bei der letzten Messung kurz vor seinem Tod 1940 2,72 m maß, bei einer Armspanne von 2,88 m. Hätte er ein weiteres Jahr gelebt, wäre er wahrscheinlich knapp über 2,74 m groß geworden.

Mit 2,31 m ist der 1962 im Sudan geborene Manute Bol der größte Mann in den USA. Er hat die Staatsbürgerschaft der USA angenommen und spielte für die Philadelphia 49ers und andere Mannschaften professionell Basketball.

Der größte lebende Mann in Großbritannien ist mit 2,29 m Christopher Greener.

Die größte Frau, die je gelebt hat, war Zeng Jinlian aus dem Dorf Yujiang, Provinz Hunan, China. Ihre Größe betrug 1982 zur Zeit ihres Todes bei normaler Haltung 2,48 m (ihre Wirbelsäule aber war stark verkrümmt).

Die größte lebende Frau ist Sandy Allen, USA, deren Größe zur Zeit 2,317 m beträgt. Ihre ungewöhnliche Größe entwickelte sich bald nach ihrer Geburt, im Alter von zehn Jahren war sie 1,905 m groß. Sie wiegt 209,5 kg.

Das größte Ehepaar waren Anna Hanen Swan aus Nova Scotia, Kanada, und Martin van Buren Bates aus Kentucky, USA, die 1871 bei ihrer Hochzeit 2,27 m und 2,2 m groß waren.

Die größten männlichen Zwillinge der Welt sind Michael und James Lanier aus Troy, Michigan, USA, die 1969 geboren wurden und beide eine Größe von 2,235 m haben. Ihre Schwester Jennifer ist 1,57 m groß.

Die größten weiblichen Zwillinge sind Heather und Heidi Burge aus Palos Verdes, Kalifornien, USA. Sie wurden 1971 geboren und sind beide 1,95 m groß.

KLEINSTE MENSCHEN
Die kleinste Frau, Pauline Musters, maß bei ihrer Geburt 1876 in Ossendrecht, Niederlande, 30 cm und war im Alter von neun Jahren 55 cm groß. Nachdem sie mit 19 Jahren in New York, USA, gestorben war, ergab eine posthume Untersuchung eine Größe von genau 61 cm (nach ihrem Tod hatte sich ihr Körper noch etwas gestreckt).

Die kleinste lebende Frau ist mit 65 cm Madge Bester aus Johannesburg, Südafrika. Sie leidet an Osteogenesis imperfecta, was zu brüchigen Knochen und anderen Fehlbildungen des Skeletts führt.

Die kleinsten Zwillinge waren Matyus und Béla Matina aus Budapest, Ungarn, die beide 76 cm groß waren.

Die kleinsten lebenden Zwillinge sind John und Greg Rice aus West Palm Beach, Florida, USA, die beide 86,3 cm groß sind.

VERÄNDERLICHSTE STATUR
Adam Rainer (Österreich) war im Alter von 21 Jahren 1,18 m groß, begann danach aber schnell zu wachsen und maß mit 32 Jahren 2,18 m. Sein Wachstum schwächte ihn jedoch so sehr, daß er für den Rest seines Lebens bettlägrig war. 1950, bei seinem Tod im Alter von 51 Jahren, war er 2,34 m groß.

UNGLEICHSTES PAAR
Als die 94 cm große Natalie Lucius 1990 den 1,855 m großen Fabien Pretou in Seyssinet-Pariset, Frankreich, heiratete, betrug der Größenunterschied zwischen Braut und Bräutigam rekordverdächtige 91,5 cm.

SCHWERSTE MENSCHEN
Der schwerste Mensch in der Medizingeschichte war Jon Minnoch aus Bainbridge Island, Washington State, USA, der 1,85 m groß war und über 635 kg wog, als er 1978 mit Herz- und Atemstillstand in ein Krankenhaus eingeliefert wurde.

Der schwerste heute lebende Mann der Welt ist T. J. Albert Jackson aus Canton, Mississippi, USA, der 404 kg wiegt und 3,05 m Brust-, 2,94 m Taillen-, 1,78 m Schenkel- und 75 cm Halsumfang hat.

DICKSTER MANN IM WETTBEWERB
„Fett ist schön" ist das liebste Motto der Männer des Dinka-Stammes im Sudan, die jedes Jahr einen Wettbewerb zur Ermittlung des „dicksten Mannes" veranstalten. Fettleibigkeit ist ein Statussymbol; sie beweist, daß ein Stammesangehöriger genügend Geld hat, um eine große Rinderherde zu halten und sich mit der Milch zu mästen, die traditionell vor dem Trinken mit dem Harn der Kühe vermischt wird. Die größere Leibesfülle verbessert nicht nur den Status der Männer gegenüber ihren Mitbewerbern, sondern macht sie auch für das andere Geschlecht attraktiver. Dinka-Frauen wählen ihre Männer nach dem Umfang aus. Die Dinka sind nicht nur berühmt für ihre Traditionen; eines der erfolgreichsten Supermodels der Welt wurde als Mitglied dieses Stammes geboren. Bevor sie in London Karriere machte, wuchs Alek Wek in einer Lehmhütte des Dinka-Stammes auf. Sie war bereits auf den Titelseiten mehrerer Zeitschriften und verdient durchschnittlich 10.000 Pfund (ca. 30.000 DM) am Tag. Alek hat ihre Herkunft jedoch nicht vergessen, und während ihr eigenes Gewicht für den Laufsteg niedrig bleiben muß, schickt sie Geld an ihre Verwandten, damit diese ihr Gewicht halten und ihre Traditionen pflegen können.

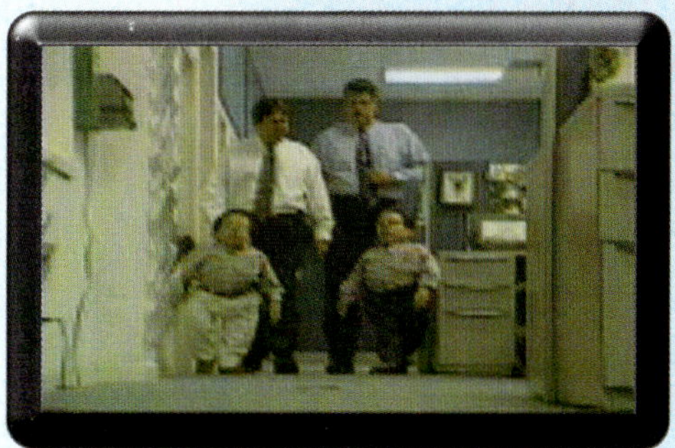

Die schwerste Frau der Welt war Rosalie Bradford, USA, die Berichten nach im Januar 1987 ein Spitzengewicht von 544 kg erreichte, bevor sie nach einem kongestiven Herzstillstand mit einer strengen Diät anfing.

Die schwersten Zwillinge der Welt waren Billy und Benny McCrary, alias The McGuires, aus Hendersonville, North Carolina, USA. Im Alter von sechs Jahren hatten Billy und Benny ein normales Gewicht, aber im November 1978 wurden sie auf 337 kg und 328 kg gewogen, bei Taillenumfängen von 2,13 m. Als Tagwrestling-Profis wurden bei ihnen Gewichte von bis zu 349 kg verzeichnet.

LEICHTESTER MENSCH
Lucia Xarate, eine 67 cm große Zwergin aus San Carlos, Mexiko, wog im Alter von 17 Jahren nur 2,13 kg. Bis zu ihrem 20. Geburtstag hatte sie auf 5,9 kg zugenommen.

SCHMALSTE TAILLEN
Ethel Granger aus Peterborough, Cambridgeshire, Großbritannien, hat die schmalste Taille einer Person normaler Größe mit 33 cm. Zwischen 1929 und 1939 nahm ihre Taille von natürlichen 56 cm auf diese Größe ab.

Mlle Polaire (Emile Marie Bouchand), eine Schauspielerin des 19. Jahrhunderts, behauptete von sich, eine Taille von ebenfalls 33 cm zu haben.

HÖCHSTES GEBURTSGEWICHT
Anna Bates (Kanada) gebar 1879 in Seville, Ohio, USA, einen Jungen von 10,8 kg.

NIEDRIGSTE GEBURTSGEWICHTE
Eine weibliche Frühgeburt mit einem Gewicht von 280 g wurde am 27. Juni 1989 im Loyola University Medical Center, Illinois, USA, geboren.

Das niedrigste bestätigte Geburtsgewicht eines überlebenden Kindes beträgt 283 g. Marian Taggart (geborene Chapman) kam 1938 in Tyne & Wear, Großbritannien, sechs Wochen zu früh auf die Welt. Das 30 cm große Kind wurde von Dr. D. A. Shearer gepflegt, die es in den ersten 30 Stunden durch den Füllapparat eines Federhalters mit Brandy, Glukose und Wasser fütterte.

KLEINSTE ZWILLINGE
John and Greg Rice, die hier in der amerikanischen TV-Show *Guinness World Records™: Primetime* auftreten, sind 86 cm groß. Das hat sie nicht daran gehindert, ungewöhnlich erfolgreich zu werden. Als Grundstücksmakler in Florida, USA, wurden sie Ende der 70er Jahre wohlhabend, jetzt leiten sie eine millionenschwere Firma namens Think Big, die Seminare zur Überwindung von kreativen Blockaden organisiert. Außerdem schreiben und produzieren sie Werbefilme für ihre Kunden, in denen sie auch manchmal mitspielen.

KLEINSTER MENSCH DER WELT
Der kleinste erwachsene Mensch, dessen Existenz nachgewiesen ist, war Gul Mohammed aus Neu-Delhi, Indien. 1990 war er 57 cm groß und wog 17 kg. 1997 starb er im Alter von 36 Jahren nach einem Herzinfarkt als Folge eines langen Asthma- und Bronchitis-Leidens. Sein Leben lang hatte Mohammed eine Abneigung gegen Kinder, die ihn manchmal verprügelten und ausraubten, und auch gegen Katzen und Hunde.

GRÖSSTE TAILLE
1987 hatte Walter Hudson (USA) eine Taille von 3,02 m. Zwischen den Mahlzeiten aß er üblicherweise täglich zwölf Berliner, zehn Tüten Chips, zwei riesige Pizzen oder acht chinesische Essen und einen halben Kuchen.

körperteile

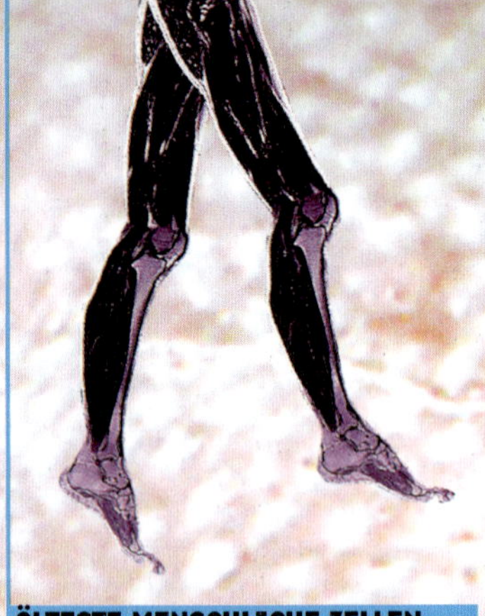

ÄLTESTE MENSCHLICHE ZELLEN
Oben ist ein Scannerbild des menschlichen Körpers zu sehen. Henrietta Lacks Zellen fehlt ein Chromosom, was dazu führt, daß diese über 40 Jahre nach Henriettas Tod immer noch in Laboratorien lebendig sind. Wissenschaftler hoffen, daß diese Zellen eines Tages zur Heilung von Krebs beitragen können.

VERSICHERUNGSREKORD
Der Körper der britischen Modelschönheit Suzanne Mizzi mit den Maßen 86–61–86 wurde von einem Modeunternehmen für einen Betrag von 16,6 Mio. Dollar (ca. 29 Mio. DM) versichert. Darin enthalten sind 8,3 Mio. Dollar (ca. 14 Mio. DM) für ihr Gesicht, jeweils 1,66 Mio. Dollar (ca. 2,9 Mio. DM) für ihre Arme, ihren Po und ihre Beine sowie 3,32 Mio. Dollar (ca. 5,8 Mio. DM) für ihre Brüste. Die Versicherung kostet 58.100 Dollar (ca. 102.000 DM) im Jahr. Bedingungen der Versicherungspolice sind unter anderem, daß Mizzi drei Jahre lang nicht schwanger wird, nicht in einem Heißluftballon fliegt, nicht auf Fußballplätzen steht und sich nicht „unmoralisch" verhält.

TEUERSTE BEINE
Der ehemalige Star der *Riverdance*-Show, Michael Flatley, der jetzt in *Lord of the Dance* auftritt, ließ seine Beine für 40 Mio. Dollar (ca. 70,4 Mio. DM) versichern. Er ist gegenwärtig der höchstbezahlte Tänzer der Welt.

TEUERSTE FÜSSE
Charlie Chaplin, der populärste Hollywood-Schauspieler der Stummfilmzeit, ließ seine Füße in den zwanziger Jahren für 150.000 Dollar (ca. 264.000 DM) versichern.

TEUERSTE HÄNDE
Keith Richards, der Gitarrist der Rolling Stones, hat seine linke Gitarrenhand für 1,6 Mio. Dollar (ca. 2,8 Mio. DM) versichern lassen.

Der britische Boxer Nigel Benn, der ehemalige Weltmeister im Supermittelgewicht mit dem Spitznamen „Dunkler Zerstörer", versicherte in den neunziger Jahren seine Fäuste für 16,6 Mio. Dollar (ca. 29 Mio. DM).

Im Jahr 1939 schlossen die Fleischer-Studios in Hollywood eine Versicherung über 185.000 Dollar (ca. 325.000 DM) für die Hände der 116 Trickfilmzeichner des Spielfilms *Mr Bug goes to town* (USA, 1941) ab.

TEUERSTE GESICHTER
Die Hollywood-Leinwandstars Rudolph Valentino, Douglas Fairbanks und Mary Pickford versicherten in den frühen zwanziger Jahren ihre Gesichter für 1 Mio. Dollar (ca. 1,76 Mio. DM). Die Schauspieler profitierten alle von der „Narbengesicht"-Versicherungspolice, die kurz zuvor eingeführt worden war.

Der Stummfilmstar John Bunny versicherte sein Komikergesicht 1911 für 100.000 Dollar (ca. 176.000 DM).

TEUERSTER NACKEN
Der Hollywood-Star Kathleen Key, zu deren 19 Filmen *College Days* (USA, 1926) und *North of Hudson Bay* (USA, 1923) gehörten, ließ ihren Nacken Mitte der zwanziger Jahre für 25.000 Dollar (ca. 44.000 DM) versichern.

TEUERSTE ZÄHNE
Der britische Entertainer Ken Dodd ließ seine Hasenzähne, das Ergebnis eines Fahrradunfalles als Schuljunge und sein Markenzeichen, für 6,6 Mio. Dollar (ca. 11,6 Mio. DM) versichern. Die Versicherer verbieten ihm, Schellfisch zu essen, Motorrad zu fahren und in eine Pubschlägerei zu geraten. Außerdem bestehen sie darauf, daß er sich mindestens dreimal am Tag die Zähne putzt.

TEUERSTE AUGEN
In den zwanziger Jahren versicherte Ben Turpin, der schielende Hollywood- und Varietéschauspieler, seine Augen mit 100.000 Dollar (ca. 176.000 DM) für den Fall, daß sie nicht mehr schielen würden.

Im Jahr 1918, auf dem Höhepunkt ihrer Karriere, ließ die Schauspielerin Clara Kimball Young ihre großen Augen für 150.000 Dollar (ca. 264.000 DM) versichern.

TEUERSTE NASE
Jimmy Durante, der in *It's A Mad Mad Mad Mad World* (USA, 1963) und *Billy Rose's Jumbo* (USA, 1962) spielte, hatte die berühmteste Nase in Hollywood. Mitte der dreißiger Jahre versicherte er sie für 100.000 Dollar (ca. 176.000 DM).

TEUERSTE STIMMEN
Die amerikanische Popgruppe En Vogue, eine der erfolgreichsten Girl-Groups, hat ihre Stimmen für insgesamt 6,4 Mio. Dollar (ca. 11 Mio. DM) versichern lassen.

Der amerikanische Rockstar Bruce Springsteen, dessen Album *Born in the USA* (1984) eine der am meisten verkauften Platten der Geschichte ist, ließ seine Stimme für 5,6 Mio. Dollar (ca. 9,8 Mio. DM) versichern.

TEUERSTER PENIS
Der Penis von Napoleon Bonaparte wurde bei einer Autopsie von französischen und belgischen Doktoren entnommen und 1972 erstmals versteigert. Er war ungefähr 2,5 cm lang und als „kleines getrocknetes Objekt" in der Aufstellung verzeichnet. Fünf Jahre später wurde er von einem amerikanischen Urologen für 3.800 Dollar (ca. 6.688 DM) erworben.

UMSTRITTENSTE AUSSTELLUNG
Körperwelt: Ein Blick in den menschlichen Körper, eine Ausstellung sezierter, hautloser menschlicher Körper, wurde im Oktober 1997 in Mannheim eröffnet. Obwohl sie zu vielen Kontroversen führte, war die Ausstellung ein riesiger Erfolg. Schätzungsweise 200.000 Menschen sahen die von Professor Gunther Von Hagens von der Universität Heidelberg zusammengestellte Ausstellung, die 1996 in Japan 1 Million Besucher angezogen hatte. Von Hagens ist für die Entwicklung der „Plastifizierungs-Technik" verantwortlich, ein Verfahren, bei dem toten Körpern durch kaltes Azeton Wasser entzogen und durch flüssige Kunststoffe ersetzt wird. Der Kunststoff härtet aus, wobei die Körper und Körperteile durchscheinend werden.

WERTVOLLSTES HAAR
Im Jahr 1988 wurde eine Locke von Horatio Nelsons Haar für 9.475 Dollar (ca. 16.676 DM) an einen Buchhändler in Cirencester, Großbritannien, verkauft.

Im Jahr 1994 zahlten zwei Sammler an Sotheby's, London, Großbritannien, den Betrag von 6.000 Dollar (ca. 10.560 DM) für eine 10 cm lange Locke von Beethovens Haar, die dem Komponisten im Jahr 1827 abgeschnitten worden sein soll. Die Käufer wollten die DNA testen lassen, um herauszubekommen, ob der Komponist afrikanisches Blut in sich hatte und an Syphilis litt.

GEHIRN-GEWICHTE
Das schwerste Gehirn der Welt wog 2,3 kg und gehörte einem 30 Jahre alten Mann. Das wurde von Dr. Mandybur von der Abteilung Pathologie und Labormedizin an der Universität Cincinnati, Ohio, USA, im Dezember 1992 aufgezeichnet. Das leichteste „normale" bzw. nicht atrophierte Gehirn hatte ein Rekordgewicht von 680 g. Es gehörte Daniel Lyon, der 1907 im Alter von 46 Jahren in New York, USA, starb. Er war etwas über 1,50 m groß und wog 66 kg.

TEUERSTE BARTHAARE
Haare, die angeblich aus dem Bart von Heinrich IV. von Frankreich stammen, wurden 1994 in Paris für 122 Dollar verkauft.

TEUERSTER ZAHN
Im Jahr 1816 wurde in London, Großbritannien, ein Zahn von Sir Isaac Newton für 3.785 Dollar (ca. 6.661 DM) verkauft.

MERKWÜRDIGSTE RELIKTE
Joni Mabe aus Athens, Georgia, USA, besitzt eine von Elvis Presleys Warzen als Teil ihrer Elvis-Andenkensammlung.

Der vierte Halswirbel von König Charles I. wurde während einer Autopsie von einem Chirurgen gestohlen. Der Romanautor Sir Walter Scott verwendete ihn 30 Jahre lang auf Dinnerpartys, bis Königin Victoria davon hörte und die Rückführung an die Kapelle St. Georges, Windsor, Großbritannien, forderte.

MEISTE KÜNSTLICHE GELENKE
Bei der Amerikanerin Norma Wickwire, die unter rheumatischer Arthritis leidet, wurden acht ihrer zehn größeren Gelenke zwischen 1976 und 1989 ersetzt.

GRÖSSTE FÜSSE
Die größten bekannten Füße einer lebenden Person, die nicht durch Elephantiasis bedingt sind, gehören Matthew McGrory aus Westchester, Pennsylvania, USA. Seine britische Schuhgröße 28 würde ca. der deutschen Größe 115 entsprechen. McGrory ist 25 Jahre alt und 2,29 m groß. Seine Schuhe werden von Converse speziell für ihn angefertigt, und seine Socken werden von seiner Mutter, Maureen McGrory-Lacey, gestrickt.

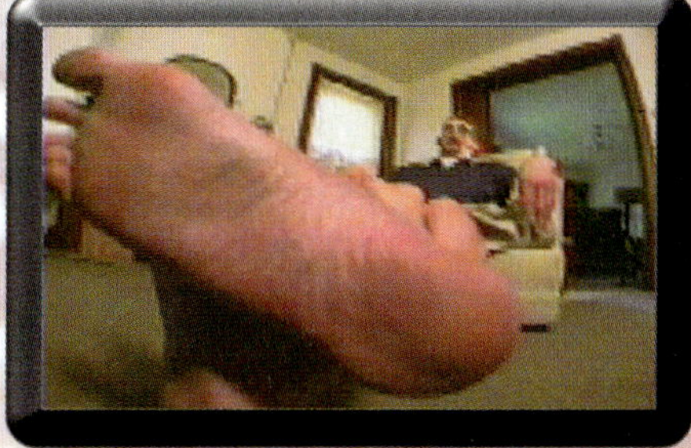

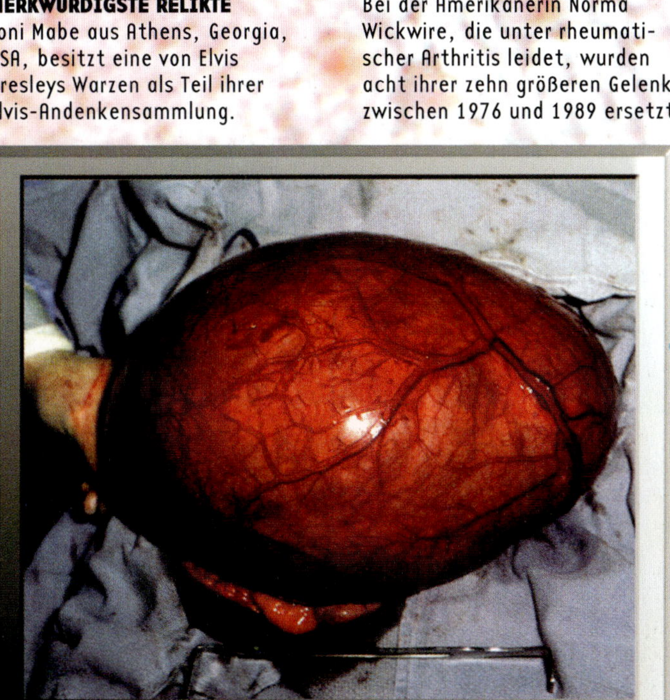

GRÖSSTE GALLENBLASE
Die größte Gallenblase der Welt wog 10,4 kg und wurde am 15. März 1989 von Professor Bimal C. Ghosh im National Naval Medical Center in Bethesda, Maryland, USA, einer 69 Jahre alten Frau entnommen. Die Patientin genas wieder und verließ das Krankenhaus zehn Tage später.

Erstaunliche Körper

LANGLEBIGSTE SIAMESISCHE ZWILLINGE
Chang und Eng Bunker, die beiden miteinander verbundenen Zwillinge aus Siam (heute Thailand), wurden am 11. Mai 1811 geboren, heirateten die Schwestern Sarah und Adelaide Yates aus Wilkes County, North Carolina, USA, und zeugten 22 Kinder mit ihnen. Sie starben nacheinander im Alter von 63 Jahren am 17. Januar 1874 innerhalb von drei Stunden. Das Paar, das aus gesundheitlichen Gründen niemals getrennt wurde, verdiente seinen Lebensunterhalt in den USA als eine Zirkusattraktion im Barnum and Bailey Circus.

Millie und Christine McCoy wurden am 11. Juli 1851 in North Carolina, USA, in der Zeit der Sklaverei geboren und mehrmals verkauft. Sie wurden unter dem Namen „Two-headed Lady" bzw. „Two-headed Nightingale" im Unterhaltungsgeschäft sehr erfolgreich. Im Jahr 1900 zog sich das Paar, das niemals getrennt worden war, zurück. Sie starben 1912 im Alter von 61 Jahren.

ERFOLGREICHSTER SIAMESISCHER ZWILLING
Andy Garcia, der 1956 in Kuba geborene amerikanische Schauspieler, bekannt aus Filmen wie *The Godfather*, Teil 3 (USA, 1994) und *Things to Do in Denver When You're Dead* (USA, 1995), war an der Schulter mit seinem Zwillingsbruder zusammengewachsen. Der Zwilling war nicht größer als ein Tennisball und wurde von Chirurgen einige Minuten nach der Geburt entfernt.

AM LÄNGSTEN UNENTDECKTER ZWILLING
Im Juli 1997 wurde im Bauch der 16jährigen Hisham Ragab aus Ägypten ein Fötus entdeckt, nachdem diese über Bauchschmerzen geklagt hatte. Es wurde ein angeschwollener Sack gefunden, der gegen ihre Nieren gedrückt hatte und sich als Hishams 18 cm langer, 2 kg schwerer Zwilling herausstellte. Der Fötus hatte bis zum Alter von 32 oder 33 Wochen gelebt.

LÄNGSTER MENSCHLICHER SCHWANZ
Im Jahr 1889 beschrieb ein amerikanischer Wissenschaftler einen zwölf Jahre alten Moi-Jungen aus Thailand, der einen weichen Schwanz von fast 30 cm Länge hatte. In alter Literatur gibt es viele Berichte von erwachsenen Männern und Frauen mit 15 bis 17 cm langen Schwänzen. Heutzutage werden sie bei der Geburt entfernt.

AM SCHNELLSTEN WACHSENDER SCHWANZ
Im Jahr 1901 beschrieb Ross Granville Harrison von der Johns Hopkins Universität, Maryland, USA, ein Kind, dessen Schwanz in besorgniserregendem Maße wuchs. Als der Junge sechs Monate alt war, war sein Schwanz, der von normaler Haut bedeckt war und Muskelstränge, jedoch keinen Knochen besaß, 7,6 cm lang. Wenn er nieste oder hustete, wedelte oder zuckte sein Schwanz.

LÄNGSTES LEBEN MIT ZWEI KÖPFEN
Ein zweiköpfiger Junge aus Bengali wurde 1783 geboren und starb im Alter von vier Jahren an dem Biß einer Kobra. Seine beiden Köpfe, die jeweils ihr eigenes Gehirn besaßen, waren gleich groß und an ihrer Verbindungsstelle mit schwarzen Haaren bedeckt. Wenn der Junge weinte oder lachte, war die Mimik des oberen Kopfes nicht immer davon betroffen.

SIAMESISCHE ZWILLINGE
Dicephalus-tetrabrachius-dipus-Zwillinge haben zwei Köpfe, vier Arme und zwei Beine. Der einzige vollständig dokumentierte Fall ist der von Mascha und Dascha Kriwoschljapowi (unten), die 1950 in der UdSSR geboren wurden. Sie hatten bei der Geburt drei Beine (eines am Bauch). Die früheste erfolgreiche Trennung von Siamesischen Zwillingen wurde in Ohio, USA, von Dr. Jac S. Geller im Jahr 1952 durchgeführt.

BEHAARTESTE FRAU
Julia Pastrana, 1834 in einem Indianerstamm in Mexiko geboren, war von den Augen an mit Haaren bedeckt. Sie wurde in den 50er Jahren des vergangenen Jahrhunderts in den USA, in Kanada und Europa öffentlich ausgestellt und starb 1860 während der Geburt eines Kindes. Im Jahr 1964 brachte Marco Ferreri *La Donna Scimmia* (Die Affenfrau) heraus, die auf ihrem Leben beruhte. Julias Mumie wurde in den 70er Jahren in Norwegen und Dänemark ausgestellt, verschwand auf rätselhafte Art und wurde 1990 wiedergefunden.

LÄNGSTE BÄRTE
Hans Langseth hatte zum Zeitpunkt seines Todes in Kensett, Iowa, USA, im Jahr 1927 einen rekordbrechenden 5,33 m langen Bart. Der Bart wurde 1967 dem Smithsonian Institute in Washington DC vorgelegt.

Janice Deveree aus Bracken County, Kentucky, USA, hatte

1884 einen 36 cm langen Bart, der längste Bart einer „bärtigen" Frau.

LÄNGSTER SCHNURRBART
Kalyan Ramji Sain aus Indien ließ sich im Jahr 1976 einen Bart wachsen. Im Juli 1993 hatte er eine Gesamtlänge von 3,39 m.

MEISTE FINGER UND ZEHEN
Im September 1921 wurde in London, Großbritannien, bei einer gerichtlichen Untersuchung ein männlicher Säugling mit 14 Fingern und 15 Zehen gefunden.

WENIGSTE ZEHEN
Einige Mitglieder des Stammes der Wadomo aus Simbabwe und des Stammes der Kalanga aus Botswana haben nur zwei Zehen.

MEISTE ZAHNREIHEN
Im Jahr 1896 wurde in Frankreich eine Frau beschrieben, der eine vierte Zahnreihe wuchs.

ZWANGHAFTES VERSCHLUCKEN
Im Jahr 1927 wurden im Magen einer 42 Jahre alten Frau, die über „leichte Bauchschmerzen" geklagt hatte, von Ärzten im Ontario Hospital, Kanada, 2.533 Gegenstände, darunter 947 gebogene Nadeln, gefunden.

Der schwerste Gegenstand, der aus einem menschlichen Magen entfernt wurde, ist ein 2,35 kg schwerer Haarball, der einer 20 Jahre alten britischen Frau am 30. März 1895 entnommen wurde.

MÜNCHHAUSEN-SYNDROM
Der Brite William McIlroy war der extremste Fall eines Münchhausen-Syndroms, dem ständigen Wunsch nach medizinischer Betreuung. In 50 Jahren hatte McIlroy 400 Operationen und war 100mal unter 22 falschen Namen im Krankenhaus. Seine Behandlung kostete den Staat bis 1979 ungefähr 9 Mio. DM.

LÄNGSTE FINGERNÄGEL
Francis Redmond, hier abgebildet, hat die längsten Fingernägel in den USA. Sie sind in zwölf Jahren auf 48 cm angewachsen. Die längsten Fingernägel der Welt sind die von Shridhar Chillal aus Indien, der seine Fingernägel letztmalig im Jahr 1952 kürzte. Bis Ende März 1997 hatten die Nägel an seiner linken Hand vom Daumen bis zum kleinen Finger folgende Längen: 1,4 m, 1,09 m, 1,17 m, 1,25 m und 1,22 m. An seiner rechten Hand sind die Nägel kurz.

LÄNGSTE HAARE
Hu Saelao, ein 85jähriges Mann aus der Provinz Chiang Mai, Thailand, ist einer von mehreren Rekordanmeldern, die die längsten Haare der Welt haben wollen. Saelao hat sein Haar seit mehr als 70 Jahren nicht mehr schneiden lassen und es ist jetzt 5,15 m lang. Der Streit wird in der amerikanischen Fernsehsendung *Guinness World Records: Primetime* beigelegt werden.

Leben

ÄLTESTE MENSCHEN
Das höchste offiziell anerkannte, von einem menschlichen Wesen erreichte Alter beträgt 122 Jahre, 164 Tage. So alt war Jeanne Calment (Frankreich) zum Zeitpunkt ihre Todes am 4. August 1997.

Das höchste Alter eines Mannes beträgt 120 Jahre 237 Tage, erreicht von Shigechiyo Izumi aus Isen, Tokunoshima, Japan. Er wurde bei der ersten japanischen Volkszählung 1871 als Sechsjähriger verzeichnet und beendete sein Arbeitsleben als 105jähriger. 1986 starb er an einer Lungenentzündung.

Die ältesten Zwillinge der Welt waren Eli Shadrak und John Meshak Phipps, beide geboren am 14. Februar 1803 in Affington, Virginia, USA. 1911 starb Eli im Alter von 108 Jahren zuerst.

Die langlebigsten verzeichneten Drillinge waren Faith, Hope und Charity Cardwell, geboren am 18. Mai 1899 in Elm Mott, Texas, USA.

Den ersten Fall von vier Geschwistern, die das Alter von 100 Jahren erreichten, gab es am 2. April 1984, als Lili Parsons aus Teignmouth, Großbritannien, ihren 100sten Geburtstag feierte.

MEISTE NACHKOMMEN
Der letzte Scherifenkaiser von Marokko, Moulay Ismail, steht in dem Ruf, bis zum Jahr 1703 insgesamt 525 Söhne und 342 Töchter gezeugt zu haben. 1721 wurde sein 700ster Sohn geboren.

Samuel S. Mast aus Fryburg, Pennsylvania, USA, hatte 824 lebende Nachkommen (11 Kinder, 97 Enkelkinder), 634 Urenkel und 82 Ur-Urenkel, als er 96jährig am 15. Oktober 1992 starb.

MEISTE LEBENDE VORFAHREN
Als Megan Austin aus Bar Harbor, Maine, USA, 1982 geboren wurde, lebten noch jeweils beide ihrer Großeltern und Urgroßeltern und fünf Ur-Urgroßeltern (insgesamt 19 direkte Vorfahren).

LÄNGSTER STAMMBAUM
Die Linie des chinesischen Philosophen K'ung Ch'iu oder Konfuzius (551–479 v. Chr.) kann weiter zurückverfolgt werden als die jeder anderen Familie. Es ist bekannt, daß K'ung Ch'ius Ur-Ur-Ur-Urgroßvater K'ung Chia im 8. Jahrhundert v. Chr. lebte. Sieben von K'ung Chias direkten Nachkommen leben in der heutigen Zeit.

MEISTE LEBENDE GENERATIONEN
Augusta Bunge aus Wisconsin, USA, wurde am 21. Januar 1989 Ur-Ur-Ur-Urgroßmutter, als ihre Ur-Ur-Urenkelin einen Sohn, Christopher Bollig, gebar. Augusta wurde 1879 geboren.

JÜNGSTE LEBENDE UR-UR-URGROSSMUTTER
Harriet Holmes aus Neufundland, Kanada, war 88 Jahre 50 Tage alt, als sie am 8. März 1987 Ur-Ur-Urgroßmutter wurde.

ÄLTESTE MÜTTER
Rosanna Dalla Corta aus Viterbo, Italien, gebar Berichten nach 1994 im Alter von 63 Jahren einen Jungen. Sie war einer Behandlung zur Verbesserung ihrer Fruchtbarkeit unterzogen worden.

Arceli Keh war angeblich ebenfalls 63 Jahre, als sie 1996 an der University of Southern California, USA, niederkam.

GEBÄRFREUDIGSTE MÜTTER
Die meisten offiziell verzeichneten von einer Mutter geborenen Kinder hatte mit 69 Kindern die Frau von Fedor Vassilev, einem Bauer aus Suja, Rußland. In insgesamt 27 Entbindungen zwischen 1725 und 1765 gebar sie 16 Zwillingspaare, siebenmal Drillinge und viermal Vierlinge (die größte Zahl mehrfacher Geburten in einer Familie). Nur zwei der Kinder überlebten das Säuglingsalter nicht.

Als gebärfreudigste lebende Mutter der Welt wird Leontina Albina aus San Antonio, Chile, angesehen, die 1981 ihr 55stes und letztes Kind gebar. Ihr Ehemann gibt an, die beiden hätten 1943

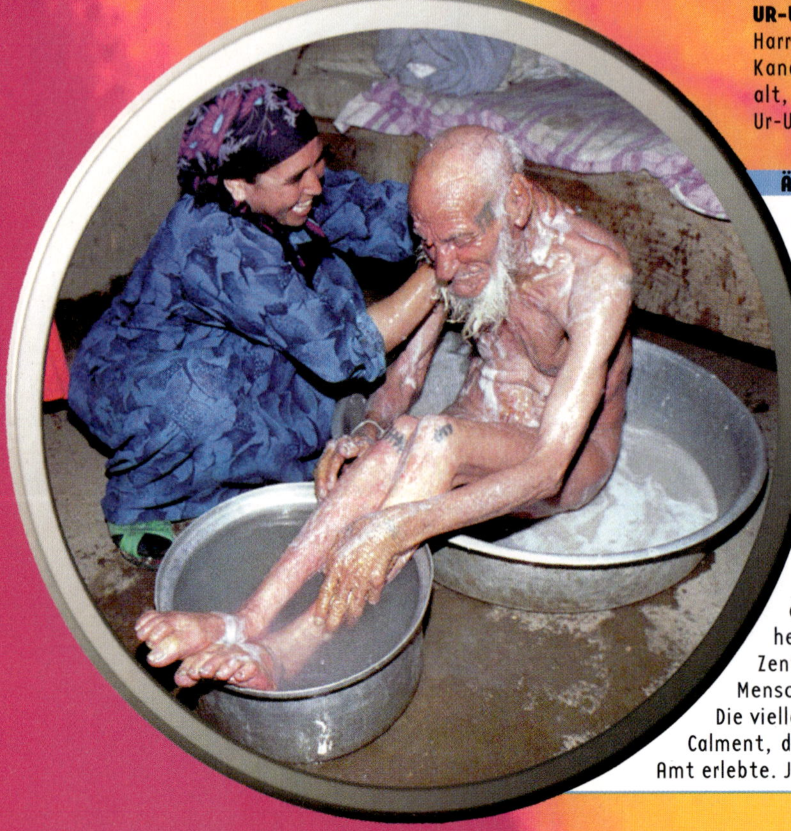

ÄLTESTE MENSCHEN
„Ältester Mensch der Welt" ist vielleicht einer der begehrtesten Titel überhaupt. Amm Atwa Moussa, ein ehemaliger Fischer aus Ägypten, behauptet, 150 Jahre alt zu sein. Zum Beweis gibt Moussa (hier gezeigt, wie er von einem seiner 39 Enkel gebadet wird) an, daß er mit seiner ersten Frau 60 Jahre lang und danach weitere vier Mal verheiratet war. Er kann sich daran erinnern, 1869 mit seiner Familie geflohen zu sein, um nicht in die Baukolonnen für den Suezkanal gepreßt zu werden. Eine weitere Anwärterin ist Maggie Barnes aus den USA, die behauptete, sechs Monate älter zu sein als Marie Meilleur, die vom August 1997 bis April 1998 den Rekord als älteste lebende Person hielt. Keiner der Bewerber besitzt Papiere, die das Geburtsdatum nachweisen. Die minimalen Kriterien für das GUINNESS BUCH DER REKORDE sind eine Geburtsurkunde zusammen mit dem Nachweis, daß es sich in dem Dokument um den Bewerber handelt. Menschen, die das Alter von 100 Jahren erreichen, werden Zentenaren genannt, die 110 Jahre erreichen, heißen Super-Zentenaren. In den USA allein leben ungefähr 20.000 Zentenaren, und nach Angaben von Demographen nimmt die Zahl der Menschen, die mindestens das Alter von 100 Jahren erreichen, laufend zu. Die vielleicht berühmteste Super-Zentenarin war die Französin Jeanne Calment, die 1997 mit 122 Jahren starb und damit 17 Staatspräsidenten im Amt erlebte. Jeanne begann im Alter von 85 Jahren mit Fechtsport.

in Argentinien geheiratet und bereits fünfmal Drillinge (alles Jungen) vor ihrem Umzug nach Chile gehabt.

MEISTE ENTBINDUNGEN
Elizabeth Greenhill aus Abbots Langley, Hertfordshire, Großbritannien, hat Berichten nach 39 Kinder (32 Töchter und sieben Söhne) bei 38 Entbindungen geboren. Sie starb 1681.

GRÖSSTE SCHWANGERSCHAFT
Dr. Gennaro Montanino aus Rom, Italien, gab 1971 an, die Föten von zehn Mädchen und fünf Jungen aus der Gebärmutter einer 35jährigen Frau nach vier Monaten Schwangerschaft entfernt zu haben. Ein Fruchtbarkeitspräparat war für diesen einmaligen Fall von Fünfzehnlingen verantwortlich.

GRÖSSTE ENTBINDUNG
Die Rekordzahl von zehn Kindern (zwei männlich, acht weiblich) wurde Berichten nach am 22. April 1946 in Bacacai, Brasilien, geboren.

Der Rekord für die größte Zahl an bei einer Entbindung geborenen Kindern beträgt neun, entbunden am 13. Juni 1971 von Geraldine Brodrick im Royal Hospital for Women, Sydney, New South Wales, Australien. Die fünf Jungen und vier Mädchen lebten nicht länger als sechs Tage. Die Geburt von neun Kindern wurde auch aus Philadelphia, Pennsylvania, USA, 1971 und aus Bagerhat, Bangladesh, 1977 berichtet. In keinem der beiden Fälle überlebten die Kinder.

LÄNGSTE ZWILLINGSGEBURT
Am 11. November 1995 gebar Peggy Lynn aus Huntingdon, Pennsylvania, USA, ein Mädchen, Hanna, im Geisinger Medical Center, Danville, Pennsylvania, USA. Ihr Zwillingsbruder Eric wurde erst 84 Tage später, am 2. Februar 1996, entbunden.

GRÖSSTE BABIES DER WELT
Im September 1996 war der 17 Monate alte Zack Strenkert, eines der größten Babies der Welt, mit seinen Eltern Chris und Laurie aus Goshen, New York, USA, zu Gast bei der *Jerry Springer Show*. Er wog erstaunliche 31,75 kg – ein Gewicht, das Jungen im Alter zwischen sechs und 14 Jahren erreichen. Zacks älterer Bruder wog 55 kg im Alter von sieben Jahren.

SCHNELLSTE SCHWANGERSCHAFTEN
Den Rekord für den kürzesten Zeitabstand zwischen zwei Kindern aus verschiedenen Schwangerschaften hält mit 209 Tagen Margaret Blake aus Luton, Bedfordshire, Großbritannien. Sie wurde von Conor am 27. März 1995 und von Bunty am 23. Oktober 1995 entbunden.

LANGSAMSTE SCHWANGERSCHAFTEN
41 Jahre lagen zwischen zwei Schwangerschaften von Elizabeth Buttle aus Carmarthenshire, Großbritannien. Sie gebar ihre Tochter Belinda 1956 und ihren Sohn Joseph am 20. November 1997 im Alter von 60 Jahren.

FRÜHSTGEBORENES KIND
James Gill wurde am 20 Mai 1987 in Ottawa, Ontario, Kanada, geboren, 128 Tage vor Brenda und James Gill. Er wog 624 g – etwa soviel wie zwölf Hühnereier.

ÄLTESTER LEBENDER MENSCH
Das höchste nachgewiesene Alter einer heute lebenden Person beträgt 119 Jahre, erreicht von Sarah Knauss, die hier mit ihrem Ur-Ur-Urenkel zu sehen ist. Sie wurde am 24. September 1880 in Hollywood, einem kleinen Bergmannsdorf in den USA, geboren, und lebt jetzt in einem Altersheim in Allentown, Pennsylvania. Sechs Generationen ihrer Familie feierten mit ihr den 119. Geburtstag.

Krankheit und Tod

ausbreitet. Ein Drittel der HIV-infizierten Menschen stirbt an TB.

MEISTE HIV-INFEKTIONEN
Das oben rot abgebildete HIV-Virus ist dabei, eine T-Zelle anzugreifen. Dem AIDS-Bericht der UN vom 25. November 1997 nach hält Indien mit zwischen 3 und 5 Mio. HIV-Positiven den Rekord für das von der Krankheit am schwersten betroffene Land. Weltweit sind 20 Mio. Menschen – mehr als die Gesamtbevölkerung von Australien und Neuseeland – mit HIV infiziert.

TÖDLICHSTER BAZILLUS
Das Bakterium *Yersinia pestis* hat den Tod von 25 Mio. Menschen im Europa des 14. Jahrhunderts verursacht. Von Flöhen und Ratten übertragen, verursacht es die Beulenpest.

TÖDLICHSTE KRANKHEITEN
Das AIDS-Virus (Acquired Immune Deficiency Syndrome) und Tollwut, eine Virusinfektion des zentralen Nervensystems, werden allgemein als tödlich angesehen.

Lassafieber, eine von einem seltenen westafrikanischen Virus verursachte Krankheit, hat eine Sterberate von über 50%. Das Marburg-Fieber und das Ebola-Fieber haben ebenfalls sehr hohe Sterberaten.

Die Cholera tötete seit 1900 in Indien ungefähr 20 Mio. Menschen. Die Sterberaten können bei unbehandelten Ausbrüchen bei bis zu 50% liegen.

Gelbfieber ist eine seltener werdende, von Moskitos übertragene Infektion. Manchen Berichten nach kann man davon ausgehen, daß 90% der mit Gelbfieber Infizierten sterben.

DRINGENDSTES GESUNDHEITSPROBLEM
Nach einem Bericht der WHO von 1996 breitet sich Tuberkulose (TB) rapide aus, und zwischen 1996 und 2005 werden über 30 Mio. Menschen daran sterben, wenn die Krankheit sich weiterhin mit der gegenwärtigen Rate

HÄUFIGSTE TODESURSACHE BEI FRAUEN
Tuberkulose (TB) ist heute global zur häufigsten einzelnen Todesursache bei Frauen geworden. Es wird geschätzt, daß ein Drittel aller Frauen in Asien damit infiziert ist.

VERHEERENDSTE PANDEMIE
Die Lungenpest (eine bakterielle Infektion) hat während des Schwarzen Todes 1347–51 25% der europäischen Bevölkerung und weltweit etwa 75 Mio. Menschen getötet. Bis zu 60% der Infizierten sind schätzungsweise an der Krankheit gestorben.

MEISTE AN GRIPPE GESTORBENE MENSCHEN
Zwischen 1918 und 1919 starben weltweit 21,64 Mio. Menschen an Grippe.

TÖDLICHSTE MALARIA-INFEKTION
Plasmodium falciparum verursacht die bösartige Tertiana-Form der Malaria, die das Gehirn angreifen kann. Sie verursacht Anfälle, Koma oder sogar plötzlichen Tod.

JÜNGSTE ANSTECKENDE KRANKHEIT
Die jüngst entdeckte Krankheit, die den Menschen befällt, ist eine neue Art des Creutzfeld-

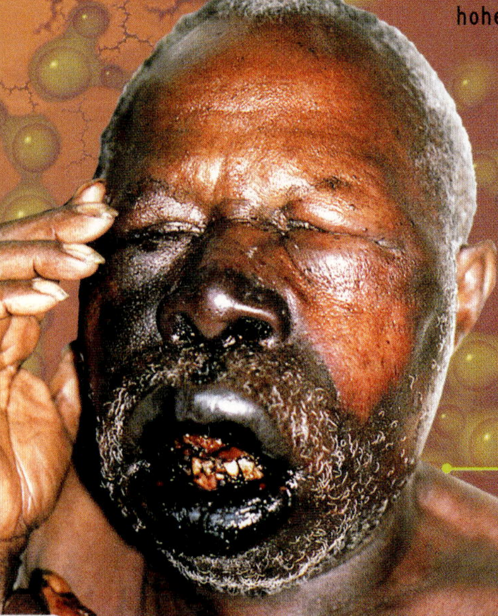

FLEISCHFRESSENDER VIRUS
Necrotising fascilitis, von der britischen Presse 1994 „fleischfressender Virus" genannt, existiert seit dem 2. Weltkrieg und ist eine extrem seltene, aber gefährliche fleischbefallende Krankheit.
Sie wird von Streptococcus-Bakterien Typ A verursacht, die unter der Haut eine giftige Mischung produzieren, die das Gewebe angreift und Wundbrand verursacht. Das befallene Fleisch muß entfernt werden. Kranke berichten von Wunden voller orangefarbiger Flüssigkeit, mehr als 40 °C Fieber, purpurner Haut, die in Stücke fällt, und 15 cm tiefen Löchern. Auch Personen mit einem intakten Immunsystem werden infiziert, neue Untersuchungen lassen aber auf ein Serum hoffen.

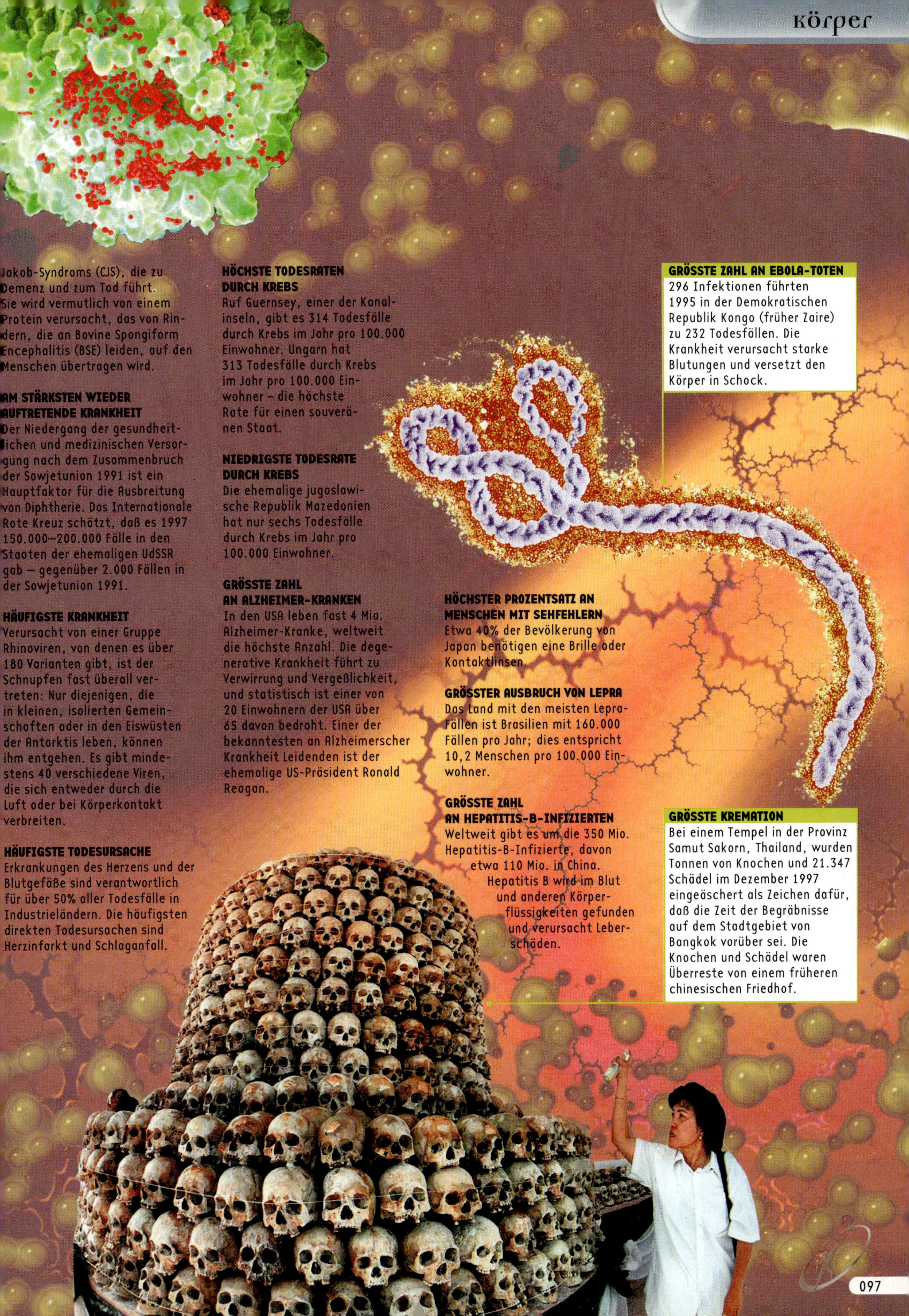

Jakob-Syndroms (CJS), die zu Demenz und zum Tod führt. Sie wird vermutlich von einem Protein verursacht, das von Rindern, die an Bovine Spongiform Encephalitis (BSE) leiden, auf den Menschen übertragen wird.

AM STÄRKSTEN WIEDER AUFTRETENDE KRANKHEIT
Der Niedergang der gesundheitlichen und medizinischen Versorgung nach dem Zusammenbruch der Sowjetunion 1991 ist ein Hauptfaktor für die Ausbreitung von Diphtherie. Das Internationale Rote Kreuz schätzt, daß es 1997 150.000–200.000 Fälle in den Staaten der ehemaligen UdSSR gab – gegenüber 2.000 Fällen in der Sowjetunion 1991.

HÄUFIGSTE KRANKHEIT
Verursacht von einer Gruppe Rhinoviren, von denen es über 180 Varianten gibt, ist der Schnupfen fast überall vertreten: Nur diejenigen, die in kleinen, isolierten Gemeinschaften oder in den Eiswüsten der Antarktis leben, können ihm entgehen. Es gibt mindestens 40 verschiedene Viren, die sich entweder durch die Luft oder bei Körperkontakt verbreiten.

HÄUFIGSTE TODESURSACHE
Erkrankungen des Herzens und der Blutgefäße sind verantwortlich für über 50% aller Todesfälle in Industrieländern. Die häufigsten direkten Todesursachen sind Herzinfarkt und Schlaganfall.

HÖCHSTE TODESRATEN DURCH KREBS
Auf Guernsey, einer der Kanalinseln, gibt es 314 Todesfälle durch Krebs im Jahr pro 100.000 Einwohner. Ungarn hat 313 Todesfälle durch Krebs im Jahr pro 100.000 Einwohner – die höchste Rate für einen souveränen Staat.

NIEDRIGSTE TODESRATE DURCH KREBS
Die ehemalige jugoslawische Republik Mazedonien hat nur sechs Todesfälle durch Krebs im Jahr pro 100.000 Einwohner.

GRÖSSTE ZAHL AN ALZHEIMER-KRANKEN
In den USA leben fast 4 Mio. Alzheimer-Kranke, weltweit die höchste Anzahl. Die degenerative Krankheit führt zu Verwirrung und Vergeßlichkeit, und statistisch ist einer von 20 Einwohnern der USA über 65 davon bedroht. Einer der bekanntesten an Alzheimerscher Krankheit Leidenden ist der ehemalige US-Präsident Ronald Reagan.

HÖCHSTER PROZENTSATZ AN MENSCHEN MIT SEHFEHLERN
Etwa 40% der Bevölkerung von Japan benötigen eine Brille oder Kontaktlinsen.

GRÖSSTER AUSBRUCH VON LEPRA
Das Land mit den meisten Lepra-Fällen ist Brasilien mit 160.000 Fällen pro Jahr; dies entspricht 10,2 Menschen pro 100.000 Einwohner.

GRÖSSTE ZAHL AN HEPATITIS-B-INFIZIERTEN
Weltweit gibt es um die 350 Mio. Hepatitis-B-Infizierte, davon etwa 110 Mio. in China. Hepatitis B wird im Blut und anderen Körperflüssigkeiten gefunden und verursacht Leberschäden.

GRÖSSTE ZAHL AN EBOLA-TOTEN
296 Infektionen führten 1995 in der Demokratischen Republik Kongo (früher Zaire) zu 232 Todesfällen. Die Krankheit verursacht starke Blutungen und versetzt den Körper in Schock.

GRÖSSTE KREMATION
Bei einem Tempel in der Provinz Samut Sakorn, Thailand, wurden Tonnen von Knochen und 21.347 Schädel im Dezember 1997 eingeäschert als Zeichen dafür, daß die Zeit der Begräbnisse auf dem Stadtgebiet von Bangkok vorüber sei. Die Knochen und Schädel waren Überreste von einem früheren chinesischen Friedhof.

Medizinische Extreme

MEISTE TABLETTEN
C.H.A. Kilner aus Bindura, Simbabwe, nahm zwischen dem 9. Juni 1967 und 19. Juni 1988 exakt 565.939 Tabletten ein. Das ergibt einen durchschnittliche Anzahl von 73 Tabletten pro Tag. Alle Tabletten aneinandergelegt hätten eine ununterbrochene Linie von 3,39 km ergeben.

LÄNGSTES KOMA
Elaine Esposito aus Tarpon Springs, Florida, USA, fiel im Alter von sechs Jahren nach der Entfernung des Blinddarmes am 6. August 1941 ins Koma. Sie starb im Alter von 43 Jahren 357 Tagen am 25. November 1978, nachdem sie 37 Jahre und 111 Tage bewußtlos gewesen war.

LÄNGSTE ZEIT IN EINER EISERNEN LUNGE
Jame Firwell aus Chichester, West Sussex, Großbritannien, benutzt seit Mai 1946 das Unterdruckatemgerät.

John Prestwich aus Kings Langley, Herts, Großbritannien, ist seit dem 24. November 1955 auf ein Atemgerät angewiesen.

SPÄTESTE GEBURT NACH DEM TOD
Am 5. Juli 1983 wurde in Roanoke, Virginia, USA, ein Mädchen von einer Frau geboren, deren Gehirntod 84 Tage vorher eingetreten war.

LÄNGSTER LUFTRÖHRENSCHNITT
Winifred Campbell aus Wanstead, London, Großbritannien, atmete über den rekordbrechenden Zeitraum von 86 Jahren durch ein Silberrohr in ihrem Hals. Sie starb 1992.

LÄNGSTER HERZSTILLSTAND
Am 7. Dezember 1987 erlitt der Fischer Jan Egil Refsdahl einen Herzstillstand über vier Stunden, nachdem er über Bord in das eiskalte Wasser vor der Küste von Bergen, Norwegen, gefallen war. Refsdahl wurde sofort in das Haukeland Hospital gebracht, nachdem seine Körpertemperatur auf 24 °C gefallen war und sein Herz zu schlagen aufgehört hatte. Nach dem Anschließen an eine Herz-Lungen-Maschine wurde er wieder ganz gesund.

ÄLTESTER OPERATIONSPATIENT
Die älteste Person, die jemals operiert wurde, war James Henry Brett jr., der sich am 7. November 1960 in Houston, Texas, USA, im Alter von 111 Jahren und 105 Tagen einer Hüftoperation unterzog.

GRÖSSTE BLUTTRANSFUSION
Warren Jyrich, ein 50 Jahre alter Bluter, benötigte während einer Operation am offenen Herzen im Michael Reese Hospital, Chicago, Illinois, USA, im Dezember 1970 eine Rekordblutspende von 2.400 Einheiten, das entspricht 1.080 Litern.

HÖCHSTE KÖRPERTEMPERATUR
Am 10. Juli 1980, einem Tag, an dem die Temperaturen 32,2 °C bei einer Luftfeuchtigkeit von 44 % erreichten, wurde der 52jährige Willie Jones mit einem Hitzschlag in das Grady Memorial Hospital, Atlanta, Georgia, USA, eingeliefert, und man stellte eine Körpertemperatur von 46,5 °C fest. Nach 24 Tagen konnte er wieder nach Hause.

NIEDRIGSTE KÖRPERTEMPERATUR
Die niedrigste verzeichnete Körpertemperatur war eine rektal gemessene Temperatur von 14,2 °C, festgestellt bei der zwei Jahre alten Karlee Kosolofski aus Regina, Saskatchewan, Kanada, am 23. Februar 1994. Karlee, die versehentlich für sechs Stunden bei einer Temperatur von – 22 °C ausgesperrt war, erlitt Frostbeulen, und ihr linkes Bein mußte über dem Knie amputiert werden, sie ist jedoch wieder vollständig genesen. Einige Menschen starben mit Körpertemperaturen von 35 °C an Unterkühlung.

LÄNGSTER SCHLUCKAUF-ANFALL
Charles Osborne aus Anthon, Iowa, USA, bekam im Jahr 1922 einen Schluckauf, der bis Februar 1990 anhielt. Er fand kein Heilmittel, führte jedoch ein normales Leben, heiratete zweimal und wurde Vater von acht Kindern.

LÄNGSTER NIESANFALL
Donna Griffiths aus Pershore, Hereford & Worcester, Großbritannien, begann am 13. Januar 1981 im Alter von zwölf Jahren zu niesen und nieste im folgenden Jahr nach Schätzungen

ÄLTESTE NIERENSPENDER UND -EMPFÄNGER
Im Dezember 1995 spendete die 78 Jahre alte Victoria Whybrew ihre Nieren ihrem 77 Jahre alten Ehemann Robert, der jetzt der älteste beim Vereinten Netzwerk für Organspende nachgewiesene Empfänger einer Niere ist. Das links abgebildete Ehepaar war schon 49 Jahre lang verheiratet, als der Tausch im Medical Center von San Francisco, Kalifornien, stattfand. Im Mai 1998 waren zwei Ehepaare im Rahmen einer medizinischen Hilfsaktion an einem Nierentausch am Beilinson Hospital in Petach Tikva, außerhalb von Tel Aviv, Israel, beteiligt. Yosef Chillag, ein jüdischer Mann, benötigte eine neue Niere, aber die seiner Ehefrau Victoria paßte nicht gut. Victorias Niere paßte jedoch zu Suham Hamash, einer arabischen Frau aus einem Dorf im Norden Israels, und die Niere des Ehemannes von Suham, Youssef, paßte zu Yosef. In sechs Stunden dauernden Operationen entnahmen die Ärzte die Nieren und transplantierten sie den beiden anderen. Die Chillags und die Hamashs waren die ersten Menschen, die an dem computergesteuerten Nierenaustauschprogramm am Beilinson Hospital teilnahmen. Das Programm ist darauf ausgerichtet, die drei- bis vierjährige Wartezeit auf transplantierfähige Nieren in Israel zu reduzieren.

1 Mio. Mal. Sie hatte bis zum 16. September 1983 keinen niesfreien Tag.

LAUTESTER SCHNARCHER
Kare Walkert aus Kumala, Schweden, der an Atemstörungen mit Atemstillstand leidet, erreichte einen Spitzengeräuschpegel von 93 dBA im Örebro Regional Hospital in Schweden.

STÄRKSTE G-KRÄFTE
Am 13. Juli 1977 überlebte der britische Rennfahrer David Purley eine Geschwindigkeitsabnahme von 173 km/h auf Null über eine Entfernung von 66 cm bei einem Zusammenstoß auf der Rennstrecke von Silverstone, Northants, Großbritannien. Er ertrug 179,8 G, erlitt 29 Frakturen und drei Verrenkungen, sein Herz stand sechsmal still.

82,6 G über einen Zeitraum von 0,04 Sekunden ertrug der Freiwillige Eli Beeding jr. in einem wassergebremsten Raketenschlitten auf der Holloman Air Force Base in New Mexico, USA, am 16. Mai 1958. Beeding mußte anschließend drei Tage ins Krankenhaus.

LÄNGSTE ZEIT UNTER WASSER
Im Jahr 1986 überlebte die zweijährige Michelle Funk aus Salt Lake City, Utah, USA, 1 Stunde 6 Minuten unter Wasser, nachdem sie in einen Bach gefallen war.

HÖCHSTE TROCKENLUFTTEMPERATUREN
Bei von der amerikanischen Air Force im Jahr 1960 ausgeführten Experimenten betrug die höchste Trockenlufttemperatur, die von unbekleideten Männern ertragen wurde, 205 °C, während dick angezogene Männer Temperaturen von bis zu 260 °C ertragen konnten. Im Vergleich dazu beträgt die erträgliche Temperatur in einer Sauna rund 140 °C.

LÄNGSTE ZEIT OHNE NAHRUNG UND WASSER
Andreas Mihavecz aus Bregenz, Österreich, lebte über einen Rekordzeitraum von 18 Tagen ohne Nahrung und Wasser, nachdem er am 1. April 1979 in eine Zelle gesperrt und dann von der Polizei völlig vergessen worden war. Der 18 Jahre alte Mann, als Mitfahrer in einem Unfallauto verhaftet, wurde, dem Tode nahe, am 18. April 1978 entdeckt.

GRÖSSTER TUMOR
Ein Tumor, der 137,6 kg wog und einen Durchmesser von 1 m hatte, wurde im Oktober 1991 vollständig dem Bauch einer 34jährigen Frau entnommen. Er war acht Jahre lang gewachsen und nach Aussage der behandelnden Ärztin, Dr. Kate O'Harlan von der Universität in Stanford, Kalifornien, USA, hätte er die Patientin zerquetscht, wenn sie sich auf den Rücken gelegt hätte.

MEISTE INJEKTIONEN
Samuel Davidson aus Glasgow, Großbritannien, hat seit 1923, als er elf Jahre alt war, mindestens 78.900 Insulininjektionen erhalten. Insulin läßt den Körper Zucker absorbieren und wird Menschen mit Diabetes verabreicht, die sich entwickelt, wenn der Körper nicht genügend Insulin produziert bzw. dieses nicht ordentlich verwertet. Insulin wurde erstmals im Jahr 1922 bei Menschen angewandt.

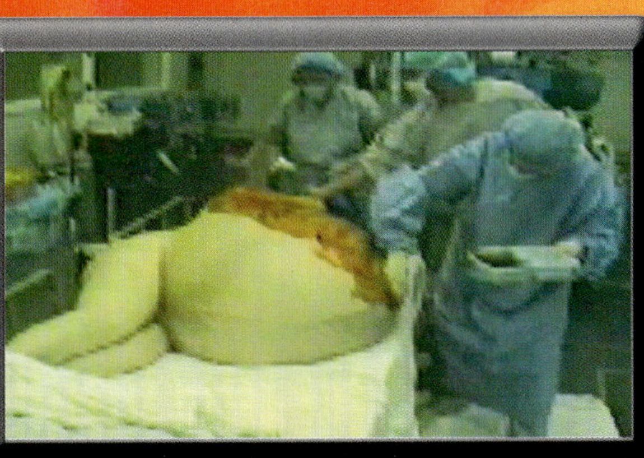

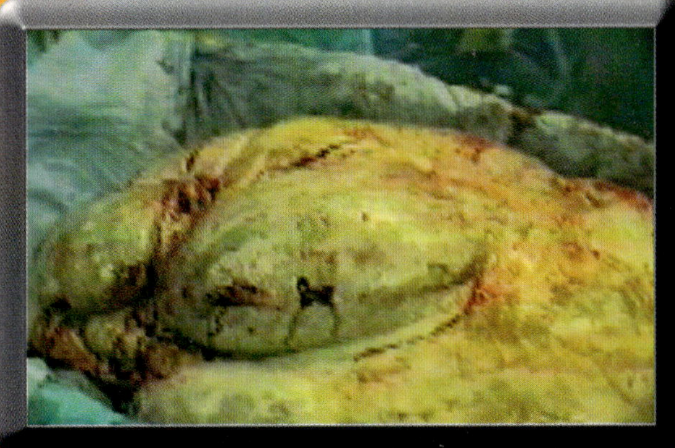

Körperveränderungen

MEISTE EINGRIFFE FÜR DIE KUNST
Seit Mai 1990 hat sich Orlan, eine französische Performance-Künstlerin, einer Reihe von Operationen der plastischen Chirurgie unterzogen, um sich selbst in ein neues Lebewesen, die *Reinkarnation von Saint Orlan*, nach dem Modell von Venus, Diana, Europa, Psyche und Mona Lisa zu verwandeln. Orlan wurde weltweit ausgestellt und vom französischen Kulturministerium unterstützt. Ihr Video *New York Omnipresence* zeigt Implantate, die in ihre Schläfen genäht wurden.

GRÖSSTER GEWICHTSZUWACHS
147 kg soll die 38 Jahre alte Doris James aus San Francisco, Kalifornien, USA, angeblich in den 12 Monaten vor ihrem Tod im August 1965 zugenommen haben, als sie 306 kg wog. Sie war 1,57 m groß.

Der größte Gewichtszuwachs bei einem Mann betrug 89 kg in sieben Tagen und wurde 1981 von Jon Brower Minnoch (USA) erzielt, der schwersten Person in der Geschichte der Medizin.

Arthur Knorr aus den USA nahm in den sechs Monaten vor seinem Tod im Jahr 1960 133 kg zu.

GRÖSSTER GEWICHTSVERLUST
Jon Brower Minnoch reduzierte in den 16 Monaten bis zum Juli 1979 sein Gewicht von 635 kg auf 216 kg.

Der größte Gewichtsverlust bei einer Frau betrug 416 kg und wurde von Rosalie Bradford (USA), der schwersten Frau der Welt, erzielt, als sie ihr Gewicht von 544 kg im Januar 1987 auf 128 kg im Februar 1994 reduzierte.

Im Jahr 1984 schwitzte Ron Allen in Nashville, Tennessee, USA, 9,7 kg seines Körpergewichtes von 113 kg in 24 Stunden aus.

MEISTE SCHÖNHEITSOPERATIONEN
Cindy Jackson gab 99.600 Dollar (ca. 175.000 DM) für 27 Operationen in einem Zeitraum von neun Jahren aus. Die auf einer Schweinefarm in Ohio, USA, geborene, 42 Jahre alte Jackson ertrug drei vollständige Gesichtsliftings, zwei Nasenoperationen, chirurgische Eingriffe im Knie-, Bauch- und Kieferlinienbereich, Fettabsaugen am Oberschenkel, Brustverkleinerung und -vergrößerung und Semipermanent-Make-up. Ihr Aussehen basiert auf der Theorie von Leonardo da Vinci über das klassisch proportionierte Gesicht. Mit dem Spitznamen „menschliche Barbie-Puppe" versehen, ist Cindy jetzt Leiterin des in London beheimateten Netzwerks für kosmetische Chirurgie.

MEISTE DOPPELGÄNGER
Der russische Diktator Stalin soll so paranoid gewesen sein, daß er mehrere Doppelgänger zu seinem Schutz einstellte. Die Personen mußten sich Eingriffen plastischer Chirurgie unterziehen, so daß Stalins eigene Leibwache den Unterschied oft nicht feststellen konnte.

LÄNGSTER HALS
Die Frauen des Padaung-Stammes in Myanmar (Burma) dehnen ihre Hälse, indem sie Kupferringe um sie legen. Der Rekord liegt bei einer Höchstlänge von 40 cm. Eine Padaung-Frau im heiratsfähigen Alter dehnt ihren Hals durchschnittlich auf eine Länge von 25 cm. Ab dem Alter von fünf oder sechs Jahren werden immer mehr Ringe getragen, so daß das Gewicht der Ringe 9 kg erreichen kann.

MEISTE GESICHTSVERÄNDERUNGEN
Drogenbaron Richie Ramos hatte 16 Monate zusätzlicher Freiheit vom FBI, nachdem er sich plastischer Chirurgie unterzogen hat. Ramos, der 27 Jahre alte Chef eines riesigen Drogenimperiums in Philadelphia, USA, ließ sich fünf Narben von Schußwunden entfernen und die Haut seines Fingerabdrucks verändern, während noch zusätzlich seine „bullige Brust, sein schlabberiger Bauch und sein fleischiges Gesicht" bearbeitet wurden. Die Operationen kosteten insgesamt 74.900 Dollar (ca. 130.000 DM). Jetzt sitzt Ramos, nachdem er ein Geständnis abgelegt hatte, 30 Jahre ab.

DRAMATISCHSTE VERÄNDERUNG
Die frühere britische Fotografin Della Grace hat sich durch Hormon-Injektionen einer Selbstumwandlung unterzogen. Jetzt hat Del La Grace einen Bart und eine tiefe, rauhe Stimme. Der Prozeß ist irreversibel.

BERÜHMTESTE GESCHLECHTSUMWANDLUNG
Im Jahr 1953 machte Christine Jorgensen, ein ehemaliger männlicher GI aus der Bronx, New York, USA, Schlagzeilen, als sie ihr Geschlecht in Casablanca, Marokko, der damaligen Welthauptstadt für Geschlechtsumwandlungen, und in Dänemark umwandeln ließ. Christines 1967 erschienene Autobiografie inspirierte andere Transsexuelle.

HÖCHSTES ALTER BEI EINER GESCHLECHTSUMWANDLUNG
Das höchste Alter, in dem sich eine Person einem chirurgischen Eingriff zur Geschlechtsumwandlung unterzogen hat, beträgt 74 Jahre.

NIEDRIGSTES ALTER BEI EINER GESCHLECHTSUMWANDLUNG
Neugeborene werden häufig mit beiden Geschlechtsanlagen geboren, und Ärzte entscheiden oft, ob sie als Jungen oder Mädchen aufwachsen. Manchmal werden ihre Genitalien im Kindesalter weiter operiert, um sie an die Entscheidungen des Arztes anzupassen. Der

berühmteste Fall war der Fall John/Joan, in dem John, einer von zwei identischen Zwillingen, während der Beschneidung im Alter von sechs Monaten einen Unfall erlitt und als Mädchen, Joan, aufwuchs. Joan war als Mädchen nie sehr glücklich, und als sie in ihren späten Teenagerjahren erfuhr, was mit ihr geschehen war, wurde sie wieder John. (John/Joan sind Pseudonyme.)

MEISTE GESCHLECHTSUMWANDLUNGEN
Nach Schätzungen führen in den USA 12.000 Chirurgen Geschlechtsumwandlungen durch. In Asien ist die Nachfrage ebenfalls groß, dort sind jedoch keine Zahlen verfügbar.

SCHWERSTE BRÜSTE
Eve Lolo Ferrari aus Grasse, Alpes-Maritimes, Frankreich, hat eine der größten Brüste der Welt. Sie hat sich insgesamt 18 Operationen unterzogen, fünf Gesichtsoperationen und 13 für den Rest ihres Körpers und trägt gegenwärtig Büstenhalter der Größe 130 F. Jede ihrer Brüste wiegt 3 kg. „Lolo", die in Cannes, Frankreich, lebt, trat in dem Film *Camping Cosmos* (Belgien, 1996) auf.

TEUERSTE PERÜCKE
Das von Sean Connery in dem James-Bond-Film *Never Say Never Again* (Sag niemals nie) getragene Toupet kostete Warner Bros. die Rekordsumme von 52.000 Dollar (ca. 91500 DM). Die Filmgesellschaft war der Ansicht, daß ein Kopf mit vollem Haar für den abenteuerlichen Charakter von Bond entscheidend sei.

MEISTE SCHÖNHEITSKÖNIGINNEN
Venezuela wird als die Schönheitsköniginnenfabrik der Welt angesehen; in den letzten zwanzig Jahren haben venezolanische Frauen insgesamt 10 internationale Schönheits-Spitzenwettkämpfe gewonnen, und von den letzten 18 Miss Universum kamen vier aus Venezuela. Angehende Schönheitsköniginnen besuchen Schulen wie die Miss Venezuela Academy, wo sie Gymnastik betreiben, das Gehen auf dem Laufsteg üben und Konversation trainieren und sich manchmal Schönheitsoperationen unterziehen. Die erfolgreichste Schönheitsschule der Welt ist die Miss Venezuela Organization, die ebenfalls potentielle Königinnen aus Brasilien, Kolumbien, Bolivien und der Dominikanischen Republik anzieht. Die durchschnittlichen Trainingskosten einer Schönheitskönigin in Venezuela, wo die Armut 70–80% der Bevölkerung betrifft, betragen 60.000 Dollar (ca. 100.000 DM), die Schönheitswettbewerbe sind jedoch beim Publikum so beliebt wie wichtige Sportereignisse, denn 90% der venezolanischen Bevölkerung, das sind ungefähr 21 Mio. Menschen, schalten sie ein.

GRÖSSTE ENTSCHÄDIGUNGSZAHLUNG
Im August 1997 bot die Dow Corning Corporation, USA, weltweit 200.000 Frauen den Gesamtbetrag von 2,4 Mrd. Dollar (ca. 4,2 Mrd. DM) an, deren Gesundheit durch die Brustimplantate geschädigt worden war. Die Frauen machten ausgetretenes Silikon für Schmerzen, Abgeschlagenheit und andere Syndrome verantwortlich.

TEUERSTER HAARSCHNITT
1993 begab sich Bill Clinton unter die Schere von Monsieur Christophe, einem Top-Stylisten aus Beverly Hills, während er auf dem Flugplatz von Los Angeles in der Air Force One saß. Die Gesamtkosten seines „Rollbahn-Schnittes" beliefen sich unter Berücksichtigung der Verspätungen anderer Flugzeuge auf mehr als 83.000 Dollar (ca. 140.000 DM).

Körper-veränderungen 

GRÖSSTER BIZEPS
Der rechte Bizeps von Denis Sester aus Bloomington, Minnesota, USA, mißt in kaltem Zustand 77,8 cm. Er trainierte seinen Bizeps, als er auf der Farm seiner Eltern mit Schweinen kämpfte.

GRÖSSTER KRAFTMENSCH
Magnus Ver Magnusson aus Island gewann den Wettbewerb um den Stärksten Mann der Welt 1991, 1994, 1995 und 1996, er war damit (nach Bill Kazmaier aus den USA) erst der zweite Mensch, der den Titel in drei aufeinanderfolgenden Jahren gewann. Er begann 1984 mit dem Gewichtheben und gewann 1989 und 1990 Seniorentitel in Europa, sowie die Muskelkraftweltmeisterschaften im Jahr 1995. Magnus ist 1963 geboren, 1,87 m groß, wiegt 130,18 kg und hat einen Brustumfang von 130 cm. Jetzt betreibt er das Magnus Gym, Reykjavik, Island.

Jon Pall Sigmarsson aus Island gewann den Wettbewerb um den Stärksten Mann ebenfalls viermal: 1984, 1986, 1988 und 1990. Sigmarsson, der 133 kg wog und einen Brustumfang von 144 cm hatte, beherrschte den Wettbewerb gegen Mitte und Ende der 80er Jahre und gewann fünf Weltmuskelkrafttitel. Er starb 1993 an einem Herzanfall während des Gewichthebens.

MEISTE „MR. OLYMPIA"-TITEL
Lee Haney aus South Carolina, USA, gewann den Wettbewerb um Mr. Olympia von 1984 bis 1991 achtmal.

MEISTE AUFEINANDERFOLGENDE „MR. OLYMPIA"-TITEL
Dorian Yates aus Staffs, Großbritannien, gewann den Wettbewerb um den Titel Mr. Olympia von 1992 bis 1997 in ununterbrochener Reihe.

MEISTE SIEGE BEI PROFI-MEISTERSCHAFTEN
Vince Taylor aus Pembroke Pines, Florida, USA, hat die Rekordanzahl von 19 Siegen bei Meisterschaften in der ganzen Welt erzielt. Er gewann die Masters Olympia bei den über 40jährigen 1996 und 1997.

ERFOLGREICHSTER BODYBUILDER
Neben Arnold Schwarzenegger ist Lou Ferrigno aus Kalifornien, USA – als einziger zweimal in Folge Mr. Universum – der erfolgreichste ehemalige Bodybuilder. Ferrigno spielte in *The Incredible Hulk* von 1978 bis 1982, und ist seitdem in Fernsehshow-Serien, Stücken und Filmen, darunter *Herkules* (USA, 1983) und *The Adventures of Herkules* (USA, 1985), aufgetreten. Er ist 1,95 m groß und wiegt etwa 136 kg.

ERFOLGREICHSTER PERSÖNLICHER TRAINER
Jake Steinfeld trainierte Steven Spielberg, Harrison Ford und Priscilla Presley und ist der Kopf eines mehrere Mio. Dollar schweren Fitness-Imperiums, zu dem der Kabelfernsehsender FiT TV (der einzige 24-Stunden-Fitness-Kanal der Welt), ein nationales Magazin, ein Videovertrieb und Fitnessausrüstungen gehören. In drei Jahren verkaufte sein Unternehmen Body by Jake Enterprises auf Informationsveranstaltungen Lizenzprodukte im Wert von 250 Mio. Dollar (ca. 440 Mio. DM).

Radi Teodorescu, der „Großmeister der Gymnastik", ist seit mehr als 20 Jahren persönlicher Trainer von Kunden wie Candice Bergen, John Kennedy jr. und Matthew Broderick. Der vom *New York* Magazin zum „hartnäckigsten Trainer der Stadt" gewählte Radu ist in mehr als 400 Artikeln erwähnt. Er schuf das mehrere Mio. Mal verkaufte Fitness-Video von Cindy Crawfords *Shape Your Body Workout*.

Ray Kybartas aus Chicago, USA, begann in den 70er Jahren als Fitness-Berater für Rechtsanwälte aus der Unterhaltungsbranche. Tatum O'Neal und Sean Penn baten ihn, bei einer Gewichtszunahme von 13 kg in drei Monaten für den Streifen *At Close Range* (USA, 1985) zu helfen. Das verhalf Kybartas zu

BODYBUILDING-MEKKA
Venice Beach, der Strandabschnitt zwischen Baywatch Sands in Santa Monica und Marina del Rey, Kalifornien, zieht an jedem Wochenende bis zu 175.000 Besucher an. Eine seiner berühmtesten Anlagen ist Muscle Beach, ein Freiluftgymnastikstudio, in dem Bodybuilder Gewichte stemmen. Der ursprüngliche Muscle Beach in Santa Monica wurde 1959 geschlossen. Gewichtheber trainierten in einem Strandabschnitt namens „The Pen" bei Venice weiter, aus dem in den 60ern der neue Muscle Beach entstand. Jetzt ist es der berühmteste Bodybuilding-Treffpunkt der Welt. Das erfolgreichste Bodybuilding-Imperium ist die Wieder Corporation, die mehr als 100 Bodybuilding- und Fitness-Produkte verkauft. Seine Gründer, die kanadischen Brüder Joe und Ben Wieder, gelten als die Pioniere des Bodybuildings. In den 60er Jahren gründete Ben den Internationalen Bodybuilding-Verband, der 150 Mitgliedsländer hat und Mr. Olympia unterstützt. Die Brüder geben die Zeitschrift *Muscle and Fitness*, *Shape*, *Men's Fitness* und *Fley* heraus, die zusammen mit Vitamin- und Nahrungszusätzen einen Absatz von nahezu 1 Mrd. Dollar (ca. 1,76 Mrd. DM) erreichen.

BERÜHMTESTE EHEMALIGE BODYBUILDER

Der in Österreich geborene Arnold Schwarzenegger, hier mit Lou Ferrigno abgebildet ist, hat 13 Welttitel gewonnen (siebenmal Mr. Olympia, fünfmal Mr. Universum und den Titel Mr. World). Er veranstaltet seit 20 Jahren Bodybuilding-Wettkämpfe, und 1989 hat er die Arnold Classic ins Leben gerufen. Während der Amtszeit von Präsident Bush war er Vorsitzender des Präsidentenrates für Fitness und Sport und seit 1979 International Weight Training Coach für die Olympischen Spiele. Er ist mit Filmen wie *The Terminator* (USA, 1984), *Terminator 2: Judgment Day* (USA, 1991), *Total Recall* (USA, 1990), *True Lies* (USA, 1994) und *Batman and Robin* (USA, 1997) einer der größten Action-Stars der Welt. Im Jahr 1993 ernannte ihn die amerikanische National Association of Theater Owners zum „internationalen Star des Jahrzehnts".

einem Job mit Madonna, jetzt ist er einer der gefragtesten Trainer Hollywoods.

MEISTVERKAUFTES FITNESS-VIDEO

Supermodel Cindy Crawford war der Star und die Co-Produzentin des Videos *Cindy Crawford/Shape Your Body Workout*, das seit seinem Erscheinen im Oktober 1992 mehrere Jahre lang an der Spitze der Billboard Charts für Gesundheit und Fitness lag und von dem bis heute weltweit mehr als 10 Mio. Exemplare verkauft wurden.

GRÖSSTE SPORTSTUDIO-KETTE

Gold's Gym öffnete 1965 in Venice, Kalifornien, und wurde durch den Film *Pumping Iron* (USA, 1975) mit den damals aufstrebenden Stars Arnold Schwarzenegger und Lou Ferrigno international bekannt. Jetzt ist es mit mehr als 500 Zentren die größte internationale Sportstudiokette. Sie hat viele Starkunden, darunter Charlie Sheen, Richard Dreyfuss, Janet Jackson, Jodie Foster und Hulk Hogan.

GRÖSSTER BRUSTUMFANG

Isaac Nesser (unten abgebildet) aus Greensburg, Pennsylvania, USA, hatte einen Rekordbrustmuskelumfang von 1,88 m. Er hat seit seinem achten Lebensjahr in den vergangenen zwanzig Jahren ausnahmslos jeden Tag trainiert. Zu seinem Programm gehört Bankdrücken mit 254 kg schweren Gewichten und Curling mit Hanteln von 136 kg Gewicht.

MS. OLYMPIA

Rechts zeigt eine Teilnehmerin im Wettbewerb um den Titel Ms. Olympia ihre Muskeln. Die amerikanische Bodybuilderin Cory Everson gewann den Wettkampf rekordverdächtige sechs Mal von 1984 bis 1989. Sie ist jetzt der Star ihrer eigenen Fernsehsendung „Gotta Sweet" und veröffentlicht erfolgreich Fitness-Bücher und Videos mit Trainingshinweisen.

Body Art

INDIVIDUELLSTE TÄTOWIERUNGEN
Bernie Moeller aus Pennsylvania, USA, hatte bis zum 3. April 1997 seinen Körper mit der Rekordanzahl von 14.006 Einzeltätowierungen verziert. Seine Tätowierungen machten Moeller zu einem populären Gast bei verschiedenen Freiluftveranstaltungen und Fernsehshows. Im Jahr 1996 wurde er von Ron Reagan jr., dem Sohn des ehemaligen amerikanischen Präsidenten Ronald Reagan, interviewt, und er war Gast beim größten Tätowierungs- und Piercingwettbewerb im Astroland Amusement Park, New York.

MEISTGEPIERCTER MANN
Alex Lambrecht hat in einem Zeitraum von 40 Jahren insgesamt 137 Piercings mit einem Gesamtgewicht von ungefähr 0,5 kg erreicht und ist der am meisten gepiercte Mann der Welt. Setzt man durchschnittlich 83 Dollar pro Stunde an, hätten Lambrechts Piercings 11.400 Dollar (ca. 20.064 DM) gekostet, wenn er sie nicht selbst gemacht hätte. Die meisten befinden sich an seinem Gesicht, aber über 50 befinden sich an intimeren Stellen.

FRAU MIT DEN MEISTEN TÄTOWIERUNGEN
Die Frau mit den meisten Tätowierungen der Welt ist die Strip-Künstlerin „Krystyne Kolorful" aus Alberta, Kanada. Krystynes „Anzug" aus Tätowierungen bedeckt 95 % ihres gesamten Körpers, und seine Vervollständigung hatte insgesamt zehn Jahre gedauert.

ÄLTESTE TÄTOWIERUNGEN
Ötzi, der älteste erhaltene menschliche Körper der Welt, besitzt 15 Tätowierungen. Er wurde in einem Gletscher in der Nähe des Ötztales in Italien im Jahr 1991 gefunden. Wahrscheinlich ist er 5.300 Jahre alt und starb im Alter von 40 Jahren. Ötzi besitzt eine Reihe parallel verlaufender Linien, die seine untere Wirbelsäule bedecken, Streifen um seinen rechten Fußknöchel und eine Tätowierung in Form eines Kreuzes hinter seinem rechten Knie.

Zwei ägyptische Mumien, die aus der Zeit um 2160–1994 vor unserer Zeitrechnung stammen, besitzen abstrakte Muster aus Pünktchen und Strichen auf ihren Körpern. Die Tätowierungen sollten wahrscheinlich vor bösen Geistern schützen.

BERÜHMTESTER KÖRPERKÜNSTLER
Der gesamte Körper von Enigma, einem amerikanischen Zirkusstar aus dem Jim Rose's Circus, ist mit einem Puzzle aus Tätowierungen bedeckt. Er hat Hörner, einen Schwanz und Stachelschweinstacheln, die in seinen Körper unter Anwendung von Korallen implantiert wurden. Der richtige Knochen wächst um die Implantate herum, und die Hörner auf seinem Kopf wachsen jährlich um 3,8 cm. Enigma wurde 1995 zum Fernsehstar, als er in einer Episode von *Akte-X* an der Seite von David Duchovny und Gillian Anderson auftrat.

Michael Wilson, der 1996 starb, besaß Tätowierungen, die 90 % seines Körpers bedeckten. In den achtziger Jahren verließ Wilson seine Heimat Kalifornien, nachdem sich Tätowierer geweigert hatten, sein Gesicht zu kolorieren. Er ging nach New York und machte sich selbst zum lebenden Ausstellungsstück bei der Coney Island Circus Sideshow, wo er eine der berühmtesten Attraktionen wurde. Wilson bedeckte nach und nach seinen ganzen Körper mit Tätowierungen.

MEISTE KÖRPERTEILE ALS KUNSTWERK
Stelarc, ein aus Australien stammender Performance-Künstler, besitzt eine dritte Roboterhand, die durch Muskelstimulierung seines richtigen Armes bewegt wird. Stelarcs Arbeit beruht auf der Idee, daß der menschliche Körper unmodern geworden ist, und untersucht den Begriff des Körpers und dessen Beziehung zur Technik. Zu seinem letzten Projekt gehört die Transplantation eines zusätzlichen Ohres in der Nähe seines existierenden rechten Ohres. Es wird durch Dehnung seiner Haut über ein ohrförmiges Modell aus Kunststoff konstruiert. Das dritte Ohr wird nicht hören können, der Künstler will es jedoch elektronisch zum Sprechen bringen, indem ein Soundchip „süße Belanglosigkeiten" in sein anderes Ohr flüstern soll.

POPULÄRSTE KÖRPERKUNST
Tätowieren ist die älteste Form der Körperkunst und in der ganzen Welt einschließlich der Ureinwohner von Borneo, Polynesien, Thailand, Neuseeland, Burma und Teilen Asiens und Afrikas anzutreffen. Die gallischen und teutonischen Völker praktizierten das Tätowieren ebenso wie die Griechen, die Römer und die Iberer. Eine der schönsten und umfassendsten Formen der Tätowierung übten die alten

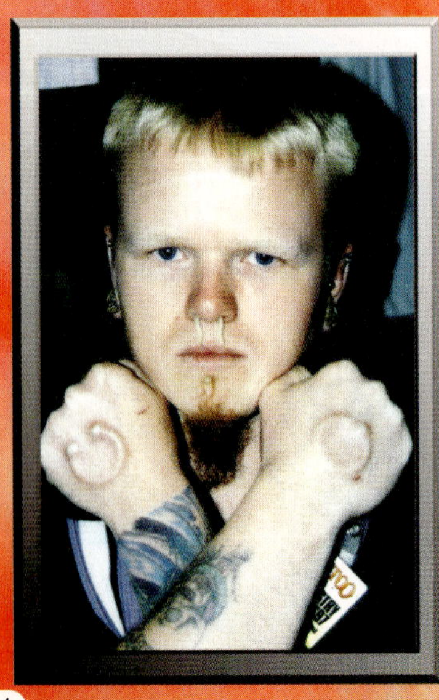

ERFOLGREICHSTER 3-D-KÖRPERKÜNSTLER
Steve Haworth von Haworth Tech Company Body Adornments, Phoenix, USA, wird allgemein als der führende 3-D-Künstler der Welt angesehen, der mit dem menschlichen Fleisch als Medium arbeitet. Haworth ist auf sub- und transdermale Implantationen spezialisiert, und er führt Piercings, Laserkauterisationen und chirurgische Eingriffe aus. Mit 18 Jahren entwarf er medizinische Geräte und stellte seit 1989 Körperschmuck her. Einige Beispiele seiner Kunstwerke sind die Implantation von elf Perlenreihen, die wie Wirbelsäulenknochen aussehen, in den Unterarm eines Freundes und ein Mohawk aus Stahlspitzen, den er an der Stirn eines Mannes anbrachte.
Der Künstler hat mittlerweile an ungefähr 130 Personen auf der ganzen Welt zwischen 150 und 175 Perlenimplantate ausgeführt, die in der Regel leichter zu entfernen als anzubringen sind. Haworth setzt für 600 Dollar (ca. 1.050 DM) auch Hörner auf der Stirn ein.
Aus Furcht vor einem möglichen Verlust der Gefühlsfähigkeit in den Fingern und der Handfläche zögerte er längere Zeit, auch auf dem Handrücken Implantate anzubringen, glücklicherweise blieben jedoch Probleme aus, nachdem er sich dann doch zu solchen Kunstwerken entschlossen hatte (links abgebildet).

Horis aus Japan aus, deren Verzierungen durch das Design, die Farbe und die Anwendung von Licht und Schatten dreidimensional wirkten.

LÄNGSTE OHREN
Die Männer und Frauen des Suya-Stammes in Afrika tragen große Holzscheiben in ihren Ohren. Wenn sie die Scheiben herausnehmen, wickeln sie ihre hängenden Ohrläppchen um ihre Ohren.

MEISTE SPITZKÖPFE
Das Formen von Köpfen wurde von Griechen, Römern, Eingeborenen Amerikas und Afrikas sowie von bestimmten Gruppen in Europa in prähistorischer Zeit ausgeführt. Der Kopfformungsprozeß begann während der Kindheit, wenn der Kopf noch weich und formbar genug zum Verändern ist. Der Schädel wurde mit einem Stück Stoff fest zusammengebunden oder das Baby kam in eine Wiege, die ein speziell geformtes Kopfbrett hatte. Der verlängerte Kopf galt als schön und vornehm.

FLACHSTE NASEN
In Neuguinea führen Leute oft Federn, kleine Schalen und Zähne durch ein Loch in ihrer Nase ein, um diese flacher und attraktiver zu machen. Einige polynesische Gruppen gehen sogar so weit, ihre Nasen zu brechen, um sie flacher zu gestalten.

KLEINSTE FÜSSE
Der chinesische Brauch, die Füße zu binden, geht bis in die Sung-Dynastie (960–976 vor unserer Zeitrechnung) zurück, als er beim Nachahmen einer kaiserlichen Konkubine entstand, die mit verbundenen Füßen tanzen mußte. Bis zum 12. Jahrhundert wurden Mädchen mit drei Jahren acht Zehen gebrochen und die Füße so mit Stoffstreifen eingebunden, daß sie kleiner als 10 cm blieben. Die Kunst des Einbindens der Füße hörte erst im 20. Jahrhundert mit dem Ende der kaiserlichen Dynastien und dem Einfluß westlicher Mode auf. Bis dahin hatten sie zu schweren, lebenslangen Schäden bei Millionen von chinesischen Frauen geführt.

DICHTESTE TÄTOWIERUNGEN
Tom Leppard, ein pensionierter Soldat, der allein auf der Isle of Skye, Großbritannien, lebt, hat insgesamt 99,9 % seines Körpers mit einem Leopardenmuster tätowiert. Die Haut zwischen den dunklen Flecken ist safrangelb tätowiert. Die einzigen Teile von Leppards Körper, die frei von Tätowierungen blieben, sind innerhalb des Ohres und die Haut zwischen seinen Zehen.

MEISTGEPIERCTE FRAU
Bis zum 31. Januar 1998, genau ein Jahr nach dem Erhalt ihres ersten Piercings, hatte Grace Martin aus Edinburgh, Großbritannien, 290 Piercings.

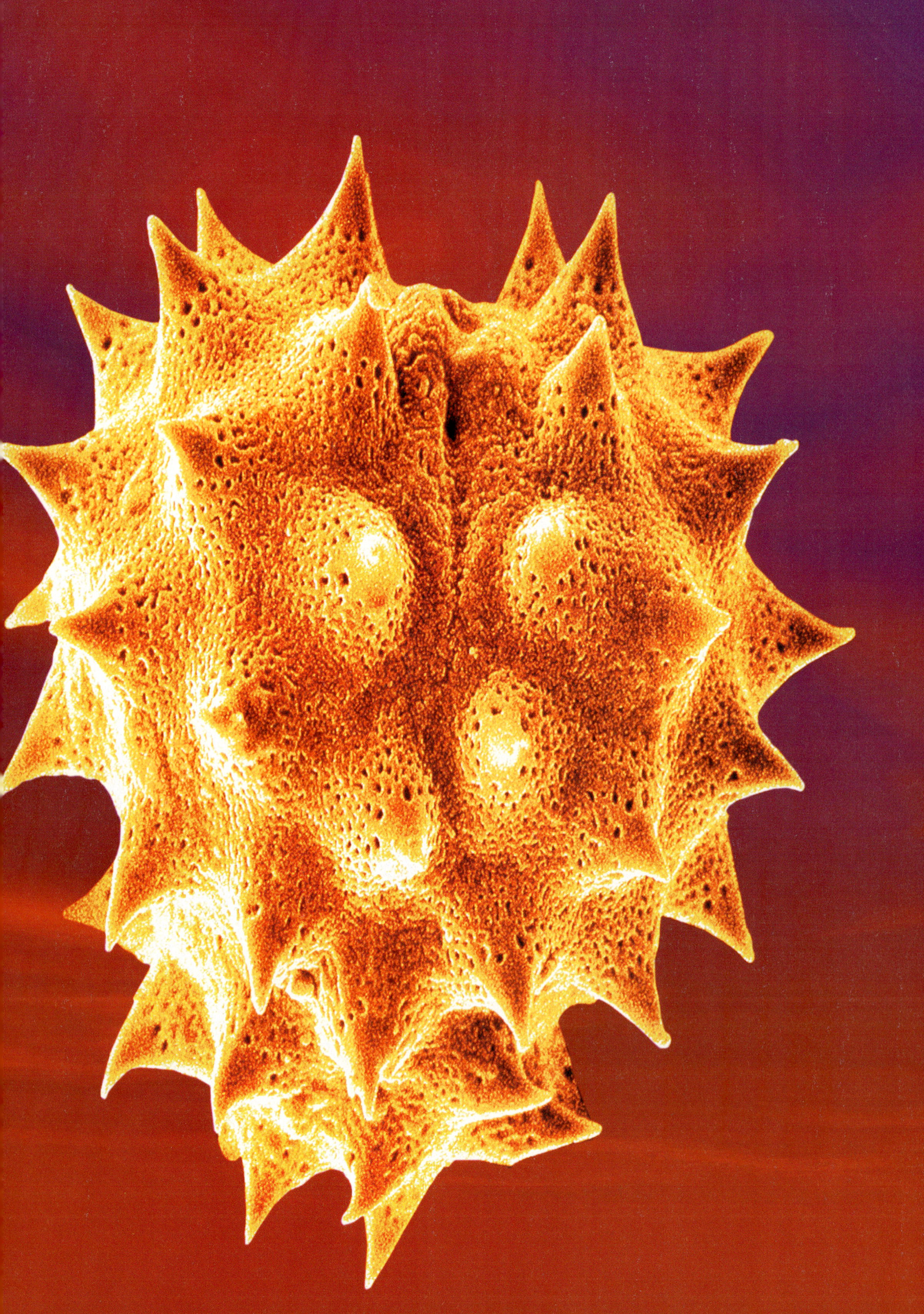

natur

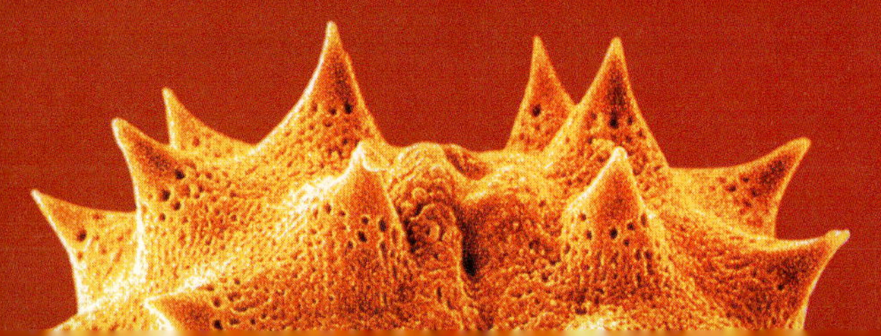

Große und kleine Tiere

SCHWERSTER LÖWE
Löwen ernähren sich von großen Pflanzenfressern wie Weißschwanzgnus, Zebras und Antilopen, meist jagen die Weibchen gemeinschaftlich. Der größte in der freien Wildbahn angetroffene afrikanische Löwe *(Panthera leo)* besaß ein Rekordgewicht von 313 kg. Er wurde 1936 in der Nähe von Hectorspruit, Transvaal, Südafrika, geschossen.

GRÖSSTES SÄUGETIER
Der Blauwal *(Balaenoptera musculus)* beginnt sein Leben als Ei, das einen Bruchteil eines Milligramms wiegt, und wächst bis zum Alter von zwölf Monaten zu einem Durchschnittsgewicht von 26 Tonnen heran. Neugeborene Kälber wiegen bis zu 3 Tonnen.

SCHWERSTES SÄUGETIER
1947 wurde ein 190 Tonnen schweres, 27,6 m langes Blauwal-Weibchen gefangen.

GRÖSSTES LANDSÄUGETIER
Das Männchen des Afrikanischen Buschelefanten *(Loxodonta africana africana)* hat eine Schulterhöhe bis 3,7 m und kann zwischen 4 und 7 Tonnen wiegen. Der größte Bulle wurde in Mucosso, Angola, 1974 geschossen. Das Tier hatte eine geschätzte Standhöhe von rund 3,96 m und wog wahrscheinlich 12,24 Tonnen.

SCHWERSTER FLEISCHFRESSER
Ein Polarbär mit einem geschätzten Gewicht von 900 kg wurde in der Tschuktschen-See in Alaska, USA, 1960 geschossen und ist das schwerste bekannte Landsäugetier in der Welt. Er soll 3,5 m entlang seiner Körperumrisse von der Nase bis zum Schwanz und 1,5 m Körper- sowie 43 cm Pfotenumfang gemessen haben.

GRÖSSTES FLEISCHFRESSENDES SÄUGETIER
Erwachsene Eisbärmännchen *(Ursus maritimus)* wiegen oft 400–600 kg und haben von der Schnauze bis zum Schwanz eine Länge von 2,4–2,6 m. Kodiakbärmännchen *(Ursus arctos middendorffi)* werden gewöhnlich nicht so groß, sie sind jedoch robuster gebaut.

LÄNGSTES SÄUGETIER
Ein 33,58 m langes Blauwalweibchen strandete 1909 in Grytviken, South Georgia, im Südatlantik.

GRÖSSTES SÄUGETIER MIT ZÄHNEN
Der 5 m lange Unterkiefer eines auf eine Länge von 25,6 m geschätzten Pottwalmännchens *(Physeter macrocephalus)* wird im Museum für Naturgeschichte in London, Großbritannien, gezeigt. Das längste offiziell gemessene Exemplar, ein 20,7 m langes Männchen, wurde 1950 auf den Kurileninseln im Nordwest-Pazifik gefangen.

GRÖSSTES NAGETIER
Das im Norden Südamerikas beheimatete Wasserschwein *(Hydrochoerus hydrochaeris)* hat eine Körperlänge von 1,0–1,3 m und kann bis zu 79 kg wiegen. Ein gemästetes Exemplar wog 113 kg.

GRÖSSTES BEUTELTIER
Das männliche Tier des Roten Riesenkänguruhs *(Macropus rufus)* aus Australien wird bis zu 1,8 m groß und 2,85 m lang (einschließlich Schwanz). Außergewöhnliche Exemplare wogen 90 kg.

GRÖSSTER PRIMAT
Der größte in freier Wildbahn angetroffene Gorilla war ein Berggorilla, der im Osten Kongos (ehemals Zaire) 1938 erlegt wurde. Er maß von der Schädeloberkante bis zum Fuß 1,95 m.

SCHWERSTER PRIMAT
Der schwerste in Gefangenschaft gehaltene Gorilla war ein männliches Tier der Unterart *N'gag mountain*, das 1944 im Zoo von San Diego, Kalifornien, USA, starb. Zum Zeitpunkt seines höchsten Gewichts im Jahr 1943 mit 310 kg war er 1,72 m groß und besaß einen stolzen Rekordbrustumfang von 1,98 m.

GRÖSSTER SCHWIMMFÜSSER
Männliche Elefantenrobben *(Mirounga leonina)*, die auf subantarktischen Inseln beheimatet sind, erreichen von der Spitze der aufgeblasenen Schnauze bis zur Spitze der ausgestreckten Schwanzflossen eine durchschnittliche Länge von 5 m. Sie haben einen maximalen Körperumfang von 3,7 m und wiegen 2.000–3.500 kg. Das größte exakt vermessene Exemplar war ein Bulle mit einem Gewicht von mindestens 4 Tonnen. Nachdem das Fett von seiner Haut abgezogen worden war, maß er 6,5 m, so daß seine ursprüngliche Länge auf 6,85 m geschätzt wurde.

KLEINSTES SÄUGETIER
Die Hummelfledermaus oder Schweinsschnauzen-Fledermaus *(Craseonycteris thonglongyai)*, deren Lebensraum auf 21 Kalksteinhöhlen am Kwae Noi Fluß, Provinz Kanchanaburi, Südwest-Thailand begrenzt ist, hat einen Körper, der nicht größer als der einer großen Hummel ist, eine Körperlänge von 2,9–3,3 cm und eine Flügelspannweite von ungefähr 13–14,5 cm. Sie wiegt 1,7–2,0 g.

KLEINSTES NICHTFLIEGENDES SÄUGETIER
Savis weißzahnige Zwergspitzmaus, auch Etruskische Spitzmaus genannt *(Suncus etruscus)*, hat eine Körperlänge von 35–48 mm, eine Schwanzlänge von 25–30 mm und wiegt 1,5–2,5 g.

KLEINSTE RAUBKATZE
Die in Südindien und Sri Lanka beheimatete Rostkatze *(Prionailurus rubiginosus)* hat eine Körperlänge von 35–48 cm und eine Schwanzlänge von 15–25 cm. Das Durchschnittsgewicht des Weibchens beträgt 1,1 kg.

GRÖSSTE RAUBKATZE
Das Männchen des Sibirischen Tigers *(Panthera tigris altaica)* hat von der Schnauze bis zum ausgestreckten Schwanz eine durchschnittliche Länge von 3,15 m, eine Schulterhöhe von 0,99–1,07 m und wiegt über 265 kg. Die Zukunft der größten Raubkatze der Welt sieht düster aus: Von den 100.000 lebenden Tigern im vorigen Jahrhundert sind gerade 400 Sibirische Tiger, 3.000 Bengal-Tiger, 1.000 Indochina-Tiger und nur rund 20 Sumatra-Tiger übrig geblieben. Die letztgenannten werden wahrscheinlich bald ebenso ausgerottet sein wie der Bali- und der Kaspische Tiger, der in den siebziger Jahren verschwand. Tiger werden durch Jagd und den Verlust ihrer natürlichen Umgebung bedroht. Trotz Einstufung als eine bedrohte Tierart durch die Welttierschutzvereinigung (IUCN) und den Schutz durch die Konvention über den Internationalen Handel mit bedrohten Tierarten wurden zwischen 1991 und 1996 180 Tiger getötet. Das führte zur Bildung verschiedener Gruppen wie zum Beispiel des Tiger Trust und Tuskforce in Großbritannien. Gemeinsam mit dem World Wide Fund for Nature haben sie dazu beigetragen, das Ausrotten der Tiger zu verlangsamen: Zwischen 1996–1997 wurden schätzungsweise 20 Tiger getötet.

KLEINSTE NAGETIERE
Die nördliche Pygmäenmaus *(Baiomys taylori)* aus Arizona und Texas, USA, und Mexiko sowie die Belutschistan-Pygmäenjerboa *(Salpingotulus michaelis)* aus Pakistan sind wahrscheinlich die kleinsten Nagetiere der Welt. Beide haben eine Körperlänge von nur 3,6 cm und einen Schwanz mit einer Länge von 7,2 cm.

KLEINSTE BEUTELTIERE
Die beiden Hauptbewerber um den Titel des kleinsten Beuteltieres sind die seltene Flachkopfbeutelmaus *(Planigale ingrami)* aus Nordaustralien und der Ningaui-Pilbara *(Ningaui timealeyi)* aus Nordwestaustralien. Die Flachkopfbeutelmaus hat eine Körperlänge von 5,5–6,3 cm und eine Schwanzlänge von 5,7–6 cm und wiegt 3,9–4,5 g. Der Ningaui-Pilbara hat eine Körperlänge von 4,6–5,7 cm, eine Schwanzlänge von 5,9–7,9 cm und wiegt 2–9,4 g.

KLEINSTER PRIMAT
Der kleinste wirkliche Primat (mit Ausnahme der Baumspitzmäuse, die normalerweise getrennt klassifiziert werden) ist die Lemur-Pygmäenmaus *(Microcebus myoxinus)* aus Madagaskar. Ihre Körperlänge beträgt ungefähr 6,2 cm, ihr Schwanz ist 13,6 cm lang, und sie wiegt rund 30,6 g.

KLEINSTER FLOSSENFÜSSER
Die weiblichen Galapagos-Pelzrobben *(Arctocephalus galapagoensis)* haben eine durchschnittliche Länge von 1,2 m und wiegen ungefähr 27 kg.

HÖCHSTGEWACHSENES SÄUGETIER
Die erwachsenen Männchen der Giraffe *(giraffa camelopardalis)* wachsen bis zu einer Größe von rund 5,5 m. Um zum Trinken nach unten gelangen zu können, müssen sie ihre vier Beine spreizen und ihre Knie beugen. Giraffen haben auch lange Zungen, die es ihnen erlauben, Blätter von Bäumen und Sträuchern zu pflücken. Die größte Giraffe war ein 5,88 m großer Masai-Bulle *(Giraffa camelopardalis tippelskirchi)* mit Namen George, der am 8. Januar 1959 im Zoo von Chester, Großbritannien, aus Kenia eintraf. Als er neun Jahre alt war, berührten seine „Hörner" beinahe das Dach des 6,1 m hohen Giraffenhauses. George starb 1969.

ÄLTESTER GORILLA
Es wird angenommen, daß Gul Gul der älteste Gorilla der Welt war, als er 1988 im geschätzten Alter von 44 Jahren im Ueno Zoo, Tokio, Japan, starb. Insgesamt gibt es drei Unterarten von Gorillas. Männchen messen stehend ungefähr 170 cm und wiegen rund 150 kg. Weibchen sind bedeutend kleiner, wiegen durchschnittlich 80 kg. Das Männchen des östlichen Tieflandgorillas *(Gorilla gorilla graueri)* aus dem Osten Kongos (ehemals Zaire) ist der größte aller Primaten. Auf zwei Beinen stehend ist er bis zu 1,75 m groß und kann bis zu 163,4 kg wiegen.

Tieralltag

FETTHALTIGSTE ERNÄHRUNG
Im Frühling und Frühsommer besteht die Ernährung von Eisbären *(Ursus maritimus)* größtenteils aus frisch entwöhnten Welpen der Ringelrobbe, die bis zu 50 % aus Fett bestehen. Gibt es reichlich Robben, fressen die Bären nur das Fett unter der Haut und lassen den Rest der Beute unbeachtet liegen.

SCHNELLSTE LANDSÄUGETIERE
Über kurze ebene Strecken (bis zu 550 m) erreicht der Gepard *(Acinonyx jubatus)* eine wahrscheinliche Höchstgeschwindigkeit von etwa 100 km/h.

Der Gabelbock *(Antilocapra americana)* kann eine Geschwindigkeit von 56 km/h über 6 km, von 67 km/h über 1,6 km und von 88,5 km/h über 0,8 km aufrechterhalten und ist damit das schnellste Landtier auf langen Strecken.

SCHNELLSTE MEERESSÄUGER
Bei einem Mörderwal-Bullen *(Orcinus orca)*, mit einer geschätzten Länge von 6,1–7,5 m, wurde 1958 im Nordpazifik eine Geschwindigkeit von 55,5 km/h gemessen. Ähnliche Geschwindigkeiten wurden für kurze Strecken von Tümmlern *(Phocoenoides dalli)* berichtet.

LANGSAMSTES SÄUGETIER
Das langsamste Säugetier ist das Dreifinger-Faultier *(Bradypus tridactylus)* aus dem tropischen Südamerika, das am Boden eine durchschnittliche Geschwindigkeit von zwischen 1,8 und 2,4 m pro Minute, oder 0,1–0,16 km/h erreicht. Auf Bäumen kann es bis auf 4,6 m pro Minute oder 0,27 km/h beschleunigen.

GRÖSSTE TAUCHTIEFEN
1969 tauchte ein Pottwal-Bulle *(Physeter macrocephalus)* 160 km südlich von Durban, Südafrika, wo das Wasser im Umkreis von 48–64 km eine bekannte Tiefe von über 3.193 m hat, von einem 1 Stunde 52 Minuten lang dauernden Tauchgang wieder auf. In seinem Magen befanden sich zwei kleine Haie einer nur am Meeresboden lebenden Art. Die Haie waren etwa eine Stunde zuvor verschluckt worden, was bedeutet, daß Pottwale auf Nahrungssuche über 3.000 m tief tauchen können und dabei eher zeitlich als von der Tauchtiefe her eingeschränkt sind.

Der tiefste bestätigte Tauchgang betrug 2.000 m, dauerte 1 Stunde 13 Minuten und wurde von einem Pottwal-Bullen vor der Küste von Dominica in der Karibik 1991 erreicht.

GEFÄHRLICHSTES LIEBESLEBEN
Das Männchen der braunen Beutelmaus *(Antechinus stuartii)* im östlichen Australien ist unstillbar liebeshungrig. Jedes Jahr geht die gesamte männliche Population dieser Art zwei Wochen lang auf Beutezug nach Weibchen, um sich mit so vielen wie möglich zu paaren. Die Mäuse sind so damit beschäftigt, Weibchen zu jagen und Rivalen zu vertreiben, daß sie zum Fressen keine Zeit haben und daher innerhalb von wenigen Tagen sterben.

GRÖSSTE AUGEN
Die Gattung *Galego*, die in schwarzafrikanischen Wäldern lebt, hat die größten Augen im Vergleich zum Körper. Galegos sind 12–16 cm lang. Das Bild unten zeigt einen Tarsier aus den Wäldern Borneos, Sumatras und der Philippinen. Die Augen des Tarsiers sind so riesig, daß ein Mensch im Vergleich Augen von der Größe einer Grapefruit haben müßte. Sie sind die einzigen Primaten, die den Kopf um 180° in jeder Richtung drehen können. Ihre Körperlänge beträgt maximal 16 cm, mit einem Schwanz von 27 cm.

ERFOLGREICHSTES EINGEWANDERTES SÄUGETIER
Die Wanderratte *(Rattus norvegicus)* hat sich von ihrem ursprünglichen Lebensraum in der Mongolei und Kasachstan aus fast überall hin ausgebreitet. Schätzungen nach liegt heute die Zahl der Ratten auf der Welt etwa so hoch wie die der Menschen (ungefähr 5,3 Mrd.), wird sich aber in Zukunft schneller erhöhen. Einer britischen Untersuchung nach wird geschätzt, daß der Rattenbefall in Großstädten seit 20 Jahren um 43 % zugenommen hat. Über Ratten verbreiten sich mehrere gefährliche Krankheiten, darunter die Beulenpest und Leptospirose. Es ist schwierig, den Rattenbestand zu kontrollieren, besonders wegen ihrer erstaunlichen Fortpflanzungsrate: Weibchen der Hausratte *(Rattus rattus)* pflanzen sich schon im Alter von zwei bis drei Monaten fort, sind ganzjährig fruchtbar und gebären zehn bis zwölf Junge. Ratten sind auch extrem anpassungsfähig und können sich von allem ernähren, von Fast food bis zu Föten. Als 1994 in Indien eine Lungenpest-Epidemie ausbrach, die mindestens 60 Menschen tötete, wurden aus Bombay und Umgebung jeden Tag Tausende von toten Ratten zum Haffkine Institute gebracht und etwa 150 davon seziert und auf die Krankheit untersucht. Dieses Bild zeigt einen Beamten bei der Inspektion einer Tagesausbeute an Ratten.

FRUCHTBARSTES SÄUGETIER
Die Feldmaus *(Gattung Apodemus)* kann unter günstigen Bedingungen bis zu siebenmal pro Jahr vier bis zwölf Junge (gelegentlich auch mehr) gebären. Diese Mäuse würden ohne Krankheiten, Feinde und Nahrungsmangel, denen die meisten nach wenigen Monaten zum Opfer fallen, ganze Kontinente innerhalb von Jahrzehnten überfluten.

VERSCHLAFENSTE SÄUGETIERE
Der Flugarmadillo ist eine der 20 Gürteltierarten *(Dasypodidae)*, die Teile von Süd- und Mittelamerika und den südlichen USA bewohnen. Manche Armadillos sowie Opossums *(Didelphidae)* und Faultiere *(Bradypodidae und Megalonychidae)* verbringen bis zu 80 % ihres Lebens schlafend oder dösend. Eine solch effiziente Energieverwertung ergibt sich aus ihrer niedrigen Körpertemperatur, ihrem langsamen Stoffwechsel und ihrer Ernährung, die aus Pflanzen niedriger Nahrungsqualität besteht. Sie bewegen sich daher langsam, haben kleine Reviere und legen selten große Entfernungen zurück.

UNFRUCHTBARSTES SÄUGETIER
In einer Kolonie von Nacktmullen *(Heterocephalus glaber)* können sich alle Männchen fortpflanzen, aber sämtliche Weibchen außer der „Königin" sind unfruchtbare Arbeiterinnen, deren Aufgabe es ist, den Nachwuchs zu pflegen und Tunnel zu graben.

GEFÄHRDETSTER NACHWUCHS
Kleinere *Dasyuriden* (australische fleischfressende Beuteltiere) beginnen das Leben in einer gefährlichen Situation, denn die Weibchen haben sechs Zitzen, gebären aber zwölf oder mehr Junge. Wenn die ersten sechs Jungen die Zitzen erreicht und sich festgesaugt haben, stirbt der Rest des Wurfs.

FRÜHESTE TRÄCHTIGKEIT
Das Weibchen des Berglemmings *(Lemmus lemmus)* kann bereits im Alter von 14 Tagen trächtig werden und 16–23 Tage später gebären. Berichten nach produzierte ein Lemming-Pärchen acht Würfe in 167 Tagen, danach starb das Männchen.

MUTIGSTES SÄUGETIER
Der Ratel oder Honigdachs *(Mellivora capensis)* verteidigt sich gegen Tiere jeder Größe. Seine zähe Haut ist für Bienenstiche, Stachelschwein-Stacheln und die meisten Schlangenbisse undurchdringlich. Sie sitzt auch so locker, daß sich das Tier, wenn es am Genick gepackt wird, in seiner Haut umdrehen und zubeißen kann, bis der Feind es freiläßt.

LÄNGSTE FRESSZEIT
Außer Huftieren wie Rindern sind vermutlich Wiesel *(Gattung Mustela)* die Säugetiere, die am meisten Zeit mit Fressen verbringen. Ihre langen, dünnen Körper strahlen viel Wärme ab, so daß sie pausenlos eiweiß- und fettreiche Nahrung zu sich nehmen müssen. Wiesel benötigen 100mal mehr Energie pro Gramm Körpergewicht als Elefanten.

DÜRFTIGSTE ERNÄHRUNG
Das Dromedar oder Arabische Kamel *(Camelus dromedarius)* kann bis zu einem Viertel seiner Körperflüssigkeit verlieren, ohne Austrocknung oder Überhitzung befürchten zu müssen, und die dürftigste Ernährung überleben, da es auf eine große Fettreserve in seinem Höcker zurückgreifen kann.

WÄHLERISCHSTER ESSER
Der Koala *(Phascolarctus cinereus)* im östlichen Australien ernährt sich fast ausschließlich von Eukalyptusblättern. Er unternimmt regelmäßige Freßzüge auf Bäumen von etwa sechs der 500 Eukalyptusarten und bevorzugt bestimmte einzelne Bäume und Blätter vor anderen. Koalas sortieren sich durch bis zu 9 kg Blätter pro Tag, um die 0,5 kg zu finden, die sie täglich brauchen.

SCHÄRFSTES GEHÖR
Ultraschall-Echoortung verleiht Fledermäusen das schärfste Gehör aller Landtiere. Manche sind in der Lage, Frequenzen bis zu einer Höhe von 120–250 kHz zu hören (die Hörgrenze beim Menschen liegt knapp unter 20 kHz).

FÄHIGSTER UMGANG MIT WERKZEUGEN
Schimpansen *(Pan troglodytes)* haben besser als jedes andere Säugetier außer dem Menschen gelernt, Werkzeuge zu verwenden und einfache Werkzeuge herzustellen; sie verwenden Stroh und Zweige, um Termiten hervorzuholen; Zweige, um Gegenstände außer Reichweite zu untersuchen; Steine, um hartschalige Nüsse zu knacken; spitze Stöcke, um Nußstücke aus ihren Schalen herauszuholen; Blätter als Tücher, um sich Schmutz vom Körper zu wischen, und als Schwämme, um an Wasser zu gelangen.

LAUTESTES GERÄUSCH
Von Finnwalen *(B. physalus)* und Blauwalen *(Balaenoptera musculus)* ausgestoßene Niederfrequenz-Impulse, mit denen die Wale untereinander kommunizieren, wurden auf bis zu 188 Dezibel gemessen – das lauteste von einem Lebewesen ausgestoßene Geräusch.

HÖCHSTE DICHTE AN NAGETIEREN
Eine im ausgetrockneten Bett des Buena-Vista-Sees, Kern County, Kalifornien, USA, 1926–27 entdeckte Kolonie von Hausmäusen *(Mus musculus)* umfaßte 205.000 Tiere pro Hektar.

GRÖSSTER METHANPRODUZENT
Hausrinder geben etwa 48 kg Methan pro Jahr ab. Der jährliche Gesamtausstoß durch Rinder beträgt über 62 Mrd. kg. Die Methankonzentration in der Atmosphäre steigt achtmal so schnell wie die von Kohlendioxid.

Fische

GRÖSSTER RAUBFISCH
Ausgewachsene Menschenhaie (*Carcharodon carcharias*) werden durchschnittlich 4,3–4,6 m lang und wiegen ungefähr 520–770 kg. Es gibt stichhaltige Beweise dafür, daß einige Exemplare über 6 m lang werden können. Im 19. Jahrhundert wurde von 4,6 m langen, 336 kg schweren Europäischen Welsen (*Silurus glanis*) berichtet. Heutzutage wird ein Exemplar über 1,83 m und 90 kg als groß angesehen.

KLEINSTER FISCH
Die Zwergmeergrundel (*Trimmatom nanus*) des Indopazifik ist das durchsichtige Art aus den Strömen und Seen von Luzon, Philippinen. Männchen sind 7,5–9,9 mm lang und wiegen 4–5 mg.

KLEINSTER NUTZFISCH
Männliche Exemplare des bedrohten Sinaparans (*Mistichthys luzonensis*), einer nur im Buhi-See auf Luzon, Philippinen gefundenen Grundel, sind nur 1–1,3 cm lang. Ein getrockneter Fischkuchen von 450 g würde etwa 70.000 davon enthalten.

LEICHTESTER FISCH
Das leichteste Wirbeltier ist die Zwergmeergrundel (*Schindleria praematurus*), die nur 2 mg wiegt und 12–19 mm lang ist.

SCHNELLSTER FISCH
Der weltweit verbreitete Fächerfisch (*Istiophorus platypterus*) wird als der schnellste Kurzstreckenschwimmer unter den Fischen angesehen. Bei Geschwindigkeitstests im Long Key Fishing Camp in Florida, USA, trug ein Fächerfisch eine 91 m lange Leine innerhalb von drei Sekunden hinaus. Dies entspricht einer Geschwindigkeit von 109 km/h.

GESCHLECHTSUNTERSCHIED
Ein Anglerfisch-Männchen hängt dauerhaft an einem Weibchen. Die Zwergform des Anglerfisches ist eine der vier von 210 Anglerfisch-Arten. Das Männchen heftet sich durch einen Biß an das Weibchen. Das Maul des Männchens verwächst mit der Haut seiner Partnerin, und die Blutkreisläufe der beiden Fische vereinigen sich. Das Männchen ist damit in der Nahrungsversorgung völlig abhängig vom Weibchen.

GRÖSSTER SÜSSWASSERFISCH
Der seltene Pla buk oder Pa beuk (*Pangasius gigas*), der hauptsächlich im Mekongbecken lebt, soll angeblich bis zu 3 m lang und 300 kg schwer werden.

Der südamerikanische Arapaima giga wird bis 4,5 m lang, wiegt aber nur 200 kg.

KLEINSTER SÜSSWASSERFISCH
Der kürzeste und leichteste Süßwasserfisch der Welt ist die winzige Pygmäengrundel (*Pandaka pygmaea*), eine fast ... kürzeste bekannte Wirbeltier. Die durchschnittliche Länge eines männlichen Exemplars beträgt 8,6 mm.

LANGSAMSTER FISCH
Es gibt etwa 30 Arten von Seepferden (*Familie Syngnathidas*), von denen alle sehr langsame Schwimmer sind. Ihre einzigen schnell beweglichen Körperteile sind die Brustflossen auf beiden Seiten des Hinterkopfes und die Rückenflosse entlang des Rückens. Der Fisch treibt sich in aufrechter Haltung vorwärts, indem er mit der Rückenflosse wedelt. In stillem Wasser bewegen sich die kleineren Arten wie das Zwergseepferd (*Hippocampus zosterae*) wahrscheinlich niemals schneller als 0,016 km/h. Seepferde sind nicht dazu fähig, gegen die Strömung zu schwimmen, und halten sich daher an Pflanzen fest, um nicht weggespült zu werden.

LÄNGSTE WANDERUNG
Die längste bekannte von einem Fisch geradlinig zurückgelegte Entfernung beträgt 9.335 km, erreicht von einem 1958 vor Baja California, Mexiko, mit einem Pfeil markierten Blauflossen-Thunfisch (*Thunnus Thynnus*). 1963 wurde er 483 km südlich von Tokio, Japan, gefangen. Sein Gewicht hatte von 16 kg auf 121 kg zugenommen.

LÄNGSTE REISE EINES SÜSSWASSERFISCHES
Der europäische Aal (*Anguilla anguilla*) verbringt zwischen sieben und 15 Jahren im Süßwasser, bevor er sich auf den Weg zu den Laichgründen dieser Art im Sargassomeer macht. Diese Reise kann Aale von Binnengewässern bis zum Atlantik führen, ist 4.800–6.400 km lang und dauert etwa sechs Monate.

TIEFSTER LEBENSRAUM VON FISCHEN
Die Wirbeltiere mit dem tiefstgelegenen Lebensraum sind wahrscheinlich *Ophidiiden* der Gattung Bassogigas. Ein Exemplar wurde 1970 im Puerto-Rico-Graben im Atlantik aus 8.300 m geborgen.

HÖCHSTER LEBENSRAUM VON FISCHEN
Die tibetanische Schmerle (*Cobitidae*) lebt auf einer Höhe von 5.200 m im Himalaya – höher als jeder andere Fisch.

ÄLTESTER FISCH
Ein Weibchen des europäisches Aals (*Anguilla anguilla*) namens Putte war Berichten nach bei seinem Tod 1948 im Aquarium des Helsingborg-Museums, Schweden, 88 Jahre alt. Es soll 1860 im Sargassomeer geboren worden sein und wurde dreijährig in einem Fluß gefangen.

GRÖSSTER FISCH
Der seltene planktonfressende Walhai *(Rhincodon typus)* der wärmeren Gebiete von Atlantik, Pazifik und Indischem Ozean ist der größte Fisch der Welt. Das erste wissenschaftlich untersuchte Exemplar wurde in Table Bay, Südafrika, 1828 mit der Harpune gefangen. Seitdem sind viele gesichtet, aber nur wenige untersucht worden. Der größte von der Wissenschaft verzeichnete Walhai wurde im November 1949 vor Baba Island bei Karachi, Pakistan, gefangen. Er war 12,65 m lang, maß 7 m im Umfang an seiner dicksten Stelle und wog schätzungsweise 15-21 Tonnen. Trotz seiner Größe ist der Walhai für den Menschen nur wenig gefährlich, obwohl manche Exemplare bekanntlich Boote, die sie für Rivalen hielten, gerammt haben. Seine Kost besteht aus Plankton und kleinen Fischen, die er bewegungslos unter der Oberfläche treibend aus den oberen Gewässern tropischer und subtropischer Meere herausfiltert.

STÄRKSTE ELEKTRISCHE LADUNG EINES FISCHES
Der Zitteraal *(Electrophorus electricus)*, verwandt mit dem Piranha, wird bis zu 1,8 m lang und lebt in Brasilien und Guyana. Er ist vom Kopf bis zur Schwanzspitze geladen, seine elektrischen Vorrichtungen bestehen aus zwei Paar der Länge nach angebrachter Organe, die einen Schlag von bis zu 650 Volt abgeben können. Diese Entladungen werden zum Beutefang genutzt. Sie sind stark genug, eine Glühbirne zum Leuchten zu bringen oder einen erwachsenen Menschen zu lähmen.

LÄNGSTE FLOSSE
Alle drei Arten des Fuchshais *(Familie Alopiidae)* besitzen eine riesige Kaudalflosse (Schwanzflosse), die ungefähr so lang wie ihr ganzer Körper ist. Die größte und häufigste Art, *Alopias vulpinus*, die weltweit in gemäßigten und tropischen Meeren zu finden ist, wird bis zu 6 m lang, wovon die obere Schwanzflosse fast 3 m ausmacht. Man glaubt, daß der Schwanz dazu dient, Fischschwärme verzehrfertig zusammenzutreiben und zu betäuben.

WERTVOLLSTER FISCH
Ein 1.227 kg schweres, 1924 im Fluß Tichaja Sosna gefangenes Weibchen des russischen Störs *(Huso huso)* lieferte 245 kg erstklassigen Kaviar, der auf dem heutigen Markt 315.135 Dollar (ca. 555.000 DM) wert wäre.

Ein preisgekrönter Ginrin showa koi aus Japan wurde 1982 für etwa 87.445 Dollar (ca. 153.900 DM) verkauft. 1986 von Kent Koi Centre, Großbritannien, für eine unbekannte Summe erworben, starb er dort fünf Monate später. Seitdem wurde er ausgestopft und aufgestellt.

GRÖSSTES EI
Das größte verzeichnete Ei eines Walhais *(Rhincodon typhus)* maß 30,5 x 14 x 8,9 cm und enthielt einen lebenden, 35 cm langen Embryo. Das 1953 im Golf von Mexiko gefundene Exemplar wurde möglicherweise abgestoßen.

DIE MEISTEN EIER
Der Mondfisch *(Mola mola)* produziert bei einem einzigen Laichvorgang bis zu 30 Mio. Eier von je 1,3 mm Durchmesser.

DIE WENIGSTEN EIER
Der mundbrütende *Tropheus moorii* des Tanganyika-Sees, Ostafrika, produziert während der normalen Fortpflanzung maximal sieben Eier.

HÄUFIGSTE FISCHART
Das 6,4 cm lange Tiefsee-Borstenmaul *(Cyclothone microdon)* kommt fast auf der ganzen Welt vor.

JÜNGST ENTDECKTER AN LAND LEBENDER FISCH
Phreatobius walkeri, eine wurmähnliche Trichomycteriden-Art, wurde Mitte der achtziger Jahre in Brasilien entdeckt. Er lebt vollständig an Land unter totem Laub an Flußbänken. Wird er ins Wasser gesetzt, springt er wieder hinaus.

LÄNGSTES ÜBERLEBEN AUSSERHALB DES WASSERS
Die sechs Lungenfisch-Arten (Familien *Lepidosirenidae*, *Protopteridae* und *Ceratodidae*) leben in Süßwasser-Sümpfen, die für Monate oder sogar Jahre austrocknen können. Sie können bis zu vier Jahre lang in Erdlöchern überleben, indem sie ihre Atmung von Kiemen auf ihre Lungen umstellen und einen Schleim absondern, der einen feuchtigkeitsbewahrenden Kokon um ihren Körper bildet.

FISCHZÄHNE
Anoplogaster zeigt hier seine scharfen Fangzähne, die wie alle Fischzähne nicht zum Kauen, sondern hauptsächlich zum Beutefang oder Sammeln von pflanzlicher Nahrung benutzt werden. Die größten Zähne besitzen die Hai-Unterklassen *Selachii* und *Elasmobranchii*.

Wasserbewohner

GRÖSSE VON FRÖSCHEN
Der grüne Laubfrosch gehört zur Familie Hylidae, der zweitgrößten Froschfamilie. Insgesamt gibt es 2.660 Froscharten mit Längen von 8,5 mm bei *Eleutherodactylos limbatus* bis zu 36,83 cm beim afrikanischen Goliathfrosch, *Conraua goliath*.

GRÖSSTE KONSTRUKTION DURCH LEBEWESEN
Das Great Barrier Reef vor Queensland, Australien, ist die größte von Lebewesen je konstruierte Struktur. Es ist 2.027 km lang und bedeckt eine Fläche von etwa 207.000 km². Es besteht aus Milliarden von toten und lebenden Steinkorallen. Seine heutige Form erhielt es in ungefähr 600 Mio. Jahren.

GRÖSSTES TIERAUGE
Das größte wirbellose Lebewesen der Welt, der atlantische Riesentintenfisch, besitzt das größte Auge von allen Tieren, ob lebendig oder ausgestorben. Ein 1878 in Thimble Tickle Bay, Neufundland, Kanada, gefundenes Exemplar von Rekordgröße besaß Augen mit einem geschätzten Durchmesser von 50 cm.

GRÖSSTE AMPHIBIE
Die größte Amphibie der Welt ist der chinesische Riesensalamander *(Andrias davidianus)*, der in Nordost-, Zentral- und Südchina lebt. Der größte mit 1,8 m Länge und einem Gewicht von 65 kg wurde in der Provinz Hunan gefunden.

GRÖSSTER FROSCH
Der afrikanische Goliathfrosch *(Conraua goliath)* ist der größte bekannte Frosch. Ein am Sanaga-Fluß, Kamerun, 1989 gefangenes Exemplar hatte eine Körperlänge von 36,83 cm und eine Gesamtlänge von 87,63 cm mit ausgestreckten Beinen. Es wog 3,66 kg.

WEITESTER SPRUNG EINES FROSCHES
Der längste Dreisprung eines Frosches beträgt 10,3 m, erreicht von einem südafrikanischen Streifenfrosch *(Ptychadena oxyrhynchus)* namens Santjie 1977 bei einem Frosch-Derby in Lurula Natal Spa, KwaZulu-Natal, Südafrika.

KLEINSTE AMPHIBIE
Der kubanische Frosch *Eleutherodactylos limbatus* ist die kleinste Amphibie der Welt. Voll ausgewachsen hat er eine Körperlänge von 8,5–12 mm.

GRÖSSTE KRÖTE
Die Agakröte *(Bufo marinus)* im tropischen Südamerika und Queensland, Australien, wiegt 450 g. Das größte verzeichnete Exemplar hieß Prinsen und gehörte dem Schweden Hakan Forsberg. 1991 wog sie 2,65 kg und war voll ausgestreckt 53,9 cm lang.

KLEINSTE KRÖTE
Das größte Exemplar der afrikanischen Unterart *Bufo taitanus beiranus* war nur 2,4 cm lang.

KLEINSTER MOLCH/SALAMANDER
Der lungenlose mexikanische Salamander *(Bolitoglossa mexicana)* erreicht eine maximale Länge von etwa 2,54 cm, Schwanz eingeschlossen.

GRÖSSTES KRUSTENTIER
Das größte Krustentier der Welt ist die Taka-ashi-gani oder Riesenkrabbe *(Macrocheira kaempferi)*. Ein Exemplar hatte eine Scherenspannweite von 3,7 m und wog 18,6 kg.

SCHWERSTES MEERES-KRUSTENTIER
Ein amerikanischer oder Nordatlantik-Hummer *(Homarus americanus)* mit einem Gewicht von 20,14 kg und einer Länge von 1,06 m vom Ende des Schwanzfächers bis zur Spitze der größeren Schere wurde 1977 vor Nova Scotia, Kanada, gefangen. Er wurde später an ein Restaurant in New York, USA, verkauft.

GRÖSSTES SÜSSWASSER-KRUSTENTIER
Der in den Flüssen Tasmaniens zu findende Flußkrebs *(Astacopsis gouldi)* wird bis zu 61 cm lang und wiegt bis zu 4,1 kg. Ein 1934 bei Bridport gefangenes Exemplar wog Berichten nach 6,35 kg und war 73,6 cm lang.

GRÖSSTE QUALLE
1870 wurde eine arktische Riesenqualle *(Cyanea capillata arctica)* in der Bucht von Massachusetts, USA, aus dem nordwestlichen Atlantik angeschwemmt, die einen Schirmdurchmesser von 2,28 m und Tentakel von 36,5 m Länge besaß.

GRÖSSTE MUSCHEL
Die riesige Seemuschel *Tridacna gigas*, die vor indopazifischen Korallenriffen zu finden ist, besitzt die größte zweischalige Schale. Ein 1,15 m langes, 333 kg schweres Exemplar wurde 1956 vor der Insel Ishigaki, Okinawa, Japan, gefunden. Es wog lebendig vermutlich knapp über 340 kg.

RIESENKRABBEN
Während des jährlichen Krabbenfestes in Candlers Restaurant in Seattle, USA, können Krabben-Liebhaber zwischen 35 Gerichten von Krabbenquiche bis zu Krabbeneis wählen.
Für das Fest verwendet man die besten Krabben der Welt, beispielsweise 16 kg schwere tasmanische Riesenkrabben mit 1,3–3,2 kg schweren Zangen so groß wie ein Menschenarm und Arkansas-Königskrabben, die die schmackhaftesten sein sollen. Das Restaurant verkauft normalerweise ca. 726 kg Krabbenfleisch in 6 Wochen; während des Krabbenfestes werden es 4.536 kg pro Woche.

GRÖSSTES MEERESWEICHTIER
Eine 1979 vor Australien gefundene Trompetenschnecke *(Syrinx aruanus)* hatte eine 77,2 cm lange Schale und einen Umfang von bis zu 1,01 m. Sie hatte fast 18 kg Lebendgewicht.

GRÖSSTER KRUSTENTIER-SCHWARM
Ein Krillschwarm *(Euphausia superba)*, der schätzungsweise bis zu 10 Mio. Tonnen wog, wurde von US-Wissenschaftlern vor der Antarktis im Mai 1981 entdeckt. Er bildete die größte je gesehene Konzentration von Krustentieren.

GRÖSSTER SCHWAMM
Der faßförmige Schwamm *Spheciospongia vesparium*, der in den Gewässern um Westindien und Florida, USA, lebt, wird bis zu 1,05 m hoch und hat einen Durchmesser von bis zu 91 cm.

SCHWERSTER SCHWAMM
Ein 1909 vor den Bahamas gesammelter Wollschwamm *(Hippospongia canaliculatta)* wog zwischen 36 und 41 kg und hatte einen Umfang von 1,83 m.

KLEINSTER SCHWAMM
Leucosolenia blanca ist voll ausgewachsen nur 3 mm hoch.

GRÖSSTER SEESTERN
Ein 1968 im Golf von Mexiko gefundenes Exemplar des sehr zerbrechlichen Brisingiden *Midgardia xandaros* war von Spitze zu Spitze 1,38 m lang. Sein Körper hatte einen Durchmesser von nur 2,6 cm.

KLEINSTER SEESTERN
Der Seestern *Patiriella parvivipara*, 1975 an der Westküste der Eyre-Halbinsel, Südaustralien, entdeckt, hat einen maximalen Radius von 4,7 mm und einen Durchmesser von unter 9 mm.

GRÖSSTE AUSTER
Eine 1997 bei Arisaig, Großbritannien, gefundene Gemeine Auster wog 828,4 g und hatte eine maximale Breite von 16,5–18,56 cm.

DEUTLICHSTER GRÖSSENUNTERSCHIED
Weibchen des Meereswurms *Bonellia viridis* sind einschließlich ihrer hervorstreckbaren Rüssel 10–100 cm lang, während Männchen nur etwa 1–3 mm lang werden. Die Weibchen sind daher Tausende Male schwerer als ihre Partner.

VÄTERLICHSTE AMPHIBIE
Das 7,6 cm lange westeuropäische Männchen der Geburtshelferkröte *Alytes obstetricans* befruchtet den vom Weibchen gelegten, bis zu 0,9–1,2 m langen Laichstrang und wickelt ihn um seine Schenkel. Es trägt die Eier bis zu vier Wochen lang mit sich herum, bis sie schlupfreif sind, worauf es in geeignetes Wasser schwimmt und die Kaulquappen freiläßt.

GRÖSSTE NEUBILDUNG
Schwämme *(Porifera)* sind dazu in der Lage, aus winzigen eigenen Gewebefetzen wieder heranzuwachsen. Sogar wenn sie durch feinmaschige Seidengaze gepreßt werden, können die einzelnen Fragmente wieder einen voll ausgewachsenen Schwamm bilden.

TIEFSTER LEBENSRAUM VON SCHWÄMMEN
Manche Schwämme der Klasse *Hexactinellida* sind bereits aus Tiefen von bis zu 8.500 m geborgen worden.

TIEFSTER LEBENSRAUM VON SEESTERNEN
Ein Exemplar der Art *Porcellanaster ivanovi* wurde ca. 1962 im Marianengraben im Westpazifik aus einer Tiefe von 7.584 m gesammelt.

GRÖSSTE WIRBELLOSE
Der atlantische Riesentintenfisch *(Architeuthis dux)* ist das größte bekannte wirbellose Tier. Das größte je entdeckte Exemplar strandete in Thimble Tickle Bay, Neufundland, Kanada, am 2. November 1878. Es hatte eine Körperlänge von 6,1 m, und ein Tentakel war 10,7 m lang.

Reptilien und Dinosaurier

ANGRIFF UND VERTEIDIGUNG BEI SCHLANGEN
Schlangen haben sich vor 120 Mio. Jahren aus echsenartigen Vorfahren entwickelt und sind zu sehr erfolgreichen Jägern geworden, die ihre Beute zu Tode beißen oder mit ihrem Gift töten. Schlangenköpfe sind besonders dafür angepaßt, große Tiere zu schlucken; sie besitzen mehrere zusätzliche Gelenke, die es einer Schlange gestatten, ihren Schädel auszukugeln, damit sie große Beutetiere vollständig verschlucken kann. Hier verschlingt eine Klapperschlange eine Feldmaus. Klapperschlangen gebrauchen ihre „Klappern", um andere Tiere ohne Anwendung von Gift zu vertreiben. Die Klapper besteht aus abgestorbenen Schuppen, die gegeneinander streichen, wenn die Schlange ihren Schwanz vibrieren läßt.

GRÖSSTES REPTIL
Das längste bekannte Leistenkrokodil *(Crocodylus porosus)* mißt 7 m und lebt im Bhitarkanika-Wildschutzreservat, Orissa, Indien. Es gibt mehrere Berichte über 10 m lange Exemplare, die jedoch nicht bestätigt wurden.

KLEINSTE KROKODILART
Weibliche Zwergkaimane *(Paleosuchus palpebrosus)* aus dem nördlichen Südamerika werden selten länger als 1,2 m und Männchen normalerweise nicht länger als 1,5 m.

LÄNGSTE ECHSE
Der salvadorianische oder Papua-Waran *(Varanus salvadorii)* von Papua-Neuguinea kann eine Länge von bis zu 4,75 m erreichen. Sein Schwanz macht bei dieser Länge beinahe 70 % aus.

KLEINSTE ECHSE
Von *Sphaerodactylos parthenopion*, ein auf Virgin Gorda, British Virgin Islands, Westindien, beheimateter Gecko, sind nur 15 Exemplare bekannt. Die drei größten unter einigen 1964 gefundenen trächtigen Weibchen waren von der Schnauze bis zum After 1,8 cm lang.

LÄNGSTE SCHLANGE
Die Netzschlange *(Python reticulatus)* Südostasiens erreicht oft eine Länge von über 6,25 m. Ein 1912 in Celebes, Indonesien, erschossenes Exemplar wurde als 10 m lang verzeichnet.

KÜRZESTE SCHLANGEN
Die Fadenschlange *(Leptotyphlops bilineata)* ist extrem selten, und das längste bekannte Exemplar war nur 10,8 cm lang. Der Körper der Schlange hätte durch die Minenöffnung eines normalen Bleistifts gepaßt.

Eine andere Schlangenart, die tropische Brahmanen-Blindschlange *(Ramphotyphlops braminus)*, ist weniger als 10,8 cm lang.

GRÖSSTE SCHILDKRÖTENART
Die größte Schildkrötenart, die Lederschildkröte *(Dermochelys coriacea)*, ist durchschnittlich von der Schnabelspitze zur Schwanzspitze 1,83–2,13 m lang, entlang der Vorderflossen etwa 2,13 m breit und wiegt bis zu 450 kg. Das größte bekannte Exemplar wurde 1988 tot am Strand von Harlech, Großbritannien, gefunden. Es maß 2,91 m in der Länge nach über den Panzer, 2,77 m entlang den Vorderflossen und wog 961,1 kg.

GRÖSSTE SCHILDKRÖTE
Die größte lebende Schildkröte ist eine Galapagos-Schildkröte *(Chelonoidis nigra)* namens Goliath, die seit 1960 im Life Fellowship Bird Sanctuary, Sessner, Florida, USA, wohnt. Sie ist 1,35 m lang, 1,02 m breit und wiegt 385 kg.

KLEINSTE SCHILDKRÖTENARTEN
Die gefleckte *Homotopus signatus* hat eine Schildlänge von insgesamt nur 6–9,6 cm.

SCHLANGEN ALS NAHRUNG
Ein Verkäufer in Ho-Chi-Minh-Stadt, Vietnam, versucht, Kunden eine 5 m lange Python zu verkaufen. Schlangengift soll gegen Krebs helfen, und in manchen asiatischen Ländern gelten Schlangen als kulinarische Delikatesse. Wenn Sie einmal ein Schlangengericht zubereiten möchten, probieren Sie folgendes Rezept. (Sollten Sie keine Klapperschlange finden, kann auch Huhn verwendet werden!)

GEGRILLTE KLAPPERSCHLANGE AUF CHINESISCHE ART
1 frische Klapperschlange, 1/3 Tasse Sojasauce, 1/4 Tasse frischer Limonensaft, 1/3 Tasse Mirin oder 2 EL süßer Sherry.
Die Sojasauce, den Limonensaft und den Mirin oder Sherry mischen. Die Schlange hineingeben und mindestens zwei Stunden lang marinieren. Einen Holzkohlengrill vorbereiten. Die Schlange aus der Marinade nehmen, Marinade aufheben. Die Schlange auf Bambusspieße stecken und bei mittlerer bis hoher Kohletemperatur grillen. Die Schlange häufig mit der Marinade bestreichen und etwa fünf Minuten lang grillen, bis sie zart ist.

ERFOLGREICHSTE REPTILIEN
Das Bild oben zeigt eine Smaragdeidechse. Echsen sind mit 3.100 Arten die erfolgreichste lebende Reptiliengruppe, vor den Schlangen, die als zweiterfolgreichste Gruppe 2.000 Arten aufweist. Echsen sind auch von der Größe und Form her die abwechslungsreichste Gruppe lebender Reptilien, mit Körperlängen bei kleinen Echsen wie Geckos von 3 cm bis zu Waranen von 3 m. Verschiedene Arten bewegen sich mit verschiedenen Geschwindigkeiten, je nachdem wo sie leben – in Wüsten beheimatete Arten sind generell am schnellsten, und alle können stark beschleunigen.

Die kleinste Meeresschildkröte der Welt ist *Lepidochelys kempii*, mit einer Schildlänge von 50–70 cm und einem Maximalgewicht von 80 kg.

ÄLTESTE SCHILDKRÖTE
Eine Madagaskar-Strahlenschildkröte *(Astrochelys radiata)* namens Tui Malila, ein Geschenk James Cooks an die königliche Familie von Tonga im Jahr 1773 oder 1777, starb 1965 im Alter von mindestens 188 Jahren.

GRÖSSTE TAUCHTIEFE EINER SCHILDKRÖTE
1987 erreichte Berichten nach eine mit einem druckempfindlichen Aufzeichnungsgerät versehene Lederschildkröte eine Tiefe von 1.200 m vor den Virgin Islands, Westindien.

SCHNELLSTE REPTILIEN
Die größte von einem Reptil im Wasser erreichte Geschwindigkeit wurde mit 35 km/h verzeichnet, die Geschwindigkeit einer verängstigten pazifischen Lederschildkröte.

Die größte an Land gemessene Geschwindigkeit eines Reptils ist 34,9 km/h, erreicht von einem Leguan *(Ctenosaura)* auf Costa Rica.

SCHNELLSTE SCHLANGE
Es wird angenommen, daß die aggressive Schwarze Mamba *(Dendroaspis polylepis)* im tropischen Ostafrika die schnellste Landschlange ist. Sie erreicht auf kurzen ebenen Strecken Geschwindigkeiten von 16–19 km/h.

SCHNELLSTE DINOSAURIER
Dinosaurierspuren in der Morrison-Formation, Texas, USA, die aus dem späten Jura stammt, deuten darauf hin, daß ein fleischfressender Dinosaurier sich mit 40 km/h fortbewegte.

Der mit einem großen Gehirn ausgestattete, 100 kg schwere *Dromiceiomimus* („den Emu mimende Echse") der späten Kreidezeit in Alberta, Kanada, konnte vermutlich einem Strauß davonlaufen, der sich mit über 60 km/h fortbewegen kann.

GRÖSSTER PFLANZENFRESSENDER DINOSAURIER
Die größten Landtiere, die je auf der Erde existiert haben, sind die *Sauropoden*, eine Gruppe von langhälsigen, langschwänzigen, vierbeinigen Pflanzenfressern, die während der Jura- und Kreidezeit vor 208–65 Mio. Jahren durch den größten Teil der Welt stampften. Das größte Exemplar war 40 m lang und muß bis zu 100 Tonnen gewogen haben.

KLEINSTER DINOSAURIER
Compsognathus („Hübscher Kiefer"), ein hühnergroßer Dinosaurier aus dem südlichen Deutschland und südöstlichen Frankreich, war von der Schnauze bis zur Schwanzspitze 60 cm lang und wog ungefähr 3 kg.

GRÖSSTE DINOSAURIER-FUSSSPUREN
1932 wurden in Salt Lake City, Utah, USA, die 1,36 m langen und 81 cm breiten Fußspuren eines zweibeinigen *Hadrosauriden* („Entenschnabel") entdeckt, während andere Berichte aus Colorado und Utah von 0,95–1 m breiten Fußspuren zeugen.

GRÖSSTE DINOSAURIER-KRALLEN
Die *Therizinosauriden* („Sensenechsen"), die im Nemegt-Becken, Mongolei, in der späten Kreidezeit gelebt haben, hatten die größten Klauen von allen bekannten Tieren. Die Krallen von *Therizinosaurus cheloniformis* maßen bis zu 91 cm entlang der äußeren Krümmung.

GRÖSSTER DINOSAURIER-SCHÄDEL
Torosaurus („Durchbohrende Echse"), ein Ceratopsid mit langem Kragen, hatte den größten Schädel aller bekannten Landtiere. Der Schädel des 7,6 m langen, 8 Tonnen schweren Pflanzenfressers war bis zu 3 m lang und wog 2 Tonnen.

DÜMMSTER DINOSAURIER
Stegosaurus („Gepanzerte Echse"), der vor etwa 150 Mio. Jahre durch Colorado, Oklahoma, Utah und Wyoming, USA, streifte, war bis zu 9 m lang, hatte jedoch ein nur walnußgroßes Gehirn mit einem Gewicht von 70 g. Dies entspricht 0,002 % seines geschätzten Körpergewichts von 3,3 Tonnen (verglichen mit 0,06 % bei Elefanten und 1,88 % bei Menschen).

GRÖSSTE EIDECHSE
Der männliche Komodowaran *(Varanus komodoensis)* ist durchschnittlich 2,25 m lang und wiegt ca. 59 kg. Als Fleischfresser töten Warane selbst Wasserbüffel und Menschen. Der größte gemessene Waran wurde 1937 vom Sultan von Bima gefangen. Er war 3,10 m lang und wog 166 kg.

vögel

KLEINSTER VOGEL
Männliche Hummelkolibris *(Mellisuga helenae)*, die auf Kuba zu Hause sind, wiegen 1,6 g und sind 5,7 cm lang. Schnabel und Schwanz machen die Hälfte der Körperlänge aus.

KLEINSTE RAUBVÖGEL
Der schwarzfüßige Zwergfalke *(Microhierax fringillarius)* Südostasiens und der weißbrüstige oder Borneo-Zwergfalke *(M. latifrons)* im nordwestlichen Borneo haben beide eine durchschnittliche Länge von 14–15 cm, einschließlich eines 5 cm langen Schwanzes, und wiegen ungefähr 35 g.

GRÖSSTE FLUGFÄHIGE VÖGEL
Die größten Kranicharten *(Familie Gruidae)* können fast 2 m groß werden.

SCHWERSTE FLUGFÄHIGE VÖGEL
Die Kori-Trappe, auch Paauw genannt *(Ardeotis kori)* im nordöstlichen und südlichen Afrika und die Großtrappe *(Otis tarda)* in Europa und Asien wiegen etwa 18-19 kg. In Nordost-China wurde eine 21 kg schwere Großtrappe geschossen; sie war zum Fliegen zu schwer.

SCHWERSTE RAUBVÖGEL
Anden-Kondore *(Vultur gryphus)* sind die schwersten Raubvogelarten. Männchen wiegen 9–12 kg und haben eine Flügelspannweite von mindestens 3 m.

Ein männlicher Kalifornischer Kondor *(Gymnopgyps californianus)*, der präpariert an der California Academy of Sciences, USA, aufbewahrt wird, wog angeblich 14,1 kg. Exemplare dieser Spezies wiegen jedoch selten mehr als 10,4 kg.

LÄNGSTE FEDERN
Das Phoenix-Huhn oder Yokohama-Huhn (eine Abart des Bankivahuhns *Gallus gallus)* wird in Japan als Ziervogel gezüchtet. Ein Hahn verfügte über 10,6 m lange Schwanzfedern.

LÄNGSTE SCHNÄBEL
Der Schnabel des Australischen Pelikans *(Pelicanus conspicillatus)* ist 34–47 cm lang.

Den längsten Schnabel im Verhältnis zur Körperlänge hat der Schwertschnabel-Kolibri *(Ensifera ensifera)* der Anden. Mit 10,2 cm ist der Schnabel länger als der Körper des Vogels (Schwanz nicht mitgerechnet).

GRÖSSTE AUGEN
Der Strauß besitzt die größten Augen aller Landtiere. Jedes Auge hat einen Durchmesser von bis zu 5 cm.

LANGSAMSTE VÖGEL
Bei Fluggeschwindigkeitsmessungen an der Amerikanischen *(Scolopax minor)* und der Eurasischen Waldschnepfe *(S. rusticola)* wurden nur 8 km/h festgestellt.

LÄNGSTER FLUG
Eine im Juni 1996 in Finnland beringte Flußseeschwalbe *(Sterna hirundo)* wurde im Januar 1997 lebend 26.000 km entfernt auf Rotamah Island, Victoria, Australien, wieder eingefangen. Der Vogel hatte seine Reise mit etwa 200 km pro Tag zurückgelegt.

DIE MEISTE ZEIT IN DER LUFT
Die Rußseeschwalbe *(Sterna fuscata)* verläßt als Jungtier die Nistplätze, bleibt 3–10 Jahre lang in der Luft und läßt sich während dieser Zeit gelegentlich auf dem Wasser nieder. Ausgewachsen kehrt sie zum Brüten zurück an Land.

LANGSAMSTER FLÜGELSCHLAG
Der langsamste im waagerechten Flug verzeichnete Flügelschlag beträgt durchschnittlich einen Schlag pro Sekunde. Eine solche Frequenz wurde für verschiedene Neuwelt-Geierarten *(Familie Cathartidae)* gemessen.

GRÖSSTE SPANNWEITE
Der Südamerikanische Geier *(Argentavis magnificans)*, der vor 6–8 Mio. Jahren lebte, hatte eine geschätzte Flügelspannweite von 7,6 m.

SCHNELLSTER FLUGFÄHIGER VOGEL
Der Wanderfalke *(Falco peregrinus)* ist heute das schnellste Lebewesen und erreicht Geschwindigkeiten von mindestens 200 km/h, möglicherweise bis zu 270 km/h bei Sturzflügen aus großer Höhe während seines Imponiergehabes oder beim Fangen von Beutevögeln in der Luft.

SCHNELLSTER FLÜGELSCHLAG
Heliactin cornuta, ein südamerikanischer Kolibri, schlägt 90mal pro Sekunde mit den Flügeln.

SCHNELLSTER FLUGUNFÄHIGER VOGEL
Trotz seiner Masse erreicht der Strauß, wenn nötig, im Lauf Geschwindigkeiten von bis zu 72 km/h.

HÖCHSTFLIEGENDE VÖGEL
Ein Rüppell-Geier *(Gyps rueppellii)* stieß im November 1973 mit einem Passagierflugzeug über Abidjan, Elfenbeinküste, auf einer Höhe von 11.300 m zusammen. Der Aufprall beschädigte eines der Triebwerke, doch das Flugzeug konnte sicher gelandet werden. Diese Vogelart wurde bisher selten über 6.000 m beobachtet.

1967 wurden etwa 30 Trompeterschwäne *(Cygnus cygnus)* auf einer Höhe von knapp über 8.230 m über den Western Isles, GB, vom Piloten eines Passagierflugzeugs beobachtet. Sie waren auf dem Weg von Island nach Loch Foyle an der Grenze zwischen Nordirland und der Republik Irland. Ihre Höhe wurde von der Flugüberwachung bestätigt.

GRÖSSTE BESCHLEUNIGUNGSBELASTUNG
Der Schnabel des Rotkopf-Spechts *(Melanerpes erythrocephalus)* schlägt mit einer Auftreffgeschwindigkeit von 20,9 km/h auf die Rinde eines Baumes, was das Gehirn des Vogels einer Abbremsung von ungefähr 10 g unterwirft, wenn der Kopf zurückzuckt. Andere Spechtarten erfahren möglicherweise noch höhere Beschleunigungsbelastungen.

GRÖSSTER VOGEL
Der größte und stärkste lebende Vogel ist der Nordafrikanische Strauß *(Struthio c. camelus)*. Männchen werden bis zu 2,75 m groß und wiegen bis zu 156,5 kg. Zum ersten Mal wurde in Südafrika das wirtschaftliche Potential von Strauß-Produkten entdeckt – die Vögel werden nicht nur wegen ihrer großen, weichen, weißen Federn und ihres Fleisches geschätzt, sondern auch wegen ihrer Haut, die zum festesten im Handel erhältlichen Leder verarbeitet wird. Man nimmt an, daß die Straußenzucht etwa 1863 ihren Ursprung im Karoo und am Eastern Cape nahm. Bis 1910 gab es mehr als 20.000 Zuchtstrauße im Land, und bis 1913 waren Straußenfedern das viertwichtigste Exportprodukt Südafrikas. Die Nachfrage ließ bald nach, aber in den 20er Jahren belebte sich der Handel mit Straußprodukten wieder, als Züchter begannen, Biltong (Streifen getrockneten Straußenfleisches) herzustellen. Die Straußenzucht wird heute in 50 Ländern praktiziert, besonders häufig in Südafrika, Algerien, Australien, Frankreich und den USA. Sie hat den Strauß davor bewahrt, zur gefährdeten Tierart zu werden; zur Zeit leben weltweit etwa 1,75 Mio. Strauße.

GRÖSSTE SCHRITTLÄNGE
Der Strauß macht bei Laufgeschwindigkeit Schritte von über 7 m Weite.

MEISTE KONSUMIERTE NAHRUNG
Kolibris *(Familie Trochilidae)* benötigen täglich mindestens die Hälfte ihres Körpergewichts an Nahrung (meist Nektar und kleine Insekten). Damit haben sie von allen Tieren – außer vielleicht der Spitzmaus – den schnellsten Stoffwechsel.

MERKWÜRDIGSTE ERNÄHRUNG
Im Magen eines im Zoo von London, GB, lebenden Straußes wurden ein Wecker, eine Rolle Film, ein Taschentuch, ein 91 cm langes Seilstück, ein Fahrradventil, ein Bleistift, drei Handschuhe, ein Kamm, Teil einer goldenen Halskette, ein Kragenknopf, ein belgischer Franc und vier größere und zwei kleinere englische Kupfermünzen gefunden.

LÄNGSTE FASTENZEIT
Das Männchen des Kaiserpinguins *(Aptenodytes forsteri)* verbringt mehrere Monate ohne Nahrung in den Eiswüsten des antarktischen Packeises; es zieht über Land zur Brutkolonie, umwirbt das Weibchen, bebrütet das Ei 62–67 Tage lang, wartet die Rückkehr des Weibchens ab und reist zurück aufs offene Meer – alles ohne Nahrung, bis zu 134 Tage lang.

GRÖSSTE BEUTE
Das größte bekannte von einem Vogel getötete und fortgeschleppte Wildtier war ein 7 kg schweres Brüllaffen-Männchen, geschlagen 1990 von einer Harpyie *(Harpia harpyja)* im Manu-Nationalpark, Peru. Die Harpyie gilt als der mächtigste Raubvogel der Welt, obwohl sie nur 9 kg wiegt.

SCHÄRFSTES AUGE
Der Wanderfalke soll Tauben unter idealen Bedingungen aus einer Entfernung von über 8 km erkennen können.

GRÖSSTE NESTER
Die Brüthügel des australischen Thermometerhuhns *(Leipoa ocellata)* sind bis zu 4,57 m hoch und 10,6 m breit. Das Gewicht eines Nistplatzes wird auf 300 Tonnen geschätzt.

Ein 2,9 m breites und 6 m tiefes Nest wurde von einem Paar Weißkopfseeadler und möglicherweise auch von deren Nachfolgern nahe St. Petersburg, Florida, USA, gebaut. Als es 1963 untersucht wurde, schätzte man sein Gewicht auf über 2 Tonnen.

KLEINSTE NESTER
Der Kolibri *Mellisuga minima* baut ein Nest von etwa der halben Größe einer Walnußschale. Das tiefere, aber schmalere Nest von *Mellisuga helenae* hat die Größe eines Fingerhuts.

GRÖSSTE EIER
Der ausgestorbene Elefantenvogel *(Aepyornis maximus)* legte 33 cm lange Eier mit einem Flüssigkeitsvolumen von 8,5 Litern – entsprechend sieben Straußeneiern oder über 12.000 Kolibri-Eiern.

Ein Straußenei ist 15–20 cm lang, mit 10–15 cm Durchmesser und einem Gewicht von 1,0–1,78 kg. Sein Volumen entspricht 24 Hühnereiern. Die Schale ist 1,5 mm dick, hält aber das Gewicht eines erwachsenen Menschen aus. Das größte verzeichnete Ei wurde 1988 von einer Kreuzung zwischen der nördlichen und südlichen Art *(Struthio c. camelus x S. c. australis)* im Kibbuz Ha'on, Israel, gelegt. Es wog 2,3 kg.

KLEINSTES EI
Die kleinsten bekannten Vogeleier waren mit unter 1 cm Länge zwei Eier von Kolibris *(Mellisuga minima)*. Sie wogen 0,365 g und 0,375 g.

HÄUFIGSTE VOGELART
Die Population erwachsener, fortpflanzungsfähiger afrikanischer Blutschnabelweber *(Quelea quelea)* wird auf 1,5 Mrd. Exemplare geschätzt. Daß jährlich mindestens 200 Mio. Tiere abgeschlachtet werden, hat keinen Einfluß auf die Größe der Population.

HERRISCHSTER VOGEL
Der Kea *(Nestor notabilis)* in Neuseeland ist die einzige bekannte Vogelart, bei der die höherrangigen Tiere einer Gemeinschaft die anderen dazu zwingen, für sie Arbeiten auszuführen.

GRÖSSTE SPANNWEITE
Der Wanderalbatros *(Diomedea exulans)* hat die größte Flügelspannweite aller lebenden Vogelarten. Er ist daher ein Experte im Gleitflug und kann ohne Flügelschlag mehrere Stunden lang in der Luft bleiben. Das größte bekannte Exemplar war ein extrem altes Männchen mit 3,63 m Spannweite. Es wurde im September 1965 in der Tasmansee gefangen.

GROSSE SCHWÄRME
Flamingos mit ihren langen Hälsen und Beinen werden zwischen 0,9 und 1,5 m groß und sind die größten Vögel, die große Schwärme bilden. Von den vier Arten wurde der ost- und südafrikanische Zwergflamingo *(Phoeniconaias minor)* in Schwärmen von mehreren Mio. Vögeln beobachtet, vor allem an den großen Seen Ostafrikas.

Spinnen

GRÖSSTE SPINNE
Die riesige Vogelspinne *(Theraphosa leblondi)*, die meist in den Regenwäldern an den Küsten von Surinam, Guyana und Französisch-Guyana lebt, ist die größte bekannte Spinne der Welt. Ein in Venezuela 1965 gefundenes Exemplar hatte eine Beinspannweite von 28 cm und war groß genug, um einen großen Eßteller zu bedecken.

SCHWERSTE SPINNE
Weibliche Vogelspinnen sind schwerer gebaut als die Männchen. Ein 1985 auf Surinam gefangenes Weibchen von 122,2 g Gewicht hatte eine maximale Beinspannweite von 26,7 cm und Kiefer von 2,5 cm.

KLEINSTE SPINNE
Patu marplesi aus der Familie *Symphytognathidae* auf Samoa ist die kleinste bekannte Spinne der Welt. Ein 1965 gefundenes Männchen war insgesamt 0,43 mm lang – etwa die Größe eines Punktzeichens auf dieser Seite.

LÄNGSTE SPINNENKIEFER
Die Vogelspinne *Theraphosa leblondi* besitzt Kiefer von bis zu 1,2 cm Länge.

DEUTLICHSTER GRÖSSENUNTERSCHIED
Bei manchen *Nephila*-Arten, die in tropischen und gemäßigten Zonen der gesamten Welt leben, sind die Weibchen beinahe 1000mal schwerer als ihre Partner. Die Männchen sind kleiner als die normale Beute der Weibchen, damit sie nicht gefressen werden.

SCHNELLSTE SPINNEN
Die langbeinigen Sonnenspinnen (Familie *Solifugae*) aus den dürren Halbwüsten-Regionen Afrikas und des Mittleren Ostens können Geschwindigkeiten von über 16 km/h erreichen.

LAUTESTE SPINNE
Bei der Brautwerbung stößt das Männchen der europäischen *Anyphaena accentuata* einen Summlaut aus, den das menschliche Gehör wahrnimmt. Dabei läßt die Spinne ihren Hinterleib schnell gegen ein Blatt vibrieren, das Weibchen kann das Geräusch jedoch nicht hören; es spürt nur die Vibrationen.

Das Männchen von *Lycosa gulosa*, früher in englischsprachigen Ländern bekannt als Schnurrspinne, klopft mit Fühlern und Hinterleib auf Blätter, was ein schnurrendes Geräusch hervorbringt.

GESELLIGSTE SPINNE
Mehrere tausend Angehörige beiderlei Geschlechts der südafrikanischen Art *Anelosimus eximus* leben friedlich auf Netzen zusammen, die mehr als 1 m Durchmesser haben.

MÜTTERLICHSTE SPINNE
Bei den meisten Spinnenarten endet das Verhältnis der Mutter zu ihren Nachkommen mit Ablage der Eier, und sie bekommt ihre Jungen nie zu Gesicht. Weibchen der Art *Theridion sisyphium* füttern jedoch ihre Jungen mit einer Flüssigkeit aus ihrer eigenen Mundöffnung. Wenn sie einige Tage alt sind, fangen die Jung-

GRÖSSTE NETZE
Die Goldfadenspinne ist eine der etwa 50 Arten der Gattung *Nephila*, die in tropischen Gebieten der ganzen Welt zu Hause ist. Die ersten Fäden der gelb-seidigen Netze der Gattung *Nephila* sind bis zu 3 m lang und können sogar kleine Flüsse überspannen.

GRÖSSTER SKORPION
Steve Kutcher, im Bild links zu sehen mit seinen Haustieren, einem Riesenskorpion und einer chilenischen Tarantel, ist berühmt dafür, daß er Insekten für große Filmproduktionen in den USA trainiert. Am Anfang lieferte er die Heuschrecken für *The Exorcist 2* (1977), danach die Spinnen für *Arachnophobia* (1990) und dann einen riesigen Moskito für *Jurassic Park* (1993). Um seine Tiere dazu zu bringen, sich am Set wie gewünscht zu verhalten, verwendet Kutcher Pinzetten, eine Angelschnur und Plastikkoffer voll verschiedener Wachsarten und Klebstoffe. Manchmal bestrahlt er seine Insekten auch mit Heißluft und Kohlendioxid, damit sie sich in bestimmter Weise verhalten. Steve, der in Arcadia, Kalifornien, USA, lebt, hat Biologie und Entomologie studiert, nachdem er eine Begeisterung für Käfer entwickelte und eines Sommers in New York anfing, Libellen zu sammeln. Ein ganzer Raum seines Hauses ist nun den Insekten gewidmet, die in sich vom Boden bis zur Decke stapelnden Glas- und Holzbehältern untergebracht sind. Der tropische Riesenskorpion ist eine der größten Skorpionarten der Welt, wird bis zu 18 cm lang, ist aber völlig harmlos und gut als Haustier zu halten.

spinnen an, sich mit von der Beute der Mutter zu ernähren, und helfen ihr bei der Jagd, wenn sie älter werden. Das Verhältnis endet, wenn die Mutter stirbt und von ihrem Nachwuchs gefressen wird.

STÄRKSTE SPINNENNETZE
Achaearenea tepidariorum spinnt ein Netz, das stark genug ist, um eine kleine Maus zu fangen und vollständig vom Boden hochzuheben.

In den Netzen der Gattung *Nephila* können sich kleine Vögel verfangen, und selbst für den Menschen können sie zum Hindernis werden.

Nephila senegalensis aus dem tropischen Afrika baut einen besonderen Faden zur „Abfallbeseitigung" in ihre Netze ein, an dem häufig die ausgesaugten Überreste kleiner Vögel zu finden sind.

ÄLTESTE SPINNEN
Tropische Vogelspinnen (Familie *Theraphosidae*) werden bis zu 25 Jahre alt.

GRÖSSTE DURCHGÄNGIGE NETZE
Die größten durchgängigen Netzflächen der Welt werden von Spinnen der indischen Gattung *Stegodyphus* gebaut; ihre Netze sind dreidimensional verwoben und überlappen sich. Eine einzige durchgängige seidige Masse kann größere Mengen Vegetation bedecken und sich ununterbrochen über ganze Hecken hinziehen.

EINFACHSTE NETZE
Spinnenarten der Gattung *Miagrammopes* bauen ein Netz aus einem Faden, der sich bis zu 1 m weit zwischen zwei Ästen spannt.

Die südafrikanische Bolaspinne *Cladomelea akermani* wendet eine spezielle Technik an; Sie wirbelt eine „Angelschnur" ungefähr 15 Minuten lang ununterbrochen im Kreis herum. Verfängt sich keine Beute, frißt die Spinne das klebrige Kügelchen am Ende des Fadens und ersetzt es durch ein neues.

STÄRKSTE SPINNE
Die kalifornischen Fallenspinne *Bothriocyrtum californicum* widersteht einer Kraft von bis zum 38fachen ihres Eigengewichts wenn ein Eindringling versucht, den Deckel einer Falle (ein seidiges Gewebe, das den Eingang zu ihrem Bau abdeckt) zu öffnen.

GRÖSSTE AUGEN
Spinnen der Art *Dinopis subrufa, Gattung Dinopis*, besitzen riesige Augen, die wie Scheinwerfer leuchten, wenn sie in eine helle Lichtquelle starren. Die Gattung *Dinopis* hat die größten Augen aller Spinnen, besonders die Gladiatorspinnen, die die größten einfachen Augen aller Gliederfüßer besitzen. Sie sind etwa 1,5 cm breit und ermöglichen keine besonders klare Sicht, dafür sind sie für die nächtliche Arbeit sehr lichtstark.

GRÖSSTER SKORPION
Heterometrus swannerderdami aus Südindien erreicht häufig eine Länge von über 18 cm von der Zangenspitze bis zum Ende des Stachels. Das längste Exemplar wurde während des 2. Weltkriegs gefunden und hatte eine Gesamtlänge von 29,2 cm.

Der Riesenskorpion *(Pandinus imperator)* aus dem tropischen Westafrika kann bis zu 18 cm lang werden. Das größte verzeichnete Exemplar ist ein 22,9 cm langes Männchen aus Sierra Leone.

Pandinus giganticus, eine Art aus den afrikanischen Tropen, kann fast 20 cm lang werden.

KLEINSTER SKORPION
Microbothus pusillus, eine an der Küste des Roten Meeres zu findende Art, ist der kleinste Skorpion der Welt, mit einer ungefähren Gesamtlänge von 1,3 cm.

SCHWERSTER SKORPION
Der westafrikanische Riesenskorpion *(Pandinus imperator)* wiegt bis zu 60 g.

TIEFSTER LEBENSRAUM VON SKORPIONEN
Die in Südamerika heimische Art *Alacran tartarus* wurde in über 800 m Tiefe in Höhlen gefunden.

GESELLIGSTER SKORPION
Jungtiere des westafrikanischen Riesenskorpions *(Pandinus imperator)* haben die Möglichkeit, auch ausgewachsen mit ihrer Familie zusammenzubleiben. Die Familien arbeiten beim Beutefang gemeinsam.

parasiten

BLUTGIERIGSTE PARASITEN
Weltweit etwa 700 Mio. Menschen sind von blutsaugenden Hakenwürmern befallen, die vermutlich für einen täglichen Blutverlust von 7 Mio. Litern verantwortlich sind – die gesamte Blutmenge von über 1 Mio. Menschen.

Jedes Exemplar des Großen Leberegels *(Fasciola hepatica)*, einem häufigen Parasiten in Säugetieren, konsumiert etwa 0,2 ml Blut am Tag.

LÄNGSTE FASTENZEITEN BEI PARASITEN
Die Bettwanze *(Cimex lectularius)* ist bekannt dafür, daß sie über ein Jahr lang ohne Nahrung auskommt, die Wanze *Ornithodorus turicata* kann jedoch eine Hungerperiode von bis zu fünf Jahren überleben.

FRUCHTBARSTE PARASITEN
Ein ausgewachsenes Weibchen der Art *Ascaris lumbricoides* kann jeden Tag bis zu 200.000 Eier produzieren und hat eine Produktionskapazität von insgesamt 26 Mio. Eiern.

Echinococcus granulosus, ein Hundebandwurm, kann auch Leber, Lungen und Gehirn von Menschen befallen, wo er zystenartige, Hydatiden genannte Strukturen bildet. Diese können einen Querschnitt von 25,4 cm erreichen und die von ihnen befallenen Organe stark schädigen. Ein befruchteter Hydatide enthält durchschnittlich 2 Mio. Larven, die zahllose ausgewachsene Bandwürmer freigeben.

GRÖSSTE PARASITEN
Der Fischbandwurm *Diphyllobothrium latum*, der den Dünndarm von Fischen und manchmal Menschen bewohnt, ist meist 9,1–12,2 m lang, kann aber eine Länge von bis zu 18,3 m erreichen. Würde ein Exemplar zehn Jahre lang leben, könnte es zu einer Gliederkette von fast 8 km Länge mit 2 Mrd. Eiern heranwachsen.

Taeniarhynchus saginatus, der Rinderbandwurm, kann normalerweise bis zu 15,2 m lang werden, jedoch maß ein Exemplar über 22,9 m – die dreifache Länge der menschlichen Gedärme.

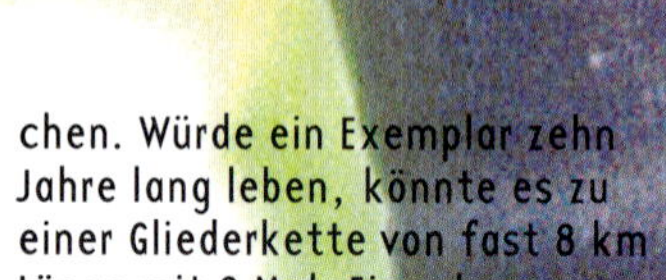

GRÖSSTER PARASITISCHER PLATTWURM
Eine den Mondfisch *Mola mola* befallende didymozoide, digene Art kann Berichten nach 6,1–9,1 m lang werden.

GRÖSSTER RUNDWURM
Der größte den Menschen befallende parasitische Nematode (Rundwurm) ist wahrscheinlich der Medinowurm *(Dracunculus*

SCHNELLSTER WURM
Exemplare des unter der Haut lebenden Wurms *Loa loa*, der bis zu 7,6 cm lang wird, wurden bereits aus allen Körperteilen von Patienten entfernt. Die maximale Migrationsrate von ausgewachsenen Würmern beträgt 13 mm pro Minute. Die Wurmart ist ein Endo- oder innerer Parasit. Die häufigsten Endoparasiten sind Mikroparasiten wie Viren.

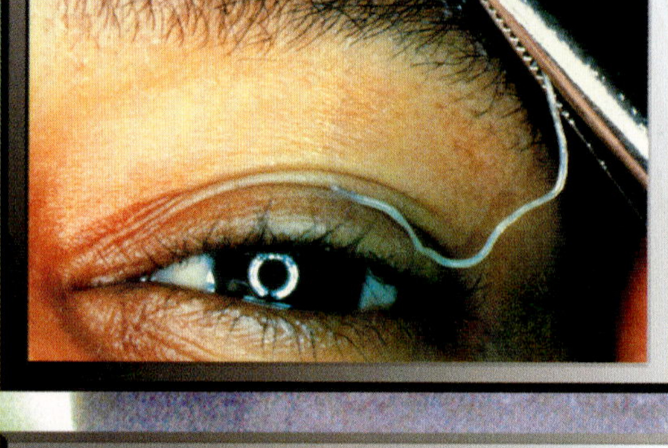

HÄUFIGSTER PARASIT
Ascaris lumbricoides, ein Rundwurm, der im Dünndarm lebt und bis zu 45,7 cm lang wird, befällt etwa 25 % der Weltbevölkerung. Ein Wirt wird meist von zehn bis 20 Exemplaren befallen, es können jedoch durchaus mehr sein. Die gleichzeitige Wanderung vieler dieser Würmer durch die Lunge kann schwere hämorrhagische Lungenentzündung hervorrufen.

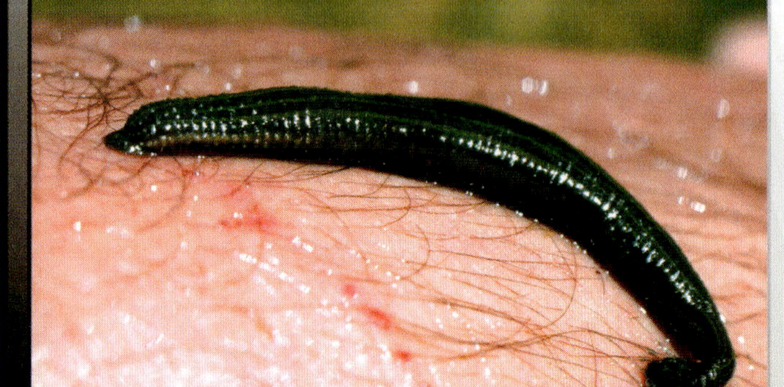

NÜTZLICHSTER PARASIT
Der Medizinische Blutegel *(Hirudo medicinal)*, bis zum 19. Jahrhundert von Ärzten zum Aderlaß verwendet, hatte ein überraschendes Comeback, seitdem Ärzte begonnen haben, die Egel für neue Zwecke einzusetzen. Seit 1990 werden sie von einem Ärzteteam am Harper Hospital, Denver, USA, dazu verwendet, den Blutkreislauf in Schußwunden und in wieder anzunähenden abgetrennten Gliedmaßen oder Fingern zu verbessern. 1991 verwendete eine Gruppe kanadischer Chirurgen Blutegel dazu, Blut abzuzapfen und es unter der von einem Grizzlybären abgerissenen Kopfhaut eines Patienten vor dem Gerinnen zu bewahren. Egel, die sowohl räuberisch als auch parasitisch leben, sind häufig in Gewässern und Feuchtgebieten zu finden. Sie haben einen sehr gut entwickelten Geruchssinn und Saugnäpfe an beiden Körperenden, mit denen sie sich an ihrem Wirt festhalten. Der Speichel parasitischer Egel enthält ein Betäubungsmittel, das den Wirt daran hindert, den Parasiten zu entdecken, und starke gerinnungshemmende Stoffe, durch die sichergestellt wird, daß das Blut der Beute in den Gedärmen des Egels flüssig bleibt und leicht verdaulich ist.

medinensis), eine Art, die unter der Haut lebt und deren Weibchen bis zu 1,2 m lang werden.

GRÖSSTES PARASITISCHES INSEKT
Der außergewöhnlich große Floh *Hystrichopsylla schefferi*, in englischsprachigen Ländern „Superfloh" genannt, kann über 9 mm lang werden. Sein einziger bekannter Wirt ist *Aplodontia rufa*, ein nordamerikanisches Nagetier.

GRÖSSTE ZECKEN
Zecken sind kleine Arachniden, die häufig auf der Haut warmblütiger Tiere leben. Die größten gehören zur Unterordnung Ixodida und werden 3,6 cm lang.

GRÖSSTER EGEL
Haementeria ghilianii, eine Art im Amazonasgebiet, wird 30 cm lang. Diese Süßwasserart hat hervorstehende Mundgelenke und keine echten Kiefer.

LANGLEBIGSTER PARASIT
Über den Medizinischen Blutegel *(Hirudo medicinalis)* gibt es verläßliche Aufzeichnungen, die ihm eine Lebensspanne von 27 Jahren bestätigen.

GEFÄHRLICHSTE WANDERUNG
Die ausgedehnten Wanderungen des Rundwurms *Ascaris lumbricoides* können für seinen menschlichen Wirt schwere, manchmal tödliche Konsequenzen haben. Diese recht großen Würmer können die Gänge der Galle und Bauchspeicheldrüse verstopfen oder die Darmwand durchstoßen und Bauchfellentzündung verursachen. In einigen Fällen kam es vor, daß Ascaris-Würmer wegen ihrer Empfindlichkeit gegen Betäubungsmittel aus der Nase oder dem Mund eines nach einer Operation erwachenden Patienten hervorkamen.

ANFÄLLIGSTER WIRT
Stagnicola emarginata, eine Süßwasserschnecke, dient als Wirt für die Larven von mindestens 35 parasitischen Plattwurm-Arten.

AKTIVSTER PARASIT
Der ausgewachsene Leber-Egel *Fasciola hepatica* wurde bereits in der Leber, der Gallenblase und den dazugehörigen Gängen verschiedener Säugetierarten gefunden, darunter in Schafen, Rindern, Ziegen, Schweinen, Pferden, Kaninchen, Eichhörnchen, Hunden und Menschen. Als Larve wurde er in verschiedenen Arten von Süßwasserschnecken entdeckt.

GESCHICKTESTER PARASIT
Im Januar 1998 fanden Wissenschaftler an der Vrije Universiteit, Amsterdam, Niederlande, heraus, daß von dem digenen Plattwurm *Trichobilharzia ocellata* befallene Exemplare der Süßwasserschnecke *Lymnaea stagnalis* eine Abneigung gegen Sex entwickeln. Dafür wachsen sie schneller, was günstig für die Parasiten ist. Der Parasit erreicht diese Verhaltensänderung, indem er direkt die genetische Expression des Wirtes beeinflußt.

AUSWIRKUNGEN VON PARASITEN
Die Larven parasitischer Plattwürmer hemmen häufig das Wachstum der Keimdrüsen von Schnecken, manchmal bis hin zur Kastration. Als Ergebnis können die befallenen Schnecken sich oft nicht fortpflanzen.

Bienen, homopterane Wanzen und andere Insekten, die als Wirte für winzige, als Stylopiden oder Strepsipterane bezeichnete Insekten dienen, sind häufig deutlichen Änderungen ihrer sekundären Geschlechtsmerkmale ausgesetzt.

In der wissenschaftlichen Literatur finden sich geheimnisvolle Berichte über Wiesel, die bei merkwürdigen Rundtänzen beobachtet wurden. Manche Wissenschaftler vermuten, daß die Tänze auf die Auswirkungen parasitischer Plattwürmer in den Gehirnen dieser Wiesel zurückzuführen sind.

Das Gehirn befallende Plattwürmer werden von manchen Forschern für merkwürdige Vorfälle verantwortlich gemacht, in denen Wale scheinbar absichtlich stranden, sich vom Ufer nicht mehr freischwimmen können und daran dann sterben.

STÄRKSTE VERWANDLUNG EINES PARASITEN
Die Larven des schalenlosen Krebstiers *Sacculina carcini* sind freischwimmend und sehen typischen, nicht-parasitischen Kopepoden sehr ähnlich, haben ausgewachsen jedoch keine Ähnlichkeit mit irgendeiner Krustentier-Art. Sie verlieren Gliedmaße, Gedärme und Segmentierung, ihre Körper verändern sich zu formlosen, sackartigen Strukturen, die den Körper eines Krebses durchstoßen und wurzelartige Zweige durch den gesamten Körper und die Gliedmaßen des Krebses schieben. Der Krebs bildet sich durch die Veränderung an seinen Keimdrüsen und/oder die Hemmstoffe, die die nun seltsam pflanzenartige Sacculina abgibt, geschlechtlich teilweise zurück.

GEFÄHRLICHSTE PARASITEN
Der gefährlichste mehrzellige Parasit ist der Rattenfloh *Xenopsylla cheopsis*. Als Überträger der Beulenpest (Schwarzer Tod) gilt er als Verursacher der meisten katastrophalen Pandemien auf der Welt.

Malaria-Parasiten des Stammes Plasmodium, die von Anopheles-Mücken übertragen werden, sind die gefährlichsten einzelligen Parasiten. Sie sind wahrscheinlich für 50 % aller menschlichen Todesfälle (ausgenommen durch Krieg und Unfälle) seit der Steinzeit verantwortlich. In Schwarzafrika sterben 1,4–2,8 Millionen Menschen im Jahr an Malaria.

SELTSAMSTE AUSWIRKUNGEN
Außergewöhnliche Fälle von Fröschen mit sechs oder mehr Gliedmaßen sind möglicherweise eine direkte Auswirkung der Tätigkeiten parasitischer Plattwürmer. Dichte Zysten von parasitischen Plattwürmern bedecken die zusätzlichen Extremitäten und stören möglicherweise ihre Entwicklung, indem sie die Gliederknospen in mehrere Teile trennen, von denen alle zu Gliedmaßen heranwachsen.

Insekten

LÄNGSTES INSEKT
Mit 54,6 cm sind die Beine von *Pharnacia kirbyi*, einer Gespenstheuschrecke aus den Regenwäldern von Borneo, so lang, daß sie sich verfangen können, wenn sie sich häutet. Das größte Exemplar hatte eine Körperlänge von 32,8 cm.

LEICHTESTE INSEKTEN
Die männliche blutsaugende Streifenlaus *(Enderleinellus zonatus)* und die Schlupfwespe *(Caraphractus cinctus)* können ein Gewicht von nur 0,005 mg haben. Dies entspricht 1,6 Mrd. Lebewesen pro Gramm.

GRÖSSTER FLOH
Männchen der Art Hystrichopsylla schefferi werden bis zu 8 mm lang. Diese Art wurde nach einem Exemplar beschrieben, das 1913 im Nest eines Bergbibers in Washington, USA, gefunden wurde.

GRÖSSTE TERMITE
Königinnen der afrikanischen Termitenart *Macrotermes bellicosus* sind bis zu 14 cm lang und 3,5 cm breit. Sie produzieren bis zu 30.000 Eier pro Tag, können sich kaum bewegen und verbringen ihr gesamtes Leben in einer „Königinnen-Kammer" im Zentrum der Kolonie.

GRÖSSTE KONZENTRATION VON INSEKTEN
Im Juli 1874 bedeckte ein Schwarm von Heuschrecken *(Melanoplus spretus)* aus den Rocky Mountains eine geschätzte Fläche von 514.374 km² bei ihrem Flug über den Staat Nebraska, USA. Der Schwarm bestand aus 12,5 Billionen (12,5 x 10^{12}) Insekten und wog 25 Mio. Tonnen.

FRUCHTBARSTES TIER
Bei unbeschränkter Nahrungsversorgung und ohne Feinde könnte eine Blattlaus der

SCHWERSTES INSEKT
Goliathkäfer *(Familie Scarabaeidae)* in Äquatorialafrika, besonders *Goliathus regius*, *G. meleagris*, *G. goliathus* oder *giganteus* und *G. druryi*, sind die schwersten Insekten der Welt. Männchen sind von der Spitze der Hörner vorne bis zum Ende des Abdomens bis zu 11 cm lang und wiegen bis zu 100 g.

GIERIGSTES TIER
Die Larve der Polyphemus-Motte *(Antheraea polyphemus)* konsumiert das 86.000fache ihres eigenen Geburtsgewichts innerhalb ihrer ersten 56 Lebenstage. Dies entspricht einem menschlichen Baby von 3,17 kg, das 273 Tonnen Nahrung zu sich nimmt.

ZERSTÖRERISCHSTES INSEKT
Die Afrikanische Wanderheuschrecke *(Schistocerca gregaria)* kann jeden Tag ihr eigenes Gewicht in Nahrung aufnehmen. An einem einzigen Tag kann ein „kleiner" Schwarm von etwa 50 Mio. Exemplaren Nahrung in einer Menge fressen, von der 500 Menschen ein Jahr lang leben könnten.

Art *Brevicoryne brassicae* theoretisch jedes Jahr Nachkommen erzeugen, die der Masse von 822 Mio. Tonnen entsprechen – mehr als das Dreifache der Masse der menschlichen Weltbevölkerung.

SCHNELLSTE FLUGINSEKTEN
Die höchste erreichbare Fluggeschwindigkeit von Insekten beträgt 39 km/h. Diese Geschwindigkeit erreichen die Fliege *Cephenemyia pratti*, Schwärmerarten *(Sphingidae)*, Bremsen *(Tabanus bovinus)* und einige tropische Schmetterlinge *(Hesperiidae)*.

Die australische Libelle *(Austrophlebia costalis)* kann auf kurzen Strecken eine Geschwindigkeit von 58 km/h erreichen.

WEITESTER FLOHSPRUNG
Der Katzenfloh *(Ctenocephalides felis)* kann einzelne Sprünge von bis zu 34 cm machen, und der Menschenfloh *(Pulex irritans)* ist zu ähnlichen Leistungen fähig. Bei einem Experiment in den USA 1910 führte ein frei herumhüpfender Menschenfloh einen Weitsprung von 33 cm und einen Hochsprung von 19,7 cm aus.

LAUTESTES INSEKT
Die Trommelfell-Organe der männlichen Zikaden *(Familie Cicadidae)* pulsieren 7.400mal pro Minute. Das Geräusch (welches das US-Landwirtschaftsministerium als „Tsh-ee-EEEE-e-ou" beschreibt) ist noch über 400 m weit entfernt zu hören.

GRÖSSTE BESCHLEUNIGUNGSKRÄFTE
Wenn der Klickkäfer *(Athous haemorrhoidalis)* auf der Flucht vor Feinden sein „Schnappmesser" in die Luft macht, wirken auf ihn durchschnittlich 400 g ein. Ein 12 mm langes Exemplar sprang bis auf eine Höhe von 30 cm, und Berechnungen nach war sein Gehirn einem Spitzen-Abbremsungswert von 2.300 g ausgesetzt.

KURZLEBIGSTE INSEKTEN
Eintagsfliegen *(Ephemeroidea)* können zwei bis drei Jahre als Nymphe am Grund von Seen und Strömen verbringen, aber ausgewachsen und mit Flügeln nur eine einzige Stunde.

SCHÄRFSTER GERUCHSSINN
Das männliche Nachtpfauenauge *(Eudia pavonia)* spürt den Geschlechtslockstoff eines jungfräulichen Weibchens aus einer Entfernung von 11 km. Die Chemorezeptoren der männlichen Fühler können ein einziges Molekül des Lockstoffs aufspüren. Das Weibchen besitzt weniger als 0,0001 mg davon.

GRÖSSTE SCHABE
Macropanesthia rhinoceros ist die größte ungeflügelte Schabenart. Sie ist 8 cm lang, 5 cm breit und wiegt 35 Gramm, was etwa dem Gewicht von zwei Sperlingen entspricht. Die Art lebt in Queensland, Australien.

Tierattacken

GIFTIGSTES TIER
Giftpfeil-Frösche *(Dendrobates* und *Phyllobates)* in Süd- und Mittelamerika sondern einige der stärksten biologischen Giftstoffe auf der Welt ab. Die Hautsekrete des golden gefärbten Blattsteigers *Phyllobates terribilis* in West-Kolumbien sind von allen die giftigsten – beim Umgang mit ihnen müssen Wissenschaftler dicke Handschuhe tragen.

GIFTIGSTER SKORPION
Der tunesische Dickschwanz-Skorpion *(Androctomus australis)* verursacht 80 % der Stiche und 90 % der Todesfälle durch Skorpionstiche in Nordafrika.

GIFTIGSTE SPINNE
Eine brasilianische Kammspinne *(Phoneutria fera)* besitzt das aktivste neurotoxische Gift von allen Spinnen. Die sehr aggressiven Kammspinnen verstecken sich häufig in Kleidung oder Schuhen und beißen wütend mehrmals zu, wenn sie gestört werden. Jedes Jahr wird von Hunderten von Unfällen berichtet, jedoch gibt es heute ein Gegengift. Die meisten Todesfälle ereignen sich bei Kindern unter sieben Jahren.

GIFTIGSTE SCHLANGE
Die Königskobra *(Ophiophagus hannah)* in Südostasien und Indien, auch Hamadryad genannt, ist durchschnittlich 3,65–4,50 m lang und damit die längste, aber auch die tödlichste Giftschlange.

LÄNGSTE SCHLANGEN-GIFTZÄHNE
Die längsten Giftzähne unter den Schlangen hat die hochgiftige Gabunviper *(Bitis gabonica)* im tropischen Afrika. Bei einem Exemplar von 1,83 m Länge maßen sie 5 cm.

GEFÄHRLICHSTE ECHSEN
Das Gila-Monster *(Heloderma suspectum)* in Mexiko und im Südwesten der USA und die mexikanische Krustenechse *(Heloderma horridum)* an den Westküsten Mexikos haben, für Echsen ungewöhnlich, einen giftigen Biß.

GEFÄHRLICHSTE GROSSKATZEN
Tiger scheinen Menschen häufiger anzugreifen als andere Katzen, möglicherweise deswegen, weil der Mensch der natürlichen Größenordnung der Beute von Tigern entspricht und recht leicht zu fangen ist.

GEFÄHRLICHSTER PRIMAT
Gereizte Gorilla-Silberrücken sind potentiell die gefährlichsten Primaten. Bei der Verteidigung ihrer Familien stürzen sie auf Eindringlinge los und brüllen laut. Es ist bekannt, daß solches Imponiergehabe meistens eine Täuschung ist, obwohl manche Vorfälle damit enden, daß der Gorilla dem Eindringling Stöße oder Bisse versetzt.

GEFÄHRLICHSTE BIENE
Das Gift der in Afrika angesiedelten Honigbiene *(Apis mellifera soutellata)* ist nicht stärker als das anderer Bienen, doch die Anzahl der von ihr abgegebenen Stiche kann für Menschen tödlich sein.

GEFÄHRLICHSTER BÄR
Die einzige Bärenart, die gezielt auf Menschenjagd geht, ist der Eisbär *(Ursus maritimus)*. Die meisten Angriffe passieren nachts durch hungrige junge Männchen, die vermutlich wenig Jagderfahrung haben und daher leichter von größeren Bären von ihrer üblichen Beute vertrieben werden.

GEFÄHRLICHSTE VÖGEL
Die einzigen Vögel, von denen bekannt ist, daß sie Menschen in der Wildnis angegriffen und getötet haben, sind Strauße *(Struthio camelus)*, Höckerschwäne *(Cygnus olor)* und die drei Kasuararten *(Familie Casuariidae)*.

GIFTIGSTER FISCH
Der Kugelfisch *(Tetraodon)* des Roten Meeres und der indopazifischen Region liefert einen tödlichen Giftstoff, das Tetrodoxin, eines der stärksten nicht auf Proteinen aufbauenden Gifte. Weniger als 0,1 g des Giftes – das in Eileitern, Eiern, Blut, Leber, Eingeweiden und Haut des Fisches enthalten ist – reicht aus, einen erwachsenen Menschen in nur 20 Minuten zu töten.

GEFÄHRLICHSTE KLEINSÄUGER
Das für den Menschen gefährlichste Kleinsäugetier ist die Ratte. Sie kann über 20 Krankheitserreger übertragen, darunter den Erreger der Beulenpest („Schwarzer Tod"). Sie übertragen auch Leptospirose (Weil-Krankheit), Lassafieber, Rattenbißfieber und Rattenfleckfieber, alles Krankheiten, die tödlich sein können.

STÄRKSTER BISS
Der stärkste jemals gemessene Biß eines Tieres ist der des Blauhais *(Carcharhinus obscurus)*: ein 2 m langes Exemplar kann eine Kraft von 60 kg zwischen

SELTSAMSTER VERTEIDIGUNGSMECHANISMUS
Die Texas-Hornechse *(Phynosoma Douglassi)* bleibt bewegungslos, wenn sich ihr etwas nähert. Wird sie jedoch hochgehoben, versucht sie häufig, den Angreifer nervös zu machen, indem sie ihren Körper aufbläst und Blut aus ihren Augen spritzt, manchmal über größere Entfernung. Von den 14 Arten der Gattung Phynosoma, die hauptsächlich in den Wüstengebieten Nordamerikas und Mexikos zu finden ist, sind nur zwei oder drei dazu fähig, Blut aus ihren Augenwinkeln zu spritzen. Dies gelingt ihnen, indem sie den Blutdruck im Kopf erhöhen. Das hier abgebildete Exemplar wurde 1997 im Chaparral-Wildschutzgebiet in Artesia Wells, Texas, USA, gefangen.

seinen Kiefern ausüben. Dies entspricht einem Druck von 3 Tonnen/cm² an den Zahnspitzen. Der Biß größerer Haie, wie der des weißen Menschenhais, ist möglicherweise stärker, wurde jedoch noch nicht gemessen.

BESTER GERUCHSSINN
Haie haben einen besseren Geruchssinn und höher entwickelte Riechorgane als jeder andere Fisch. Haie sind bekannt für ihre Fähigkeit, Blut über enorme Entfernungen zu riechen und können ein Teil Säugetierblut in 100 Mio. Teilen Wasser erkennen. Man glaubt, daß sie sogar dazu in der Lage sind, den Angstgeruch anderer Fische zu wittern.

GIFTIGSTER FISCH
Der Steinfisch *Synanceia horrida*, zu finden in den tropischen Gewässern des Indopazifik, besitzt die größten Giftdrüsen aller bekannten Fische. Direkter Kontakt mit seinen Flossenstacheln, die ein starkes neurotoxisches Gift enthalten, kann für Menschen tödlich sein.

GEFÄHRLICHSTER SEEIGEL
Das Toxin aus den Stacheln und Pedicellarien (kleinen zangenartigen Organen) des Seeigels *Toxopneustes pileolus* ruft starke Schmerzen, Atemprobleme und sogar Lähmung beim Menschen hervor.

GIFTIGSTE QUALLE
Das kardiotoxische Gift der schön anzusehenden, aber tödlichen Australischen Seewespe oder Würfelqualle *(Chironex fleckeri)* hat den Tod von mindestens 70 Menschen im vergangenen Jahrhundert allein vor der Küste von Australien verursacht. Ist medizinische Hilfe nicht verfügbar, sterben manche Opfer innerhalb von vier Minuten. Ein wirksamer Schutz sind Damenstrümpfe; Rettungsschwimmer in Queensland trugen früher übergroße Modelle während Surfturnieren.

GIFTIGSTER MOLLUSK
Hapalochlaena maculosa und *H. lunulata*, die beiden eng verwandten Arten von Blauring-Tintenfischen, die in der Küstengegend von Australien und Teilen Südostasiens zu finden sind, besitzen beide ein neurotoxisches Gift, das so stark ist, daß ihr nicht sehr schmerzhafter Biß Menschen innerhalb von Minuten töten kann. Es wurde geschätzt, daß ein einziges Exemplar genügend Gift in sich trägt, um Lähmungen oder sogar den Tod bei 10 erwachsenen Menschen auszulösen. Die Mollusken, die eine radiale Spannweite von nur 10-20 cm haben, sind nicht aggressiv und beißen normalerweise nur zu, wenn sie aus dem Wasser genommen und gereizt werden.

GEFÄHRLICHSTER FLOSSENFÜSSER
Der fleischfressende Seeleopard *(Hydrurga leptonyx)* ist die einzige Art, die den Ruf hat, scheinbar grundlos Menschen anzugreifen; mindestens ein Taucher wurde angegriffen, und mehrere Menschen wurden bis zu 100 m weit über das Eis gejagt. Experten glauben jedoch, daß die meisten Angriffe von Seeleoparden dadurch hervorgerufen werden, daß die Tiere Menschen mit Kaiserpinguinen verwechseln oder leicht reizbar sind.

GEFÄHRLICHSTE KROKODILART
Das Leistenkrokodil *(Crocodylus porosus)* tötet jedes Jahr schätzungsweise 2000 Menschen, die meisten dieser Todesfälle bleiben jedoch unverzeichnet. Man nimmt an, daß es bei einem Angriff von Krokodilen während des 2. Weltkriegs, in der Nacht vom 19. auf den 20. Februar 1945, die meisten Toten gab. Alliierte Truppen nahmen Ramree Island vor der Küste von Burma und schlossen zwischen 800 und 1000 japanische Infanteristen in einem Mangrovensumpf an der Küste ein. Am folgenden Morgen waren nur noch 20 Männer am Leben; man glaubt, daß die meisten Infanteristen lebend von Krokodilen gefressen wurden.

GIFTIGSTE SCHNECKEN
Schneckengehäuse der Art Conus sondern ein Gift ab, von denen manche einen Menschen töten können. Die gefährlichsten von ihnen findet man im indopazifischen Raum.

BISSIGSTER FISCH
Mit rasiermesserscharfen Zähnen greifen Piranhas der Gattungen *Serrasalmus* und *Pygocentrus* jedes Lebewesen an, das verletzt ist oder im Wasser eine Bewegung verursacht. Seine Größe spielt dabei keine Rolle. Es heißt, daß 1981 über 300 Menschen gefressen wurden, als ein mit Passagieren überladenes Lastboot in Brasilien kenterte und sank.

Neue und gefährdete Arten

POPULÄRSTE SELTENE TIERART
Seitdem er 1961 zum Symbol des World Wildlife Fund wurde, hat der Riesenpanda *Ailuropoda melanoleuca* viel internationale Unterstützung für den Schutz bedrohter Tierarten angezogen. Es leben noch etwa 700 Pandas auf der Welt.

GRÖSSTES UMSIEDLUNGSPROJEKT FÜR ELEFANTEN
1993 transportierte Care for the Wild International über 500 Elefanten in Familienverbänden vom Gonerauzou National Park, Zimbabwe, in das 250 km entfernte Save Valley Conservancy.

ERFOLGREICHSTE AUSWILDERUNG
Die Sandgazelle (Gattung *Gazella*) wurde 40 Jahre nach ihrem Verschwinden wieder im Empty Quarter im Grenzgebiet zwischen Saudi-Arabien und Oman angesiedelt. In den späten 50er Jahren galt sie als ausgestorben, einige überlebende Tiere wurden zusammen mit Exemplaren aus privaten Sammlungen in ein Zuchtprogramm aufgenommen, das der Londoner Zoo und die saudische National Commission for Wildlife Conservation ins Leben gerufen haben. Im Empty Quarter leben inzwischen wieder fast 600 Exemplare.

SELTENSTES LANDSÄUGETIER
Nur höchstens 70 Exemplare des Java-Nashorns *Rhinoceros sondaicus* sind auf Java, Indonesien, und in Vietnam bekannt.

SCHNEELEOPARD
Am 30. August 1997 wurden der Presse im Zoo von Lille, Frankreich, zwei acht Tage alte Schneeleoparden-Babys präsentiert. Nur noch ca. 5.000 Schneeleoparden (Gattung *Panthera*) überleben in der Wildnis, davon über die Hälfte in der Mongolei, der Rest in benachbarten Gebieten Rußlands, Chinas, Pakistans, Indiens und in Afghanistan und Kasachstan. Weitere 150 Tiere leben in Zoos.

SELTENSTER MEERESSÄUGER
Die Population des Baiji oder Flußdelphins *(Lipotes vexillifer)* im Jangtse besteht aus schätzungsweise 150 Tieren.

SELTENSTE WILDKATZE
Zur Zeit leben weniger als 100 Exemplare der Iriomote-Katze *Felis iriomotensis*, deren Lebensraum ausschließlich auf Iriomote in der Ryukyu-Inselkette, Japan, beschränkt ist.

GEFÄHRDETSTE VÖGEL
Von dem hawaiischen Singvogel Kauai o-o (*Moho braccatus*) sind nur noch zwei wildlebende Paare bekannt.

SELTENSTE RAUBVÖGEL
Es existieren noch ungefähr 70 kalifornische Kondore *(Gymnogyps californianus)* in Gefangenschaft und etwa fünf wildlebende Exemplare.

Ein einziges Exemplar der roten Schleiereule *Tyto soumagnei* Madagaskars wurde 1994 verzeichnet, das erste seit 1934.

SELTENSTES INSEKT
Nach dem Riesenohrwurm *(Labidura herculeana)*, zuletzt 1965 gesehen, wird nach wie vor von Insektenforschern gesucht.

GEFÄHRDETSTER FISCH
Der Lebensraum der 200–500 existierenden Exemplare des *Cyprindon diabolis* ist auf einen Abschnitt des Devil's Hole, eines Wasserlochs in Nevada, USA, beschränkt.

SELTENSTE AMPHIBIE
Soweit bekannt, wurde die goldfarbene Kröte *Bufo periglenes* auf Costa Rica zuletzt 1990 gesichtet, als elf Exemplare gefunden wurden.

EINSAMSTE KREATUREN
Darwin, eine 70 Jahre alte Seychellen-Riesenschildkröte, ist ist hier mit dem vierjährigen Darren Short im Blackpool Zoo, Großbritannien, abgebildet. Bis Darwin gefunden wurde, hielt man diese Gattung für ausgestorben. Die einsamste Kreatur ist Lonesome George, der letzte Vertreter der Abingdon Island-Riesenschildkröte *(Geochelone elephantopus abingdoni)*. Möglicherweise leben noch andere Exemplare, da George sie aber höchstwahrscheinlich nicht mehr treffen wird, ist seine Ausrottung unabänderlich.

SELTENSTE SCHLANGEN
Die Gänge grabende *Boa Bolyeria multicarinata* ist möglicherweise bereits ausgestorben, und die kielförmig geschuppte *Boa Casarea dussumieri* überlebt zur Zeit nur im Zoo von Jersey, Großbritannien. Beide sind auf der winzigen Insel Round Island, Mauritius, heimisch.

GRÖSSTE KONZENTRATION NEUENTDECKTER TIERARTEN
Zwölf neue Arten großer Landsäugetiere wurden in den 90er Jahren in Vietnam, Laos und Kambodscha entdeckt oder wieder entdeckt, darunter das vietnamesische Warzenschwein *(Sus bucculentis)*.

MEISTE NEUENTDECKTE ARTEN
1997 fanden Biologen über 16.000 winzige Arten in spanischen Höhlen, darunter zahlreiche neue Krustentier-Arten, die zu einer neuen Tierklasse gehören.

„NEUESTES" ÖKOSYSTEM
Das Mini-Ökosystem der Movile-Höhlen in Rumänien, das völlig vom Sonnenlicht abgeschnitten ist, wurde in den 80er Jahren entdeckt und und bietet Lebensraum für 30 bis dahin unbekannte wirbellose Arten.

PELZHANDEL
In den letzten zehn bis 15 Jahren ist die Pelzindustrie in der Krise, da die Menschheit das Leiden der verwerteten Tiere erkannt hat. Dennoch kostet der Pelzhandel mit einem Umsatz von jährlich 648 Mio. Dollar (ca. 1,1 Mrd. DM) jedes Jahr etwa 3,5 Mio. Tieren das Leben, von denen 2,5 Mio. auf Pelzfarmen gehalten werden. In der Vergangenheit hat der Pelzhandel zum Aussterben vieler Tierarten beigetragen. Pelzfarmen, von denen es allein in den USA schätzungsweise 500 gibt, haben diese Entwicklung aufgehalten, doch die Tiere werden dort oft grausam behandelt.
Die meisten Mode-Designer verwenden heute keine Pelze mehr in ihren Kollektionen. Weltweit nehmen viele Topmodels, darunter Kate Moss, Tyra Banks, Cindy Crawford, Christy Turlington, Elle MacPherson und Claudia Schiffer, an der Aktion „Models of Compassion" teil, die von Peta, der größten Weltorganisation für Tierrechte, organisiert wird. Peta hat durch seine eindrucksvollen Werbekampagnen und Publicity-Stunts viel dafür getan, das Tragen von Pelzen zu diskreditieren.
In London existieren heute nur noch 14 der 85 Pelzgeschäfte, die es dort 1985 gab.

JÜNGST ENTDECKTER TIERSTAMM
Eine neue Art winziger mehrzelliger Wirbelloser, genannt *Symbion pandora* (Stamm *Cycliophora*), die auf den Lippen von Nordsee-Hummern lebt, wurde 1995 entdeckt.

SENSATIONELLSTES COMEBACK
Cephalodiscus graptolitoides, eine Art Kolonien-bildender, im Meer lebender Wirbelloser, die 1993 formal beschrieben wurde, wird von manchen Zoologen für eine lebende Art von *Graptolithen* gehalten, die bisher nur als vor 300 Millionen Jahren ausgestorbene Fossilien bekannt waren.

GRÖSSTES NEUENTDECKTES LANDSÄUGETIER
Der Vu-Quang-Ochse *(Pseudoryx nghetinhensis)* in Vietnam ist die größte seit 1936 entdeckte Art Landsäugetier.

SELTSAMSTES NEUENTDECKTES SÄUGETIER
Von der Heiligen Ziege oder Kting Voar *(Pseudonovibos spiralis)* in Vietnam, wissenschaftlich seit 1994 benannt, sind nur die unverwechselbaren Hörner bekannt.

GRÖSSTES NEUENTDECKTES BEUTELTIER
Das Bondegezou oder Mbaiso-Baumkänguruh *(Dendrolagus mbaiso)*, 1994 auf Irian Jaya, Indonesien, entdeckt, ist 1,2 m lang.

NEUENTDECKTER WAL
Der Bahamondi-Schnabelwal *(Mesoplodon bahamondi)* wurde 1996 nach einem auf Robinson Crusoe Island, Chile, angeschwemmten Schädel beschrieben.

JÜNGST ENTDECKTES „LEBENDES FOSSIL"
Eine 1996 in Queensland, Australien, entdeckte Schnappschildkröte ähnelt australischen Süßwasser-Schildkröten, die vor 5.000–20.000 Jahren ausgestorben sind.

NEUENTDECKTE EIDECHSE
1996 wurde die Codling-Eidechse in der Wüste Kalahari, Botswana, von Professor Charlemagne B'Nkobo von der Universität Durban, Südafrika, entdeckt. Diese Art hat extrem blaue Augen und eine braune Haut mit Wellenmuster. Sie wurde nach Neil Codling benannt, dem Keyboarder der britischen Pop-Band Suede. Professor B'Nkobo ist Suede-Fan.

ELEKTRISCHER BALZRUF
Der Balzruf des Elektrischen Frosches *(Litoria electrica)*, 1990 in Queensland entdeckt, erinnert an das Geräusch eines Hochspannungs-Lichtbogens.

BLAUÄUGIGE LEMUREN
Hier sind die sechs Monate alte blauäugige Lemurin Dern und ihre Mutter Bacall bei ihrer Ankunft im Zoo von Los Angeles im November 1997 zu sehen. Sie wurden von Derns Vater Cagney begleitet. Dies ist der vierte Zoo, der die in ihrer Heimat Madagaskar bedrohte Art (Familie *Lemuridae*) aufnimmt.

Berühmte Tiere

BEZAUBERNDSTE TIERHOCHZEIT
Im September 1996 wurden zwei seltene „Diamantaugen"-Katzen, Phet und Ploy, in einer verschwenderischen Zeremonie in der größten Diskothek Thailands verheiratet. Die Hochzeit kostete 16.241 Dollar (ca. 28.584 DM) plus einer Mitgift von 23.202 Dollar (ca. 40.000 DM). Phet trug einen roten Smoking und kam im Rolls-Royce, Ploy ein weißes Kleid und kam per Hubschrauber.

TEUERSTER TIER-STAR
Der Ur-Ur-Ur-Ur-Ur-Enkel „Lassie IX" mit Namen Howard ist das wertvollste Tier in der Geschichte des Showbusiness. Er reist in einem eigenen Flugzeug.

ERFOLGREICHSTER FERNSEHHUND
Moose, den Jack-Russel-Terrier aus der amerikanischen Sitcom *Frasier*, nannte *Entertainment Weekly* „den heißesten Köter, der seit Jahren auf Fluglinien losgelassen wurde". Er hat eine Hauptrolle in der *Animal Actors Show* der Universal Studios, tauchte in verschiedenen amerikanischen Presse- und Fernsehwerbungen auf und war auf den Titelseiten von *Life* und *TV Guide*.

BELIEBTESTER DEUTSCHER FERNSEHHUND
Mit einem Bekanntheitsgrad von 60 % hat Kommissar Rex, der Partner von Richard Moser (Tobias Moretti) aus *Kommissar Rex*, die beliebteste Schnüffler-schnauze Deutschlands.

BERÜHMTESTE WERBEKATZE
Morris wurde 1968 von einem Tiertrainer aus einem Tierheim in Chicago, USA, gerettet und ausgewählt, für das Katzenfutter „Nine Lives" zu werben. Er tauchte innerhalb des nächsten Jahrzehnts in 40 Werbungen auf.

ERFOLGREICHSTES SCHWEIN
Luise aus Hannover in Deutschland wurde 1984 im Alter von drei Wochen als das erste Drogen schnüffelnde Schwein berühmt. Im Jahr 1987 wechselte sie zur Schauspielerei und spielte in ihrem ersten Film *Blutrausch* einen Schweinedetektiv. Luise hatte danach fast 70 Fernsehauftritte und war ein berühmter Gast an der Hannoveraner Oper in einer nicht gesungenen Rolle.

ERFOLGREICHSTE HUNDESUPERMODELS
Die englische Bulldogge Rosie Lee trat in der Frühjahrskampagne 1996 des Schuhdesigners Patrick Cox sowie in einem Werbespot für IBM auf und posierte für den Modefotografen Bruce Weber in einem Werbespot für Pepe Jeans. Rosie ist 46 cm groß und wiegt 22 kg. Sie lebt mit ihrem Besitzer Nikki Perry in New York.

Magic Star Francky, bekannt als Francky, ist ein französischer Modepudel, der für nicht weniger als 165 Dollar (ca. 290 DM) pro Tag aus seinem Körbchen kommt. Mit sieben Jahren haben ihn seine Maße (er ist 62 cm groß und wiegt 24 kg) zum Favoriten für Fotografen wie Patrick Demarchelier gemacht. Er trat in Modenschauen für Jean-Paul Gaultier an der Seite von Supermodel Karen Mulder und in dem Film *Prêt à Porter* (USA, 1994) von Robert Altman auf.

TIER-AEROBIC
Catflexing, eine der neuesten Verrücktheiten in den USA, wurde von Stephanie Jackson erfunden, die ihre Katze Bad (links mit Jackson abgebildet) in workout sessions integrierte. Jackson nahm die Katze hoch und machte ihre Übungen mit Bads zusätzlichem Gewicht von 3,6 kg weiter. Sie gewöhnte sich bald daran, Bad in andere Übungsteile einzubeziehen, zum Beispiel Catbell Press, wobei sie unten liegt und ihre Katze über ihre Brust anhebt, Upright Cat Row, bei der sie die Katze auf ihre Brust hebt, Cat Crunches, Cat Twists und Dead Cat Lift, die alle in ihrem Buch *Catflexing: A Catlover's Guide to Weight Training, Aerobics and Stretching* beschrieben sind. Katzen sind nicht die einzigen Tiere, die in regelmäßige Übungsstunden einbezogen werden. Im Jahr 1996 öffnete das Fitness-Center Total Dog Inc. auf dem Santa Monica Boulevard in Los Angeles, USA. Dort trainieren Hunde regelmäßig an der Tretmühle, schwimmen im Pool und absolvieren eine Freiluft-Beweglichkeitsstrecke. In diesem Center gibt es auch Therapeuten für Massagen und persönliche Trainer, die Übungsprogramme und Anleitungen zur Gewichtsreduzierung ausarbeiten.

ERFOLGREICHSTER LITERARISCHER HUND
Im Jahr 1991 bekam der Spaniel Millie für kurze Zeit ein Gehalt, das viermal so hoch war wie das ihres Herrchens, des damaligen amerikanischen Präsidenten George Bush, als ihre „Autobiographie" 400.000mal verkauft wurde. Millies Buch, das sie der First Lady, Barbara Bush, „diktiert" hatte, wurde als „ein Blick unter den Tisch der Familie Bush" beschrieben. Es brachte 900.000 Dollar (ca. 1,5 Mio. DM) ein.

ERFOLGREICHSTER ZEICHNENDER ELEFANT
Die Elefantendame Ruby malt seit acht Jahren. Mit einem Stock, den sie in ihrem Rüssel hielt, malte sie Muster in den Staub. Ihre Wärter im Zoo von Phoenix, Arizona, USA, gaben ihr daraufhin Farben, Pinsel und Staffelei. Eine Leinwand von Ruby wird jetzt für 3.500 Dollar (ca. 6.100 DM) verkauft. Die 23jährige hat ihr eigenes Büro und Assistenten, die ihre Pinsel auswechseln und ihr die Palette halten, während sie die Farben mischt.

TEUERSTE KATZEN
Bullseye und Cucamonga, Kalifornischen Tüpfelkatzen, wurden 1986 im Weihnachtskatalog des Neiman-Marcus-Kaufhauses für jeweils 1.400 Dollar (ca. 2.400 DM) angeboten. Im Jahr 1987 wurde eine von ihnen für 24.000 Dollar (ca. 42.200 DM) an einen Filmstar verkauft, der lieber anonym bleiben wollte. Kalifornische Tüpfelkatzen wurden von dem Hollywood-Drehbuchautoren Paul Casey gezüchtet und sehen getüpfelten Wildkatzen ähnlich. Es gibt gegenwärtig weniger als 200 Exemplare davon auf der Welt.

MEISTGEREISTE KATZE
Hamlet entkam während eines Fluges von Toronto, Kanada, aus seinem Käfig und flog in über sieben Wochen mehr als 965.600 km. Er wurde im Februar 1984 wieder eingefangen.

FLIEGENDE HUNDE
Pumpkin Matthews, ein kleiner champagnerfarbener Zwergpudel,

GRÖSSTE TIERBEERDIGUNG
Im Jahr 1920 wurden zur Beerdigung des Kanarienvogels Jimmy aus New Jersey, USA, 10.000 Trauergäste erwartet. Der Besitzer von Jimmy, der Schuster Edidio Rusomanno, hatte den Körper in einen weißen Korb gelegt. Der Trauerzug wurde von zwei Kutschen und einer 15 Mann starken Kapelle begleitet.

HÄSSLICHSTER HUND
Chi Chi, ein afrikanischer Sandhund, hat den Weltmeistertitel für den häßlichsten Hund in Petaluma, Kalifornien, USA, insgesamt fünfmal gewonnen und nahm den ersten Platz in dem Wettbewerb „Ring of Champions" ein, bei dem die Gewinner aus den vorhergehenden 25 Jahren gegeneinander antreten. Chi Chi wurde vom *National Enquirer* als „Weltraumaußerirdischer" und von seiner Besitzerin Doris Beezley als ein „0-beiniger, schweineähnlicher Hund" bezeichnet. Er ist mehrmals im Fernsehen aufgetreten und Star der Comicserie „Der häßlichste Hund".

pendelte in den achtziger Jahren in einer Concorde zwischen seinen Wohnungen in New York und St. Tropez, Frankreich. Damals war er zehn Jahre alt und hatte Paris insgesamt 50mal besucht. Seine Nachfolgerin, Precious Pi, reist heute genauso häufig wie Pumpkin.

REICHSTER HUND
Das größte Erbe, das jemals einem Hund hinterlassen wurde, betrug 15 Mio. Dollar (ca. 26 Mio. DM), das dem Standardpudel Toby im Jahr 1931 von Ella Wendel aus New York vererbt wurde. Ella war Mitglied einer exzentrischen Familie, deren Hunden erstklassige Lammkoteletts von persönlichen Butlern serviert wurden und die in ihren eigenen Schlafzimmern in handgeschnitzten Himmelbetten mit Seidenvorhängen schliefen.

REICHSTE KATZE
Blackie, der letzten Katze in einem Haushalt mit 15 Katzen, wurden 15 Mio. Dollar (ca. 26 Mio. DM) im Testament ihres Besitzers, des Millionärs Ben Rea, hinterlassen.

DICKSTE KATZEN
Kato, ein Kater aus Sogndal in Norwegen, oben abgebildet, ist der dickste lebende Kater der Welt. Im Februar 1998 wog er 16,7 kg und hatte ein Nackenmaß von 36 cm. Die dickste Katze war Himmy, sie wog 21,3 kg und hatte einen Umfang von 84 cm, als sie am 12. März 1986 im Alter von zehn Jahren und vier Monaten starb. Sie war so riesig, daß sie in einer Schubkarre transportiert werden mußte. Zu Lebzeiten hatte sie viele Kämpfe mit Hunden und Katzen als Sieger beendet.

MEISTE HUNDETRICKS
Chanda-Leah, ein champagnerfarbener Zwergpudel aus Hamilton, Kanada, kann ein Repertoire von über 300 Tricks vorführen. Chanda-Leahs Besitzerin, Sharon Robinson, unterrichtete den vier Jahre alten Hund im Klavierspiel, Zählen und Buchstabieren. Der Hund ist in vielen amerikanischen Fersehsendungen aufgetreten, darunter bei *Regis und Kathy Lee* und in der *Maury Povich Show*, und hat jetzt seinen eigenen Werbeagenten.

gefährliche pflanzen

SCHÄDLICHSTES UNKRAUT
Das rote Nußgras *(Cyperus rotundus)* befällt die meisten Feldfrüchte auf der Welt. Dieses Landunkraut ist in Indien beheimatet, befällt jedoch Feldfrüchte in 92 Ländern.

BEDROHLICHSTE WASSERPFLANZE
Die Wasserhyazinthe *(Eichhornia crassipes)* aus Südamerika wurde als Wasserzierpflanze nach Afrika gebracht und gelangte in den fünfziger Jahren in den Nil. Sie breitete sich schnell aus, da natürliche Feinde fehlten, stört heutzutage ernsthaft die Schiffahrt in der Sudd-Region des Sudan und droht, die Bewässerungskanäle von Gezira, dem Gebiet zwischen dem Blauen und dem Weißen Nil, zu blockieren.

GRÖSSTE FLEISCHFRESSENDE PFLANZE
Die Pflanzen der Gattung *Nepenthes* besitzen 10 m lange Stämme. Sie fangen von allen Pflanzen die größte Beute, nämlich Lebewesen in der Größe von Fröschen.

SCHNELLSTE PFLANZENFALLE
Die Unterwasserpflanze *Utricularia* saugt ihre Beute mit Geschwindigkeiten von einer 1/30 Sekunde in Blasen ein.

KLEINSTE GIFTIGE UNTERWASSERPFLANZE
Die Giftstoffe, die von der mikroskopisch kleinen Rotalge hergestellt werden, gehören zu den giftigsten natürlichen Substanzen und können selbst Menschen vergiften.

TEUERSTER KAKTUS
Ein *Arocarpus kotschubeyanus* wurde 1832 in Frankreich für 61 Dollar verkauft, heute wären das umgerechnet 2.353 Dollar (ca. 4.140 DM). Es sind nur drei gezüchtete Arten bekannt.

JUCKENDSTER KAKTUS
Opuntia, besser bekannt als Feigenkaktus, hat Stacheln, die so spitz wie Bienenstacheln sind. Sie werden zur Herstellung des juckendsten Juckpulvers der Welt verwendet.

ÄLTESTER KAKTUS
Getrocknete Kakteenproben, die in Arizona, USA, aus den Höhlen von Packratten entnommen wurden, sind nach Angaben von Wissenschaftlern über 26.000 Jahre alt.

SÜDLICHSTE PFLANZEN
Der südlichste Punkt, an dem eine Pflanze wächst, ist 86°48'S, 145°93'E auf der Spitze des Berges Roland im Gebirge La Gorce in der Antarktis. *Carbonea Vorticosa* und *Lecidea Cancriformis*, beides Flechtenformen, können hier gefunden werden.

SÜDLICHSTE BLÜHENDE PFLANZEN
Atlantik-Haargras *(Deschampsia Antarctica)* und Antarktischer Perlwurz *(Colobanthus quitensis)* blühen beide auf den Inseln Terra Firma auf der südwestantarktischen Halbinsel bei 68°42'S, 67°32'W.

KÄLTESTE PHOTOSYNTHESE
Obwohl Pflanzen in der Lage sind, lange Zeiträume ohne Photosynthese auszukommen, benötigen sie diese Funktion zum Überleben. Die niedrigste Temperatur, bei der eine Photosynthese (Kohlenstoffassimilation) nachweisbar war, beträgt –17 °C bei der Flechte *Umbilicaria aprina*.

NIEDRIGSTE TEMPERATUR, BEI DER EINE PFLANZE ÜBERLEBTE
In von Otto Lange und Ludger Kappen als Teil einer terrestrischen Antarktisforschung durchgeführten Experimenten wurden Pflanzen über längere Zeiträume extremen Temperaturen ausgesetzt. Verschiedene Arten von Flechten konnten wieder normale Photosyntheseraten erzielen und überstanden Temperaturen von –196 °C.

UMSTRITTENSTE PFLANZE
Tabak steht im Mittelpunkt von mehr Gerichtsverfahren als irgendeine Pflanze in der Geschichte. Zwischen 1997 und 1998 führten insgesamt

GIFTPILZE
Der Fliegenpilz *(Amanita muscaria)* ist der am besten bekannte der Blätterpilzgattung der *Amanita*. Er ist giftig, aber selten tödlich, im Gegensatz zu seinen Verwandten Grüner Knollenblätterpilz *(Amanita phalloides)*, Weißer Knollenblätterpilz *(Amanita virosa)* und Kegliger Knollenblätterpilz *(Amanita verna)*. Der Fliegenpilz erhielt seinen Namen im Mittelalter, als er als Insektizid verwendet wurde. Mit Zucker als Lockstoff überstreut, diente er als Fliegengift.

GIFTIGSTE PILZE

Der gelb-olivfarbene Knollenblätterpilz *(Amanita phalloides)* ist weltweit zu finden und für 90 % der Pilzvergiftungen mit tödlichem Ausgang verantwortlich. Sein Giftstoffgehalt beträgt zwischen 7 und 9 mg Trockengewicht. Die tödliche Dosis an Amatoxinen für Menschen beträgt in Abhängigkeit vom Körpergewicht 5–7 mg, das sind weniger als 50 g eines frischen Pilzes. Die Knollenblätterpilze gehören zu einer Gruppe sowohl eßbarer als auch giftiger Pilze und können mit ihren harmlosen Verwandten verwechselt werden. Auswirkungen der Vergiftung sind Erbrechen, Delirium und Tod nach sechs bis 15 Stunden.

41 Bundesstaaten der USA Gerichtsverfahren gegen die Tabakindustrie des Landes. Im Juni 1997 bot die Industrie eine Ausgleichszahlung von 368,5 Mrd. Dollar (ca. 649 Mrd. DM) an, die Kosten von Folgeschäden durch Rauchen ausgleichen sollten. Texas, Mississippi, Minnesota und Florida haben Ausgleichsvereinbarungen erzielt. Das Problem wird gegenwärtig vom amerikanischen Kongreß diskutiert.

TIEFSTE BAUMWURZELN

Die tiefsten Wurzel von Pflanzen reichen 120 m tief in die Erde. Gemessen wurden sie bei einem wilden Feigenbaum in den Echo Caves bei Ohrigstad, Transvaal, Südafrika.

BEKANNTESTE FLEISCHFRESSENDE PFLANZE

Die Blattlappen der Venusfliegenfalle *(Dionaea muscipula)*, die hier rechts und oben links zu sehen ist, haben jeweils drei sensitive Haare, die es ihnen ermöglichen, sich schnell zu schließen, wenn sie durch ein Beutetier stimuliert werden. Auf der Oberfläche befindliche Drüsen produzieren einen roten Saft, der die Beute verdaut und der Pflanze ihre Farbe gibt. Eine Venusfliegenfalle braucht zehn Tage, um die Verdauung abzuschließen und sich wieder zu öffnen, und fängt drei oder vier Insekten, bevor sie abstirbt. Die Pflanzen werden im allgemeinen als Zimmerpflanzen verwendet.

HEIMTÜCKISCHSTE PFLANZE

Die fleischfressenden Krugpflanzen werden durch krugförmige Blätter gekennzeichnet, die vom Boden in Rosetten wachsen. Die Krugpflanze *Sarracenia leucophylla*, in Nordostamerika beheimatet, sondert an der Außenseite ihrer Blätter Nektar ab, um Insekten in ihren Krug zu locken. An der Innenseite der Blätter lagert ein Enzym ab, das die Insekten verdaut und Nährstoffe absorbiert. Ein „Deckel" schließt sich, damit kein Regenwasser die Verdauungsflüssigkeit löst.

pflanzen und Bäume

AM SCHNELLSTEN WACHSENDER BAUM
Eine 1974 in Sabah, Malaysia, gepflanzte *Albizzia falcata* wuchs innerhalb von 13 Monaten 10,74 m hoch – etwa 2,8 cm am Tag.

AM SCHNELLSTEN WACHSENDE PFLANZE
Manche Bambusarten wachsen um 91 cm pro Tag oder mit einer Geschwindigkeit von 0,00003 km/h.

AM SCHNELLSTEN WACHSENDE WASSERPFLANZE
Die Geflechte bildende Wasserpflanze *Salvinia auriculata* wurde entdeckt, als der Kariba-See an der Grenze Simbabwe-Sambia 1959 geflutet wurde. Innerhalb von 13 Monaten hatte sie eine Fläche von 518 km² erstickt, und bis 1963 wurde von ihr eine Fläche von 1.002 km² bedeckt.

LÄNGSTE MEERESALGE
Der pazifische Riesenblatt-Tang *Macrocystis pyrifera* wird nicht länger als 60 m, wächst aber bis zu 45 cm pro Tag.

PFLANZE MIT DER GRÖSSTEN MASSE
Ein Netz von Zitterpappeln *(Populus tremuloides)* mit einem einzigen Wurzelsystem dehnt sich in den Wasatch Mountains, Utah, USA, über 43 Hektar aus und wiegt geschätzte 6.000 Tonnen. Das Wurzelsystem ist genetisch einheitlich und verhält sich wie ein einzelner Organismus; alle Bäume wechseln die Farbe und verlieren die Blätter gleichzeitig.

PARADIESVOGEL
Die *(Strelitzia reginae)*, gehört zur Gattung der südafrikanischen Strelitzia. Ihre Blütenpracht trägt den Namen Cincinnus. Ihre exotische Färbung ist macht sie zu einem begehrten Zuchtobjekt.

TIEFSTGELEGENER LEBENSRAUM EINER PFLANZE
1984 wurden Algen in 269 m Tiefe vor der Insel San Salvadore, Bahamas, entdeckt, wo 99,9995 % des Sonnenlichts durch das Wasser herausgefiltert werden.

GRÖSSTE ORCHIDEE
Von *Galeola foliata*, einem Saprophyten aus der Vanille-Familie, ist bekannt, daß sie in den Regenwäldern von Queensland, Australien, bis zu einer Höhe von 15 m wächst.

GRÖSSTE BLÜTENZAHL
Die aufrechte Rispe von *Puya raimondii*, einem seltenen Mitglied der Bromeliaceae-Familie in Bolivien, hat einen Durchmesser von 2,4 m und wächst bis zu einer Höhe von 10,7 m heran. Jede kann bis zu 8.000 weißen Blüten tragen.

GRÖSSTER PILZ
Ein einzelnes lebendes Fadennetz des unterirdischen Pilzes Armillaria ostoyae erstreckt sich über eine Fläche von etwa 600 ha in den Wäldern des US-Bundesstaates Washington. Seiner Größe nach wird das Alter des Pilzes auf zwischen 500 und 1.000 Jahre geschätzt.

SCHWERSTER PILZ
Eine einzelne lebende *Armillaria bulbosa*-Masse, die sich über etwa 15 ha Wald in Michigan, USA, erstreckte, wog über 100 Tonnen – ungefähr das Gewicht eines Blauwals. Sie wuchs wahrscheinlich in mindestens 1.500 Jahren aus einer einzigen Spore heran.

GRÖSSTER BAUMSCHWAMM
Der Baumschwamm *Rigidoporus ulmarius*, der auf dem Gelände des International Mycological Institute in Kew, Surrey, Großbritannien, auf totem Ulmenholz wächst, maß 1995 1,63 x 1,4 m und hatte einen Umfang von 4,8 m. 1992 wuchs er mit einer jährliche Rate von 22,5 cm, sein Wachstum hat sich aber inzwischen auf etwa 3,5 cm pro Jahr verringert.

GRÖSSTES KRAUT
Das Riesenkraut *Heracleum mantegazzianum*, ursprünglich aus dem Kaukasus, kann eine Höhe von 3,65 m erreichen und hat 91 cm lange Blätter.

GRÖSSTE KOLONIE VON KRÄUTERN
Eine Kolonie wilder Heidelbeeren *(Gaylussacia brachycera)*, die sich über etwa 40 ha ausdehnte, wurde 1920 nahe dem Juniata River, Pennsylvania, USA, gefunden. Ihr Alter wird auf 13.000 Jahre geschätzt.

KLEE MIT DEN MEISTEN BLÄTTERN
Ein 14blättriges Kleeblatt *(Trifolium repens)* wurde 1975 von Randy Farland bei Sioux Falls, South Dakota, USA, gefunden, und Berichte zeugen von einem 14blättrigen roten Kleeblatt *(Trifolium pratense)*, das Paul Haizlip aus Bellevue, Washington, USA, 1987 fand.

GRÖSSTE BÄUME
„Lindsey Creek Tree", ein Eibennadliger Mammutbaum *(Sequoia*

ÄLTESTE PFLANZE
King's Holly *(Lomatia tasmanica)* wurde bei New Harbour in der südwestlichen Wildnis von Tasmanien, Australien von dem Bergarbeiter und Amateur-Naturforscher Denny King 1934 entdeckt und ist die älteste bekannte Pflanzenart der Welt. Nach der Radiokarbon-Datierung des Fossils eines identischen, in der Nähe bei Melaleuca Inlet gefundenen Exemplars wird das Alter der Pflanze auf mindestens 43.000 Jahre geschätzt. King's Holly ist extrem selten, ihm fehlt die genetische Vielfalt (sämtliche Exemplare sind genetisch identisch), und er ist ein Tripus. Obgleich er Blüten bildet, gibt es keine Frucht- oder Samenbildung, was bedeutet, daß die Art steril ist und sich rein durch vegetative Maßnahmen vermehrt. Die Kombination dieser Faktoren hat beinahe bis zum Aussterben geführt: Zur Zeit existieren nur etwa 500 Exemplare. Zusätzlich zu diesen Problemen wächst die Pflanze in Gebieten, in denen Krankheiten und Feuer häufig sind. Sie wurde deshalb entsprechend dem Artenschutzgesetz 1995 als bedroht verzeichnet, und viele Versuche wurden unternommen, ihre Überlebenschancen durch Pläne zum Feuer- und Krankheitsschutz zu verbessern.

semper-virens) mit einem minimalen Stammvolumen von 2.549 m³ und einer minimalen Gesamtmasse von 3.300 Tonnen war der Baum mit der größten Masse. Er stürzte 1905 bei einem Sturm um.

Der lebende Baum mit der größten Masse ist „General Sherman", ein Riesen-Mammutbaum *(Sequoiadendron giganteum)* im Sequoia National Park, Kalifornien, USA. Er ist 83,82 m hoch und hat einen Umfang von 31,3 m.

HÖCHSTE BÄUME
Der höchste heute stehende Baum ist der „Mendocino Tree", ein Eibennadliger Mammutbaum *(Sequoia sempervirens)* im Montgomery State Reserve, Kalifornien, USA. 1996 war er 112,014 m hoch bei einem Durchmesser von 3,139 m. Sein Alter wird auf etwa 1.000 Jahre geschätzt.

Von einem bei Mount Baw Baw, Victoria, Australien, 1885 gemessenen *Eucalyptus regnans* heißt es, er sei 143 m hoch gewesen.

Der höchste je gemessene Baum war ein australischer Eukalyptus bei Watts River, Victoria, Australien. Dem Bericht von Förster William Ferguson nach hatte er 1872 eine Höhe von 132,6 m, und es gilt als beinahe sicher, daß er ursprünglich über 150 m hoch gewesen war.

GRÖSSTE BLÜTE
Die Blüten der weiß und braunorange gemusterten, parasitisch lebenden Rafflesia arnoldi wachsen bis zu 91 cm im Durchmesser heran, mit 1,9 cm dicken Blütenblättern. Jede Blüte wiegt bis zu 11 kg. Die Pflanze ist im angelsächsischen Raum auch als „stinking corpse lily" bekannt, weil ihre Blüten nach verfaultem Fleisch riechen, um Fliegen als Pollenträger anzulocken. Angeblich hat die Pflanze Heilkräfte.

GRÖSSTE BAUMKRONE
Der riesige Banyan *(Ficus benghalensis)* im Indian Botanical Garden, Kalkutta, besitzt 1.775 Stützwurzeln und hat einen Umfang von 412 m. Er erstreckt sich über eine Fläche von ungefähr 1,2 ha und besitzt damit die größte Baumkrone.

GRÖSSTER UMFANG EINES BAUMES
Im späten 18. Jahrhundert hatte eine unter dem Namen „Baum der Hundert Pferde" bekannte Edelkastanie *(Castanea sativa)* auf den Hängen des Ätna, Sizilien, Italien, einen Umfang von 57,9 m. Seit dieser Zeit hat sie sich in drei Teile gespalten.

EINSAMSTER BAUM
Eine Norwegische Fichte auf Campbell Island, Antarktis, wird als am weitesten von anderen Bäumen entfernter Baum geführt; ihr nächster Nachbar befindet sich über 222 km (120 Seemeilen) entfernt auf den Auckland-Inseln.

ÄLTESTER BAUM
„Eternal God", ein 12.000 Jahre alter Mammutbaum im Prairie Creek Redwoods State Park, Kalifornien, USA, ist der älteste verzeichnete lebende Baum. Er ist 72,542 m hoch und hat einen Durchmesser von 5,974 m.

GRÖSSTE BLÄTTER
Die Raffia-Pflanze *(Raffia farinifera* oder *R. ruffia)* der Mascarene-Inseln im Indischen Ozean und die Bambuspalme *(Raffia taedigera)* im Amazonasgebiet, Südamerika, besitzen die größten Blätter aller Pflanzen. Ihre Blatthalme können bis zu 20 m lang werden, mit 4 m langen Stengeln.

GRÖSSTE SAMEN
Die Riesenfächerpalme *Lodoicea maldivica* (auch *L. callipyge* und *L. sechellarum* genannt), bekannt unter dem Namen Coco-de-mer, wächst wild ausschließlich auf den Seychellen. Die Palme produziert einsamige Früchte, die bis zu 20 kg wiegen und bis zu 10 Jahre zur Entwicklung brauchen.

KLEINSTE SAMEN
Die Samen des *Epiphyticorchiden* sind die kleinsten der Welt, mit 992,25 Mio.Samen pro Gramm.

GRÖSSTER KAKTUS
Der größte Kaktus der Welt ist der Saguaro *(Cereus giganteus* oder *Carnegiea gigantea)*, der in Mexiko, Kalifornien und Arizona, USA, heimisch ist. Der Saguaro wächst in den ersten 10 Jahren ganze 2 cm hoch und blüht nicht vor dem Alter von 50, kann aber bis zu 200 Jahre lang leben und eine Höhe von 15 m erreichen. Ein 1988 in den Maricopa Mountains, Arizona, USA, entdecktes Exemplar hat Äste, die bis zu einer Höhe von 17,67 m reichen.

gentechnik

ERSTE GEKLONTE PRIMATEN
Im März 1997 verkündeten Genetiker vom Primatenforschungszentrum in Oregon, USA, daß sie zwei Affen aus Embryos geklont hätten. Sie entnahmen die DNA aus Affeneizellen und ersetzten sie durch eine DNA, die sie Affenembryos entnommen hatten. So schufen sie insgesamt neun veränderte Eizellen. Diese wurden implantiert, drei Affen wurden trächtig und zwei zeugten lebenden Nachwuchs.

ERSTER DNA-FINGERABDRUCK
1985 machten Sir Alec Jeffreys und seine Forscherkollegen an der Universität von Leicester, Großbritannien, den ersten DNA-Fingerabdruck. Der einem Strichcode ähnelnde Abdruck zeigt, daß die Abfolge einer DNA bei jeder Person und jedem Lebewesen einzigartig ist. Er kann zur Identifizierung von Personen und deren verwandtschaftlichen Beziehungen benutzt werden. 1987 überführte eine DNA zum ersten Mal einen Strafverdächtigen.

SCHNELLSTER DNA-FINGERABDRUCK
Der LightCycler von Idaho Technology, USA, kann einen DNA-Fingerabdruck in weniger als 10 Minuten herstellen. Das Gerät benötigt zur Polymerase-Kettenreaktion (PCR), einem Standardverfahren zur DNA-Vergrößerung, nur 10 Millionstel eines Liters.

ÄLTESTE DNA
Im Jahr 1993 verkündeten R.J.Cano und seine Paläonthologenkollegen, daß sie in der Lage seien, DNA aus einem 125 bis 130 Mio. Jahre alten Fossil zu extrahieren und die Abfolge festzustellen. Laut Cano wurde ein DNA-Fingerabdruck von einem Rüsselkäfer angefertigt, der in Bernstein getreten war. Diese Behauptung bleibt unsicher, denn andere Paläontologen waren nicht in der Lage, Canos Experiment zu wiederholen.

BEKANNTESTE IDENTIFIZIERUNG
Im Jahr 1992 bestätigten forensische Wissenschaftler, daß die 13 Jahre vorher gefundenen Knochen eines Mannes, der in Emb, Brasilien, ertrunken war, dem Nazikriegsverbrecher Josef Mengele gehörten. Sie verglichen seine DNA mit der seines Sohnes Rolf. „Todesengel" Mengele war dafür verantwortlich, daß während des Zweiten Weltkrieges rund 400.000 Menschen im Nazikonzentrationslager Auschwitz, Polen, in die Gaskammern geschickt wurden.

GRÖSSTES PATENTIERTES TIER
Die Onkomaus, durch genetische Techniken 1984 von Genetikern der Harvard Universität, USA, hergestellt, hat eine gute Anlage zur Entwicklung von Krebs. Vier Jahre später stellte das amerikanische Patentbüro der Universität ein Patent für diese „Erfindung" aus.

GRÖSSTE TRANSPLANTATION
Im August 1996 berichteten Wissenschaftler aus Imutran, Cambridge, Großbritannien, daß sie die Herzen von sieben Schweinen in Affen verpflanzt hätten. Bei einigen der Schweine war aus menschlichen Zellen gewonnene DNA eingesetzt worden. Die genetische Veränderung sorgt dafür, daß ihre Herzen von Menschen und anderen Primaten weniger schnell abgestoßen werden. Die Operationen waren die ersten Organ-Xenotransplantationen (Transplantation von einer Spezies zur anderen), bei dem der Spender menschliche Gene enthielt.

RESISTENTESTE KARTOFFEL
Die 1995 von dem amerikanischen Unternehmen Monsanto eingeführte NewLeaf-Kartoffel wurde genetisch verändert, um sie gegen den Colorado-Kar-

KLONEN VON MENSCHEN
Im Februar 1998 schockierte Dr. Richard Seed, ein Arzt aus Chicago, die Wissenschaftlergemeinschaft, als er verkündete, daß er innerhalb von 18 Monaten den ersten menschlichen Klon schaffen würde. Dr. Seeds Aussichten wurden von einigen Genetikern mit Bestürzung aufgenommen. Er erklärte daraufhin, seine Arbeit in Mexiko fortzusetzen, falls der amerikanische Kongreß sie verbieten sollte.

toffelkäfer schützen zu können. Die Kartoffel stellt nun ein Protein her, das den Käfer tötet.

AM MEISTEN VERÄNDERTE FELDFRÜCHTE
Mehr als 25 % des Baumwollertrags, 14 % bei Soja und 10 % der Maisfrüchte in den USA wurden genetisch verändert. In amerikanischen Landwirtschaftsunternehmen, wie zum Beispiel Monsanto und Calgene, werden diese Feldfrüchte durch Genmanipulation mit einer Resistenz gegen Herbizide und Schädlinge bzw. mit anderen kommerziell nützlichen Eigenschaften, wie zum Beispiel besonders hohem Stärkegehalt und hoher Festigkeit, hergestellt.

NUTZBRINGENDSTES MEDIKAMENT
Eine synthetische Version des Insulins, das zur Stabilisierung bei Diabetes verwendet wird, wurde 1978 erstmals von der amerikanischen Biotechnologie-Firma Genetech hergestellt. Das Humulin genannte Mittel wurde 1982 erstmals von dem amerikanischen Pharmaziegiganten Eli Lilly auf den Markt gebracht. Vorher stammte sämtliches Insulin von tierischen Drüsen. Weltweit leiden mehr als 100 Mio. Menschen an Diabetes.

GRÖSSTES PROJEKT
Das Projekt des menschlichen Genoms stellt eine weltweite Bemühung dar, die genaue Abfolge der 3 Mrd. Nukleotide, den Entwurf menschlichen Lebens, zu erfassen. Wissenschaftler hoffen, daß die Informationen den Forschern helfen werden, genetische Ursachen und Heilmethoden für viele Krankheiten zu finden. Bis jetzt wurden mehr als 10 Mrd. Dollar (ca. 17,6 Mrd. DM) für das Projekt ausgegeben, das im Jahr 1990 begann und im Jahr 2005 enden soll. Ein einzelner Forscher würde 30.000 Jahre bis zum Abschluß der Untersuchung benötigen.

ERSTER AUTOMATISCHER GEN-SEQUENZER
Der im Jahr 1982 von Applied Biosystems hergestellte Gen-Sequenzer ermöglicht es einem einzigen Forscher, die Abfolge von 18.000 Genen pro Tag zu bestimmen. Vor der Erfindung dieser bahnbrechenden Maschine konnten Forscher an einem Arbeitstag nur höchstens einige hundert Abfolgen von Hand bestimmen. Ohne den automatischen Gen-Sequenzer wäre das Projekt des menschlichen Genoms kaum in Angriff genommen worden.

VERÄNDERTSTE TOMATE
Am 18. Mai 1994 ließ die amerikanische Behörde für Lebensmittel und Medikamente die Flavr Savr®-Tomate für den Verkauf an Kunden zu. Die Flavr Savr®-Tomate, von dem Landwirtschaftsunternehmen Calgene entwickelt, wird weniger schnell weich als eine herkömmliche Tomate, wodurch sie eine höhere Lagerfähigkeit erhält. Die Flavr Savr®-Tomate ist in Wirklichkeit jedoch nur mit einem äußerst hohen Kostenaufwand herzustellen, da das Unternehmen versäumt hatte, die unterschiedlichen regionalen Wachstumsbedingungen und die Notwendigkeit neuer Pflückausrüstungen zu berücksichtigen. Im Jahr 1997 wurde der Bedarf an einer genmanipulierten Tomate durch die Züchtung von Sorten mit einer größeren Lagerfähigkeit verringert.

ERSTES GEKLONTES SÄUGETIER
Im Januar 1997 verkündeten Wissenschaftler vom Roslin Institut und PPL Therapeutics in Edinburgh, Großbritannien, die Geburt von Dolly, einem Welsh-Mountain-Schaf, das aus einer einzigen Euterzelle eines erwachsenen Mutterschafes entstanden war. Dollys DNA wurde in das Ei eines anderen Schafes injiziert. 220 Versuche waren notwendig, um ein einziges lebendes, gesundes Lamm zu schaffen. Hier ist Dolly mit ihrer Tochter Bonnie, einem Finn-Dorset-Schaf, zu sehen, dessen Zeugung völlig normal erfolgte. Im Februar 1998 gaben PPL Therapeutics bekannt, daß sie ein Kalb geklont haben. Das 44,5 kg schwere Holstein-Rind mit Namen Mr Jefferson wurde in Virginia, USA, am 16. Februar geboren. Im Gegensatz zu Dolly, die aus einer erwachsenen Zellinie gezeugt wurde, wurde Mr Jefferson durch Zellkernübertragung aus einer Fötuszelle geschaffen. PPL hat ebenfalls Schafe genetisch verändert, um Alpha-1-Antitrypsin (AAT), ein menschliches Protein zur Behandlung zystischer Fibrose, in deren Milch zu erzeugen.

Erde

LÄNGSTE FLÜSSE
Die beiden längsten Flüsse sind der Nil und der Amazonas – welcher der längere ist, bleibt eher eine Frage der Definition als der Messung. Der Amazonas hat mehrere Mündungen, so daß man sich unsicher darüber ist, wo er endet. Wird die Parà-Mündung (die am weitesten entfernte Mündung) gezählt, ist er etwa 6.750 km lang. Der Nil war 6.670 km lang, bevor durch die Bildung des Nasser-Sees hinter dem Assuan-Staudamm einige Teile von Nebenarmen verlorengingen.

GRÖSSTE VON EINEM FLUSS GEFÜHRTE WASSERMENGE
Die größte Wassermenge aller Flüsse führt der Amazonas, der durchschnittlich 200.000 m^3/sec in den Atlantischen Ozean ausstößt. Bei voller Flut erhöht sich dies auf über 340.000 m^3/sec.

HÖCHSTER WASSERFALL
Der Salto Angel in Venezuela hat insgesamt eine Fallhöhe von 979 m, von der das längste Einzelstück 807 m tief abfällt.

GRÖSSTER SUMPF
Der Pantanal in den Bundesstaaten Mato Grosso und Mato Grosso do Sul, Brasilien, erstreckt sich über etwa 109.000 km^2.

GRÖSSTER OZEAN
Der Pazifik stellt 45,9 % der Ozeanfläche auf der Welt dar und erstreckt sich über 166.241.700 km^2.

KLEINSTER OZEAN
Der Arktische Ozean hat eine Gesamtfläche von 13.223.700 km^2.

TIEFSTER OZEAN
1995 verzeichnete die japanische Sonde Kaiko eine Tiefe von 10.911 m, als sie den Grund des Marianengrabens im Pazifischen Ozean erreichte.

DICKSTES EIS
1975 wurde 4,7 km dickes Eis 440 km vor der Küste von Wilkes Land, Antarktis, gemessen.

HÖCHSTER TSUNAMI
Am 9. Juli 1958 spülte eine Welle von 160 km/h mit einer Rekordhöhe von 524 m die Lituya Bay in Alaska, USA, entlang. Sie wurde von einem Erdrutsch verursacht.

LAUNEN DES WETTERS
Die Strömung El Niño im Pazifik ist so alt wie der Ozean selbst. El Niño ist zyklisch und fließt in Abständen von einigen Jahren, doch hatte er in der letzten Zeit die schlimmsten je verzeichneten wirtschaftlichen und ökologischen Auswirkungen. Das Hin und Her bei den Luftdruckwerten über dem Pazifik begann im Juli 1997, und man schätzt, daß bis Anfang 1998 Kosten von 33 Mrd. Dollar (ca. 58 Mrd. DM) entstanden und 5.000 Menschen durch Fluten, Dürre und Verbreitung von Krankheiten sowie durch Unterernährung wegen landwirtschaftlicher Schäden zu Tode kamen. In Indonesien und Malaysia verursachte die Trockenheit über 1.000 Brände, über weite Teile Südostasiens breitete sich Smog aus.

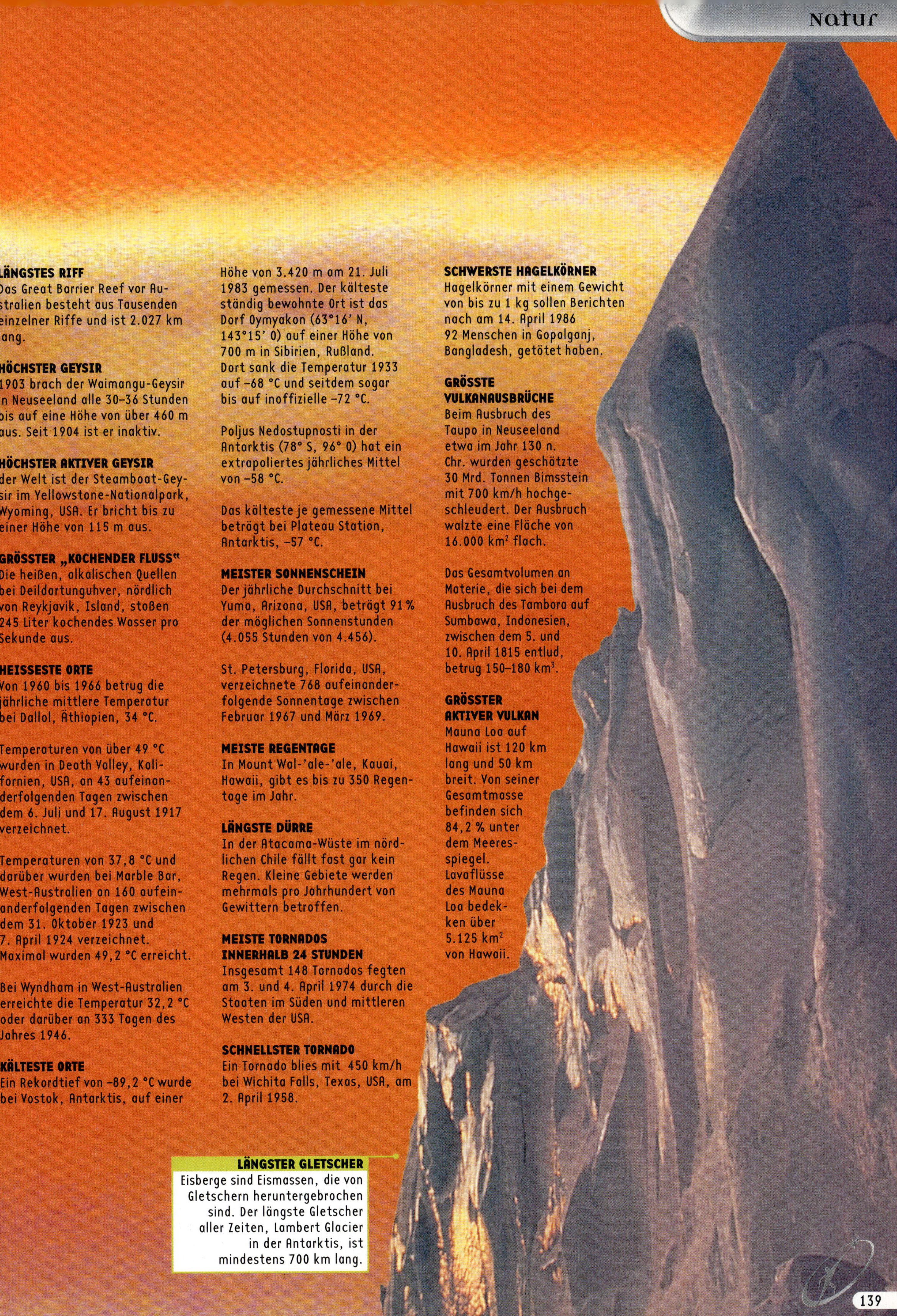

LÄNGSTES RIFF
Das Great Barrier Reef vor Australien besteht aus Tausenden einzelner Riffe und ist 2.027 km lang.

HÖCHSTER GEYSIR
1903 brach der Waimangu-Geysir in Neuseeland alle 30–36 Stunden bis auf eine Höhe von über 460 m aus. Seit 1904 ist er inaktiv.

HÖCHSTER AKTIVER GEYSIR
der Welt ist der Steamboat-Geysir im Yellowstone-Nationalpark, Wyoming, USA. Er bricht bis zu einer Höhe von 115 m aus.

GRÖSSTER „KOCHENDER FLUSS"
Die heißen, alkalischen Quellen bei Deildartunguhver, nördlich von Reykjavik, Island, stoßen 245 Liter kochendes Wasser pro Sekunde aus.

HEISSESTE ORTE
Von 1960 bis 1966 betrug die jährliche mittlere Temperatur bei Dallol, Äthiopien, 34 °C.

Temperaturen von über 49 °C wurden in Death Valley, Kalifornien, USA, an 43 aufeinanderfolgenden Tagen zwischen dem 6. Juli und 17. August 1917 verzeichnet.

Temperaturen von 37,8 °C und darüber wurden bei Marble Bar, West-Australien an 160 aufeinanderfolgenden Tagen zwischen dem 31. Oktober 1923 und 7. April 1924 verzeichnet. Maximal wurden 49,2 °C erreicht.

Bei Wyndham in West-Australien erreichte die Temperatur 32,2 °C oder darüber an 333 Tagen des Jahres 1946.

KÄLTESTE ORTE
Ein Rekordtief von –89,2 °C wurde bei Vostok, Antarktis, auf einer Höhe von 3.420 m am 21. Juli 1983 gemessen. Der kälteste ständig bewohnte Ort ist das Dorf Oymyakon (63°16' N, 143°15' O) auf einer Höhe von 700 m in Sibirien, Rußland. Dort sank die Temperatur 1933 auf –68 °C und seitdem sogar bis auf inoffizielle –72 °C.

Poljus Nedostupnosti in der Antarktis (78° S, 96° O) hat ein extrapoliertes jährliches Mittel von –58 °C.

Das kälteste je gemessene Mittel beträgt bei Plateau Station, Antarktis, –57 °C.

MEISTER SONNENSCHEIN
Der jährliche Durchschnitt bei Yuma, Arizona, USA, beträgt 91 % der möglichen Sonnenstunden (4.055 Stunden von 4.456).

St. Petersburg, Florida, USA, verzeichnete 768 aufeinanderfolgende Sonnentage zwischen Februar 1967 und März 1969.

MEISTE REGENTAGE
In Mount Wal-'ale-'ale, Kauai, Hawaii, gibt es bis zu 350 Regentage im Jahr.

LÄNGSTE DÜRRE
In der Atacama-Wüste im nördlichen Chile fällt fast gar kein Regen. Kleine Gebiete werden mehrmals pro Jahrhundert von Gewittern betroffen.

MEISTE TORNADOS INNERHALB 24 STUNDEN
Insgesamt 148 Tornados fegten am 3. und 4. April 1974 durch die Staaten im Süden und mittleren Westen der USA.

SCHNELLSTER TORNADO
Ein Tornado blies mit 450 km/h bei Wichita Falls, Texas, USA, am 2. April 1958.

SCHWERSTE HAGELKÖRNER
Hagelkörner mit einem Gewicht von bis zu 1 kg sollen Berichten nach am 14. April 1986 92 Menschen in Gopalganj, Bangladesh, getötet haben.

GRÖSSTE VULKANAUSBRÜCHE
Beim Ausbruch des Taupo in Neuseeland etwa im Jahr 130 n. Chr. wurden geschätzte 30 Mrd. Tonnen Bimsstein mit 700 km/h hochgeschleudert. Der Ausbruch walzte eine Fläche von 16.000 km² flach.

Das Gesamtvolumen an Materie, die sich bei dem Ausbruch des Tambora auf Sumbawa, Indonesien, zwischen dem 5. und 10. April 1815 entlud, betrug 150–180 km³.

GRÖSSTER AKTIVER VULKAN
Mauna Loa auf Hawaii ist 120 km lang und 50 km breit. Von seiner Gesamtmasse befinden sich 84,2 % unter dem Meeresspiegel. Lavaflüsse des Mauna Loa bedekken über 5.125 km² von Hawaii.

LÄNGSTER GLETSCHER
Eisberge sind Eismassen, die von Gletschern heruntergebrochen sind. Der längste Gletscher aller Zeiten, Lambert Glacier in der Antarktis, ist mindestens 700 km lang.

universum

Die am weitesten entfernte Radiogalaxie, 6C0140 + 326, hat eine Rotverschiebung von 4,41. Sie wurde 1995 von einem britischen Team entdeckt.

KLEINSTE STERNE
Neutronensterne, deren Masse bis zum Dreifachen der Sonnenmasse betragen kann, haben einen Durchmesser von 10–30 km.

GRÖSSTE STRUKTUR
Ein kokonartig geformtes Gebilde von Galaxien, etwa 650 Mio. Lichtjahre entfernt, ist die größte bisher gefundene Struktur im Universum. Ihre Entdeckung durch ein Team französischer Astronomen wurde 1994 bekanntgegeben.

GRÖSSTER PLANET
Mit einem äquatorialen Durchmesser von 142.984 km und einem polaren Durchmesser von 133.708 km ist Jupiter der größte der neun Hauptplaneten. Seine Rotationszeit hat eine Tageslänge von 9 Stunden, 55 Minuten, 29,69 Sekunden.

GRÖSSTE GALAXIE
Die zentrale Galaxie des Galaxienhaufens Abell 2029, 1.070 Mio. Lichtjahre entfernt im Sternbild Jungfrau, hat einen Durchmesser von 5,6 Mio. Lichtjahren – den 80fachen Durchmesser der Milchstraße. Ihre Lichtleistung entspricht der von zwei Trillionen (2x10^{12}) Sonnen.

ENTFERNTESTE GALAXIEN
1996 entdeckten Esther M. Hu (USA) und Richard G. McMahon (GB) zwei Sterne bildende Galaxien mit einer Rotverschiebung von 4,55 (einer Entfernung von 13.100 Mio. Lichtjahren).

GRÖSSTER STERN
Beteigeuze *(alpha Orionis)*, ein Supergigant der M-Klasse, der 430 Lichtjahre von der Erde entfernt liegt, hat einen Durchmesser von 980 Mio. km – 700mal so groß wie die Sonne.

KLEINSTER UND KÄLTESTER PLANET
Pluto hat einen Durchmesser von 2.320 km und eine Masse, die 0,0022mal der Masse der Erde entspricht. Man glaubt, daß seine Oberflächentemperatur ähnlich der des Neptunmondes Triton ist, welche –233 °C beträgt – die niedrigste beobachtete Oberflächentemperatur auf einem natürlichen Himmelskörper innerhalb unseres Sonnensystems.

VULKANISCH AKTIVSTER HIMMELSKÖRPER
Der vulkanisch aktivste Himmelskörper unseres Sonnensystems ist Io, der drittgrößte Jupitermond. Seine orangene Farbe stammt von den Hunderten Öffnungen in seiner Oberfläche, die Schwefel ausstoßen.

HEISSESTER PLANET
Messungen der Sonden *Venera* (UdSSR) und *Pioneer* (USA) ergaben, daß die Oberflächentemperatur der Venus 464 °C beträgt.

SCHNELLSTER PLANET
Merkur umkreist die Sonne in einem mittleren Abstand von 57.909.083 km und hat eine Umlaufzeit von 87,9684 Tagen. Dies bedeutet, daß er auf seiner Umlaufbahn die höchste Durchschnittsgeschwindigkeit, 172.341 km/h, erreicht.

LÄNGSTE MONDFINSTERNIS
Die längstmögliche Mondfinsternis dauert 1 Stunde 47 Minuten. Eine solche Finsternis wird am 16. Juli 2000 stattfinden.

LÄNGSTE SONNENFINSTERNIS
Die längstmögliche Sonnenfinsternis dauert 7 Minuten 31 Sekunden. Die längste Sonnenfinsternis neueren Datums dauerte 1955 westlich der Philippinen 7 Minuten 18 Sekunden. Eine Finsternis von 7 Minuten 29 Sekunden soll 2186 mitten im Atlantischen Ozean stattfinden.

LÄNGSTE „AUSGEDEHNTE" SONNENFINSTERNIS
Eine totale Sonnenfinsternis dehnte sich für Passagiere an Bord einer Concorde auf 1 Stunde 14 Minuten aus. Die Maschine startete in Toulouse, Frankreich, und befand sich am 30. Juni 1973 von 10:51 bis 12:05 Uhr WEZ im Schatten des Mondes.

GRÖSSTE ANNÄHERUNG EINES ASTEROIDEN
Der Asteroid 1994XM_1 wurde von James Scotti (USA) am 9. Dezember 1994 entdeckt, 14 Stunden bevor er sich der Erde bis auf

100.000 km näherte. Er hat einen Durchmesser von 10 m.

GRÖSSTER ASTEROID
Der erste entdeckte Asteroid, 1 Ceres, hat einen mittleren Durchmesser von 941 km.

MEISTE SONNENFINSTERNISSE AN EINEM ORT
Der jüngste Fall von drei totalen Sonnenfinsternissen an einem einzigen Ort ereignete sich 1941, 1945 und 1952 östlich des Aralsees, Kasachstan (44° N, 67° O).

KLEINSTER ASTEROID
$1993KA_2$, entdeckt 1993, hat einen Durchmesser von etwa 5 m.

GRÖSSTER KOMET
Centaur 2060 Chiron hat einen Durchmesser von 182 km.

GRÖSSTER METEORIT
Ein Block von 2,7 m x 2,4 m wurde 1920 nahe Grootfontein, Namibia, gefunden.

GRÖSSTER STEINERNER METEORIT
Das größte jemals geborgene, steinerne Meteoritenstück wiegt 1.770 kg. Es gehörte 1976 zu einem Schauer von 4 Tonnen über Jilin, China.

GRÖSSTE EXPLOSION EINES METEORITEN
1908 verwüstete eine Explosion über dem Becken des Flusses Podkamennaya Tunguska 3.900 km^2 Land. Dies entspricht 10–15 Megatonnen Sprengstoff.

GRÖSSTER METEORSCHAUER
Berechnungen nach zogen die Leonid-Meteore am 17. November 1966 mit einer Rate von 2.300 pro Minute 20 Minuten lang über Arizona, USA.

GRÖSSTER METEORKRATER
Der größte eindeutig von einem Meteoriten gebildete Krater ist Coon Butte, auch Barringer-Krater genannt, in Arizona, USA. Er hat einen Durchmesser von 1.265 m und eine Tiefe von 175 m.

HELLSTE FEUERKUGEL
Die hellste bekannte Feuerkugel zog im Dezember 1974 über Sumava, Tschechische Republik, vorbei. Einige Momente lang war sie 10.000mal heller als der Vollmond.

GERINGSTE PLANETENDICHTE
Der Saturn besteht, wie das von Voyager I aufgenommene Bild oben beweist, in Wirklichkeit aus Tausenden von eng aneinandergereihten kleinen Ringen.

GRÖSSTER SONNENFLECK
1947 wurde ein Sonnenfleck beobachtet, der sich über 18 Mrd. km^2 erstreckte.

GRÖSSTE CANYONS
Das größte Canyon-System ist das Valles Marineris auf dem Mars. Es ist mindestens 4.500 km lang und 600 km breit, mit einer maximalen Tiefe von etwa 7 km.

wissenschaft

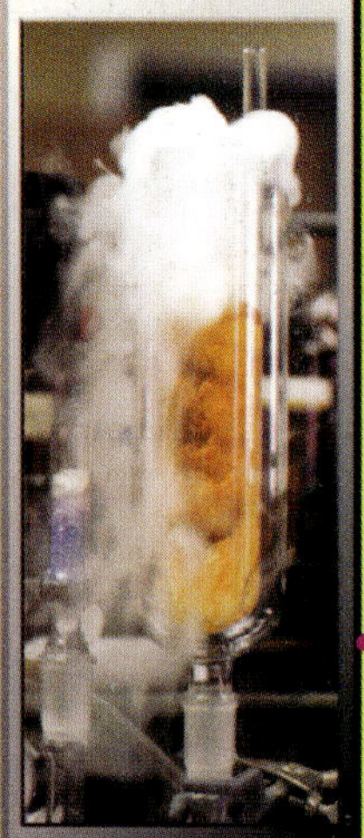

KLEINSTE TESTRÖHRCHEN
Das kleinste Teströhrchen für den Ablauf einer chemischen Reaktion wurde an der Ecole Polytechnique Fédérale de Lausanne in der Schweiz im Jahr 1996 hergestellt. Jedes Röhrchen ist 1 Mikron (1 Millionstel eines Meters) lang und hat einen Innendurchmesser von weniger als zehn Nanometern (10 Milliardenstel eines Meters).

SELTSAMSTE SUBSTANZ
Wissenschaftlich gesehen ist Wasser die seltsamste Substanz der Welt. Während die meisten Substanzen schrumpfen, wenn sie gekühlt werden, dehnt sich Wasser aus. Wasser hat als fester Stoff und als ein flüssiger Stoff eine niedrigere Dichte (Eis schwimmt). Es benötigt zehnmal mehr Energie zum Erhitzen als festes Eisen und löst beinahe alles auf.

SALZIGSTES WASSER
Die unterste Schicht des Toten Meeres hat einen Salzgehalt von 332 Teilen auf 1.000 Teile. Die trockene Hitze des Mittleren Ostens hat stark dazu beigetragen, daß ein großer Teil des Meeres im Lauf der Jahrhunderte verdampfte, dabei stieg sein Salzgehalt.

LEBENDIGSTE SUBSTANZ
Sauerstoff besteht in Form von Molekülen in der Erdatmosphäre und ist Voraussetzung für alles Leben. Unsichtbar, geruchlos, geschmacklos macht es 21 % der Atmosphäre aus.

AUFNAHMEFÄHIGSTE SUBSTANZ
H-Span bzw. „Super-Schlürfer" kann, wenn es mit Eisen behandelt wird, Wasser bis zum 1.300fachen seines Eigengewichtes aufnehmen,

HITZEBESTÄNDIGSTE SUBSTANZ
NFAAR bzw. Ultra Hightech Starlite ist in der Lage, kurzfristig Plasmatemperaturen standzuhalten (10.000 °C).

ÜBELRIECHENDSTE SUBSTANZ
Ethylmercaptan (C_2H_5SH) und Butylselenomercaptan (C_4H_9SeH) gehören zu den übelstriechenden der bis heute 17.000 klassifizierten Gerüche. Jeder von ihnen riecht wie eine Kombination aus verfaultem Kohl, Knoblauch, Zwiebeln, verbranntem Toast und Faulschlammgas.

BITTERSTE SUBSTANZEN
Die bittersten Substanzen der Welt basieren auf dem Kation Denatonium und wurden kommerziell als Benzoat und Saccharid hergestellt. Ein Teil unter 500 Mio. Teilen kann man noch schmecken und selbst bei einer Verdünnung von einem Teil zu 100 Mio. ist ein bitterer Geschmack bemerkbar.

SÜSSESTE SUBSTANZ
Talin, das aus Samenmänteln der Katemfe-Pflanze *(Thaumatococcus daniellii)* gewonnen wird, ist 6.150mal so süß wie eine 1%ige Zuckerlösung.

TÖDLICHSTE CHEMIE
Die Verbindung 2,3,7,8-Tetrachlorodibenzo-p-Dioxin bzw. TCDD ist 150.000mal tödlicher als Cyanid.

KREBSERREGENDSTER STOFF
Die krebserregendste Substanz ist die Verbindung 3-Nitrobenzathrone, die in den Abgasen von Dieselmaschinen festgestellt wurde.

KOMPLEXESTES LEBENSMITTEL
Schokolade, vor 2.000 Jahren von den Mayas entwickelt, enthält ungefähr 300 chemische Stoffe, einschließlich Koffein, Phenylethylamin und N-Acylethanolamine, die den Auswirkungen mancher Drogen nahekommen.

GEFÄHRLICHSTE STRAHLUNG
Gamma-Strahlen, die gefährlichste Form von Strahlung, kann nur durch dickes Blei oder Beton gestoppt werden. Sie bewegen sich mit Lichtgeschwindigkeit.

APHRODISIERENDSTER STOFF
Einwohner des afrikanischen Staates Kamerun entdeckten vor langer Zeit, daß die Rinde des Yohimbine-Baumes ein starkes Aphrodisiakum ist; bereits 10 mg genügen, um eine Wirkung zu zeigen.

AM WENIGSTEN GEFÄHRLICHE STRAHLUNG
Alpha-Strahlung, ein Strom positiv geladener Teilchen, die aus zwei Protonen und zwei Neutronen bestehen, ist die am wenigsten gefährliche Form von Strahlung. Ihre Teilchen können nicht durch ein Stück Papier hindurchgehen und Alpha-Strahlen bewegen sich nur in einer Geschwindigkeit von 10 % der Lichtgeschwindigkeit.

STÄRKSTE SUPERSÄURE
Eine 50 %ige Lösung von Antimonpentafluorid in Fluorwasserstoffsäure (Fluor-Antimon-Säure HF:SbF_5) hat eine 10^{18}mal höhere Stärke als konzentrierte Schwefelsäure.

STÄRKSTER KUNSTSTOFF
Kevlar, 1965 entdeckt, ist die stärkste Plastiksubstanz der Welt. Es ist feuerbeständig, flexibel, leicht und äußerst fest (fünfmal fester als Stahl). Kevlar wird bei der Herstellung von kugelsicheren Westen, Schutzbekleidung, Weltraumanzügen und Formel-1-Wagen verwendet.

NATÜRLICHE CHEMIKALIEN
Anders als die meisten wehrlosen Amphibien sondert die Rohrkröte *(Bufo marinus)* gemeinsam mit dem Salamander und dem Großen Kammolch (Ordnung *Urodela*) von Kopf und Haut starke Gifte, die sogenannten Bufotoxine, ab. Diese halluzinogenen Toxine, die den Blutdruck, die Nerven und Muskeln des tierischen Räubers beeinflussen, werden von den Indianern des Amazonasgebietes verwendet, um damit die Spitzen ihrer Pfeile zu tränken. Auch von einigen anderen Tieren wird angenommen, daß sie chemische/medizinische Eigenschaften besitzen: Hörner afrikanischer Nashörner werden in der südostasiatischen Medizin verwendet, Knochen von Tigern nutzt man in der chinesischen Medizin und in den USA und Asien werden Bären wegen ihrer Gallenblasen getötet, die in Taiwan medizinische Verwendung finden. Das Jagen dieser Tiere brachte sie in diesem Jahrhundert an den Rand der Ausrottung.

DEHNBARSTES ELEMENT
Ein Gramm Gold (Au) kann auf eine Länge von 2,4 km gezogen werden.

REAKTIONSFREUDIGSTES ELEMENT
Fluor, das bei der Herstellung von Teflon verwendet wird, ist das reaktionsfreudigste aller Elemente. Selbst Stahlwolle geht in Fluor in Flammen auf.

KURZLEBIGSTES ELEMENT
Nur ein paar Atome konnten jemals von Seaborgium, Element 106 hergestellt werden, und keines von ihnen hatte länger als eine halbe Minute Bestand. Sie wurden beim Beschuß von Kalifornium mit Sauerstoff in einem Teilchenbeschleuniger hergestellt.

HEISSESTE FLAMME
Bei einem Druck von einer Atmosphäre kann Kohlenstoffsubnitrit (C_4N_2) eine Flamme erzeugen, die nach Berechnungen 4.988 °C erreichen kann.

DICHTESTES MATERIAL
Ein stecknadelkopf-großes Stück eines Neutronensterns wiegt 1 Mio. Tonnen.

HÖCHSTE KÜNSTLICH ERREICHTE TEMPERATUR
510 Millionen °C – dreißigmal heißer als der Mittelpunkt der Sonne – wurde unter Verwendung einer Deuterium-Tritium-Plasma-Mischung im Tokamak-Fusions-Testreaktor im Plasmaphysikalischen Laboratorium in Princeton, New Jersey, USA, am 27. Mai 1994 erzielt.

NIEDRIGSTE TEMPERATUR
Der absolute Nullpunkt (0 K auf der Kelvin-Skala) entspricht −273,15 °C, ein Punkt, an dem sämtliche thermische Bewegung von Atomen und Molekülen erlischt. Die niedrigste Temperatur liegt bei 280 picoKelvin (280 Trillionstel eines Grades), die in einem Gerät zur Kernentmagnetisierung im Niedrigtemperaturlaboratorium der Technologischen Universität von Helsinki, Finnland, erzielt wurde.

NATÜRLICHES THERMOMETER
Krokusblüten sind die genauesten natürlichen Thermometer der Welt. Die Frühlingsblumen können auf Temperaturunterschiede von 0,5 °C reagieren, indem sie sich bei Temperaturanstieg und -fall öffnen und schließen. Der den Samen herstellende Bestandteil von Frühlingskrokussen befindet sich unter der Erde, um ihn vor Kälte zu schützen. Krokusse wurden seit dem 16. Jahrhundert angebaut, und die Blumen wurden von den Römern verwendet, um Theater und öffentliche Plätze zu parfümieren.

Technik

Bauwerke

HÖCHSTES HOTEL
Das 73stöckige Westin Stamford Hotel in Raffles City, Singapur, ist ab Straßenniveau seines Haupteingangs 226,1 m hoch. 1985 kostete sein Bau 235 Mio. Dollar (ca. 414 Mio. DM). 1990/91 kosteten Sanierungsmaßnahmen 54 Mio. Dollar (ca. 95 Mio. DM).

Das Ryujyong Hotel in Pjöngjang, Nordkorea, ist Berichten nach 105 Stockwerke hoch. Es ist seit 20 Jahren im Bau.

GRÖSSTES HOTEL
Das MGM Grand Hotel mit Casino in Las Vegas, Nevada, USA, hat vier 30stöckige Türme und umfaßt eine Fläche von 45,3 ha. Es besitzt 5.005 Zimmer, eine Arena mit 15.200 Sitzen und einen 13,3 ha großen Freizeitpark.

GRÖSSTER IGLU
Mit einer Bodenfläche von 3.000 m² und einer Übernachtungskapazität von bis zu 100 Gästen pro Nacht ist das Ice Hotel in Jukkasjärvi, Schweden, der größte Iglu der Welt. In den vergangenen fünf Jahren wurde der Iglu jeden Dezember wieder aufgebaut, jedes Jahr größer. Zur Zeit verfügt er über Eisskulpturen, ein Kino, Saunen, eine Eisbar und die einzige Kapelle der Welt aus Eis.

HÖCHSTER WOHNBLOCK
Das John Hancock Center in Chicago, Illinois, USA, ist 343,5 m hoch und hat 100 Stockwerke, von denen die Stockwerke 44 bis 92 bewohnt werden.

GRÖSSTER PALAST
Der kaiserliche Palast in Peking, China, hat eine Gesamtfläche von 72 ha.

GRÖSSTER BEWOHNTER PALAST
Istana Nurul Iman in Bandar Seri Begawan, Brunei, gehört dem Sultan von Brunei und ist der größte Wohnsitz der Welt. Der 1984 fertiggestellte Bau kostete Berichten nach 400 Mio. Dollar (ca. 704 Mio. DM), hat 1.788 Räume, 57 Toiletten und eine Tiefgarage für 153 Autos.

GRÖSSTES LUFTDRUCKGESTÜTZTES GEBÄUDE
Das 235 m lange und 183 m breite Pontiac Silverdome Stadion in Detroit, Michigan, USA, besitzt ein 4 ha großes Fiberglas-Dach, das bis zu einer Höhe von 62 m reicht. Die Struktur wird durch Luftdruck von 34,4 kPa gestützt.

TEUERSTES STADION
Das Stade de France in Saint-Denis, einem Vorort von Paris, Frankreich, wurde für die Weltmeisterschaft 1998 erbaut und kostete 466 Mio. Dollar (ca. 820 Mio. DM). Es faßt 80.000 Zuschauer und hat ein massives Dach, das nur wenige

HÖCHSTES MONUMENT
Der Bogen „Gateway to the West" („Tor zum Westen") in St. Louis, Missouri, USA, überspannt 192 m und ist ebenso hoch. Er wurde 1969 im Gedenken an die Expansion nach Westen fertiggestellt und kostete 29 Mio. Dollar (ca. 51 Mio. DM).

HÖCHSTES GEBÄUDE
Der 63 Mio. Dollar (ca. 111 Mio. DM) teure CN Tower in Toronto, Kanada, wurde von 1973 bis 1975 erbaut und ist 553,34 m hoch.

sichtbare Stützstrukturen zeigt, obwohl es eine Stahlkonstruktion enthält, die dem Gewicht des Eiffelturms entspricht.

LÄNGSTES SÜSSWASSER-SCHWIMMBECKEN
Das Hyatt Regency Cerromar Beach Resort in Puerto Rico hat ein Schwimmbecken von 541 m Länge mit einer Fläche von 1,8 ha. Es besteht aus fünf verbundenen Becken mit Wasserrutschen, einem unterirdischen Whirlpool, tropischen Landschaftsanlagen und 14 Wasserfällen. Sich von einem Ende des Beckens zum anderen im Wasser treiben zu lassen dauert 15 Minuten.

HÖCHSTER FRIEDHOF
Das ständig beleuchtete Memorial Necrópole Ecumênica in Santos, Brasilien, ist zehn Stockwerke hoch und umfaßt eine Fläche von 1,8 ha. Sein Bau begann im März 1983, und die erste Beerdigung fand im Juli 1984 statt.

GRÖSSTER FRIEDHOF
Der Ohlsdorfer Friedhof in Hamburg, Deutschland, umfaßt 400 ha. Er wird seit 1877 genutzt, und bis Ende 1997 haben dort 984.006 Beerdigungen und 418.323 Kremationen stattgefunden.

GRÖSSTES KREMATORIUM
Das Nikolo-Archangelskij-Krematorium in Moskau, Rußland, besitzt sieben in Großbritannien hergestellte Zwillings-Krematoren. Der Bau wurde 1972 fertiggestellt, umfaßt 210 ha und hat sechs Abschiedshallen für Atheisten.

GRÖSSTE KATHEDRALE
St. John the Divine, die Kathedrale der Diözese von New York, USA, hat ein Volumen von 476.350 m^3 und eine Bodenfläche von 11.240 m^2. Der Grundstein wurde im Dezember 1892 gelegt, aber die Arbeiten an dem Gebäude wurden 1941 abgebrochen und erst im Juli 1979 ernsthaft wieder aufgenommen.

GRÖSSTE MOSCHEE
Die Shah Faisal Moschee bei Islamabad, Pakistan, hat eine Gesamtfläche von 18,97 ha. Die Gebetshalle umfaßt 0,48 ha und bietet zusammen mit dem Innenhof 100.000 Gläubigen Platz. Das angrenzende Gelände faßt weitere 200.000 Menschen.

GRÖSSTE SYNAGOGE
Der Emanu-El-Tempel in New York, USA, wurde im September 1929 fertiggestellt, hat eine Front von 45,7 m zur Fifth Avenue und eine von 77,1 m zur 65th Street. Der Haupt-Altarraum faßt 2.500 Leute, und die angrenzende Beth-El-Kapelle bietet Platz für 350. Wenn die drei weiteren Altarräume des Tempels genutzt werden, können insgesamt 5.500 Gläubige untergebracht werden.

GRÖSSTER TEMPEL
Angkor Wat („Tempelstadt") in Kambodscha ist die größte je gebaute religiöse Anlage und umfaßt 162,6 ha. Der ganze Tempelkomplex hat eine Gesamtfläche von 24x8 km und besteht aus 72 großen Monumenten, deren Bau ca. 900 n. Chr. begann.

GRÖSSTER BUDDHISTISCHER TEMPEL
Der Borobodur-Tempel bei Jogjakarta, Indonesien, umfaßt eine Fläche von 123 m^2 und ist 31,4 m hoch.

LÄNGSTE BRÜCKE
Der Second Lake Ponchartrain Causeway, der Mandeville und Metairie, Louisiana, USA, verbindet, ist die längste Brücke der Welt. Sie ist 38.422 m lang und wurde 1969 fertiggestellt.

BREITESTE BRÜCKE
Die breiteste Brücke der Welt mit langer Spannweite ist die 503 m lange Sydney Harbour Bridge in Sydney, New South Wales, Australien. Die am 19. März 1932 offiziell eröffnete Brücke ist 48,8 m breit und trägt zwei mit elektrischen Oberleitungen versehene Bahnlinien, insgesamt acht Straßenspuren sowie einen Rad- und einen Fußweg.

LÄNGSTER UNTERSEETUNNEL
Der 10 Mrd. Pfund Sterling (ca. 30 Mrd. DM) teure Kanaltunnel unter dem Ärmelkanal zwischen Folkestone, Kent, Großbritannien, und Calais, Frankreich, wurde zwischen Dezember 1987 und Dezember 1990 erbaut und von Königin Elizabeth II und Präsident François Mitterrand am 6. Mai 1994 offiziell eröffnet. Jeder der beiden Zwillings-Eisenbahntunnel ist 49,94 km lang und hat einen Durchmesser von 7,6 m.

LÄNGSTER STRASSENTUNNEL
Der zweispurige St. Gotthard-Tunnel zwischen Göschenen und Airolo in der Schweiz ist mit einer Gesamtlänge von 16,32 km der längste Straßentunnel der Welt. Er wurde am 5. September 1980 für den Verkehr geöffnet. Der Bau begann 1969 und kostete nach heutigen Preisen umgerechnet 418 Mio. Dollar (ca. 736 Mio. DM). Die Bauarbeiten am Tunnel forderten 19 Todesopfer unter den Arbeitern.

HÖCHSTES BÜROGEBÄUDE
1996 wurden die Petronas Towers in Malaysia zum höchsten Bürogebäude, als 73,5 m hohe Zinnen oben auf die 88 Stockwerke umfassenden Türme aufgesetzt wurden. Ihre Höhe beträgt jetzt 451,9 m.

gebäude der zukunft

SELBSTVERSORGENDE HÄUSER

Earthships sind selbstversorgende Bauwerke, die ihre eigene Energie erzeugen, ihr eigenes Wasser auffangen, Schmutzwasser wieder aufbereiten und ihre eigene Wärme gewinnen. Es gibt bis heute ungefähr 1.000 solcher Bauwerke, die alle aus alten Reifen und zusammengepreßten Aluminiumdosen bestehen. Sie wurden in der ganzen Welt in unterschiedlichsten Klimazonen errichtet (das hier abgebildete Earthship befindet sich in der Wüste in New Mexico, USA). Das teuerste ist ein mehrere Mio. Dollar teures Earthship in Ridgeway, Colorado, USA, das dem Schauspieler Dennis Weaver gehört.

GRÖSSTE KUNSTGALERIE

Im Guggenheim Museum Bilbao, Spanien, wurde die größte Galerie mit einer Länge von 130 m und einer Breite von 30 m gebaut, um einige der aufsehenerregendsten Kunstwerke des 20. Jahrhunderts aufzunehmen. Gegenwärtig beherbergt es *Snake*, eine Skulptur aus drei 30 m langen, 3 m hohen Stahlplatten von Richard Serra. Das 100 Mio. Dollar (ca. 176 Mio. DM) teure Museum wurde von dem kalifornischen Architekten Frank Gehry entworfen.

„INTELLIGENTESTE" STADT

Celebration, Florida, USA, eine futuristische Stadt für 20.000 Menschen, wurde von Disney entworfen. Sämtliche der 8.000 Häuser in dieser 350 Mio. Dollar (ca. 616 Mio. DM) teuren Stadt haben einen Hochgeschwindigkeits-ISDN-Anschluß mit Kabelfernsehen, Multimediaeinrichtungen, Video on Demand und einen Internet-Anschluß einschließlich Zugang zu den Webseiten der Kommune. Celebration, das seit 1996 gebaut wird, hatte bis zum Sommer 1997 1.000 Einwohner.

„INTELLIGENTESTES" HAUS

Das Haus von Bill Gates, dessen Bau über sieben Jahre dauerte und ungefähr 55 Mio. Dollar (ca. 97 Mio. DM) kostete, ist mit neuester Informationstechnologie ausgestattet, um sich automatisch den Vorlieben eines jeden Gastes anpassen zu können. Ein Besucher erhält eine elektronische PIN-Karte, die in jedem Raum von Sensoren aufgespürt werden kann. Daraufhin bietet das Haus Dienstleistungen und Unterhaltung, die den speziellen Erfordernissen der Gäste entspricht. Diese Sensoren kontrollieren ebenfalls das Licht und die elektrischen Geräte.

„INTELLIGENTESTES" BAUWERK

Tausende optischer Fasern sind zwischen den Betonsegmenten des Winooski-One-Staudamms in Vermont, USA, eingebettet. Sensoren überwachen kontinuierlich das Licht, das diese Fasern erhalten, auf Zeichen von Veränderungen in der Betonkonstruktion. Intelligente Konstruktionen wie diese können Ingenieuren helfen, frühe Anzeichen für Schäden an einem Damm, einem Wolkenkratzer, einer Brücke oder einem anderen Hochleistungsbauwerk zu entdecken.

HAUS MIT DER BESTEN ENERGIEBILANZ

Das „Selbständige Haus" in Southwell, Großbritannien, produziert mehr Energie, als es verbraucht. Photovoltaische Platten liefern Elektrizität, und die vom Haus jährlich produzierten 1.450 kWh werden an das staatliche Netz Großbritanniens zurückverkauft.

ERDBEBENSICHERSTER FLUGHAFEN

Der Kansai International Airport wurde auf einer künstlichen Insel in der Osaka Bay, Japan, errichtet und blieb bei dem Erdbeben, das die nahegelegene Stadt Kobe im Januar 1995 heimgesucht hatte, äußerlich unbeschädigt. Das Meer bildete einen natürlichen Schutz für den Flughafen und dämpfte Vibrationen.

ERDBEBENSICHERSTES HAUS

Das sechsstöckige Gebäude des Ministeriums für Post und Telekommunikation, ein weiteres nicht zerstörtes Haus des Bebens von Kobe, sitzt auf 120 Schwingungsabsorbern, die wie Stoßdämpfer wirken. Bei einem Erdbeben werden sie zusammengedrückt, wodurch sie einen Teil der Energie des Bebens aufnehmen und absichern.

GRÖSSTER GEBÄUDEENTWURF
Die chinesischen Behörden versuchen am Ostufer von Schanghai ein Finanz- und Geschäftszentrum für das 21. Jahrhundert zu errichten. Zu den Highlights gehören ein Metro-System und das Shanghai World Financial Centre (links zu sehen). Unten ist der Fernsehturm von Oriental Pearl abgebildet.

TEUERSTE GALERIE
Die Errichtung des Getty Centers in Los Angeles, Kalifornien, USA, kostete 1 Mrd. Dollar (ca. 1,76 Mrd. DM). Der 90.000 m² große Komplex wurde von Richard Meier und Partnern entworfen. Zusammen mit den zahllosen anderen Materialien wurden 15.000 m² Außenglas, 225.000 m³ Beton, 125.000 m Stahlbolzen und 295.000 Teile von italienischem Travertin verwendet.

GRÖSSTE WOHNEINHEIT
Die Mega-City-Pyramide TRY-2004, die sich noch in der Entwicklung befindet, soll als ultrahoch gebaute Pyramide das Problem der Übervölkerung in Tokio, Japan, entspannen. Sie wird 1 Mio. Menschen aufnehmen, benötigt jedoch nur 2.800 m².

GRÖSSTES GEBÄUDE DER ZUKUNFT
Das Shanghai World Financial Centre soll bis zum Jahr 2001 460 m hoch werden, höher als die beiden Zwillingstürme Sears und Petronas. Ein verglaster Aussichtsbereich im 94. Stock und ein hoher Freiluftgang, die „Brücke der weltweiten Zusammenarbeit und Freundschaft" gehören zur Planung.

GRÖSSTES SCHWIMMENDES GEBÄUDE
X-Seed 4000 wurde 1980 zunächst für eine künstliche Insel vor der Küste Japans entworfen; es ist als Wohnhaus für 1 Mio. Menschen gedacht und basiert auf einer offenen Stahlkonstruktion. Die Konstrukteure von X-Seed 4000 möchten, daß es als Wohnhaus und auch als Freizeitanlage genutzt wird.

MODERNSTE KONZERTHALLE
Die Symphony Hall Birmingham, Großbritannien, ist für ihre Akustik berühmt, deren Nachhallzeit innerhalb von Minuten durch das Öffnen und Schließen breiter Türen verändert werden kann.

GRÖSSTER VERANSTALTUNGSORT IN EINEM BERG
Die für die Olympischen Winterspiele 1994 gebaute Olympic Cavern Hall in Gjøvik, Norwegen, wird jetzt als Ausstellungszentrum, Veranstaltungsort für Konzerte und sportliche Ereignisse und als Touristenattraktion genutzt. Die Besucher haben 120 m innerhalb des Berges Hovdetoppen zu überwinden, um den 61 m breiten, 91 m langen Veranstaltungsort zu erreichen.

ERSTES UNTERWASSER-HOTEL
Das in einer Mangrovenlagune in Key Largo, Florida, USA, 9 m unter Wasser befindliche Jule's Undersea Lodge wurde im Jahr 1986 eröffnet. Es war früher ein Wasserforschungslaboratorium. Tauchunterricht und naturgeschichtliche Kurse unter Wasser sind die Hauptattraktionen für die Gäste.

GRÖSSTES UNTERIRDISCHES HAUS
Underhill in Holme, West Yorks, Großbritannien, hat einen Innenbereich von 325 m². Das Haus ist seit 1976 das Heim des Architekten Arthur Quarmby und ist von außen nicht zu sehen.

ÖKOLOGISCHER REKORD
Der neue Sitz der Commerzbank in Frankfurt, Deutschland, ist ein 259 m hoher Wolkenkratzer, der von Sir Norman Foster und Partner entworfen wurde. Ein Atrium erstreckt sich 160 m durch die Gebäudemitte, wodurch es vollständig natürlich belüftet wird. Seine spiralförmig angeordneten Wolkengärten sind Treff- und Ruhepunkte. Der Wolkenkratzer wurde so entworfen, daß er soviel Tageslicht wie möglich erhält, und so positioniert, daß er so wenig Schatten wie möglich auf die naheliegenden Gebäude wirft.

Autos

HÖCHSTE GESCHWINDIGKEITEN
Den Rekord für die höchste in einem raketengetriebenen Fahrzeug erreichte Geschwindigkeit, 1.016,086 km/h auf dem ersten Kilometer, wird seit dem 23. Oktober 1970 von Gary Gabelich auf *Blue Flame*, einem vierrädrigen Fahrzeug auf den Bonneville Salt Flats, Utah, USA, gehalten. Kurzzeitig überschritt er die Geschwindigkeit von 1.046 km/h. Das Fahrzeug wurde von einem Erdgas/Wasserstoffperoxid-Raketenmotor mit einem Schub von bis zu 9.979 kg angetrieben.

Die höchste von einer Frau über Land erreichte Geschwindigkeit beträgt 843,323 km/h und wurde von Kitty Hambleton am 6. Dezember 1976 im raketengetriebenen dreirädrigen *SM1 Motivator* in der Alvard-Wüste, Oregon, USA, erreicht. Ihr offizieller Rekord hin und zurück betrug 825,126 km/h, und es ist wahrscheinlich, daß sie kurzzeitig 965 km/h erreicht hat.

Die höchste in einem radgetriebenen Fahrzeug erreichte Geschwindigkeit beträgt 696,331 km/h und wurde von Al Teague (USA) auf *Speed-O-Motive/Spirit of 76* auf den letzten 40 m einer Strecke von 1 Meile (1,6 km) auf den Bonneville Salt Flats, Utah, USA, am 21. August 1991 erreicht. Seine Geschwindigkeit über eine Meile betrug 684,322 km/h.

Die höchste je auf einem Fahrzeug mit Dieselmotor, dem 3-Liter-Mercedes-Prototyp C 111/3, erreichte Geschwindigkeit betrug bei Tests vom 5. bis 15. Oktober 1978 auf der Rennbahn von Nardo, Italien, 327,3 km/h. Im April 1978 erreichte das Fahrzeug eine Durchschnittsgeschwin digkeit von 314,5 km/h während zwölf Stunden über eine Rekordstrecke von 3.773,5 km.

GRÖSSTE GESCHWINDIGKEIT
Der offizielle Rekord über Land auf 1 Meile (1,6 km) beträgt 1.227,985 km/h, aufgestellt im Oktober 1997 von Andy Green (Großbritannien) auf *Thrust SSC* in der Black-Rock-Wüste, Nevada, USA. Zwei Rolls-Royce Spey 205-Düsentriebwerke mit einem Schub von 50.000 lb (ca. 22.700 kg) beschleunigten zum ersten Mal ein Auto über die Schallgeschwindigkeit.

Der Geschwindigkeitsrekord für Elektrofahrzeuge beträgt 295,832 km/h über einen Kilometer hin und zurück; ihn erreichte *Impact* von General Motors am 11. März 1994 mit Clive Roberts (Großbritannien) am Steuer im Testzentrum von Fort Stockton, Texas, USA.

Am 19. August 1985 brach Robert E. Barber den 70 Jahre alten Weltrekord für dampfgetriebene Fahrzeuge, als der von Barber-Nichols Engineering Company gebaute *Steamin' Demon* eine Geschwindigkeit von 234,33 km/h auf den Bonneville Salt Flats, Utah, USA, erreichte.

Der Rekord für die höchste je von einem rein solargetriebenen Fahrzeug erreichte Geschwindigkeit beträgt 78,39 km/h und wurde von Molly Brennan auf *Sunraycer* von General Motors in Mesa, Arizona, USA, am 24. Juni 1988 aufgestellt.

SCHNELLSTER SERIENWAGEN
Die höchste je von einem Fahrzeug aus normaler Serienproduktion erreichte Geschwindigkeit beträgt 349,21 km/h und wurde von dem britischen Formel-1-Rennfahrer Martin Brundle am Steuer eines Jaguar XJ 220 auf der Teststrecke von Nardo, Italien, am 21. Juni 1992 erreicht.

Die größte auf der Straße getestete Beschleunigung beträgt 3,07 Sekunden von 0 auf 96 km/h, erreicht im Mai 1994 auf dem Testgelände von Millbrook, Bedfordshire, Großbritannien, auf einem von Graham Hathaway gesteuerten Ford RS200 Evolution.

NIEDRIGSTER KRAFTSTOFFVERBRAUCH
1989 fuhr der Autojournalist Stuart Bladon einen Citroen AX 14 DTR auf der Autobahn M11, Großbritannien, während einer von Lucas Diesel Systems organisierten Testfahrt mit einer Gallone (= 4,545 l) Treibstoff 180,26 km weit.

In 99 Tagen durchquerte Gerhard Plattner aus Österreich mit einem Seat Arosa Europa von Norden nach Süden. Auf den 972 km verbrauchte er durchschnittlich 2,59 Liter Diesel auf 100 km.

GRÖSSTE SERIENPRODUKTION
Seit 1937 wurden über 21,3 Mio. Volkswagen „Käfer" produziert. Das Modell wurde 1936 in Deutschland entwickelt, drei Jahre nachdem Adolf Hitler bei Ferdinand Porsche Pläne für einen „Volkswagen" bestellt hatte. Das Ergebnis, seines Aussehens wegen „Käfer" genannt, wurde außer in Deutschland auch in Nigeria, Belgien, Mexiko und Brasilien hergestellt. 1994 wurde der Prototyp eines neuen „Käfers" (siehe Bild links) auf der Detroit Auto Show, USA, enthüllt und so begeistert aufgenommen, daß sofort der Wert der Firma an der Börse stieg. Das neue Auto, das 1998 in Nordamerika auf den Markt gekommen ist, ist deutlich größer als das Original und wird aus vollständig anderen Bauteilen hergestellt. Volkswagen sieht das Fahrzeug nicht als Neuauflage des ersten „Käfers" an, sondern als völlig neues, futuristisches Auto, an dem sowohl Liebhaber des Originals als auch junge Leute, die den alten Käfer kaum noch kennen, Gefallen finden dürften. Bei der Produktion erwartet Volkswagen Stückzahlen von 100.000–200.000 im ersten Jahr.

AUTO MIT DEM STÄRKSTEN MOTOR

Das Auto mit dem stärksten heute in Serie eingebauten Motor der Welt ist mit über 627 PS der McLaren F1 6.1. Der F1 hat auch den höchsten Listenpreis eines normalen britischen Autos, nämlich 634.500 Pfund (ca. 1.903.500 DM) einschließlich Steuern. Er beschleunigt von 0 auf 95,6 km/h in 3,2 Sekunden und erreicht eine Höchstgeschwindigkeit von über 370 km/h.

GRÖSSTE REICHWEITE EINES AUTOS

Die größte von einem Fahrzeug mit einer Standard-Tankfüllung zurückgelegte Entfernung beträgt 2.153,4 km, erreicht auf einem Audi 100 TDI-Dieselfahrzeug (Tankvolumen 80,1 Liter). Vom 26. bis 28. Juli 1992 fuhr Stuart Bladon zusammen mit Robert Proctor, einem Beobachter vom Royal Automobile Club, von John O'Groats bis Land's End und zurück nach Schottland.

HÖCHSTER KILOMETERSTAND EINES AUTOS

„Old Faithful", ein 1963er Volkswagen „Käfer" in Besitz von Albert Klein aus Pasadena, Kalifornien, USA, erreichte einen Stand von 2,6 Mio. km, bevor er am 29. März 1997 verschrottet wurde.

GRÖSSTER MOTOR

Der Hubraum des größten je in einen Serienwagen eingebauten Motors betrug 13,5 Liter, beim amerikanischen Pierce-Arrow 6-66 Raceabout (1912–18), dem amerikanischen Peerless 6-60 (1912–14) und dem Fageol (1918).

GRÖSSTES AUTO

Das größte je für den privaten Gebrauch hergestellte Auto war der Bugatti „Royale" Typ 41, der in Molsheim, Frankreich, von dem italienischen Konstrukteur Ettore Bugatti gebaut wurde. Er wurde erstmals 1927 produziert, besitzt einen Achtzylinder-Motor mit einem Hubraum von 12,7 Liter und ist über 6,7 m lang. Die Motorhaube allein ist 2,13 m lang.

LÄNGSTES AUTO

Eine von Jay Ohrberg aus Burbank, Kalifornien, USA, entworfene 30,5 m lange, 26rädrige Limousine ist neben vielen weiteren Besonderheiten mit einem Schwimmbecken plus Sprungbrett und einem extra großen Wasserbett ausgestattet. Sie kann als steifes Fahrzeug oder mit einem Gelenk in der Mitte gefahren werden.

GRÖSSTES WOHNMOBIL

Manfred und Georg Esterbauer aus Burghausen (Bundesrepublik Deutschland) besitzen ein Sonderfahrzeug für neun Personen. Es ist 18 m lang, 2,5 m breit, 4 m hoch und hat ein Leergewicht von 24,5 t.

BREITESTES AUTO

Der Koenig Competition:2417, gebaut 1989, und der Koenig Competition Evolution:2418, gebaut 1990, sind beide 2,195 m breit.

KLEINSTES AUTO

Der Peel P50, gebaut 1962 von der Peel Engineering Company in Peel, Isle of Man, Großbritannien, war 1,34 m lang, 99 cm breit und 1,34 m hoch. Er wog 59 kg.

LEICHTESTES AUTO

Das leichteste Auto der Welt wurde von Louis Borsi aus London, Großbritannien, gebaut und gefahren und wiegt 9,5 kg. Es hat einen Motor von 2,5 ccm und erreicht eine Höchstgeschwindigkeit von 25 km/h.

BILLIGSTES AUTO

Der Red Buck Buckboard von 1922, gebaut von der Briggs & Stratton Company, Milwaukee, Wisconsin, USA, wurde für 125–150 Dollar verkauft, was 1998 einem Preis von 1.130–1.870 Dollar (ca. 1989–3291 DM) entspricht. Er hatte einen Radstand von 1,57 m und wog 111 kg.

Frühe Modelle der in den USA produzierten King Midgets wurden 1948 als Bausatz für nur 100 Dollar verkauft, was 1998 einem Preis von 842 Dollar (ca. 1482 DM) entspricht.

LÄNGSTE SERIENPRODUKTION

Der Morgan 4/4, gebaut von der Morgan Motor Car Company in Malvern, Worcestershire, Großbritannien, begeht im Dezember 1998 seinen 63. Geburtstag. Zur Zeit besteht eine Warteliste von sechs bis acht Jahren für den Wagen.

MEISTE INNERHALB EINES JAHRES PRODUZIERTE AUTOS

1994 wurde weltweit die Rekordstückzahl von 49,97 Mio. Fahrzeugen gebaut, darunter über 36 Mio. Personenwagen.

NIEDRIGSTER VERBRAUCH

Der niedrigste Treibstoffverbrauch bei einem straßenzugelassenen Fahrzeug, 201,1 km/Liter, wurde 1996 beim Shell Mileage Marathon von dem dieselgetriebenen Combidrive „Mouse" erzielt.

Futuristische Autos

ÖKOLOGISCHSTES HYBRID-AUTO
Am 14 Oktober 1997 stellte Toyota den Prius vor. Er verbindet einen 1,5 Liter Benzin- mit einem E-Motor, reduziert den Smogausstoß um 90 % und kommt mit einem Liter Benzin wesentlich weiter als ein gewöhnliches Fahrzeug: Bei Testfahrten in Japan bewältigte der Prius mit nur einem Liter eine Distanz von 123 Kilometern. Damit ist er das ökologischste hybride Serienfahrzeug der Welt. In Japan kostet der Prius umgerechnet ca. 30.000 DM. Toyota plante zunächst, 1.000 Autos pro Monat zu produzieren. Schon im Monat nach der Präsentation des Prius lagen 3.500 Bestellungen vor, so daß die Produktionsmenge nun ab Juni 1998 verdoppelt werden soll. Außerhalb Japans wird der Prius voraussichtlich ab dem Jahr 1999 erhältlich sein.

UMWELTFREUNDLICHSTES AUTO
Wissenschaftler an der Universität von Washington, USA, haben das umweltfreundlichste Auto der Welt entwickelt. Das Fahrzeug hat einen abgasfreien Druckmotor und wird mit flüssigem Stickstoff betrieben. Das Stickstoffgas treibt einen Motor an, der saubere Luft herauspumpt. Der Prototyp soll sehr viel sauberer als andere abgasfreie Fahrzeuge sein, wahrscheinlich kommt er aber nicht auf den Markt, da sein Kraftstoffverbrauch 3,2 km/Liter mit einem Höchstwert von 4,83 km/ Liter beträgt.

UMWELTFREUNDLICHSTES BENZINAUTO
Das ZLEV von Honda hat den niedrigsten Emissionsgrad eines Benzinautos. Auf abgasreichen Straßen sind die Abgase des ZLEV sauberer als die Umgebungsluft. Das Auto ist noch nicht auf dem Markt erhältlich.

UMWELTFREUNDLICHSTES ERDGASAUTO
Das umweltfreundlichste, erdgasbetriebene Fahrzeug der Welt ist Civic GX von Honda. Emissionen von CO, HC und NOx wurden auf fast Null und CO_2-Emissionen um rund 20 % reduziert. Das Auto ist gegenwärtig in Japan erhältlich, und Honda plant, es in naher Zukunft weltweit herauszubringen.

UMWELTFREUNDLICHSTE AUTOVERMIETUNG
Kobe Ecocar öffnete am 4. April 1998 in Kobe, Japan, und verleiht nur abgasfreie Autos. Das Unternehmen, das von Pasona, Orix, Toyota, Nissan und Kansai Electric Power beliefert wird, bot den Kunden zunächst eine Auswahl von zehn Elektroautos, plant jedoch, bis April 1999 60 Fahrzeuge von Elektro- bis zu gasbetriebenen Autos anzubieten.

LÄNGSTE DISTANZ
Geo Metro-Konversion von der Solectria Corporation fuhr im Mai 1997 401 km mit einer einzigen Elektroladung, ein Prototyp sogar 552 km. Der Rekord wurde unter Verwendung von Nickel-Metall-Hybrid-Batterien von Ovonic auf der Tour de Sol in Portland, Maine, USA, erzielt.

„INTELLIGENTESTE" FAHRZEUGE
Das Zukunftsfahrzeug Concept 2096, 1996 von der Universität Coventry, Großbritannien, vorgestellt, ist mit einem Anstrich aus „intelligenten" Farben versehen, die sich je nach Umgebung verändern, und das Fensterglas wandelt sich von transparent zu undurchsichtig. Das Auto besitzt weder Lenkrad noch Motor und wird durch ein Computernavigationssystem gelenkt.

Das Hypercar, ein ultraleichtes Hybrid-Elektroauto des Rocky Mountain Institute, USA, ist dreimal effizienter und zehnmal sauberer als ein herkömmliches Auto. Es ist rostfrei, widersteht Beulen und Kratzern und kann bei Zusammenstößen fünfmal mehr Energie aufnehmen als Stahl. Seine „intelligenten" Fenster reflektieren Sonnenstrahlen und Spezialfarben, ein mit Schlitzen versehenes Dach und sonnenbetriebene Gebläse überwachen die Wärmeabsorption im Innenraum.

1997 stellte Mitsubishi das Fahrzeug HSR V1 vor. Es ist computergesteuert, hat jedoch auch ein optionales Lenkrad im Armaturenbrett. Als Zündschlüssel dient eine persönliche Identitätsmarke.

HOCHENTWICKELTSTES COMPUTERSYSTEM
Im Jahr 1998 brachte Microsoft das Auto-PC-System heraus, eine speziell programmierte Version von *Windows CE2*. Der Computer wird in das Armaturenbrett eingepaßt und ist in der Lage, einen CD-Player und ein Radio zu betätigen, E-Mails zu senden und zu erhalten und Navigier- und Sicherheitseinrichtungen zu betätigen. Das System kann entweder direkt, über Fernbedienung oder per Stimme betätigt werden und reagiert auf 200 Befehle.

SCHNELLSTE PRODUKTION
Im Jahr 1997 entwarf und entwickelte Ford seinen Puma innerhalb von 135 Tagen. Dank com-

RENAULT ZO
Im März 1998 präsentierte Renault den dreisitzigen ZO-Roadster anläßlich seines einhundertsten Geburtstags. Das Geländefahrzeug ist durch Motocross-Maschinen inspiriert. Die speziellen, 43 cm breiten Michelin-Reifen nutzen die Innenseite für das Fahren auf der Straße und die Außenseiten für Off-Road- und Geländestrecken. Die drei Sitze sind hintereinander angeordnet, wobei sich der Fahrersitz in der Mitte und etwas vor den anderen befindet. Der ZO hat keine Windschutzscheibe oder Dach, statt dessen wird die Luft über die Köpfe der Passagiere gelenkt. Er verfügt über einen neuen 2-Liter-Motor mit direkter Kraftstoffeinspritzung, eine „intelligente" Vier-Gang-Automatikschaltung und ein Fahrgestell mit Hydraulikpumpen, die den Höhenabstand zwischen 15–28 cm verändern können. Obwohl der ZO in dieser Version wahrscheinlich nicht auf den Markt kommt, könnte der Motor gut in zukünftigen Renaults verwendet werden.

WORLD SOLAR CHALLENGE

Das *Dream Solar* von Honda absolvierte 1996 das World Solar Challenge-Rennen über 3.010 km von Darwin nach Adelaide, Australien, in einer Rekordzeit von 33 Stunden und 32 Minuten. Das Auto erreichte eine Höchstgeschwindigkeit von 140 km/h und absolvierte das Rennen mit einer Durchschnittsgeschwindigkeit von 85 km/h ohne technische Probleme. Es kann ungefähr 90 km mit reiner Sonnenenergie fahren und weitere 100 km mit Energie, die durch die Solarzellen in einer Silberoxid-Zink-Batterie aufgefangen wird.

RINSPEED E-GO ROCKET

Der Autohersteller Rinspeed aus der Schweiz stellte seine E-Go Rocket während des Genfer Autosalons 1998 vor. Das mit einem V8-Aluminium-410-hp-Motor betriebene Fahrzeug hat eine Spitzengeschwindigkeit von 260 km/h und soll eine Beschleunigung von 0 auf 96,5 km/h in 4,8 Sekunden erreichen. Der E-Go Rocket ist ein Einsitzer, dessen Windschutzscheibe sich gemäß der Geschwindigkeit verstellt.

putergesteuerter Fertigung, die sonst nur von der amerikanischen Regierung verwendet wird, wurde der Puma doppelt so schnell wie sonst üblich vom Konzept bis zum Abnahmestadium gebracht. Der Puma kam im August 1998 auf den Markt.

TEUERSTES DREIRAD-AUTO

Der F300 Life-Jet, 1998 von Mercedes-Benz herausgebracht, kombiniert die Sicherheit eines Autos mit dem prickelnden Gefühl des Motorradfahrens. Der Life-Jet legt sich in die Kurven statt dagegen zu halten. Wenn er in die Produktion kommt, wird er das teuerste dreirädrige Auto der Welt sein.

RECYCELBARSTES AUTO

Im Jahr 1998 stellte Chrysler das CCV (Verbundstoff-Kompakt-Fahrzeug) EsX2 vor, das am weitesten recycelbare Auto der Welt. Das CCV besteht aus einem Kunststoff, der dem von Brauseflaschen ähnlich ist. Es kann komplett eingeschmolzen und recycelt werden. Bei Verwendung von Spritzgußkunststoff könnte man das Auto aus nur 1.100 Teilen anstatt 4.000 Bestandteilen zusammenbauen.

Flugzeuge und Hubschrauber

SCHNELLSTER HUBSCHRAUBER
Nach den Regeln der FAI wurde der Rekord für die höchste Geschwindigkeit eines Hubschraubers von John Trevor Eggington und seinem Copiloten Derek Clews auf einem Vorführmodell des Westland Lynx aufgestellt. Die beiden erreichten über Glastonbury, Großbritannien, am 11. August 1986 durchschnittlich 400,87 km/h. Es hatte zehn Jahre gedauert, den Hubschrauber zu entwerfen und zu bauen.

SCHNELLSTES FLUGZEUG
Die Lockheed SR-71 der U.S. Air Force, ein Aufklärungsflugzeug, war der schnellste je gebaute Düsenjet. Die Lockheed, die 1964 zum ersten Mal in ihrer endgültigen Form geflogen wurde, konnte Berichten nach eine Höhe von etwa 30.000 m erreichen. Sie war 32,73 m lang, hatte eine Spannweite von 16,94 m und ein Startgewicht von 77,1 Tonnen. Ihre Reichweite bei Mach 3 wurde bei einer Höhe von 24.000 m mit 4.800 km angegeben.

Das schnellste experimentelle propellergetriebene Flugzeug ist das amerikanische Turboprop-Jagdflugzeug Republic XF-84H, das im Juli 1955 flog und für eine Höchstgeschwindigkeit von 1.078 km/h ausgelegt war.

Das schnellste propellergetriebene Flugzeug war die sowjetische Tu-95/142, die vier 11.033-kW-(14.795-PS-)Motoren mit achtblättrigen, entgegengesetzt rotierenden Propellern besitzt und eine maximale Horizontalgeschwindigkeit von Mach 0,82 oder 925 km/h erreicht.

Die höchste von einem Kolbenmotor-Flugzeug erreichte Geschwindigkeit über eine Strecke von 3 Meilen beträgt 850,24 km/h, erreicht von Lyle Shelton im August 1989 in Las Vegas, USA, auf einer modifizierten Grumman F8F Bearcat.

Der schnellste Doppeldecker war eine Einzelanfertigung, die italienische Fiat CR42B mit einem Daimler-Benz-DB601A-Motor mit 753 kW (1.010 PS). Er flog 1941 mit einer Geschwindigkeit von 520 km/h.

SCHNELLSTES FLUGBOOT
Die Martin XP6M-1 SeaMaster, ein von der US-Marine von 1955 bis 1959 geflogener vierstrahliger Minenleger, hatte eine Höchstgeschwindigkeit von 1.040 km/h.

SCHNELLSTE TRANSATLANTIK-FLÜGE
1974 flogen Major James Sullivan und Major Noel Widdifield eine Lockheed SR-71A „Blackbird" in 1 Stunde 54 Minuten 56,4 Sekunden in Richtung Osten. Die Durchschnittsgeschwindigkeit auf dem 5.570,8-km-Flug New York–London betrug 2.908,02 km/h. Sie lag niedriger, weil die „Blackbird" von einem Boeing KC-135 Tankflugzeug aufgetankt werden mußte.

Der Rekord für Alleinflug, 8 Stunden 47 Minuten 32 Sekunden bei einer Durchschnittsgeschwindigkeit von 426,7 km/h, wird seit 1978 von Captain John Smith auf einer Rockwell Commander 685 Zwillings-Turboprop gehalten. Er flog von Gander, Neufundland, Kanada, nach Gatwick, Großbritannien.

LÄNGSTER DAUERFLUG
Von Dezember 1958 bis Februar 1959 flogen Robert Timm und John Cook insgesamt 64 Tage 22 Stunden 19 Minuten 5 Sekunden auf einer Cessna 172 „Hacienda". Die zurückgelegte Strecke entspricht einem Flug sechsmal um den Globus.

GRÖSSTE FLUGZEUGE
Das Düsen-Verkehrsflugzeug mit der größten Kapazität ist die Boeing 747-400, die 1989 erstmals im Dienst gestellt wurde. Sie hat eine Spannweite von 64,9 m, eine Reichweite von 13.340 km und faßt bis zu 566 Passagiere.

Das Flugzeug mit dem höchsten Startgewicht ist die 600 Tonnen schwere Antonov An-225 Mriya („Traum"). Im März 1989 trug eine Maschine eine Nutzlast von 156.300 kg bis auf eine Höhe von 12.410 m. Innerhalb von 3 Stunden 47 Minuten legte sie 2.100 km zurück.

HÖCHSTE LUFTGESCHWINDIGKEIT
Captain Eldon W. Joersz und Major George T. Morgan Jr. erreichten auf einer Lockheed SR-71A „Blackbird" nahe der Beale Air Force Base, Kalifornien, USA, am 28. Juli 1976 über eine Strecke von 25 km eine Rekordgeschwindigkeit von 3.608 km. Die Lockheed SR-71A erreichte 1990 eine inoffizielle Durchschnittsgeschwindigkeit von 3.529,56 km/h während eines Fluges von St. Louis nach Cincinatti, USA.

Das Verkehrsflugzeug mit dem größten Volumen ist der Airbus Super Transporter A300-600ST Beluga, der einen Hauptladeraum von 1.400 m³, ein maximales Startgewicht von 150 Tonnen, eine Spannweite von 44,84 m und eine Gesamtlänge von 56,16 m hat. Die Länge des nutzbaren Teils des Laderaums beträgt 37,7 m.

Das in Serie produzierte Verkehrsflugzeug mit dem größten Volumen ist die ukrainische Antonov An-124 Ruslan, die einen Laderaum mit einem nutzbaren Volumen von 1.014 m³ und ein maximales Startgewicht von 405 Tonnen hat. Die Schwertransport-Version der An-124, die An-225 Mriya („Traum") hat einen gestreckten Rumpf mit einem nutzbaren Volumen von vollen 1.190 m³. Ihr Laderaum weist eine ununterbrochene Länge von 43 m und eine maximale Breite und Höhe von 6,4 x 4,4 m auf.

GRÖSSTE FLÜGELSPANNWEITEN
Das 40 Mio. Dollar (ca. 70,4 Mio. DM) teure Flugboot Hughes H4 Hercules, auch bekannt unter dem Namen *Spruce Goose* („Geschniegelte Gans"), hatte mit 97,51 m die größte Spannweite aller je gebauten Flugzeuge. Das 193-Tonnen-Flugzeug mit acht Motoren erhob sich 1947 bei einem von dem US-Tycoon Howard Hughes durchgeführten Testflug von 914 m Länge vor Long Beach Harbor, Kalifornien, USA, 21,3 m hoch in die Luft, ist jedoch seitdem nie wieder geflogen.

Den Rekord für die größte Spannweite eines heute eingesetzten Flugzeugs hält mit 73,3 m die ukrainische Antonov An-124.

KLEINSTE FLUGZEUGE
Der kleinste Eindecker, der jemals abhob, ist die *Baby Bird*, entworfen und gebaut von Donald Stits. Das Flugzeug, das 1984 zum ersten Mal flog, ist 3,35 m lang und hat eine Spannweite von 1,91 m. Es wiegt leer 114,3 kg, und seine Höchstgeschwindigkeit liegt bei 177 km/h.

Der kleinste Doppeldecker, der jemals abhob, war die *Bumble Bee Two*, entworfen und gebaut von Robert Starr aus Tempe, Arizona, USA. Die *Bumble Bee Two* konnte nur eine Person tragen, hatte eine Gesamtlänge von 2,69 m, eine Spannweite von 1,68 m und wog leer 179,6 kg. Die höchste damit je erreichte Geschwindigkeit betrug 306 km/h. 1988 stürzte sie aus einer Flughöhe von 120 m ab und wurde völlig zerstört.

Das kleinste zweimotorige Flugzeug der Welt war vermutlich die kolumbianische MGI5 Cricri, die zum erstenmal 1973 flog. Die Cricri hat eine Spannweite von 4,9 m und eine Gesamtlänge von 3,91 m. Sie wird von zwei JPX-PUL-Motoren mit einer Leistung von 11,25 kW (15 PS) angetrieben.

GRÖSSTER HUBSCHRAUBER
Der größte zur Zeit produzierte Hubschrauber ist der russische Mil Mi-26, der 40,025 m lang ist und ein maximales Startgewicht von 56 Tonnen hat. Der achtblättrige Hauptrotor hat einen Durchmesser von 32 m und wird von zwei Turbomotoren von statischen 11.240 PS Leistung angetrieben.

GRÖSSTES DREHFLÜGELFLUGZEUG
Für den 104,5 m langen, 33,8 m hohen und 45,4 m breiten Piasecki Heli-Stat wurden vier Sikorsky-S-58-Flugwerke an ein ausrangiertes Goodyear-ZPG-2-Luftschiff montiert und vier 1.525-PS-Kolbenmotoren eingebaut. Er flog erstmals im Oktober 1985 bei Lakehurst, New Jersey, USA, wurde jedoch bei einer Bruchlandung im Juli 1986 zerstört.

SCHNELLSTE VERKEHRSFLUGZEUGE
Die Tupolev Tu-144 (oben links) erreichte Berichten nach Mach 2,4 (2.587 km/h), hatte jedoch eine normale Reisegeschwindigkeit von Mach 2,2. Im Mai 1970 war sie das erste kommerzielle Transportmittel, das Mach 2 überschritt. Die BAC/Aérospatiale Concorde (oben) flog erstmals 1969. Ihre Reisegeschwindigkeit beträgt Mach 2,2 (2.333 km/h), womit sie das schnellste Überschall-Verkehrsflugzeug ist.

FLUGZEUG DER ZUKUNFT
Der A3XX Jumbo-Airbus, der jetzt das Prototypen-Stadium erreicht hat, wird das größte Verkehrsflugzeug der Welt sein. Sein Hersteller Airbus Industrie plant, ihn bis 2003 in Dienst zu stellen, und wird in seinen Bemühungen von Vertretern von 19 Luftfahrtgesellschaften unterstützt. Das vierstrahlige Doppeldecker-Flugzeug wird die Rekordzahl von 1.000 Passagieren aufnehmen können und die erste Verkehrsmaschine mit vier Gängen sein (zwei auf dem Haupt- und zwei auf dem Oberdeck). Man erwartet, daß die Entwicklungskosten für den Airbus bis auf 8 Mrd. Dollar (ca. 14,1 Mrd. DM) steigen werden.

züge und schiffe

GRÖSSTE FLUGZEUGTRÄGER
Die Flugzeugträger *USS Nimitz, Dwight D. Eisenhower, Carl Vinson, Theodore Roosevelt, Abraham Lincoln, George Washington* und *John C. Stennis* haben von sämtlichen Kriegsschiffen die größte Verdrängung bei voller Ladung, nämlich 103.637 Tonnen. Sie sind 332,9 m lang, besitzen ein 1,82 ha großes Flugzeugdeck, werden von vier atomgetriebenen 260.000 shp Dampfgetriebeturbinen betrieben und können Geschwindigkeiten von über 56 km/h erreichen. Zwei weitere Schiffe dieser Klasse befinden sich im Bau, die *Harry S. Truman* und die *Ronald Reagan*. Die Nimitz hat vier Abschußrampen vom Typ C-13 Mod 1, die Flugzeuge vom Flugzeugdeck aus antreiben. Diese können selbst das schwerste Flugzeug aus dem Stand auf Geschwindigkeiten von 273 km/h bringen.

SCHNELLSTES EISENBAHNSYSTEM
Das staatliche Eisenbahnsystem SNCF TGV Atlantique erreichte am 18. Mai 1990 eine Spitzengeschwindigkeit von 515,3 km/h zwischen Courtalain und Tours, Frankreich. Der Eurostar TGV Atlantique fährt mit einer Geschwindigkeit von bis zu 300 km/h zwischen Paris und Calais, beim Erreichen Englands muß er seine Fahrt verlangsamen. Obwohl er 30 km/h schneller als der alte TGV fährt, besitzt der Atlantique nur acht statt zwölf Motoren, er kann jedoch zehn statt acht Wagen mit sich führen und Steigungen von 5 % bei 12.000 hp nehmen, ohne langsamer zu werden.

SCHNELLSTE ZÜGE
Die schnellste fahrplanmäßige Verbindung von einem Punkt zum anderen befindet sich auf der mit dem Nozomi 500 und 503 befahrenen Strecke zwischen Hiroshima und Kokura in Japan. Die 192 km werden in 44 Minuten zurückgelegt, das entspricht einer Durchschnittsgeschwindigkeit von 261,8 km/h.

Der schnellste Zug in Europa ist der französische TGV, der zwischen Lille und Roissy, Frankreich, fährt. Er legt eine Strecke von 203,4 km in 48 Minuten zurück, wobei er mit einer Durchschnittsgeschwindigkeit von 254,3 km/h fährt.

LÄNGSTER GÜTERZUG
Vom 26. bis 27. August 1989 befuhr ein Zug mit der Rekordanzahl von 660 Waggons und einer Länge von 7,3 km eine 861 km lange Strecke auf der Sishen-Saldanha-Eisenbahnstrecke, Südafrika, in einer Zeit von 22 Stunden 40 Minuten. Der Güterzug wurde von insgesamt neun 50-kV-Elektroloks und sieben Diesel-Elektroloks bewegt.

SCHNELLSTER DIESELZUG
238 km/h erreichte ein Intercity-Zug 125 auf einer Testfahrt zwischen Darlington und York, Großbritannien, am 1. November 1987. Die Hochgeschwindigkeitsstrecke wurde am 4. August 1976 zwischen London, Bristol und South Wales eröffnet.

LÄNGSTER PERSONENZUG
Am 27. April 1991 benötigte ein 1.732,9 m langer, 2.786 Tonnen schwerer Personenzug eine Stunde 11 Minuten und 5 Sekunden, um eine 62,5 km lange Strecke von Gent nach Ostende, Belgien, zurückzulegen. Er bestand aus insgesamt 70 Personenwagen, die von einer einzigen Elektrolok gezogen wurden.

GRÖSSTES SEGELSCHIFF
Die 5.899 Bruttoregistertonnen schwere *France II*, 1911 in Bordeaux, Frankreich, gebaut, hatte 5 Masten. Sie erlitt am 22. Juli 1922 vor Neukaledonien, Südpazifik, Schiffbruch.

LÄNGSTES SEGELSCHIFF
Die 187 m lange, in Frankreich gebaute *Club Med 1*, die fünf Aluminiummasten und 2.800 m² per Computer kontrollierte Segel besitzt, ist als Kreuzfahrtschiff für 425 Passagiere für die Club Med Holiday-Gesellschaft in der Karibik unterwegs. Wegen des geringen Segelumfangs und leistungsstarker Motoren ist es ein richtiges Motor-Segelschiff.

GRÖSSTES FRACHTSCHIFF
Der Öltanker *Jahre Viking* (früher bekannt unter den Namen *Happy Giant* und *Seawise Giant*) hat 564.763 t Ladegewicht. Der Tanker, der insgesamt 458,45 m lang ist, hat einen Deckbalken von 68,8 m und einen Tiefgang von 24,61 m. Während des Krieges zwischen dem Iran und dem Irak (1987–1988) manövrierunfähig geworden, wurde es in Singapur und in den Vereinigten Arabischen Emiraten einer 60 Mio. Dollar (ca. 105 Mio. DM) teuren Erneuerung unterzogen und im November 1991 unter seinem neuen Namen wieder in Dienst gestellt.

GRÖSSTES CONTAINERSCHIFF
Das größte Containerschiff ist die *Regina Maersk*, die 1996 in Odense, Dänemark, gebaut wurde. Sie hat ein Gewicht von 81.488 Bruttoregistertonnen und eine Kapazität von 6.000 TEU (20-Fuß-Einheiten); der Standard-Container ist 6,096 m lang.

GRÖSSTES SEGELSCHIFF
Das größte Segelschiff, das sich gegenwärtig im Dienst befindet, ist die 109 m lange Sedow, 1921 in Kiel, Deutschland, gebaut, die von Rußland zur Offiziersausbildung genutzt wird. Das 14,6 m breite Schiff hat eine Verdrängung von 6.300 Tonnen und eine Segelfläche von 4.192 m². Es kann Geschwindigkeiten von bis zu 17 Knoten erreichen und hat eine Crew von 65 Kadetten aus russischen Marine- und Maschinenbauschulen und 120 auszubildende Offiziere.

GRÖSSTES LUFTKISSENFAHRZEUG
Die 56,38 m lange *SRN4 Mk III*, ein in Großbritannien gebautes Luftkissenfahrzeug, wiegt 310 Tonnen und ist groß genug, um insgesamt 418 Passagiere und 60 Autos unterzubringen. Das Luftkissenfahrzeug wird von vier Motoren der Marke Bristol Siddeley Marine Proteus angetrieben und hat eine Höchstgeschwindigkeit von über 65 Knoten.

GRÖSSTES PASSAGIER-TRAGFLÄCHENBOOT
Drei jeweils 165 Tonnen schwere *Supramar PTS 150 Mk III*-Tragflächenboote, die bis zu 250 Passagiere bei einer Geschwindigkeit von 40 Knoten über den Öresund zwischen Kopenhagen, Dänemark, und Malmö, Schweden, befördern können, wurden von der Westermoen Hydrofoil Ltd in Mandal, Norwegen, gebaut.

GRÖSSTES TRAGFLÄCHENBOOT
Das 64,6 m lange Meerestragflächenboot *Plainview* wiegt bei voller Ladung 314 Tonnen und hat eine Betriebsgeschwindigkeit von 92 km/h. Am 28. Juni 1965 wurde es von Lockheed Shipbuilding and Construction Co. in Seattle, Washington, USA, vom Stapel gelassen.

GRÖSSTE PRIVATYACHT
Die größte private (nicht in königlichem Besitz befindliche) Yacht der Welt ist die 124 m lange *Savarona*, die für den türkischen Präsidenten Mustafa Atatürk 1931 gebaut und 1992 privatisiert wurde.

GRÖSSTE YACHT
Die saudi-arabische Yacht des Königs *Abdul Aziz*, in Dänemark gebaut und bei Vorpers Yard, Southampton, Hants, Großbritannien, am 22. Juni 1984 vollendet, ist 147 m lang.

GRÖSSTE DSCHUNKE
Die Hochsee-Dschunke Zheng He hatte eine Verdrängung von 3.150 Tonnen und eine geschätzte Länge von bis zu 64 m. Das Flaggschiff von Admiral Zheng Hes 62 Schatzschiffen aus dem Jahr 1420 soll neun Masten gehabt haben.

GRÖSSTES LINIENSCHIFF
Die *Grand Princess* hat eine Verdrängung von 109.000 Bruttoregistertonnen, sie ist im Sommer zwischen Barcelona, Spanien, und Istanbul, Türkei, und im Winter in der Karibik in Dienst und befördert 2.600 Passagiere.

zweiräder

MINIATUR-MOTORRADRENNEN
Die ersten Spanischen Meisterschaften im Miniatur-Motorradfahren fanden am 1. Februar 1998 auf der Rennstrecke in Albacete, Spanien, ab. Der Sport wird weltweit immer beliebter, für 1999 sind in den USA internationale Meisterschaften geplant.

HÖCHSTE FAHRRADGESCHWINDIGKEITEN
Die höchste jemals auf einem Fahrrad erreichte Geschwindigkeit beträgt 268,83 km/h, von Fred Rompelberg aus den Niederlanden in Bonneville Salt Flats, Utah, USA, am 3. Oktober 1995 aufgestellt. Der Windschatten vorfahrender Fahrzeuge war bei diesem Rekordversuch hilfreich.

Der 24-Stunden-Rekord hinter einem Schrittmacher beträgt 1.958 km und wurde von Michael Secrest auf dem Phoenix International Raceway, Arizona, USA, im April 1990 aufgestellt.

SCHNELLSTER SPRINT AUF EINEM EINRAD
Am 25. März 1994 stellte Peter Rosendahl mit 12,11 Sekunden (29,72 km/h) einen 100-Sprint-Rekord bei stehendem Start in Las Vegas, Nevada, USA, auf.

HÖCHSTE LANDGESCHWINDIGKEIT
Der Geschwindigkeitsweltrekord eines Einzelfahrers auf einem durch Menschenkraft betriebenen Fahrzeug über 200 m bei fliegendem Start beträgt 105,38 km/h und wurde von Fred Markham in Mono Lake, Kalifornien, USA, am 11. Mai 1986 aufgestellt.

Der 1-Stunden-Rekord nach stehendem Start eines Einzelfahrers wurde von Pat Kinch aufgestellt, der am 8. September 1990 eine Durchschnittsgeschwindigkeit von 75,57 km/h auf der Kingcycle Bean in Millbrook Proving Ground, Bedford, Großbritannien, erreichte.

HÖCHSTE MOTORRADGESCHWINDIGKEITEN
Am 14. Juli 1990 stellte der amerikanische Fahrer Dave Campos auf dem 7 m langen Streamliner *Easyriders*, der von zwei 1,491 cm³ Ruxton-Harley- Davidson-Motoren angetrieben wurde, in Bonneville Salt Flats, Utah, USA, einen AMA- und einen FIM-Rekord auf. Campos' Durchschnittsgeschwindigkeit auf der gesamten Strecke betrug 518,45 km/h.

Die schnellste Zeit für eine Einzelfahrt über 402 m beträgt 6,19 Sekunden und wurde von Tony Lang (USA) im Jahr 1994 in Gainesville, Florida, USA, auf einer Suzuki mit Kompressormotor aufgestellt.

Der Rekord für die höchste Endgeschwindigkeit am Ende einer Strecke über 402 m beträgt 343,17 km/h, aufgestellt 1994 von Elmer Trett (USA) im Virginia Motorsports Park, Petersburg, USA.

GRÖSSTE ROLLRAD-LEISTUNG
Eine Leistung von durchschnittlich 1.020 Watt (1,4 PS) konnte Manfred Nüscheler aus Bern, Schweiz, am 13. Mai 1991 eine Minute auf dem Rollenrad halten, so daß dadurch 100 Rasierapparate betrieben wurden. Bei einem Widerstand von 2.378 Watt (3,3 PS) konnte er am 22. März

GRÖSSTES MOTORRADEREIGNIS
Im März 1998 nahmen circa 500.000 Motorradfahrer und Motorradbegeisterte aus der ganzen Welt an der Bike Week in Daytona Beach, Florida, USA, teil. Das zehn Tage dauernde Ereignis wird seit 57 Jahren jeden Winter veranstaltet und hat in den USA viele Nachahmer gefunden. In Verbindung mit dem Treffen werden auf dem Daytona International Speedway das Daytona 200, das berühmteste Motorradrennen in den USA, und der Daytona Supercross durchgeführt. Als sich in den 40er Jahren erstmals Motorradgangs in Daytona zusammenfanden, war die Szene viel wilder als heutzutage. Das Festival entwickelte sich von einem Kriminellen-Treffen zu einem gut organisierten Faschingsfestival mit Paraden, Vorführungen und Veranstaltungen. Heutzutage kann man während der Bike Week viele neue Motorradmodelle probefahren und gemeinsame Erfahrungen austauschen.

1995 das Hinterrad fünf Sekunden in Bewegung halten. Außerdem schaffte es Manfred Nüscheler am 15. August 1997, auf dem Rollenrad eine Strecke von 500 Metern in 14,36 Sekunden und am 8. August 1997 1.000 Meter in 32,48 Sekunden zu bewältigen.

GRÖSSTES FAHRRAD
Das größte Fahrrad der Welt nach dem Durchmesser der Räder ist *Frankencycle* mit 3,40 m Höhe und einem Raddurchmesser von 3,05 m. Das von Dave Moore aus Rosemead, Kalifornien, USA, gebaute Rad wurde erstmals am 4. Juni 1989 von Steve Gordon aus Moorpark, Kalifornien, gefahren.

LÄNGSTES FAHRRAD
Das längste Fahrrad, das ohne ein drittes Rad zur Stabilisierung gebaut wurde, ist 22,24 m lang und wiegt 340 kg. Das von Terry Thessman aus Pahiatua, Neuseeland, entworfene und gebaute Fahrrad wurde am 27. Februar 1988 von vier Fahrern 246 m weit gefahren.

KLEINSTES FAHRRAD
Das kleinste Fahrrad der Welt wurde von Otto Troppmann und Winfried Ruloff 1997 erbaut. Sein Achsenabstand beträgt 77 mm. Die Fahrtüchtigkeit wurde von Adina Borchert am 3. Juli 1997 unter Beweis gestellt.

KLEINSTES TANDEM
Otto Troppmann und Winfried Ruloff bauten 1977 ebenfalls das kleinste Tandem mit einer Rahmenhöhe von nur 100 mm und einem Achsabstand von 178 mm. Adina und Otto fuhren damit am 3. Juli 1997.

KLEINSTES EINRAD
Peter Rosendahl (Schweden) fuhr an der Universität für Körperkultur, Budapest, Ungarn, am 28. Juli 1996 ein 20 cm hohes Einrad mit einem 18 mm großen Rad, über eine Entfernung von 4 m. An dem Fahrrad waren keine Zusatzteile oder Verlängerungen angebracht.

GRÖSSTE FAHRRAD-STERNFAHRT
188 verschiedene Startorte hatte die Thüringer Sternfahrt am 4. Juli 1998. Ca. 10.000 Radler bewältigten die 2.200 km lange Gesamtstrecke.

TEUERSTES MOUNTAINBIKE
Das teuerste Mountainbike kostet ca. 21.000 DM. Das von der britischen Firma Stif hergestellte Rad wiegt gerade 9,07 kg und wurde für Off-Road-Rennstrecken entworfen. Die Bremsen, Gangschaltung und Pedale werden in Japan hergestellt, der Rahmen kommt aus den USA, die Gabel und der Lenker sind britisch und der Sattel ist aus Italien.

MOPEDS
Das 125 cc-Moped Vespa ET4 wurde im September 1996 in Rom aus Anlaß des 50. Geburtstags von Piaggio herausgebracht. Der damalige Chef von Piaggio, Giovanni Agnelli, sitzt hier auf einem ET4. Piaggios erste Vespa kam nach dem Zweiten Weltkrieg vor mehr als 50 Jahren auf den Markt und galt bald als das moderne Transportmittel der Zukunft. Mehr als 15 Mio. Vespas wurden mittlerweile verkauft. Trotz 96 neuen Modellen ist das Moped, ursprünglich aus Flugzeugteilen und größtenteils aus Stahl anstatt aus Plastik hergestellt, niemals von seinem ursprünglichen Aussehen abgewichen. Vespas wurden weltweit in Werbekampagnen von IBM, Pepsi Cola, Absolut Wodka und American Express verwendet. In einem neueren Werbespot anläßlich der Herausgabe des Fiat Seicento trat eine Vespa als Schiedsrichter in einem Fußballspiel zwischen gelben und blauen Seicentos auf.

HARLEY-DAVIDSON-MOTORRÄDER
Im Jahr 1903 stellten William Harley und Arthur Davidson in einem Hinterhofschuppen in Milwaukee, Wisconsin, USA, erstmals drei Motorräder per Hand her. Im Jahr 1909 führten sie den V-Zwillingsmotor ein, der bis zum heutigen Tage technischer Standard geblieben ist. Die Harley Davidson Owners Group (HOG) ist mit über 400.000 Mitgliedern weltweit die größte Gruppe von Motorradanhängern.

Hi-Tech

computer-spiele

ENTWICKELTESTE 3-D-ANIMATION
MediEvil, von Sony Computer Entertainment, benutzt N-World, ein Modellier- und Zeichenprogramm von Nichimen Graphics Inc. Damit wurden unter anderem auch die Spiele *Super Mario 64* and *Final Fantasy VII* entwickelt.

MEISTVERKAUFTE COMPUTERSPIELE
Im Erscheinungsjahr 1993 wurde *Myst* 500.000mal verkauft und hat bis jetzt Spitzenverkaufszahlen von 4 Mio. erreicht. Es erzielte damit mehr als 100 Mio. Dollar (ca. 176 Mio. DM) Umsatz. *Myst* ist ein interaktives Fantasy-Spiel mit einer 3-D-Animation und fortgeschrittener Sound- und Musiktechnologie.

Der *Flugsimulator* von Microsoft wurde im April 1992 herausgebracht und bis Mai 1998 insgesamt 196.227mal verkauft, was 99,2 Mio. Dollar (ca. 174 Mio. DM) einbrachte.

Von *Resident Evil 2* von Capcom Entertainment, Kalifornien, USA, wurden an dem Wochenende seiner Herausgabe mehr als 380.000 Stück verkauft, das sind mehr als 60 % seiner Erstproduktion. Es brachte mehr als 19 Mio. Dollar (ca. 33,4 Mio. DM) ein, womit es an jenem Wochenende die Einnahmen aus sämtlichen Hollywoodfilmen bis auf einen übertraf. Das Spiel brach damit Rekorde, die von einigen der größten Videospiele der Branche, darunter *Final Fantasy VII* und *Super Mario 64*, aufgestellt worden waren. Es wurde durch eine 5 Mio. Dollar (ca. 8,8 Mio. DM) teure Werbekampagne unterstützt.

3-D-SUPERHELD
Duke Nukem 3-D, der dritte Teil aus der Reihe und der erste mit 3-D-Perspektiven, wurde von Ritual Entertainment entwickelt. Duke kommt im 21. Jahrhundert auf die Erde zurück, um einen Stamm von Aliens auszurotten.

SCHNELLSTE VERKÄUFE
Von *Final Fantasy VII*, von Squaresoft im November 1997 herausgegeben, wurden bis jetzt rund 3 Mio. Stück verkauft.

Von *Riven*, der Fortsetzung von *Myst*, wurden von Dezember 1997 bis Mai 1998 1.003.414 Stück verkauft und 43,7 Mio. Dollar (ca. 76 Mio. DM) eingenommen. Riven enthält fünf CD-ROMs und hat im Vergleich zu *Myst* doppelt so viele Bilder und die dreifache Menge an Animationen.

ERFOLGREICHSTE LIZENZVERGABE
Mario tauchte das erste Mal 1982 bei *Donkey Kong* auf und wurde die Hauptfigur der *Mario-Bros.*-Spiele. Bei einer 1991 durchgeführten Umfrage war er unter Kindern bekannter als Mickey Mouse. Vermarktet wurde er zusammen mit seinem Bruder Luigi in drei Cartoon-Serien, einem Spielfilm und bei einer Reihe von Spielsachen, von Brettspielen bis zu Wasserpistolen. Zusammen mit den Videospielen haben diese mehr als alles andere zur Verkaufsförderung beigetragen.

Resident Evil von Capcom Entertainment, Sunnyvale, Kalifornien, hat bis Dezember 1997 weltweit mehr als 200 Mio. Dollar (ca. 352 Mio. DM) eingebracht und wurde rund 4 Mio. Male verkauft. Es folgten Verträge für einen Spielfilm, eine Reihe von Actionspuppen und Comic-Büchern. Das im März 1996 herausgekommene Spiel *Resident Evil* führte ein neues Genre in der Spielwarenindustrie ein und wurde eines der höchstbezahlten Franchise-Produkte der PlayStation von Sony.

MEISTVERKAUFTE SPIELEKONSOLE
Von der PlayStation von Sony wurden bis Februar 1998 weltweit ungefähr 30 Mio. Stück (10 Mio. in Nordamerika) verkauft. Die Sony Computer Entertainment Inc. hat über 300 Mio. Dollar (ca. 528 Mio. DM) für die Entwicklung der PlayStation ausgegeben, auf der Spitzenspiele wie *Tomb Raider* und *Final Fantasy VII* laufen. Japan, Nordamerika und Europa haben bis jetzt rund 135 Mio. Stück der PlayStation-Software produziert.

GRÖSSTE VIDEOSPIELZENTREN
Im Jahr 1996 gab Dream Works seine Partnerschaft mit Sega und MCA bei der Entwicklung von Sega GameWorks bekannt, einer Reihe von Unterhaltungszentren mit einer Fläche von 322.800–538.000 m². Das erste Zentrum

MEIST ERWARTETE SPIEL
Von Nintendos *Diddy Kong races* wurden 1,5 Mio. vorbestellte Spiele zwischen dem 24. November und Weihnachten 1997 – alle zwei Sekunden eins, 800.000 Stück in 14 Tagen – verkauft.

öffnete in Seattle, USA, 1997, und das Unternehmen plant bis zum Jahr 2002 weltweit weitere 100 Standorte. Zentren wurden bereits in Pennsylvania, Ontario und Texas in den USA eröffnet, denen demnächst weitere in Arizona, USA, und Rio de Janeiro, Brasilien, folgen sollen.

GRÖSSTES INTERNETSPIEL

Die mit mehreren Spielern zu spielende Spielmaschine *Ultima Online*, die bestverkaufte Rollenspielserie der Welt, erlaubt es Tausenden von Menschen, über das Internet gleichzeitig zu spielen. Als *Ultima Online* 1997 gestartet wurde, wurden weitaus mehr Kopien verkauft, als vorausgesagt worden war. Die Server waren dem Ansturm nicht mehr gewachsen, und der Hersteller des Spiels, Origin Systems Inc., mußte blitzschnell mehr Server bereitstellen und mehr Beschäftigte einstellen.

ERFOLGREICHSTE STRATEGIESPIELE

Die Kriegsstrategiespiele *Command & Conquer* verkauften sich zwischen ihrer Veröffentlichung im Jahr 1995 und Juni 1997 5 Mio. Male. Zu der Reihe gehören die ursprünglichen *Command & Conquer*-Spiele für MS-DOS, Windows '95, Macintosh, Sony PlayStation und Sega Saturn: *The Covert Operations* (Die geheimen Operationen), und das *Command & Conquer*-Spiel *Red Alert* (Roter Alarm), den Vorläufer von *Command & Conquer*.

GRÖSSTES KULTSPIEL

Quake nahm die Spielergemeinschaft im Sturm, als es im Jahr 1996 von Activision veröffentlicht wurde. Tausende von Spielern attackieren einander immer noch über das Internet. Denis Fong (USA), als „Tresh" bekannt, ist der *Quake*-Spitzenspieler im Internet. Er hat einen Sponsorenvertrag mit Microsoft, und 1997 wurde er auf der Intergraph E 3 *Quake*-Meister, wobei er 5.000 Dollar (ca. 8.800 DM), eine Computeranlage und einen Ferrari gewann.

MEISTVERKAUFTES VIDEOSPIEL

Super Mario Bros. von Nintendo wurde von Shigeru Miyamoto, dem japanischen Spieleentwickler und Erfinder der *Donkey Kong* Arcade Spiele, geschaffen. Mario tauchte in *Donkey Kong* 1982 und 1984 nochmals in *Mario Bros.* auf. Seitdem er in anderen Spielen für Super Nintendo, Game Boy und Virtual Boy aufgetreten ist, wurde *Super Mario Bros.* weltweit 15 Mio. Male verkauft.

REALISTISCHSTE GRAFIKEN

Die Firma SouthPeak Interactive verwendet eher Videofilme als per Computer hergestellte Grafiken, so daß Einzelheiten im Hintergrund von Spielen zunehmen. SouthPeak hat seine Videorealitäts-Technologie in seinem Spiel *Temujin* verwendet, bei dem Spieler durch ein Museum hindurchgehen, Puzzles entziffern und Rätsel lösen. Die Hintergründe wurden mit einem vor Ort installierten Gerät zur Herstellung von Videos gefilmt, bevor sie an den Computer übertragen wurden.

ANSPRUCHSVOLLSTES SPIEL

Das Janes Combat Simulationsspiel *688 (I) hunter/killer* soll angeblich die realistischste Unterwasser-Simulation sein. Das Spiel basiert auf Unterwasser-Simulationen für die US-Navy. Spieler müssen ein Sonar und Waffensysteme meistern, realistische Ziellösungen entwickeln und ein Boot mit den neuesten Waffen ausstatten.

GRÖSSTER COMPUTERSPIELEHERSTELLER

Im dritten Quartal des Jahres 1997 hatte Electronic Arts aus Kalifornien, USA, Verkäufe von über 391 Mio. Dollar (ca. 688 Mio. DM) und Gewinne von 58 Mio. Dollar (102 Mio. DM) zu verzeichnen. Das Unternehmen entwickelt, veröffentlicht und vertreibt PC-Software und Entertainment-Systeme wie die PlayStation von Sony und Nintendo 64.

GRÖSSTER CYBERSTAR

Tomb Raider, mit der furchtlosen Lara Croft als Hauptperson, wurde im November 1996 von Eidos Interactive herausgebracht. Das Spiel ist eines der am besten verkauften Videospiele aller Zeiten, und Lara wurde von dem amerikanischen Magazin Time Digital als eine der fünfzig einflußreichsten Personen in der Computerindustrie bezeichnet. Im November 1997 wurde Lara überarbeitet, und einige neue Bewegungen für *Tomb Raider II* kamen hinzu, das sich mehr als 2 Mio. Male innerhalb von zwei Monaten verkaufte. Bis Ende März 1998 gingen weltweit 6 Mio. dieser beide Spiele über den Ladentisch. Am 16. März 1998 gab Eidos bekannt, daß sie einen Lizenzvertrag über die weltweiten Filmrechte von *Tomb Raider* mit Paramount Pictures unterzeichnet haben. Lara Croft selbst ist auf mehr als 80 Titelseiten von Magazinen und Zeitungen in der ganzen Welt aufgetaucht.

FLACHSTE LAUTSPRECHER

Die New Transducers Ltd. hat die flachsten Full-Range-Lautsprecher produziert. Sie verzichten auf die Magnete und Schwingspulen herkömmlicher dynamischer Lautsprecher, statt dessen produziert ein elektromagnetischer Erreger dichte Wellen.

GRÖSSTER PLASMA-BILDSCHIRM

Der Hi-Vision PlasmaX PX-50V2 von NEC bietet eine 127 cm große Bildschirmdiagonale in Plasmadisplay-Technologie. Der Fernseher, der mit dem japanischen HDTV-System zusammenarbeitet, ist bis heute auch der flachste Hochauflösungsfernseher der Welt: Mit einer Tiefe von gerade 9,7 cm ist das System immer noch in der Lage, mehr als 1 Mio. Pixel darzustellen.

KLEINSTE KAMERAS

Im Jahr 1998 wurde der Game Boy von Nintendo, 1989 auf den Markt gebracht und weltweit über 60 Mio. verkauft, als Kamera und Drucker neu erfunden. Die digitale Standbildkamera sitzt oben auf dem Game Boy (links abgebildet) und kann bis zu 30 Schwarzweißfotos mit einer niedrigen Auflösung speichern. Die Kamera kommt zusammen mit drei Spielen auf den Markt, die es den Spielern ermöglichen, Figuren unter Verwendung von Fotos zu schaffen. Der Drucker kann dann paßfotogroße Ausdrucke oder Sticker herstellen. Im Jahr 1997 reduzierte die Firma die Größe des Game Boys und führte den Game Boy Pocket ein, eine Farbversion des Game Boys soll Ende 1998 auf den Markt kommen. Die kleinste Pinhole-Videokamera ist die von Supercircuits Inc. verkaufte PC-21XP. Das CCD-Element nimmt nur 1,6 cm^2 ein, hat jedoch ein Feld von 295.000 Pixel, das 380 Bildzeilen ausgibt. Sie kann bei einer Niedrigbeleuchtung von 0,5 Lux aufnehmen. Die gesamte Einheit ist 7,4 cm^2 x 1,27 cm^2 tief und wird mit einer Batterie der Größe PP3 betrieben.

KLEINSTES BATTERIETELEFON

Das von Nippon Telegraph and Telephone Corp. hergestellte PHS (Personal Handyphone System) ist ein armbanduhrförmiges Telefon, das ohne das herkömmliche Tastenfeld auskommt. Die Nummern werden per Stimmerkennungsschaltung innerhalb des Telefones gewählt. Das Gerät wiegt 70 g und mißt 5,5 x 4 x 1,6 cm.

KLEINSTES MOBILTELEFON

Das kleinste GMS-Batterietelefon ist das StarTac Lite von Motorola, das 93,5 g wiegt, jedoch mit einer optionalen Lithium-Ionen-Batterie eine Stand-by-Zeit von über 95 Stunden hat. Anwender können die Batterien während des Betriebs austauschen, so daß sie ohne Unterbrechung weitertelefonieren können.

KLEINSTES FESTKÖRPER-SPEICHERGERÄT

Die Multimedia-Karte von Scandisk, die von Scandisk und Siemens für die Verwendung in tragbaren Geräten wie Mobiltelefonen und digitalen Sprachaufzeichnungsgeräten entwickelt wurde, ist 32 x 24 x 1,4 mm groß und kann bis zu 10 Megabyte in einem Permanentspeicher ablegen.

KLEINSTER TRAGBARER PC

Der RuPuter von Seiko, der etwas größer als eine Armbanduhr ist, hat einen Systemspeicher von 128 Kilobytes und kann Daten mit anderen Computern über eine Infrarot-Datenübertragungsschnittstelle austauschen.

FLACHSTES LAPTOP

Pedion von Mitsubishi hat einen 233 Pentium-Prozessor und eine Festplatte von 3,2 Gigabyte und ist zusammengeklappt 1,7 cm dick.

KLEINSTER BILDSENDER

Der VID1 von AE Inc. ermöglicht eine drahtlose Übertragung eines Bildes an eine bis zu 609 m ent-

fernte Basisstation, um eine Kamera mit Fernbedienung an einem verdeckten Überwachungsstandort zu ergänzen. Er mißt 1,5 x 2,28 x 0,76 mm und überträgt sowohl mit PAL als auch mit NTSC verschlüsselte Bilder mit 900 Mhz und arbeitet mehr als elf Stunden.

KLEINSTER VIDEORECORDER
Der Recorder EVO 220 Micro 8 mm von Sony wiegt 680 g und mißt 6 x 21,7 x 14,6 cm. Er nimmt bis zu fünf Stunden auf einem 8-mm-Videoband auf.

KLEINSTER TRAGBARER DVD-PLAYER
Der DVD-L10 von Panasonic wiegt weniger als 1 kg und hat seinen eigenen 14,5 cm LCD-Bildschirm sowie Stereolautsprecher. Seine Regler sind auch per Fernbedienung steuerbar, und er kann ebenfalls als MPEG-2-Video und Dolby-Digital-Audio-Quelle für jede Heimkinovorstellung genutzt werden. Diese Fähigkeiten sind in einem 16 x 16 x 4,3 cm kleinen Gerät untergebracht.

KLEINSTER VIDEO-CD-PLAYER
Der kleinste Video-CD-Player mit eigenem Bildschirm ist der SL-DP70 von Panasonic, der 13 x 3,6 x 14,4 cm mißt. Er kann bis zu zwei Stunden mit sechs AA-Batterien betrieben werden und kostet rund 528 Dollar (ca. 900 DM).

FLACHSTE PLASTIKUHR
Am 1. Oktober 1997 brachte der Schweizer Uhrenhersteller Swatch die Swatch Skin heraus, die ein papierdünnes Plastikband und ein 3,9 mm hohes Gehäuse hat. Sie kann von Tauchern bis zu einer Tiefe von 30 m getragen werden.

FLACHSTER MINIDISC-RECORDER
Der MZ-R50 von Sony ist 1,97 cm (7/19 in) dick und wiegt 190 g (6 oz). Er kann bis zu 22 Stunden mit seiner Lithium-Ionen-Batterie und Alkalibatterien der größe AA spielen.

DER KLEINSTE DRUCKER
Der Drucker PN60 von Citizen mißt 25,4 x 5,1 x 7,6 cm und wiegt 498 kg. Er besitzt einen Thermofusionsdruckkopf und stellt Bilder von bis zu 140 x 140 dots/cm mit einer Rate von zwei Seiten pro Minute her.

KLEINSTER DIGITALER DRUCKER
V-HT1 von JVC ist der kleinste digitale Drucker, der in der Lage ist, Hartkopien von digitalen Kamerastandbildern zu machen. Er stellt Bilder der Größe A7 von jeder Kamera mit einem IRTran-P-Infrarot-Datenübertragungsinterface her.

KLEINSTER SCANNER MIT EINZELBLATT-ZUFÜHRUNG
Der CanoScan 300S, der die LED-InDirect-Belichtungs-Technologie (LIDE) von Canon anwendet, wiegt gerade 1,5 kg.

KLEINSTER AKTENVERNICHTER
Piranhas PR026 mißt 17 x 6 x 4 cm und ist für jedes Dokument verwendbar, indem er Stücke abschneidet und sie dann in Streifen zerkleinert.

KLEINSTES FAXGERÄT
Das intelligente Telefonzusatzgerät von Philips wird an das Philips PCS 1900 Digital Phone angeschlossen, um Faxe und E-Mails zu versenden, Zugang zum Internet zu haben und andere Kommunikationsdienste zu nutzen. Es macht aus dem PCS1900 mit 17 cm Länge und 159 g Gewicht das kleinste Mobilfax.

KLEINSTES FERNGLAS
Die Fernglasserie U-C 8x18 mit einer achtfachen Vergrößerung und einer Optik, die es ermöglicht, Gegenstände bis auf 2 m heranzuholen, wiegt nur 145 g und mißt 8,5 x 7 x 1,8 cm.

KLEINSTE UND LEICHTESTE POLAROID-KAMERA
Im März 1998 wurde auf der Tokioter Spielzeugausstellung die Polaroid Pocket Xiao vorgestellt, die von dem Spielzeughersteller Tomy Company Ltd. und der amerikanischen Polaroid Corporation aus Cambridge, Massachusetts, USA, entwickelt wurde. Sie mißt 4,4 x 13 x 4 cm und wiegt mit Batterien 167 g.

KLEINSTE DIGITALKAMERA
Die kleinste Sucherbild-Digitalkamera der Welt ist die NV-DCF2B Card Shot von Panasonic, die 9 x 6 x 3,15 cm mißt und ein 350.000 Pixel-CCD-Element besitzt, das Bilder von bis zu 640 x 480 in Feineinstellung bzw. von 320 x 240 in der Standardeinstellung möglich macht. Ein Speicher von 2 Megabyte kann bis zu 24 Bilder in der Feineinstellung und bis zu 85 Bilder in der Standardeinstellung im JPEG-Bilddatei-Format speichern.

kultobjekte III.

LEISTUNGSSTÄRKSTE SPIELEKONSOLE
N 64 von Nintendo ist bis heute die schnellste und leistungsstärkste Spielekonsole der Welt. Die Konsole besitzt eine echte 64-Bit-Prozessoranordnung und wurde in Zusammenarbeit zwischen Nintendo aus Japan und Silicon Graphics Interactive Ltd. aus Kalifornien, USA, entwickelt. Sie kostet 158 Dollar (ca. 278 DM) und besitzt grafische Fähigkeiten, die noch vor zehn Jahren nur von millionenteuren Rechnern geleistet werden konnten.

LEISTUNGSSTÄRKSTER LAPTOP
Im Jahr 1998 brachte Apple das PowerPC Powerbook G3 mit dem 750 RISC Chip auf den Markt. Der Powerbook G3 sieht aus wie das 3400er Modell von Apple, er ist aber zweimal so schnell und hat einen 32-Megabyte-EDO-DRAM-Speicher, der auf 160 Megabyte erweiterbar ist. Seine Leistungsfähigkeit führt zu einem Gewicht von 3,5 kg, wodurch er schwer mit einer Hand zu tragen ist.

LEISTUNGSFÄHIGSTER TRAGBARER COMPUTER
Der leistungsfähigste tragbare Computer der Welt ist das Mentis-System von Teltronics Incorporated of Sarasota, Florida. Die Prozessoreinheit mißt 19 x 13,9 x 2,5 cm und enthält ein mit sämtlichen Eigenschaften ausgestattetes Pentium-Multimedia-System auf einem einzigen Board. Der Träger hat per Sprachbefehl Zugang zu dem System und sieht die Display-Anzeige entweder über ein auf dem Kopf getragenes LCD-Monokel oder mit Hilfe eines externen Flat-LCD-Bildschirms.

BILLIGSTER GPS-RECEIVER
Der billigste tragbare GPS (Global Positioning System) Receiver der Welt ist der GPS Pioneer, der von Magellan Systems Corporations in den USA hergestellt wird. Der Pioneer ist der erste GPS-Receiver, der weniger als 100 Dollar (ca. 175 DM) kostet und es den Anwendern erlaubt, ihren Standort auf der Erde durch 24 geostationäre Satelliten zu bestimmen.

STOSSFESTESTER CD-PLAYER
Der PCD-7900 von Sanyo-Fisher ist der erste tragbare CD-Player in der Welt, in den ein 40 Sekunden großer Anti-Stoß-Speicher eingebaut ist, der Fehler, die durch einen Stoß verursacht werden, ausgleicht. Die umfangreiche Stoßüberwachung macht es möglich, daß Zuhörer weiter Musik von der ursprünglichen CD hören können, während sie die CDs wechseln.

INTERAKTIVE SÜSSIGKEIT
Im Februar 1998 brachte Hasbro Inc. Sound Bites heraus, einen Lutscher-Halter, der Melodien und Geräusche im Kopf des Anwenders spielt. Das Spielzeug wird durch das Einführen eines Lutschers in den Sound-Bites-Halter gestartet. Wenn jemand auf den Lutscher beißt, überträgt ein Computerchip im Innern des Halters Schwingungen über die Zähne der Person direkt zum Innenohr, wo Töne und Melodien erzeugt werden. Die Musik ist für Außenstehende nicht hörbar. Sound Bites, unter der Mitwirkung von Andrew Filo, einem Ingenieur aus dem Silicon Valley, und David Capper, einem Spielzeugunternehmer, erfunden, hat vier Knöpfe, die zum Mischen und Anpassen der Soundauswahl gedrückt werden können. Der Halter ist für die meisten Standardlutscher geeignet. Es gibt sechs Ausführungen des Spielzeugs, zu denen drei unterschiedliche musikalische Themen und drei Spezialeffekte mit Cartoon-Geräuschen, verrückten Stimmen und Geräuschen aus dem All gehören.

LEISTUNGSSTÄRKSTER AUDIO-VERSTÄRKER
Der Tact Millennium verwandelt nahezu 100 % der Eingangsleistung in eine Audio-Leistung, wodurch er zum leistungsstärksten Audio-Verstärker der Welt wird. Er ist der erste Verstärker der Klasse D, der einen vollständig digitalen Signalpfad suchen kann und bietet eine größere Kompatibilität mit neuen, nur noch digitalen Entzerrungseinrichtungen und -effekten.

TEUERSTER POWER-VERSTÄRKER
Der AudioNote Ongaku kostet 93.200 Dollar (ca. 164.000 DM), womit er zum teuersten Power-Verstärker der Welt wird.
Der Ongaku hat einen Ventilverstärker mit einer Ausgangskonfiguration der Klasse A, wodurch auf Kosten der elektrischen Effizienz eine Klangreinheit erreicht wird. Der Hauptgrund für seine hohen Kosten sind die Wicklungen für seine Ausgangstransformatoren, die aus massivem Silber sind (Silber ist das leitfähigste Metall bei Zimmertemperatur).

TEUERSTE HI-FI-LAUTSPRECHER
Das holländische Unternehmen OLS brachte 1998 das Grand Enigma Reference System heraus, ein Satz Lautsprecher, der 1 Mio. Dollar (ca. 1,76 Mio. DM) kostet. Die 10 kg schweren Lautsprecher besitzen 100.000 Watt.

TEUERSTE 35-mm-SLR-PRODUKTIONS-KAMERA
Die Eos 1 N-RS von Canon kostet 3.840 Dollar (ca. 6.750 DM), womit sie bis heute die teuerste 35-mm-SLR-Produktions-Kamera der Welt ist. Die 1N-RS hat eine Verschlußgeschwindigkeit von 1/8000stel einer Sekunde bis zu 30 Sekunden, läßt Aufnahmegeschwindigkeiten von 25 bis 5000 ASA zu und kann in jeder Sekunde bis zu drei Einzelbilder

360°-FERNSEHEN

Das 360°-Fernsehen wurde von Frank Gibshaw (oben mit seiner Erfindung zu sehen) von ESP Electronics Inc. erfunden und auf der Internationalen Elektronikverbrauchermesse in Las Vegas im Januar 1998 vorgestellt. Das Gerät zeigt die gleichen Bilder, die normalerweise auf Fernsehern zu sehen sind, sie ermöglichen dem Zuschauer jedoch, von allen Seiten des Gerätes fernzusehen. Neben dem Fernsehen gehören zu den potentiellen Anwendungsmöglichkeiten des Gerätes Videospiele, Computer- und Videoanzeigen, Bildungsvorführungen und Filme.

TEUERSTES MOBILTELEFON

Im Jahr 1996 entwarfen und verkauften Juweliere von David Morris International aus London ein Mobiltelefon, das vollständig aus 18karätigem Gold und mit pinkfarbenen und weißen Diamanten besetzt war. Das Preisschild zeigte umgerechnet rekordbrechende 185.000 DM. Weitere Entwürfe der Juweliere waren ein aus Gold und Diamanten gefertigter Game Boy und eine Gelee-Bohnen-Maschine. Im Jahr 1971 lieferte David Morris International sämtlichen Schmuck, der in dem James-Bond-Film *Diamonds Are Forever* (Großbritannien, 1971) getragen wird.

machen. Sein Penatprism-Sucher bietet 100 % der Ansicht, die auf dem Film zu sehen ist, und das Hauptgehäuse kann jede Linse mit EF-Fassung von Canon aufnehmen.

SCHNELLSTER ZEILEN-MATRIX-DRUCKER

Der schnellste Zeilen-Matrix-Drucker der Welt ist der Tally T6180, der mit Geschwindigkeiten von bis zu 1.800 Zeilen pro Minute drucken kann. Das ist ungefähr 27 % schneller als die von seinem nächsten Rivalen erreichte Geschwindigkeit.

„INTELLIGENTESTER" STIFT

Die holländische Computerfirma LCI hat einen „Smartpen" entwickelt, der in der Lage ist, Unterschriften von Menschen auf ihre Richtigkeit zu prüfen.

TEUERSTER CD-PLAYER

Ein CD-Player mit einem 18karätigen Goldgehäuse, das mit pinkfarbenen Pavé-Diamanten verziert ist, wurde für 225.000 DM 1996 bei David Morris International in London verkauft, womit er zum teuersten CD-Player aller Zeiten wurde. David Morris öffnete sein Geschäft in der Conduit Street, Mayfair, einem exklusiven Bereich der britischen Hauptstadt, im Jahr 1969.

Internet

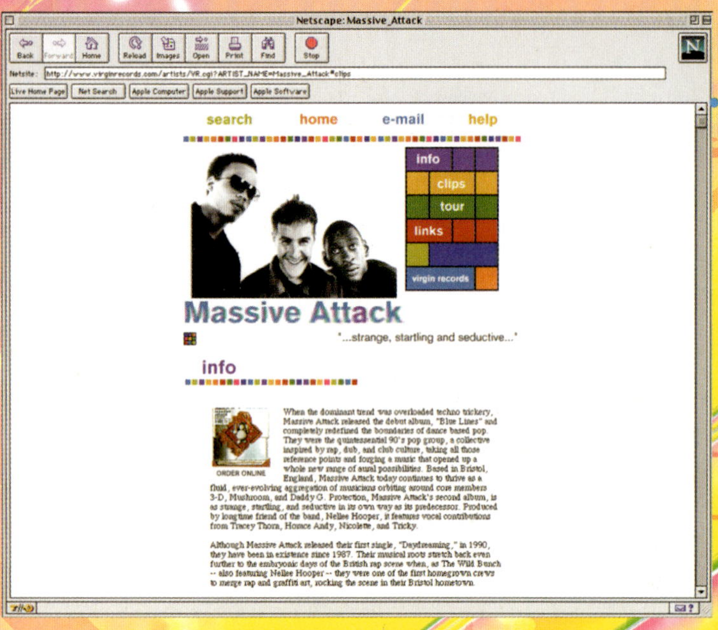

INTERNET-VERTRIEB
Die britische Band Massive Attack veröffentlichte ihr gesamtes drittes Album *Mezzanine* (1998) zusammen mit einer Videovoraufführung der ersten Single online, drei Wochen vor dem Verkaufsstart in den Läden. Die Website wurde 1,31 Mio. Male angewählt und die Lieder insgesamt 101.673mal heruntergeladen, bis das Album am 20. April zum Verkauf kam. Auch danach wurde sie noch 1.602.658mal angewählt. Trotz der Verfügbarkeit über das Internet wurde *Mezzanine* sofort Nr. 1 bei den britischen Album-Charts.

TEUERSTE INTERNET-WERBUNG
Microsoft gab im Jahr 1996 mehr als 13 Mio. Dollar (ca. 22,8 Mio. DM) für Werbung im Internet aus, zwischen Juni 1997 und Juni 1998 allein in Großbritannien mehr als 960.000 Dollar (ca. 1,68 Mio. DM).

POPULÄRSTE WEBSITE
Yahoo, eine der populärsten Suchmaschinen mit inhaltlichen Empfehlungen im WordWideWeb, hat das größte Publikum von allen Online-Anbietern bzw. Standorten im Internet in der Welt. Ungefähr 95 Mio. Seitenaufrufe pro Tag wurden im März 1998 verzeichnet.

MEISTERWÄHNTER MANN
Das Internet-Suchprogramm Alta Vista bringt den Namen des amerikanischen Präsidenten Bill Clinton mit 1.842.790 Standorten in Verbindung, wodurch er zum am häufigsten erwähnten Mann im Internet wird. Das Wort „Clinton" hat im Verzeichnis Yahoo eine monatliche Durchschnittsanwahl von 45.080 Malen. Außerdem wird „Bill Clinton" 44.080mal angewählt.

MEISTE CHAT-FRAGEN
Am 17. Mai 1997 erhielt der ehemalige Beatle Sir Paul McCartney während einer Web-Veranstaltung zur Promotion seines Albums *Flaming Pie* in 30 Minuten mehr als 3 Mio. Fragen von Fans. Am 19. November 1997 stellte McCartney ebenfalls einen Rekord für die erste Uraufführung eines klassischen Werkes im Internet auf, als er sein symphonisches Gedicht *Standing Stones* live in der Carnegie Hall in New York aufführte. Zu der Präsentation gehörten Radio, Fernsehen, ein interaktives Online-Interview und Internetaudio- und -videoübertragung über das WorldWideWeb.

GRÖSSTES INTERNET-EINKAUFSZENTRUM
Internet Mall beherbergt 800 virtuelle Bildschirmläden und hat allein in Großbritannien über eine Million Teilnehmer. Es versammelt insgesamt 65.000 Läden in der ganzen Welt und ist in über 150 Ländern verfügbar. Die Produkte – von Popcorn bis zur Autoversicherung – werden innerhalb von 48 Stunden geliefert. Jon Zoeff eröffnete die Mall 1993 mit zwei virtuellen Läden und registrierte 400 Käufer im ersten Monat. Jetzt besuchen ihn 3 Mio. Besucher im Monat unter mecklerweb.com/imall.

GRÖSSTER INTERNET-HANDEL
Im Jahr 1997 wickelten die USA Handel im Wert von 2 Mrd. Dollar (ca. 3,52 Mrd. DM) über das Internet ab, das ist mehr als jedes andere Land.

MEISTE ONLINE-VERKÄUFE
Die amerikanische Firma Dell Computers setzt rekordbrechende 3 Mio. Dollar (ca. 5,28 Mio. DM) täglich im Internet um.

POPULÄRSTE SUCHMASCHINE
AltaVista hat jeden Monat mehr als 1 Milliarde Seitenaufrufe und darüber hinaus 21 Mio. Anwender weltweit. Das Programm arbeitet, indem es 140 Mio. Seiten und 16.000 Usenet-Newsgroups durchgeht.

POPULÄRSTE SUCHBEGRIFFE
Zu den am häufigsten bei Yahoo verzeichneten Suchworten gehört „Sex", das durchschnittlich 1,55 Mio. Male im Monat gewählt wird. An zweiter Stelle steht „Chat" mit 414.320 Suchenden. Andere Spitzenbewerber sind Netscape Software, Spiele und Wetter.

POPULÄRSTER DOMAINNAME
Von den 2,69 Mio. existierenden Domainnamen ist mit 1,65 Mio.

ERSTES INTERNET-URTEIL
Im November 1997 verkündete Richter Hiller Zobel, daß er seine Entscheidung im Fall des 19jährigen britischen Au-pair-Mädchens Louise Woodward im Internet veröffentlichen würde, um einen Medienrummel im Gerichtsgebäude in Massachusetts, USA, zu verhindern. Woodward war zu 15 Jahren Gefängnis verurteilt worden, weil sie das Baby Matthew Eappen, eines ihrer Schützlinge, ermordet haben soll. Am 10. November 1997 verwarf Richter Zobel dieses Urteil und reduzierte es auf 279 Tage, als er Woodward des Totschlags schuldig befand. Das Urteil war das erste in der Geschichte des Rechtswesens, das vor anderen Informations-Kanälen über das Internet und per E-Mail verbreitet wurde. Das Interesse war groß, über eine Million Menschen in der ganzen Welt brachten den Server der Website zum Absturz, wodurch sich die tatsächliche Verkündung des Urteils auf der Lawyer's Weekly Home Page verzögerte. Hier sind Unterstützer von Woodward abgebildet, die die Verkündung des Urteils in ihrem Heimatort Elton, Cheshire, Großbritannien, verfolgen.

„com" der populärste Name. Laut NetNames Ltd. wächst die Anzahl der registrierten Domaines pro Tag um 7.983 (Stand März 1998).

POPULÄRSTER NACHRICHTENSERVICE
Die sieben Websites von CNN haben zusammen durchschnittlich 55 Mio. Seitenaufrufe pro Woche zu verzeichnen. Gegenwärtig enthalten die Webadressen mehr als 21.000 Seiten, die jedoch täglich um 90 bis 150 Seiten anwachsen.

MEISTE DOMAINNAMEN
Laut NetNames Ltd. besitzt die USA insgesamt 1.353.550 Domainnamen, die 50,9 % aller Domainnamen in der Welt ausmachen. Großbritannien steht mit 160.004 bzw. 6 % an zweiter Stelle.

MEISTE ONLINE-NETZKONTEN
Charles Schwab & Co., die amerikanischen Börsenmakler, besitzen mehr als 900.000 Online-Konten, auf denen sie über 66,6 Mrd. Dollar (ca. 117 Mrd. DM) an Wertpapieren halten und mehr als ein Drittel ihrer 99.000 täglichen Handelsgeschäfte abwickeln.

GRÖSSTE PAPIEREINSPARUNG
Die Lieferfirma Federal Express hat berechnet, daß sie ungefähr 2 Mrd. Blatt Papier im Jahr in den USA einspart, indem Versandformulare online verschickt werden.

ERFOLGREICHSTER INTERNET-CRACKER
Ein Internet-Cracker (ähnlich einem Hacker) ist ein elektronischer Einbrecher, der systematisch in Computersysteme und Dateien eindringt. Ein Cracker soll die größte Invasion in sicher geltende Computer seit der Schaffung des Internets vorgenommen haben. Er wurde aufgrund der Vielschichtigkeit des Falles nicht angeklagt und soll in jedes bekannte Computersystem einschließlich NASA und in eine Reihe von Laboratorien für Kernwaffen, Regierungseinrichtungen und Militärstandorte eingedrungen sein. Die von Hackern und Crackern benutzte Technologie schreitet täglich voran. Man befürchtet, daß Internetkriminalität zu wenig überwacht wird und außer Kontrolle gerät. Ungefähr 300 Mrd. Dollar (ca. 528 Mrd. DM) sollen im Jahr allein aufgrund von Geldwäsche über das Internet verlorengehen.

GRÖSSTER INTERNET-CRASH
Am 25. April 1997 um 11.30 Uhr EST konnte das weltweite Computernetz zu großen Teilen nicht mehr genutzt werden. Menschliche Fehler und technisches Versagen hatten dazu geführt, daß in Florida 30.000 der 45.000 Internet-Leitungen beansprucht wurden. Datenpakete wurden nicht richtig versandt, und Verbindungen im ganzen Internet versagten. Einige Serviceanbieter ergriffen innerhalb von 15 Minuten Gegenmaßnahmen, das Problem bestand jedoch bis 19.00 Uhr EST.

MEISTVERKABELTES LAND
Mehr als 24 Mio. erwachsene US-Amerikaner werden bis zum Ende des Jahres 1998 an das Internet angeschlossen sein.

BESTVERKABELTE STADT
Blacksburg, Montgomery County, Virginia, USA, behauptet, die Stadt mit den meisten E-Mail- und Internet-Anwendern in Relation zu ihrer Größe zu sein. Laut einer im Jahr 1995 durchgeführten Umfrage gab es dort 30.000 regelmäßige Nutzer kabelgebundener Datenübertragungen bei einer Bevölkerung von 70.000 Einwohnern. 20.000 dieser Anwender nutzten die Verbindungen über die örtliche Universität.

MEISTERWÄHNTE FRAU
Pamela Anderson ist die am häufigsten im Netz erwähnte Frau. Das Suchprogramm AltaVista bringt den Star der amerikanischen Serie *Baywatch* mit 1.542.282 Websites in Verbindung. Sie verführt zu durchschnittlich 172.730 Recherchen im Monat bei Yahoo.

HACKEN
Im Jahr 1995 wurde eine über das WorldWideWeb verbreitete Werbung für den amerikanischen Film „Hacker" selbst Opfer von Hackern. Sie verhalfen der Website zu ungewünschten Hyperlinks zu anderen Sites, auf denen potentiell gefährliche und strafbare Informationen wie Nummern gestohlener Kreditkarten, Bombenbau- und Geldfälschungsanleitungen zu finden waren. Die National Computer Crime Squad des FBI beschäftigte sich mit der Website, trotzdem konnte sie im Juni 1998 weiterhin angewählt werden.

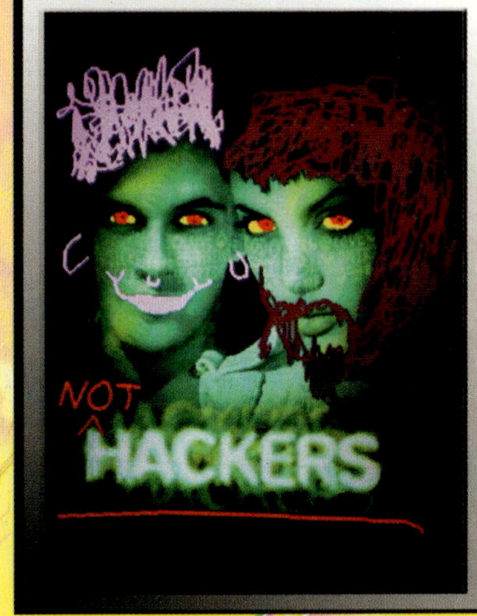

GRÖSSTES COMPUTERNETZWERK
Die Anzahl von Computern, die das Internet nutzen, hat sich seit 1987 jedes Jahr verdoppelt. Im Januar 1997 schätzte man sie auf 16,2 Mio., obwohl sich hinter Firmenanschlüssen noch wesentlich mehr Nutzer verbergen können.

computer

BESTER SCHACHCOMPUTER
Deep Blue von IBM war der erste Superrechner, der einen menschlichen Großmeister in einem Einstellungsspiel bezwang, als er 1995 gegen Gari Kasparow in Philadelphia, USA, gewann. Am 11. Mai 1997 schlug er zum ersten Mal in einer Spielserie einen Großmeister (wieder Kasparow).

„MENSCHENFREUNDLICHSTES" COMPUTERSYSTEM
Im Januar 1997 erhielt ein Computer, auf dem das Programm *Albert One*, Version 1.0, lief, den Loebner-Preis für das „anwenderfreundlichste" Computersystem. *Albert One* kann der Nutzer unter Verwendung der menschlichen Sprache bedienen. Die Jurymitglieder des jährlich vergebenen Loebner-Preises unterziehen Anlagen einer eingeschränkten Version des Turing-Tests, dem klassischen Test zur Überprüfung der Intelligenz einer Maschine.

SCHWERWIEGENDSTER PROGRAMMIERFEHLER
Der Tausendjahresfehler könnte dazu führen, daß Computersysteme in Krankenhäusern, Banken, Verkehrsleitzentren, Gebäuden, Autos, Flugzeugen und Datenbanken der Verwaltung am 1. Januar 2000 verrückt spielen. Systeme, die das Jahr nur unter Verwendung von zwei Ziffern aufzeichnen (zum Beispiel 99 für 1999) könnten nicht in der Lage sein, das Jahr 2000 als das Jahr nach dem Jahr 1999 zu erkennen. Pessimistische Vorhersagen ergaben, daß es die Welt 4 Billiarden Dollar (ca. 7 Billiarden DM) kosten wird, um den Programmierfehler zu beheben und betroffene Personen zu entschädigen.

VERBREITETSTER VIRUS
Der zu Beginn des Jahres 1997 entdeckte Computervirus CAP infiziert Microsoft-Word-Dokumente. Ein verknüpfter Satz von Makros (Miniprogramme, die die Standardanwendungen in Word automatisch ablaufen lassen) ändert Dateipfade, sobald diese geöffnet, geschlossen und gesichert werden. CAP verbreitet sich, indem er sich an die allgemeine Zeichenschablone von Word hängt, die bei jedem Dokumentenzugriff geöffnet wird.

GRÖSSTER WERTVERLUST
Bei einem rapiden Kurssturz von Wertpapieren am 19. Oktober 1987 trugen Computer zu dem Verlust von 1 Billiarde Dollar (ca. 1,76 Billiarden DM) bei. Am Tag dieses Crashs, der als „Schwarzer Montag" bekannt wurde, begannen die Anteilspreise zu fallen. Das hatte zur Folge, daß neuinstallierte Computersysteme für den Wertpapierhandel Anteile schnell reagierten und automatisch zu jedem niedrigeren Preis verkauften. Der „Schwarze Montag" machte 22,6 % des amerikanischen Dow Jones Index zunichte, das war der größte Sturz, der jemals in der Geschichte des Wertpapiermarktes zu verzeichnen war.

BERÜHMTESTER HACKER
Der amerikanische Hacker Kevin Mitnick soll angeblich in die Computersysteme mehrerer großer Organisationen, wie Motorola, Sun Microsystems und das Pentagon, eingedrungen sein. Mitnick wurde am 16. September 1996 inhaftiert, nachdem ein Fachmann des FBI seine Spur zurückverfolgt hatte. Er ist seitdem wegen Softwarediebstahl, Leitungsmißbrauch und Computervandalismus angeklagt. Mitnick, der erste Hacker auf den Wanted-Plakaten des FBI, sieht bis zu zwölf Jahren Gefängnis entgegen, wenn er für schuldig befunden wird.

SCHNELLSTER COMPUTER
Der schnellste Mehrzweck-Vektor-Parallel-Rechner ist der Cray Y-MP C90 Supercomputer, der einen Hauptspeicher von 2 Gigabyte und 16 CPU (Zentraleinheiten) besitzt, wodurch er eine kombinierte Spitzenleistung von 16 Gigaflop erreicht.

Intel installierte 1996 einen noch schnelleren Computer in Sandia, Texas, USA. Unter Verwendung von 9.072 Intel-Pentium-Pro-Prozessoren, von denen jeder mit rund 200 MHz läuft, und eines Speichers von 608 Gigabytes, hat er eine Spitzenleistung von 1,8 Teraflops.

„Massiv-Parallel"-Rechner mit ausreichenden Prozessoren haben eine theoretische Gesamtleistung, die die eines C-90 übersteigt. Die Leistung bei wirklichkeitsnahen Anwendungen ist oft geringer, da die Leistung vieler kleiner Prozessoren schwerer einzusetzen ist als die einiger großer.

Im September 1997 übertrug die amerikanische Defense Projects Research Agency (DARPA) dem Computerforscher John McDonald den Bau des ersten PetOps-Supercomputers, einer Maschine, die 1.000 Billiarden Operationen pro Sekunde ausführen kann. DARPA gab 1 Mio. Dollar (ca. 1,76 Mio. DM) für die Finanzierung dieses Drei-Jahres-Projektes aus. Gefechte und Naturkatastrophen sollen zu Übungszwecken simuliert werden.

Der Geschwindigkeitsweltrekord eines Supercomputers wurde im Dezember 1994 von einem Wissenschaftlerteam aus den Sandia National Laboratories in Zusammenarbeit mit der Intel Corporation aufgestellt, die zwei der größten Intel-Paragon-Parallelverarbeitungs-Maschinen aneinander anschlossen. Das System erreichte eine Leistung von 281 Gigaflop bei der Linpack-

SCHNELLSTER CHIP
Der schnellste Mikroprozessor ist der Deschutes Intel P6. Eine 400-MHz-Version dieses Prozessors mit einer Bus-Geschwindigkeit von 66 MHz ist schon auf dem Markt und ein 450-MHz-Chip mit 100 MHz Bus-Geschwindigkeit in Planung.
Im September 1997 brachten die Abteilungen für Forschung und Mikroelektronik von IBM den ersten Mikrochip auf Kupfergrundlage heraus. Kupfer war seit langem als ein elektrischer Leiter mit einer sehr hohen Leitfähigkeit bekannt. Die Neuentwicklung versetzte das Unternehmen in die Lage, elektronische Schaltkreise kleiner zu gestalten und mehr „Intelligenz" (Rechnerlogik) auf jedem Mikrochip unterzubringen. Die Technologie wird mit CMOS 7S (komplementärer Halbleiter) bezeichnet und für den Bau von Hochleistungsprozessoren verwendet. Sie brauchen weniger Strom und Kühlung und sind kleiner und leichter.
Schon einen Monat später kündigte IBM erste Entwicklungswerkzeuge und Services für elektronische Entwickler an, die mit dem neuen Mikrochip produzieren wollten.

Bewertung. Der Massiv-Parallel-Superrechner erreichte ebenfalls 328 Gigaflop beim Laufen eines Programmes, das für die Berechnung von Radarkennungen genutzt wird. Die Anlage verwendete 6.768 parallel arbeitende Prozessoren.

GRÖSSTE ZERLEGTE ZAHL
Im April 1997 versuchten Computerforscher an der Purdue-Universität, Indiana, USA, die zwei längsten Zahlen zu finden, die miteinander multipliziert einer bekannten Zahl mit 167 Stellen entsprechen (3^{349}-1)÷2. Der Durchbruch kam nach 100.000 Stunden Rechenzeit. Die beiden Faktoren hatten 80 und 87 Stellen. Der vorherige Rekord im Zerlegen von Faktoren war 162 Stellen lang.

LÄNGSTE COMPUTERBERECHNUNG
Die 20. Fermatzahl, $2^{2^{20}}+1$, wurde 1986 auf einem CRAY-2-Superrechner überprüft, um festzustellen, ob es sich um eine Primzahl handelte. Nach zehn Tagen der Berechnung war die Antwort: Nein.

GRÖSSTE PRIMZAHL
Am 27. Januar 1998 entdeckte der 19 Jahre alte Student Roland Clarkson die Primzahl $2^{3.021.377}$-1. Diese Zahl, die, wenn sie voll ausgeschrieben wird, 909.526 Stellen lang ist, wurde mit Hilfe einer von George Woltman und Scott Kurowski geschriebenen Software ermittelt. Es ist die 37. „Mersenne-Primzahl". Clarkson, der einer der vielen tausend Freiwilligen war, die sich an der Great Internet Mersenne Prime Search (GIMPS) (Großen Internet-Suche nach der Mersenne-Primzahl) beteiligten, fand die Zahl auf seinem einfachen 200-MHz-Pentium-Desktop-Computer heraus.

LEISTUNGSSTÄRKSTER COMPUTER IM WELTALL
Die Landung der Marssonde *Pathfinder* wird von einem IBM RAD6000 überwacht, einem strahlungssicheren Single-Board-Computer, der an einen Power-PC angeschlossen ist. Er hat eine 32-Bit-Architektur und kann 22 Mio. Befehle in der Sekunde ausführen. Er wird zur Speicherung von Flugsoftware, Ingenieurdaten und Fahrdaten in einem Speicher von 128 Mio. Byte genutzt. Pathfinder landete im Juli 1997 auf dem Mars.

WEITESTE BEDIENUNGSENTFERNUNG
Die Weltraumsonde *Voyager 1*, die Mikroprozessoren zur Kontrolle ihrer Tätigkeiten und zur Kommunikation befördert, soll sich Ende 1998 ungefähr 11 Mrd. km von der Sonne entfernt befunden haben, das entspricht der 72,5fachen Entfernung zwischen Erde und Sonne und ist für die Wissenschaftler beinahe zu entfernt, um mit ihr kommunizieren zu können. *Voyager 1* wurde am 5. September 1977 gestartet und wurde verwendet, um Daten über Jupiter und Saturn zu sammeln. Nachdem sie diese Planeten passiert hatte, wurde sie aufgegeben, da sie aus unserem Sonnensystem in den offenen Weltraum austrat.

GEWINNBRINGENDSTES COMPUTERUNTERNEHMEN
Die Microsoft Corporation wurde im April 1998 mit 224 Mrd. Dollar (ca. 394 Mrd. DM) bewertet und hat ein Jahreseinkommen von mehr als 17,6 Mrd. Dollar (ca. 31 Mrd. DM). Die Gesellschaft entwickelt, produziert, verkauft und lizenziert Software und Online-Dienste für Computernutzer in der ganzen Welt. Ihr Präsident, Bill Gates, der gegenwärtig rund 30 % von Microsoft besitzt, gründete die Gesellschaft 1975 mit Paul Allen, und durch sie wurde er zum reichsten Mann der Welt.

GRÖSSTES GERICHTSVERFAHREN EINES COMPUTERUNTERNEHMENS
Am 20. Oktober 1997 klagte das amerikanische State Department Microsoft wegen unfairen Handels an, da Microsoft seinen eigenen Browser, *Internet Explorer*, in *Windows '95*-Software eingebaut hatte. Microsoft argumentierte, der *Internet Explorer* sei eine ganz neue Eigenschaft von *Windows '95* selbst. Microsoft und das Justizministerium kämpfen gegenwärtig über diese Angelegenheit vor Gericht.

MEISTVERKAUFTE SOFTWARE
Seit seiner Herausgabe Ende 1995 wurde das Betriebssystem *Windows '95* von Microsoft ungefähr 120 Mio. Male verkauft. *Windows '95* ist auf 90 % der Desktop-Computer vorhanden, die verkauft werden. Nur MS DOS, das Betriebssystem, ist auf fast allen Desktop-PCs vorinstalliert.

KLEINSTER RECHNER
Wissenschaftler der Forschungsabteilung von IBM am Züricher Forschungslabor in der Schweiz haben ein Rechengerät mit einem Durchmesser von weniger als einem Millionstel eines Millimeters entworfen. Der kleinste tragbare Computer ist der tragbare Computer der Psion Serie 5, der mit Batterien 345 g wiegt. Er umfaßt eine Blindschreibe-Tastatur und einen berührungsempfindlichen Bildschirm.

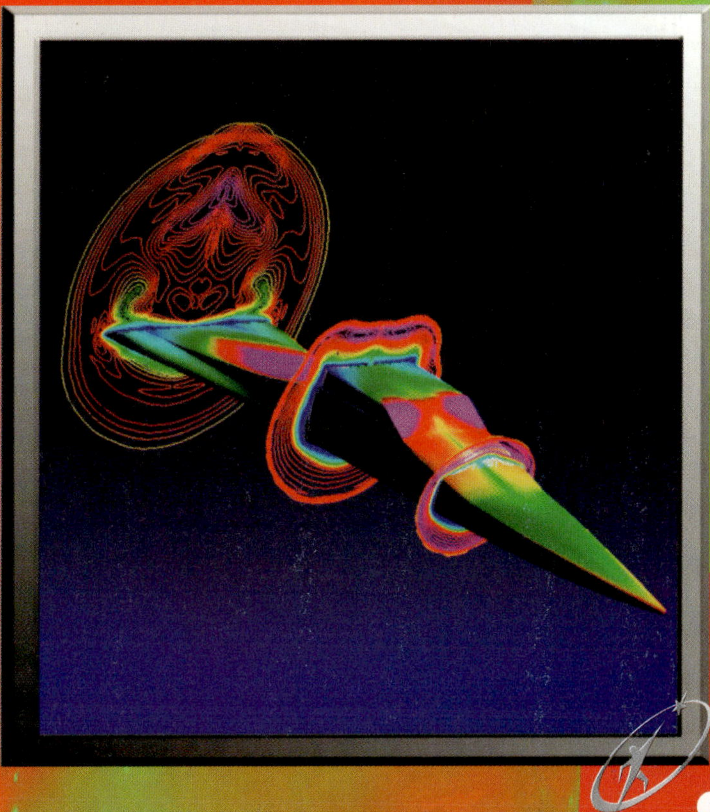

SCHNELLSTER COMPUTER
Der von Cray Research, USA, gebaute 1,328-Prozessor CRAY T3E-900TM wurde als der schnellste in Gebrauch befindliche Computer ermittelt. Wetterforscher der Universität Oklahoma, USA, nutzen ihn für die Vorhersage von Stürmen. Er kann mehr als 1 Billiarde Operationen in einer Sekunde ausführen. Hier ist eine Scarmjet-Berechnung zu sehen, die von einem Superrechner von Cray ausgeführt wurde.

Roboter

MEISTE ANIMIERTE ROBOTER
1993 schuf Steven Spielbergs Gesellschaft Amblin Entertainment in Kalifornien, USA, die meisten animierten Roboter für den Film *Jurassic Park*. Die neun Dinosaurierarten, darunter Tyrannosaurus Rex, Dilophosaurier, Velociraptoren und ein geschlüpfter Saurier, wurden aus Latex, Schaumgummi und Urethan hergestellt und hatten bewegliche Pupillen, eine zuckende Haut und speichelfeuchte Münder. Um die komplexen Maschinen in Schauspieler umzuwandeln, wurden die Bewegungen von Miniaturdinosauriern per Computer auf die Dinosauriern-Roboter übertragen.

Ein Team belgischer und britischer Forscher experimentiert zur Zeit, um einen 2,5 m hohen Iguanodon-Dinosaurier zu schaffen, der ruht und aufspringt, wenn Menschen auftauchen. Ultra-Sensoren, die in die Augenhöhle des Sauriers eingebaut wurden, lassen den Roboter Menschen wahrnehmen.

GRÖSSTER FILMROBOTER
Im Jahr 1993 schuf Amblin Entertainment einen 5,5 m hohen, 14 m langen, 4.082 kg schweren Tyrannosaurus-Rex-Roboter für den Film *Jurassic Park*. Er war damit genauso groß wie der Originaldinosaurier.

KLEINSTER ROBOTER
Der von der Seiko Epson Corporation, Japan, 1992 entwickelte lichtempfindliche Mikroroboter „Monsieur" mißt weniger als 1 cm^3 und wiegt 1,5 g. Er wurde aus 97 Einzelteilen von Uhren hergestellt und kann sich, wenn er aufgeladen ist, ungefähr fünf Minuten lang in 1,13 cm/Sekunde bewegen.

POPULÄRSTER ROBOTER
Puma (Programmable Universal Machine for Assembly – Programmierbare Universal-Montagemaschine), die von Vic Schienman in den siebziger Jahren entworfen und von dem Schweizer Unternehmen Staubli Unimation gefertigt wurde, ist der in Universitätslaboratorien und bei Montagebändern am meisten verwendete Roboter.

SCHNELLSTER INDUSTRIEROBOTER
Im Juli 1997 entwickelte das japanische Unternehmen Fanuc den LR Mate 100I-Hochgeschwindigkeitsüberwachungs-Roboter, dessen Achsengeschwindigkeit 79 % schneller als die vorhergehender Modelle ist. Der Roboter kann Gegenstände bis zu 3 km tragen und sich in einer Zeit von 0,58 Sekunden 2,5 cm nach oben und unten und 30 cm rückwärts und vorwärts bewegen.

FORTSCHRITTLICHSTES SPIELZEUG
Im Januar 1998 brachte Lego MindStormes heraus: „intelligente" Plastik-Bausteine, die in „denkende" Roboter verwandelt und durch einen PC zum Leben erweckt werden können. Die Steine wurden in Zusammenarbeit mit dem Massachusetts Institute of Technology, USA, entwickelt und enthalten einen Mikrochip und Sensoren.

BILLIGSTER ROBOTER
Walkman, ein 12,7 cm großer Roboter, wurde 1996 für 1,75 Dollar aus den Teilen eines Sony Walkmans im Staatlichen Laboratorium von Los Alamos, USA, gebaut. Wenn seine Beine festgehalten werden, versucht er sich zu befreien, ohne dafür programmiert worden zu sein.

MEISTE BIOLOGISCHE ROBOTER
Im März 1998 schufen die Forscher an den Universitäten von Tsukuba und Tokio, Japan, Insektenroboter, indem sie die Fühler von Seidenspinnern mit Robotern auf Rädern zusammengebrachten. Wenn die Roboter von weiblichen Sexualstoffen angelockt werden, leiten Mikrochips mit Nervennetzen, die denen der männlichen Seidenspinner ähnlich sind, die Räder der Roboter zum Geruch der Weibchen. Man hofft, sie bei der Vernichtung von Heuschrecken und ähnlicher Plagen sowie bei der Kontrolle unzugänglicher Bereiche einsetzen zu können. Japan ist das Zentrum für Bio-Robotertechnik: Ein braune Küchenschabe mit Hochtechnologieausrüstung auf dem Rücken absolviert hier Versuche in einem Forschungslabor an der Tokioter Universität.

AUTOMATISIERTES WERK
Im Fanuc-Montagewerk in Yamanashi, Japan, montiert eine Reihe zweiarmiger, intelligenter Roboter Miniroboter in einer vollständig automatisierten Herstellungsanlage.

MEISTE INDUSTRIEROBOTER
Seit 1991 wurden in Japan 325.000 Roboter installiert, mehr als die Hälfte von weltweit insgesamt 580.000 installierten Robotern. Auf jeweils 10.000 in der japanischen Herstellungsindustrie angestellte Menschen kommen mittlerweile 265 im Dienst befindliche Roboter.

GRÖSSTER HERSTELLER
Der im Jahr 1982 gegründete Roboterhersteller Fanuc ist der größte Hersteller kommerzieller Roboter. Fanuc Robotics in den USA hat mehr als 1.100 Angestellte und 21.000 in Dienst befindliche Roboter.

ENTFERNTESTE ÜBERWACHUNG
Die größte Entfernung, über die ein Roboter auf der Erde per Fernbedienung überwacht wurde, betrug 215 km. Am 31. Juli 1997 machte der Roboter *Nomad* eine Reise durch die Atacama-Wüste in Chile, wobei er 20 km selbständig fuhr. Er wurde vom Ames Research Center der NASA in Moffett Field, Kalifornien, USA, und Carnegie Mellon's Robotics Institute in Pittsburgh, USA, gesteuert. Die Fahrt war Teil eines 1,6 Mio. Dollar (ca. 2,8 Mio. DM) teuren Projektes, das Missionen zur Antarktis, zum Mond und zum Mars vorbereitet.

Im November 1996 nutzte Professor Kevin Warwick das Internet gemeinsam mit einem 15,24 cm großen, 600 g schweren Roboter in der Kybernetikabteilung der Reading-Universität, Großbritannien, um einen identischen Roboter an der State University von New York, USA, zu programmieren.

FORTSCHRITTLICHSTER ROBOTERARM
Im Jahr 1997 entwickelte die amerikanische Firma Barret Technology einen 250.000 Dollar (ca. 440.000 DM) teuren Roboterarm mit Kabeln, die wie Sehnen arbeiten und Gewichte von 5 kg in jeder Position halten können. Der Arm besitzt insgesamt sieben räderlose Arm- und Handgelenkverbindungen. Er kann einen Ball werfen und könnte auch Menschen beim Öffnen von Türen, der Zubereitung von Mahlzeiten und verschiedenen anderen Verrichtungen behilflich sein.

FORTSCHRITTLICHSTER HAUSROBOTER
Am 1. Dezember 1997 präsentierte Electrolux einen Hausroboter, der ohne Überwachung wirkungsvoll Reinigungsarbeiten durchführen kann. Der Miniaturroboter ist mit einem Elektronikgehirn und einem Navigationsradar-System ausgestattet.
Er ist in der Lage, bis zu 95 % eines zugänglichen Bereiches zu reinigen (75 % beim Menschen). Bei offenstehenden Türen kann er ein gesamtes Stockwerk bearbeiten.

KOMPLIZIERTESTER EINSATZ
Im Februar 1998 stellte Computer Motion aus Kalifornien, USA, *Zeus* vor, einen Roboter, der es Chirurgen ermöglicht, Bypässe am Herzen durch drei kugelschreibergroße Schnitte zu legen. Die Instrumente dazu werden durch das Innere von Schläuchen in den Körper des Patienten gebracht. *Zeus* schließt jedes Zittern der Chirurgenhand aus. Die Firma plant eine Version, die es den Chirurgen sogar gestatten soll, über eine Telefonleitung zu operieren.

MENSCHENÄHNLICHSTER ROBOTER
1997 brachte Honda den 1,6 m hohen P3 heraus, der hier die Hand des ehemaligen chinesischen Premierministers Li Peng schüttelt. P3 kann seinen Kopf bewegen, über Hindernisse steigen, die Richtung wechseln und sein Gleichgewicht wieder herstellen. Er wurde von 150 Ingenieuren in über elf Jahren entwickelt und kostete insgesamt 80 Mio. Dollar (ca. 140 Mio. DM).

WEITESTE FERNBEDIENUNG
Im Juli 1997 landete der sechsrädrige *Sojourner Rover* aus dem Jet Propulsion Laboratory der NASA auf dem Mars. Von der Erde aus einer Entfernung von 384.399 km bedient, übertrug er mehr als 500 Bilder. Ein neues Modell im Jahr 2001 wird größer sein, schneller fahren, ein Jahr auf dem Mars bleiben und Material von der Marsoberfläche für eine zukünftige Abholung bereithalten.

Licht und Laser

STÄRKSTE LASER AUF EINER TOUR
Die britische Rockgruppe Pink Floyd nahm ein Paar 50-Watt-Kupferdampflaser auf ihre Division Bell-Tour mit, die 1997 zu Ende ging. Die grünen und roten Laser, die 400.000 Dollar (ca. 704.000 DM) pro Paar kosteten, sind die stärksten und teuersten Laser, die jemals in einer Show auf Tour mitgenommen wurden.

STÄRKSTER LASERSTRAHL
Der stärkste Laserstrahl der Welt befindet sich auf der streng geheimen Raketenbasis White Sands, New Mexico, USA. Der Mio.-Watt-Laser wird von einem Raketenmotor betrieben, der ein Kraftstoffgemisch aus Ethylen und Nitrogen-Trifluorid enthält. Der Laserstrahl selbst wird aus Mikrowellen mit einer Wellenlänge zwischen 3,6 und 4,2 Mikronen gebildet.

KLEINSTER LASER
Die Laboratorien AT&T Bell Laboratories in Pasadena, Kalifornien, USA, sind die Produzenten des kleinsten Lasers der Welt. Der Laser hat einen Durchmesser von 0,005 mm und seine Reflexionsplatte eine Dicke von 400 Atomen. Er wird aus Schichten von Indium-Gallium-Arsenid und Phosphor in der Dicke eines Moleküles gebildet.

GRÖSSTER LICHTBLITZ
Der größte jemals auf der Erde produzierte Lichtblitz wurde von einer Forschergruppe im Rutherford Appleton Laboratory, Oxfordshire, Großbritannien, 1996 erzeugt. Er wurde unter Verwendung eines Ultraviolettlasers mit der Bezeichnung *Titania* hergestellt, der einen Strahl von 42 cm Durchmesser und eine Lichtintensität von 1.000 Billiarden Watt aufweist, was ungefähr einer Leuchtkraft von 10 Mio. Billiarden üblicher Haushaltslampen entspricht.

LÄNGSTER STRAHL
Der längste Strahl aus künstlichem Licht wurde von NASA-Wissenschaftlern auf einen Reflektor auf dem Mond abgefeuert. Astronauten positionierten den Reflektor so, daß die Wissenschaftler auf der Erde einen Laserstrahl davon abprallen lassen und eine genaue Messung der Entfernung zwischen Erde und Mond (384.500 km) vornehmen konnten. Die Wissenschaftler benötigten bis zu 1.000 Versuche, um das Ziel zu treffen.

STÄRKSTE LASERWAFFE
Der erste Test einer von der Erdoberfläche ins Weltall reichenden Laserwaffe erfolgte im Oktober 1997. Die Waffe, ein Laser mit 1 Mio. Watt, wurde von der Raketenbasis White Sands in New Mexico, USA, auf einen Satelliten gerichtet. Der Satellit, der sich auf einer Umlaufbahn in 415 km Entfernung über der Erdoberfläche befand, wurde zweimal von dem Laser getroffen.

SCHNELLSTES LASERBETRIEBENES RAUMFAHRZEUG
Das schnellste laserbetriebene Raumfahrzeug der Welt, bei dem Laserstrahlen verwendet werden, um einen Gasstrom auf extreme Temperaturen zu erhitzen, wurde im November 1997 auf der Raketenbasis von White Sands in New Mexico, USA, getestet. Wenn die Laser zusammen mit flüssigem Wasserstoff verwendet werden, wäre das Raumfahrzeug in der Lage, Geschwindigkeiten von über 25 Mach (27.000 km/h) zu erreichen.

MEISTE LASERWAFFEN
Die größte Anwendung von lasergelenkten Waffen in einem Kriegsgebiet erfolgte während des Golfkrieges am 17. Januar 1991. Laser lenkten Raketen millimetergenau zu ihren Zielen.

ERFOLGREICHSTE LASERFALLE
Die Polizei in Hampshire, Großbritannien, setzte über einen Zeitraum von sechs

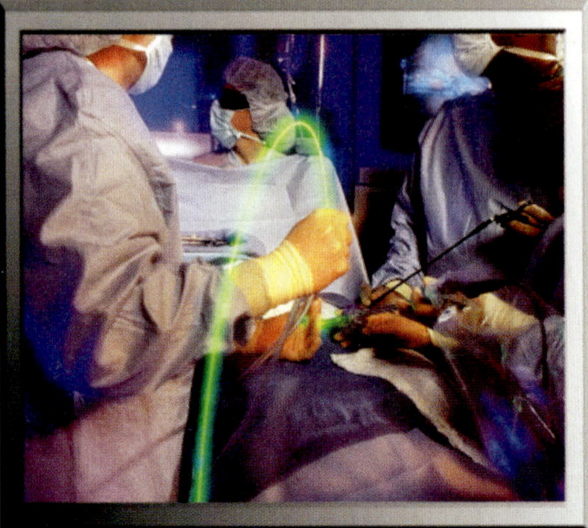

HÖCHSTENTWICKELTER KNOCHEN-LASER
Chirurgen im Hope Hospital in Manchester, Großbritannien, und Physikern der Universität Manchester entwickelten 1995 einen Laser, der Knochen mit großer Präzision durchtrennt, ohne daß umgebendes Gewebe beschädigt wird. Das macht ihn besonders für Gehirnchirurgen nützlich, die den oberen Teil des Schädels entfernen müssen, ohne dabei das Gehirn zu schädigen. Im Jahr 1990 führte die American Dental Technologies den ersten Dentallaser ein, und im Jahr 1998 wurde ein weiterentwickeltes Laserinstrument zur Behandlung von Geschwulst- und Zahnfleischerkrankungen herausgebracht. Augenärzte nutzten die Hochtechnologie-Laserchirurgie zum ersten Mal zu Beginn der neunziger Jahre. Die sogenannte photorefraktive Keratektomie (PRK) verändert den Scharfseh-Mechanismus des Auges, indem die Hornhaut mit einem Laserstrahl abgeschabt wird. Der erste Versuch in der korrektiven Mikrochirurgie, der in den fünfziger Jahren in Japan ausgeführt wurde, war die Operation unter der Verwendung einer Strahlen-Keratotomie (RK). Slawa Fjodorow, ein Professor für Augenheilkunde in Moskau, Rußland, vervollkommnete dieses Technik später. Die ersten Experimente mit PRK wurden im St. Thomas' Hospital, London, und der Universitätsaugenklinik, Berlin, zwischen 1984 und 1986 durchgeführt.

Monaten eine Laserradarfalle auf einem Abschnitt der Autobahn M27 in der Nähe von Portsmouth ein. Mehr als 1.900 Autofahrer, die die zeitweilige Geschwindigkeitsbeschränkung von 80 km/h überschritten hatten, tappten in die Laserfalle; es wurden Strafzettel im Gesamtwert von ca. 184.000 DM ausgestellt.

GRÖSSTER LASERPROJEKTIONSBILDSCHIRM
Der größte Laserprojektionsbildschirm der Welt ist der ITV (Inflatable Tower Vision), der von Advanced Entertainment Technologies aus Kalifornien, USA, gebaut wurde. Der hochreflektive, aufblasbare Nylonbildschirm ist über 21 m hoch und wird von zwei aufblasbaren Säulen gestützt, die jeweils einen Durchmesser von 7,5 m haben. Der Bildschirm ist in der Lage, ständigen Windgeschwindigkeiten von bis zu 48 km/h zu widerstehen.

STÄRKSTE LICHTANLAGE
Die stärkste Lichtanlage wurde von dem französischen Rockstar Johnny Halliday im Dezember 1984 im Zenith in Paris, Frankreich, verwendet. Die Anlage benötigte soviel Strom aus dem Pariser Netz, daß ein neues Umspannwerk für die Show gebaut werden mußte.

GRÖSSTER PRODUZENT VON SPEZIALEFFEKTEN
Die Firma Industrial Light And Magic gehört George Lucas, dem Regisseur von Star Wars (Krieg der Sterne, USA, 1977). In dem Film wurden spektakuläre, mit Computern erzeugte Effekte angewandt. Die Firma hat eine dreimal umfangreichere Computerausstattung als ihr nächster Rivale und Spezialeffekte für acht der 15 größten Kassenschlager aller Zeiten hergestellt, wobei sie dabei 14 Oscars und sechs Preise für technische Errungenschaften erzielte. Die erste per Computer hergestellte Animation, sozusagen die Wurzel sämtlicher per Computer erzeugter Spezialeffekte, wurde in der Computerforschungsabteilung der Universität Utah, USA, im Jahr 1972 geschaffen. Die Animationsabfolge, deren Herstellung beinahe ein Jahr gedauert hatte, bestand aus einer sich wiederholenden Reihe von Bewegungen einer einzelnen menschlichen Hand. Sie legte die Grundlagen für sämtliche nachfolgenden, per Computer hergestellten Spezialeffekte.

STÄRKSTER LASERIMPULS
Der „Petawatt"-Laser im Lawrence Livermore National Laboratory (LLNL), Kalifornien, USA, produziert bei höchster Stromleistung Laserimpulse von mehr als 1,3 Billiarden Watt (1,3 Petawatt). Das entspricht mehr als dem 1.300fachen der gesamten elektrischen Leistungsfähigkeit der USA. Der Rekord wurde vorher vom „Nova"-Laser (rechts abgebildet) mit 100 x 10^{12} Watt gehalten.

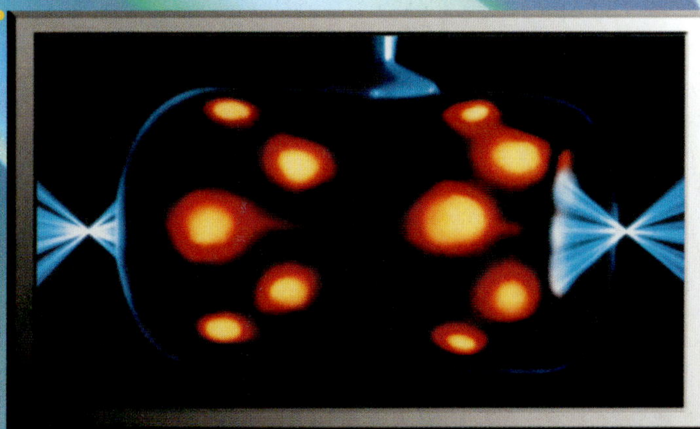

Vergnügungsparks

STRATOSPHÄRISCHE FAHRTEN
Der 135 Stockwerke umfassende, 350 m hohe Stratophere Tower, der im April 1996 in Las Vegas, USA, eröffnet wurde, bietet eine Reihe atemberaubender Attraktionen. Im Mai wurde er von 79 Schönheitsköniginnen, darunter Angela Deak aus Ungarn (unten links) und Miriam Ruppert aus Deutschland (unten rechts), besucht, die am Wettbewerb für die Miss Universe teilnahmen.

HÖCHSTE ENTSTEHUNGSKOSTEN
Nach Berichten soll das Disney-Unternehmen ungefähr 1 Mrd. Dollar (ca. 1,76 Mrd. DM) für den Entwurf, die Entwicklung und den Bau seines Animal Kingdom (Königreich der Tiere) in Florida, USA, ausgegeben haben. Das Königreich bietet faszinierende Tiere, eine komplette Safari sowie eine Anzahl von Achterbahnen und Landschaftsnachbildungen. Der Mittelpunkt des Geländes ist ein Lebensbaum, der von jedem Teil des 160 ha großen Parks aus zu sehen ist.

GRÖSSTER VERGNÜGUNGSPARK
Disney World in der Nähe von Orlando, Florida, USA, nimmt eine Fläche von 12.140 ha ein, wodurch er heute der größte Vergnügungspark der Welt ist. Er wurde im Oktober 1971 eröffnet, und seine Entstehung kostete ungefähr 400 Mio. Dollar (ca. 704 Mio. DM).

MEIST BESUCHTER VERGNÜGUNGSPARK
Im Jahr 1997 zog Tokio Disneyland in Japan insgesamt 17,83 Mio. Zuschauer an. Der Vergnügungspark wurde am 15. April 1983 eröffnet, auf einer Fläche von 46,25 ha sind Bereiche dem Wilden Westen, der Erforschung der Tropen, Märchen sowie der Raumfahrt und Zukunft gewidmet. Der Park kann bis zu 85.000 Besucher gleichzeitig aufnehmen.

FUTURISTISCHSTER VERGNÜGUNGSPARK
Das japanische Bauunternehmen Obayashi plant, bis zum Jahr 2050 einen Vergnügungspark in einem Krater auf dem Mond zu bauen. Lunar City soll ungefähr 10.000 Besucher von der Erde aufnehmen. Obayashi hat bereits einige Attraktionen festgelegt. Dazu gehören Hanggleiter und Aktivitäten in einem gemeinsamen Freizeitzentrum, bei denen zum großen Teil das geringe Gravitationsfeld des Mondes genutzt werden soll.

MEISTE FAHR-ATTRAKTIONEN
Cedar Point in Ohio, USA, besitzt insgesamt 56 unterschiedliche Fahr-Attraktionen, das sind heute weltweit die meisten in einem Vergnügungspark. Dazu gehören Holzachterbahnen wie *Blue Streak*, haarsträubende Attraktionen auf dem neuesten Stand der Technik wie *Mantis*, das im Jahr 1996 gebaut wurde, sowie Kinderkarussells wie zum Beispiel *Junior Gemini* aus dem Jahr 1978.

MEISTE ACHTERBAHNEN
Die rekordbrechende Anzahl von zwölf Achterbahnen dominieren die Silhouette im Cedar Point, Ohio, USA, der infolgedessen den Spitznamen „America's Roller Coast" (Amerikas Achterbahnenküste) erhielt. Bei seiner Eröffnung im Jahr 1892 besaß der Vergnügungspark nur eine Achterbahn, die die Mitfahrenden in einer mäßigen Geschwindigkeit von 16 km/h herumfuhr. Heute besitzt es eine der höchsten, schnellsten und fortschrittlichsten Achterbahnen der Welt. Im Sommer 1997 fuhren ungefähr 16,8 Mio. Menschen mit den Achterbahnen in Cedar Point.

SCHNELLSTE ACHTERBAHN
Am 4. Januar 1996 wurde *Superman The Escape*, eine Stahlachterbahn, die in Six Flags Magic Mountain, Kalifornien, USA, aufgebaut wurde, die erste Achterbahn der Welt, die die psychologisch bedeutsame Geschwindigkeit von 160 km/h erreichte. Die Mitfahrenden sitzen in aerodynamisch geformten Autos und werden im haarsträubenden Zeitraum von sieben Sekunden bis zur Höchstgeschwindigkeit beschleunigt.

GRÖSSTE HOCHZEIT
Am Valentinstag 1997 heirateten 24 Paare (darunter Matt Leddon und Melissa Williams, links abgebildet), während sie in Busch Gardens in Tampa Bay, USA, von der *Montu*-Achterbahn herabhingen. Ihr Jawort per Kopfhörer mit Mikrofon wurde an Reverend Chris Null weitergegeben. Die größte Hochzeit in einem Vergnügungspark fand am 2. Mai 1997 bei der Eröffnung von *Giant Drop* statt, einem 69 m hohen Freifallturm im Vergnügungspark Six Flags Great America, in dem 144 Paare zu Mann und Frau erklärt wurden, Sekunden bevor sie mit einer Geschwindigkeit von 100 km/h einen drei Sekunden dauernden Sturz in Richtung Erde machten. Die Paare stiegen dann den 22 Stockwerke hohen *Giant Drop* hoch, wo Reverend Herring die Zeremonie abschloß. Die Bräute und Bräutigame aus allen Teilen der USA wurden von Radiostationen für ihre Teilnahme an der Massentrauung ausgewählt.

SCHNELLSTE STEHEND-ACHTERBAHN
The *Riddler's Revenge*, eine Stehend-Achterbahn aus Stahl, ging am 4. April 1998 in Six Flags Magic Mountain, Kalifornien, USA, in Dienst. Sie ist 37,5 m hoch und hat eine Spitzengeschwindigkeit von 105 km/h, die höchste Geschwindigkeit, die jemals von einer Stehend-Achterbahn erreicht wurde. Zu ihren sechs Loopings gehört ein vertikaler Looping von 360° mit einer Rekordhöhe von 37,8 m.

HÖCHSTE ACHTERBAHN
Mit einem Unterschied von 126 m zwischen dem höchsten und dem niedrigsten Punkt besitzt *Superman The Escape* die größte Fallhöhe. Sie wurde im Jahr des 25jährigen Bestehens von Six Flags Magic Mountain, Kalifornien, USA, eröffnet und auf einem Berg inmitten des Parks aufgestellt.

Fujiyama im Fujikyu Highland Park, Japan, besitzt zwar eine geringere Fallhöhe als *Superman The Escape*, ihre Bahnen sind jedoch aus Tausenden von Stahlträgern aufgebaut. Mit einer maximalen Höhe von 72,8 m ist sie gegenwärtig die höchste Achterbahn der Welt.

LÄNGSTE ACHTERBAHN
The Ultimate- (Die Endgültige) Achterbahn in Lightwater Valley, North Yorkshire, Großbritannien, ist 2,298 km lang, die Fahrt dauert fünf Minuten 50 Sekunden. Die Anstiegsstrecke zu Beginn der Fahrt beträgt 2,29 km und endet in einer Höhe von 32,6 m über dem Boden.

HÖCHSTE FAHRT IM FREIEN FALL
Der *Power Tower*, eines der neuesten Fahrgeschäfte in Cedar Point, Ohio, USA, schießt die Mitfahrenden 73,2 m mit einer Geschwindigkeit von 80 km/h durch die Luft. Bei dieser Attraktion, die am 10. Mai 1998 eröffnet und um vier 914 m hohe Stahltürme herum gebaut wurde, erleben die Mitfahrenden drei Sekunden Aufstieg oder freien Fall. Sie sitzen mit dem Rücken zu den Türmen und ihre Beine hängen frei in der Luft.

LÄNGSTE FAHRT IM FREIEN FALL
Beim *Superman The Escape* werden die Mitfahrenden für einen Rekordzeitraum von insgesamt 6,5 Sekunden aus ihren Sitzen geschleudert. Sie werden aus der „Festung der Einsamkeit", einer Kristallhöhle, herausgeschossen und erleben die Schwerelosigkeit, wenn sie zum höchsten Punkt der Fahrt schießen, um dann rückwärts zum Boden zurückzukehren.

GRÖSSTE GESPENSTERBAHN
The Haunted Mansion (Die Spukvilla) in Disney World, Florida, USA, nimmt ihre Passagiere mit auf eine Reise durch ein dunkles Haus, das von 999 gruseligen Gestalten bewohnt wird. Die Horror-Ikone Vincent Price rezitiert ein Spukgedicht, und die Zuschauer erleben eine Reihe klassischer Horror-Spezialeffekte.

GRÖSSTE TRANSPORTABLE ACHTERBAHN
Taz's Texas Tornado ist seit dem 14. März 1998 in Six Flags Astroworld, Texas, USA, in Dienst und wurde zuerst 1986 in Deutschland zusammengebaut. Die Stahlbahn hat eine Gesamthöhe von 34,1 m und eine Höchstgeschwindigkeit von 97 km/h. Die Fahrt erfolgt in einem Winkel von 80°.

MEISTE LOOPINGS
Die Achterbahn *Dragon Khan*, die Hauptattraktion in Port Aventura, Salou, Spanien, stellt ihre Mitfahrer achtmal auf den Kopf. Die Bahn erreicht eine Höchstgeschwindigkeit von 110 km/h und eine maximale Höhe von 49,1 m.

Die *Monte Makaya* in Terra Encantada, Rio de Janeiro, Brasilien, stellt ihre Mitfahrer während jeder Runde der 851,36 m langen Stahlbahn ebenfalls achtmal auf den Kopf. Zu den Elementen der Bahn gehören vertikaler Looping, zwei Kobrarollen, ein doppelter Korkenzieher und drei Null-G-Herz-Rollen.

LÄNGSTE WASSERSKISTRECKE
24 Std. zog der Schüler Michael Claus (* 1978) am 8./9. Juli 1994 seine Runden an der Seepark-Wasserski-Seilbahn in Kirchheim, Hessen. Danach hatte er 967 km auf dem nassen Element zurückgelegt.

ERSTER VERTIKALER STURZFLUG
Oblivion, die erste Bahn der Welt mit vertikalem Sturzflug bei einer Neigung von 87,5°, wurde in Alton Towers in Staffordshire, Großbritannien, am 14. März 1998 eröffnet. Die 360 m lange Fahrt dauert rund zwei Minuten und bietet einen 55 m tiefen Sturz bei einer Geschwindigkeit von 110 km/h in einen Tunnel bis zu 30,5 m unter die Erde. Die Passagiere erleben dabei 4,5 G und werden beim Verlassen des Tunnels durch eine scharfe 90°-Drehung herumgeschleudert.

weltraum-technologie

HÖCHSTGESCHWINDIGKEITEN
Für die deutsch-amerikanischen Sonnensonden *Helios A* und *Helios B* wird jedesmal, wenn sie den Perihelion ihrer Umlaufbahnen (den Punkt, an dem sie der Sonne am nächsten sind) erreichen, eine Geschwindigkeit von ungefähr 252.800 km/h aufgezeichnet.

HÖCHSTE FLUCHT-GESCHWINDIGKEIT VON DER ERDE
Das Raumfahrzeug *Ulysses* der ESA, welches von einem IUS-PAM höherer Stufe angetrieben wurde, erreichte nach dem Aussetzen aus der Raumfähre *Discovery* am 7. Oktober 1990 eine Fluchtgeschwindigkeit von 54.614 km/h von der Erde. Das Fahrzeug befand sich auf Kurs zu einer Umlaufbahn um die Pole der Sonne und flog dabei am Jupiter vorbei.

KLEINSTE RAKETE
Die kleinste Satellitenstartrampe der Welt war *Pegasus*, eine 15 m lange, dreistufige Antriebsrakete. Die Original-*Pegasus*-rakete, deren Nachfolger eine XL-Betriebsversion der *Pegasus* war, wurde 1990 von einem Flugzeug in die Luft abgeschossen.

GRÖSSTE RAKETE
Das US-Weltraumfahrzeug *Saturn 5* war mit einer Höhe von 110,6 m mit dem obenauf befestigten Raumschiff *Apollo* die größte Rakete. Sie wog auf der Abschußfläche 2.903 Tonnen.

GRÖSSTES WELTRAUMTELESKOP
Das Weltraumteleskop Edwin P. Hubble der NASA wiegt elf Tonnen, ist 13,1 m lang und hat einen 2,4 m großen Reflektor. Es wurde von Bord eines US-Raumschiffes am 24. April 1990 in die Umlaufbahn gebracht. Der Bau des Teleskops, das es möglich macht, Weltraumaufnahmen in einer beispiellosen Qualität zu machen, kostete insgesamt 1 Mrd. Dollar (ca. 1,76 Mrd. DM).

TEUERSTE RAKETEN
Die Rakete *Saturn 5* wurde für das *Apollo*-Mondlandungsprogramm gebaut, welches zum Zeitpunkt des ersten Flugs zum Mond im Juli 1969 rund 25 Mrd. Dollar (ca. 44 Mrd. DM) gekostet hatte.

Geschäftsleute hatten insgesamt mehr als 120 Mio. Dollar (ca. 211 Mio. DM) für den Start von Orbit-Kommunikationssatelliten an Bord der kommerziellen Rakete *Titan* ausgegeben, die nicht mehr im Einsatz ist.

STÄRKSTER RAKETENMOTOR
Der *RD-170*, der in der früheren UDSSR 1980 gebaut wurde, hat im offenen Weltraum eine Schubkraft von 806 Tonnen und auf der Erdoberfläche von 740 Tonnen. Er besitzt ebenfalls eine Turbopumpe mit einer Nennleistung von 190 MW und verbrennt flüssigen Sauerstoff und Kerosin. Er trieb die vier Trägerraketen der Rakete *Energya* an, die jetzt jedoch aufgrund der Kürzungen in Rußlands Raumfahrtbudget nicht mehr startet.

STÄRKSTE RAKETE
Die *NI-Rakete*, die in der früheren UDSSR gebaut wurde, wurde am 21. Februar 1969 vom Kosmodrom Baikonur in Tjuratam, Kasachstan, gestartet und explodierte 70 Sekunden nach dem Start. Im Westen als G-1 bekanntgeworden, war sie mit einer Schubkraft von 4.620 Tonnen die stärkste Rakete aller Zeiten.

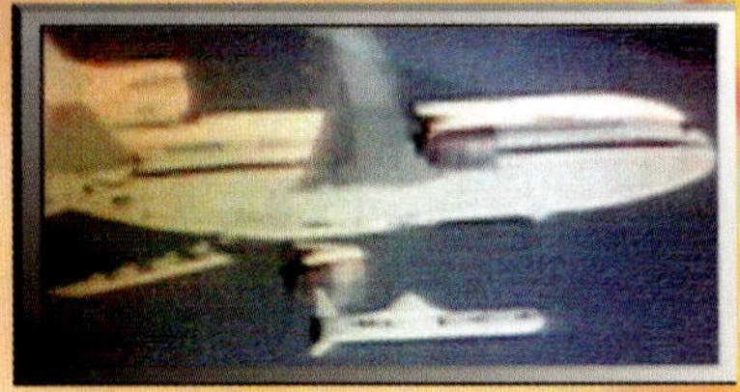

BILLIGSTE SATELLITENSTARTEINRICHTUNG
Die billigste Satellitenstarteinrichtung der USA ist *Pegasus*, die mit einem Budget von 45 Mio. Dollar (ca. 79 Mio. DM) entwickelt wurde und ungefähr 10 Mio. Dollar (ca. 17,6 Mio. DM) pro Start kostet. Der Erfinder der Rakete, Antonio Elias, ist (oben links) neben dem Raumschiff 1997 in Spanien zu sehen. Pegasus ging in die Geschichte ein, indem es eine Schlüsselrolle bei der ersten Weltraumbeerdigung spielte. Sie hob von einer Lockheed Tristar L-1011 in einer Höhe von 11.300 m über den Kanarischen Inseln (unten links) mit der Asche von Timothy Leary, dem *Star-Trek*-Erfinder Gene Roddenberry und 23 weiteren Menschen an Bord ab, wobei jeder 4.800 Dollar (ca. 8.448 DM) für die Weltraumbeerdigung gezahlt hatte. Pegasus stellt einen der wichtigsten Durchbrüche der letzten Jahre in der Weltraumtechnologie dar, denn letztendlich hat sie es ermöglicht, kleine Satelliten kostengünstig auf eine Umlaufbahn zu bringen. Verschiedene Unternehmen hatten dies bereits ohne Erfolg versucht.

INTELLIGENTESTE RAKETE
Der Start und der Flug der Raumfähren sind computergesteuert und werden von neun Minuten vor dem Start des Raumfahrzeugs an bis zu dessen Ankunft in der Umlaufbahn acht Minuten nach dem Start gelenkt.

ZUVERLÄSSIGSTES STARTSYSTEM
Die US-Raumfähre startete zwischen April 1981 und Januar 1998 insgesamt 89mal mit einer einzigen Störung, das ergibt eine Erfolgsrate von 98 %.

Die russischen *Sojus-U*-Serien sind seit 1973 insgesamt 781mal mit 766 Erfolgen im Einsatz gewesen, wobei zweimal 100 aufeinanderfolgende erfolgreiche Starts zu verzeichnen waren.

UNZUVERLÄSSIGSTES STARTSYSTEM
Die russisch-ukrainische Startrampe *Zenit* hatte 21 erfolgreiche und sieben fehlgeschlagene Missionen seit 1985 zu verzeichnen. Das entspricht einer Erfolgsrate von 72 %.

GRÖSSTES OBJEKT AUF EINER UMLAUFBAHN
Die russische Raumstation *Mir*, die an eine US-Raumfähre angedockt wurde, war zusammen mit dem Kern, den Modulen *Kwant 1* und *2*, *Kristall*, *Spektr* und *Priroda* und den angedockten Raumschiffen *Sojus* und *Progress* mehr als 250 Tonnen schwer.

TEUERSTER SATELLIT
Das US-amerikanische militärische Projekt eines Kommunikationssatelliten *Milstar* kostete mehr als 40 Mrd. (ca. 70 Mrd. DM). Zwei Satelliten wurden 1994 und 1995 gestartet.

BILLIGSTER SATELLIT
Einige Satelliten, die so klein wie Schachteln waren, wurden von Universitäten gebaut und gegen Bezahlung „huckepack" bei Raketenstarts mitgenommen. Ihr Bau und ihr Start kosteten nur 5 Mio. Dollar (ca. 8,8 Mio. DM).

SATELLITEN MIT DER GRÖSSTEN LEBENSDAUER
Der am 12. August 1969 gestartete NASA-Technologieanwendungssatellit *ATS 5* wird immer noch regelmäßig für Kommunikationen zu Bildungszwecken verwendet.

Der amerikanisch-europäische *International Ultraviolet Explorer*, 1978 mit einer geschätzten betrieblichen Lebensdauer von nur drei Jahren gestartet, wurde 1996 abgeschaltet.

KLEINSTER SATELLIT
Der US-amerikanische Satellit *Vanguard 1*, der im März 1958 gestartet wurde, wiegt 1,4 kg. Im Jahr 1998 war er der älteste noch auf der Umlaufbahn befindliche Satellit, obwohl er nicht mehr betriebsfähig ist.

GRÖSSTES WELTRAUMLABOR
Das größte Einzel-Weltraumlabor, das jemals gestartet wurde, ist das amerikanische Labor *Skylab*, das 25 m lang war und ungefähr 26.800 kg wog. Das 1973 gestartete Labor *Skylab* wurde 1974 aufgegeben und auch zum größten Stück Weltraummüll.

GRÖSSTE ANNÄHERUNG EINER RAKETE AN DIE SONNE
Das Forschungsraumschiff *Helios B* näherte sich der Sonne am 16. April 1976 bis auf den Rekordabstand von 43,5 Mio. km. Es trug Instrumente aus den USA und Westdeutschland.

AM WEITESTEN ENTFERNTES OBJEKT
Voyager 1, am 5. September 1977 von Cape Canaveral, Florida, USA, gestartet, befand sich am 15. Februar 1998 10,4 Mrd. km von der Erde entfernt, wodurch es zum am weitesten entfernten von Menschen geschaffenen Objekt wurde. Der Vorgänger *Pioneer 10* verließ am 17. Oktober 1986 als erstes Raumfahrzeug unser Sonnensystem, als es die Umlaufbahn des Planeten Pluto in einer Entfernung von 5,87 Mrd. km kreuzte. *Pioneer 10* trägt eine Platte mit Botschaften von der Erde für entfernte Zivilisationen mit sich.

SOJUS-RAKETEN
Eine russische *Sojus*-Rakete TM 22 ist abgebildet, während sie 1995 vom Kosmodrom in Baikonur, Kasachstan, abhebt. Die *Sojus*-Raketen wurden 1967 erstmalig mit einem bemannten Flug gestartet und waren seitdem die Favoriten bei den russischen Weltraumprogrammen.

EXPERIMENTALRAKETEN
Hier ist die *Delta Blipper*, eine Experimentalrakete beim Abheben in White Sands Missile Range, New Mexico, USA, im Jahr 1993 zu sehen. Die Rakete ist die Nachfolgerin der X-33, die als potentieller Vorläufer für eine wiederverwendbare Starteinrichtung entwickelt wurde. Die Planer des Weltraumhafens in New Mexico hoffen, daß die letztgenannte Rakete die Weltraumfähre zu irgendeinem Zeitpunkt in der Zukunft ersetzen wird.

Raumfahrt

MEISTGESEHENES WELTRAUM-EREIGNIS
Der erste Mondspaziergang der Astronauten von *Apollo 11* im Juli 1969 wurde von schätzungsweise 600 Mio. Menschen im Fernsehen verfolgt.

GRÖSSTES WELTRAUM-BUDGET
Das bemannte Weltraumprogramm der USA hat bis Ende 1997 schätzungsweise über 100 Mrd. Dollar (ca. 176 Mrd. DM) gekostet.

MEISTE MENSCHEN AN BORD
Die russische Station *Mir*, 1986 gestartet, ist hier von einem Besatzungsmitglied über Afrika fotografiert. Im Juni 1995 waren rekordverdächtige zehn Mann Besatzung an Bord (vier Russen und sechs Amerikaner).

GRÖSSTE BEISETZUNG IM WELTRAUM
Die Asche von 24 Personen, darunter Gene Roddenberry, dem Erfinder von *Star Trek*, wurde im April 1997 an Bord einer spanischen *Pegasus*-Rakete zum Preis von 5.000 Dollar (ca. 8.800 DM) pro Person in eine Umlaufbahn gebracht. In Kapseln verschlossen, wird sie 18 Monate bis zehn Jahre in der Umlaufbahn verbleiben.

ENTFERNTESTE RUHESTÄTTE
Im Januar 1998 wurden 28,35 g der Asche von Dr. Eugene Shoemaker an Bord des *Lunar Prospector* der NASA im Rahmen einer einjährigen Mission zur Kartographierung der Mondoberfläche ins All geschossen. Wenn nach etwa 18 Monaten der Antrieb versagt, wird die Raumsonde zusammen mit Shoemakers sterblichen Überresten auf die Mondoberfläche stürzen. Der Geologe hatte geäußert, daß es die größte Enttäuschung seines Lebens war, nicht zum Mond reisen zu können.

MEISTE TRÜMMER IM WELTRAUM
Am 31. Januar 1998 befand sich die Rekordzahl von 2.516 Nutzlasten in einer Umlaufbahn, zusammen mit 6.172 Trümmerteilen meßbarer Größe.

Eine 1994 gestartete *Pegasus*-Rakete explodierte im Juni 1996. Bis heute wurden etwa 700 Trümmerstücke aufgespürt.

GRÖSSTE TRÜMMERSTÜCKE
Ausgebrannte Raketenstufen bilden die größten Trümmerstücke im Weltraum. Die dritte Stufe einer *Delta-2*-Rakete ist zum Beispiel 2,04 m lang und hat einen Durchmesser von 1,24 m.

LÄNGSTE WELTRAUMFLÜGE
Der russische Arzt Valerij Poljakov startete am 8. Januar 1994 an Bord von *Sojus TM15* zur russischen Raumstation *Mir 1* und landete am 22. März 1995 an Bord von *Sojus TM20*, nach einem Raumflug von 437 Tagen 17 Stunden 58 Minuten und 16 Sekunden.

Der längste Raumflug einer Frau betrug 188 Tage 5 Stunden. Shannon Lucid (USA) startete am 22. März 1996 an Bord des amerikanischen Space Shuttle *STS 76 Atlantis* zur Raumstation *Mir 1* und landete an Bord von *STS 79 Atlantis* am 26. September.

KÜRZESTER RAUMFLUG
Der kürzeste bemannte Raumflug wurde von Commander Alan Bartlett Shepard (USA) an Bord von *Mercury-Redstone 3* am 5. Mai 1961 durchgeführt. Die suborbitale Mission dauerte 15 Minuten 28 Sekunden.

LÄNGSTE MONDMISSION
Die Besatzung von *Apollo 17* befand sich während einer Mondmission von 12 Tagen 13 Stunden und 51 Minuten (7. bis 19. Dezember 1972) 74 Stunden 59 Minuten lang auf der Mondoberfläche.

GRÖSSTE BESATZUNG
Die größte Besatzung, die je an Bord eines amerikanischen Shuttle war, umfaßte acht Personen (sechs Amerikaner, zwei Russen) auf *STS 71 Atlantis* im Juli 1995.

LÄNGSTER SHUTTLE-FLUG
Die 21. Mission der *Columbia, STS 80,* begann am 19. November 1996 und dauerte insgesamt 17 Tage 15 Stunden 53 Minuten 16 Sekunden.

ERFAHRENSTER WELTRAUMREISENDER
Valerij Poljakov hat während zwei Weltraum-Missionen 678 Tage 16 Stunden 33 Minuten und 16 Sekunden verbucht.

MEISTE WELTRAUMREISEN
Storey Musgrave (USA) hält den Rekord von sechs Space-Shuttle-Missionen zwischen 1983 und 1996 mit einer Flugerfahrung von insgesamt 53 Tagen.

Captain John Watts Young (USA) nahm zwischen 1965 und 1983 ebenfalls an 6 Raumflügen teil. Seine Flugerfahrung beträgt dabei 34 Tage.

MEISTE MENSCHEN GLEICHZEITIG IM WELTRAUM
Am 14. März 1995 befanden sich 13 Menschen gleichzeitig im Weltraum: sieben Amerikaner an Bord des Space Shuttle *STS 67 Endeavour*, drei GUS-Kosmonauten an Bord der Raumstation *Mir* und zwei Kosmonauten und ein US-Astronaut an Bord von *Sojus TM21*.

MEISTE NATIONALITÄTEN IM WELTRAUM
Am 31. Juli 1992 waren Astronauten oder Kosmonauten aus fünf Ländern im Weltraum: Vier russische Kosmonauten und ein Franzose waren an Bord der *Mir*, und ein Schweizer, ein italienischer und fünf US-Astronauten befanden sich auf *STS 46 Atlantis*.

Am 22. Februar 1996 waren ein Schweizer, vier amerikanische und zwei italienische Astronauten auf der *STS 75 Columbia* und ein deutscher und vier russische Kosmonauten an Bord der Raumstation *Mir*.

ISOLIERTESTER MENSCH
Die größte Entfernung, in der sich ein Mensch je von anderen Menschen befunden hat, beträgt 3.596,4 km. Dies erlebte Alfred Warden, der Pilot des Kommandomoduls während der Mondmission der amerikanischen *Apollo 15* vom 30. Juli bis 1. August 1971. David Scott und James Irwin erforschten bei Hadley Base die Mondoberfläche.

GRÖSSTE ERREICHTE HÖHEN
Die Besatzung von *Apollo 13* (bestehend aus Captain James Arthur Lovell jr., Fred Wallace Haise jr. und John Swiger) war am 15. April 1970 254 km von der Mondoberfläche und 400.171 km von der Erdoberfläche entfernt. Kathryn Thornton (USA) erreichte eine Höhe von 600 km – ein Rekord für Frauen – nach einem orbitalen Maschinenbrand am 10. Dezember 1993 während der *STS 61-Endeavour*-Mission.

HÖCHSTE GESCHWINDIGKEITEN
39.897 km/h erreichte das Kommandomodul von *Apollo 10* (mit Colonel Thomas Patten Stafford, Commander Eugene Andrew Cernan und Commander John Watts Young an Bord) an der Grenzschicht bei 121,9 km Höhe auf seinem Rückflug zur Erde im Mai 1969.

HÖCHSTE GESCHWINDIGKEIT
Die höchste je von einer Frau erreichte Geschwindigkeit beträgt 28.582 km/h, erzielt von Kathryn Sullivan (USA) während der Shuttle-Mission *STS 31 Discovery* am 29. April 1990. Möglicherweise hat Kathryn Thornton diese Geschwindigkeit gegen Ende der Mission *STS 61 Endeavour* am 13. Dezember 1990 überschritten.

Kriege und Katastrophen

Spionage

LÄNGSTER SPIONAGETUNNEL
Im Jahr 1955 gruben der CIA und der MI6 einen 449 m langen Tunnel nach Ostberlin, um an angezapften Untergrundkabeln die sowjetischen und ostdeutschen Sprach- und Telegraphenverbindungen zu überwachen. Die Operation mit dem Decknamen „Operation Gold" war die erfolgreichste Lauschtätigkeit: Es wurden insgesamt 443.000 Gespräche auf mehr als 50.000 Magnetbandspulen aufgezeichnet. Ein „Maulwurf" des KGB verriet den Tunnel, so daß er am 22. April 1956 entdeckt wurde. Im November 1989 fiel die Berliner Mauer (oben), was das Ende des Kalten Krieges signalisierte. Die Mauer hatte Ost- und Westberlin seit 1961 geteilt.

HÖCHSTBEZAHLTER SPION
Der KGB-Spion Rick Ames, neun Jahre lang „Maulwurf" beim CIA, war der höchstbezahlte Spion aller Zeiten. Der KGB bezahlte ihm 2,7 Mio. Dollar (ca. 4,75 Mio. DM) in Bargeld und versprach ihm weitere 1,9 Mio. Dollar (ca. 3,3 Mio. DM). Der verschwenderische und freigiebige Lebensstil von Ames führte im Jahr 1994 zu seiner Entdeckung und Festnahme.

EFFEKTIVSTE SPIONAGEFAMILIE
John Walker jr. kam 1968 zum KGB und rekrutierte möglicherweise auch seinen Bruder, seinen Sohn und seinen besten Freund. Sein Netzwerk richtete für die USA mehr strategischen Schaden an als jeder andere Spionagering. Walker wurde 1985 verhaftet, nachdem seine ehemalige Frau dem FBI einen Tip gegeben hatte.

GRÖSSTER SPIONAGEFALL
Sowjetische Spione drangen während des Zweiten Weltkrieges in das Atomprogramm der USA (Schlüsselname „Manhattan Project") ein und setzten nach dem Ende des Krieges ihre Spionage fort. Ihr Erfolg ermöglichte es sowjetischen Wissenschaftlern, im August 1949 ihre eigene Atomwaffe detonieren zu lassen.

NIEDRIGSTE BEZAHLUNG
Der KGB zahlte dem Spion John Walker jr. von 1968 an bis zu seiner Verhaftung am 20. Mai 1985 einen geschätzten Betrag von insgesamt 1 Mio. Dollar (ca. 1,76 Mio. DM) für Chiffregeheimnisse, die es dem Geheimdienst ermöglicht haben, mehr als 1 Mio. geheime Botschaften zu dechiffrieren; das ergibt gerade 1 Dollar (ca. 1,76 DM) pro Geheimnis.

WIRKSAMSTES „WAHRHEITSSERUM"
Während des Kalten Krieges wurde ein Cocktail aus Natrium-Pentothal, Scopolamin, Thiamin, Natrium-Luminal, Atropinsulfat und Koffeinsulfat verwendet, um Lügen bei Befragungen unmöglich zu machen.

MEISTE INFORMANTEN
Von 1985 bis 1989 waren bei einer erwachsenen Bevölkerung von 12 Mio. nach Schätzungen 260.000 Menschen als Informanten (bekannt als IM – *Inoffizielle Mitarbeiter*) für das ostdeutsche Ministerium für Staatssicherheit tätig. Die Dichte des Informantennetzes war siebenmal höher als in Hitlerdeutschland. Während des Kalten Krieges vervollkommnete der ostdeutsche Geheimdienst (HVA) unter der Leitung seines Spionagechefs Markus Wolf, hier mit seiner Frau Andrea abgebildet, das breite Spektrum der „Spionage aus Liebe". Nach strenger Überprüfung männlicher Kandidaten wurden „Romeos" geschaffen, die es mit großem Erfolg auf Sekretärinnen bei der NATO und der Bonner Regierung abgesehen hatten. Wolf, jetzt Mitte Siebzig, diente während des Zweiten Weltkrieges in der Roten Armee, wurde später Journalist und stieß 1951 zum ostdeutschen Geheimdienst, den er 33 Jahre lang leitete. Seit der deutschen Wiedervereinigung im Jahr 1990 verdient er seinen Lebensunterhalt als Autor und Talkshow-Gast.

ÜBERSCHÄTZTESTE SPIONIN
Margaretha Zelle, bekannt unter ihrem Bühnennamen Mata Hari, bemühte sich amateurhaft und wenig erfolgreich, als „exotische" Tänzerin vor dem Ersten Weltkrieg Geheimnisse von ihren Geliebten zu stehlen. Nach einer plumpen Verführung des deutschen Militärattachés in Madrid wurde Mata Hari inhaftiert und 1917 als deutsche Spionin hingerichtet. Ihre tatsächliche Bedeutung als Spionin war gering.

WIRKSAMSTE SUBSTANZ
Während des Kalten Krieges wurde von dem Ostdeutschen Ministerium für Staatssicherheit der synthetisch hergestellte Geruch einer läufigen Deutschen Schäferhündin an den Schuhen oder den Fahrradreifen einer Zielperson angebracht. Abgerichtete Deutsche Schäferhundrüden konnten dann die Zielpersonen bis zu drei Tage lang aufspüren.

KLEINSTE SELBSTMORDWAFFE
Als der amerikanische Spionagepilot Francis Powers am 1. Mai 1960 über Rußland abgeschossen wurde, trug er eine, in einer gewöhnlichen Nadel verborgene, geriffelte „Nadel" bei sich, die mit Saxitoxin (ein Schellfischgift) überzogen war. Sie konnte durch Lähmungen des Atmungssystems und Kreislaufkollaps innerhalb von Minuten den Tod hervorrufen.

TÖDLICHSTES GIFT
Im Jahr 1978 wurde eine als Regenschirm getarnte Waffe verwendet, um in London, Großbritannien, ein winziges, mit Ricin gefülltes Kügelchen in den Oberschenkel des bulgarischen Dissidenten Georgi Markow zu injizieren. Markow, der ein offener Gegner der bulgarischen Regierung war, starb innerhalb von Stunden auf rätselhafte Art und Weise. Ricin ist ein aus der Bibergeilbohne gewonnenes Cytotoxin. Die tödliche Dosis beträgt pro Injektion 3 µg/kg des Körpergewichtes.

GEHEIMSTES SPIONAGEFLUGZEUG
Ein weitreichendes und schwer erkennbares Flugzeug mit dem Codenamen „Aurora", das von Lockheeds „Skunkworks" in Burbank, Kalifornien, USA, hergestellt wurde, soll eine Spitzengeschwindigkeit von 6.115 km/h, einen Aktionsradius von 9.253,5 km und eine Betriebshöhe von mehr als 30.480 m haben. Die als streng geheim eingestufte „Aurora" ist die Nachfolgerin des strategischen Aufklärungsflugzeuges SR-71 von Lockheed.

KLEINSTES SPIONAGE-U-BOOT
Das 3,85 m lange MSC (Motorisiertes Unterseekanu) mit dem Codenamen „Schlafende Schönheit" wurde vom britischen SOE (Kommando für besondere Tätigkeiten) im Zweiten Weltkrieg gebaut, um Spione oder Saboteure in feindliches Territorium einzuschleusen.

TIEFSTES TELEFON-ANZAPFEN
Bei einer gemeinsamen Aktion der US Navy und der National Security Agency (NSA) im Ochodskischen Meer in Rußland wurden Taucher von einem U-Boot aus eingesetzt, um das Kommunikationskabel der sowjetischen Armee in einer Tiefe von 121,9 m anzuzapfen. Das wurde von einem früheren Angestellten der NSA im Jahr 1981 an das KGB verraten.

KLEINSTES MIKRODOKUMENT
Die kleinen Mikrodokumente (eine fotografische Verkleinerung des Originaldokumentes im Verhältnis von 1/400) des deutschen Abschirmdienstes konnten in der Ecke einer Postkarte oder im Rücken eines Buches verborgen werden.

MINIWAFFEN
Das bulgarische Schlüsselringgewehr ist mit seinem angebrachten Lauf gerade 7,62 cm lang und 2,54 cm breit, kann jedoch zwei Salven mit 36er Kaliber abfeuern und aus 18 m Entfernung tödlich sein.

KLEINSTE SPIONAGEVIDEOKAMERA
Das Modell C-51XP hat einen äußerst hohen Blickumfang und kann als Knopf verkleidet oder in einem Lippenstift verborgen werden.

EMPFINDLICHSTE SATELLITENSPIONAGEKAMERA
Die CCD-Digitalkamera kann Ziele auf der Erde mit einer Auflösung von 5,8 cm im sichtbaren Lichtspektrum fotografieren und auch Nachtaufnahmen machen. Die digitalen Bilder werden in „Echtzeit" an Empfänger auf der Erde übertragen und von dort zwecks Analyse an die USA weitergeleitet.

BEKANNTESTER FILM-SPION
Die Figur des Spions James Bond des Autors Ian Fleming, der den höflichen britischen Geheimdienstagenten verkörpern soll, ist einer der erfolgreichsten und am meisten imitierten Helden des 20. Jahrhunderts. Die Vorlage für Bond, Star in 19 Filmen, war angeblich Flemings älterer Bruder Peter, ein Offizier bei der Kriegsspionagegruppe Special Operation Executive.

unglücke

TOURISTEN-ÜBERFALL
Bei einem mehrstündigen Terroranschlag im Hatschipsut-Tempel in Luxor, Ägypten, wurden am 17. November 1997 60 Touristen getötet. Als Polizisten verkleidete Terroristen erschossen außerdem zwei Polizisten und zwei ägyptische Zivilisten; sechs der Angreifer starben durch die ägyptische Polizei.

MEISTE ATTENTATSOPFER
Insgesamt 329 Menschen wurden bei einer Bombenexplosion an Bord einer Boeing 747 der Air India im Juni 1985 getötet.

MEISTE PANIKOPFER
Im Jahr 1991 wurden bei einer Massenpanik in einem Tunnel von Mekka nach Mina, Saudi-Arabien, 1.426 moslemische Pilger zu Tode getrampelt.

GRÖSSTE STADION-KATASTROPHE
Im Mai 1964 wurden bei einem Tumult, der während eines Olympia-Qualifikationsspieles zwischen Argentinien und Peru in einem Fußballstadion in Lima, Peru, ausbrach, insgesamt 318 Fans getötet und 500 verletzt. Der Tumult entstand durch ein Tor der peruanischen Mannschaft, das in der letzten Minute annulliert wurde. Perus Mannschaft wäre zu den Olympischen Spielen in Tokio entsandt worden.

Am 21. Oktober 1982 wurden ca. 340 Anhänger von Spartak Moskau im Luschniki-Stadion, Moskau, UdSSR, am Ende eines UEFA-Cup-Spiels gegen Dutch Side Haarlem in einem engen Durchgang zu Tode gequetscht.

MEISTE OPFER BEI EINEM ACHTERBAHNABSTURZ
Im Mai 1972 wurden vier Menschen getötet und sieben verletzt, als die große Gondel auf der Battersea Fun Fair in London, Großbritannien, hinunterstürzte.

SCHWERSTER SKILIFT-UNFALL
Am 9. März 1976 wurden insgesamt 42 Menschen bei einem Skilift-Unfall im Cavalese-Park, Norditalien, getötet.

SCHWERSTER LIFT-UNFALL
In der Goldmine Vaal Reef, Südafrika, fiel am 11. Mai 1995 ein Aufzug 490 m tief, wobei 105 Arbeiter getötet wurden.

SCHWERSTER U-BAHN-UNFALL
Am 28. Oktober 1995 wurden rund 300 Menschen in Baku, Aserbaidschan, bei einem Feuer in einem Zug getötet.

SCHWERSTES ZUGUNGLÜCK
Am 6. Juni 1981 wurden mehr als 800 Passagiere getötet, als ein Zug von einer Brücke in Bihar, Indien, in den Fluß Bagmati fiel.

SCHWERSTES HUBSCHRAUBERUNGLÜCK
Ein russischer Militärhubschrauber mit 61 Flüchtlingen an Bord wurde am 14. Dezember 1992 in der Nähe von Lata, Georgien, abgeschossen.

SCHWERSTE FLUGZEUGUNGLÜCKE
Das schwerste Flugzeugunglück der Welt fand am 27. März 1977 statt, als zwei Boeing 747 (Pan-Am und KLM) auf der Startbahn in Teneriffa, Kanarische Inseln, zusammenstießen, wobei 583 Menschen getötet wurden.

Das schwerste Flugzeugunglück, an dem nur ein einziges Flugzeug beteiligt war, fand am 12. August 1985 statt, als die JAL Boeing 747, Flug 123, in der Nähe von Tokio, Japan, abstürzte und dabei 520 Passagiere und Crewmitglieder getötet wurden.

SCHWERSTES WELTRAUMUNGLÜCK
Das schwerste Weltraumunglück in der modernen Raumfahrt fand am 29. Juni 1971 statt, als die Astronauten Georgi Dobrowolski, Wiktor Patsajew und Wladislaw

SCHWERSTES SCHIFFSUNGLÜCK IN FRIEDENSZEITEN
Insgesamt 1.513 Menschen starben, als das Kreuzfahrtschiff *Titanic* sank, nachdem es 1.126,5 km östlich von Halifax, Kanada, am 15. April 1912 einen Eisberg gerammt hatte. Von den später aufgefundenen Leichnamen konnten 128 niemals identifiziert werden. Das Schiff, das sich im Besitz der White Star Line befand und von Harland & Wolff in Belfast, Nordirland, gebaut worden war, galt als unsinkbar. Reisende in den Unterkünften der ersten Klasse zahlten jeweils 4.000 Dollar für die Reise, was einem heutigen Betrag von 50.000 Dollar (ca. 88.000 DM) entsprechen würde. Im Jahr 1985 wurde das Wrack von einem Unterwasser-Roboter in einer Ozeanspalte ausgemacht. Von der amerikanischen Gesellschaft RMS Titanic 1987, 1993, 1994 und 1996 ausgeführte Forschungs- und Entdeckungsarbeiten brachten rund 5.000 Gegenstände zurück an Land. Dem Unternehmen wurden 1995 als Berger und Besitzer die Rechte an dem Wrack anerkannt. Heute gibt es noch acht Überlebende der Tragödie.

Wolkow (alle UdSSR), die keine Raumanzüge mehr trugen, starben, als ihr *Sojus*-Raumschiff während des Wiedereintritts in die Erdatmosphäre wieder auf normalen Luftdruck umgestellt wurde.

Bis zum 1. Mai 1998 sind 207 bemannte Raumflüge durchgeführt worden. Beim Unglück der *Challenger 51L* am 28. Januar 1986 starben fünf Männer und zwei Frauen. Die Raumfähre brach unter extremem aerodynamischen Überdruck auseinander, als 73 Sekunden nach dem Start vom Kennedy Space Center, Florida, USA, eine Explosion stattfand. Sie hatte eine Höhe von 14.020 m erreicht.

Das schwerste Weltraumunglück am Boden fand am 24. Oktober 1960 statt, als eine R-16-Rakete während des Auftankens im Kosmodrom von Baikonur, Kasachstan, explodierte, wobei 91 Menschen getötet wurden.

SCHWERSTES EXPLOSIONSUNGLÜCK

Das schwerste Explosionsunglück fand am 17. Dezember 1917 statt, als der französische Frachter *Mont Blanc*, der mit 5.080 Tonnen Explosiv- und Brennstoffen beladen war, im Hafen von Halifax, Neuschottland, Kanada, mit einem anderen Schiff kollidierte, wobei eine Druckwelle erzeugt wurde, die in einer Entfernung von mehr als 95 km zu spüren war. Es wurden 1.635 Menschen getötet.

GRÖSSTE SCHIFFSKOLLISION

Die schwerste Kollision auf dem Meer fand am 16. Dezember 1977 statt, als der Tanker *Venoil* (330.954 Tonnen Ladegewicht) mit seinem Schwesterschiff *Venpet* (330.869 Tonnen Ladegewicht) 35 km von der südafrikanischen Küste entfernt zusammenstieß.

SCHWERSTE LUFT-KOLLISION

Am 12. November 1996 starben 80 km südwestlich von Neu-Delhi, Indien, insgesamt 351 Menschen bei der Kollision zwischen einer saudiarabischen Boeing 747 und einer kasachischen Iljuschin 76. Zum Zeitpunkt dieses Unfalles verwendete der Flughafen Neu-Delhi für An- und Abflüge ziviler Flugzeuge den gleichen Luftkorridor. Normalerweise sind Zusammenstöße in der Luft selten. Das größte Unfallrisiko besteht bei Starts und Landungen.

GRÖSSTES SCHIFFSWRACK

Am 12. Dezember 1979 explodierte die *Energy Determination*, ein Großtanker mit 321.186 Tonnen Ladegewicht, und brach in der Straße von Hormuz im Persischen Golf in zwei Teile, wodurch das größte Schiffswrack der Welt entstand. Das Schiff war zu diesem Zeitpunkt mit Ballast beladen, der Wert des Schiffsrumpfes betrug 58 Mio. Dollar (ca. 102 Mio. DM).

SCHWERSTES FÄHRUNGLÜCK

Das schwerste Fährunglück fand in den frühen Morgenstunden des 21. Dezember 1987 statt, als die *Dona Paz* mit einem Tanker, der *Viktor*, kollidierte, während sie von Tacloban nach Manila, Philippinen, fuhr. Nachdem sie in Flammen aufgegangen waren, sanken beide Schiffe innerhalb von Minuten. Die *Dona Paz* hatte offiziell 1.550 Passagiere, könnte jedoch möglicherweise 4.000 Personen an Bord gehabt haben.

SCHWERSTER GEBÄUDEANSCHLAG

168 Menschen starben bei einem Bombenanschlag auf das Alfred P. Murrah Federal Building in Oklahoma City, USA, am 19. April 1995. Unter den Todesopfern waren 19 Kinder aus der Kindertagesstätte des Gebäudes. Weitere 850 Menschen wurden bei diesem größten Massenmord in der amerikanischen Geschichte verletzt. Die beiden Freunde und Ex-Soldaten Timothy McVeigh und Terry Nichols wurden verhaftet und nach einem spektakulären Prozeß für schuldig erklärt.

umwelt-katastrophen

ZERSTÖRERISCHSTE FEUER
Das schlimmste Jahr der dokumentierten Geschichte der Umweltzerstörung war 1997, hauptsächlich durch gezielt zur Waldrodung gelegte Feuer, aber auch durch Feuer, die sich durch von El Niño im pazifischen Raum verursachte Dürren entzündeten. Die größten und zahlreichsten Feuer entstanden in Brasilien, wo sich eine 1.600 km lange Flammenfront durchs Land zog.

STÄRKSTE WALDABHOLZUNG
Man schätzt, daß die tropischen Wälder mit einer Rate abgeholzt werden, die 200 Fußballfeldern pro Minute entspricht. Das Land, in dem von der Fläche her am meisten Wald verlorengeht, ist Brasilien, wo pro Jahr etwa 30.000 km² vernichtet werden. Die Regenwälder werden sowohl von Subsistenzbauern als auch von Großunternehmen zur Gewinnung von Weide- und Ackerland abgeholzt und abgebrannt.

STÄRKSTE LUFTVERSCHMUTZUNG
Über 6.300 Menschen starben an den Auswirkungen einer giftigen Wolke Methyl-Isocyanat, die am 3. Dezember 1984 aus der Pestizidfabrik von Union Carbide nahe Bhopal, Indien, austrat. Das Unternehmen zahlte Abfindungen in Höhe von 470 Mio. Dollar (ca. 827,2 Mio. DM), um die Opfer und ihre Angehörigen zu entschädigen.

VERSCHMUTZTESTE METROPOLE
Die Werte für Schwefeldioxid, Kohlenmonoxid und Schwebstoffen in Mexico City, der Hauptstadt von Mexiko, liegen um mehr als das Doppelte über den von der World Health Organisation (WHO) festgesetzen Grenzwerten.

VERSCHMUTZTESTE STADT
In Dzerzhinsk, einer russischen Stadt mit 287.000 Einwohnern, stehen Dutzende von Fabriken, die Chlorprodukte und Pestizide herstellen. In der Vergangenheit wurden dort auch Chemiewaffen produziert. Die Kaprolaktam-Fabrik z.B. ist mit 600 Tonnen Vinylchlorid, einem krebserregenden Gas, pro Jahr eine der schlimmsten Giftschleudern. Der Smog war früher in der Stadt so dicht, daß die Menschen die Häuser ihrer Nachbarn nicht sehen konnten. Der führende Spezialist Rußlands für Dioxine (giftige Nebenprodukte von Industrieprozessen oder Verbrennung) behauptet, daß Dzerzhinsk, wo die Lebenserwartung bei Männern 42 Jahre und bei Frauen 47 Jahre beträgt, evakuiert werden sollte.

STÄRKSTE SCHWEFELDIOXID-VERSCHMUTZUNG
Der Maritza-Kraftwerkskomplex in Bulgarien leitet jährlich ca. 350.000 Tonnen des sauren Gases Schwefeldioxid in den Fluß Maritza ein. Schwefeldioxid ist ein scharfes, die Luft verschmutzendes Gas mit einem unangenehmen Geruch. Es ist der wichtigste Faktor bei der Bildung von saurem Regen.

STÄRKSTE ABNAHME DER OZONSCHICHT
Das größte „Loch" in der Ozonschicht liegt über der Antarktis. Jeden südlichen Frühling verschwindet eine 23 km dicke Schicht Ozon auf einer Fläche, die 1 ¹/₄ der Größe der USA entspricht. Über dieser Höhe ist die Ozonschicht nicht betroffen, so daß das Ozonloch eigentlich eher eine Ausdünnung ist.

GRÖSSTE VERURSACHER VON „TREIBHAUSGASEN"
In den USA leben 4 % der Weltbevölkerung, diese produzieren jedoch 25 % der jährlichen Emissionen von Kohlendioxid und anderen Treibhausgasen.

Relativ gesehen ist in Luxemburg der Ausstoß von Kohlendioxid am höchsten: pro Kopf sind die Emissionen um 18 % höher als in den USA.

SAUERSTER SAURER REGEN
1982 wurde über den Großen Seen in den USA und Kanada ein pH-Wert von 2,83 gemessen, und 1983 im Inverpolly Forest, Highland, Schottland, ein Wert von 1,87.

GRÖSSTE GIFTWOLKE
Im September 1990 wurde durch ein Feuer in einer Beryllium verarbeitenden Fabrik in Ust-Kamenogorsk, Kasachstan, eine Giftwolke freigesetzt, die sich mindestens bis zur über 300 km entfernten chinesischen Grenze ausdehnte.

GRÖSSTE NUKLEARE UNFÄLLE
Die größte Katastrophe in einem Kernreaktor ereignete sich 1986 im Reaktorblock Tschernobyl 4 in der UdSSR (heute Ukraine). Die Verseuchung wurde auf einer Fläche von 28.200 km² nachgewiesen, und etwa 1,7 Mio. Menschen wurden unterschiedlich starken Strahlungsdosen ausgesetzt. Die offiziell in der Sowjetunion angegebene Gesamtzahl an direkten Opfern betrug 31, es

MEISTER WALDSCHADEN DURCH SAUREN REGEN
Die meisten durch sauren Regen verursachten Umweltschäden bestehen in der Tschechischen Republik, wo 71 % der Bäume betroffen sind. Die Hauptursachen für sauren Regen sind Kohlefeuerung, die Schwefeldioxid in die Atmosphäre freisetzt, und Abgasemissionen von Autos, die für den größten Teil der Stickoxide in der Luft verantwortlich sind. Saurer Regen bedroht empfindliche Ökosysteme, vermindert landwirtschaftliche Erträge und beschleunigt den Zerfall von Gebäuden. Wasserläufe und Seen sind von saurem Regen ebenfalls schwer betroffen; das pH-Gleichgewicht des Wassers wird gestört, wodurch darin lebende Tier- und Pflanzenarten absterben. Die am stärksten betroffenen Baumarten sind Nadelbäume, die ihre Nadeln nach einer Überdosis von saurem Regen am Jahresende nicht mehr verlieren. Dies beeinflußt den Photosynthese-Prozeß. In Europa sind die Schwefeldioxid-Emissionen in den letzten zehn Jahren um 25 % gesenkt worden.

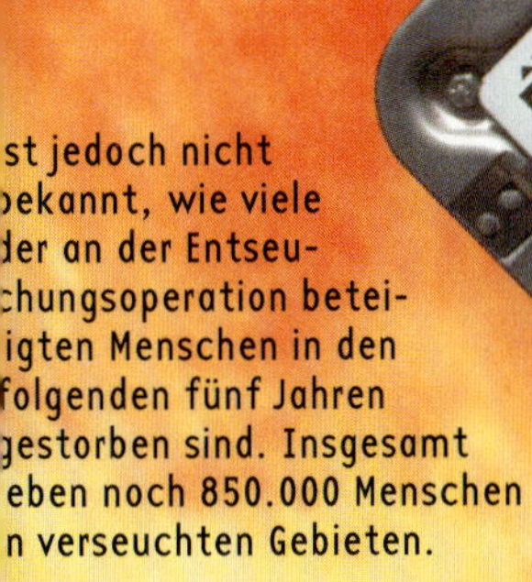

st jedoch nicht
›ekannt, wie viele
der an der Entseu-
:hungsoperation betei-
igten Menschen in den
folgenden fünf Jahren
gestorben sind. Insgesamt
eben noch 850.000 Menschen
n verseuchten Gebieten.

Der größte Unfall mit Atommüll
geschah 1957 bei Kyshtym,
Rußland (damals UdSSR), als ein
überhitzter Atommüll-Behälter
explodierte und radioaktive
Verbindungen freisetzte, die
sich über 23.000 km² verteilten.
Mehr als 30 Kleingemeinden im
Umkreis von 1.200 km² wurden
aus den Karten der UdSSR ge-
strichen, und über 17.000 Menschen wurden innerhalb von
drei Jahren evakuiert. Über einen
Beobachtungszeitraum von
32 Jahren starben 8.015 Menschen an direkten Folgen der
Verseuchung.

STÄRKSTE ABNAHME EINER SEENFLÄCHE

Der See, dessen Fläche in der letzten Zeit am meisten abgenommen hat, ist der Aralsee an der Grenze zwischen Usbekistan und Kasachstan. Seine Fläche nahm bis 1960 von 68.000 km² auf 66.000 km² ab, bis 1990 auf 35.000 km² und bis 1994 auf 26.800 km². Zum letzteren Zeitpunkt bestand der See bereits aus zwei kleineren Wasserflächen. Die Abnahme ist hauptsächlich auf Wasserentnahme (zur Bewässerung) aus den größten den See speisenden Flüssen zurückzuführen.

STÄRKSTE GEWÄSSERVERSCHMUTZUNG

Im November 1986 spülten Feuerwehrleute, die ein Feuer in den Sandoz-Chemiewerken in Basel, Schweiz, bekämpften, 30 Tonnen landwirtschaftlicher Chemikalien in den Rhein, welche etwa 500 Mrd. Fische töteten.

Im August 1995 erklärte Präsident Jagan von Guyana eine Strecke von 88 km des Flusses Essquibo zum Katastrophengebiet, nachdem die Uferbefestigungen eines mit Zyanid zum Herauslösen von Gold gefüllten Teiches brachen und der Inhalt in den Fluß lief.

STÄRKSTE MEERES-VERSCHMUTZUNG

Eine Plastikfabrik in der Minimata-Bucht, Kyushu, Japan, hat von 1953 bis 1967 Quecksilber-Abfälle ins Meer eingelassen. Etwa 4.500 Menschen wurden ernsthaft geschädigt, und verschiedene Quellen geben die Zahl der Todesopfer mit 43 bis 800 an.

AM STÄRKSTEN ÜBERFISCHTE GEWÄSSER

Die Vereinten Nationen haben berichtet, daß 70 % der Fischgründe der Welt entweder überfischt oder bis zur Belastungsgrenze befischt werden und daß sich die Situation weiter verschlechtert. Zu den Ländern, die ihre Flotten verkleinert haben, gehören Kanada, Japan, Australien, Neuseeland und Taiwan.

GRÖSSTE ÖLSCHÄDEN AN EINER KÜSTE

Im März 1989 lief der Öltanker *Exxon Valdez* im Prinz-William-Sund, Alaska, USA, auf Grund, vergoß über 30.000 Tonnen Öl und verschmutzte damit 2.400 km Küste. Das Unternehmen wurde zu 5 Mrd. Dollar (ca. 8,8 Mrd. DM) Strafe verurteilt und hatte für die Reinigungsaktion eine Rechnung von 3 Mrd. Dollar (ca. 5,3 Mrd. DM) zu bezahlen.

VERSEUCHTESTER ORT

Tscheljabinsk in Rußland ist der am stärksten verseuchte Ort auf diesem Planeten, und dies vermutlich seit 1940, als der Kernwaffen-Komplex Majak gebaut wurde. Seitdem hat es drei Atomunfälle in der Gegend gegeben, bei denen bis zu 500.000 Menschen mit Strahlungswerten ähnlich denen von Tschernobyl belastet wurden. Das Gebiet wurde 1992 für ausländische Besucher gesperrt.

STÄRKSTE ÖLVERSCHMUTZUNG AN LAND

Von Februar bis Oktober 1994 liefen Tausende von Tonnen Rohöl in die arktische Tundra der Republik Komi, Rußland. Schätzungsweise 100.000 Tonnen Öl verschmutzten das Land mit einem Ölteppich von bis zu 18 km Länge.

GRÖSSTE LÄRMBELASTUNG

Das lauteste Geräusch wurde verursacht, als 1883 die Vulkaninsel Krakatoa zwischen Sumatra und Java, Indonesien, explodierte. Die Explosion, die noch in einer Entfernung von 5.000 km gehört wurde, hatte schätzungsweise die 26fache Stärke des größten je durchgeführten H-Bomben-Tests, und es wird vermutet, daß sie auf über 8 % der Erdoberfläche zu hören war.

SMOG-KATASTROPHE

1997 erreichte die Luftverschmutzung in Kuching, Sarawak, Malaysia, kritische Werte, und viele Menschen trugen Atemschutzmasken. Verursacht wurde sie durch Verkehrsabgase und Waldbrände im benachbarten Indonesien. Sie überzogen große Gebiete in Südostasien mit Smog und zwangen 40.000 Menschen wegen Atemproblemen zu Krankenhausaufenthalten.

Natur-katastrophen

MEISTE ERDBEBENOPFER
Im Juli 1201 starben wahrscheinlich rund 1,1 Mio. Menschen bei einem Erdbeben im östlichen Mittelmeergebiet. Die meisten Todesopfer gab es in Ägypten und Syrien.

Das Erdbeben, das die chinesischen Provinzen Shaanxi, Shanxi und Henan am 2. Februar 1556 erschütterte, tötete wahrscheinlich 830.000 Menschen.

Am 28. Juli 1976 wurden in Tangshan, Ostchina, nach ersten offiziellen Angaben 655.237 Menschen getötet. Diese Zahl wurde später auf 750.000 und dann auf 242.000 korrigiert.

GRÖSSTER ERDBEBEN-SACHSCHADEN
Das Erdbeben in der japanischen Kanto-Ebene vom 1. September 1923 zerstörte 575.000 Häuser in Tokio und Yokohama. Nach offiziellen Angaben wurden durch das Erdbeben und die danach entstandenen Brände insgesamt 142.807 Menschen getötet oder vermißt.

MEISTE OPFER EINES VULKANAUSBRUCHS
Als der Vulkan Tambora in Sumbawa, Indonesien (damals Niederländisch-Ostindien), vom 5. Bis 10. April 1815 ausbrach, wurden 92.000 Menschen entweder direkt oder durch die folgende Hungersnot getötet.

MEISTE LAWINENOPFER
Während des Zweiten Weltkrieges wurden wahrscheinlich 40.000 bis 80.000 Männer in den Tiroler Alpen durch Lawinen getötet, die durch das Geräusch von Gewehrfeuer ausgelöst worden waren.

Am 11. Januar 1954 rollten zwei Lawinen in das Dorf Blons in der Nähe des Arlberg-Passes, Österreich. Die erste Lawine kam um 9.36 Uhr, die zweite um 17.00 Uhr. Von den 376 Bewohnern des Dorfes starben 111, 29 von 90 Häusern wurden zerstört, im Bergwerk Leduc 300 von 600 Bergleuten lebend begraben.

Insgesamt 240 Menschen starben und mehr als 45.000 wurden unter einer Lawine begraben, als am 20. Januar 1951 eine Reihe von Lawinen durch die Schweizer, österreichischen und italienischen Alpen donnerten. Die Lawinen waren durch ein Zusammentreffen von orkanartigen Winden und der Überlagerung von feuchtem Schnee auf Pulverschnee verursacht worden.

MEISTE ERDRUTSCH-OPFER
Am 16. Dezember 1920 tötete eine Serie von Erdrutschen in der Provinz Gansu, China, ungefähr 180.000 Menschen.

MEISTE ERDRUTSCH-SACHSCHÄDEN
Vom 18. bis 26. Januar 1969 verursachte eine Reihe von Schlammlawinen, die durch neun Tage anhaltende sintflutartige Regenfälle und einen subtropischen Sturm ausgelöst wurden, in Südkalifornien, USA, einen Schaden im Wert von rund 138 Mio. Dollar (ca. 242 Mio. DM).

MEISTE FLUT-OPFER
Im Oktober 1887 trat der Huang He (Gelber Fluß) in Huyan Kou, China, über seine Ufer und tötete 900.000 Menschen. Trotz jahreszeitbedingter Fluten leidet der Huang He unter Wasserknappheit und ist damit der größte Fluß, der austrocknen kann. Im Sommer 1997 war er im unteren Abschnitt mehr als 140 Tage trocken, wodurch Ackerland verdorrte und die Ernte zerstört wurde. Die Trockenperioden des Flusses verlängern sich, wodurch 7 Mio. Hektar Anbaugebiet und die Lebensgrundlagen von 52 Mio. Menschen in Gefahr sind.

MEISTE OBDACHLOSE
Monsunregenfälle verursachten in Westbengali, Indien, im September 1978 ausgedehnte Überflutungen, bei denen 1.300 Menschen ertranken, 26.687 Kühe getötet, 1,3 Mio. Häuser zerstört und 15 Mio. von 44 Mio. Menschen obdachlos wurden. Die wirtschaftlichen Verluste betrugen offiziell etwa 11,3 Mio. Dollar (ca. 20 Mio. DM), aber nach inoffiziellen Schätzungen wurde dieser Betrag dreimal übertroffen.

MEISTE OPFER EINES GEYSIRS
Im August 1903 wurden vier Menschen getötet, als der Geysir Waimangu in Neuseeland ausbrach. Die Opfer standen 27 m von ihm entfernt, ihre Körper wurden jedoch in einer Entfernung von bis zu 800 m gefunden. Einer war in Felsen eingeklemmt, ein anderer hing in einem Baum.

VERHEERENDSTER EISSTURM
Im Januar 1998 richtete ein Eissturm in Ostkanada und Teilen der nordöstlichen USA große Verwüstungen an, so daß Flugplätze und Eisenbahnstationen eingeschlossen, Straßen blockiert und 3 Mio. Menschen

MEISTE ERDRUTSCH-OPFER
Huascaran, der auch Nevada Huascaran genannt wird, ist eine Bergspitze in den Anden Westzentralperus. Die schneebedeckte Spitze, die sich in einer Höhe von 6.768 m befindet, ist der höchste Punkt in Peru und ein beliebtes Reiseziel für Bergsteiger und Touristen. Im Jahr 1962 brach durch ein plötzliches Tauwetter ein Teil der steilen Nordkuppe ab und löste eine Lawine aus, die mehrere Dörfer zerstörte und 3.500 Menschen tötete. Am 31. Mai 1970 wurden ungefähr 18.000 Menschen getötet, als ein Erdbeben einen Erdrutsch auslöste, der zehn Dörfer und den größten Teil der Stadt Yungay unter sich begrub. Am 17. Januar 1998 blockierte eine Schlammlawine in San Mateo, ungefähr 80,5 km von Lima, Peru, entfernt, eine Hauptstraße in Richtung der Hauptstadt. Hier sind die Überreste eines Trucks zu sehen.

MEISTE OBDACHLOSE NACH EINEM ERDBEBEN
Mehr als 1 Mio. Einwohner Guatemalas in einem Gebiet von 1.310 km² wurden um 3.02 Uhr am 4. Februar 1976 obdachlos, als ein riesiges Erdbeben entlang des Montagua Bruches (der Grenze zwischen der Karibischen und der Nordamerikanischen Platte) ihre Häuser zerstörte. Der Sachschaden wurde auf 1,4 Mrd. Dollar (ca. 2,5 Mrd. DM) geschätzt. Das Beben war die schwerste Naturkatastrophe in der Geschichte Zentralamerikas. Die Kosten der Schäden waren vergleichbar mit denen des Erdbebens von 1972 in Nicaragua. Das nicaraguanische Erdbeben hatte Sachschäden in Höhe von 1,3 Mrd. Dollar (ca. 2,28 Mrd. DM) verursacht.

von der Stromversorgung abgeschnitten waren. Über 600 riesige Übertragungstürme stürzten um, und fünf Tage dauernder Eisregen überzog die Leitungen mit einer bis zu 10 cm dicken Eisschicht. Nach vierzehn Tagen waren 1 Mio. Menschen immer noch ohne Strom und einige Gebiete blieben es noch weitere drei Wochen. Die Gesamtkosten der Schäden wurden auf 650 Mio. Dollar (ca. 1,14 Mrd. DM) geschätzt.

VERHEERENDSTER ZYKLON
Nach Schätzungen starben zwischen 300.000 und 500.000 Menschen bei dem schwersten bekannten Zyklon, der Ostpakistan (heute Bangladesch) am 12. November 1970 heimsuchte. Winde, die Spitzengeschwindigkeiten von bis zu 240 km/h erreichten, und eine 15 m hohe Flutwelle peitschten über die Küste, das Ganges-Delta und die vor der Küste liegenden Inseln Bhola, Hatia, Kukri Mukri, Manpura und Rangabali.

MEISTE TORNADO-OPFER
Am 26. April 1989 verloren ungefähr 1.300 Menschen ihr Leben und 50.000 wurden obdachlos, als ein Tornado die Stadt Shaturia in Bangladesch streifte.

MEISTE TORNADO-SACHSCHÄDEN
Eine Folge von Tornados, die die Staaten Iowa, Illinois, Wisconsin, Indiana, Michigan und Ohio, USA, im April 1985 heimsuchte, tötete insgesamt 271 Menschen, verletzte Tausende und verursachte Schäden in Höhe von mehr als 400 Mio. Dollar (ca. 704 Mio. DM).

SCHWERSTER MONSUNREGEN
Monsunregen wüteten 1983 in ganz Thailand, bei denen rund 10.000 Menschen getötet wurden und Sachschäden in Höhe von über 396 Mio. Dollar (ca. 700 Mio. DM) entstanden. Bis zu 100.000 Menschen sollen als Folge der Trinkwasserverschmutzung erkrankt sein, und rund 15.000 Menschen mußten evakuiert werden.

MEISTE DAMMBRUCH-OPFER
Im August 1975 brachen nahezu gleichzeitig der Banqiao-Damm und der Shimantan-Damm in der chinesischen Provinz Henan, wodurch 230.000 Menschen getötet wurden.

MEISTE DÜRRE-OPFER
Eine Dürre in Nordchina zwischen 1876 und 1879 tötete zwischen 9 Mio. und 13 Mio. Menschen.

MEISTE BLITZSCHLAG-OPFER
Am 8. Dezember 1963 wurde ein Flugzeug des Typs Boeing 707 in der Nähe von Elkton, Maryland, USA, von einem Blitz getroffen und stürzte ab, wobei 81 Passagiere getötet wurden.

MEISTE OBDACHLOSE NACH EINEM TAIFUN
Taifun „Ike" suchte die Philippinen am 2. September 1985 mit Windspitzengeschwindigkeiten von 220 km/h heim. Er tötete 1.363 Menschen, verletzte 300 und machte 1,12 Mio. Menschen obdachlos.

MEISTE OPFER NACH EINEN TAIFUN
Ungefähr 10.000 Menschen starben, als ein gefährlicher Taifun mit Windgeschwindigkeiten von bis zu 161 km/h am 18. September 1906 Hongkong erschütterte.

MEISTE HAGELSTURM-OPFER
Das hier abgebildete Hagelkorn ging in der Nähe von Huron, South Dakota, USA, während eines schweren Gewittersturmes im Mai 1998 nieder. Der schwerste verzeichnete Hagelsturm ereignete sich in Moradabad, Uttar Pradesh, Indien, am 20. April 1888. Er forderte 246 Menschenleben. Hagelkörner sind meistens zwischen 5 mm und 10 cm, in den USA jedoch bis zu 15 cm groß.

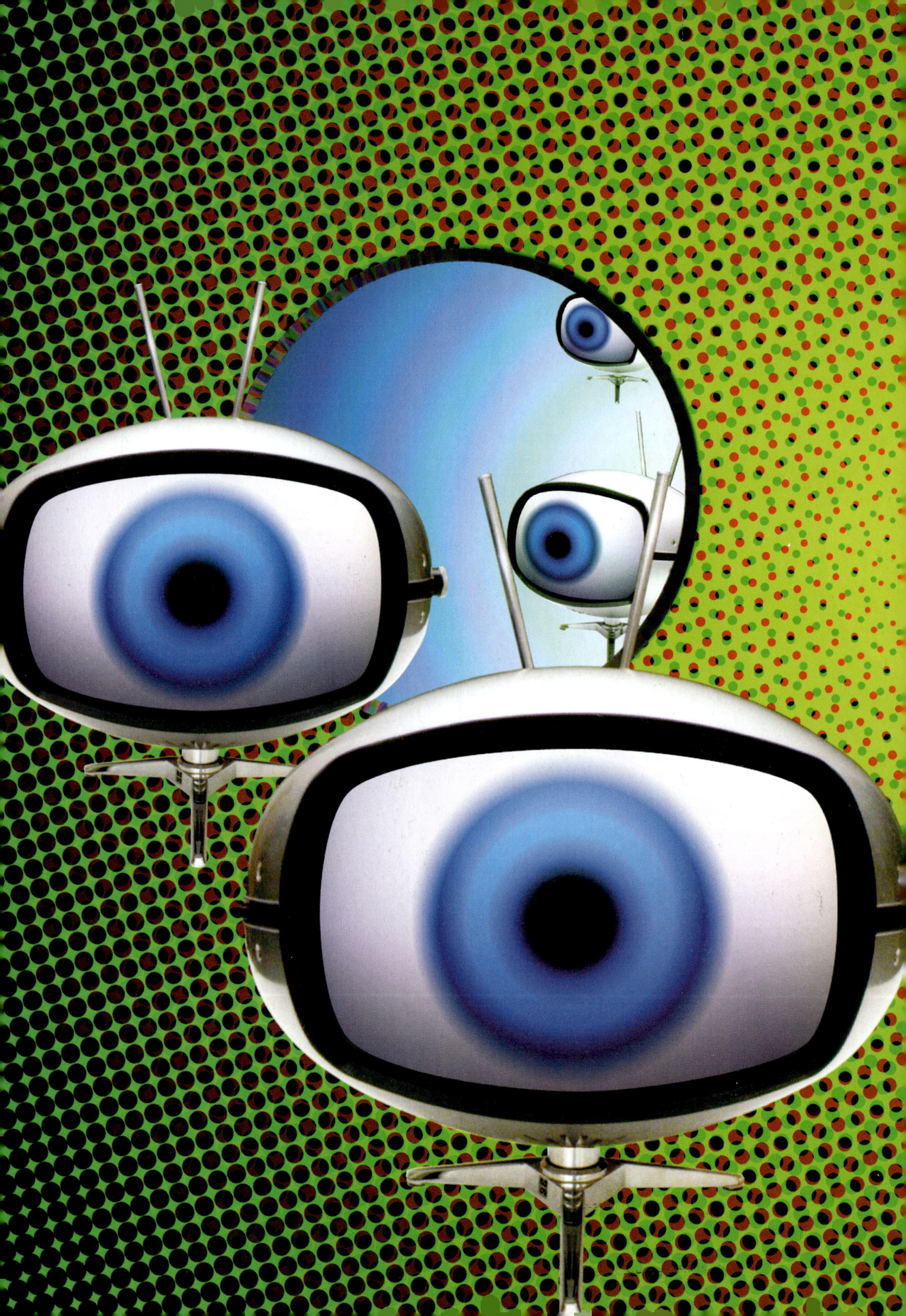

Kunst
und
Medien

MEISTVERFILMTER AUTOR

Insgesamt 309 mehr oder weniger originalgetreue Versionen von William Shakespeares Stücken wurden verfilmt, und dazu 41 moderne Versionen, bei denen die Handlung lose auf einem Stück beruht (zum Beispiel bei *West Side Story*). Es existieren auch zahllose Parodien. *Hamlet* ist mit 75 Versionen am beliebtesten, gefolgt von *Romeo und Julia* mit 51. Die neueste Variante der letzteren war *William Shakespeare's Romeo and Juliet* (1996) mit Leonardo DiCaprio und Claire Danes.

HÖCHSTE BRUTTOEINNAHMEN

Der Oscar-prämierte Film *Titanic* (USA, 1997) kam am 19. Dezember 1997 in die Kinos und hatte bis zum 2. März 1998 – innerhalb von zehn Wochen – brutto 918,6 Mio. Dollar (ca. 1.617 Mio. DM) eingespielt.

Gone With The Wind von MGM (USA, 1939) brachte aus 197,55 Mio. in Nordamerika verkauften Eintrittskarten 193,6 Mio. Dollar ein – was heute einer Summe von 871,2 Mio. Dollar (ca. 1.533 Mio. DM) entspricht, wenn man Inflation und gestiegene Preise für Eintrittskarten einrechnet. Auf einer inflationsbereinigten Liste der finanziell erfolgreichsten Filme läge *Gone With The Wind* auf Platz 1, *Titanic* auf Platz 15.

SCHNELLSTE BRUTTOEINNAHMEN

Mit *The Lost World: Jurassic Park* (USA, 1997) wurden die Produktionskosten von 74 Mio. Dollar (ca. 130,3 Mio. DM) ab 23. Mai 1997 in nur drei Tagen wieder eingespielt, nach $5^1/_2$ Tagen überschritten die Einnahmen die 100-Mio.-Dollar-Marke – schneller als bei jedem anderen Film.

HÖCHSTE EINNAHMEN AM TAG DES KINOSTARTS

Mit *The Lost World: Jurassic Park* wurden am 23. Mai 1997 in 3.281 Kinos 22 Mio. Dollar (ca. 38,7 Mio. DM) eingenommen, und damit der von *Batman Forever* am 16. Juni 1995 aufgestellte Rekord für die größten Einnahmen an einem Tag von 20 Mio. Dollar (ca. 35,2 Mio. DM) gebrochen.

GRÖSSTER VERLUST

Cutthroat Island von MGM (USA, 1995), mit Geena Davis und unter Regie ihres damaligen Ehemannes Renny Harlin, kostete für Produktion, Promotion und Verleih über 100 Mio. Dollar (ca. 176 Mio.). Bis zum Mai 1996 hatte er Berichten nach erst 11 Mio. Dollar (ca. 19,4 Mio. DM) eingespielt.

HÖCHSTER GEWINN AUS EINER FILMREIHE

Die 18 James-Bond-Filme, von *Dr No* (Großbritannien, 1962) bis *Tomorrow Never Dies* (Großbritannien/USA, 1997), haben brutto über 1 Mrd. Dollar (ca. 1,76 Mrd. DM) eingespielt – mehr als jede andere Filmreihe.

BESTES BUDGET/EINNAHMEN-VERHÄLTNIS

Mad Max (Australien, 1980), mit Mel Gibson, Regie: George Miller, hatte 350.000 Dollar (ca. 616.000 DM) Produktionskosten, und spielte innerhalb von zwei Jahren im internationalen Verleih brutto 100 Mio. Dollar (ca. 176 Mio. DM) ein – ein Budget/Einnahmen-Verhältnis von 1:285.

LÄNGSTE UNUNTERBROCHENE LAUFZEIT

Den Rekord für die längste ununterbrochene Laufzeit in einem Kino von zehn Jahren 32 Wochen hält *Emmanuelle* (Frankreich, 1974), mit Sylvia Kristel, Regie: Just Jaecklin. Der Film lief im Paramount City Cinema, Paris, Frankreich, von 1974 bis 1985 und hatte während dieser Zeit 3.268.874 Zuschauer.

GRÖSSTES WERBEBUDGET

Universal und ihre Lizenzinhaber gaben allein in den USA 68 Mio. Dollar (ca. 119,7 Mio. DM) für Werbung für Steven Spielbergs *Jurassic Park* (USA, 1993) aus – 8 Mio. Dollar (ca. 14 Mio. DM) mehr, als der Film selbst gekostet hatte.

TEUERSTE FILMRECHTE

Der höchste je gezahlte Preis für Filmrechte betrug 9,5 Mio. Dollar (ca. 16,7 Mio. DM) für das Broadway-Musical *Annie*. Der Deal wurde 1978 von Columbia bekanntgegeben, und der Film kam 1982 in die Kinos. Regie führte John Huston, in einer Hauptrolle spielte Albert Finney.

TEUERSTES SCRIPT

Carolco Pictures zahlte 3 Mio. Dollar (ca. 5,2 Mio. DM) an Joe Eszterhas für sein Script für *Basic Instinct* (USA, 1992). Der umstrittene Thriller mit Michael Douglas und Sharon Stone unter Regie von Paul Verhoeven wurde 1993 für zwei Oscars nominiert. Danach wurde Stone – ein ehemaliges Model, das in den 80ern in unbedeutenden Filmen gespielt hatte – zu einem Mega-Star. Sie gewann Preise für die beste weibliche Darstellung und Most Desirable Female bei den MTV Movie Awards 1993. Nach *Basic Instinct* spielte sie in *Intersection* (USA, 1993) mit Richard Gere, *The Specialist* (USA, 1994) mit Sylvester Stallone und *Casino* (USA, 1995) mit Robert de Niro. Sie wurde eine der bestbezahlten Schauspielerinnen Hollywoods und gründete ihre eigene Produktionsfirma Chaos.

TEUERSTE FILME
Paramounts *Titanic* (USA, 1997) mit Leonardo DiCaprio und Kate Winslett, Regie: David Cameron, sollte im Juli 1997 in den Verleih kommen, verspätete sich aber wegen Problemen bei der Nachbearbeitung bis Dezember 1997. Durch diese Verspätung erhöhten sich die Produktionskosten um mindestens 20 Mio. Dollar (ca. 35,2 Mio. DM), womit *Titanic* mit fast 250 Mio. Dollar (ca. 440 Mio. DM) der teuerste je produzierte Film ist. Er gewann insgesamt elf Oscars und zog damit gleich mit dem Erfolg von *Ben Hur* 1959.
Der teuerste je produzierte Film gemessen an tatsächlichen, inflationsbereinigten Kosten war *Cleopatra* (USA, 1963). Die Produktionskosten von 44 Mio. Dollar (ca. 77,5 Mio. DM) entsprechen einem Budget von 260 Mio. Dollar (ca. 457,6 Mio. DM).

MEISTE VERMARKTUNGSLIZENZEN
Warner Brothers vergab zur Zeit der Premiere von *Batman* (USA, 1989) 160 Vermarktungslizenzen. Dies war die erfolgreichste Vermarktungskampagne der Filmgeschichte, die zusätzlich zu den 250 Mio. Dollar (ca. 440 Mio. DM) Einnahmen an den Kinokassen geschätzte weitere 50 Mio. Dollar (ca. 88 Mio. DM) einbrachte. George Clooney spielt hier Batman in *Batman and Robin* (USA, 1997).

Ein Vertrag über 4 Mio. Dollar (ca. 7 Mio. DM) plus Anteil am Gewinn wurde am 20. Juli 1993 von New Line für den Psycho-Thriller *The Long Kiss Goodnight* (USA) des 32jährigen Shane Black abgeschlossen.

HÖCHSTE GAGE EINES SCHAUSPIELERS
Durch einen Anteil an den Einnahmen des Films *Batman* anstatt einer Gage erhielt Jack Nicholson bis zu 60 Mio. Dollar (ca. 105,6 Mio. DM) für die Rolle des Joker in dem 50-Mio.-Dollar (ca. 88 Mio. DM)-Streifen (USA, 1989).

ERFOLGREICHSTER REGISSEUR
Sieben der Filme des Regisseurs Steven Spielberg, USA, sind unter den zehn erfolgreichsten Filmen aller Zeiten, und zusammen haben seine Filme brutto über 2,17 Mrd. Dollar (ca. 3,82 Mrd. DM) eingespielt. Für *Schindler's List* (1993) erhielt er einen Oscar für die beste Regie.

GRÖSSTE FILMPRODUKTION
In Indien werden mehr abendfüllende Filme produziert als in jedem anderen Land, mit einer Spitzenproduktion von 948 im Jahr 1990. Mit Bombay, Kalkutta und Madras gibt es im Land drei wichtige Produktionszentren, die Filme in 16 Sprachen herstellen.

LÄNGSTER FILM
Der 85 Stunden lange Film *Cure for Insomnia* (USA, 1987), Regie: John Henry Timmis IV, hatte vom 31. Januar bis 3. Februar 1987 Premiere am School of Art Institute of Chicago, USA. Der größte Teil des Films zeigt L. D. Groban, wie er ein eigenes, 4.080 Seiten langes Gedicht vorliest, eingestreute Aufnahmen einer Rockband und einige nicht jugendfreie Szenen.

MEISTE TODESFÄLLE WÄHREND EINER FILMPRODUKTION
1989 tötete ein Feuer über 40 Menschen am Set des indischen TV-Films *The Sword of Tipu Sultan*.

MEISTE IN EINEM FILM VERWENDETE KOSTÜME
In *Quo vadis* (USA, 1951) wurde die Rekordzahl von 32.000 Kostümen getragen.

MEISTE KOSTÜMWECHSEL
In *Evita* (USA, 1996) wechselte Madonna ihr Kostüm 85mal und trug insgesamt 39 Hüte, 45 Paar Schuhe und 56 Paar Ohrringe. Die Kostüme waren Evita Peróns eigenen Kleidern nachempfunden, von denen viele in einem argentinischen Banktresor aufbewahrt werden.

MEISTDARGESTELLTE PERSONEN
Der französische Kaiser Napoleon Bonaparte trat in insgesamt 177 Filmen zwischen 1897 und 1986 auf – ein Rekord für eine geschichtliche Persönlichkeit.

Sherlock Holmes wurde seit 1900 von 75 Schauspielern in über 211 Filmen dargestellt.

Film

HÖCHSTE EINNAHMEN
Als Produzent des Films *Star Wars* (Krieg der Sterne, USA, 1977) war George Lucas an 40 % des Nettogewinnes von ungefähr 50 Mio. Dollar (ca. 88 Mio. DM) beteiligt. Zusätzlich besaß Lucas sämtliche Vermarktungsrechte. Sein Anteil an den geschätzten Einnahmen von 4 Mrd. Dollar (ca. 7 Mrd. DM) aus dem *Star Wars*-Merchandising ist nicht bekannt.

MEISTE TAKES FÜR EINE SZENE
Angeblich soll Stanley Kubrick eine Rekordanzahl von 127 Aufnahmen für eine Szene mit Shelley Duvall in *The Shining* (Großbritannien, 1980) benötigt haben. Kubrick, der als ein anspruchsvoller Regisseur bekannt ist, benötigte ebenfalls 85 Aufnahmen für eine Szene mit Duvall, Scatman Crothers und dem fünf Jahre alten Danny Lloyd sowie 50 bis 60 Aufnahmen für eine Totale, in der Duvall von Jack Nicholson im Treppenhaus verfolgt wird.

HÖCHSTE EINNAHMEN AUS EINEM HORRORFILM
William Peter Blatty, der Autor und Produzent des Filmes *The exorcist* (Der Exorzist, USA, 1973), erhielt 40 % der Gesamteinnahmen aus dem Film. Der genaue Betrag ist nicht bekannt, der Film brachte jedoch ungefähr 89 Mio. Dollar (ca. 156 Mio. DM) ein.

Die Herstellung des Filmes Miramax's *Scream* (USA, 1996) kostete 15 Mio. Dollar (ca. 26 Mio. DM), und er brachte bis Juli 1997 103 Mio. Dollar (ca. 181 Mio. DM) ein. Der darauffolgende Film *Scream II* (USA, 1997) erzielte an seinem Einführungswochenende 33 Mio. Dollar (ca. 58 Mio. DM) und spielte zwischen Dezember 1997 und März 1998 96 Mio. Dollar (ca. 169 Mio. DM) ein. Eine weitere Fortsetzung soll im Jahr 1999 erscheinen.

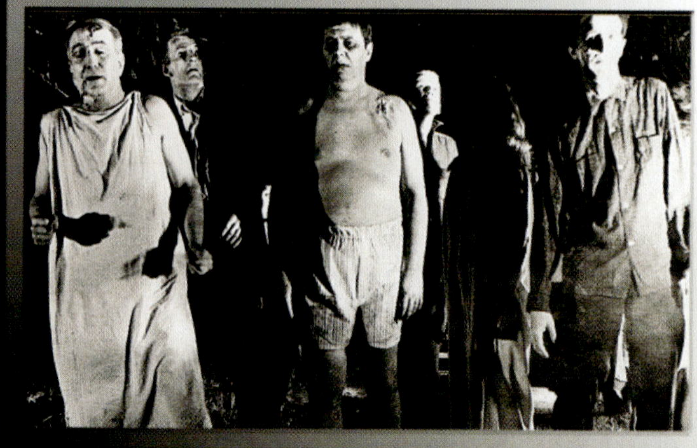

BILLIGSTER HORRORFILM
Der Film *Night of the Living Dead* (USA, 1968) wurde mit einem schmalen Budget von 114.000 Dollar (ca. 200.000 DM) hergestellt und ist damit einer der erfolgreichsten unabhängigen Filme aller Zeiten. Innerhalb und außerhalb des Hauses von Regisseur George Romero in Pittsburgh, Pennsylvania, USA, an drei Wochenenden aufgenommen, erhielt Romero die Mittel für seinen Film durch den Verkauf von Film-Anteilsscheinen im Wert von 300 Dollar (ca. 520 DM). Schauspieler waren lokale Talente, gedreht wurde der Film von Leuten, die vorher Werbespots und Industriefilme produziert hatten. Zwei der Investoren mußten kleinere Rollen spielen, während ein Fleischer Blut und Gedärme lieferte. Das Endergebnis, das der erste wirklich moderne Horrorfilm sein sollte, wurde von Filmgesellschaft Columbia zurückgewiesen, weil er nicht in Farbe war.

In einer inflationsbereinigten Aufstellung hatte der Film *The exorcist* (Der Exorzist, USA, 1973) des Regisseurs William Friedkin die höchsten Kasseneinnahmen. Wenn die Inflationsrate und der Preisanstieg bei den Kinokarten seit 1973 berücksichtigt werden, hatte der Film nach heutigen Bedingungen Gesamteinnahmen von über 381 Mio. Dollar (ca. 670 Mio. DM).

HÖCHSTE EINNAHMEN AUS EINEM SCIENCE-FICTION-FILM
Der Streifen *Star Wars* (Krieg der Sterne, USA, 1977) erzielte, einschließlich der Einnahmen aus seiner Wiederaufführung, Gesamteinnahmen von rund 910 Mio. Dollar (ca. 1,6 Mrd. DM). Unter Berücksichtigung der Inflationsrate und des Preisanstiegs bei den Kinokarten verbuchte er die größten Kasseneinnahmen.

Der Streifen *Independence Day* (USA, 1996) der Filmgesellschaft Fox brachte weltweite Gesamteinnahmen von 811 Mio. Dollar (ca. 1,4 Mrd. DM) ein. Dieses war zum Zeitpunkt seiner Erstveröffentlichung das beste Kassenergebnis eines Science-Fiction-Filmes.

TEUERSTER SCIENCE-FICTION-FILM
Waterworld (USA, 1995), mit Kevin Costner in der Hauptrolle, erlitt eine Reihe von Rückschlägen, als sich die Anlage mehrmals von ihren Liegeplätzen im Pazifischen Ozean losriß. Dieses Problem und zusätzliche technische Fehler machten ihn mit geschätzten 160 Mio. Dollar (ca. 281 Mio. DM) zum teuersten Science-Fiction-Film aller Zeiten.

PRODUKTIVSTER HORRORREGISSEUR
Roger Corman war in 35 Jahren der Regisseur von 27 Horrorfilmen, angefangen von *Swamp Woman* (USA, 1955) bis zu

rankenstein *Umbound* (USA, 990). Er produzierte mehr als 00 weitere Horrorfilme.

RODUKTIVSTER ORRORDARSTELLER

er amerikanische Schauspieler ohn Carradine trat während einer Schauspielerlaufbahn in iner Rekordanzahl von 67 Hororfilmen auf, angefangen von *he Black Cat* (USA, 1934) bis zu *he Alien Within* (USA, 1991).

er Dracula-Darsteller Christopher ee trat seit 1959 in 59 Filmen uf. Er wurde zum ersten Mal von ammer Films für den Film *The urse of Frankenstein* (Großritannien, 1956) engagiert und at jüngst in *Talos the Mummy* Großbritannien, 1998) auf.

MEISTE S/F-FORTSETZUNGEN

Von der ursprünglichen japanischen Version von *Godzilla, König der Monster* (1954) gab es 24 Fortsetzungen. Im Jahr 1998 wurde mit großem Werbeaufwand eine amerikanische Version der Geschichte herausgebracht.

BELIEBTESTE HORRORFIGUR

Der von dem irischen Schriftsteller Bram Stoker im Jahr 1897 ins Leben gerufene Graf Dracula wurde mehr als jede andere Horrorfigur in Filmen dargestellt. Die Darstellungen des Grafen oder seiner unmittelbaren Nachkommen übertreffen damit mit 161 zu 117 die seines größten Rivalen, Frankensteins Monster von Mary Shelley aus dem Jahr 1818.

MEISTVERFILMTE HORRORROMANE

Mehr als 20 Romane und Kurzgeschichten des Horrorschriftstellers Stephen King wurden verfilmt, darunter *Carrie* (USA, 1976) unter der Regie von Brian de Palma, *The Shining* (Großbritannien, 1980), *Children of the Corn* (USA, 1984) und *Misery* (USA, 1990).

MEISTE HORRORFORTSETZUNGEN

Dem Streifen *House* (USA, 1986) folgte *House II: The second Story* (1987). Später kamen noch acht Fortsetzungen dazu. Viele von ihnen erschienen sofort als Video.

GEHEIMSTE FILMDREHBÜCHER

Die neue *Star-Wars*-Trilogie von George Lucas, eine Fortsetzung der ursprünglichen Trilogie, ist das geheimste Filmprojekt in der Filmgeschichte. Wahrscheinlich setzt Lucasfilm Ltd Scheinnamen ein, läßt Szenen filmen, die niemals genutzt werden und verwendet verschiedene Versionen des Drehbuchs. Personen, die das Drehbuch gesehen haben, mußten ein Dokument über Geheimhaltung unterzeichnen.

GRÖSSTE HORRORFILMREIHE

Friday the 13th (Freitag, der dreizehnte, USA, 1980) hatte bis Mai 1998 acht Fortsetzungen und eine neunte, *Jason Versus Freddy* (Jason gegen Freddy), ist geplant. In dem Film von NewLine sollen Jason Vorhees aus *Friday the 13th* und Freddy Krueger aus *A Nightmare on Elm Street* (USA, 1984), unten abgebildet, einander gegenüberstehen.

film stunts

TEUERSTER LUFTSTUNT
Simon Carne führte einen der gefährlichsten Luftstunts aus, als er sich für den Film *Cliffhanger* (USA, 1993) in 4.752 m Höhe von einer Flugzeugtragfläche zur anderen bewegte. Der Stunt kostete den Rekordbetrag von 1 Mio. Dollar (ca. 1,76 Mio. DM). Sylvester Stallone (links), der Star des Filmes, soll angeboten haben, seine Gage um den gleichen Betrag zu senken, damit der Stunt wirklich durchgeführt wird.

MEISTE STUNTS
Jackie Chan, der Schauspieler, Regisseur, Produzent, Stunt-Koordinator und Autor, hat seit seinem Debüt in *Big and Little Wong Tin Bar* (Hongkong, 1962) im Alter von acht Jahren in mehr als 65 Filmen gespielt. Keine Versicherungsgesellschaft unterschreibt Verträge für Chans Produktionen, in denen er all seine Stunts selbst ausführt. Nachdem eine Reihe von Stuntmen bei den Arbeiten zu dem Film *Police Story* (Hongkong, 1985) verletzt wurden, gründete der Star die Jackie Chan Stuntmen Association, trainierte persönlich die Stuntmen und zahlte ihre Arztrechnungen sogar aus eigener Tasche.

MEISTE STUNTS EINES HOLLYWOOD-SCHAUSPIELERS
Buster Keaton trat seit *The Butcher Boy* (USA, 1917) bis zu *A Funny Thing Happened on the Way to the Forum* (USA, 1966) in mehr als 100 Filmen auf. Wahrscheinlich ist er der einzige Star seiner Zeit, der alle seine todesverachtenden Stunts selbst ausführte. Studios behaupteten zwar, daß auch Schauspieler wie Harold Lloyd und Douglas Fairbanks ihre Stunts selbst ausführten, dies ist aber umstritten.

MEISTE STUNTS EINER SCHAUSPIELERIN
Michele Yeoh, eine frühere Miss Malaysia, war die erste Schauspielerin, der Jackie Chan erlaubte, ihre eigenen Stunts auszuführen. In dem Film *Ah Lahm: The Story of a Stuntwoman* (Hongkong, 1996) brachte ein schlecht getimter Sprung von einer 20 m hohen Brücke Yeoh für drei Monate ins Krankenhaus, aber sie machte den Film zu Ende. Seit 1979 trat sie in 18 Spielfilmen auf und erreichte internationalen Ruhm als ein Bond-Girl in dem Film *Tomorrow Never Dies* (Großbritannien/USA, 1997) mit Pierce Brosnan.

FLEISSIGSTER STUNTMAN
Vic Armstrong hat jeden James Bond-Schauspieler gedoubelt und in 30 Jahren in mehr als 200 Filmen Stunts ausgeführt, darunter *Raiders of the Lost Ark* (USA, 1981).

Yakima Canutt führte während seiner 15jährigen Karriere in über 150 Filmen Filmen Stunts aus. Er war ebenfalls Stunt-Double für John Wayne und Clark Gable. Im Jahr 1941 brach sich Canutt seine Knöchel und begann, Stunts zu entwickeln und Action-Szenen in Hollywoodfilmen zu betreuen, darunter das Kutschenrennen in *Ben Hur* (USA, 1959). Im Jahr 1966 erhielt er einen Oscar für seine Stunttätigkeit.

HÖCHSTER FREIER FALL
Die größte Höhe, die ein Stuntman jemals im freien Fall zurückgelegt hat, beträgt 335 m. Dar Robinson sprang für den Film *Highpoint* (Kanada, 1979) von einem Sims an der Spitze des CN Towers in Toronto, Kanada. Robinsons Fallschirm öffnete sich gerade 91 m über dem Boden nach einem freien Fall, der sechs Sekunden gedauert hatte.

HÖCHSTER SPRUNG
Der höchste Sprung eines Filmstuntmans ohne Fallschirm beträgt 70,71 m und wurde von J. Bakunus ausgeführt, als er

MUTIGSTER HAUPTDARSTELLER
Mel Gibson, in New York geboren und in Australien aufgewachsen, spielte die Hauptrolle in dem Actionfilm *Lethal Weapon* (USA, 1987) und in seinen drei Fortsetzungen. Er führt seine Stunts selbst aus und soll der mutigste Mann Hollywoods sein. Er ist der einzige Schauspieler, der als Hauptdarsteller und Stuntman bezahlt worden sein soll, und zwar für den Streifen *Mad Max*. Links ein Ausschnitt aus *Beyond Thunderdome* (Australien, 1985), in dem er an der Seite von Tina Turner auftrat. Seit 1977 hat er in über 30 Filmen mitgewirkt.

LÄNGSTER BRAND
Nick Gillard überstand für den Film *Alien 3* (USA, 1992) mit Sigourney Weaver zwei Minuten vollständig in Flammen eingehüllt. Stuntleute dürfen nicht atmen, während sie in Flammen stehen, damit kein Sauerstoff in ihren Lungen verbrennt. Während seiner 20jährigen Karriere stand Gillard mindestens 100mal in Flammen und machte Stunts in mehr als 15 Spielfilmen, darunter die Boot- und Panzersequenzen in *Indiana Jones and The last Crusade* (USA, 1989) sowie die Fechtszenen in *Robin Hood: Prince of Thieves* (USA, 1991) und *The Three Musketeers* (USA, 1993). Zur Zeit ist er Stuntkoordinator bei den Dreharbeiten zu George Lucas' Film *Star Wars: Episode I*, der 1999 herauskommen soll. Gillard leitet das Fechttraining der Schauspieler Liam Neeson und Ewan McGregor, die beide Jedi-Ritter spielen. Im Alter von zwölf Jahren rannte Gillard aus einer Militärschule fort, um zum Zirkus zu gehen. Im Alter von 16 Jahren war er ein Weltklasse-Kunstreiter im Moskauer Staatszirkus. Seine Karriere mit Stunts begann mit der Mitarbeit bei *The Thief of Baghdad* (Der Dieb von Bagdad, USA, 1978).

Burt Reynolds in dem Streifen *Hooper* (USA, 1978) doubelte. Er fiel auf eine mit Luft gefüllte Matte.

LÄNGSTER SPRUNG IN EINEM AUTO
Der längste Sprung eines motorbetriebenen Autos wurde von dem Stuntfahrer Gary Davis für den Streifen *Smokey and the bandit II* (USA, 1981) mit Burt Reynolds in der Hauptrolle ausgeführt. Davis fuhr einen demontierten Plymouth mit einer Geschwindigkeit von 128 km/h auf eine Rampe, die an die Rückwand eines zweirädrigen Autotransporthängers gestellt war. Er flog 49,6 m durch die Luft, bevor er sicher auf dem Wüstenboden landete.

MEISTE LUFTSTUNTS
Flying Pictures of Surrey, Großbritannien, hat unter anderem für *Cliffhanger* (USA, 1993), *Golden Eye* (Großbritannien/USA 1995) und *Mission Impossible* (USA, 1996) die Luftstunts entwickelt und koordiniert sowie die Luftaufnahmen für Disney-Worlds-360-Grad-Filme geliefert.

HÖCHSTE BEZAHLUNG
Dar Robinson wurden 150.000 Dollar (ca. 264.000 DM) für seinen freien Fall vom CN Tower in Toronto, Kanada, für den Film *Highpoint* (Kanada, 1979) gezahlt.

GRÖSSTES STUNTBUDGET
Mehr als 3 Mio. Dollar (ca. 5,28 Mio. DM) des Budgets von 200 Mio. Dollar (ca. 352 Mio. DM) für den Film *Titanic* (USA, 1997) gingen an die Filmstunts. In der größten Szene springen, fallen und gleiten 100 Stuntsleute 229 m tief, als das Schiff in zwei Hälften zerbricht und in einem Winkel von 90° aus dem Wasser ragt. Das Schiff war in einem mit 77 Mio. Litern Wasser gefüllten Tank angedockt.

MEISTE STUNTDREHTAGE
Der Rekord für die meisten Stuntdrehtage bei einem einzigen Film wurde mit 6.000 von 100 Stuntleuten für den Film *Titanic* absolviert. Das Team leitete der britische Stunt-Koordinator Simon Crane.

MEHR STUNTMEN ALS SCHAUSPIELER
In *The Rookie* (USA, 1990) unter der Regie von Clint Eastwood, der in dem Film neben Charlie Sheen selbst mitspielte, traten 87 Stuntmen und 37 Schauspieler auf.

LÄNGSTER BOOTSPRUNG
Stuntman Nick Gillard sprang für den Film *Dick Maas,s Amsterdamned* (Niederlande, 1988) 67 m mit einem Rennboot über zwei Brücken. Gillard, der in zahlreichen Videos der Reihe „Worlds Greatest Stunts" auftauchte, empfindet Angst als positiv, weil sie ihn vorsichtig macht.

TV und video

20 JAHRE TAGESTHEMEN

Am 2. Januar 1998 feierte das Nachrichtenmagazin der ARD zusammen mit dem heute-journal des ZDF sein 20jähriges Bestehen. Ulrich Wickert (hier mit Kollegin Gabi Bauer) gehört zu den bekanntesten Gesichtern des deutschen Fernsehens. Täglich sehen rund 2,6 Mio. Zuschauer die Tagesthemen. Wickerts launige Überleitungen zum täglichen Wetterbericht haben Kultstatus. Wickert ist außerdem auch als Buchautor erfolgreich.

MEISTE ZUSCHAUER

Die TV-Serie mit den meisten Zuschauern, nämlich mit 1,1 Mrd. pro Woche in 142 Ländern, ist Baywatch. In der Serie spielten Stars wie David Hasselhoff und Pamela Anderson mit.

„Goodbye, Farewell and Amen", die letzte Folge von M*A*S*H, erreichte am 28. Februar 1983 77% aller Fernsehzuschauer in den USA. Es wurde geschätzt, daß etwa 125 Mio. Menschen die Sendung einschalteten.

MEISTVERFOLGTER GERICHTSPROZESS

Von Januar bis Oktober 1995 verfolgten täglich durchschnittlich 5,5 Mio. Zuschauer in den USA den Prozeß gegen O. J. Simpson, dem US-Footballspieler und Schauspieler, der des Mordes an seiner Ex-Frau Nicole und ihrem Freund Ronald Goodman angeklagt war.

MEISTE SOAP-OPERAS

Brasilien, Mexiko und Puerto Rico beherrschen den Markt für Telenovelas, welche im Schnitt über 100 Folgen haben. Sie werden für Sender in ganz Lateinamerika, in Spanien, Italien und Portugal produziert. Das brasilianische Globo-Netz ist der größte und profitabelste Produzent von Telenovelas in Lateinamerika und zeigt jeden Abend ab 18 Uhr Soaps.

ERFOLGREICHSTE SOAP-OPERA

Dallas, mit Larry Hagman und Victoria Principal, lief erstmals 1978 und hatte bis 1980 geschätzte 83 Mio. Zuschauer in den USA (damals eine Rekordquote von 76 % aller Zuschauer). Zu diesem Zeitpunkt war die Serie bereits in über 90 Ländern gelaufen.

TEUERSTER TV-DEAL

1997 taten sich die US-Mediengiganten CBS, ABC und Fox finanziell zusammen, um für geschätzte 17,5 Mrd. Dollar (ca. 30,8 Mrd. DM) die Exklusivrechte an einer Auswahl populärer American-Football-Spiele in den USA zu erwerben.

GRÖSSTES WELTWEITES SENDENETZ

CNN International News ist das einzige globale TV-Sendenetz der Welt. CNN und CNNI werden über 15 Satelliten ausgestrahlt und erreichen Zuschauer in 184 Mio. Haushalten in über 210 Ländern.

GRÖSSTES FERNSEHUNTERNEHMEN

Die Walt Disney Company ist das größte Unternehmen in der Medien- und Unterhaltungsbranche. Mit Einnahmen von 22,473 Mrd. Dollar (ca. 39,553 Mrd. DM) jährlich liegt Disney auf Platz 192 der Liste der 500 größten Unternehmen der Welt.

EXTREMSTE GAMESHOW

In der erstmals 1984 gesendeten japanischen Gameshow Gaman wird das Durchhaltevermögen von Kandidaten getestet, die sich freiwillig in bedrohliche Situationen begeben, hungern, sich selbst mit Benzin übergießen oder sich Experimenten mit lebenden Maden aussetzen.

MEISTE QUIZSHOW-KANDIDATEN

Die Rekordzahl von 5.000 Kandidaten nahm in Japan am Ultra Quiz teil. Bewerber, die eine Frage zur Allgemeinbildung richtig beantworteten, bestiegen ein Flugzeug, mußten jedoch von Bord gehen, wenn ihre Antwort auf eine zweite Frage falsch war. Die an Bord Gebliebenen wurden einer zweistündigen Prüfung über 800 Fragen unter-

TALKSHOW-KRIEG

Jerry Springer, der früher einmal für Senator Robert F. Kennedy politische Kampagnen betreute und 1977 mit 33 Jahren der jüngste amerikanische Bürgermeister wurde, erlangte mit der *The Jerry Springer Show* internationalen Ruhm. Die einstündige Talkshow begann 1991 und ist heute ein großer Erfolg in den USA und mehr als 30 anderen Ländern auf der Welt. Im Mai 1996 unterzeichnete Springer einen Vertrag über weitere Show in den nächsten sechs Jahren und seit 1997 ist die Popularität der Show so gewachsen, daß sie zweimal pro Woche im amerikanischen Fernsehen gesendet wird.

Ein Grund für den Erfolg ist die Tatsache, daß die meisten kontroversen Diskussionen in Streit und Auseinandersetzungen enden, die vom Studiopublikum noch unterstützt werden. Aus diesem Grund beschäftigt die Show bei jeder Sendung ein mehrköpfiges Sicherheitsteam. Gäste der Show müssen sich vorher damit einverstanden erklären, bis zu 80.000 Dollar (ca. 140.000 DM) zu zahlen, falls sie nachweislich in der Show lügen. 1998 wurde die Show nur von Oprah Winfreys Talkshow bei Einschaltquoten übertroffen. Winfrey ist die erfolgreichste weibliche Talkmasterin der Welt.

VIELSEITIGSTER MODERATOR
Stefan Raab, der im Fernsehen als VIVA-Musikmoderator bekannt wurde, erhielt 1998 den Musikpreis „Echo" für seine Leistung als bester nationaler Musikproduzent. Raab war schon als eigener Interpret erfolgreich, als Komponist und Textautor von „Guildo hat Euch lieb" brachte er Guildo Horn für Deutschland zum Grand Prix d'Eurovision. Außerdem produziert er diverse Gruppen, darunter auch die Prinzen.

zogen. Die beiden Finalisten hatten ihr Playoff im obersten Stock des Pan-Am-Wolkenkratzers in New York, USA. Zu den Preisen gehörten ein Rennpferd, ein Hubschrauber und ein Grundstück in Nevada, USA.

TEUERSTE TV-RECHTE
Im Juni 1997 zahlte das Fox-Netz 82 Mio. Dollar (ca. 144,3 Mio. DM) für die Fernsehrechte an Steven Spielbergs *Jurassic Park: The Lost World*, bevor der Film weltweit in den Kinos startete.

HÖCHSTE AUSGABEN FÜR TV- UND VIDEO
Der größte Markt für Video- und TV-Produkte ist Japan mit durchschnittlichen Ausgaben von 43,66 Dollar (ca. 76,84 DM) pro Kopf und Jahr.

DIE MEISTEN FERNSEHGERÄTE
Es gibt 227,5 Mio. Haushalte mit einem Fernsehgerät in China (jeder sechste Einwohner) – fast doppelt so viele wie in den USA.

DIE MEISTEN VIDEORECORDER
81% der Haushalte in den USA (78.125.000) besitzen mindestens einen Videorecorder.

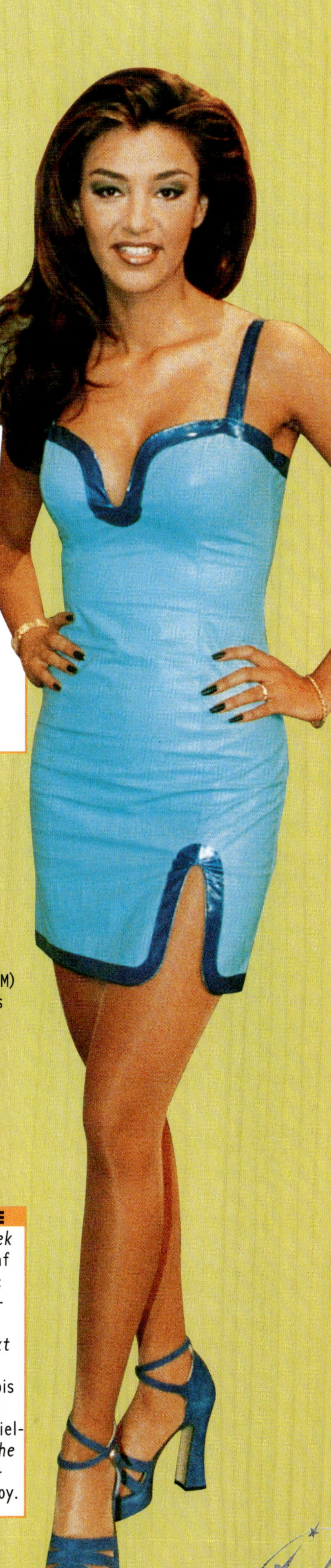

VERSPRECHER-KÖNIGIN
Nach *Peep!* startete Verona Feldbusch, die Ultrakurz-Ehefrau des deutschen Schlagerstars Dieter Bohlen, mit *Veronas Welt* eine weitere TV-Show. Wenn die Einschaltquoten auf Dauer ausreichend sind, kann man auch dort Verona bei netten Versprechern erleben. Ihr eigener Sender räumte ihr im Internet sogar die Seite „Versprechen leicht gemacht ... mit Verona" (www.peep.rtl2) ein.

MEISTGELIEHENES VIDEO
Die von Fox herausgebrachte Neuausgabe von George Lucas' Star-Wars-Trilogie mit digital nachbearbeiteten Versionen von *Star Wars*, *The Empire Strikes Back* und *Return of the Jedi* hat im Videoverleih 270 Mio. Dollar (ca. 475,2 Mio. DM) eingebracht. Steven Spielbergs *ET: the Extra Terrestrial* (USA, 1982) hatte den Rekord zuvor 14 Jahre lang gehalten, mit Einnahmen von insgesamt 228,16 Mio. Dollar

MEISTE SPINOFFS EINER SERIE
Auf der Grundlage von *Star Trek* sind sieben Spielfilme und fünf verwandte Serien entstanden: *Star Trek* (1966–69), die Star-Trek-Zeichentrickserie (1973–75), *Star Trek: The Next Generation* (1987–94), *Star Trek: Deep Space Nine* (1993 bis heute) und *Star Trek: Voyager* (1995 bis heute). Die erste Spielfilm-Adaption war *Star Trek: The Motion Picture* (1980) mit William Shatner und Leonard Nimoy.

Bücher und Zeitschriften

GRÖSSTE VERKAUFSZAHLEN
Japanische Zeitungen haben einige der größten Auflagenzahlen in der Welt. Die Zeitung mit der größten Auflage der Welt ist die in Tokio erscheinende *Yomiuri Shimbun* mit einer Morgen- und Abendausgabenauflage von zusammen 14,5 Mio. Exemplaren täglich. Die beliebteste Zeitschrift in Japan ist das Landschaftsmagazin *Le-no-Hikari*, mit einer monatlichen Leserschaft von 1,11 Mio. Menschen.

MEISTÜBERSETZTER AUTOR
Der am häufigsten übersetzte Autor der Welt ist Sidney Sheldon, hier mit seiner Frau Alexandra abgebildet. Sheldons Romane, zu denen *Rage of Angels* gehört, wurden bis heute in 51 Sprachen übersetzt und in über 180 Ländern verlegt. Er verkaufte sein erstes künstlerisches Werk – ein Gedicht – im Alter von nur zehn Jahren und arbeitete mit 18 Jahren in Hollywood als Drehbuchautor. Danach begann er seine Karriere als Autor.

MEISTVERKAUFTE BÜCHER
Das am häufigsten verkaufte und am weitesten verbreitete Buch der Welt ist die Bibel, von der nach Schätzungen 3,88 Mio. Exemplare zwischen 1815 und 1998 verkauft wurden.

Mit Ausnahme von nicht lizenzierten Werken wie der Bibel und dem Koran ist das am häufigsten verkaufte Buch aller Zeiten das GUINNESS-BUCH DER REKORDE, das von Guinness Superlatives im Oktober 1955 erstmals veröffentlicht wurde. Bis Juni 1998 wurde es weltweit in 37 Sprachen übersetzt und über 81 Mio. Mal verkauft.

MEISTVERKAUFTE ROMANE
Drei Romane haben wahrscheinlich Verkäufe von über 30 Mio. Exemplaren erzielt: *Valley of the Dolls* (Das Tal der Puppen, 1966) von Jacqueline Susann, das in den ersten sechs Monaten nach seinem Erscheinen 6,8 Mio. Mal verkauft wurde; *To Kill a Mockingbird* (Wer die Nachtigall stört, 1960) von Harper Lee und *Gone with the Wind* (Vom Winde verweht, 1936) von Margaret Mitchell. Alistair MacLean schrieb 30 Romane, von denen 28 allein in Großbritannien jeweils mehr als 1 Mio. Mal verkauft wurden. Alle 18 Sekunden wird wahrscheinlich irgendwo auf der Welt einer seiner Romane gekauft.

MEISTVERKAUFTE ROMANFORTSETZUNG
Scarlet, die Fortsetzung von *Vom Winde verweht*, wurde 1991 gleichzeitig in vielen Sprachen auf der ganzen Welt veröffentlicht. In Deutschland erschien diese Romanfortsetzung im Verlag Hoffmann und Campe. Bis heute wurden davon fast 1 Mio. Exemplare verkauft.

LÄNGSTE ZEIT AUF DER BESTSELLER-LISTE
The Road Less Traveled von M. Scott Peck stand bis zum 6. April 1997 694 Wochen auf der Taschenbuch-Bestsellerliste der *New York Times*. Mehr als 5 Mio. Exemplare des Buches wurden gedruckt.

SPITZENVERKAUFSZAHLEN
Die Romanautorin mit den Spitzenverkaufszahlen ist Agatha Christie, von deren 78 Kriminalromanen nach Schätzungen 2 Mrd. Exemplare in 44 Sprachen verkauft worden sein sollen.

Die lebende Romanautorin mit den höchsten Verkaufszahlen ist mit über 650 Mio. ihrer 635 Titel die britische Romanschriftstellerin Barbara Cartland.

REICHSTER AUTOR
Der amerikanische Horrorschriftsteller Stephen King ist mit einem geschätzten Vermögen von 84 Mio. Dollar (ca. 147 Mio. DM) der reichste Autor in der Welt. Die bestverkauften Romane sind *Carrie* (1974), *The shining* (1978), *Pet Sematary* (1983) und *Misery* (1987), die alle auch erfolgreich verfilmt wurden.

BESTBEZAHLTER VORABDRUCK
Der amerikanische Autor Tom Wolfe, Autor von *The Bonfire of the Vanities* (1988), erhielt den Rekordbetrag von 600.000 Dollar (ca. 1,3 Mio. DM) für den Vorabdruck seines neuen Romans, der entweder den Titel *Red Dogs* oder *The Stoic's Game* tragen soll und für dessen Fertigstellung er zwölf Jahre gebraucht hatte. Das *Rolling Stone Magazine* überbot *Vanity Fair*, *Esquire* und *The New Yorker* bei einer geheimen Versteigerung der Rechte.

PRODUKTIVSTER ROMANAUTOR
Der brasilianische Romanschriftsteller José Carlos Ryoki aus Alpoim Inoue hatte zwischen Juni 1986 und August 1996 insgesamt 1.046 Science-fiction-Romane, Western und Thriller veröffentlicht.

ÄLTESTE AUTOREN
Die amerikanischen Schwestern Sarah und Elizabeth Delany schrieben 1993 ihre Autobiografie, als sie 103 bzw. 102 Jahre alt waren. Im Jahr 1997 schrieb Sarah im Alter von 107 Jahren ihre Fortsetzung *On my Own*.

ZURÜCKGEZOGENDSTER ROMANAUTOR
J.D. Salinger schützt seine Privatsphäre und meidet die Öffentlichkeit. Nachdem er die Veröffentlichung seiner Biografie verhindert hatte, erschien *In Search of J. D. Salinger* von Ian Hamilton, in dem die Suche nach dem Autor beschrieben wird.

VERBREITETSTE TAGESZEITUNGEN
Großbritannien hat von allen europäischen Ländern die größte Verbreitung von Tageszeitungen. *The Sun* hat mit 4,064 Mio. Exemplaren die größte Auflage von sämtlichen britischen Tageszeitungen, während *The News of the World* die Rekordsonntagsauflage von 4,307 Mio. Exemplaren erreicht. Die beliebteste britische, regelmäßig erscheinende Zeitschrift ist mit einer Auflage von 1,67 Mio. *Reader's Digest*.

MEISTE ZEITUNGEN
Im Jahr 1995 gab es in Indien mehr als 4.235 Zeitungen, meistens Regionalzeitungen für eine ländliche Leserschaft in unterschiedlichen Sprachen. Höhere Auflagen haben die Tageszeitung *Malayala Manorama* mit einer Leserschaft von 800.000 und *Punjab Kesari*, eine Sonntagszeitung, mit einer Auflage von 892.000 Exemplaren. Indiens beliebtestes Magazin ist *India Today*, das in fünf Sprachen gedruckt wird und alle 14 Tage 970.000 Leser hat.

HÖCHSTE VERKAUFSZAHLEN IN FRANKREICH
Frankreichs Zeitung mit den höchsten Verkaufszahlen ist mit 797.091 Lesern *Quest-France* aus der Region Rennes.

Die am meisten verkaufte Zeitschrift ist mit einer wöchentlichen Auflage von 2,8 Mio. Exemplaren die Fernseh- und Hörfunkprogramm-Zeitschrift *TÉLÉ 7 Jours*. Das Modemagazin *Modes et Travaux*

hat eine Auflage von 1,5 Mio. Lesern.

Paris Match ist mit einer Auflage von 690.000 Exemplaren die beliebteste Nachrichtenzeitschrift Frankreichs.

HÖCHSTE VERKAUFSZAHLEN IN DEUTSCHLAND
Die auflagenstärkste Tageszeitung ist die *Bild* mit mehr als 4 Mio. verkaufte Zeitungen jeden Tag.

Das in Deutschland am meisten verkaufte Magazin ist mit 3,86 Mio. Lesern *Hörzu*, eine Fernseh- und Hörfunkprogramm-Zeitschrift. Danach folgte die Mode- und Kochzeitschrift *Burda Moden*.

HÖCHSTE VERKAUFSZAHLEN IN CHINA
Im Jahr 1996 gab es in China 2.235 Zeitungen, die alle staatlich herausgegeben wurden. *Sichuan Ribao* aus der Region Chengdu ist mit 8 Mio. Lesern Chinas meistverkaufte Zeitung.

HÖCHSTER VORSCHUSS
Tom Clancy wurden angeblich 33,4 Mio. Dollar (ca. 58 Mio. DM) als Vorschuß für *The Hunt for red October* (1984) und *Patriot games* (1987) gezahlt. Im Jahr 1997 soll er diesen Rekord mit 75 Mio. Dollar (ca. 132 Mio. DM) für einen Vertrag über zwei Bücher gebrochen haben. 1992 erhielt er mit 14 Mio. Dollar (ca. 24,6 Mio. DM) für die Rechte an *Without Remorse*.

HÖCHSTE VERKAUFSZAHLEN IN AMERIKA
The *Wall Street Journal* hat 1,84 Mio. Leser in den USA.

Die beliebteste Monatszeitschrift in den USA ist mit 16,26 Mio. Lesern *Reader's Digest*.

HÖCHSTE VERKAUFSZAHLEN IN BRASILIEN
Filha de Sao Paulo hat eine tägliche Auflage von 558.000 Exemplaren und eine Sonntagsauflage von 1,4 Mio.

Veja, ein wöchentliches Magazin von allgemeinem Interesse, hat 800.000 Leser.

MEISTVERKAUFTES GESELLSCHAFTSMAGAZIN
Spaniens *Hola!* verkauft 622.292 Exemplare in einer Woche, das sind 47.434 Exemplare mehr als *Hello!*, sein britisches Pendant .

MEISTVERKAUFTES NACHRICHTENMAGAZIN
Time, das im Jahr 1923 erstmals herausgebracht wurde, hat eine weltweite wöchentliche Auflage von 4,15 Mio.

MEISTVERKAUFTE SCHWULENZEITSCHRIFT
Die amerikanische Zeitschrift *Advocate* verkauft im Jahr mehr als 2 Mio. Exemplare in den USA.

GRÖSSTES STRASSENMAGAZIN
The Big Issue verkauft weltweit im Monat 800.000 Exemplare, womit es zum meistverkauften Straßenmagazin wird. Das Magazin wird von Obdachlosen verkauft und hilft 8.000 bis 10.000 Verkäufern im Jahr in Los Angeles, USA, Melbourne, Sydney und Brisbane, Australien, Kapstadt, Südafrika (unten abgebildet) sowie in Großbritannien.

Comics und Animation

ERFOLGREICHSTER KINO-START
Mit Walt Disneys *Der König der Löwen* (USA 1994) wurden weltweit brutto 766,15 Mio. Dollar (ca. 1.348 Mio. DM) eingenommen. Der Film kam in über 60 Ländern auf die Leinwand. Ein 600köpfiges Animationsteam arbeitete drei Jahre an dem Streifen, in dem die Stimmen von Jeremy Irons, James Earl Jones, Rowan Atkinson und Whoopi Goldberg zu hören sind.

TEUERSTER ZEICHENTRICKFILM
Walt Disneys *Die Schöne und das Biest* (USA 1992) kostete 35 Mio. Dollar (ca. 61,6 Mio. DM). Es wird erwartet, daß die Neufassung von *Fantasia*, die vermutlich erst in zwei Jahren fertiggestellt sein wird, noch teurer werden wird.

HÖCHSTE BRUTTOEINNAHMEN FÜR EINEN ZEICHENTRICKFILM
Das Dschungelbuch (USA 1967) ist der Zeichentrickfilm mit den höchsten je erzielten Bruttoeinnahmen. Auf einer inflationsbereinigten Liste der finanziell erfolgreichsten Filme stünde er an achter Stelle. *Der König der Löwen* läge auf Platz 23.

DIE MEISTEN AUFEINANDERFOLGENDEN OSCAR-NOMINIERUNGEN
Von 1991 bis 1997 wurde Aardman Animation aus Bristol, Großbritannien, sechsmal für den Besten Zeichentrick-Kurzfilm nominiert. Dies ist ein Rekord in jeder Oscar-Kategorie. Drei der Nominierungen, die *Lyp Synch*-Serie mit *Creature Comforts*, *The Wrong Trousers* und *A Close Shave*, alle unter Regie von Nick Park, kamen durch und gewannen Oscars.

DIE MEISTEN VON EINER FERNSEHSHOW HERVORGERUFENEN ANFÄLLE
Im Dezember 1997 wurden in Japan über 700 Kinder eilig in Krankenhäuser eingeliefert, nachdem eine Zeichentrickfilm-Folge bei ihnen Schüttelkrämpfe auslöste. Nach dieser Sendung mußten insgesamt 208 Menschen im Alter von 3 Jahren und darüber stationär im Krankenhaus bleiben. Nach Ansicht von Experten war eine Explosionsszene, gefolgt von fünf Sekunden lang andauernden roten Lichtblitzen, für die Anfälle verantwortlich.

TEUERSTE EINZELBILDER
Eines der 150.000 einzelnen Farbbilder aus Walt Disneys Zeichentrick-Märchen *Schneewittchen* (USA 1937) wurde 1991 für einen Rekordbetrag von 115.000 Pfund (ca. 345.000 DM) verkauft.

Eine Schwarzweißzeichnung aus Walt Disneys *Orphan's Benefit* (1934) erzielte 1989 bei Christie's in London, GB, 171.250 Pfund (ca. 514.000 DM).

LÄNGSTE ZEICHENTRICKSERIE
Mutt and Jeff von Harry „Bud" Fisher begann als witzige Zugabe zu Pathé's Weekly am 10. Februar 1913 und wurde als eigenständige wöchentliche Filmrolle vom 1. April 1916 bis 1. Dezember 1926 weitergeführt, obwohl bisher für 1923–24 keine Titel aufgefunden wurden. Mindestens 323 Filme wurden produziert.

LÄNGSTER ANIMATIONSFILM EINES AMATEURS
Das British Film Institute hat zur Aufnahme in seine Filmarchive

BEKANNTESTER MANGA-TITEL
Akira, der erste Titel der Manga-Serie, wurde zum Hit, als er verfilmt und 1991 auf Video veröffentlicht wurde. Japan produziert schätzungsweise 2,3 Mrd. Manga-Titel pro Jahr, 38 % aller in Japan verkauften Bücher und Zeitschriften. Das Manga-Geschäft ist allein in Japan 7–9 Mrd. Dollar (12,3–15,8 Mrd. DM) wert.

einen Film angenommen, der von einem Briten über einen Zeitraum von 28 Jahren produziert wurde. Er besteht aus 100.000 handgezeichneten Einzelbildern und hat eine Laufzeit von 2 Stunden 33 Minuten.

LÄNGSTE TONFILM-SERIE
Max Fleishers *Popeye The Sailor Man*, für das Kino zwischen 1933 und 1937 produziert, bestand aus 233 Einzelrollen und einem Zwei-Rollen-Film. Weitere 220 Popeye-Cartoons wurden in den 70er Jahren von King Features für das Fernsehen produziert.

MEISTVERFILMTE COMIC-FIGUR
Zorro wurde bisher in 69 Filmen dargestellt. Die auf dem Original von Johnston McCulley beruhende Comicfigur war auch die erste, die in einem bedeutenden Spielfilm, *The Mark of Zorro* (USA, 1920) mit Douglas Fairbanks, auftrat. Der Kinofilm kam nur ein Jahr nach Veröffentlichung des Comics heraus, womit Zorro diejenige Comicfigur ist, die den Sprung aus dem Comic auf die Leinwand am schnellsten schaffte.

WERTVOLLSTES COMICALBUM
Das seltenste Comicalbum ist ein Exemplar von Detective No. 27, in dem Batman seinen allerersten Auftritt hat. Es wurde bei einer Auktion zum Rekordpreis von 85.000 Dollar (ca. 150.000 DM) verkauft.

ÄLTESTE ZEICHENTRICKFILME IM ALLGEMEINEN VERLEIH
Einige der *Mutt and Jeff*-Filme wurden koloriert und für eine Ausgabe auf Video synchronisiert.

AM LÄNGSTEN LAUFENDER ZEITUNGSCOMIC
Die *Katzenjammer Kids* von Rudolph Dirks wurden zum ersten Mal im Dezember 1897 im New York Journal veröffentlicht. Er wird heute von Zeichner Hy Eismann gezeichnet und von King Features Syndicate an 50 Zeitungen verkauft.

MEISTVERKAUFTER COMIC
Peanuts von Charles Schulz wurde zum ersten Mal im Oktober 1950 in den USA veröffentlicht. Die Comicserie, in der Figuren wie Charlie Brown und Snoopy vorkommen, erscheint heute in 2.620 Zeitungen in 75 Ländern und in 26 Sprachen.

ERFOLGREICHSTE DEUTSCHE COMIC-FIGUR
WERNER, der norddeutsche Biker und Bierkönig, hat mittlerweile mehr als 10,3 Millionen Exemplare seiner Comics verkauft.

ERFOLGREICHSTE ZEICHENTRICKFIGUR
Am 18. November 1928 hatte *Steamboat Willie* (USA 1928) im New Yorker Colony Theater Premiere. In diesem Film gab Mickey Mouse sein Debut, die später zur erfolgreichsten Zeichentrickfigur aller Zeiten werden sollte.

MEISTE COMICALBEN VON EINEM KÜNSTLER
Paul S. Newman hat über 4.000 veröffentlichte Stories für 360 verschiedene Comicalben-Titel geschrieben, darunter für *Superman*, *Mighty Mouse*, *Prince Valiant*, *Fat Albert*, *Tweety and Sylvester* und *The Lone Ranger*.

LÄNGSTE SERIE
Am 26. April 1998 wurde die 200ste Folge von *The Simpsons* auf dem Fox-Netz ausgestrahlt, womit diese Zeichentrickserie im Prime-Time-Fernsehen am längsten läuft. *The Simpsons* lief in 70 Ländern über den Bildschirm.

Kunst und Künstler

GRÖSSTE INSTALLATIONEN
Desert Breath bedeckt 10 ha und besteht aus 178 Kegeln, 89 Sandpyramiden und 89 konischen Senken, die in den Wüstenboden nahe der ägyptischen Stadt Hurghada eingelassen sind. Drei griechische Künstler arbeiteten neun Monate an der Gestaltung.

Tight Roaring Circle, ein 12 m großes, 19 m breites Schloß aus 2.725 m² weißem, PVC-beschichtetem Polyester wurde von Dana Caspersen und William Forsythe entworfen und 1997 im Roundhouse, London, aufgestellt. Eine geschickte Ausleuchtung, ein Ambient-Soundtrack von Joel Ryan und Texte des japanischen Autors Yukio Mishima auf den Wänden sollten die Besucher dazu anregen, mit dem Kunstwerk zu interagieren.

Im Dezember 1996 plazierte Alexander Brodsky vier Gondeln auf einer ungenutzten Bahnstrecke der New Yorker Subway. Das Projekt hieß *Arts for Transit* und wurde vom amerikanischen Public Arts Fund unterstützt.

TEUERSTES LANDSCHAFT-KUNSTWERK
Christos 23 Mio. Dollar (ca. 40 Mio. DM) teures Projekt *The Umbrellas* (1991) bestand aus 1.340 riesigen gelben Schirmen auf einem Feld in Kalifornien und weiteren 1.760 blauen Schirmen in Japan, die gleichzeitig von 810 Helfern geöffnet wurden.

GRÖSSTE BLUMENSKULPTUR
1992 errichtete der amerikanische Künstler Jeff Koons *Puppy*, eine 12,3m x 5,5m x 6 m große Blumenskulptur während der documenta in Kassel, Bundesrepublik Deutschland.

GRÖSSTES ZEICHENPROJEKT
Alan Whitworth zeichnet seit mehr als zwölf Jahren den Hadrian Wall an der Grenze zwischen Schottland und England. Im Jahr 2007 wird die fertige Zeichnung 117 km lang sein.

WERTVOLLSTES GEMÄLDE
Mona Lisa von Leonardo da Vinci wurde von Versicherungen auf einen Wert von 100 Mio. Dollar (ca. 176 Mio. DM) geschätzt, bevor man es 1962 für Ausstellungen nach Washington und New York transportierte. Eine Versicherung wurde nicht abgeschlossen, da die strengen Sicherheitsvorkehrungen billiger als eine Versicherung waren.

TEUERSTES GEMÄLDE
Im Mai 1990 erzielte das Porträt *Dr. Gachet* von Vincent van Gogh bei Christie's in New York 82,5 Mio. Dollar (ca. 145 Mio. DM). Das Bild stellt van Goghs Doktor dar und wurde kurz vor dem Selbstmord des Künstlers 1890 vollendet.

TEUERSTES KUNSTWERK EINER KÜNSTLERIN
In the Box der amerikanischen Künstlerin Mary Cassatt wurde am 23. Mai 1996 bei Christie's in New York für 3,67 Mio. Dollar (ca. 6,5 Mio. DM) gehandelt. Sieben von zehn der teuersten Arbeiten sind von Mary Cassatt Seven.

TEUERSTES ZEITGENÖSSISCHES GEMÄLDE
Les Noces de Pierette von Pablo Picasso erlangte 1986 in Paris 80,44 Mio. Dollar (ca. 141 Mio. DM).

BEKANNTESTE GRAFFITI
Keith Haring begann seine Graffiti-Karriere mit Kreidezeichnungen auf schwarzem Papier, die er über alte Werbeplakate in der New Yorker U-Bahn klebte. Später malte er Wandgemälde in der ganzen Welt und hatte 85 Einzel- und mehr als 50 Gruppenausstellungen. Hier sieht man *Untitled (Breakers)*.

ERFOLGREICHSTER POP-KÜNSTLER
Andy Warhol hatte seit 1952 mehr als 80 Ausstellugen weltweit und zeigte acht ständige Sammlungen in den USA, eine im Moderna Museet in Stockholm, Schweden, sowie eine weitere in der Tate Gallery in London. Warhol, der als Fensterdekorateur in Pittsburgh, USA, begann und in den 50er Jahren in New York zunächst Werbung für Handtücher entwarf, wurde die Ikone der Pop-art-Bewegung. Schon mit sechs Jahren faszinierte ihn Glamour in jeder Form, er sammelte Film-Magazine, -Poster und -Fotografien. Er filmte und speicherte ständig sein eigenes Leben, so daß er bei seinem Tod im Jahr 1987 ungefähr 6.000 Stunden seines Lebens auf Film gebannt hatte. Er malte unter anderem Campbell-Suppendosen, Coca-Cola-Flaschen und Marilyn Monroe. Sein teuerstes Werk, *Marilyn X100,* wurde für 17,3 Mio. Dollar (ca. 30,5 Mio. DM) – mehr als viermal soviel als je zuvor – im Mai 1998 bei Sotheby's in New York verkauft.

GRÖSSTES LANDSCHAFTSGEMÄLDE
Feld-Künstler Stan Herd schneidet mit seinem Traktor Bilder in die Landschaft. Sein größtes Werk ist das 65 ha große Porträt des Cowboys Will Rogers auf den Ebenen von Kansas, USA. Andere bekannte Werke sind ein Sonnenblumen-Stilleben und das Porträt des Indianers Saginaw Grant (rechts) in einem 12 ha großen Weizenfeld.

TEUERSTES GEMÄLDE EINES ANONYMEN KÜNSTLERS
Abreise aus Aragona (1487) erzielte bei Sotheby's in London am 9. Dezember 1989 11,5 Mio. DM.

HÖCHSTER AUKTIONSWERT EINES FOTOS
Hand With Thimble (1920), Alfred Stieglitz' Fotografie einer Hand der Künstlerin Georgia O'Keeffe, erzielte am 8. Oktober 1993 bei Christie's in New York 398.500 Dollar (ca. 700.000 DM).

TEUERSTES POSTER
Ein Werbe-Poster von Charles Rennie Mackintosh für eine Kunstausstellung im Glasgow Institute of Fine Arts im Jahre 1895 erzielte 185.000 DM bei Christie's in London im Februar 1993.

MEISTE AUKTIONSVERKÄUFE
Bis Mai 1997 sind die Arbeiten von Picasso bei 3.579 Auktionen verkauft worden. Der Gesamtwert der Verkäufe beträgt 1,07 Mrd. Dollar (ca. 1,9 Mrd. DM).

GRÖSSTER ERLÖS EINER PRIVATEN SAMMLUNG
Victor und Sally Ganzs Sammlung mit Arbeiten von Picasso und Johns erzielte im November 1997 207,04 Mio. Dollar (ca. 365 Mio. DM) bei Christie's in New York. 25.000 Besucher hatten sich vorher die Werke angeschaut.

MEISTGESTOHLENE KUNSTWERKE
Wahrscheinlich wurden die meisten Werke von Picasso gestohlen, von denen weltweit 350 verschwunden sind. Es fehlen auch 270 Mirós und 250 Chagalls.

MEISTE GALERIEBESUCHER
1995 hatte das Centre Pompidou in Paris eine Rekordzahl von 6.311.526 Besuchern.

BESTBESUCHTE AUSSTELLUNG
1995 lockte Christo 5 Mio. Menschen aus der ganzen Welt nach Berlin, als er den Reichstag in 109 km langen, silbernen Polypropylen-Stoff einwickelte. Die Installation kostete ungefähr 12 Mio. DM und fand weltweite Beachtung.

Tanz, Musical und Theater

GRÖSSTE THEATERVERLUSTE

Side Show, ein Musical über das wahre Leben siamesischer Zwillinge, war der drittgrößte Flop in der Geschichte des Broadways. Es wurde nach gerade drei Monaten Spielzeit im Jahr 1998 abgesetzt. Einen Verlust von 7 Mio. Dollar (ca. 12,3 Mio. DM) mußten die amerikanischen Produzenten des Musicals *Carrie* der Royal Shakespeare Company hinnehmen, das im Mai 1988 nach fünf Vorstellungen am Broadway abgesetzt wurde. Das Musical basierte auf dem erfolgreichen Roman von Stephen King aus dem Jahr 1974.

HÖCHSTBEZAHLTER TÄNZER

Michael Flatley, der in Chicago geborene Star von *Lord of the Dance*, erhält nach Schätzungen ca. 14.000 DM pro Woche für seine berühmte irische Tanzkunst. Der 39 Jahre alte Tänzer wurde durch seine Auftritte beim Eurovisions-Liederfestival in Dublin, Republik Irland, im Jahr 1994 und in der erfolgreichen *Riverdance*-Show berühmt.

MEISTE VORHÄNGE FÜR EIN BALLETT

89 Vorhänge erhielten Margot Fonteyn und Rudolf Nurejew nach der Vorstellung von *Schwanensee* in der Staatsoper Wien, Österreich, im Oktober 1964.

LÄNGSTE CHORUS-LINE

Zu der längsten Chorus-Line in der Geschichte der darstellenden Kunst gehörten 120 Tänzer, die in einem der frühen Ziegfeld-Follies-Revuen auftraten. Im Laufe der Zeit gehörten zu den Ziegfeld-Girls Barbara Stanwyk und Paulette Goddard.

HÖCHSTVERSICHERTE SHOW

Die Produzenten von *Barnum*, das im Londoner Palladium, Großbritannien, am 11. Juni 1981 eröffnete, versicherten das Musical für den Betrag ca. 17,6 Mio. DM. Die Personenversicherung für den Star Michael Crawford, der auf einem Hochseil balancierte und sich an einem Seil von der höchsten Loge auf die Bühne schwang, belief sich auf ca. 10 Mio. DM.

LÄNGSTE REVUELAUFZEIT

Zwischen 1907 und 1957 wurden die Ziegfeld Follies durch insgesamt 25 Neuinszenierungen ihrer Revue zur am längsten laufenden Revue.

LÄNGSTE THEATERSTÜCKLAUFZEIT

Agatha Christies Stück *Die Mausefalle* wurde am Ambassadors Theatre, London, Großbritannien, am 25. November 1952 uraufgeführt. Am 25. März 1974, nach insgesamt 8.862 Vorstellungen, zog es ins benachbarte St. Martins Theatre um. Am

LÄNGSTES MUSICAL

Am 19. Juni 1997 wurde das Musical *Cats* von Andrew Lloyd Webber zum am längsten am Broadway laufenden Musical, als es zum 6.138. Mal im Winter Garden Theatre, New York, USA, aufgeführt wurde. Der Rekord wurde vorher von *The Chorus Line* gehalten. Als *Cats* den Rekord erzielte, hatten mehr als 8,25 Mio. Menschen die Show gesehen, die allein auf dem Broadway Einnahmen von 329 Mio. Dollar (ca. 579 Mio. DM) einbrachten. In den 15 Aufführungsjahren wurde eine Tonne Yak-Haar für Perücken, mehr als 48.000 Kondome zum Schutz der Körpermikrofone vor Schweiß, 327 Liter Shampoo und 684.028 kg Trockeneis verbraucht. Die Show wurde am 11. Mai 1981 im New London Theatre in der Drury Lane, London, uraufgeführt und im Januar 1996 Londons am längsten laufendes Musical. Am 2. Juni 1998 öffnete sich im Londoner West End zum 7.315. Mal der Vorhang. Bis zu diesem Datum hatte das Musical weltweit über 2 Mrd. Dollar (ca. 3,52 Mrd. DM) eingespielt. *Cats* wurde von ungefähr 50 Mio. Menschen in rund 250 Städten gesehen und ist auch das erfolgreichste deutsche Musical.

1. Juni 1998 fand die 18.944. Vorstellung statt. Die Kasseneinnahmen betrugen ca. 58 Mio. DM, die von mehr als 9 Mio. Theaterbesuchern stammten.

LÄNGSTER SZENENWECHSEL
Die Szenenwechsel während *The Intimate Revue* im Duchess Theatre, London, Großbritannien, am 11. März 1930 dauerten jeweils 20 Minuten, und um das Finale vor Mitternacht zu erreichen, mußte die Leitung sieben Szenen streichen, was zu einer sogenannten „Halbvorstellung" führte.

MEISTADAPTIERTES STÜCK
A Day Well spent, ein Schwank in einem Akt, der 1835 von John Oxenford geschrieben wurde, wurde adaptiert als *Einen Jux will er sich machen* (1842) von Johann Nestroy, *The Merchant of Yonkers* (1938) von Thornton Wilder, *The matchmaker* (1954) von Thornton Wilder, *Hello Dolly* (1963) von Jerry Herman und Michael Stewart und *On the Razzle* (1981) von Tom Stoppard.

GRÖSSTES KUNSTFESTIVAL
Das jährlich stattfindende Edinburgh Fringe Festival, Großbritannien, wurde erstmals im Jahr 1947 veranstaltet und erlebte im Jahr 1993 sein bewegendstes Jahr, als 582 Theatergruppen zwischen dem 15. August und dem 4. September insgesamt 14.108 Vorstellungen von 1.643 Aufführungen gaben.

LÄNGSTES STÜCK
Das längste bekannte Stück ist die *Non-Stop-Conolly-Show* von John Arden, dessen Aufführung in Dublin, Republik Irland, 1975 261,5 Stunden dauerte.

KÜRZESTES STÜCK
Das kürzeste Stück der Welt ist das 30 Sekunden lange Stück *Breath* von dem irischen Stückeschreiber und Romanautor Samuel Beckett.

MEISTE HAUPTROLLEN
Kanmi Fujijama spielte in 10.288 Vorstellungen der Japanischen Theatergesellschaft Sochiki Shikigeki von November 1966 bis Juni 1983 die Hauptrolle.

MEISTE THEATERROLLEN
Kanzaburo Nakamura führte von 1926 bis 1987 806 Kabuki-Titel auf. Da jeder Titel dieser klassischen japanischen Theaterform 25 Tage dauert, gab er 20.150 Vorstellungen.

LÄNGSTE ZWEITBESETZUNG
Im März 1994 zog sich die 79 Jahre alte Nancy Seabrooke aus dem Stück *Die Mausefalle* zurück, nachdem sie für die Rolle der Mrs. Boyle 15 Jahre und 6.240 Vorstellungen lang die Zweitbesetzung gewesen war. Sie hat die Rolle 72mal gespielt.

GRÖSSTE FAMILIE AUF DER BÜHNE
Die Rekordanzahl von 22 Mitgliedern der Familie Terry (darunter Sir John Gielguds Mutter Kate) traten in einem Maskierten Tanz aus Shakespeares *Viel Lärm um nichts* in Ellen Terrys Jubiläumsmatinee in der Drury Lane, London, Großbritannien, am 12. Juni 1906 auf.

LÄNGSTE ZEIT IM BETT
Jessica Tandy und Hume Cronyn heirateten 1942 und verbrachten mehr Zeit miteinander im Bett als jedes andere Schauspielerehepaar. Sie begannen im Ethel Barrymore Theatre, New York, USA, in Jan de Hartogs Stück *The Fourposter* im Oktober 1951 und spielten die ans Bett gebundenen Charaktere in den nächsten zwei Jahren am Broadway und auf Tournee.

MEISTE TÄNZER
Als *A Chorus Line* am 29. September 1983 die am längsten laufende Broadwayshow wurde, bildeten 332 Tänzerinnen und Tänzer das Finale.

zirkus

HÖCHSTE THEMSE-ÜBERQUERUNG

Am 17. September 1997 waren Didier Pasquette aus Frankreich (links vor der St. Paul's Cathedral abgebildet) und Jade Kindar-Martin aus den USA die ersten Drahtseilläufer, die den Fluß Themse in London gleichzeitig in entgegengesetzter Richtung überquerten. Das 300 m lange, 2,5 cm dicke Drahtseil befand sich in einer Höhe von 45,7 m über dem Fluß. Als sie sich in der Mitte des Hochseiles trafen, hockte sich Pasquette hin und Kindar-Martin stieg über ihn. Sie hatten geplant, ihr Zusammentreffen in der Mitte mit einem Glas Champagner zu feiern, statt dessen schüttelten sie sich die Hände und warfen in Gedenken an Diana, die Prinzessin von Wales, weiße Rosen in den Fluß. Das Paar, das zu der französischen Akrobatik-Gruppe Les Tréteaux du Coeur Volant gehört, führte dann sitzend, kniend und liegend einige Stunts auf dem Draht vor. Der Akt, ohne Sicherheitsnetz ausgeführt, war erst die dritte erfolgreiche Überquerung des Flusses und gleichzeitig die höchste und längste. Bei einem Sturz wäre das Paar mit 96,56 km/h in das 2,44 m tiefe Wasser gefallen. Die erste Drahtseilüberquerung der Themse gelang dem Franzosen Charles Elleano 1951, der Deutsche Franz Burbach folgte ihm 1972.

HÖCHSTE DARBIETUNG

Am 10. August 1995 führte Mike Howard einen Trapezakt in einer Rekordhöhe von 6.000–6.200 m durch. Das Trapez hing an einem Heißluftballon, der zwischen Glanstonbury und Street, Somerset, Großbritannien, schwebte.

GRÖSSTES MENSCHLICHES MOBILE

Im Jahr 1996 hing die Rekordanzahl von 16 Künstlern des in Addlestone Moor, Surrey, Großbritannien, ansässigen Circus of Horrors an einem Kran aufgehängt und bildeten so in München, Bundesrepublik Deutschland, ein lebendiges Mobile.

MENSCHLICHE KANONENKUGEL

Dave Smith und sein Sohn Dave Smith jr. versuchen hier in der US-TV-Show *Guinness World Records™: Primetime* einen neuen Rekord im weitesten Flug als menschliche Kanonenkugel. Dave sen. wiederholte seinen eigenen Rekord von 54,86 m, aber Dave jr. flog weiter als sein Vater und setzte mit einer Entfernung von 59,43 m eine neue Rekordmarke.

HÖCHSTER HOCHSEILAKT

Der höchste, bodengestützte Hochseilakt fand in einer Höhe von 411 m statt. Er wurde von Philippe Petit aus Frankreich am 7. August 1974 zwischen den Türmen des World Trade Centers in New York, USA, ausgeführt.

GRÖSSTER DRAHTSEILAKT

Am 4. August 1989 ging Michel Menin von Lons-le-Saunier, Frankreich, über eine Rekordstrecke von 3.150 m auf einem Drahtseil durch die französische Landschaft.

LÄNGSTER DRAHTSEILGANG

Den Weltrekord im Ausdauer-Drahtseilgehen stellte mit 205 Tagen Jorge Ojeda-Guzman aus Orlando, Florida, USA, zwischen dem 1. Januar und 25. Juli 1993 auf. Das 11 m lange Drahtseil verlief 10,7 m über dem Boden. Ojeda-Guzman unterhielt die Zuschauermassen durch Gehen, Balancieren auf einem Stuhl und Tanzen, eine 91 x 91 cm große Holzhütte an einem Ende des Drahtseiles war seine Unterkunft.

LÄNGSTER PFEIL-FLUG

Die bulgarische Artistin Westa Geschkowa wurde am 27. Dezember 1995 im Zirkus Ringley Bros. and Barnum & Bailey in Tampa, Florida, USA, von einer Armbrust über 22,9 m abgeschossen.

MEISTE GESCHLUCKTE SCHWERTER

Brad Byers (USA) schluckt sieben Schwerter. Damit noch nicht genug, dreht er sie an ihrem Platz noch um. Mit Röntgenaufnahmen wurde bewiesen, daß es sich um wirkliche Klingen handelte.

MEISTE MENSCHEN AUF EINEM FAHRRAD

Im Jahr 1996 fuhren 17 Personen von der Shan-Dong-Akrobatik-Gruppe auf einem Fahrrad.

HÖCHSTER STELZENLÄUFER

Eddy Wolf („Steady Eddy") aus Loyal, Wisconsin, USA, meisterte Aluminiumstelzen, die vom Boden bis zu seinem Knöchel 12,36 m maßen. Er ging am 3. August 1988 25 Schritte, ohne ein Sicherheitsgeländer zu berühren.

HÖCHSTES EINRAD

Das höchste Einrad war 31 m hoch. Steve McPeak fuhr im Oktober 1980 in Las Vegas, USA, eine Strecke von 114,6 m. Er wurde dabei durch ein Drahtseil gesichert.

GRÖSSTE FREILUFTILLUSION

Im Jahr 1993 ließ der Magier David Copperfield die Freiheitsstatue in New York, USA, „verschwinden": Ein Hubschrauber beleuchtete den Platz so, daß er leer erschien.

GEFÄHRLICHSTE KÜNSTLERGRUPPE

In den Shows der französischen Gruppe Archaos traten nackte Kettensägenjongleure, 15 Stock-Cars, rostige Kräne und Pyrotechniker auf. Jüngst schockte die Gruppe ihr Publikum mit elektrischen Stühlen und Feueranimationen. In Berlin bestand ihre Show aus grünem Feuer, explodierenden Körpern, glitschig-schmutzigen Menschen, die aus hängenden Kokons heruntertiegen, und einem alles zerstörenden Finale.

BESTVERDIENENDE ZIRKUS-TRUPPE
Die weltweit agierende Zirkus- und Theatergruppe Cirque du Soleil hat einen jährlichen Umsatz von mehr als 88 Mio. Dollar (ca. 154 Mio. DM). Die multinationale Truppe beschäftigt 1.250 Menschen in Las Vegas, USA.

GRÖSSTES KÜNSTLERFESTIVAL
Das Glanstonbury Festival in Großbritannien ist bis heute das größte internationale Treffen von Straßen- und Zirkuskünstlern. 1994 jonglierten insgesamt 700 Menschen gleichzeitig.

GRÖSSTER BIEGETRICK
Uri Geller bog angeblich 5.000 Besteckteile durch Willenskraft und spießte sie auf seinen Special-Cadillac. Das Auto kam in Ken Russels Film *Mindbender* vor, der vom Leben Gellers inspiriert war.

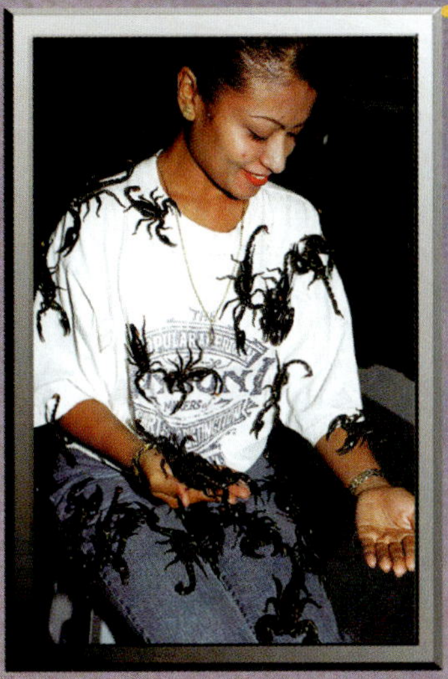

GRÖSSTE STECHGEFAHR
Rohayo Ramli spielt am 21. März 1998 mit Hunderten von tödlichen Skorpionen in einem Käfig während einer Ausstellung in Seremban, Malaysia. Ramli ist eigentlich Tänzerin und interessiert sich für Skorpione, seit sie vor zwei Jahren feststellte, daß sie Spinnentiere gerne auf ihrer Haut spürt. Menschen sind seit langem von Spinnen und Insekten und von deren Reaktionen auf menschlichen Kontakt fasziniert.
Im Juni 1924 trug Frank Bornhofer in Cincinnati, Ohio, USA, für ein Foto einen Helm, der komplett mit Bienen bedeckten war. Wie Bornhofer es vorhergesagt hatte, wurde er nicht ein einziges Mal gestochen.

SCHLANGENBESCHWÖRUNG
Ein jährlich stattfindender Wettkampf im Schlangenbeschwören findet seit 1997 in Staat Perlis, Malaysia, statt. Mehr als 40 Schlangenbändiger aus der ganzen Welt bewerben sich um einen Preis von 2.000 Dollar. Schlangenbeschwörer Osman Ayub aus Langkawi Island, Perlis, Malaysia, hat hier während des ersten Wettbewerbs eine giftige Katzenschlange (Familie der Colubridae) in seinem Mund.

KRAFTAKTE
Der frühere Berufsstuntman Daniel Goodwin bestieg die steile Fassade des Nordturmes des World Trade Centers, New York, USA, im Mai 1983. Fast zehn Jahre zuvor, im August 1974, waren die beiden 419 m hohen Türme ebenfalls Schauplatz des höchsten bodengestützten Drahtseilaktes der Welt des französischen Trapezkünstlers Philippe Petit.

musik
und
mode

Pop

JÜNGSTER POPSTAR
Blümchens Karriere begann 1995 auf einer Party, als sie zwei Musikproduzenten kennenlernte. Die bisherige Bilanz: zehn Hitsingles, zwei goldene Alben, über 3 Mio. verkaufte Tonträger und ein geschätztes Jahreseinkommen von über 1 Mio. DM. Nicht schlecht für jemanden, der 20. April 1998 erst 18 Jahre alt geworden ist.

ERFOLGREICHSTE KÜNSTLERIN
Keine Künstlerin hat mehr Alben weltweit abgesetzt als Madonna, von deren Titeln über 100 Mio. Stück verkauft wurden. Sie ist die erfolgreichste Künstlerin in den US-Charts, wo sie seit 1983 35 Top-20-Singles und 10 Top-10-Alben hatte, sowie in den britischen Charts, in denen sie 44mal Top 20 erreichte und 13 Alben in die Top 10 brachte (darunter sechsmal Platz 1 – Rekord für eine Frau in den britischen Charts).

ERFOLGREICHSTE GESCHWISTER
Michael und Janet Jackson sind die einzigen Geschwister, die einzeln die US-Single- und Album-Charts angeführt haben. Michael hat mit 13 Singles und vier Alben erste Plätze eingesammelt, Janet war mit acht Singles und drei Alben auf Platz 1.

ERFOLGREICHSTE DUOS
Das erfolgreichste Duo in den USA sind Daryl Hall & John Oates mit 22 Top-20-Singles.

Das erfolgreichste Duo in Großbritannien sind The Pet Shop Boys mit 28 Top-20-Singles.

ERFOLGREICHSTER SONGWRITER
Lionel Richie schrieb zwischen 1978 und 1987 pro Jahr mindestens einen Hit, der in den USA Platz 1 erreichte.

ERFOLGREICHSTE KONZERTSERIE
Die sieben Konzerte von Michael Jackson im August 1988 im Wembley-Stadion, Großbritannien, waren alle ausverkauft.

MEISTVERKAUFTES ALBUM
Michael Jacksons *Thriller* (1982) hat sich weltweit über 45 Mio. Mal verkauft, davon 25 Mio. Mal in den USA, wo es damit das meistverkaufte Album ist.

Sgt Pepper's Lonely Hearts Club Band von den Beatles hat sich in Großbritannien über 4,3 Mio. Mal verkauft. Seit seiner Erstveröffentlichung im Juni 1967 kam das Album mehrfach wieder in die Charts, zum letzten Mal im April 1998 unter den Top 40.

MEISTVERKAUFTES SOLO-ALBUM IN GROSSBRITANNIEN
Von Michael Jacksons *Bad* (1987) wurden in Großbritannien 3,9 Mio. Stück verkauft. Sein Album *Thriller* (1982) liegt mit über 3,3 Mio. verkauften LPs auf Platz 2.

The Immaculate Collection von Madonna (1990) verkaufte sich in GB über 2,7 Mio. Mal.

MEISTE VORBESTELLUNGEN IN GROSSBRITANNIEN
Spiceworld (1997) von den Spice Girls hält den Rekord von 1,4 Mio. Vorbestellungen in Großbritannien. Weltweit wurden 6 Mio. Exemplare vorbestellt.

JÜNGSTER SÄNGER
Michael Jackson war 11 Jahre und 5 Monate alt, als er als Leadsänger mit den Jackson Five *I Want You Back* aufnahm, das 1970 Platz 1 der US-Charts erreichte.

Jimmy Osmond war 9 Jahre und 8 Monate alt, als sein *Long Haired Lover From Liverpool* 1972 Platz 1 der britischen Charts erreichte.

LÄNGSTER NR.-1-HIT
26 von 33 Wochen zwischen September 1995 und Mai 1996 war Mariah Carey auf Platz 1 der US-Charts, mit den Singles *Fantasy* (acht Wochen), *One Sweet Day* – zusammen mit Boyz II Men – (16 Wochen) und *Always Be My Baby* (zwei Wochen). Damit brach sie Elvis Presleys 1956er Rekord von 25 Wochen.

MEISTE WOCHEN IN DEN CHARTS
You Were Meant For Me/Foolish Games von Jewel verbrachte vom 30. November 1996 bis 21. Februar 1998 volle 65 Wochen in den US-Single-Charts.

MEISTE WOCHEN AUF PLATZ 1
One Sweet Day von Mariah Carey & Boyz II Men verbrachte 1995/96 16 Wochen hintereinander an der Spitze der US-Single-Charts. Boyz II Men sind auf drei der sechs Titel zu hören, die die US-Charts am längsten angeführt haben.

JÜNGSTE PLATIN-SINGLE-GEWINNER
Mmmbop der Hansons wurde in insgesamt 20 Ländern ein Nummer 1-Hit und verkauften 1997 in Großbritannien 600.000 Exemplare, als ihr Durchschnittsalter bei nur 14 Jahren lag. Schlagzeuger Zachary war 11 Jahre und sechs Monate alt, als die Single in den USA Nummer 1 wurde – er war damit nur einen Monat älter als Michael Jackson, der mit den Jackson Five 1970 die US Charts mit dem Song *I Want You Back* erstürmte. *Middle of Nowhere* verkaufte sich ungefähr 6 Mio. Mal weltweit und wird allgemein als ein Pop-Klassiker angesehen. Zachary, sein Bruder Taylor, der 14jährige Sänger und Keyboarder, und Isaac, der 17jährige Gitarrist, haben alle mindestens fünf Jahre klassisches Klavierspiel gelernt und schreiben den größten Teil der Songs selbst. Sie wurden 1994 von Christopher Sabec, einem Anwalt und Gratful-Dead-Fan, während der South By Southwest Music Conference in Texas entdeckt. Jetzt managed sie ihr Vater. Sie setzen eine lange Tradition von jungen Popstars wie den Osmonds, den Jackson Five, Five Star, Musical Youth, Aaron Carter und Cleopatra fort.

MEISTE TOP-5-SINGLES
Madonna hatte 16 Top-5-Singles in den USA zwischen 1984 und 1989 und 27 Top-20-Notierungen hintereinander zwischen 1983 und 1992.

ERFOLGREICHSTES SINGLE-DEBÜT
Mariah Careys erste 11 Singles erreichten alle die Top 5 in den USA. In den 90ern hatte sie zwölf Singles auf Platz 1 und führte die Charts 57 Wochen lang an – eine Zahl, die nur durch Rekorde von Elvis Presley und den Beatles übertroffen wird. Carey hält auch die Rekorde für die meisten Singles eines Newcomers auf Platz 1 der US-Charts hintereinander (ihre ersten fünf Singles erreichten Platz 1) und für die meisten bei Platz 1 einsteigenden Singles, mit drei Titeln bis April 1998.

MEISTVERKAUFTES DEBÜT-ALBUM
Spice (1996), das Debüt-Album der Spice Girls, ist das meist- und gleichzeitig schnellstverkaufte Debüt-Album britischer Musiker. In 14 Ländern führte es die Charts an, und über 20 Mio. Stück wurden weltweit verkauft. Das Album ist mit 3 Mio. verkauften Exemplaren auch gleichzeitig das meistverkaufte Album weiblicher Künstler und Debüt-Album überhaupt in Großbritannien.

ERFOLGREICHSTE DEUTSCHE SINGLE IN GROSSBRITANNIEN
1984 lag Nenas *99 Red Balloons* 3 Wochen lang an der Spitze der britischen Charts. Die deutsche Originalversion erreichte Platz 2 in den USA.

ERFOLGREICHSTE SCHWEDISCHE SINGLE
The Sign der schwedischen Gruppe Ace of Base blieb 1994 in den USA 4 Wochen lang auf Platz 1.

MEISTE HIT-WIEDERHOLUNG
Chubby Checkers *The Twist* erreichte die Spitze der US-Charts im September 1960 und Januar 1962, und *Bohemian Rhapsody* von Queen war Nr. 1 in Großbritannien im November 1975 und Dezember 1991.

ERFOLGREICHSTE BOY-GROUPS
Die finanziell erfolgreichste Boy-Group der Welt waren New Kids on the Block, die Berichten nach am Gipfel ihrer Karriere 1989–1991 Bruttoeinnahmen von 861 Mio. Dollar (ca. 1,515 Mrd. DM) hatten. Keine US-Band hat die neun Top-10-Notierungen der New Kids zwischen 1988 und 1990 bisher geschlagen.
New Kids on the Block halten auch den Rekord für die meisten Top-10-Hits in Großbritannien innerhalb eines Kalenderjahrs mit acht Titeln 1990.

Mit acht Titeln zwischen 1993 und 1996 hatten Take That von allen britischen Boy-Groups die meisten Singles auf Platz 1 in Großbritannien.

ERFOLGREICHSTES DEBÜT
Die ersten elf Singles des ehemaligen australischen TV-Stars Kylie Minogue erreichten alle die britischen Top 5. Kylie stand mit 20 Jahren und 8 Monaten auch an der Spitze der britischen Album Charts. Allein in Großbritannien verkaufte sie mehr als 2 Mio. Alben. Ihr erfolgreiches Chart-Debüt wurde 1998 von Boyzone eingeholt.

pop klassiker

LÄNGSTE CHART-KARRIERE
Barbra Streisands Hit *People* kam im Mai 1964 zum erstenmal in die US-Single-Charts. Ihr jüngster Erfolg, *I Finally Found Someone* (im Duett mit Bryan Adams), rutschte 32 Jahre und sieben Monate später, im Januar 1997, aus den Charts.

ERFOLGREICHSTE SOLO-KÜNSTLER
Elvis Presley war der weltweit erfolgreichste Solo-Künstler der Rock-Ära – mit 18 Singles und neun Alben auf Platz 1 in den USA und 17 Singles und sechs Alben auf Platz 1 in Großbritannien. Er war der erste Künstler, von dessen Titeln 1 Mrd. Stück verkauft wurden. Er gelangte in den USA mit 94 Titeln und in Großbritannien mit 98 Titeln in die Charts.

In der Prä-Rock-Ära schaffte es Bing Crosby mit 299 Titeln in die Top 20 der USA, darunter mit 38 auf Platz 1.

ERFOLGREICHSTE GRUPPE
Die Beatles haben etwa 1 Mrd. LPs und Cassetten verkauft; 18 Alben in den USA und 14 in Großbritannien erreichten Platz 1.

ERFOLGREICHSTE MUSIK-FAMILIE
Zwischen 1968 und 1998 hatten die Bee Gees 24 Top-20-Singles in den USA und Großbritannien. Auch 13 ihrer Alben erreichten in den USA die Top 20; elf in Großbritannien.

ERFOLGREICHSTE SONGWRITER
Die meisten ersten Plätze in den USA in einem Kalenderjahr erreichten 1964 mit sieben Titeln John Lennon und Paul McCartney mit *I Want To Hold Your Hand, She Loves You, Can't Buy Me Love, Love Me Do, A World Without Love, A Hard Day's Night* und *I Feel Fine*. Ihre Songs hielten über das Jahr 19 Wochen lang Spitzenpositionen.

Barry Gibb hat während der zwölf Monate ab 30. Juli 1976 sieben Nr.-1-Hits geschrieben oder mitkomponiert: *I Just Want To Be Your Everything, How Deep Is Your Love, Stayin' Alive, Love Is Thicker Than Water, Night Fever, If I Can't Have You* und *Shadow Dancing*. Zusammen hielten sie sich 26 Wochen lang an der Spitze.

MEISTE ALBEN AUF PLATZ 1
The Monkees hatten 1967 in einem Jahr vier Alben an der Spitze der US-Charts: *The Monkees, More Of The Monkees, Headquarters and Pisces, Aquarius, Capricorn* und *Jones*.

MEISTE WOCHEN AUF PLATZ 1
Der Soundtrack zu *West Side Story* kam im Mai 1962 in die Charts und blieb 54 Wochen lang an der Spitze der Stereo-LP-Charts.

Der Soundtrack zu *South Pacific* (USA 1958) war an der Spitze der ersten britischen Album-Chart-Notierung und blieb dort 115 Wochen lang, davon 70 ununterbrochen.

MEISTE WOCHEN IN DEN SINGLE-CHARTS
My Way von Frank Sinatra kam zehnmal in die Charts und verbrachte dort insgesamt 124 Wochen zwischen 1969 und 1994. In den USA dauerte Sinatras Karriere in den Top 20 der Album-Charts 39 Jahre und 7 Monate, von 1955 bis 1994.

GRÖSSTE CD-EDITION EINES SOLO-KÜNSTLERS
Der durchgehend erfolgreichste Interpret in Frankreich ist Johnny Hallyday, der 1993 zu seinem 50. Geburtstag eine 40 CDs umfassende Ausgabe mit 730 seiner Titel herausgab. Auch 1998 hatte der Sänger große Hits; Berichten zufolge wurden von seinen Aufnahmen 80 Mio. Stück verkauft – ein Rekord für einen französischen Künstler.

ERFOLGREICHSTE DEUTSCHE SINGLE IN DEN USA
Wunderland bei Nacht von Bert Kaempfert und seinem Orchester war 1961 drei Wochen lang auf Platz 1.

MEISTVERKAUFTER SOUNDTRACK
Von dem Kinohit *The Bodyguard* mit Whitney Houston und Kevin Costner wurden seit seiner Veröffentlichung im Jahre 1992 insgesamt 2,1 Mio. Soundtracks in Großbritannien und über 16 Mio. in den USA verkauft. In Japan ist es zudem das meistverkaufte internationale Album mit über 2,5 Mio. verkauften Exemplaren.

MEISTVERKAUFTE FILMMUSIK
Der Soundtrack zu *Titanic* (1997) ist der größte Filmmusik-Erfolg aller Zeiten. In den USA wurden bereits in den ersten 15 Wochen 9 Mio. Stück abgesetzt. In über 20 Ländern landete die CD auf Platz 1. In Großbritannien war es das erste Filmmusik-Album, das bis an die Spitze der Charts kletterte. Bis Juni 1998 wurden weltweit über 24 Mio. Tonträger davon verkauft.

ERFOLGREICHSTER INSTRUMENTALIST
Herb Alpert & The Tijuana Brass hatte zwischen 1963 und 1968 neun Top-10-Alben in den US-Charts . Am 2. April 1966 war das Orchester mit vier Alben in den US-Top-10 plaziert.

ERFOLGREICHSTE SIEGER IM GRAND PRIX D'EUROVISION
Waterloo, der Hit, mit dem Abba 1974 den Grand Prix d'Eurovision gewann, markierte den Start ihrer internationalen Karriere. Die vier Musiker avancierten später zur kommerziell erfolgreichsten Gruppe der 70er und einer der erfolgreichsten Bands aller Zeiten. In Großbritannien waren sie die erfolgreichsten schwedischen Künstler überhaupt. Abba hatte zwischen 1974 und 1982 insgesamt 19 Top-20-Singles (neun schafften es bis an die Spitze) und acht Alben auf Platz 1. Abba trennte sich 1982; ein Revival in den frühen 90ern katapultierte ihre Titel weltweit wieder an die Spitze der Hitparaden. 1992 traten die Bandmitglieder Björn Ulvaeus und Benny Anderson zusammen mit U2 auf, als die Iren im Rahmen ihrer *Zoo*-Tournee den Abba-Klassiker *Dancing Queen* spielten. Abba ist unter anderem die Lieblings-Popgruppe von Nelson Mandela. Weitere Hits waren *Thank You For The Music, Super Trouper, Fernando, The Winner Takes It All, Chiquitita, I Do, I Do, I Do, I Do, I Do* und *Knowing Me Knowing You*.

MEISTE JAMES-BOND-TITELSONGS
Aus den elf von Frauen gesungenen James-Bond-Titelsongs waren drei von Shirley Bassey: *Goldfinger*, *Diamonds Are Forever* und *Moonraker*. Bassey hält auch den Rekord für die längste Karriere einer Künstlerin in den britischen Single-Charts: 40 Jahre und 9 Monate. In Tiger Bay, Großbritannien, geboren, lebt sie heute in Monte Carlo.

ERFOLGREICHSTER SOLO-KÜNSTLER
Elton John, hier auf der Party zu seinem 50. Geburtstag mit seinem Partner David Furnish, ist der erfolgreichste britische Solo-Sänger in den USA und Großbritannien. In den 30 Jahren seiner Karriere verkaufte er weltweit über 150 Mio. Einheiten. In den USA sichern ihm seine 56 Top-40-Hits den zweiten Platz nach Elvis Presley.

MEISTVERKAUFTES RELIGIÖSES ALBUM
Chant (auch als Canto Gregoriano/ Major Works of Canto Gregori bekannt) von den Benediktinermönchen von Santo Domingo de Silos (internationaler Name: Monks Chorus Silos) aus Spanien verkaufte sich 1994 weltweit über 6 Mio. Mal. Es erreichte in vielen Ländern die Top 10, u.a. in den USA und Großbritannien.

MEISTE SIEGE IM GRAND PRIX D'EUROVISION
Die meisten Siege eines Landes beim Grand Prix d'Eurovision de la Chanson hat Irland erreicht. Bei sieben Wettbewerben (1970, 1980, 1987, 1992, 1993, 1994, 1996) waren irische Künstler erfolgreich. Johnny Logan gewann zweimal, 1980 und 1987.

GRÖSSTER EUROVISIONS-HIT IN DEN USA
Waterloo, das Lied, mit dem Abba den Grand Prix gewannen, stieß 1974 bis auf Platz 6 der US-Single-Charts vor.

Das erfolgreichste Lied im Grand-Prix-Finale ist *L'Amour Est Bleu* von Vicky (Luxemburg). Es erreichte im Jahre 1967 den vierten Platz. Als *Love Is Blue* in der Version von Paul Mauriat & His Orchestra kam das Lied 1968 an die Spitze der Hitparaden. Die Aufnahme ist zugleich auch die erfolgreichste Single eines französischen Künstlers in den USA.

HÖCHSTE PUNKTZAHL IM GRAND PRIX D'EUROVISION
Katrina & The Waves, die Sieger des Jahres 1997, erreichten für Großbritannien mit *Love Shine A Light* 227 Punkte.

JAMES-BOND-TITELSONGS
A View To A Kill von Duran Duran erreichte 1985 Platz 1 in den USA und Platz 2 in Großbritannien.

Die höchste Chart-Position mit einem gecoverten James-Bond-Titel erreichten Guns 'N' Roses im Dezember 1991 mit *Live and Let Die*. Sie landeten in Großbritannien auf Platz 5.

Louis Armstrongs *We Have All The Time In The World*, der Titelsong zu *On Her Majesty's Secret Service* (1969), erreichte 1994 Platz 3 in Großbritannien, mehr als 25 Jahre, nachdem der Titel ursprünglich herauskam, und 23 Jahre und 5 Monate nach Armstrongs Tod.

ERFOLGREICHSTES FRANZÖSISCHSPRACHIGES ALBUM
Celine Dions *D'eux* (1995) hat sich weltweit über 8 Mio. Mal verkauft.

ERFOLGREICHSTE SINGLE EINES FRANZÖSISCHEN KÜNSTLERS
She von Charles Aznavour war 1974 vier Wochen an der Spitze der Charts in Großbritannien.

MEISTE AUSTRALISCHE KÜNSTLER IN DEN US-CHARTS
Am 14. November 1981 war *The Night Owls* von der Little River Band, *Here I Am* von Air Supply und *I've Done Everything* von Rick Springfield in den US-Top-10 und außerdem *Physical* von der in Australien aufgewachsenen Olivia Newton-John.

ERFOLGREICHSTE SINGLE EINES ITALIENERS IN DEN USA
Nel Blu Dipinto Di Blu (Volare) von Domenico Modugno lag 1958 fünf Wochen lang auf Platz 1.

ERFOLGREICHSTE SINGLE EINER JAPANERIN IN USA
Sukiyaki (Ue O Muite Aruko) von Kyu Sakamoto hielt die Spitze der US-Charts 1963 drei Wochen lang. Ebenfalls landete der Titel in den britischen Top 10.

Rock

MEISTVERKAUFTES ALBUM
Von der LP *Greatest Hits 1971–1975* der Eagles wurden weltweit schätzungsweise über 25 Mio. Einheiten abgesetzt. In den USA ist es gleichzeitig das meistverkaufte Rock-Album, mit einer gesicherten Verkaufszahl von 24 Mio. Tonträgern.

MEISTE WOCHEN IN DEN CHARTS
Dark Side Of The Moon von Pink Floyd kam am 17. März 1973 in die US-Charts und ist seitdem dort verblieben. 741 Wochen befand es sich in den Top 200 und bis April 1998 353 Wochen lang im Pop Catalogue Chart, wo es in seiner 1.075. Charts-Woche auf Platz 1 kam.

MEISTVERKAUFTE ROCK-ALBEN
Led Zeppelin IV von der britischen Band Led Zeppelin hat sich seit dem Erscheinungsjahr 1971 insgesamt 17 Mio. Mal verkauft.

Bruce Springsteens *Born In The USA* (1984) ist in den USA mit 15 Mio. verkauften Einheiten das meistverkaufte Album eines US-Rockstars.

Von Meatloafs *Bat Out Of Hell* wurden seit 1978 über 2,1 Mio. Stück in Großbritannien verkauft. Bis April 1998 hatte das Album auch 472 Wochen in den britischen LP-Charts hinter sich.

Back In Black (1980) der australischen Gruppe AC/DC wurde in den USA über 12 Mio. Mal abgesetzt.

Joshua Tree (1987) der irischen Gruppe U2 hat sich in Großbritannien 1,8 Mio. Mal verkauft.

ERFOLGREICHSTE POSTHUME ALBEN
Kurt Cobain und seine Band Nirvana gelangten im November 1994 mit *MTV Unplugged In New York* und im Oktober 1996 mit *From The Muddy Banks of The Wishkah* an die Spitze der US-Charts. Cobain starb im April des Jahres 1994.

MEISTVERKAUFTES DEBÜT-ALBUM
Von *Jagged Little Pill* (1995) der Kanadierin Alanis Morissette gingen welweit über 30 Mio. Exemplare über die Ladentische. Es ist gleichzeitig das meistverkaufte Album einer Sängerin in den USA.

ERFOLGREICHSTE ROCK-SINGLE
(Everything I Do) I Do It For You von Bryan Adams blieb 1991 in Großbritannien 16 Wochen hintereinander auf Platz 1, in den USA sieben Wochen.

MEISTE WOCHEN IN US-AIRPLAY-CHART
1997 war *Don't Speak* von No Doubt 16 Wochen auf Platz 1 der US-Airplay-Charts, war jedoch während dieser Zeit als Single nicht erhältlich, so daß der Titel nicht in die Top 100 der US-Verkaufshitparaden kam.

MEISTE INDIE-HITS
The Smiths belegten am 28. Januar 1984 die drei Spitzenplätze in den britischen Independent Charts. Am 1. Juli 1995 hatten Oasis sechs Singles in den Top 7 der britischen Indie-Charts.

GRÖSSTES ROCKKONZERT
Am 21. Juli 1990 sahen sich geschätzte 200.000 Menschen Roger Waters' Produktion von Pink Floyds *The Wall* auf dem Potsdamer Platz an der Grenze zwischen Ost- und Westberlin an. 600 Künstler traten auf.

HÖCHSTE PUBLIKUMSZAHLEN
Geschätzte 195.000 Zuschauer sahen 1990 den Auftritt der norwegischen Gruppe A-Ha beim Rock-in-Rio-Festival in Brasilien.

Die meisten zahlenden Zuschauer als Solo-Künstler, geschätzte 180.000–184.000, hatte am 21. April 1990 Paul McCartney im Macarana-Stadion, Rio de Janeiro, Brasilien.

Für Tina Turners Konzert 1988 im Macarana-Stadion wird ebenfalls die Zahl von etwa 180.000 Zuschauern angegeben.

Das größte Publikum auf einem kostenlosen Konzert eines Solo-Künstlers hatte mit 3,5 Mio. Zuschauern das Konzert von Rod Stewart auf der Copacabana, Rio de Janeiro, Brasilien, am 31. Dezember 1994.

GRÖSSTE LEINWAND
Die größte LED-Leinwand (LED = Light-Emitting Diodes) der Welt mißt 16,7 x 51,8 m, und gehörte zum Set bei der PopMart-Tour von U2 1997. Es wurden Trickfilme und Kunst auf der Leinwand gezeigt, darunter Werke der Pop-art-Künstler Andy Warhol und Roy Lichtenstein.

MEISTE TODESFÄLLE
Elf Fans wurden bei einem Konzert der Gruppe The Who im Jahr 1979 in Cincinnati, USA, zu Tode getrampelt.

SCHNELLSTER ALBUM-VERKAUF
Von *Be Here Now* (1997) der Band Oasis wurden am ersten Tag des Erscheinens 345.000 Exemplare verkauft. Am dritten Tag waren es schon 700.000 und nach 17 Tagen wurde die 1-Mio.-Marke überschritten. Wie schon bei den beiden vorherigen Alben der Gruppe stieg es als Nummer 1 in die Charts ein. Auch in neun anderen Ländern erreichte das Album innerhalb der ersten Woche einen vorderen Platz in den Charts.

BESTBEZAHLTE ROCKSTARS
1996–97 hatten die Rolling Stones ein geschätztes Bruttoeinkommen von 68 Mio. Dollar (ca. 119,7 Mio. DM). Dies brachte ihnen auf der Forbes-Liste der bestbezahlten Entertainer Platz 12 ein. Die britische Band schlug damit nur knapp Celine Dion mit Einnahmen von 65 Mio. Dollar (ca. 114,4 Mio. DM) und David Bowie mit 63 Mio. Dollar (ca. 110,9 Mio. DM). Seit ihrer Gründung 1962 sind die Stones die ausdauerndste Rockband der Welt; ihr erster britischer Hit gelang 1963 mit einer Version von Chuck Berrys *Come On*, und ihre Karriere in den US-Charts begann 1964 mit *(Tell Me) You're Coming Back*. Noch 1998 hatte die Band Hits in den Charts auf beiden Seiten des Atlantiks. 1994 und 1995 bewiesen die Stones, daß sie nach wie vor für ein Massenpublikum interessant waren, als ihre *Voodoo-Lounge*-Tour mit geschätzten 400 Mio. Dollar (ca. 704 Mio. DM) an Einnahmen zur erfolgreichsten Tournee aller Zeiten wurde. Während der Tournee gaben die Musiker, von denen fast alle heute über 50 Jahre alt sind, 62 Konzerte anstatt der geplanten 28. Ihre *Bridges-To-Babylon*-Tour 1997/98 brach diesen Rekord, mit Einnahmen von ca. 500 Mio. Dollar (ca. 880 Mio. DM). Zur Zeit besteht die Band aus Keith Richards, Ron Wood, Carlie Watts, Darryl Jones und ihrem Frontmann Mick Jagger.

MEISTE KONTINENTE AN EINEM TAG
Am 24. Oktober 1995 veranstalteten Def Leppard Konzerte auf drei Kontinenten, mit Auftritten in Tanger, Marokko, London, Großbritannien, sowie Vancouver, Kanada.

GRÖSSTE SAMMLUNG
Das Hard Rock Café, Philadelphia, USA, verfügt über 45.000 Souvenirs der Rockmusik, darunter ein schwarzer Bustier von Madonna und die Vinylhosen von Sid Vicious.

TEUERSTES SOUVENIR
John Lennons Tourlimousine, ein psychedelisch dekorierter Rolls-Royce Phantom V Baujahr 1965, wurde am 29. Juni 1995 bei Sotheby's, New York, USA, für 2,8 Mio. Dollar (ca. 4,93 Mio. DM) verkauft.

GRÖSSTES ROCK-MUSEUM
Paul Allen, der Mitgründer von Microsoft und achtreichste Mann der Welt, stiftet seine mehrere zehntausend Stücke umfassende Sammlung an Jimi-Hendrix-Souvenirs dem neuen 12.077 m² großen Experience Music Project Museum in Seattle, USA, dem künftig größten Rockmusik-Museum der Welt. Der legendäre Gitarrist, Songwriter und Sänger Jimi Hendrix starb 1970 im Alter von nur 28 Jahren. Am 14. September 1997 wurde er der erste Rockmusiker, dem die angesehene Englisch Heritage Blue Plakette an ein Haus (sein ehemaliges Domizil in der Brook Street Nummer 23 in London) geheftet wurde.

TEUERSTES INSTRUMENT
Das teuerste Rockmusik-Instrument ist eine akustische Gitarre, die zu verschiedenen Zeiten David Bowie, George Michael und Paul McCartney gehörte. Sie wurde am 18. Mai 1994 bei Christie's, London, Großbritannien, für 220.000 Dollar (ca. 387.200 DM versteigert.

MEISTE VERHAFTUNGEN
Jim Morrison von den Doors wurde fünfmal verhaftet, unter anderem wegen Trunkenheit, Gotteslästerung und Erregung öffentlichen Ärgernisses.

SPEKTAKULÄRSTER EINSTIEG
Am 5. Oktober 1991 startete *Use Your Illusion II* von Guns 'N' Roses auf Platz 1 der US-Album-Charts und *Use Your Illusion I* auf Platz 2 – der spektakulärste Start in der Geschichte der US-Charts. Insgesamt über 4,2 Mio. Alben wurden in der ersten Woche ausgeliefert. Die Gruppe hält auch den Rekord für das meistverkaufte Album einer US-Rockband mit 14 Mio. Stück von *Appetite For Destruction*.

ERFOLGREICHSTE WITWE
Courtney Love, die 1992 Kurt Cobain von Nirvana heiratete, ist die erfolgreichste Witwe eines Rockmusikers. Nachdem sie sehr jung eine Rolle in *Sid and Nancy* (1986) von Alex Cox erhalten hatte, wurde sie als Rockmusikerin mit ihrer Band Hole berühmt, deren zweites Album *Live Through This* 1994 kurz nach dem Selbstmord von Kurt Cobain herauskam. Love ist auch als Schauspielerin erfolgreich.

WERTVOLLSTE AUFNAHME
Zwei Exemplare existieren von Bob Dylans *The Freewheelin' Bob Dylan* (Columbia CS-8796, Stereo). Das Album wurde später mit vier Songs weniger neu gepreßt. LPs in fast neuem Zustand könnten 20.000–30.000 Dollar (ca. 35.200–52.800 DM) wert sein.

Dance

MEISTVERKAUFTER FILM-SOUNDTRACK
Saturday Night Fever (1978) ist mit Verkäufen von über 30 Mio. weltweit der meistverkaufte Film-Soundtrack. Er wurde allein 11 Mio. Mal in den USA verkauft. Zu dem Disco-Album gehören die Hits *Jive Talkin'*, *Stayin' alive*, *You should be dancing* und *How deep is your love* von den Bee Gees, *If I can have you* von Yvonne Elliman, *More than a woman* von Tavares und *Disco Inferno* von den Trammps. Im Film trat John Travolta auf, der für einen Oscar als bester Schauspieler nominiert wurde.

GROSSBRITANNIENS MEISTVERKAUFTES DANCE-ALBUM
Bizarre Fruit (1994) von der britischen Gruppe M People wurde mehr als 1,5 Mio. Mal in Großbritannien verkauft, mehr als irgendein anderes Dance-Album. Dazu gehören die Hits *Sight for sore eyes*, *Open your heart* und *Search for the hero*.

ERFOLGREICHSTE DANCE-SINGLE IN DEN USA
The way love goes von Janet Jackson war 1993 für den Rekordzeitraum von acht Wochen die Nr. 1 der Single-Charts.

ERFOLGREICHSTE DANCE-SINGLE IN GROSSBRITANNIEN
Ride on time (1989) von Black Box teilt sich mit *Rhythm is a dancer* (1992) von Snap den Rekord für die erfolgreichste Dance-Single. Die beiden in Europa produzierten Singles führten für je sechs Wochen die Charts an. *Ride on time* ist auch die erfolgreichste Single einer italienischen Gruppe in Großbritannien.

ERFOLGREICHSTE DANCE-KARRIERE IN GROSSBRITANNIEN
The Prodigy haben mit einem Rekord von zwölf aufeinanderfolgenden Veröffentlichungen, die die Top 15 der Charts erreicht haben, die beste Serie von Dance-Hit-Singles in Großbritannien. Die britische Gruppe, die aus Keith Flint, Leroy Thornbill, Liam Howlett und Maxim Reality (Keith Palmer) besteht, hatte im August 1991 mit *Charly* ihr Debüt, ihre zwölfte Veröffentlichung mit dem widersprüchlichen Titel *Smack my bitch up* kam im November 1997 in die Charts.

DIE MEISTEN NR.-1-DANCE-CLUB-SINGLES IN DEN USA
Madonna hatte insgesamt 19 Nr.-1-Singles in den Billboard Dance Club Charts.

Die Gruppe mit den meisten Nr.-1-Singles in den Billboard Dance Club Charts ist mit acht C & C Music Factory.

Der Rekord für die meisten von einem männlichen Solisten in die

DANCE-SOUNDTRACK-BESTSELLER
Der Soundtrack von *Purple Rain* von Prince führte die US-Charts 24 Wochen lang an und wurde seit seiner Veröffentlichung 1985 mehr als 13 Mio. Mal verkauft. Der Film, in dem Prince auftrat, war eine scheinbar autobiografische Story, die in der Club-Szene von Minneapolis, USA, spielte. In diesem Album waren auch die Hits *When doves cry* und *Let's go crazy* enthalten.

MEISTKOPIERTER KÜNSTLER
James Brown ist der einflußreichste Künstler im Dance-Bereich: Er inspirierte die Dance-Musik über fünf Jahrzehnte lang und ist der am meisten kopierte Künstler aller Zeiten. Die Bühnenauftritte vieler heutiger Top-Performer wie Michael Jackson, Mick Jagger und der Künstler ♀ (The Artist formerly known as Prince) verdanken eine Menge Browns Dance-Einlagen zum Abschluß einer Show, bei denen dieser seine Hüften rotieren läßt, seine Füße verdreht und seinen Auftritt mit einem Spagat beendet. Brown wurde 1933 im Süden der USA geboren und begann seine Laufbahn als Straßentänzer. Im Alter von 16 Jahren wurde er des bewaffneten Raubüberfalls für schuldig gesprochen und in eine Jugendhaftanstalt eingewiesen, wo er mit seinem Zellengenossen Bobby Byrd begann, Gospel-Musik zu singen. Das Duo gründete die Rock'n'Roll-Gruppe Flames und hatte 1956 eine millionenfach verkaufte Debüt-Single mit dem Titel *Please Please Please*. Browns erstes Soloalbum war *Live at the Apollo*, 1965 aufgenommen und 1 Mio. Mal verkauft. In den 70er Jahren nutzte er seine Position als eine der populärsten Personen in der Musikwelt, um auf soziale Mißstände aufmerksam zu machen.

Charts gebrachten Nr.-1-Hits liegt bei sieben und wird von dem Künstler ♀ (The Artist formerly known as Prince) gehalten.

BRITISCHER KÜNSTLER MIT DEN MEISTEN NR.-1-DANCE-CLUB-SINGLES
Die britische Künstlerin mit den meisten Nr.-1-Singles in den Billboard Dance Club Play Charts ist mit insgesamt sieben Lisa Stansfield. Dazu gehörten unter anderem ihr dritter Hit *All around the world* und *Change*.

MEISTE NR.-1-HITS IN DEN US-12-INCH-DANCE-SINGLE-CHARTS
Madonna erzielte den Rekord mit 16 Singles, die die amerikanischen 12-Inch-Single-Charts anführten; das ist mehr als das Doppelte der Gesamtanzahl der gemeinsamen drei Zweiten, Der Künstler ♀ (The Artist formerly known as Prince), Janet Jackson und Michael Jackson, die jeweils sieben Nr.-1-Hits hatten. Zu den Dance-Nr.-1-Hits von Madonna zählen *Like a prayer*, *Vogue*, *Into the groove* und *Papa don't preach*.

DANCE-KÜNSTLER MIT DER GRÖSSTEN ANZAHL GLEICHZEITIGER HITS
Am 10. April 1996 waren alle zehn Hit-Singles von The Prodigy in den britischen Top-100 vertreten. Ihre neun vorhergehenden Singles (*Charly*, *Everybody in the place*, *Fire/Jericho*, *Out of space/Ruff in the jungle bizness*, *Wind it up (Rewound)*, *One love*, *No good (Start the dance)*, *Voodoo (People und Poison)* wurden Wiedereinsteiger, nachdem *Firestarter* ihnen ihren ersten Nr.-1-Hit bescherte.

MEISTVERKAUFTES DANCE-ALBUM
Janet (1993) von Janet Jackson führte die Charts sechs Wochen lang an und verkaufte mehr als 6 Mio. Exemplare. Janet wurde 1966 geboren und hatte eine ereignisreiche Kindheit, in der sie unter anderem in der Band ihrer Brüder „The Jackson Five" sang und in verschiedensten Fernsehsendungen auftrat. In *Poetic Justice* (1993) gab sie ihr Filmdebüt als Partnerin von Rapper Tupac Shakur.

SCHNELL-SELLER
The fat of the land (1997) von The Prodigy verkaufte sich in der ersten Woche bereits in einer Rekordanzahl von 317.000 Stück, in den USA über 200.000 Mal. Das Album ging in insgesamt 20 Ländern als Nr. 1 in die Charts ein, darunter den USA, Großbritannien, Kanada, Australien, Deutschland, Österreich und Norwegen. The Prodigy unterscheiden sich nicht nur durch ihren Hardcore-Musikstil, sondern auch durch ihr Aussehen; Keith Flint (links) hat gefärbte, ausrasierte Haare und eine gepiercte Nase, Maxim trägt Kontaktlinsen mit Katzenaugen.

Hip Hop Rap und Reggae

MEISTVERKAUFTES ALBUM

Die LP *Legend* (1984) des verstorbenen Bob Marley ist das meistverkaufte Reggae-Album aller Zeiten. In Großbritannien, wo es auf Platz 1 der Charts kam, wurden 1,8 Mio. Stück verkauft und über 9 Mio. in den USA, obwohl es dort nicht einmal die Top-40 erreichte. Marley wurde nach seinem Tod der jamaikanische Verdienstorden verliehen, er heißt offiziell The Honourable Bob Marley.

BESTVERKAUFTES R&B ALBUM

Das bestverkaufte R&B Album einer Band in den USA ist *II* (1994) von Boyz II Men mit mehr als 12 Mio. Exemplaren. Das Charts-Debüt war 1991. Ihr Album *End of the Road Boomerang* schlug 1992 Elvis Presleys Rekord von 13 Wochen in den US-Charts. Seitdem haben sie den Rekord zweimal gebrochen, mit *I'll Make Love to You* mit 14 Wochen als Nr.1 im Jahr 1994 und *One Sweet Day* (mit Mariah Carey), das 1995 für 16 Wochen an der Spitze der Charts stand.

MEISTVERKAUFTES ALBUM IN DEN USA

Please Hammer Don't Hurt 'Em (1990) von M. C. Hammer und *Crazysexycool* (1994) des weiblichen Trios TLC teilen sich den Rekord für das meistverkaufte HipHop/Rap-Album in den USA, mit bestätigten Verkaufszahlen von 10 Mio. Stück.

ERFOLGREICHSTE SINGLE IN GROSSBRITANNIEN UND USA

1997 lag *I'll Be Missing You* von Puff Daddy & Faith Evans elf Wochen an der Spitze der amerikanischen und sechs Wochen auf Nr. 1 der britischen Pop-Charts und bleibt bis heute die erfolgreichste HipHop/Rap-Single.

SCHNELLSTER RAPPER

Am 27. August 1992 rapte Rebel X.D. aus Chicago, Illinois, USA, im Hair Bear Recording Studio, Alsip, Illinois, 667 Silben in 54,9 Sekunden, was 12,2 Silben pro Sekunde entspricht.

MEISTE RAP-HITS

Der Künstler mit den meisten Singles auf Platz 1 der Billboard Rap Charts ist L. L. Cool J, mit insgesamt acht Hits, darunter *I'm That Type of Guy*, *Around the Way Girl*, *Loungin'* und *Father*.

Die Rapperin mit den meisten Singles auf Platz 1 des Billboard Rap Chart ist MC Lyte, mit vier Titeln (*Cha Cha Cha*, *Poor Georgie*, *Ruffneck* und *Cold Rock a Party*).

ERFOLGREICHSTES LABEL

Das Label mit der größten Anzahl an Singles auf Platz 1 des Billboard Rap Chart ist Def Jam, mit 15 Titeln bis April 1998. Zu den Künstlern unter Vertrag bei Def Jam gehören Public Enemy, MC Search, Boss und L. L. Cool J.

ERFOLGREICHSTE RAPPER AUSSERHALB DER USA

1993 verkaufte sich *Dur Dur D'Etre Bébé* („*Schwer ist's ein Baby zu sein*") des fünfjährigen französischen Rappers Jordy (Lemoine) über 1 Million Mal in Frankreich und war sogar in den USA ein kleiner Hit. *Da Ya Ne* von dem japanischen Rapper East End X Yuri verkaufte sich 1995 in Japan 1 Mio. Mal.

ERFOLGREICHSTER RAP-PRODUZENT

Sean (Puff Daddy) Coombs hat vier Singles produziert, die 1997 nacheinander 36 Wochen lang an der Spitze der US-Rap-Charts standen, darunter *Hypnotize* und *Mo Money Mo Problems* von The Notorious B.I.G.

ERFOLGREICHSTER NACHRUF

I'll Be Missing You, aufgenommen 1997 von Puff Daddy & Faith Evans, featuring 112, hatte sechs Wochen lang die Spitze der Single-Charts in Großbritannien inne und elf Wochen lang in den USA. Die Aufnahme war ein Nachruf auf den Rapper The Notorious B.I.G.

ERFOLGREICHSTER GANGSTA-RAPPER

Der bisher erfolgreichste Gangsta-Rapper der Welt war 2 Pac (Tupac Shakur), der im September 1996 im Alter von 25 Jahren starb. Vier seiner Alben erreichten die Top 3 der US-Pop-Charts, und drei davon (*Me Against The World*, *All Eyez On Me* und *The Don Killuminati – The 7 Day Theory*) erreichten die Nr. 1 in den USA. Shakur starb eine Woche nachdem er auf dem Weg zu einer Party für den Boxer Mike Tyson in Las Vegas niedergeschossen worden war. Ein Mann fuhr in einem weißen Cadillac neben sein Auto, eröffnete das Feuer und verletzte Shakur und Suge Knight, den Chef von Death Row Records. Shakurs Tod lenkte die Aufmerksamkeit der Medien auf den manchmal brutalen Hintergrund von Gangsta-Rap als Genre. Die Polizei vermutet, daß der Mord eine Angelegenheit zwischen Banden war: die öffentliche Rivalität zwischen Westküsten-Rappern wie Shakur, Dr Dre und Snoop Doggy Dog und Ostküsten-Stars wie The Notorious B.I.G. hatte gelegentlich Ähnlichkeit mit einem Bandenkrieg. Shakur selbst war schon wegen Körperverletzung verhaftet worden und hatte wegen sexueller Nötigung zehn Monate im Gefängnis verbracht. Shakurs Einstellung und seine Musik brachten ihm Respekt und Rekordeinnahmen.

DEUTSCHER SPRECHGESANG
Vertreter von Old School und New School der deutschen Sprechgesangszene brachten Fishmob mit dem Song *Susanne zur Freiheit* „alle zusammen auf einen Beat". Die Fishmob Allstars bestanden aus den Stieber Twins, Dendemann, Michi „Hausmarke" Beck, Smudo und den nordischen Jungs von Fischmob selbst (Cosmic DJ, Der Schreckliche Sven, DJ Koze und Stachy). Die Single-Auskoppelung stammte von Fishmobs Album *Power*, auf dem auch J. Mascis von Dinosaur Jr. ein Stück mixte.

ERFOLGREICHSTE REGGAE-SINGLE IN DEN USA
Informer des kanadischen Musikers Snow und *I Can't Help Falling In Love* der britischen Gruppe UB40 teilen sich den Titel für die erfolgreichste Reggae-Single in den USA. Beide Aufnahmen lagen 1993 sieben Wochen lang an der Spitze der Pop-Charts.

BESTE REGGAE-WOCHE
Zum bisher einzigen Mal waren am 27. März 1993 die ersten drei Spitzenplätze der britischen Pop-Charts Reggae-Titel. Auf Platz 1 stand Shaggy mit *Oh Carolina*, Snow war auf Platz 2 mit *Informer* und Nr. 3 war *Mr. Loverman* von Shabba Ranks.

POSTHUMES ALBUM
Der Rekord für das am längsten an der Spitze der britischen Album-Charts stehende posthum veröffentlichte Album beträgt zwölf Wochen, gehalten von Bob Marleys Bestseller-Album *Legend*. Das Album wurde 1984 veröffentlicht, drei Jahre nach Marleys frühem Tod 1981 im Alter von 36 Jahren. Von den elf Künstlern, deren Werke posthum an die Spitze der britischen Album-Charts gelangten, war Otis Redding 1968 mit *Dock Of The Bay* der erste.

JÜNGSTER KÜNSTLER AN DER SPITZE DER US-ALBUM-CHARTS
Der jüngste Künstler, der je auf Platz 1 der US-Album-Charts in der Kategorie Pop gelangte, war Stevie Wonder 1963, als er erst 13 Jahre und 3 Monate alt war, mit *The 12 Year Old Genius*. Zu Wonders berühmtesten Hits gehören *You Are The Sunshine Of My Life* (1972) und *I Just Called To Say I Love You* (1984).

LÄNGSTE KARRIERE
Nat „King" Cole, der 1965 verstorbene Balladensänger, hatte sein Debüt in den amerikanischen R&B-Charts am 21. November 1942, mit *That Ain't Right*. Zum letzten Mal wurde sein Name 48 Jahre und 7 Monate später, am 29. Juni 1991, in den Charts notiert – mit *Unforgettable*, einem posthum veröffenlichten Duett, daß seine Tochter Natalie Cole veröffentlicht hatte.

Aretha Franklin hält den Rekord für die längste Karriere einer Künstlerin in den USA, mit 37 Jahren und 5 Monaten im April 1998. Ihr erster Hit, *Today I Sing The Blues*, kam 1960 in die Charts, und ihr jüngster Erfolg war 1998 *A Rose is Still a Rose*.

ERFOLGREICHSTES RAP-ALBUM
Life After Death von The Notorious B.I.G. (Christopher Wallace) kam einen Monat nach dessen Tod im März 1997 in die Charts und ist das erfolgreichste Gangsta Rap-Album. Es stand vier Wochen lang auf Platz 1 und verkaufte sich allein in den USA 7 Mio. Mal. Sein Sprung von Platz 176 auf Platz 1 war der größte Sprung in den US-Album-Charts. Wallace wurde nach einer Party niedergeschossen.

Latin

MEISTVERKAUFTE SPANISCHSPRACHIGE KÜNSTLER
Mit über 200 Mio. verkaufter Alben ist der spanische Sänger Julio Iglesias der erfolgreichste Latin-Künstler der Welt. Seine LP *Julio* (1983) war das erste fremdsprachige Album in den USA, das mehr als 2 Mio. Mal verkauft wurde.

Die auf Kuba geborene Sängerin Gloria Estefan ist die erfolgreichste Latin-Sängerin in der Welt. In den USA errang sie acht Gold-Alben, von denen vier die 3-Mio.-Marke überschritten: *Primitive love* (1985), *Let it loose* (1987), *Cuts both ways* (1989) und *Greatest hits* (1992). 1990 wurde Estefan mit einem Golden Globe für mehr als fünf Mio. verkaufter Alben außerhalb der USA ausgezeichnet. Ihre gegenwärtigen Gesamtverkaufszahlen liegen weltweit bei mehr als 35 Mio. Alben.

BESTVERDIENENDER LATIN-KÜNSTLER
Der mexikanische Superstar Luis Miguel verdiente im Oktober und November 1997 6,77 Mio. Dollar (ca. 11 Mio. DM) für eine Reihe von 17 Konzerten im Auditória Nacional in Mexiko-Stadt. Die Shows fanden kurz nach Miguels Debüt in den US-Top-20 mit *Romances* statt, dem meistverkauften spanischsprachigen Album des Jahres 1997.

LÄNGSTE ZEIT IN DEN US-CHARTS
In den Monaten nach ihrer Ermordung am 31. März 1995 übernahmen die Alben der 23jährigen, in Texas geborenen Selena (Quintanilla Perez) die amerikanischen Latin Charts: Am 6. Mai 1995 hatten sie die ersten fünf Plätze eingenommen und waren alle auch in den US-Charts der Pop-Alben. In einem Zeitraum von 21 Monaten waren die Alben von Selena fünfmal die Nummer 1 in den Latin Charts.

MEISTVERKAUFTER LATIN-KÜNSTLER
Julio Iglesias ist mit insgesamt sechs Top-20-Alben der erfolgreichste Latin-Künstler in den britischen Album-Charts. Iglesias lernte komponieren, singen und Gitarre spielen, nachdem ein fast tödlicher Verkehrsunfall seine Hoffnungen, Profifußballer zu werden, zunichte gemacht hatte. Er unterzeichnete einen Vertrag bei Discos Columbia, nachdem er das spanische Song-Festival 1968 gewonnen hatte und wurde bald in ganz Europa und Lateinamerika ein großer Star. Er nahm erfolgreiche Platten in Französisch, Italienisch, Deutsch, Portugiesisch und Englisch sowie in Spanisch auf.

GRÖSSTER SPRUNG IN DEN BRITISCHEN CHARTS
Macarena sprang von Platz 74 auf Rang elf. Das Lied wurde durch die oben abgebildete Diana Patricia Cubillan angeregt. Im April 1993 in Spanien veröffentlicht, wurde das Lied in der ganzen Welt ein Riesenerfolg, insbesondere in Mexiko und den USA. Geschrieben und produzierte wurde *Macarena* von Los del Rio, Antonio Romero und Rafael Ruiz (links), die bereits 300 Lieder komponiert haben.
SO WIRD MACARENA GETANZT:
Rechte Hand nach vorn, linke Hand nach vorn, rechte Hand auf linken Arm, linke Hand auf rechten Arm, rechte Hand auf den Kopf, linke Hand auf den Kopf, rechte Hand nach hinten, linke Hand nach hinten, dreimal in den Hüften wiegen, links herum hüpfen und wieder von vorn anfangen.

ERFOLGREICHSTE LATIN-SINGLE IN DEN USA
Macarena des spanischen Duos Los del Rio ist der erfolgreichste Latin-Hit der Rockära, der nicht aus den USA oder Großbritannien stammt. Der Titel führte 1996 insgesamt 14 Wochen die US-Charts an und war 60 Wochen unter den Top 100. Es ist zudem die Platte, die am langsamsten in den USA zur Nummer 1 wurde, denn sie erreichte die Spitze erst in ihrer 33. Woche in den Hitparaden. Die Single wurde allein in den USA mehr als 4 Mio. Mal und weltweit mehr als 10 Mio. Mal verkauft.

ERFOLGREICHSTE INSTRUMENTAL-SINGLE IN DEN USA
Die erfolgreichste Instrumental-Single der Rockära war *Cherry pink and Apple blossom white* von dem auf Kuba geborenen Perez Prado und seinem Orchester, das 1955 14 Wochen lang die US-Charts anführte. Es war gleichzeitig die erste Latin-Nummer, die die britischen Charts anführte.

Prado, der auch als „Mambokönig" bekannt wurde, hält ebenfalls den Rekord für den größten zeitlichen Abstand zwischen Hits in den britischen Top 20: Sein Song *Patricia* verließ die Top 20 am 24. Oktober 1958, und sein Titel *Guaglione*, der 1958 als Nachfolger von *Patricia* zum ersten Mal veröffentlicht wurde, stieg 36 Jahre und 6 Monate später, am 6. Mai 1995, wieder in die Charts ein.

BESTVERKAUFTE ENGLISCHSPRACHIGE PLATTE IN DEN US-LATIN-CHARTS
Die einzige englischsprachige Platte, die jemals die Latin-Charts in den USA anführte, war im Februar 1998 *My heart will go on* von Celine Dion. Das Lied ist die Titelmelodie des Films *Titanic* von 1997, der mit elf Oscars ausgezeichnet wurde.

MEISTVERKAUFTER KÜNSTLER
Gloria Estefan hat mit sieben Top 20-Einträgen, von denen vier die Top 3 erreichten, mehr erfolgreiche Alben in Großbritannien gehabt, als jemals ein anderer Latin-Künstler. Estefan ist die Tochter eines kubanischen Revolutionärs und wurde im Jahr 1984 mit *Dr. Beat* zum Weltstar. In den 90er Jahren konzentrierte sie sich auf die Verwendung ihres vielfältigen musikalischen Erbes. Im Jahr 1993 wendete sie sich mit *Mi tierra* der klassischen kubanischen Musik zu, während ihr Album *Hold me, thrill me, kiss me* einige ihrer favorisierten klassischen Vorlieben aus Rock und Pop vereinigte. 1995 veröffentlichte sie *Abriendo puertas*, ein rein spanischsprachiges Pop-Dance-Album.

GRÖSSTER LATIN-HIT
Die Aufnahme des in Puerto Rico geborenen Ricky Martin von *(Un, dos, tres) Maria* war in vielen Ländern der Welt 1997 ein Hit und wurde über 5 Mio. Mal verkauft. Der Sänger, fünf Jahre lang Mitglied der Latin-Teenagerband Menudo, sang ebenfalls *La copa de la vida*, den offiziellen Song der Fußballweltmeisterschaft 1998 in Frankreich.

Klassik und Jazz

MEISTVERKAUFTES KLASSISCHES ALBUM
Von *In Concert*, dem Album, das die drei Tenöre José Carreras, Placido Domingo und Luciano Pavarotti für das Finale der Fußball-Weltmeisterschaft 1990 aufnahmen, wurden schätzungsweise 13 Mio. Stück verkauft.

GRÖSSTES PUBLIKUM BEI EINEM KLASSISCHEN KONZERT
Am 5. Juli 1986 besuchten geschätzte 800.000 Menschen ein kostenloses Open-Air-Konzert des New York Philharmonic Orchestra auf der großen Wiese des Central Park, New York, USA.

LEISESTES STÜCK
In *4'33"* von John Cage sitzen die Musiker still auf der Konzertbühne: Jedes Geräusch aus dem Zuschauerraum und von außerhalb des Konzertsaals stellt dabei die „Musik" dar.

MASSIGSTER „KÜNSTLER"
And God Created Great Whales (1970) von Alan Hovhaness (USA) wurde für Orchester und Buckelwal-Solo (vom Band eingespielt) geschrieben.

KOMMERZIELL ERFOLGREICHSTER OPERNSÄNGER
Sein professionelles Debüt gab Luciano Pavarotti 1961 – seither hat er weltweit etwa 60 Mio. Alben verkauft. Sein gesamtes Bühnen-Repertoire wurde auf Tonträgern veröffentlicht, und jede Aufnahme wurde bislang zum Bestseller.

KÜRZESTE OPER
Die kürzeste veröffentlichte Oper ist *The Sands of Time* von Simon Rees und Peter Reynolds. Bei der ersten Aufführung in The Hayes, Cardiff, Großbritannien, im März 1993 dauerte das Stück 4 Minuten und 9 Sekunden. Im September 1993 wurde unter Leitung von Peter Reynolds in London, Großbritannien, eine Version von 3 Minuten und 34 Sekunden aufgeführt.

LÄNGSTER APPLAUS NACH EINER OPER
Am 30. Juli 1991 dauerte der Applaus für Placido Domingo nach einer Aufführung von *Othello* an der Staatsoper in Wien, Österreich, 1 Stunde 20 Minuten und 101 Vorhänge lang.

MEISTE VORHÄNGE BEI EINER OPERNAUFFÜHRUNG
Am 24. Februar 1988 erreichte Luciano Pavarotti in Donizettis *L'elisir d'amore* an der Deutschen Oper in Berlin, Bundesrepublik Deutschland, 165 Vorhänge mit einem Applaus von 1 Stunde 7 Minuten Dauer.

UNMELODISCHSTE OPER
Die Oper *Lulu* (1937) des deutschen Komponisten Alban Berg ist eine moderne Zwölfton-Oper ohne Melodien. Der Komponist unterzog sein Werk einem Satz mathematischer Regeln.

TIEFSTE NOTEN
Der tiefste von einer menschlichen Stimme hervorgebrachte Ton wurde 1997 von Dan Britton gesungen. Er produzierte einen hörbaren Ton, der elektronisch gemessen bei 16,45 Hz und damit tiefer als die Note C-0 lag.

Die tiefste Stimmnote des klassischen Repertoires kommt in

POPULÄRSTER JAZZKÜNSTLER
Milestones (1958) von Miles Davis wurde von den meisten Musikjournalisten als das beste Album der Jazzgeschichte anerkannt. Der einzige Mitbewerber ist *Kind of Blue*, ebenfalls ein Album von Miles Davis. Der Trompeter und Komponist wurde von 1954 bis in die Mitte der 60er in allen bedeutenden Jazz-Statistiken als populärster Jazzkünstler geführt. Später wanden sich die Jazz-Puristen von ihm ab.

UMSTRITTENSTE URAUFFÜHRUNG
Das umstrittene Ballett *Le sacre du printemps* des russischen Komponisten Igor Strawinsky provozierte heftige Reaktionen des Publikums während der Premiere im Théatre des Champs-Elysées in Paris im Jahr 1913. Nach den ersten Takten wurde gelacht, doch bald kam es zu regelrechten Tumulten, als das Publikum gegen die fremdartige Komplexität des Stückes protestierte, die mit den musikalischen Normen seiner Zeit brach. Der Protestlärm war so groß, daß die Tänzer das Orchester nicht mehr hören konnten. Strawinsky setzte die Aufführung aber ungerührt fort. *Le sacre du printemps* wurde erst im Laufe der Zeit als Meisterwerk anerkannt. Heute wird es als eines der wichtigsten Musikwerke des 20. Jahrhunderts angesehen.

Osmins Arie in *Die Entführung aus dem Serail* von Mozart vor. Sie verlangt ein tiefes D (73,4 Hz).

HÖCHSTE NOTE
Die höchste Stimmnote des klassischen Repertoires ist g''', ein Ton, der in Mozarts *Popolo di Tessaglia* vorkommt.

GRÖSSTER STIMMUMFANG
Der Baß Ivan Rebroff besitzt eine Stimme, die über vier Oktaven reicht, vom tiefen F bis zum hohen F, 1¼ Oktaven über dem C.

SCHOCKIERENDSTE OPER
Salome, die Enkeltochter von Herodes dem Großen, hier in einer Produktion der 20er Jahre, fordert den Kopf von Johannes dem Täufer. Ihre Geschichte wurde in vielen Variationen nacherzählt, darunter in *Salome* (1905) von Richard Strauss. Die Oper wurde 27 Jahre lang von der New York Metropolitan Opera boykottiert, nachdem dieses Thema das Publikum schockiert hatte.

LAUTESTES MUSIKINSTRUMENT
Das lauteste und größte jemals gebaute Musikinstrument ist die heute noch teilweise funktionsfähige Auditorium Organ, eine Orgel in Atlantic City, New Jersey, USA. Das Instrument wurde im Jahr 1930 fertiggestellt. Es wies 1.477 Register und 33.112 Pfeifen auf. Die gigantische Orgel spielte mit der Lautstärke von 25 Blasorchestern.

GRÖSSTER KONZERTFLÜGEL
Ein 3,55 m langer Flügel wurde 1935 von Chas H. Challen & Son Ltd, London, Großbritannien, gebaut. Seine längste Baßsaite war 3,02 m lang.

TEUERSTES KLAVIER
Ein ca. 1888 gebauter Steinway-Flügel wurde am 26. März 1980 bei Sotheby's, New York, USA, für 390.000 Dollar (ca. 686.400 DM) versteigert.

TEUERSTE VIOLINE
Der höchste jemals bei einer Auktion für eine Violine erzielte Preis betrug 1998 bei Christie's, London, Großbritannien, für die 1729 von Stradivari gebaute „Kreutzer"-Violine 947.500 Pfund (ca. 2,748 Mio. DM).

TEUERSTES JAZZ-INSTRUMENT
Ein Saxophon aus dem Besitz von Charlie Parker wurde im September 1994 bei Christie's, London, Großbritannien, für 93.500 Pfund (ca. 271.150 DM) versteigert.

KOMMERZIELL ERFOLGREICHSTER JAZZMUSIKER
Von Aufnahmen des amerikanischen Saxophonisten Kenny G wurden schätzungsweise 50 Mio. Einheiten verkauft. Sein Album *Breathless* ist mit 13 Mio. verkauften Exemplaren der meistverkaufte Jazz-Titel.

LÄNGSTE JAZZ-KARRIERE
Der Saxophonist und Pianist Benny Waters aus Maryland, USA, begann seine Karriere als Teenager an, und er nimmt im Alter von 96 Jahren noch immer Titel im Studio auf.

ÄLTESTER JAZZCLUB
Der Village Vanguard Jazzkeller in New York, USA, ist seit den 30er Jahren ohne Unterbrechung ein berühmter Veranstaltungsort für Jazz der verschiedensten Stilrichtungen.

LÄNGSTE OPER
Im späten 19. Jahrhundert revolutionierte der deutsche Komponist Richard Wagner die Oper durch Werke wie *Der Ring des Nibelungen*. Ein Teil des Gesamtwerkes ist *Die Walküre* (1856), aus der das Bild unten stammt. Die längste und häufig aufgeführte Oper der Welt ist Wagners *Die Meistersinger von Nürnberg* (1868). Eine ungekürzte Version dauerte insgesamt fünf Stunden.

clubs und festivals

GRÖSSTES STRASSENFESTIVAL
Der Karneval von Rio de Janeiro ist das größte Straßenfestival der Welt. Rund 2 Mio. Menschen pro Tag, davon 300.000 Touristen, kommen jedes Jahr. 1998 brachte das Festival in vier Tagen über 165 Mio. Dollar (ca. 290 Mio. DM) ein. Ein Platz im Sambadrom für eine der Paraden kostet zwischen 300 und 600 Dollar (ca. 520 bis 1.050 DM). 1998 nahmen 14 Samba-Schulen an der Parade teil, jede mit sechs eigenen Wagen und mit bis zu 5.000 sorgfältig ausstaffierten Tänzern. The Notting Hill Carnival, London, Großbritannien, ist mit 1 Mio. Besuchern pro Jahr das größte Straßenfestival Europas.

BELIEBTESTE CLUBINSEL
Ibiza hat insgesamt 740 Clubs, Restaurants und Bars und zieht jedes Jahr 1,5 Mio. Besucher an.

ERFOLGREICHSTER CLUB-DJ
Der britische DJ Paul Oakenfold hat 1 Mio. Platten verkauft, besitzt das Perfecto Musik-Label, hat mit U2 und den Rolling Stones gearbeitet und soll ca. 700.000 DM im Jahr verdienen. Als einer der einflußreichsten DJs hat er dazu beigetragen, Clubkultur zum Mainstream werden zu lassen. Er legte in Australien, den USA, Hongkong, Brasilien, Argentinien und in ganz Europa sowie auf Privatparties bei Madonna, Naomi Campbell und Grace Jones auf.

GRÖSSTE TECHNO-PARTY
Am 12. Juli 1997 versammelten sich im Zentrum Berlins nach Schätzungen 1 Mio. Menschen zur neunten und größten Love Parade. Die Raver tanzten hinter 38 geschmückten Wagen mit Soundsystemen und absolvierten dabei eine sechs Kilometer lange Strecke. In mehr als 130 Clubs sowie in Parks und am Potsdamer Platz, Europas größter Baustelle, fanden Parties statt. Die Einnahmen aus der Parade, die Menschen aus der ganzen Welt angezogen hatte, wurden auf ca. 140 Mio. DM geschätzt. Die „Hate Parade", eine Alternativ-Party gegen die „Kommerzialisierung" der Hauptveranstaltung, zog nur rund 500 Leute an und wurde nach einigen Stunden abgebrochen.

ERFOLGREICHSTES CLUBUNTERNEHMEN
Ministry of Sound in London, Großbritannien, soll ca. 56 Mio. DM wert sein. Seit seiner Eröffnung im Jahr 1991 hat der Club eine Plattenfirma, eine Bekleidungsmarke und ein Magazin gegründet. Seine Plattenfirma verkauft 1 Mio. Platten pro Jahr, größtenteils Dance-Compilations.

GRÖSSTER NACHTCLUB
Gilleys Club (früher Shellys) am Spencer Highway, Houston, Texas, USA, wurde 1955 gebaut und 1971 auf 6.000 Plätze vergrößert.

GRÖSSTE NEUJAHRSFEIER
Im Jahr 1996 kamen über 400.000 Vergnügungssüchtige in die Innenstadt von Edinburgh, Großbritannien, Europas bekanntestem Neujahrsreiseziel. Obwohl nach Schätzungen ca. 66 Mio. DM eingenommen wurden, hat die Stadt jetzt die Anzahl der Gäste auf 180.000 eingeschränkt.

GRÖSSTES FESTIVAL FÜR DARSTELLENDE KUNST
Das jährlich stattfindende Cleveland Performance Art Festival, Ohio, USA, wird jedes Jahr im Mai veranstaltet und ist eine Leistungsschau sowohl für Nachwuchskünstler als auch für etablierte Stars der darstellenden Kunst-Szene.

GRÖSSTE JAHRTAUSENDFEIERN
Times Square Business Improvement District plant eine 24stündige Unterhaltungsproduktion am Times Square, New York, USA. Die Jahrtausendfeier wird viele Mio. Dollar kosten, unter anderem soll der größte Hologramm-Strobe-Lit-Spinning-Ball gezeigt werden.

King Taufa'ahau Tupou aus Tonga lädt Gäste ein, die Jahrtausendfeier auf der angblich größten Party der Welt zu begehen. Er behauptet, daß Tonga den Beginn des neuen Jahrtausends zeitlich vor allen anderen erlebt und droht, jede Insel zu verklagen, die seine Behauptung in Frage stellt.

GRÖSSTES MULTIKULTURELLES FESTIVAL
Das jährliche Folklorama-Festival in Winnipeg, Manitoba, Kanada, zieht über 500.000 Menschen aus der ganzen Welt an. Es wurde erstmals 1970 veranstaltet, um den 100sten Geburtstag der Provinz zu feiern und zeigt das unterschiedliche kulturelle Erbe seiner Bevölkerung. Jetzt ist es zu einem zweiwöchigen Festival angewachsen, das von 20.000 Freiwilligen organisiert wird.

GRÖSSTES MUSIKFESTIVAL IM INTERNET
Das 1998er Intel New York Music Festival zeigte in 20 Clubs in Manhattan, New York, USA, mehr als 300 Bands. Die Festival-Website übertrug Bilder und Musik der Gruppen aus den Clubs.

MEISTE MENSCHEN BEI EINEM ROCKFESTIVAL
Schätzungen zufolge nahmen an einem von Steve Wozniak 1983 veranstalteten Festival in Devore, Kalifornien, USA, 670.000 Menschen teil. U. a. traten auf: The Clash, Van Halen und David Bowie.

ÄLTESTES ROCKFESTIVAL
Pinkpop wird seit Mai 1970 jedes Jahr in Geleen, Niederlande, veranstaltet und zieht 40.000 bis 60.000 Menschen an.

GRÖSSTER WINTERKARNEVAL
Der jährlich stattfindende Winterkarneval in Quebec City, Kanada, begann im Jahr 1955, seinen Ursprung hat er jedoch im ersten Karneval der Stadt im Jahr 1894. Höhepunkte sind die Schau der Schneebildhauer, Kanurennen, Hundeschlittenrennen, ein Autorennen auf dem Eis und Snowrolling in Schwimmwesten.

GRÖSSTES SCHWULENFESTIVAL
The Gay and Lesbian Mardi Gras in Sydney, North South Wales, Australien, wurde erstmals im Jahr 1978 veranstaltet und ist jetzt das größte Schwulenfestival der Welt. Im Jahr 1998 kamen 700.000 Menschen. Eine Tanzparty nach der Parade zog über 17.000 Zuschauer und Livekünstler an. Die größte Schwulenparade findet in San Francisco, USA, statt. 500.000 Menschen kamen 1997 zur 27. Parade der ältesten Schwulenveranstaltung der Welt.

WOODSTOCK
Woodstock Music and Art Fair, eines der berühmtesten Musikereignisse überhaupt, fand vom 15. bis 17. August 1969 in Bethel, New York, statt und zog ca. 500.000 Menschen an.

szene

MEISTVERKAUFTE UNTERWÄSCHEMARKE
Die beliebteste Unterwäschemarke der Welt wird von dem amerikanischen Designer Calvin Klein hergestellt. In den 80er Jahren profitierte Klein von dem Trend unter Frauen, seine Männerunterwäsche für sich selbst zu kaufen, indem er Boxershorts für Frauen herausbrachte. Im Jahr 1984 wurde eine Rekordanzahl von 400.000 Stück der „Calvins" (siehe links an Supermodel Christy Turlington) gekauft, und das Unternehmen setzte 50 Mio. Dollar (ca. 88 Mio. DM) um. Klein ist weitestgehend für die Popularisierung von Designerkleidung verantwortlich. Indem er seinen Namen auf die Gesäßtaschen seiner Jeans setzte, wurde er ein Vorbild für andere Designer. Calvin Klein ist eines der populärsten Symbole für amerikanischen Mode.

ERFOLGREICHSTE BEKLEIDUNGSMARKE
Dockers, eine Marke für Freizeitkleidung von Levi Strauss & Co., wurde 1986 in den USA gestartet und ist bis zu Beginn der 90er Jahre zur am schnellsten wachsenden Bekleidungsmarke in der amerikanischen Geschichte geworden. Die Marke war anfänglich als eine komfortable Alternative zu Jeans für Leute im mittleren Alter gedacht, aber die Vermarktung, die innerhalb von zwei Jahren insgesamt 10 Mio. Dollar (ca 17,6 Mio. DM) gekostet hatte, brachte Dockers mit Verkäufen im Wert von 6,9 Mrd. Dollar (ca. 12,2 Mrd. DM) im Jahr 1997 an die Spitze des Bekleidungsmarktes.

GRÖSSTER UNTERWÄSCHEHERSTELLER
Das Unternehmen Fruit of the Loom aus Chicago, Illinois, hatte 1997 Einnahmen in Höhe von 488 Mio. Dollar (ca. 856 Mio. DM).

MEISTVERKAUFTER BÜSTENHALTER
Der Wonderbra von Sara Lee ist einer der beliebtesten Büstenhalter der Welt. Gegenwärtig werden davon über 30.000 Stück pro Woche allein in Großbritannien verkauft.

ERSTE SCHUHMARKE IN EINEM ENGLISCHWÖRTERBUCH
Dr. Martens Schuhe, die seit 1960 hergestellt werden, sind jetzt so berühmt, daß sie einen Eintrag in das altehrwürdige Oxford English Dictionary erhalten. Dieser lautet: „Dr. Martens (n.phr.) Eigenname für eine Art von schweren (insbesondere geschnürten) Stiefeln oder Schuhen mit gepolsterter Sohle".

GRÖSSTER HERSTELLER VON SURFBEKLEIDUNG
Die Firma Quiksilver hat jährliche Einnahmen von ungefähr 230 Mio. Dollar (ca. 404 Mio. DM). Das Unternehmen verkauft in mehr als 130 Länder und sponsert Hunderte von Sportlern, darunter die Surfer Robbie Naish, Kelly Slater und Lisa Andersen.

AM SCHNELLSTEN VERKAUFTE UHR
Von der Swatch-Uhr, die von dem Schweizer Uhrmacher Dr. Ernest Thomke und Nicholas Hayelk 1981 entwickelt wurde, sind innerhalb eines Zeitraumes von zehn Jahren über 100 Millionen Stück abgesetzt worden, womit sie zur am schnellsten verkauften Uhrenmarke in der Geschichte wurde. Im Jahr 1986 wurde der Graffiti-Künstler Keith Haring verpflichtet, eine Serie von vier Swatch-Uhren zu entwerfen, von denen einige in den 90er Jahren auf Auktionen für über 5.000 Dollar (8.800 DM) verkauft wurden.

MEISTVERKAUFTE GESICHTSCREME
Oil of Olaz, das jetzt von Procter und Gamble hergestellt wird, hat einen Anteil von 28 % des Weltmarktes an Gesichtsfeuchtigkeitscremes. Ihre Formel wurde von Graham Wulff aus Südafrika entwickelt, um das Austrocknen der Brandwunden britischer Piloten während des Zweiten Weltkrieges zu verhindern. Nach dem Krieg verfeinerte Wulff das Produkt und machte sich gemeinsam mit Shaun Adams an die Vermarktung.

GRÖSSTE WOHLTÄTIGKEITSLADENKETTE
Oxfam öffnete ihren ersten Wohltätigkeitsladen im Jahr 1948 und besitzt jetzt 862 Geschäfte in Großbritannien und Irland. Im Jahr 1997 hatte das Unternehmen, das weltweit gegen Hunger, Krankheit, Ausbeutung und Armut ohne Ansehen von Rasse und Religion kämpft, ein Einkommen von ca. 48 Mio. DM.

GRÖSSTER LADEN FÜR SECOND-HAND-BEKLEIDUNG
Domsey's Warehouse and Annex in Brooklyn, New York, USA, ist mit einer Fläche von 23.225 m² der größte Laden für Second-Hand-Bekleidung, von denen

MEISTVERKAUFTE SONNENBRILLEN
Ray-Ban ist eine der bekanntesten Marken auf dem Sonnenbrillenmarkt: 80 % der Sonnenbrillenträger in Europa, Asien und den USA kennen diese Marke. Bausch & Lomb Inc. aus Rochester, New York, entwickelten sie für US-Jagdflieger, die eine Linse aus optischem Qualitätsglas gegen grelles Sonnenlicht benötigten. Die Wissenschaftler arbeiteten in den späten 20er und frühen 30er Jahren daran, die grün gefärbten Linsen zu entwickeln. Das Flieger-Modell wurde 1936 in der Öffentlichkeit eingeführt. Zusammen mit der Wayfarer-Ausführung wurde es durch wohlüberlegte Produktplazierung in Kultfilmen wie zum Beispiel *The Blues Brothers* (USA, 1980) zu einer Mode-Ikone. Wayfarer ist die am meisten verkaufte Sonnenbrillenausführung in der Geschichte und auch 40 Jahre nach ihrem Erscheinen in den frühen 50er Jahren weiterhin sehr beliebt. Im Jahr 1989 wurden Ray-Ban-Brillen in mehr als 110 Filmen benutzt. 1997 machte der Film *Men in Black* (USA) mit Will Smith in der Hauptrolle die Predator-2-Ausführung bekannt.

3.251 m^2 Verkaufsfläche sind. Das Familienunternehmen wird seit drei Generationen betrieben und ist in Brooklyn seit 17 Jahren ansässig. Es lagert zu jedem Zeitpunkt rund 350.000 Kleidungsstücke.

GRÖSSTE BEKLEIDUNGSINDUSTRIEN
Die größte Bekleidungsindustrie der Welt nach dem Wert produzierter Waren ist die der USA, die im Jahr 1996 Kleidung im Wert von ungefähr 39,5 Mrd. Dollar (69,52 Mrd. DM), mit Ausnahme von Fußbekleidung, herstellte. 1997 arbeiteten 800.000 Menschen in der Textilbranche.

Die größte Bekleidungsindustrie nach Anzahl der Angestellten besitzt China, das im Jahr 1997 1,75 Mio. Menschen beschäftigte. Sie stellten 1996 Bekleidung her (außer Fußbekleidung) im Wert von 17,9 Mrd. Dollar (31,504 Mrd. DM).

GRÖSSTER STRUMPFHOSENHERSTELLER
Eine von fünf Strumpfhosen in der Welt wird von Sarah Lee hergestellt, womit sie zum größten Strumpfhosenhersteller der Welt wird. Zu den 31 Marken des Unternehmens gehören ebenfalls Playtex und Wonderbra, die beide jeweils einen Absatz von mehr als 100 Mio. Dollar (176 Mio. DM) im Jahr erreichen.

GRÖSSTE SPORTMARKE
Der Sportartikelriese Nike, in Oregon, USA, ansässig, hatte im Jahr 1997 Einnahmen von 9,19 Mrd. Dollar (ca. 16,2. Mrd. DM) und Gewinne von 796 Mio. Dollar (ca. 1,4 Mrd. DM), womit er an 198. Stelle unter den Top-Unternehmen der Welt lag. Der Erfolgsschuh Nike Air wurde von Frank Rudy, einem Ingenieur der NASA, angeregt. Für das Design zeichnete Michael Jordan verantwortlich.

Haute couture

TEUERSTER DESIGNER-LADEN
Das Geschäft von Gianni Versace in der Bond Street, London, Großbritannien, soll mit 12 Mio. Pfund (ca. 37 Mio. DM) mehr als jedes andere Designergeschäft gekostet haben. Es wurde 1992 eröffnet; verwendet wurden Carrera-Marmor, Vergoldungen und Fresken. Versace wurde 1946 in Italien geboren und begann seine Laufbahn im Bekleidungsladen seiner Mutter. Er zog 1972 nach Mailand und gründete 1978 gemeinsam mit seinem Bruder Santo und seiner Schwester Donatella ein eigenes Modehaus. Versace ist jetzt eines der erfolgreichsten Modehäuser, sein Umsatz ist von 50,8 Mio. Dollar (ca. 89 Mio. DM) 1978 auf 742,2 Mio. Dollar (ca. 1,3 Mrd. DM) im Jahr 1993 angewachsen. Im Juli 1997 wurde Versace auf den Stufen seines Hauses in Miami niedergeschossen. Zu seiner Beerdigung kamen Stars aus dem Modebereich sowie Lady Diana und der Sänger Elton John.

REICHSTER DESIGNER
Ralph Lauren besitzt nach Schätzungen ein persönliches Vermögen von 1 Mrd. Dollar (ca. 1,76 Mrd. DM). Der 1939 als Ralph Lipschitz in New York, USA, geborene Lauren begann seine Karriere als Verkaufsassistent und hatte seinen ersten Erfolg mit einer Krawatten-Kollektion. Er eröffnete 1971 seinen ersten, unabhängigen Polo Shop in Beverly Hills, USA. 1993 brachte er seine Polo Sport Kollektion heraus. Im Jahr 1988 hatte das Bekleidungshaus Umsätze von 925 Mio. Dollar (ca. 1,6 Mrd. DM) pro Jahr im Vergleich zu 7 Mio. Dollar (ca. 12,3 Mio. DM) im Jahr 1974.

ERFOLGREICHSTER DESIGNER
Die am meisten in der Welt verkaufte Designer-Marke ist Giorgio Armani. Der italienische Designer begann seine Modekarriere 1954, als er Vorführungen im Warenhaus La Rinscente machte, bevor er für das Haus des Designers Cerruti arbeitete. 1975 verkaufte Armani sein Auto und brachte ein eigenes Modelabel heraus. Das Label war in den späten 70er und frühen 80er Jahren äußerst erfolgreich, als dessen Kleidung sowohl Stil als auch Reichtum zu verkörpern begann. Obwohl er weniger als seine größten Konkurrenten (Versace, Calvin Klein und Valentino) wirbt, wird Armani bei einer ganzen Reihe von Stars wie Michelle Pfeiffer, Cindy Crawford und Richard Gere bevorzugt. Die Gesamtverkäufe von Armani-Kleidung übersteigen jetzt 320 Mio. Dollar (ca. 563 Mio. DM) per anno.

JÜNGSTER DESIGNER
Der britische Designer Julian MacDonald hatte seinen glücklichen Durchbruch im Alter von 24 Jahren bei seinem Abschluß am Royal College Of Art in London, Großbritannien, wo er von Karl Lagerfeld ausgesucht und gebeten wurde, eine Strickwaren-Kollektion für Chanel zu entwerfen. Nach großem Erfolg in Paris, Frankreich, präsentierte MacDonald 1997 seine eigene Kollektion „Mermaids".

SCHNELLSTER AUFSTIEG
Stella McCartney, die Tochter von Paul McCartney, wurde im April 1997 zur neuen Designerin des Pariser Modehauses Chloè ernannt: Dies war 18 Monate nach ihrem Abschluß auf dem Central Saint Martins College of Art and Design, London, Großbritannien. McCartney, die für Karl Lagerfeld kam, hatte drei erfolgreiche Linien unter ihrem eigenen Label entworfen. Die Supermodels Naomi Campbell und Kate Moss waren die Models auf ihrer Collegeabschlußveranstaltung gewesen. Jetzt, mit 26 Jahren, erhält McCartney ein sechsstelliges Gehalt.

ÄLTESTER DESIGNER
Der älteste internationale Couturier der Welt ist der 71 Jahre alte amerikanische Designer Geoffrey Beene.

TEUERSTE JACKE
Naomi Campbell trug 1998 die teuerste Jacke der Welt für Gai Mattiolis Kollektion von 1998. An der 1 Mio. Dollar (ca. 1,76 Mio. DM) teuren Jacke befinden sich die größten auf dem Markt befindlichen, burmesischen Rubine von 100 Karat und 250 Jahre alte Smaragde von 36 Karat als Knöpfe.

TEUERSTE ABGESETZTE MODEVORFÜHRUNG
Im März 1998 wurde Giorgio Armanis Emporio-Show während der Pariser Modewoche von der Polizei aufgrund mangelnder Sicherheit am Veranstaltungsort abgesetzt. Zu dem Zeitpunkt hatte Armani 300.000 Dollar (ca. 528.000 DM) für die Show und eine weitere Million Dollar

GRÖSSTES HOCHZEITSKLEID
Der japanische Designer Yohji Yamamoto verblüffte die Zuschauer auf seiner im März 1998 in Paris, Frankreich, stattgefundenen Show, als er ein beigefarbenes Krinolinen-Hochzeitskleid mit einem vier Meter weiten Rock und einem übergroßen Hut enthüllte. Der in Tokio, Japan, 1943 geborene Yamamoto studierte Rechtswissenschaft, bevor er in dem Bekleidungsgeschäft seiner Mutter half und dann an der berühmten Schule Bunkafukuso Gaukin Mode studierte. Er gründete 1972 sein eigenes Unternehmen und veröffentlichte 1976 seine erste Kollektion in Tokio. Yamamotos Kleidungsstücke sind gewöhnlich funktionell und maßvoll. Laut den Chefs der Model-Agenturen bevorzugt er „realistisch" aussehende Frauen als Models für seine Kollektionen. Seine Entwürfe für beide Geschlechter verbergen den Körper eher, als daß sie ihn betonen. Yamamoto debütierte 1981 in Paris; er ist der einzige japanische Designer, der den französischen Preis Chevalier de l'Ordre des Arts et des Lettres erhielt. Im Jahr 1987 eröffnete er einen neuen Sitz für sein Unternehmen in London, Großbritannien, das jetzt einen geschätzten Umsatz von 100 Mio. Dollar (ca. 176 Mio. DM) aufweist.

(ca. 1,76 Mio. DM) für die Party nach der Show ausgegeben. Sie wurde damit zur teuersten Modevorführung, die nie stattgefunden hat.

SCHNELLSTER ERFOLG

Über einen Zeitraum von nur drei Jahren wandelte Guccis Creative Director Tom Ford das italienische Modehaus zu einem der gefragtesten Marken der Welt um. Guccis jährlicher Umsatz ist in dieser Zeit von 250 Mio. Dollar (ca. 440 Mio. DM) auf rund 1,2 Mrd. Dollar (ca. 2,1 Mrd. DM) gestiegen. Eine der von Ford eingeführten Innovationen bestand in dem Verzicht auf die gekreuzten Gs, die seit langer Zeit auf vielen Produkten von Gucci zu finden waren. Ford selbst startete seine Modekarriere mit einem Praktikum bei Chloè, und er trat für eine Reihe von Unternehmen, darunter McDonald's, Old Spice und Bell Shampoo, in Werbespots auf.

MEISTE DESIGNERMARKEN

Das amerikanische Warenhaus Saks Fifth Avenue bietet insgesamt 1.252 Designermarken an. Das ist mehr als jedes andere Warenhaus-Sortiment auf der Welt. Das Flaggschiff von Saks auf der Fifth Avenue, New York, USA, wurde 1924 von Horace Saks und Bernard Gimbel eröffnet. Heute gibt es insgesamt 41 Spezialgeschäfte für komplette Kollektionen, acht Geschäfte mit Modesortimenten und sieben Main-Street-Shops in 23 Staaten. Das Unternehmen beschäftigt rund 12.000 Menschen.

MEISTVERKAUFTES DESIGNER-PARFÜM

Das erfolgreichste Designerparfüm ist Chanel Nr. 5, von dem mehr als 10 Mio. Fläschchen im Jahr verkauft werden. Coco Chanel war die erste Modeschöpferin, die ihren Namen mit einem Parfüm in Zusammenhang brachte. Der Markt für Designer-Parfüm wird heute mit 7,5 Mrd. Dollar (ca. 13.2 Mrd. DM) im Jahr taxiert. Christian Lacroix etwa gab 40 Mio. Dollar (ca. 70,4 Mio. DM) allein für die Werbung für sein Parfüm C'est la vie aus.

TEUERSTER BÜSTENHALTER

Der Diamond-Dream-BH, der teuerste Büstenhalter der Welt, wurde von Harry Winston 1997 entworfen und von Victoria's Secret, einem der bekanntesten Unterwäscheunternehmen der USA, gefertigt. Der BH, mit einem 42karätigen, birnenförmigen, makellosen Diamanten in der Mitte und 100 Diamanten auf jeder Seite, kostet 3 Mio. Dollar (ca. 5,2 Mio. DM). Er wird hier von dem Supermodel Tyra Banks aus der Fernsehshow *The Fresh Prince of Bel-Air* gezeigt.

WERTVOLLSTES MODEHAUS

Im Jahr 1998 verkauften Valentino und sein Geschäftspartner Giancarlo Giammetti nach 38 Jahren erfolgreicher Leitung das Modehaus Valentino für den Rekordbetrag von 300 Mio. Dollar (ca. 528 Mio. DM). Valentino, das im Jahr 17,3 Mio. Dollar (ca. 30 Mio. DM) Gewinn erzielt, wurde von der Holding di Part. Industriali erworben. Claudia Schiffer führt hier ein Kleid von Valentino vor.

BULLS
23

sport

Fußball 1

MEISTE ZUSCHAUER
Die größte jemals bei einem Fußballspiel erreichte Zuschauerzahl waren 199.854 Menschen während des Weltmeisterschaftsspieles zwischen Brasilien und Uruguay im Stadion Maracana Municipal, Rio de Janeiro, Brasilien, im Jahr 1950.

3.587.538 Zuschauer sahen sich die 52 Spiele der 1994 in den USA stattgefundenen Weltmeisterschaften an.

GEFRAGTESTE WELTMEISTERSCHAFTS-HOTLINE
British Telecom schätzt, daß 20 Mio. Anrufer in Großbritannien zur französischen Hotline durchzukommen versuchten, als am 22. April 1998 Eintrittskarten angeboten wurden.

MEISTE MANNSCHAFTEN
Im Jahr 1998 spielten 32 Länder in insgesamt 64 Spielen. Bei der ersten Weltmeisterschaft im Jahr 1930 hingegen nahmen nur 13 Länder an 18 Spielen teil.

MEISTE MANNSCHAFTSSIEGE
Brasilien hat den Weltmeisterschaftspokal 1958, 1962, 1970 und 1994 gewonnen. Insgesamt gewann Brasilien 53 von 80 Spielen während der Schlußrunde.

MEISTE SPIELE EINER MANNSCHAFT
Brasilien hat an sämtlichen 16 Finalrunden teilgenommen.

Frankreich und die USA sind die einzigen anderen Nationen, die bei jeder Weltmeisterschaft dabei waren (die USA verzichtete im Jahr 1938, ohne ein Spiel gespielt zu haben).

MEISTE SIEGE EINER EINZELPERSON
Pelé (Brasilien) ist der einzige Spieler, der 1958, 1962 und 1970 zur Siegermannschaft gehörte.

MEISTE TORE
Brasilien hat in insgesamt 80 Spielen 173 Tore geschossen.

Gerd Müller (Bundesrepublik Deutschland) erzielte 14 Tore (1970 zehn und 1974 vier).

MEISTE TORE BEI EINER WELTMEISTERSCHAFT
Eine Rekordanzahl von 171 Toren fiel bei der Weltmeisterschaft in Frankreich im Jahr 1998.

27 Tore in einer Finalrunde schoß Ungarn 1954 in fünf Spielen.

Die einzigen Spieler, die in jedem Spiel der Schlußrunden Tore geschossen haben, sind Fontaine

WELTMEISTERSCHAFT 1998
Zinedine Zidane (unten) wirkte an Frankreichs Sieg mit, indem er im Endspiel gegen Brasilien zwei Tore schoß. Von den 32 während der Weltmeisterschaft des Jahres 1998 vertretenen Nationen hatten vier ihr Debüt in der Endrunde: Südafrika, Japan, Jamaika und Kroatien. Jedes der Länder verlor mindestens ein Spiel. Nur bei den Teams von England, Japan, Spanien und Saudi-Arabien spielten sämtliche 22 WM-Spieler der Auswahl auch in einer heimischen Liga.

WELTMEISTERSCHAFTSPOKALE
Brasilien ist oben mit dem Weltmeisterschaftspokal nach dem Sieg im Jahr 1994 abgebildet. Der erste Pokal für die Weltmeisterschaften, eine 1,5 kg schwere Goldstatuette, wurde von der FIFA bei dem französischen Bildhauer Abel Lafleur in Auftrag gegeben und nach dem Präsidenten der FIFS, Jules Rimet, benannt. Im Jahr 1966 wurde der Jules-Rimet-Pokal zum ersten Mal gestohlen. Der Dieb, Edward Bletchley, forderte eine Lösegeld von 15.000 Pfund, wurde jedoch bei der Geldübergabe festgenommen. Er weigerte sich, den Pokal herauszugeben, aber ein Hund mit dem Namen Pickles fand den Pokal zufällig unter einem Busch. Die Trophäe wurde 1970 an Brasilien übergeben, jedoch wieder gestohlen und nicht mehr gefunden. Seither erhält die Siegermannschaft eine Nachbildung. Nach dem ersten Diebstahl fertigte der Londoner Silberschmied Alexander Clarke eine Kopie an, die bis 1970 in ganz England unter stärkster Bewachung ausgestellt wurde, um den Glauben aufrechtzuerhalten, es handele sich dabei um das Original. Diese Trophäe wurde 1997 von Sotheby's für 254.500 Pfund versteigert. Die jetzige Trophäe ist eine Arbeit des italienischen Bildhauers Silvio Gazamiga und aus massivem Gold gefertigt.

Frankreich), Jaïrzinho (Brasilien) und Alcide Ghiggia (Uruguay). Jaïrzinho schoß 1970 in sechs Spielen sieben Tore und Ghiggia schoß 1950 vier Tore in vier Spielen.

Just Fontaine (Frankreich) schoß während der Schlußrunde der Weltmeisterschaft von 1958 in Schweden insgesamt 13 Tore in sechs Spielen.

MEISTE TORE IN EINEM SPIEL
Iran schlug die Malediven am 2. Juni 1997 in einem Qualifikationsspiel 17:0.

Die höchste Toranzahl einer Mannschaft während der Finalrunde erzielte Ungarn am 15. Juni 1982 in einem Sieg von 10:1 über El Salvador in Elche, Spanien.

MEISTE SPIELE
Antonio Carbajal hielt bei fünf Weltmeisterschaftsendrunden Tore für Mexiko, 1950, 1954, 1958, 1962 und 1966 und absolvierte insgesamt elf Spiele. Der Rekord wurde von Lothar Matthäus (Bundesrepublik Deutschland) egalisiert, der von 1982 bis 1998 an 25 Spielen teilnahm. Matthäus, unten rechts, ist während eines Angriffs von Davor Suker im Viertelfinalspiel Deutschland gegen Kroatien im Juli 1998 abgebildet. Kroatien gewann 3:0 und Deutschland mußte ausscheiden.

Die höchste Toranzahl in einem Spiel der Finalrunde betrug zwölf, als Österreich im Jahr 1954 die Schweiz in der Schweiz 7:5 schlug.

Oleg Salenko schoß am 28. Juni 1994 in den USA während des 6:1-Sieges von Rußland über Kamerun fünf Tore.

Von den neun Spielern, die vier Tore in einem Spiel erzielt haben, erreichten drei, Sándor Kocsis (Ungarn), Just Fontaine (Frankreich) und Gerd Müller (Westdeutschland) einen der in Finalspielen erzielten 35 Hattricks.

MEISTE TORE IN EINEM ENDSPIEL
Geoff Hurst schoß am 30. Juli 1966 drei Tore für England gegen Westdeutschland.

WIEDERHOLTE WM-TORE
Vava (Brasilien) schoß 1958 und 1962, Pelé (Brasilien) 1958 und 1970 und Paul Breitner (Westdeutschland) 1974 und 1982 ein Tor.

MEISTE KASSIERTE TORE
Deutschland kassierte in 78 Spielen 103 Tore.

JÜNGSTER TORSCHÜTZE
Der jüngste Torschütze während der Endrundenspiele war Englands Michael Owen (rechts), der mit 18 Jahren und 191 Tagen gegen Rumänien am 22. Juni 1998 ein Tor schoß. Der älteste Torschütze während der Endspiele des Jahres 1998 war Saudi-Arabiens Youssef Al Tunian, der 34 Jahre und 220 Tage alt war, als er einen Strafstoß gegen Südafrika am 24. Juni 1998 verwandelte.

JÜNGSTE UND ÄLTESTE SPIELER
Der jüngste Spieler in einem Endrundenspiel ist Norman Whiteside, der im Juni 1983 im Alter von 17 Jahren und 41 Tagen für Nordirland gegen Jugoslawien spielte.

Der jüngste Torschütze in einem Spiel der Finalrunde ist Pelé, der mit 17 Jahren und 239 Tagen 1958 in Göteborg, Schweden, ein Tor für Brasilien gegen Wales erzielte.

Der jüngste Spieler in den Endspielen des Jahres 1998 war Samuel Eto'o (Kamerun), der 17 Jahre und 99 Tage alt war, als er am 17. Juni im Spiel gegen Italien eingewechselt wurde.

Die älteste Person, die in einem Endrundenspiel gespielt hat, war Roger Milla, der am 28. Juni 1994 im Alter von 42 Jahren und 39 Tagen für Kamerun gegen Rußland spielte.

Der älteste Spieler während der Finalspiele des Jahres 1998 war Jim Leighton, der Torhüter Schottlands, der im Finalgruppenspiel seiner Mannschaft gegen Marokko in St. Etienne 39 Jahre und 334 Tage alt war.

SCHNELLSTES TOR
Das schnellste Tor erzielte am 16. Juni 1982 Bryan Robson für England gegen Frankreich in Bilbao, Spanien, nach 27 Sekunden.

Nach Auswertung eines Films schoß Vaclav Masek aus der Tschechoslowakei im Jahr 1962 gegen Mexiko in Viña del Mar, Chile, nach 15 Sekunden ein Tor.

SCHNELLSTES TOR DURCH AUSWECHSELSPIELER
Ebbe Sand aus Dänemark wurde in der 59. Minute im Spiel gegen Nigeria am 28. Juni 1998 auf den Platz geschickt und schoß nach 16 Sekunden das vierte Tor für seine Mannschaft.

MEISTE PLATZVERWEISE
Drei Platzverweise in einem einzigen Spiel erhielten Brasilien (2) gegen die Tschechoslowakei (1).

Fußball III.

MEISTE SPIELE
Majed Abdullah Mohammed aus Saudi-Arabien spielt in 147 Begegnungen von 1978 bis 1994 für die Nationalmannschaft.

Der britische Torwart Peter Shilton nahm an 1.390 Spielen teil, darunter 1.005 Spiele der nationalen Liga.

MEISTE TORE IN EINEM SPIEL
16 Tore schoß Stephan Stanis für Racing Club de Lens gegen Aubry-Asturies in einem Meisterschaftsspiel in Lens, Frankreich, am 13. Dezember 1942.

Sofus Nielsen schoß zehn Tore für Dänemark gegen Frankreich (17:1) bei den Olympischen Spielen von 1908; zehn Tore schoß auch Gottfried Fuchs für Deutschland gegen Rußland (16:1) im olympischen Turnier von 1912 in Schweden .

MEISTE TORE EINER LAUFBAHN
Artur Friedenreich aus Brasilien schoß von 1909 bis 1935 undokumentierte 1.329 Tore in einer 26 Jahre andauernden Karriere der ersten Liga.

Franz „Bimbo" Binder schoß zwischen 1930 und 1950 1.006 Tore in 756 Spielen in Österreich und Deutschland.

ERFOLGREICHSTE TORWARTE
Abel Resino von Atletico Madrid verhinderte bis zum 17. März 1991 über 1.275 Minuten ein Tor. Bei internationalen Wettkämpfen liegt der Rekord bei 1.142 Minuten, den Dino Zoff (Italien) von September 1972 bis Juni 1974 erzielte.

HÖCHSTE TORRATE
Mit 17 Toren Differenz gewann England in seinem 17:0-Sieg gegen Australien in Sydney am 30. Juni 1951 und der Iran mit 17:0 gegen die Malediven in Damaskus, Syrien, im Juni 1997.

Mit 36 Toren gewann in dem schottischen Pokal-Spiel zwischen Arbroath und Bon Accord am 5. September 1885 Arbroath auf eigenem Platz.

SCHNELLSTE TORE
Im Fußball der ersten Liga beträgt der Rekord für das schnellste Tor 6 Sekunden. Dies gelang Albert E. Mundy für Aldershot gegen Hartlepool United in einem Spiel der vierten Division im Victoria Ground, Hartlepool, Großbritannien, im Oktober 1958; Barrie Jones für Notts County gegen Torquay United in einem Spiel der dritten Division im März 1962 und Keith Smith für Crystal Palace gegen Derby County in einem Spiel der zweiten Division auf dem Baseball Ground, Derby, Großbritannien, am 12. Dezember 1964.

Der internationale Rekord beträgt drei Tore in 3 Minuten, die von George Hall von Tottenham Hotspur für England gegen Irland in Old Trafford, Greater Manchester, Großbritannien, am 16. November 1938 geschossen wurden.

DER REICHSTE KLUB
Der englische Klub Manchester United wurde 1996 auf einen Gesamtwert von über 960 Mio. DM geschätzt. Der Umsatz betrug fast 240 Mio. DM, die Einnahmen aus Eintrittsgeldern erreichten einen Spitzenbetrag von 82 Mio. DM, Fernsehrechte brachten 34 Mio. DM und weitere Vermarktung 78 Mio. DM. Rivalisierende Mannschaften mit einem ähnlich großen Vermögen sind der AC Mailand aus Italien und FC Barcelona aus Spanien.

MEISTE TORE IN EINEN ZEITRAUM
Der legendäre brasilianische Spieler Pelé schoß vom 7. September 1956 bis 1. Oktober 1977 in 1.363 Spielen 1.281 Tore. Im Jahr 1959 hatte Pelé sein bestes Jahr, in dem er 126 Tore schoß. Sein tausendstes Tor erzielte er am 19. November 1969 während seines 909. Spiels der ersten Liga, als er einen Elfmeter für seinen Klub Santos im Maracana-Stadion, Rio de Janeiro,verwandelte. Pelé gewann sein 111. und letztes Nationalmannschaftsspiel im Jahr 1971, kündigte seinen Rücktritt für das Ende der Saison 1974 an. Im darauffolgenden Jahr unterzeichnete er aber einen Vertrag über 4,5 Millionen Dollar (ca. 8 Mio. DM) mit New York Cosmos. 1977 trat er tatsächlich zurück.

Maglioni soll einen Hattrick in einer Rekordzeit von 1 Minute 50 Sekunden geschafft haben, als er für Independiente gegen Gimnasia y Escrima de la Plata in Argentinien am 18. März 1973 spielte.

MEISTE AUFEINANDERFOLGENDE MEISTERTITEL
Dynamo Berlin aus der ehemaligen DDR gewann zehn aufeinanderfolgende Meisterschaften von 1979 bis 1988.

LÄNGSTER NATIONALER TITEL
Der Klub Al Ahly aus Kairo hatte den nationalen Fußballmeistertitel von der Saison 1948/49 bis zur Saison 1959/60 inne.

WEITESTE ANREISE
Die größte Entfernung, die zwischen zwei Klubs in der Spitzendivision einer nationalen

TEUERSTER ABWEHRSPIELER
Im Mai 1998 unterzeichnete der niederländishe Abwehrspieler Jaap Stam einen Vertrag mit Manchester United über ca. 32 Mio. DM. Der Vertrag geht über sieben Jahre und beinhaltet diverse Prämien. Der 26jährige Star von PSV Eindhoven begann seine Profi-Laufbahn mit 19 Jahren und hatte sein Debüt für Holland im Jahr 1996.

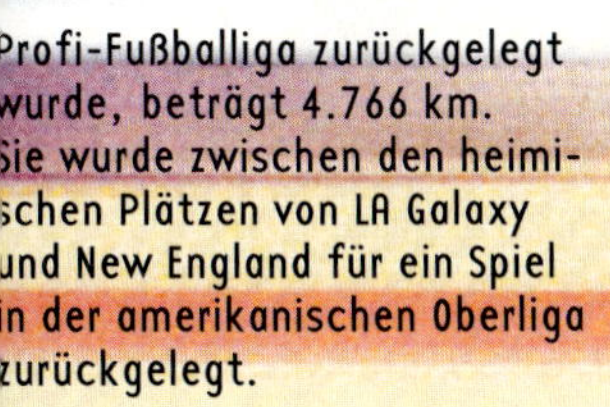

Profi-Fußballiga zurückgelegt wurde, beträgt 4.766 km. Sie wurde zwischen den heimischen Plätzen von LA Galaxy und New England für ein Spiel in der amerikanischen Oberliga zurückgelegt.

GRÖSSTE ZUSCHAUERZAHLEN
Die Rekordteilnahme für ein Europapokalspiel betrug am 15. April 1970 in dem Halbfinale zwischen Celtic Glasgow und Leeds United in Hampden Park, Glasgow, Großbritannien, 136.505 Zuschauer.

120.000 Zuschauer sahen das Amateurspiel Nordkorea gegen Indonesien in einem Olympiaqualifikationsspiel der Gruppe II im Senayan Stadium, Jakarta, Indonesien, am 26. Februar 1976.

UNDISZIPLINIERTESTE SPIELER
Am 1. Juni 1993 wies der Schiedsrichter William Weiler 20 Spieler während eines Ligaspiels zwischen Sportivo Ameliano und General Caballero in Paraguay vom Platz. Nachdem zwei Spieler von Sportivo des Platzes verwiesen worden waren, kam es zu Tumulten und einem zehnminütigen Kampf. Weiler entließ weitere 18 Spieler, darunter den Rest der Mannschaft von Sportivo. Das Spiel wurde dann abgebrochen.

GRÖSSTES FUSSBALLSTADION
Das Maracana Municipal Stadion in Rio de Janeiro, Brasilien, hat eine Zuschauerkapazität von 205.000 Zuschauern mit 155.000 Sitzen. Es wurde 1950 für die Weltmeisterschaften gebaut, bei der sich eine Menschenmenge von fast 200.000 Zuschauern für das von Brasilien verlorene Endspiel gegen Uruguay in die Arena pferchte.

GRÖSSTES FUSSBALLSPIEL
Am 1. August 1997 spielten in Basel, Schweiz, auf einer Rasenfläche mit der Größe von acht normalen Fußballfeldern insgesamt 179 Spieler. Die Mannschaften bestanden aus je 88 Spielern, es wurde mit acht Bällen auf je acht Tore geschossen. Es siegte mit 117:71 Toren die Mannschaft der Stadt Basel.

HÄRTESTER SCHUSS
Den härtesten Schuß der Bundesliga hat Ingo Anderbrügge vom FC Schalke 04 mit 159 km/h.

FUSSBALL-JONGLEUR
18.079mal jonglierte Andreas Kotiza aus Wien, Österreich, am 13. Dezember 1997 einen Fußball 3 Stunden 22 Minuten ohne Unterbrechung auf seinem Fuß.

HÖCHSTE TRANSFERGEBÜHREN
Am 28. August 1997 zahlte Real Betis (Spanien) 36 Mio. Dollar (ca. 63 Mio. DM) für den Mittelfeldspieler Denilson de Oliveira, der zu diesem Zeitpunkt 20 Jahre alt war. Sao Paulo holte Denilson sofort mit einem 10-Jahres-Vertrag über 127 Mio. Dollar (ca. 223 Mio. DM) zurück. Denilsons linker Fuß ist mittlerweile für mehr als 1,6 Mio. Dollar (ca. 2,8 Mio. DM) versichert.

Leichtathletik

HINDERNISLAUFSIEGER
Moses Kiptanui (Kenia) war der erste Athlet, dem es gelang, den Hindernislauf über 3.000 m unter acht Minuten zu laufen. Zunächst hatte er den Wunsch, Fußballer zu werden, und begann erst 1989 mit dem Lauftraining. Sein erster Durchbruch erfolgte 1990, als er die Juniorenweltmeisterschaften und die afrikanischen Meisterschaften über 1.500 m gewann.

HÖCHSTE GESCHWINDIGKEIT
Ben Johnson (Kanada) und Carl Lewis (USA) erreichten am 24. September 1988 während der Olympischen Spiele 1988 in Seoul, Südkorea, beim Finale über 100 m beide eine Spitzengeschwindigkeit von 0,83 Sekunden über 10 m (43,37 km/h). Johnson gewann, sein Weltrekord wurde jedoch nach einem positiven Doping-Test annulliert.

Beim Finale der Damen wurden für Florence Griffith-Joyner (USA) für alle 10 m von 60 m bis 90 m 0,91 Sekunden gemessen (eine Geschwindigkeit von 39,56 km/h).

MEISTE OLYMPIATITEL
Raymond Ewry (USA) erzielte zehn Goldmedaillen (ein absoluter Olympischer Rekord): Hoch-, Weit- und Dreisprung aus dem Stand in den Jahren 1900, 1904, 1906 und 1908.

Fanny Blankers-Koen (Niederlande) gewann vier Goldmedaillen: über 100 m, 200 m, 80 m Hürden und in der 4 x 100 m-Staffel 1948; Betty Cuthbert (Australien) über 100 m, 200 m und die 4 x 100 m-Staffel 1956 und über 400 m 1964; Bärbel Wöckel (ehemalige DDR) über 200 m und 4 x 100 m-Staffel, 1976 und 1980 und Evelyn Ashford (USA) über 100 m, 1984 und 4 x 100 m-Staffel, 1984, 1988 und 1992.

MEISTE OLYMPIAMEDAILLEN
Der Langstreckenläufer Paavo Nurmi (Finnland) erkämpfte zwölf Medaillen (neun Goldmedaillen, drei Silbermedaillen) 1920, 1924 und 1928, Shirley de la Hunty (Australien) sieben Medaillen (drei Goldmedaillen, eine Silbermedaille und drei Bronzemedaillen) 1948, 1952 und 1956. Die nochmalige Betrachtung des Zielfotos ergab, daß sie 1948 über 200 m Dritte und nicht Vierte war, was inoffiziell die Medaille Nummer acht ausgemacht hätte. Irena Szewinska (Polen) die einzige Sportlerin, die bei vier aufeinanderfolgenden Spielen eine Medaille holte, gewann ebenfalls sieben Medaillen (drei Goldmedaillen, zwei Silbermedaillen und zwei Bronzemedaillen in den Jahren 1964, 1968, 1972 und 1976), ebenso wie Merlene Ottey (Jamaika) mit zwei Silber- und fünf Bronzemedaillen in den Jahren 1980, 1984, 1992 und 1996.

MEISTE SIEGE
Fünf Goldmedaillen erzielte Paavo Nurmi (Finnland) 1924 (1.500 m, 5.000 m, 10.000 m Querfeldeinlauf, 3.000 m Mannschaft und im Querfeldeinlauf der Mannschaft).

Die Zahl der meisten in Einzeldisziplinen gewonnenen Medaillen beträgt vier, die von Alvin Kraenzlein (USA) 1900 gewonnen wurden (60 m, 110 m Hürden, 200 m Hürden und Weitsprung).

ÄLTESTE UND JÜNGSTE OLYMPIASIEGER
Patrick „Babe" McDonald (USA) gewann mit 42 Jahren und 26 Tagen im August 1920 das Gewichtwerfen (25,4 kg) in Belgien.

REKORDBRECHENDER SPRINTER
Donovan Bailey wurde in Manchester, Jamaika, geboren. Er begann seine Läuferkarriere bei den Panamerikanischen Spielen 1991 in Kuba für Kanada. 1996 gewann er die olympische Goldmedaille in Atlanta, wobei er einen Weltrekord über 100 m mit einer Spitzengeschwindigkeit von mehr als 43,45 km/h aufstellte. 1996 folgte ein neuer Hallenweltrekord über 50 m in nur 5,56 Sekunden.

Die älteste Sportlerin war Lia Manoliu (Rumänien), die mit 36 Jahren und 176 Tagen 1968 in Mexiko das Diskuswerfen gewann.

Die jüngste Goldmedaillengewinnerin war Barbara Jones (USA), die im Alter von 15 Jahren und 123 Tagen im Juli 1952 Mitglied der siegenden 4 x 100 m-Staffel in Helsinki, Finnland, war.

Der jüngste Goldmedaillengewinner war Robert Mathias (USA), der im Alter von 17 Jahren und 263 Tagen in London, Großbritannien, 1948 den Zehnkampf gewann.

ÄLTESTE UND JÜNGSTE REKORDBRECHER
Marina Stjepanowa (UdSSR) stellte 1986, im Alter von 36 Jahren

nd 139 Tagen, einen Rekord über 400 m Hürden (52,94 Sekunden) in Taschkent, UdSSR, auf.

Vang Yan (China) stellte im Alter von 14 Jahren und 334 Tagen am . März 1986 in China einen Rekord in der Einzeldisziplin 5.000 m Gehen der Damen (21 Minuten 3,8 Sekunden) auf.

er jüngste Mann, der einen Einzelrekord brach, war Thomas Ray Großbritannien), der im Alter von 17 Jahren und 198 Tagen am 19. September 1879 einen Rekord m Stabhochsprung mit 3,42 m aufstellte.

WELTMEISTERSCHAFTEN
Carl Lewis (USA) gewann zehn Medaillen: eine Rekordanzahl von acht Goldmedaillen (100 m, Weitsprung und 4 x 100 m Staffel, 1983; 100 m Weitsprung und 4 x 100 m-Staffel, 1987; und 100 m und 4 x 100 m-Staffel 1991), eine Silbermedaille im Weitsprung im Jahr 1991 und eine Bronzemedaille über 200 m im Jahr 1993.

Merlene Ottey (Jamaika) errang 14 Medaillen von 1983 bis 1997, drei Gold-, vier Silber- und sieben Bronzemedaillen.

Vier Goldmedaillen erreichte Jackie Joyner-Kersee (USA) 1987 und 1991 im Weitsprung und 1987 und 1993 im Siebenkampf.

Sergej Bubka (Ukraine) gewann bei dem gleichen Ereignis sechsmal hintereinander den Stabhochsprung, von 1983 bis 1997.

HALLENWELT-MEISTERSCHAFTEN
Je vier Einzeltitel gewannen Stefka Kostadinowa (Bulgarien) 1985, 1987, 1989 und 1993 im Hochsprung, Michail Schtschennikow (Rußland) 1987, 1989, 1991 und 1993 im 5.000 m Gehen und Sergej Bubka (Ukraine) 1985, 1987, 1991 und 1995 im Stabhochsprung.

MEISTE REKORDE AN EINEM TAG
Jesse Owens (USA) stellte in Ann Arbor, Michigan, USA, am 25. Mai 1935 sechs Weltrekorde in 45 Minuten auf. Er rann um 15.15 Uhr 100 yd in 9,4 Sekunden, machte um 15.25 Uhr einen Weitsprung von 8,13 m, rannte um 15.45 Uhr 220 yd (200 m) in 20,3 Sekunden und nahm um 16.00 Uhr an dem Niedrighürdenlauf über 220 yd (200 m) teil.

LÄNGSTE SIEGESSERIE
Edwin Corley Moses (USA) gewann zwischen August 1977 und Juni 1987 über 400 m Hürden 122mal in Serie.

Jolanda Balas (Rumänien) siegte im Hochsprung zwischen 1956 und 1967 in der Rekordanzahl von 150 aufeinanderfolgenden Wettkämpfen.

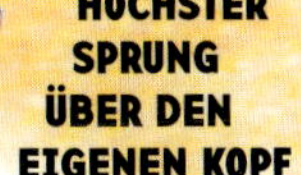

HÖCHSTER SPRUNG ÜBER DEN EIGENEN KOPF
Die größte Höhe, die von einem Sportler über den eigenen Kopf gesprungen wurde, betrug 59 cm. Der 1,73 m große Franklin Jacobs (USA) übersprang am 27. Januar 1978 in New York, USA, 2,32 m.

SPRÜNGE AUS DEM STAND
Der beste Hochsprung aus einer stehenden Position gelang mit 1,90 m am 3. Mai 1980 Rune Almen (Schweden) in Karlstad, Schweden.

Der beste Weitsprung aus dem Stand gelang Arne Tvervaag (Norwegen) 1968 mit 3,71 m und Annelin Mannes (Norwegen) im März 1981 mit 2,92.

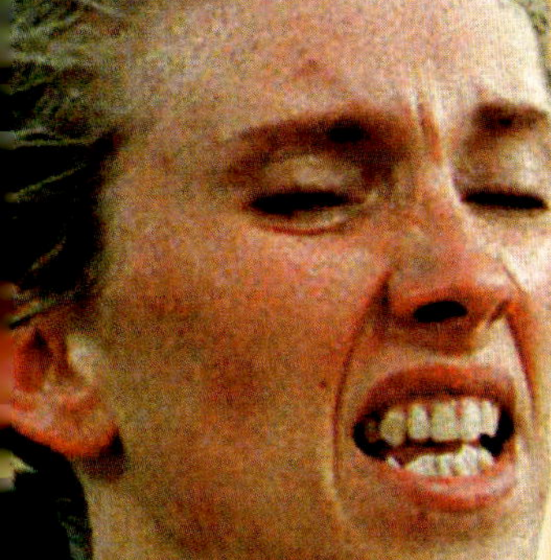

DOPPELTE REKORDBRECHERIN
Swetlana Masterkowa (Rußland) hält den Rekord über 1.000 m mit 2 Minuten 28,98 Sekunden (am 23. August 1996 in Brüssel aufgestellt). Neun Tage früher brach sie in Zürich den Weltrekord, als sie eine Meile in 4 Minuten 12,56 Sekunden lief. Seit 1936 ist sie die erste Frau, die den Rekord in diesen beiden Disziplinen hält.

STABHOCHSPRUNG
Am 21. März 1998 stellte Emma George (Australien) mit 4,58 m einen Stadion-Weltrekord auf. Nur fünf Tage später, am 26. März, übersprang George 4,55 m in der Halle, womit sie den alten Hallenweltrekord im Stabhochsprung um 7 cm übertraf. George ist 23 Jahre alt, vor ihrer sportlichen Karriere arbeitete sie schon erfolgreich als akrobatische Zirkuskünstlerin.

Tennis

DIE MEISTEN GRAND-SLAM-SIEGE
Margaret Court (Australien) gewann 24 Einzelwettbewerbe: elf australische, fünf amerikanische, fünf französische Turniere und drei Turniere in Wimbledon.

Roy Emerson (Australien) gewann zwölf: sechs australische und jeweils zwei französische, amerikanische Turniere und zwei Turniere in Wimbledon, von 1961 bis 1967.

20 Doppel-Siege bei Grand-Slam-Turnieren gewannen Althea Brough (USA) und Margaret Du Pont (USA) von 1942 bis 1957: zwölf amerikanische Turniere, fünf Turniere in Wimbledon und drei französische Turniere. Martina Navratilova und Pam Shriver (beide USA) erzielten von 1981 bis 1989 ebenfalls 20: sieben australische Turniere, fünf Wimbledon-Turniere, vier französische und vier amerikanische Turniere.

Pam Shriver und Martina Navratilova (beide USA) gewannen die Rekordanzahl von acht aufeinanderfolgenden Grand-Slam-Turnieren im Doppel der Damen und 109 aufeinanderfolgende Spiele bei sämtlichen Veranstaltungen von April 1983 bis Juli 1985.

Sechs aufeinanderfolgende Grand-Slam-Turniere wurden von Maureen Connolly (USA) 1953, Margaret Court (Australien) 1970 und Martina Navratilova (USA) von 1983 bis 1984 gewonnen.

Billie-Jean King (USA) gewann zwischen 1961 und 1979 die Rekordanzahl von 20 Titeln bei den Damen: sechs im Einzel, zehn im Doppel der Damen und vier im gemischten Doppel.

Martina Navratilova (USA) gewann 1978–79, 1982–87 und 1990 die Rekordanzahl von neun Titeln im Einzel der Damen.

JÜNGSTER FRENCH OPEN-SIEGER
Michael Chang (USA) gewann den Titel im Einzel der Herren 1989 im Alter von 17 Jahren und 109 Tagen, womit er der jüngste Grand-Slam-Sieger und auch der erste Amerikaner wurde, der die French Open seit 1955 gewann. Die französischen Meisterschaften wurden 1891 zum ersten Mal veranstaltet, bleiben jedoch bis zum Jahr 1925 ausschließlich Spielern aus französischen Klubs vorbehalten.

Elizabeth Montague Ryan (USA) gewann von 1914 bis 1934 die Rekordanzahl von 19 Titeln im Doppel der Damen (zwölf Doppel der Damen, sieben beim gemischten Doppel).

Die meisten Titel bei den Herren beträgt 13 und wurde von Hugh Doherty (Großbritannien) mit fünf Titeln im Einzel (1902–06) und einer Rekordanzahl von acht Siegen im Doppel der Herren (1897–1901 und 1903–05) gemeinsam mit seinem Bruder Reginald erreicht.

Fünf Einzelwettbewerbe der Herren seit Abschaffung der Challenge Round im Jahr 1922 gewann Björn Borg (Schweden) von 1976–1980.

Die meisten Titel im gemischten Doppel bei den Herren beträgt vier und wurde von Elias Seixas (USA) von 1953 bis 1956; Kenneth Fletcher (Australien) 1963, 1965, 1966 und 1968 und von Owen Davidson (Australien) 1967, 1971, 1973 und 1974 erzielt.

JÜNGSTER WIMBLEDON-SIEGER
Der deutsche Tennisstar Boris Becker wurde der erste ungesetzte Spieler und 1985 mit 17 Jahren und 227 Tagen der jüngste Sieger im Einzel der Herren in Wimbledon. Er erhielt den Titel im Jahr darauf noch einmal, und im Jahr 1989, nachdem er zum ersten Mal die US Open gewonnen hatte, trug er seinen dritten Wimbledon-Titel nach Hause. Becker wurde 1991 im Endspiel von Stich besiegt, nachdem er 1988 und 1990 die Endspiele gegen Stefan Edberg verloren hatte. Im Jahr 1997 kündigte er seinen Rückzug von Wimbledon und den anderen Grand-Slam-Turnieren an, nachdem er von Pete Sampras im Viertelfinale besiegt worden war. Bis zu diesem Zeitpunkt hatte er mehr als 40 Titel erzielt und zwölf Jahre lang mindestens zwei Titel im Jahr gewonnen. 1998 wurde Becker wieder aktiv, als er das Viertelfinale in Monte Carlo im April erreichte und Deutschland während des World Team Cups in Düsseldorf vertrat.

ÄLTESTE UND JÜNGSTE WIMBLEDON-SIEGER
Margaret Du Pont (USA) war 44 Jahre und 125 Tage alt, als sie 1962 im gemischten Doppel gewann. Arthur Gore (Großbritannien) gewann den Titel im Herreneinzel im Alter von 41 Jahren und 182 Tagen im Jahr 1909.

Lottie Dod (Großbritannien) war 15 Jahre und 285 Tage alt, als sie 1887 den Titel im Einzel der Damen errang.

Die jüngste gesetzte Spielerin war Jennifer Capriati (USA), die bei ihrem ersten Spiel im Jahr 1990 14 Jahre und 89 Tage alt war. Sie gewann, womit sie zur jüngsten Wimbledon-Siegerin wurde.

MEISTE SIEGE BEI DEN AMERIKANISCHEN MEISTERSCHAFTEN
Margaret Du Pont (USA) gewann von 1941 bis 1960 25 Titel: Die Rekordanzahl von 13 Damendoppeln (zwölf mit Althea Brough, USA), neun Titeln im gemischten Doppel und drei Titeln im Einzel.

Sieben Damen-Einzeltitel wurden von Molla Mallory (USA) 1915–16, 1918, 1920–22, 1926 und Helen Newington Moody (USA) 1923–25, 1927–29, 1931 erzielt.

Die Anzahl der meisten Titel bei den Herren beträgt 16 und wurde von William Tilden (USA) erreicht, darunter sieben Titel im Einzel (1920–25, 1929). Sieben Titel im Einzel wurden ebenfalls von Richard Sears (USA), 1881–87, und William Larned (USA), 1901–02, 1907–11, gewonnen.

[J]ÜNGSTE UND ÄLTESTE SIEGER [B]EI DEN US OPEN
[V]incent Richards (USA) war [1]5 Jahre und 139 Tage alt, als er [1]918 im Herrendoppel gewann.

[D]ie jüngste Siegerin im Einzel war [T]racy Austin (USA), die 16 Jahre [u]nd 271 Tage alt war, als sie den [T]itel 1979 bei den Damen gewann.

[D]er jüngste Titelgewinner bei den [H]erren war Pete Sampras (USA), [d]er, als er 1990 seinen Titel gewann, 19 Jahre und 28 Tage alt war.

Die älteste Titelgewinnerin war Margaret Du Pont (USA), die 1960 im gemischten Doppel im Alter von 42 Jahren und 166 Tagen gewann.

Der älteste Titelgewinner im Einzel war William Larned (USA), der 1911 im Alter von 38 Jahren und 242 Tagen gewann.

MEISTE SIEGE BEI DEN AUSTRALISCHEN MEISTERSCHAFTEN
Margaret Court (Australien) gewann 21 Titel: elf Damentitel im Einzel (1960–66, 1969–71 und 1973), acht Titel im Doppel der Damen und zwei Titel im gemischten Doppel.

Roy Emerson (Australien) gewann sechs Titel im Einzel der Herren (1961, 1963–1967).

Thelma Long (Australien) gewann die Rekordanzahl von zwölf Titeln im Doppel der Damen und vier im gemischten Doppel und erreichte damit die Rekordanzahl von 16 Titeln beim Doppel.

Adrian Quist (Australien) gewann zehn Titel hintereinander beim Doppel der Herren (1936 bis 1950) und drei im Einzel der Herren.

MEISTE SIEGE BEI DEN FRENCH OPEN
Margaret Court (Australien) gewann von 1962–1973 die Rekordanzahl von 13 Titeln: fünf Titel im Einzel, vier im Doppel der Damen und vier im gemischten Doppel.

Der Rekord bei den Herren liegt bei neun und wurde von 1926 bis 1930 von Henri Cochet (Frankreich) mit vier Titeln im Einzel, drei im Doppel der Herren und zwei im gemischten Doppel erzielt.

Björn Borg (Schweden) gewann sechs Titel im Einzel der Herren von 1974–75 und 1978–81.

ÄLTESTE UND JÜNGSTE FRENCH OPEN-TITELTRÄGER
Elizabeth Ryan (USA) gewann 1934 den Titel im Doppel der Damen im Alter von 42 Jahren.

Der älteste Sieger im Einzel war 1972 Andrés Gimeno (Spanien) im Alter von 34 Jahren und 301 Tagen.

Die jüngsten Sieger im Doppel waren die Sieger im gemischten Doppel Andrea Jaegar und Jimmy Arias (USA). Jaegar war 15 Jahre und 339 Tage alt und Arias 16 Jahre und 296 Tage alt.

SCHNELLSTER AUFSCHLAG
Der schnellste Aufschlag, der mit modernen Mitteln gemessen wurde, betrug 239,8 km/h und wurde von Greg Rusedski (Großbritannien) während des ATP Champions' Cup in Indian Wells, Kalifornien, USA, am 14. März 1998 erzielt.
Den Rekord bei den Damen erzielte Brenda Schultz-McCarthy (Niederlande) während der australischen Meisterschaft am 22. Januar 1996 mit 196 km/h.

JÜNGSTE WIMBLEDON-SIEGERIN
Die jüngste Wimbledon-Siegerin ist Martina Hingis (Schweiz), die 15 Jahre und 282 Tage alt war, als sie im Doppel der Damen 1996 gewann. 1997 wurde Hingis im Alter von 16 Jahren und 117 Tagen ebenfalls die jüngste Siegerin des Titels im Einzel der Damen bei den australischen Meisterschaften.

olympiade

OLYMPISCHE SOMMERSPIELE

Die nächsten Sommerspiele finden 2000 in Sydney, Australien, statt. Unter den mehr als 30 Disziplinen sind zum erstenmal Trampolinspringen, Triathlon und Taekwon-Do. Bei den ersten Spielen der Neuzeit 1896 gab es Wettbewerbe in neun Sportarten: Leichtathletik, Radsport, Fechten, Turnen, Schießen, Schwimmen, Tennis, Gewichtheben und Ringen.

LÄNGSTE LIVE-ÜBERTRAGUNG

Suisse 4, ein staatlicher französischsprachiger schweizerischer Fernsehsender, übertrug die Olympischen Spiele 1996 in Atlanta, USA, vom 19. Juli bis 5. August 1996 ununterbrochen 16 Tage 22 Stunden 45 Minuten lang.

TEILNAHME AN DEN MEISTEN SPIELEN

Fünf Länder sind bei allen 24 Sommerspielen angetreten: Australien, Frankreich, Griechenland, Großbritannien und die Schweiz (letztere nahm 1956 nur an den Reitsport-Wettbewerben in Stockholm teil und trat nicht nicht zu den Spielen in Melbourne, Australien, an). Frankreich, Großbritannien und die Schweiz haben auch an allen Winterspielen teilgenommen.

MEISTE TEILNEHMER

Die größte Teilnehmerzahl bei Sommerspielen betrug 10.744 (7.060 Männer und 3.684 Frauen) 1996 in Atlanta, USA.

Die größte Teilnehmerzahl bei Winterspielen betrug 1992 in Albertville, Frankreich, 1.801 (1.412 Männer und 489 Frauen).

An den Winterspielen 1998 in Nagano, Japan, nahmen 72 Länder teil, eine Rekordzahl.

MEISTE GOLDMEDAILLEN

Den Rekord für die meisten Goldmedaillen in der Einzelwertung eines männlichen Teilnehmers an den modernen Spielen hält mit zehn Medaillen Raymond Ewry (USA), gewonnen von 1900 bis 1908 in der Leichtathletik.

Den Rekord für die meisten Goldmedaillen in der Einzelwertung einer Teilnehmerin hält mit sieben Medaillen Vera Caslavska-Odlozil (Tschechoslowakei) im Turnen: drei 1964 und vier (davon eine gemeinsame) 1968.

Der Schwimmer Mark Spitz (USA) gewann siebenmal Gold (dreimal in Staffelwettbewerben) bei einer einzigen Veranstaltung in München, Bundesrepublik Deutschland, 1972.

Den Rekord für die meisten Goldmedaillen bei Einzelwertungen einer Veranstaltung erreichte mit fünf Medaillen der Eisschnelläufer Eric Heiden (USA) in Lake Placid, New York, USA, 1980.

Raymond Ewry (USA) gewann den Weitsprung aus dem Stand und den Hochsprung aus dem Stand bei vier aufeinanderfolgenden Spielen (1900, 1904, 1906 und 1908). Dies schließt die offiziell eingeschobenen Spiele von 1906 ein.

Paul Elvstrøm (Dänemark) gewann bei Veranstaltungen von 1948 bis 1960 vier Goldmedaillen in Folge für Monotype-Segelwettbewerbe, jedoch in verscheidenen Klassen (Leuchtkäfer-Klasse 1948, Finn-Dinghy 1952–60).

MEISTE MEDAILLEN

Die Turnerin Larissa Semjonovna Latynina (UdSSR) gewann von 1956 bis 1964 18 Medaillen.

Der Rekord bei den Männern beträgt 15, gewonnen von dem Turner Nikolaj Andrianov (UdSSR) 1972 bis 1980.

LÄNGSTE OLYMPISCHE KARRIEREN

Der Rekord für die längste olympische Karriere beträgt 40 Jahre, erreicht von Dr. Ivan Osiier (Dänemark) im Fechten (1908–32 und 1948), Magnus

FRAUEN-EISHOCKEY

Die Olympischen Winterspiele von Nagano, Japan, zeigten zum ersten Mal Frauen-Eishockey von vier Nationen – Kanada, USA, Finnland und China. Obwohl Kritiker einwanden, es würden nicht genug Teams teilnehmen, stellten die Spiele einen Durchbruch für das Frauen-Eishockey dar. Man hofft, daß der Sport nun die ernsthafte finanzielle Unterstützung erhalten wird, die den Männern zur Verfügung steht. Zur Zeit sind die fehlenden Gelder allerdings noch ein schweres Handicap. In Kanada erhalten beispielsweise weibliche Spieler Unterstützungen von Sport Canada, die von 800 Dollar (ca. 1.400 DM) für A-Card Athletinnen bis zu 400 Dollar (ca. 700 DM) für weniger erfahrene Spielerinnen schwanken. Trotzdem wird Frauen-Eishockey immer beliebter – die Zahl der bei USA Hockey registrierten Frauen und Mädchen hat sich seit der Frauen-Weltmeisterschaft 1990 vervierfacht. Mehr als 23.000 Frauen betreiben zur Zeit diesen Sport allein in den USA. Die bekannteste US-Spielerin ist Cammi Granato, die während der Olympischen Winterspiele von Nike unterstützt wurde. Ihr gelang das erste olympische Eishockeytor einer Frau im Spiel gegen die Volksrepublik China. Links ist sie in Freude über das Tor zu sehen.

RODELN

Stefan Krausse und Jan Behrendt sind hier auf dem Weg zu ihrer zweiten olympischen Goldmedaille und einem Sieg der deutschen Mannschaft bei den Winterspielen 1998 in Nagano. Die deutschen Rodler stellten seit der Einführung des Sports bei den Spielen 1964 die herausragenden olympischen Mannschaften und gewannen 21 von bisher 30 möglichen Goldmedaillen.

onow (Norwegen) im Segeln 1908–20, 1928 und 1936–48), aul Elvstrøm (Dänemark) im egeln (1948–60, 1968–72 und 984–88), und Durward Knowles Großbritannien 1948, danach ahamas) im Segeln (1948–72 und 1988).

ie längste olympische Karriere ei den Frauen dauerte 28 Jahre, erreicht von Anne Ransehousen (USA) im Dressurreiten (1960, 1964, 1988) und Christilot Hanson-Boylen (Kanada) im Dressurreiten (1964–76, 1984, 1992).

MEISTE MEDAILLEN*
SOMMERSPIELE (1896–1996)

USA 2.015:
833 Gold, 634 Silber, 548 Bronze
Sowjetunion1 1.234:
485 Gold, 395 Silber, 354 Bronze
Großbritannien 635:
177 Gold, 233 Silber, 225 Bronze
Frankreich 562:
176 Gold, 181 Silber, 205 Bronze
Deutschland[2] 516:
151 Gold, 181 Silber, 184 Bronze
Schweden 459:
134 Gold, 152 Silber, 173 Bronze
Italien 444:
166 Gold, 136 Silber, 142 Bronze
Ungarn 425:
142 Gold, 128 Silber, 155 Bronze
DDR[3] 410:
153 Gold, 130 Silber, 127 Bronze
Australien 294:
87 Gold, 85 Silber, 122 Bronze
Finnland 292:
99 Gold, 80 Silber, 113 Bronze
Japan 280:
93 Gold, 89 Silber, 98 Bronze
Rumänien 239:
63 Gold, 77 Silber, 99 Bronze
Polen 227:
50 Gold, 67 Silber, 110 Bronze
Kanada 217:
49 Gold, 77 Silber, 91 Bronze
BRD[4] 200:
56 Gold, 64 Silber, 80 Bronze
Niederlande 187:
49 Gold, 57 Silber, 81 Bronze
Bulgarien 182:
43 Gold, 76 Silber, 63 Bronze
Schweiz 174:
46 Gold, 68 Silber, 60 Bronze
China 164:
52 Gold, 63 Silber, 49 Bronze

Diese Aufstellung schließt Medaillen nicht ein, die bei den offiziellen Kunstwettbewerben 1912 bis 1948 gewonnen wurden.

WINTERSPIELE (1924–98)

Norwegen 239:
83 Gold, 87 Silber, 69 Bronze
Sowjetunion[1] 217:
87 Gold, 63 Silber, 67 Bronze
USA 159:
59 Gold, 59 Silber, 41 Bronze
Österreich 145:
39 Gold, 53 Silber, 53 Bronze
Finnland 135:
38 Gold, 49 Silber, 48 Bronze
DDR[3] 110:
39 Gold, 36 Silber, 35 Bronze
Deutschland[2] 106:
46 Gold, 38 Silber, 32 Bronze
Schweden 102:
39 Gold, 28 Silber, 35 Bronze
Schweiz 92:
29 Gold, 31 Silber, 32 Bronze
Kanada 79:
25 Gold, 25 Silber, 29 Bronze
Italien 77:
27 Gold, 27 Silber, 23 Bronze
Niederlande 61:
19 Gold, 23 Silber, 19 Bronze
Frankreich 61:
83 Gold, 87 Silber, 69 Bronze
Rußland[6] 42:
21 Gold, 14 Silber, 7 Bronze
BRD[4] 39:
11 Gold, 15 Silber, 13 Bronze
Japan 29:
8 Gold, 9 Silber, 12 Bronze
Tschechoslowakei 26:
2 Gold, 8 Silber, 16 Bronze
Großbritannien 24:
7 Gold, 4 Silber, 13 Bronze
Korea 16:
9 Gold, 3 Silber, 4 Bronze
China 15:
0 Gold, 10 Silber, 5 Bronze

EISSCHNELLAUF

Gianni Romme (Niederlande) gewann bei den Winterspielen 1998 die Goldmedaillen über 5.000 m und 10.000 m in Weltrekord-Zeiten. Eisschnellauf gehörte bereits zu den ersten Olympischen Winterspielen 1924 in Chamonix. Durch technische Innovationen wie aerodynamisch entworfene Anzüge und moderne Schlittschuhe haben sich seit den ersten Spielen die Laufzeiten deutlich verringert.

* Die insgesamt von den erfolgreichsten Ländern bei allen olympischen Wettbewerben gewonnenen Medaillen (inkl. nicht mehr ausgetragener)

[1] Inkl. der vereinigten Mannschaft der GUS 1992
[2] Deutschland 1896-1964 und 1992-94
[3] DDR 1968-88
[4] BRD 1968-88
[5] Inkl. Böhmen
[6] Inkl. zaristisches Rußland

paralympics

100-M-BRUSTSCHWIMMEN
Kaspar Engel aus Deutschland feiert seinen Sieg bei den Paralympics in Atlanta 1996, wo er mit 1:31,50 Minuten einen Herrenweltrekord über 100 m Brust aufstellte.

SCHNELLSTE RENNRODLERIN
Die Norwegerin Anne Mette Samdal stellte bei den Paralympischen Winterspielen in Nagano, Japan, am 7. März 1998 einen Weltrekord im Rennrodeln der Damen über 100 m auf. Ihre Rekordzeit betrug 15,69 Sekunden. Die 26 Jahre alte Bankangestellte gewann am gleichen Tag ebenfalls Gold über 500 m mit einer paralympischen Rekordzeit von 1:17,26 Minuten. Die Spiele 1998 waren mit 1.200 Sportlern und Offiziellen die größten Paralympischen Winterspiele.

GRÖSSTE PARALYMPICS
Eine Rekordzahl von 4.912 Sportlern aus 104 Ländern nahm an den 10. Paralympischen Sommerspielen in Atlanta, Georgia, USA, im Jahr 1996 teil.

MEISTE LAUFWELTREKORDE
Der Spanier Javier Conde, ein Amputierter, stellte bei den Paralympics in Barcelona, Spanien, 1992 acht Rekorde in Laufdisziplinen und in Atlanta den Weltrekord im Marathonlauf auf.

Rima Batalowa (UdSSR/Rußland), eine blinde Leichtathletin, hält sechs Rekorde in Laufdisziplinen. Der letzte wurde von ihr in der Klasse über 800 m in Atlanta aufgestellt.

MEISTE SPRUNG- UND WURFWELTREKORDE
Der im Rollstuhl sitzende Leichtathlet Stephanus Lombaard aus Südafrika stellte zwischen 1994 und 1996 drei Rekorde im Kugelstoßen und Speerwerfen auf.

Marianne Buggenhagen (Bundesrepublik Deutschland) stellte mit ihrem Kugelstoßrekord in Atlanta zwischen 1992 und 1996 vier Rekorde für Rollstuhlfahrer im Kugelstoßen und Diskuswerfen auf.

MEISTE SCHWIMMWELTREKORDE
Duane Kale (Neuseeland) und Alwin De Groot (Niederlande) stellten in Atlanta vier Weltrekorde auf.

Beatrice Hess aus Frankreich errang in Atlanta sechs Rekorde. Sie haben noch immer Bestand.

MANNSCHAFTSBOGENSCHIESSEN DER HERREN: IM STEHEN
Der Rekord für das 3x72 Bogenschießen wurde von Polen mit 1,73 Punkten in Atlanta aufgestellt.

In der Disziplin 27+27 erreichte Südkorea den Rekord von 457 Punkten.

Der Rekord in der Disziplin 27 liegt bei 232 Punkten, erzielt von Südkorea in Atlanta.

MANNSCHAFTSBOGENSCHIESSEN DER DAMEN: OPEN
Der Rekord für das 3x72 Bogenschießen wurde von Italien mit 1,58 Punkten in Atlanta aufgestellt. In der Disziplin 27+27 liegt Italien mit 438 Punkten ebenfalls vorne.

220 Punkte errang Italien in Atlanta in der Disziplin 27.

100 METER DER HERREN
Die schnellste Zeit, in der die 100 Meter von einem blinden Mann zurückgelegt wurden, beträgt 10,96 Sekunden, erzielt von A. Managaro (Italien) in Valencia, Spanien, 1995.

Der Rekord für die schnellsten 100 Meter eines Sportlers mit Lähmung liegt bei 11,79 Sekunden, von Hoon Sun (Südkorea) in Seoul, Südkorea, am 10. Oktober 1988 erreicht.

Die schnellste Zeit über 100 m, die von einem amputierten Sportler erzielt wurde, beträgt 10,72 Sekunden, gelaufen von Ajibola Adeoye (Nigeria) in Barcelona, Spanien, am 5. September 1992.

Die beste Zeit über 100 m, die von einem im Rollstuhl sitzenden Sportler erzielt wurde, beträgt 14,45 Sekunden. David Holding (Großbritannien) gelang das Ergebnis in Atlanta.

100 METER DER DAMEN
Die beste Zeit, in der die 100 m von einer blinden Sportlerin zurückgelegt wurden, beträgt 12,43 Sekunden, aufgestellt von R. Takbulatowa (UdSSR) 1983 in Bulgarien.

Die schnellste Zeit über 100 m einer Sportlerin mit Lähmung liegt bei 14,56 Sekunden, von Alison Quinn (Australien) in Berlin im Juli 1994 erzielt.

Der Rekord für die schnellsten 100 Meter einer amputierten Sportlerin liegt bei 12,51 Sekunden, aufgestellt von Petra Buddelmeyer (Bundesrepublik Deutschland) in Hasselt, Belgien, im Mai 1957.

1.500 METER DER HERREN
Die schnellste Zeit, in der 1.500 m von einem blinden Sportler gelaufen wurden, beträgt 3:55,00 Minuten, von Noel Thatcher (Großbritannien) in Leeds, Großbritannien, 1991 erzielt.

Der Rekord über 1.500 m eines Sportlers mit Lähmung beträgt 4:19,90 Minuten und wurde von Ross Davis (USA) in einem Rollstuhl in Hartford, Connecticut, USA, im August 1996 aufgestellt.

ERFOLGREICHSTER TENNISSPIELER IM ROLLSTUHL
Ricky Molier aus den Niederlanden war während der letzten beiden Saisons Ranglistenerster der Internationalen Rollstuhl-Tennis-Federation-Tour und Sieger der Paralympics in Atlanta im Jahr 1996. In der 1997er Saison konnte er seine Vorherrschaft noch ausbauen, gewann fast 50 % der Tour-Ereignisse, darunter die britischen, österreichischen, schweizerischen, tschechischen, polnischen, französischen und finnischen Open. Der größte Unterschied zwischen Standardtennis und Rollstuhltennis besteht darin, daß der Ball zweimal aufkommen darf, bevor er zurückgeschlagen werden muß, obwohl er häufig nur einmal aufkommt. Eine voll ausgeführte Rückhand ist deshalb schwer durchführbar und wird gewöhnlich angeschnitten. Der Effet spielt beim Rollstuhltennis eine größere Rolle als beim Standardtennis, das bedeutet jedoch nicht, daß es ihm an Geschwindigkeit fehlt – Ricky Moliers Aufschlag erreicht über 160 km/h.

Die schnellste Zeit eines amputierten Sportlers über 1.500 m liegt bei 3:58,53 Minuten und wurde von Javier Conde (Spanien) in Barcelona erzielt.

1.500 METER DER DAMEN
Die schnellste Zeit einer blinden Sportlerin über 1.500 m beträgt 4:37,02 Minuten und wurde 1994 von Rima Batalowa (Rußland) in Berlin aufgestellt.

SCHNELLSTE ZEIT ÜBER 1.500 m
Der Rekord eines Sportlers über 1.500 m in einem Rollstuhl beträgt 3:02,00 Minuten und wurde von dem Schweizer Franz Nietspach (unten links) in Zürich, Schweiz, am 14. August 1996 aufgestellt. Auf dem Bild wird Nietspach 1992 während der Spiele in Barcelona Zweiter über 1.500 m hinter Claude Issorat aus Frankreich.

Der Rekord über 1.500 m einer Sportlerin mit Lähmung beträgt 5:20,50 Minuten, aufgestellt von Linda Mastandrea (USA) in einem Rollstuhl in Hartford, USA, am 5. August 1995.

Die schnellste Zeit einer amputierten Sportlerin über 1.500 m beträgt 6:09,43 Minuten, von Britta Brockskothon (Bundesrepublik Deutschland) in Hasselt, Belgien, im Mai 1987 aufgestellt.

Die schnellste Zeit einer Sportlerin im Rollstuhl über 1.500 m beträgt 3:30,45 Minuten, erzielt von Louise Sauvage (Australien) in Atlanta.

HOCHSPRUNG DER HERREN
Das beste Hochsprungergebnis eines blinden Sportlers liegt bei 2,02 m und wurde von Olaf Mehlmann (Bundesrepublik Deutschland) 1994 erzielt.

Das beste Hochsprungergebnis eines amputierten Sportlers liegt bei 1,96 m, es wurde von Arnold Boldt (Kanada) in Arnhem, Niederlande, am 17. Juni 1980 erzielt.

HOCHSPRUNG DER DAMEN
Das beste Hochsprungergebnis einer blinden Sportlerin liegt bei 1,80 m und wurde von Maria Runyan (USA) 1995 erreicht.

Das beste Hochsprungergebnis einer amputierten Sportlerin liegt bei 1,66 m und wurde von Petra Buddelmeyer (Bundesrepublik Deutschland) in New York, USA, am 24. Juni 1986 erzielt.

WEITSPRUNG DER HERREN
Das beste Weitsprungergebnis eines blinden Sportlers liegt bei 7,23 m und wurde von Enrique Cepeda (Kuba) 1995 in Argentinien erzielt.

Das beste Weitsprungergebnis eines Sportlers mit Lähmung liegt bei 5,92 m und wurde von Darren Thrupp (Australien) 1994 in China erreicht.

Das beste Weitsprungergebnis eines amputierten Sportlers liegt bei 6,75 m, aufgestellt von Ruben Alvarez (Spanien) in Atlanta.

WEITSPRUNG DER DAMEN
Das beste Weitsprungergebnis einer blinden Sportlerin liegt bei 6,11 m und wurde von Purification Ortiz (Spanien) 1995 erzielt.

Das beste Weitsprungergebnis einer Sportlerin mit Lähmung liegt bei 4,49 m und wurde von A. Grigalluniene (Litauen) in Atlanta erzielt.

Rekord einer amputierten Sportlerin sind 5,70 m, aufgestellt von Irina Leontiouk (Belorußland) in Atlanta.

Basketball

SPORT-IKONE
Michael Jordan hält viele NBA-Rekorde, z.B. mit über 10.000 Punkten den höchsten Punktedurchschnitt in der Karriere eines Spielers und den höchsten Durchschnitt für Playoffs. Sein Aufstieg zum Superstar begann, als er ab 1984 für die Chicago Bulls spielte. 1991, 1992 und 1993 wurde er zum NBA Finals Most Valuable Player ernannt. Jordan hat lukrative Sponsoring-Verträge mit einer Reihe bekannter Firmen, darunter Nike, Coke, Gatorade und McDonald's. Ein Bestandteil des Vertrages mit Nike ist eine Freizeitschuh-Kollektion namens Air Jordan. Auch getragene Schuhe dieser Kollektion erzielen bis zu 2.000 Dollar (ca. 3.520 DM). Angeblich erhält Jordan für diesen Deal 12 Mio. Dollar (ca. 21,1 Mio. DM) im Jahr. Er ist auch einer der Vorsitzenden von P.L.A.Y., einer von Nike mit 10 Mio. Dollar (ca. 17,6 Mio. DM) geförderten Initiative, die Einrichtungen zur Freizeitbeschäftigung von Kindern fördert. Außerdem besitzt Jordan ein Restaurant, moderierte die TV-Show *Saturday Night Live* und spielt in dem Film *Space Jam* mit Zeichentrick-Figuren Basketball. Von einem Kommentator wurde er als „die ultimative Sport-Ikone dieser Generation" bezeichnet.

MEISTE OLYMPISCHE TITEL
Die USA haben elf Olympische Titel der Männer gewonnen. Von 1936, als diese Sportart in die Liste der Olympischen Sportarten aufgenommen wurde, bis 1972 gewannen die USA 63 aufeinanderfolgende Spiele, bis sie im umstrittenen Endspiel in München 50:51 gegen die UdSSR verloren. Seitdem haben sie weitere 37 Spiele gewonnen, bei einer weiteren Niederlage gegen die UdSSR (1988).

Der Titel der Frauen wurde dreimal gewonnen, von der UdSSR 1976, 1980 und 1992 (von der vereinigten Mannschaft der ehemaligen Sowjetrepubliken), und von den USA 1984, 1988 und 1996.

MEISTE WELTMEISTERTITEL
Den Rekord für die meisten Weltmeisterschafts-Titel (1950 eingeführt) halten mit drei Siegen die UdSSR (1967, 1974 und 1982) und Jugoslawien (1970, 1978 und 1990).

Die Mannschaft der UdSSR gewann sechsmal die (1953 eingeführte) Weltmeisterschaft der Frauen (1959, 1964, 1967, 1971, 1975 und 1983).

HÖCHSTE INTERNATIONALE PUNKTZAHL
In einem internationalen Match bei den Asian Games in Neu-Delhi im November 1982 erreichte der Irak 251 Punkte gegen Jemen mit 33.

MEISTE NBA-TITEL
Die Boston Celtics haben 16 NBA-Titel gewonnen: 1957, 1959–1966, 1968, 1969, 1974, 1976, 1981, 1984 und 1986.

HÖCHSTE NBA-PUNKTZAHLEN
Die höchste Gesamtpunktzahl in einem Spiel betrug 370, als die Detroit Pistons die Denver Nuggets 186:184 in Denver, Colorado, USA, am 13. Dezember 1983 schlugen. Nach dem 145:145-Unentschieden in der regulären Spielzeit ging das Spiel in die Verlängerung.

Die höchste je während einer regulären Spielzeit erreichte Gesamtpunktzahl betrug 320, als am 2. November 1990 die Golden State Warriors mit 162:158 die Denver Nuggets schlugen.

Der Einzelspieler mit der höchsten Punktzahl, Wilt Chamberlain, erreichte 100 Punkte für Philadelphia gegen New York in Hershey, Pennsylvania, am 2. März 1962. Dieser Rekord umfaßte 36 Körbe aus dem Feld und 28 Freiwürfe von 32 Versuchen, sowie 59 Punkte während einer Halbzeit, ebenfalls alles Rekordleistungen.

Chamberlains Freiwurf-Rekord wurde im Januar 1984 von Adrian Dantley für Utah gegen Houston in Las Vegas, Nevada, wiederholt.

GRÖSSTER NBA-SPIELER
Gheorghe Muresan von den Washington Wizards ist 2,31 m groß und seit 1994 Profispieler. Seine Körpergröße ist die Folge einer Wachstumserkrankung. Gheorghes Spitzname ist „Ghitza", was auf deutsch treffenderweise soviel wie „Kleiner Gheorghe" bedeutet.

JÜNGSTE SPIELER
Am 5. Oktober 1996 wurde Kobe Bryant von den Los Angeles Lakers mit 18 Jahren 63 Tagen zum jüngsten NBA-Spieler. Er spielte sechs Minuten lang, und sein einziger Wurfversuch ging daneben. Sein Rekord wurde einen Monat später von Jermaine O'Neal von den Portland Trail Blazers gebrochen. O'Neal spielte ganze drei Minuten lang und war mit seinem einzigen Wurf erfolgreich: Bei seinem Debüt erzielte er zwei Punkte.

MEISTE NBA-SIEGE IN EINER SAISON
Den Rekord für die meisten NBA-Siege in einer Saison halten die Chicago Bulls mit 72 Siegen während der Saison 1995/96.

MEISTE NBA-SPIELE
Robert Parish spielte in 1.611 regulären Saisonspielen während 21 Saisonen bei den Golden State Warriors (1976–80), den Boston Celtics (1980–94), den Charlotte Hornets (1994–96) und den Chicago Bulls (1996–97).

MEISTE NBA-PUNKTE
Während seiner Karriere erreichte Kareem Abdul-Jabbar die Rekordzahl von insgesamt 38.387 Punkten, was einem Durchschnitt von 24,6 Punkten pro Spiel entspricht. Darunter waren insgesamt 15.837 Körbe aus dem Feld, 5.762 Punkte bei regulären Saisonspielen und 2.356 Körbe aus dem Feld in Playoff-Spielen.

Die höchste Durchschnittspunktzahl einer Karriere mit über 10.000 Punkten beträgt 31,7, erreicht von Michael Jordan, der in 748 Spielen für die Chicago Bulls zwischen 1984 und 1997 insgesamt 26.290 Punkte machte.

Der höchste Durchschnitt einer Karriere für Playoffs beträgt 33,6, erreicht von Michael Jordan, der von 1984 bis 1997 in 158 Spielen 5.307 Punkte warf. Jordan hat durch Sponsoring-Verträge mehr als jeder andere Basketball-Spieler verdient.

GRÖSSTER PUNKTABSTAND ZUM SIEG IN DER NBA
Der Rekord für den größten Punktabstand bei einem Sieg wurde aufgestellt, als die Cleveland Cavaliers die Miami Heat am 17. Dezember 1991 mit 148:80 schlugen.

BESTE NBA-GEWINNSERIE
Die Los Angeles Lakers gewannen während der Saison 1971/72 vom 5. November 1971 bis 7. Januar 1972 die Rekordzahl von 33 Spielen hintereinander.

ÄLTESTER REGULÄRER NBA-SPIELER
Robert Parish von den Chicago Bulls war bei dem Spiel am 19. April 1997 mit 43 Jahren und 231 Tagen der älteste reguläre Spieler in der NBA.

JÜNGSTER NBA-SPIELER
Jermaine O'Neal war am 5. Dezember 1996 bei seinem Debüt für die Portland Trail Blazers gegen die Denver Nuggets 18 Jahre und 53 Tage alt.

GRÖSSTER SPIELER
Vermutlich der größte Spieler aller Zeiten ist Suleiman Ali Nashnush, der während seiner Mitgliedschaft in der libyschen Mannschaft 1962 angeblich 2,45 m groß war.

HÖCHSTE ZUSCHAUERZAHL
Mit 80.000 versammelte sich am 4. April 1968 die größte Zuschauermenge zum Finale um den Pokal der europäischen Pokalsieger zwischen AEK Athen und Slavia Prag im Olympiastadion von Athen, Griechenland.

GRÖSSTE SPRUNGHÖHE FÜR EINEN TREFFER
Sean Williams und Michael Wilson, beide bei den Harlem Globetrotters, versenkten einen Baketball bei einer Ringhöhe von 3,58 m am 16. September 1996 in den Disney-MGM-Studios, Orlando, Florida, USA.

WEITESTER KORBSCHUSS
Am 25. Februar 1989 warf Christopher Eddy einen Korb aus 27,49 m im Feld für die Fairview High School gegen die Iroquois High School in Erie, Pennsylvania, USA. Der Wurf wurde zum Schluß der regulären Spielzeit in der Verlängerung ausgeführt, und Fairview gewann das Spiel 51:50.

GRÖSSTE WURFGESCHWINDIGKEITEN
Jeff Liles warf am 11. Juni 1992 an der Southern Nazarene University, Bethany, Oklahoma, USA, 231 Körbe und ein Rebound bei 240 Versuchen innerhalb von zehn Minuten mit einem Ball. Am 16. Juni schaffte er 231 Körbe bei 241 Versuchen.

Innerhalb von 24 Stunden (29.–30. September 1990) versenkte Fred Newman in Caltech, Pasadena, Kalifornien, USA, 20.371 Freiwürfe bei 22.049 ausgeführten Würfen (eine Erfolgsrate von 92,39%).

Ted St. Martin versenkte am 28. April 1996 in Jacksonville, USA, 5.221 Freiwürfe hintereinander.

Innerhalb einer Minute versenkte Jeff Liles am 18. September 1994 in Bethany, Oklahoma, USA, 25 Bälle bei 29 Versuchen (50 Punkte).

LÄNGSTES DRIBBELN
Ashrita Furman dribbelte am 17.–18. Mai 1997 auf dem Victory Field Track, Forest Park, Queens, New York, USA, einen Ball innerhalb von 24 Stunden 155,41 km weit.

BALL-JONGLEUR
Bruce Crevier jonglierte am 18. Juli 1994 in den ABC-TV-Studios in New York, USA, 18 sich drehende Bälle.

Motorsport

MEISTE SIEGE IN LE MANS
Auf Wagen der Marke Porsche wurde das Rennen von Le Mans, Frankreich, 15mal gewonnen (1970-71, 1976-77, 1979, 1981-87, 1993 und 1996-97). Dies ist nur eine kleine Auswahl der Porsche-Erfolge in den Sportwagen-Weltmeisterschaften. Mit deutlich über 100 Siegen ist die Firma der erfolgreichste Sportwagen-Hersteller. Porsche gewann den Weltmeistertitel zwischen 1969 und 1985 13mal.

GRAND PRIX

ERFOLGREICHSTE FAHRER

Die Rennfahrer-Weltmeisterschaft wurde fünfmal von Juan-Manuel Fangio (Argentinien) gewonnen, 1951 und 1954-57. Als Fangio sich 1958 zur Ruhe setzte, hatte er 24 Grand-Prix-Rennen (zweimal gemeinsam) aus 51 Teilnahmen gewonnen.

Zwischen 1980 und 1993 holte Alain Prost (Frankreich) 51 Siege aus insgesamt 199 Rennen. Während seiner Karriere hat er die Rekordzahl von 798,5 Grand-Prix-Punkten gesammelt.

Die meisten Pole-Positions erreichte mit 61 aus 161 Rennen (41 Siege) der verstorbene Ayrton Senna (Brasilien) zwischen 1985 und 1994.

Die meisten Teilnahmen an Grand-Prix-Rennen erreichte mit 256 Riccardo Patrese (Italien) zwischen 1977 und 1993.

Mit neun Erfolgen 1995 halten Nigel Mansell (Großbritannien) und Michael Schumacher (Bundesrepublik Deutschland) den Rekord für die meisten Siege in einem Jahr.

ERFOLGREICHSTE HERSTELLER

Williams hat neun Weltmeisterschaften gewonnen (1980-81, 1986-87, 1992-94 und 1996-97).

McLaren gewann 15 der 16 Grand-Prix-Rennen der Saison 1988: Ayrton Senna hatte acht Siege und drei zweite Plätze und Alain Prost sieben Siege und sieben zweite Plätze.

Außer dem Indianapolis 500-Rennen (welches damals Teil der Weltmeisterschaft war) gewann Ferrari alle sieben Rennen 1952 und die ersten acht (von neun) 1953.

SCHNELLSTES RENNEN

Peter Gethin erreichte beim italienischen Grand Prix 1971 in Monza in einem BRM eine Durchschnittsgeschwindigkeit von 242,623 km/h.

SCHNELLSTE RUNDE

Beim britischen Grand Prix in Silverstone 1985 stellte Keke Rosberg (Finnland) einen Rekord von 1 Minute 5,59 Sekunden auf einem Williams-Honda auf. Seine Durchschnittsgeschwindigkeit betrug 258,802 km/h.

KNAPPSTE SIEGE

Peter Gethin (Großbritannien) besiegte Ronnie Peterson (Schweden) um 0,01 Sekunden im italienischen Grand Prix 1971.

Ayrton Senna (Brasilien) besiegte Nigel Mansell (Großbritannien) um 0,014 Sekunden im spanischen Grand Prix 1986 in Jerez de la Frontera.

INDIANAPOLIS 500

ERFOLGREICHSTE FAHRER

Drei Fahrer haben vier Siege hinter sich: A. J. Foyt jr. (USA) 1961, 1964, 1967 und 1977; Al Unser sen. (USA) 1970, 1971, 1978 und 1987; und Rick Ravon Mears (USA) 1979, 1984, 1988 und 1991.

Rick Mears startete sechsmal aus der Pole Position (1979, 1982, 1986, 1988-89 und 1991).

A. J. Foyt jr. startete in 35 Rennen zwischen 1958 und 1992.

SCHNELLSTES RENNEN

Arie Luyendyk (Niederlande) gewann am 27. Mai 1990 in 2 Stunden 41 Minuten 18,404 Sekunden auf einem Lola-Chevrolet. Seine Durchschnittsgeschwindigkeit betrug 299,307 km/h.

SCHNELLSTE GEWERTETE RUNDEN

Die höchste durchschnittliche Geschwindigkeit für die vier gewerteten Runden beträgt 381,392 km/h, erreicht von Arie Luyendyk (Niederlande) auf einem Reynard-Ford-Cosworth am 12. Mai 1996. Dies schloß einen Ein-Runden-Rekord von 382,216 km/h ein. Am 9. Mai 1996 stellte Luyendyk auch den inoffiziellen Bahnrekord von 385,051 km/h auf.

GRÖSSTE PREISE

Der Rekord für den größten Preispool beträgt 8,11 Mio. Dollar (ca. 14,3 Mio. DM.), ausgezahlt 1996. Der größte individuelle Preis betrug 1,37 Mio. Dollar (ca. 2,41 Mio. DM), gewonnen 1994 von Al Unser jr.

LE MANS

GRÖSSTE ENTFERNUNG

Dr. Helmut Marko (Österreich) und Gijs van Lennep (Niederlande) legten vom 12. bis 13. Juni 1971 auf einem Sportwagen Porsche 917K Gruppe 5 mit 4.907-ccm-12-Zylinder-Boxermotor 5.335,302 km zurück. Die längste auf der heutigen Strecke zurückgelegte Entfernung beträgt 5.331,998 km, gefahren von Jan Lammers (Niederlande), Johnny Dumfries und Andy Wallace (beide Großbritannien) auf einem Jaguar XJR-9 vom 11. bis 12. Juni 1988. Ihre Durchschnittsgeschwindigkeit betrug 222,166 km/h.

MEISTE SIEGE IM GRAND PRIX
1995 zog der deutsche Pilot Michael Schumacher, hier links bei seiner Siegesfeier nach dem Grand Prix von Monaco 1997, mit Nigel Mansells 1992 aufgestellten Rekord von neun Grand-Prix-Siegen in einem Jahr gleich. Schumacher, jetzt 28 Jahre alt, ist einer der besten Rennfahrer der Welt. Er gewann zwei Weltmeisterschaften für Benetton (1994 und 1995) und schloß 1996 einen zweijährigen Vertrag über 56 Mio. Dollar (ca. 98,6 Mio. DM) mit Ferrari ab, obwohl er dem Hersteller bisher noch eine Weltmeisterschaft schuldig geblieben ist. Im selben Jahr verdiente er ungefähr 60 Mio. Dollar (ca. 105,6 Mio. DM), womit er einer der reichsten Sportler der Welt ist. Michaels jüngerer Bruder Ralf Schumacher begann 1997 in der Formel 1 nach einer Karriere in der Formel 3000. Er hat einen 3-Jahres-Vertrag mit Jordan-Peugeot abgeschlossen und verdient geschätzte 8 Mio. Dollar (ca. 14,1 Mio. DM) im Jahr.

SCHNELLSTE RUNDEN
Die beste Zeit für eine je in einem Rennen gefahrene Runde beträgt 21,27 Sekunden, erreicht von Alain Ferté auf einem Jaguar XJR-9 am 10. Juni 1989. Seine Geschwindigkeit auf der 13,536 km langen Runde betrug im Schnitt 242,093 km/h.

Hans Stuck (Bundesrepublik Deutschland) hält den Rekord für die schnellste Übungsrunde. Am 14. Juni 1985 erreichte er eine Geschwindigkeit von 251,664 km/h.

MEISTE SIEGE
Die meisten Erfolge eines Fahrers erreichte mit sechs Siegen Jacky Ickx (Belgien): 1969, 1975-77 und 1981-82.

RALLYE

LÄNGSTE RALLYES
Die Strecke der Singapore Airlines-London-Sydney-Rallye ging über 31.107 km von Covent Garden, London, Großbritannien, bis zum Sydney Opera House, Australien. Sie wurde 1977 von Andrew Cowan, Colin Malkin und Michael Broad auf einem Mercedes 280 E gewonnen.

Die längste jährlich stattfindende Rallye ist die Safari Rallye, die zuerst durch Kenia, Tansania und Uganda verlief, heute aber auf Kenia beschränkt ist. Die Strecke der 17. Safari 1971 betrug 6.234 km. Das Rennen wurde fünfmal von Shekhar Mehta (Kenia) gewonnen: 1973 und 1979-82.

MEISTE SIEGE IN MONTE CARLO
Die Rallye Monte Carlo wurde viermal gewonnen, von Sandro Munari (Italien) 1972, 1975, 1976 und 1977 und Walter Röhrl (Bundesrepublik Deutschland) zusammen mit Copilot Christian Geistdorfer 1980 und 1982-84.

KLEINSTES SIEGERAUTO IN DER RALLYE MONTE CARLO
Ein Saab mit 851 ccm Hubraum, gefahren von Erik Carlsson und Gunnar Häggborn (1962) und von Carlsson und Gunnar Palm (1963) (alle Schweden), gewann die Rallye Monte Carlo 1962 und 1963.

MEISTE WELTMEISTERSCHAFTS-SIEGE
Die Fahrer-Weltmeisterschaft wurde viermal von Juha Kankkunen (Finnland) gewonnen: 1986, 1987, 1991 und 1993.

Den Rekord für die meisten Siege in Weltmeisterschafts-Rennen halten mit 21 Juha Kankkunen (Finnland) und Carlos Sainz (Spanien).

Lancia gewann die Rekordzahl von elf Weltmeisterschaften der Hersteller zwischen 1972 und 1992.

SCHNELLSTE RENNSTRECKE
Der Weltrekord für die höchste durchschnittliche Rundengeschwindigkeit auf einer geschlossenen Rennstrecke beträgt 403,878 km/h. Am 5. Mai 1979 erreichte sie Dr. Hans Liebold (Bundesrepublik Deutschland) auf der Hochgeschwindigkeits-Strecke bei Nardo, Italien, in einem experimentellen Mercedes-Benz C111-IV-Coupé in 1 Minute 52,67 Sekunden.

MEISTE HERSTELLER-SIEGE
Ferrari gelang mit dem Sieg beim Grand Prix von San Marino der 114. Erfolg. Oben ist der neue Ferrari F300 zu sehen, der zum ersten Mal 1998 in einem Rennen fuhr. Ferrari hat den Weltmeistertitel der Hersteller achtmal gewonnen. Ferrari hatte den ersten Grand-Prix-Erfolg 1951 in Silverstone, Großbritannien, und dominierte auch die beiden folgenden Saisons. Die Weltmeisterschaft der Hersteller fand zum ersten Mal 1958 statt, den ersten Sieg für Ferrari gab es 1961. In dem Jahr gingen fünf der acht Rennen an Ferrari, der letzte Erfolg wurde jedoch von dem tragischen Tod des deutschen Fahrers Wolfgang von Trips überschattet, der zusammen mit 14 Zuschauern beim italienischen Grand Prix tödlich verunglückte.

SCHNELLSTES RENNEN
Das Bush Clash Race über eine Entfernung von 80,5 km auf einer 4 km langen, 31° geneigten Strecke in Daytona, Florida, USA, ist das schnellste Rennen der Welt. 1987 erreichte Bill Elliott auf einem Ford Thunderbird einen Geschwindigkeitsschnitt von 318,331 km/h. Elliott gewann 1985 elf Rennen und ist zwölfmal zum Most Popular Driver im NASCAR Winston Cup gewählt worden.

schwimmen und Tauchen

SCHWIMMEN

MEISTE OLYMPISCHE MEDAILLEN

Mit fünf Goldmedaillen in Einzeldisziplinen gewann Krisztina Egerszegi (Ungarn) die meisten Goldmedaillen, beim 100-m-Rückenschwimmen 1992, beim 200-m-Rückenschwimmen 1988, 1992 und 1996 und bei den 400-m-Lagen 1992.

Vier Goldmedaillen sind der Rekord für Männer in Einzeldisziplinen, sie wurden gewonnen von: Charles Daniels (USA) über 100-m-Freistil 1906 und 1908, über 200-yd-Freistil 1904 und 440-yd-Freistil 1904; von Roland Matthes (ehemalige DDR) 1968 und 1972 jeweils über 100-m-Rücken und 200-m-Rücken; von Tamás Daryni (Ungarn) über 200- und 400-m-Lagen in den Jahren 1988 und 1992, von Alexander Popow (Rußland) über 50- und 100-m-Freistil in den Jahren 1992 und 1996 sowie von Mark Spitz (siehe unten).

Sechs Goldmedaillen wurden von Kristin Otto (DDR) in Seoul, Südkorea, 1988 über 100-m-Freistil, Rücken und Schmetterling, 50-m-Freistil, 4 x 100-m-Freistil und 4 x 100-m-Lagen gewonnen.

Neun Goldmedaillen, Rekord für einen Olympia-Schwimmer, gewann Mark Spitz (USA) über 100-m- und 200-m-Freistil 1972, über 100-m- und 200-m-Schmetterling 1972, in der 4 x 100-m-Freistil-Staffel 1968 und 1972, in der 4 x 200-m-Freistil-Staffel 1968 und 1972 sowie in der 4 x 100-m-Lagen-Staffel 1972. In allen Disziplinen, bis auf die 4 x 200-m-Freistil-Staffel 1968, stellte er einen Weltrekord auf.

Mark Spitz gewann die Rekordanzahl von insgesamt elf Medaillen: eine Silbermedaille (100-m-Schmetterling) und eine Bronzemedaille (100-m-Freistil) 1968 zuzüglich seiner neun Goldmedaillen.

Dieser Rekord wurde von Matt Biondi (USA) mit einer Goldmedaille 1984, fünf Goldmedaillen, einer Silbermedaille und einer Bronzemedaille 1988 und zwei Goldmedaillen und einer Silbermedaille 1992 egalisiert.

Dawn Fraser (Australien) gewann die Rekordanzahl von acht Medaillen: vier Goldmedaillen und vier Silbermedaillen von 1956 bis 1964. Kornelia Ender (ehemalige DDR) errang vier Gold- und vier Silbermedaillen von 1972 bis 1976 und Shirley Babashoff zwei Gold- und sechs Silbermedaillen von 1972 bis 1976.

SCHNELLSTER SCHWIMMER

Tom Jager (USA) hatte über 50 Yards in einem 25-Yard-Becken in Nashville, Tennessee, USA, am 23. März 1990 eine Durchschnittsgeschwindigkeit von 8,64 km/h. Seine Zeit betrug 19,05 Sekunden. Wenn es Jager möglich gewesen wäre, dieses Tempo unverändert zu halten, hätte er die Rekordzeit für die Durchquerung des Ärmelkanals (7 Stunden 17 Minuten) halbiert.

MEISTE SIEGE IN EINER DISZIPLIN

Zwei Schwimmerinnen haben dreimal in der gleichen Disziplin gewonnen: Dawn Fraser (Australien) über 100-m-Freistil (1956, 1960, 1964) und Krisztina Egerszegi (Ungarn) über 200-m-Rücken (1988, 1992, 1996).

MEISTE WM-MEDAILLEN

Michael Gross (Bundesrepublik Deutschland) gewann von 1982 bis 1990 13 Weltmeisterschaftsmedaillen (fünf Gold-, fünf Silber- und drei Bronzemedaillen).

Kornelia Ender (ehemalige DDR) gewann zehn Medaillen (acht Gold- und zwei Silbermedaillen).

MEISTE GOLDMEDAILLEN

James Montgomery (USA) gewann sechs Medaillen (zwei in Einzeldisziplinen und vier in der Staffel).

Die meisten Medaillen bei einer einzigen Meisterschaft gewann Matt Biondi (USA) mit insgesamt sieben Medaillen, drei Gold-, einer Silber- und drei Bronzemedaillen im Jahr 1986.

MEISTE WELTREKORDE

Arne Borg (Schweden): 32 Rekorde zwischen 1922 und 1929.

Ragnhild Hveger (Dänemark): 42 Rekorden von 1936 bis 1942.

SCHNELLSTE SCHWIMMERIN

Le Jinghyi (China) erreichte bei ihrem 50-m-Weltrekord in Rom, Italien, am 11. September 1994 mit 7,34 km/h die höchste Geschwindigkeit, die jemals von einer Schwimmerin erzielt wurde. Jinghyi, 1975 geboren, 1,78 m groß und 68 kg schwer, ist eine der besten Schwimmerinnen, die es je in China gab.

Die meisten in einem einzigen Becken geschwommenen Weltrekorde wurden mit 86 im North Sydney Pool, New South Wales, Australien, zwischen 1955 und 1978 aufgestellt. Dazu gehören auch 48 Rekorde in Königsdisziplinen.

LÄNGSTE GESCHWOMMENE STRECKEN

Fred Newton schwamm vom 6. Juli bis 29. Dezember 1930 2.938 km den Mississippi (USA) zwischen Ford Dam, Minnesota, und Carrollton Ave, New Orleans, Louisiana, flußabwärts. Er war 742 Stunden im Wasser.

Die längste in 24 Stunden geschwommene Strecke beträgt 101,9 km und wurde von Anders Forvass (Schweden) im öffentlichen Bad von Linköping (Schweden) vom 28. bis 29. Oktober 1989 geschwommen.

Die längste Strecke, die von einer Frau in 24 Stunden geschwommen wurde, beträgt 95,657 km und wurde von Kelly Driffield im 50-m-Becken des Freizeitzentrums Tumbi Umbi, New South Wales, Australien, im Juni 1997 erzielt.

Die größte unter Wasser geschwommene Strecke beträgt 78,92 km in 24 Stunden. Sie wurde 1985 von Paul Cryne (Großbritannien) und Samir Sawan al Awami (Qatar) von Doha nach Umm Said, Qatar, und wieder zurück bewältigt.

Die größte, von einer Staffelmannschaft unter Wasser geschwommene Strecke beträgt 151,98 km und wurde von sechs Personen in einem Becken in der Tschechoslowakei (heute Tschechische Republik) vom 17. bis zum 18. Oktober 1987 absolviert.

LÄNGSTE STAFFELN

Die 20 Mann starke Nationalstaffel Neuseelands schwamm einen Rekord von 182,8 km in Lower Hutt, Neuseeland, in einer Zeit von 24 Stunden vom 9. zum 10. Dezember 1983.

Der Klubrekord von 24 Stunden, der von einer fünfköpfigen Mannschaft erzielt wurde, beträgt 162,52 km. Er wurde vom Portsmouth Northsea SC, Portsmouth, Großbritannien, vom 4. zum 5. März 1993 erzielt.

TURMSPRINGEN

MEISTE OLYMPIAMEDAILLEN

Klaus Dibiasi (Italien) errang drei Gold- und zwei Silbermedaillen von 1964 bis 1976, Greg Louganis (USA) vier Gold- und eine Silbermedaille 1976, 1984 und 1988. Dibiasi ist auch der einzige Springer, der dreimal hintereinander bei Olympischen Spielen in der gleichen Disziplin (Highboard) gewonnen hat (1968, 1972 und 1976).

DIE MEISTEN WELTMEISTERSCHAFTSTITEL

Greg Louganis (USA) hat fünf Weltmeisterschaftstitel gewonnen (Highboard 1978 und Highboard und Springboard 1982 und 1986 sowie vier olympische Goldmedaillen in den Jahren 1984 und 1988.

Die meisten Goldmedaillen in einer Einzeldisziplin hat Philip Boggs (USA) im Springboard 1973, 1975 und 1978 erzielt.

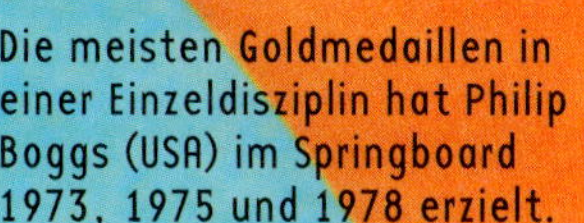

HÖCHSTE WERTUNGEN

Bei den Olympischen Spielen von Los Angeles im Jahr 1984 erreichte der US-Turmspringer Greg Louganis Ergebnisse von 754,41 Punkten in der Disziplin 11 Springboard und 710,91 im Highboard. Louganis, der in seiner Laufbahn 47 nationale Titel gewann, gab nach den Sommerspielen 1988 in Seoul, wo er sich beim Springen am Kopf verletzt hatte, seine HIV-Infektion bekannt.

skisport

HÖCHSTER GEWERTETER SPRUNG

Die chinesische Skiläuferin Xu Nannan führt ihren Sprung während der Kunstski-Qualifikationsrunde der Frauen bei den Olympischen Spielen 1998 in Nagano, Japan. Als frühere Turnerin war Nannan nach ihrer Führung in der Qualifikationsrunde in einer extrem vorteilhaften Position. Sie führte den höchsten gewerteten Sprung des Wettbewerbs aus, gewann am Ende jedoch Silber anstatt Gold.

MEISTE ALPINE WELTMEISTERTITEL

Der Gewinner der meisten Titel der Männer in der Alpinski-Weltmeisterschaft ist mit sieben Siegen Toni Sailer (Österreich). Er holte sich 1956 alle vier Titel (Riesenslalom, Slalom, Abfahrt und in der nicht-olympischen Alpinen Kombination) und 1958 drei Titel in Abfahrt, Riesenslalom und der Kombination.

DER REKORD FÜR DIE MEISTEN TITEL

bei den Frauen beträgt zwölf, erreicht von Christl Cranz (Deutschland), die sieben Einzeltitel (viermal Slalom 1934–35 und 1937–39 und dreimal Abfahrt 1935, 1937 und 1939) und fünf Kombinationstitel (1934–35 und 1937–39) gewann. Cranz gewann auch die Goldmedaille in der Kombination bei den Olympischen Spielen 1936.

MEISTE NORDISCHE WELTMEISTERTITEL

Die meisten Titel, 17, gewann Jelena Välbe (Rußland), mit zehn Einzeltiteln und sieben Staffellauf-Titeln von 1989 bis 1998.

Die meisten Skisprung-Titel erreichte mit fünf Siegen Birger Ruud (Norwegen) 1931, 1932 und 1935–37. Ruud ist der einzige, der olympisches Gold in der Alpinen und Nordischen Disziplin holte: im Skisprung und in der alpinen Abfahrt 1936.

HÖCHSTE ABFAHRTSGESCHWINDIGKEIT

Den Rekord für die höchste je erreichte Durchschnittsgeschwindigkeit bei einem olympischen Abfahrtsrennen, 107,24 km/h, stellte der französische Läufer Jean-Luc Cretier bei den Olympischen Spielen 1998 in Nagano auf. Im Bild ein jubelnder Cretier, Sekunden nachdem er seine Medaille für den alpinen Abfahrtslauf am 15. Februar erhielt. Er war insgesamt elf Jahre lang an der Spitze mitgefahren, hatte bis dahin aber weder ein einziges Rennen noch eine Medaille gewonnen.

MEISTE NORDISCHE WELTMEISTERSCHAFTS-MEDAILLEN

Die meisten Medaillen, 23, gewann Raisa Petrovna Smetanina (UdSSR, später GUS), darunter sieben Goldmedaillen (1974–92).

MEISTE WELTMEISTERSCHAFTS-SIEGE

Den Rekord für die meisten gewonnenen Einzelwettbewerbe, 86 (46 im Riesenslalom, 40 im Slalom) aus insgesamt 287 Läufen, stellte Ingemar Stenmark (Schweden) zwischen 1974 und 1989 auf. Diese Karriere schließt auch einen Rekord der Männer über 13 Siege in einer Saison (1978/79) ein. Von diesen 13 waren zehn Beiträge zu einem weiteren Rekord: 14 aufeinanderfolgende Siege im Riesenslalom vom 18. März 1978 bis 21. Januar 1980.

Franz Klammer (Österreich) gewann 25 Abfahrtsläufe, 1974–84.

MEISTE WELTMEISTER-TITEL

Die meisten je von einem Skiläufer errungenen Titel gewann Bjørn Dåhlie (Norwegen): zwölf Einzel- und sechs Staffeltitel von 1991 bis 1998. Bei den Olympischen Spielen 1998 in Nagano wurde Dåhlie mit acht Goldmedaillen zum erfolgreichsten Sportler in der Geschichte der Olympischen Winterspiele. Er plant, auch bei den Olympischen Spielen 2002 in Salt Lake City, Utah, dabeizusein.

Annemarie Moser (Österreich) stellte 1970 bis 1979 einen Rekord der Frauen über 62 gewonnene Einzelwettbewerbe auf. Sie siegte auch 1972 bis 1974 bei elf aufeinanderfolgenden Abfahrtsläufen. Vreni Schneider (Schweiz) siegte 1988/89 bei insgesamt 13 Einzelwettbewerben (und einem Kombinationswettbewerb), darunter bei allen sieben Slalom-Wettbewerben.

MEISTE FREISTIL-TITEL
Edgar Grospiron (Frankreich) hält den Rekord mit drei Titeln (1989, 1991 und 1995). Er gewann 1992 auch einen olympischen Titel.

Den Rekord für die meisten Titel im Gesamt-Weltcup der Männer beträgt fünf, erreicht von Eric Laboureix (Frankreich) 1986–1988, 1990 und 1991.

Die meisten Titel im Gesamt-Weltcup, zehn Titel, gewann Connie Kissling (Schweiz) von 1983 bis 1992.

LÄNGSTE SKISPRÜNGE
Der weiteste bei einem Weltcup-Springen verzeichnete Skisprung beträgt 204 m, gesprungen von Andreas Goldberger (Österreich) am 9. März 1996 in Harrachov, Tschechien.

Die größte je von einer Frau bei einem Skisprung erreichte Weite beträgt 112 m, gesprungen von Eva Ganster (Österreich) am 7. Januar 1994 in Bischofshofen, Österreich.

Der weiteste Trockenski-Sprung wurde mit 92 m von Hubert Schwarz (Bundesrepublik Deutschland) am 30. Juni 1981 in Berchtesgaden, Deutschland, ausgeführt.

HÖCHSTE GESCHWINDIGKEITEN
Der offizielle Geschwindigkeits-Weltrekord beträgt 241,448 km/h, gelaufen von Jeffrey Hamilton (USA) in Vars, Frankreich, am 14. April 1995.

Die höchste bei einem Weltcup-Abfahrtslauf erreichte Geschwindigkeit beträgt 112,4 km/h, gelaufen von Armin Assinger (Österreich) in der Sierra Nevada, Spanien, am 15. März 1993.

Die Rekordzeit im 50-km-Rennen bei einer wichtigen Meisterschaft erreichte mit 1 Stunde 54 Minuten 46 Sekunden Aleksej Prokurorov (Rußland) 1994 in Thunder Bay, Kanada. Seine Durchschnittsgeschwindigkeit betrug 26,14 km/h.

LÄNGSTE RENNEN
Das längste Nordische Skirennen ist das jährlich stattfindende, 89 km lange Vasaloppet in Schweden. 1977 waren 10.934 Teilnehmer am Start.

GRÖSSTES RENNEN
Das Finlandia-Skirennen führt 75 km von Hämeenlinna nach Lahti, Finnland. Im Februar 1984 ging die Rekordzahl von 13.226 Läufern an den Start, von denen 12.909 auch durchs Ziel gingen.

LÄNGSTE PISTE
Die Piste des Weissfluhjoch-Küblis-Parsenn-Skigebiets bei Davos, Schweiz, ist 12,23 km lang.

ABFAHRTSLAUF DER MÄNNER
Brian Stemmle aus Kanada trainiert für den Abfahrtslauf der Männer bei den Olympischen Winterspielen in Nagano. Die Abfahrt der Männer war auch 1998 wie immer ereignisreich: Das Rennen wurde mehrfach wegen dichten Schneefalls verschoben und fand schließlich am 13. Februar statt, einem Freitag. Für manche ein Unglückstag – 13 Läufer kamen nicht ins Ziel.

Eishockey

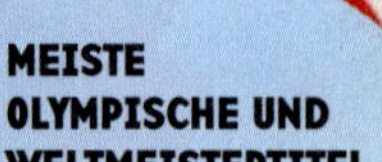

MEISTE OLYMPISCHE UND WELTMEISTERTITEL
Die UdSSR gewann 22 Weltmeistertitel (einschließlich der olympischen Titel 1956, 1964 und 1968) von 1954 bis 1990 und einen Titel 1993 unter dem Namen Rußland. Weitere fünf olympische Titel kamen 1972, 1976, 1984, 1988 und 1992 (als GUS mit einer rein russischen Mannschaft) dazu, damit steht der Olympische Rekord bei acht Titeln.

Die meisten Goldmedaillen, nämlich drei, gewannen die sowjetischen Spieler Vitalij Davydov, Anatolij Firsov, Viktor Kuzkin und Aleksandr Ragulin (1964, 1968, 1972), Vladislav Tretjak (1972, 1976, 1984) und Andrej Chomutov (1984, 1988, 1992).

Kanada gewann die ersten vier Weltmeisterschaften der Frauen (1990, 1992, 1994 und 1997), ohne dabei ein Spiel zu verlieren.

EISHOCKEY-WETTBEWERBE
Die Weltmeisterschaften im Eishockey fanden zum ersten Mal 1920 für Amateure in Verbindung mit den Olympischen Spielen statt, die bis 1968 auch als Weltmeisterschaft angesehen wurden. Seit 1976 sind die Weltmeisterschaften auch für professionelle Spieler offen. Eishockey der Frauen wurde bei den Winterspielen 1998 eingeführt. Sieger waren die USA, die Kanada im Finale schlugen.

BESTBEZAHLTER SPIELER
Sergej Fedorov (Rußland) von den Detroit Red Wings hat Berichten zufolge die Rekordsumme von 20 Mio. Dollar (ca. 35,2 Mio. DM) für die Saison 1997/98 erhalten, was ihn zum bestbezahlten Eishockeyspieler aller Zeiten macht. Sein Grundgehalt betrug 2 Mio. Dollar (ca. 3,52 Mio. DM), der Rest besteht aus Prämien. Fedorov war ein wichtiger Faktor für den Erfolg der Red Wings im Stanley Cup.

EISHOCKEY-SUPERSTAR
Wayne Gretzky, der bei den Edmonton Oilers, den Los Angeles Kings, den St. Louis Blues und den New York Rangers gespielt hat, ist heute der erfolgreichste Eishockeyspieler, mit Einnahmen von geschätzten 5,6 Mio. Dollar (ca. 9,86 Mio. DM) im Jahr. Er hält zahlreiche Rekorde im Rahmen des Stanley Cup: meiste Punkte (382), meiste Tore (122) und meiste Assists (260), sowie für die meisten Punkte während einer Saison, mit 47 (16 Tore und 31 Assists) im Jahr 1985. Er hält ebenfalls die NHL-Rekorde für die regulären Saison- und die Playoff-Spiele mit 837 Toren und 1771 Assists zur Rekordzahl von 2.608 Punkten in 1.253 Spielen. 1981/82 schoß er für die Edmonton Oilers 92 Tore in einer Saison, und insgesamt erreichte er in seinen Spielen 1981/82 238 Punkte (103 Tore und 135 Assists), 1985/86 den NHL-Rekord von 215 Punkten, einschließlich einer Rekordzahl von 163 Assists. Gretzky wurde 1961 in Kanada geboren und begann seine professionelle Karriere 1978. „The Great One“ wird von vielen heute als der größte Eishockeyspieler aller Zeiten angesehen. Er ist hier zusammen mit seiner Frau, der Schauspielerin Janet Jones, in dem Magazin *Sports Illustrated* zu sehen.

MEISTE SIEGE IM STANLEY CUP
Von 32 Finalspielen gewannen die Montreal Canadiens 24 Spiele (1916, 1924, 1930–31, 1944, 1946, 1953, 1956–60, 1965–66, 1968–69, 1971, 1973, 1976–79, 1986 und 1993).

Joseph Henri Richard spielte von 1956 bis 1973 für die Canadiens in 11 Siegermannschaften.

MEISTE PUNKTE IM STANLEY CUP
Die höchste Punktzahl in einem Spiel erreichte mit acht Punkten Patrik Sundström (Schweden), durch drei Tore und fünf Assists für New Jersey gegen Washington im April 1988, und Mario Lemieux durch fünf Tore und drei Assists für Pittsburgh gegen Philadelphia im April 1989.

MEISTE TORE IM STANLEY CUP
Die meisten Tore in einer Saison schossen mit 19 Treffern Reggie Leach 1976 für Philadelphia und Jari Kurri (Finnland) 1985 für Edmonton.

MEISTE SPIELTEILNAHMEN
Gordie Howe (Kanada) spielte in 1.767 regulären Saisonspielen (und 157 Playoffs) in 26 Saisonen von 1946 bis 1971 (Detroit Red Wings) und in der Saison 1979/80 (Hartford Whalers).
Er spielte auch 1973 bis 1979 in 419 Spielen (und 78 Playoffs) für die Houston Aeros und die New England Whalers in der World Hockey Association (WHA) und insgesamt in beeindruckenden 2.421 Spielen in wichtigen Ligen.

MEISTE TORE, PUNKTE UND ASSISTS
Die meisten Punkte in einem wichtigen nordamerikanischen

Ligaspiel erzielten mit zehn Punkten Jim Harrison (drei Tore, sieben Assists) für Alberta, später Edmonton Oilers, in einem WHA-Spiel in Edmonton am 30. Januar 1973 und Darryl Sitter (sechs Tore, vier Assists) für die Toronto Maple Leafs gegen die Boston Bruins, in einem NHL-Spiel in Toronto am 7. Februar 1976.

Die höchste Zahl an Toren in einem Spiel beträgt sieben, geschossen von Joe Malone zum Sieg 10:6 für Québec gegen die Toronto St Patricks in Québec City 1920.

Die höchste Zahl an Assists beträgt sieben, erreicht von Billy Taylor für Detroit gegen Chicago im März 1947 und von Wayne Gretzky für Edmonton gegen Washington im Februar 1980, gegen Chicago im Dezember 1985 und gegen Québec im Februar 1986.

Die meisten von einer Mannschaft in einer Saison geschossenen Tore, 446, erzielten die Edmonton Oilers in der Saison 1983/84, in der sie auch den Rekord von 1.182 gewerteten Punkten schafften.

Die Montreal Canadiens erzielten den Rekord von 132 Punkten für eine Mannschaft (60 Siege, zwölf Unentschieden) in 80 Spielen 1976/77. Ihr Ergebnis von acht verlorenen Spielen war auch das niedrigste in einer Saison von 70 oder mehr Spielen.

MEISTE SIEGE EINER MANNSCHAFT
1995/96 gewannen die Detroit Red Wings 62 Spiele.

Die höchste Prozentsatz an gewonnenen Spielen in einer Saison betrug in der Saison 1929/30 für die Boston Bruins mit 30 Siegen aus 44 Spielen 68,18 %.

LÄNGSTE SPIELSERIE OHNE NIEDERLAGE
Die längste Serie in einer Saison ohne Niederlage beträgt 35 Spiele (25 Siege, zehn Unentschieden), erkämpft von den Philadelphia Flyers vom 14. Oktober 1979 bis 6. Januar 1980.

ERFOLGREICHSTE TORHÜTER
Terry Sawchuk spielte als Torhüter von 1950 bis 1970 für Detroit, Boston, Toronto, Los Angeles und die New York Rangers in 971 Spielen. Seine Rekorde sind 435 Siege (gegenüber 337 Niederlagen und 188 Unentschieden) sowie 103 Shutouts im Laufe einer Karriere.

Jacques Plante schaffte 15 Siege in seiner einen Saison in der WHA, und 434 NHL-Siege, womit er insgesamt 449 von 868 wichtigen Ligaspielen gewann.

Bernie Parent hatte 47 Siege in einer Saison, 1973/74, mit 13 Niederlagen und zwölf Unentschieden für Philadelphia.

Gerry Cheevers (Boston Bruins) spielte 1971/72 ohne Niederlage in 32 Spielen hintereinander.

SCHNELLSTES TOR
Das schnellste Tor ab dem Zeitpunkt des Anpfiffs fiel bisher innerhalb von fünf Sekunden. Diese Rekordzeit erreichten Doug Smail für die Winnipeg Jets am 20. Dezember 1981 und Bryan Trottier für die New York Islanders am 22. März 1984.

STANLEY CUP
Der Stanley Cup wurde zum ersten Mal 1893 von Lord Stanley of Preston, dem damaligen Governor General von Kanada, verliehen. Ab 1894 wurde der Wettbewerb um den Cup unter Amateurmannschaften ausgetragen, ab 1910 dann als Preis für die Sieger der professionellen Playoffs ausgesetzt.

Boxen, Ringen und Kampfsport

SCHWERSTER *YOKOZUNA*
Der auf Hawaii geborene Sumoringer Chad Rowan, alias Akebono, hebt hier seinen Gegner Tochinowaka während eines Kampfes empor. Akebono, der größte und schwerste *Yokozuna* in der Geschichte des Sumo-Kampfes, ist 2,04 m groß und wiegt 227 kg. Im Januar 1993 wurde ihm als erster ausländischer *Rikishi* der Rang eines *Yokozuna* verliehen. 1996 wurde er japanischer Staatsbürger.

SUMO

ERFOLGREICHSTE RINGER
Yokozuna (Großmeister) Sadji Akiyoshi, alias Futabayama, hält den Rekord von 69 aufeinanderfolgenden Siegen (1937–39).

Yokozuna Koki Naya, alias Taiho („Großer Vogel"), gewann den Emperor's Cup 32mal, bis er 1971 in Ruhestand ging.

Der *Ozeki* Tameemon Torokichi, alias Raiden, gewann innerhalb von 21 Jahren 254 Wettkämpfe und verlor ganze zehn, womit sein Prozentsatz an Siegen mit 96,2 % am höchsten liegt.

MEISTE SIEGE
Yokozuna Mitsugu Akimoto, alias Chiyonofuji, gewann acht Jahre hintereinander (1981–88) das Kyushu Basho (eines der sechs jährlichen Turniere). Er hält auch den Rekord für die meisten Siege einer Ringerkarriere (1.045) und die meisten *Makunouchi*-Siege (807 Siege in der höchsten Liga).

1978 gewann Toshimitsu Ogata, alias Kitanoumi, 82 der 90 Wettkämpfe, zu denen die besten *Rikishi* jährlich antreten. Mit 21 Jahren und 2 Monaten war er 1974 der jüngste Mann, der je zum *Yokozuna* ernannt wurde.

MEISTE WETTKÄMPFE IN DER HÖCHSTEN LIGA
Jesse Kuhaulua (Takamiyama) (USA) nahm an 1.231 Wettkämpfen hintereinander teil (1981). Er war 1972 der erste Nicht-Japaner, der ein offizielles Turnier in der höchsten Liga gewann.

RINGEN

MEISTE OLYMPISCHE TITEL
Drei Titel wurden gewonnen von: Carl Westergren (Schweden) 1920, 1924 und 1932; Ivar Johansson (Schweden) 1932 (zwei) und 1936; Aleksandr Medved (UdSSR) 1964, 1968 und 1972 sowie Aleksandr Karelin (Rußland) 1988, 1992 und 1996.

MEISTE OLYMPISCHE MEDAILLEN
Vier olympische Medaillen wurden gewonnen von: Eino Leino (Finnland) im Freistil von 1920 bis 1932; Imre Polyák (Ungarn) im griechisch-römischen Stil von 1952 bis 1964 und Bruce Baumgartner (USA) im Freistil von 1984 bis 1996.

GRÖSSTE PAY-TV-ZUSCHAUERZAHL
Im Juli 1997 wurde der Starboxer Mike Tyson durch den Gerichtshof von Nevada zu 3 Mio. Dollar (ca. 5,28 Mio. DM) Strafe und Entzug seiner Boxlizenz für ein Jahr verurteilt, nachdem er während des WM-Titelkampfes im Schwergewicht der World Boxing Association am 28. Juni seinem Gegner Evander Holyfield ein Stück aus dem Ohr gebissen hatte. Nach dem Vorfall fand Mitch Libonati, ein Angestellter des MGM Grand Hotel, das Stück Ohr, wickelte es in einen Latex-Handschuh und brachte es in Holyfields Umkleideraum. Holyfield wurde dann eiligst ins Krankenhaus gebracht, wo das Stück wieder angefügt wurde. Der Kampf wurde live von 16.000 Zuschauern, darunter Prominente wie Whitney Houston und Robert de Niro, und von der größten Zahl an Pay-TV-Zuschauern in der Geschicht des Boxens verfolgt, die bis zu 1.440 Dollar (ca.2.530 DM) gezahlt hatten, um den Kampf anzusehen.

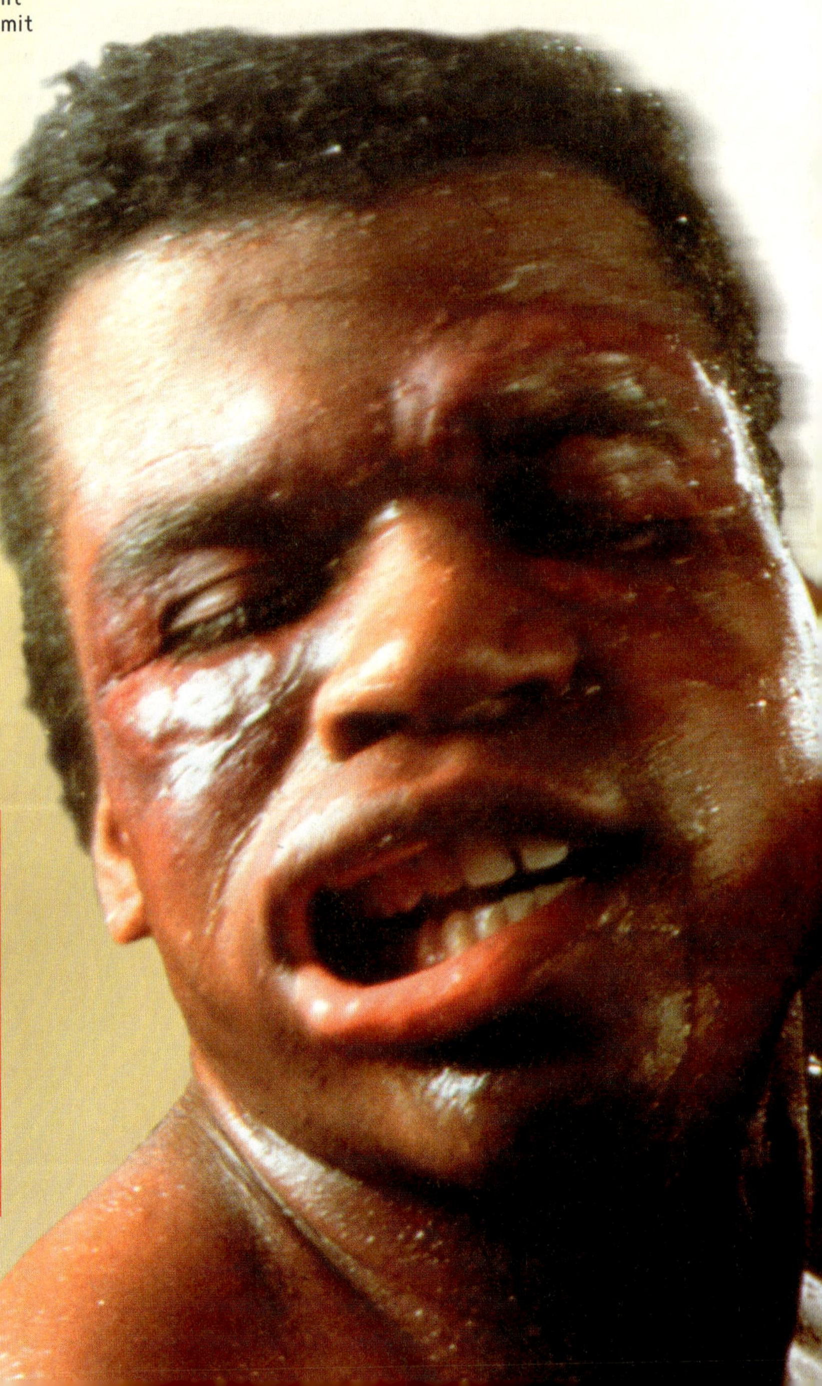

MEISTE WELTMEISTER-TITEL
Der Freistilringer Aleksandr Medved (UdSSR) gewann zehn Titel in drei Gewichtsklassen (1962–64 und 1966–72).

LÄNGSTER KAMPF
Der längste verzeichnete Kampf dauerte 11 Stunden 40 Minuten, als Martin Klein (Estland, am Start für Rußland) Alfred Asikáinen (Finnland) beim Kampf um die Silbermedaille in der 75-kg-Klasse im griechisch-römischen Stil bei den Olympischen Spielen 1912 schlug.

BOXEN

KÜRZESTER KAMPF
Der kürzeste Weltmeisterschaftskampf dauerte 20 Sekunden, als Gerald McClellan (USA) Jay Bell in einem WBC-Mittelgewichtskampf in Puerto Rico am 7. August 1993 schlug.

MEISTE K.o.-SIEGE
Die meisten als „K.o.-Siege" bezeichneten Kampfergebnisse in einer Boxerkarriere erreichte mit 145 (129 in Profi-Kämpfen) Archie Moore (USA) 1936–63.

AM LÄNGSTEN AMTIERENDE WELTMEISTER
Joe Louis (USA) war 11 Jahre und 252 Tage lang Weltmeister, von 1937 bis zu seinem Rücktritt 1949. Dieser Dauerrekord gilt für alle Gewichtsklassen.

Rocky Marciano (USA) ist der einzige Weltmeister, der in einer Gewichtsklasse alle Kämpfe seiner professionellen Karriere (49 Kämpfe von 1947 bis 1955) gewann.

LÄNGSTER KAMPF
Der längste WM-Titelkampf nach den Queensberry-Regeln fand zwischen den Leichtgewichtlern Joe Gans und Oscar Nelson (beide USA) am 3. September 1906 in Goldfield, Nevada, USA, statt. Er wurde nach der 42. Runde beendet, als Gans wegen Foul zum Sieger erklärt wurde.

JUDO

MEISTE TITEL
Yasuhiro Yamashita (Japan) gewann vier Weltmeister- und einen olympischen Titel: in der Klasse über 95 kg 1979, 1981 und 1983, der Allkategorie 1981, und in der olympischen Allkategorie 1984. Er trat nach 203 aufeinanderfolgenden Siegen (1977–85) unbesiegt zurück.

Vier Weltmeistertitel gewannen auch Shozo Fuji (Japan) in der Klasse unter 80 kg 1971, 1973 und 1975 und in der Klasse unter 78 kg 1979; und Naoya Ogawa (Japan) in der Allkategorie 1987, 1989 und 1991 und in der Klasse über 95 kg 1989.

MEISTE TITEL DER FRAUEN
Ingrid Berghmans (Belgien) gewann sechs Weltmeistertitel der Frauen: in der Allkategorie 1980, 1982, 1984 und 1986 und in der Klasse unter 72 kg 1984 und 1989. Sie gewann ebenfalls viermal Silber- und eine Bronzemedaille. Als Judo 1988 als Demonstrationssport eingeführt wurde, gewann Berghmans den olympischen Titel in der 72-kg-Klasse.

KARATE

MEISTE WELTMEISTERTITEL
Großbritannien kann bei der Mannschaftswertung für Kumite die Rekordzahl von sechs Weltmeistertiteln aufweisen (1975, 1982, 1984, 1986, 1988 und 1990).

Der Rekord für die meisten Kumite-Titel in der Einzelwertung der Männer beträgt zwei: Pat McKay (Großbritannien) gewann 1982 und 1984 in der Klasse unter 80 kg; Emmanuel Pinda (Frankreich) in der Allkategorie 1984 und in der Klasse über 80 kg 1988; Thierry Masci (Frankreich) in der Klasse unter 70 kg 1986 und 1988 und José Manuel Egea (Spanien) in der Klasse unter 80 kg in den Jahren 1990 und 1992.

Guus van Mourik (Niederlande) gewann in der Klasse über 60 kg 1982, 1984, 1986 und 1988 vier Kumite-Titel.

BOXREGELN
1867 wurde der Boxsport den Queensberry-Regeln unterworfen, die für John Sholto Douglas, den achten Marquis von Queensberry, formuliert worden waren. Die Regeln verlangten Handschuhe (bei früheren Wettbewerben hatten die Boxer mit bloßen Fäusten gekämpft). Der erste nach den Queensberry-Regeln ermittelte Champion war 1892 James Corbett.

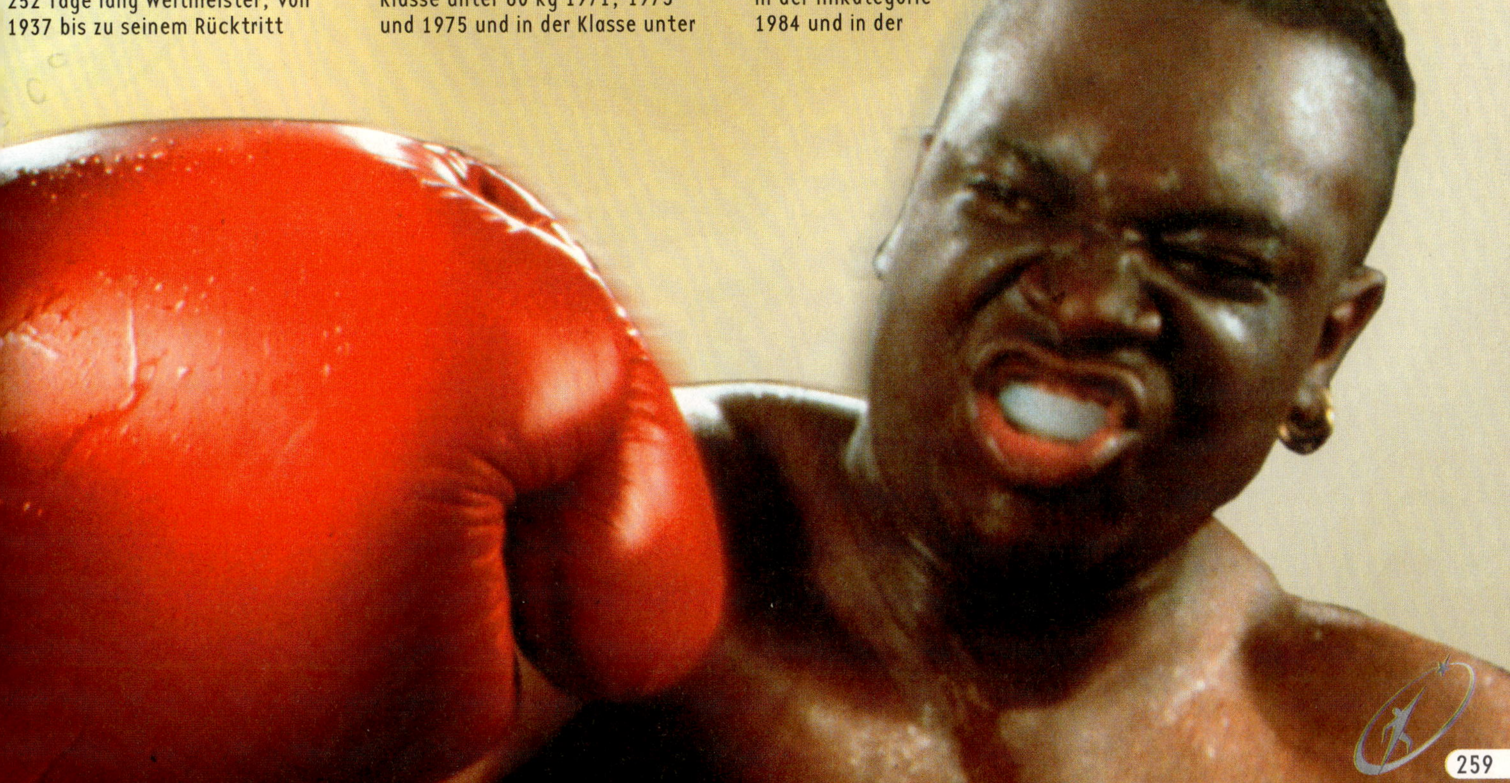

In der Luft

GRÖSSTER MASSENSPRUNG
Im Oktober 1997 führten 16 Frauen den größten Massen-bungee-Sprung der Welt in Offenbach am Main, Deutschland, durch. Sie sprangen von einer speziell gebauten Plattform aus einer Höhe von 52 m und waren mit sechs Seilen von jeweils 10 m Länge nacheinander festgebunden. Das Ereignis wurde von Sky Bungee Jumping und Sky Veranstaltungen München, Deutschland, organisiert.

WEITESTER BUNGEE-SPRUNG
Ein Bungee-Seil mit einer Rekordlänge von 284 m wurde von Jochen Schweizer (Bundesrepublik Deutschland) während eines Sprunges von einem Hubschrauber 1997 benutzt. Das Seil zog sich beim Sprung auf eine Länge von 1.012 m.

MEISTE DRACHENFLÜGE
Eric Fradet aus Le Tignet, Frankreich, führte während seiner Laufbahn mehr als 14.700 Drachenflüge aus.

LÄNGSTER FALLSCHIRMSPRUNG
William Rankin fiel aufgrund der thermischen Verhältnisse am 26. Juli 1956 in North Carolina, USA, über den Rekordzeitraum von 40 Minuten.

HÖCHSTE FALLSCHIRMSPRÜNGE
Joseph Kittinger fiel am 16. August 1960 in Tularosa, New Mexico, USA, 25,82 km von einem Ballon aus 31,33 km Höhe.

Elvira Formitschewa (UdSSR) machte den längsten, verzögerten Fallschirmsprung einer Frau am 26. Oktober 1977 über Odessa, UdSSR (heute Ukraine), bei dem sie 14,8 km fiel.

Nicholas Feteris und Dr. Glenn Singleman sprangen am 26. August 1992 von einem 5,88 km hohen Vorsprung am Great Trango Tower in Kaschmir.

NIEDRIGSTE RETTUNGSAKTION
Am 16. Oktober 1988 rettete Eddie Turner den bewußtlosen Frank Farnan, nachdem dieser bei einem Zusammenstoß in einer Höhe von 3,95 km verletzt worden war. Turner zog in einer Höhe von 550 m, weniger als 10 Sekunden vor dem Aufkommen, über Clewiston, Florida, USA, an Farnans Reißleine.

HÖCHSTER NOTAUSSTIEG
Flugleutnant J. de Salis und Flugoffizier P.Lowe (beide Großbritannien) konnten im Jahr 1958 in einer Höhe von 17,1 km über Derby, Großbritannien, entkommen.

NIEDRIGSTER NOTAUSSTIEG
Terence Spencer (Großbritannien) führte im Jahr 1945 die mit einer Höhe von 9–12 m in geringster Höhe ausgeführte Notrettung über der Bucht von Wismar in der Ostsee durch.

GRÖSSTE CANOPY-FORMATION
Den größten Verbund von Fallschirmen, eine sogenannte Canopy-Formation, gelang Stefan Heuser mit 53 Fallschirmspringern am 6. September 1996 in Kassel (Bundesrepublik Deutschland). Sie formierten sich zu einer rautenförmigen Figur.

GRÖSSTE FORMATION
Zu der größten Formation im freien Fall gehörten am 23. Oktober 1992 über Myrtle Beach, South Carolina, USA, insgesamt 200 Personen aus zehn Ländern. Sie hielten ihren Verbund für 6,47 Sekunden und sprangen aus einer Höhe von 5,03 Kilometern.

Der inoffizielle Rekord im freien Fall liegt bei 297 Menschen aus insgesamt 26 Ländern, die am 27. September 1996 über Anapa, Rußland, aus einer Höhe von 6,5 km absprangen und eine Formation bildeten.

LÄNGSTER FLUG VERKEHRT HERUM
Der längste, verkehrt herum ausgeführte Flug betrug 4 Stunden 38 Minuten 10 Sekunden und führte Joann Osterud im Juli 1991 von Vancouver nach Vanderhoof, Kanada.

MEISTE LOOPINGS
Am 9. August 1986 führte David Childs 2.368 Innenloopings in einer Bellanca Decathalon über dem Nordpol, Alaska, USA, aus.

HÖCHSTER BALANCEAKT
Mike Howard bricht hier gerade den Rekord für den höchsten Drahtseilakt: Für die TV-Show *Guinness World Records™: Primetime* ging der 32jährige Briton in einer Höhe von 5.730 m zwischen zwei Heißluftballons über Marshall, Michigan, USA, spazieren. Er benutzte dafür nur einen Balancestab und verzichtete auf die Hilfe von Sicherheitsnetzen.

SKY-SURFEN
ie erste offizielle Weltmeisterschaft im kysurfen der FAI wurde 1997 in der Türkei usgetragen, Oliver Furrer und Vivian Vegrath (rechts) aus der Schweiz gewannen.

oann Osterud machte 208 ußenloopings in einer „Super-ova" Hyperbipe über North end, USA, am 13. Juli 1989.

LÄNGSTER MICROLIGHT-FLUG
.627,78 km, Wilhelm Lischak Österreich) am 8. Juni 1988.

HÖCHSTER MICROLIGHT-FLUG
,72 km, Serge Zin (Frankreich) über Saint Auban, Frankreich, m Jahr 1994.

LÄNGSTER HANGGLEITFLUG
Der Rekord für die längste Entfernung in gerader Linie mit einem festen Ziel beträgt 495 km und gelang Larry Tudor (USA) von Rock Springs, Wyoming, USA, aus am 1. Juli 1994.

Karin Castle (USA), im Owens Valley, Kalifornien, USA, schaffte 335,8 km am 22. Juli 1991.

GRÖSSTE HÖHENGEWINNE
Larry Tudor erreichte über Owens Valley, Kalifornien, USA, im Juli 1985 eine Höhe von 4,343 km.

Der größte von einer Frau erzielte Höhengewinn liegt bei 3,97 km und wurde von der britischen Hanggleiterin Judy Leden über Kuruman, Südafrika, am 1. Dezember 1992 erreicht.

LÄNGSTE GLEITSCHIRM-FLÜGE
Der Rekord bei den Männern liegt bei 283,9 km, aufgestellt von Alex Franáois Louw (Südafrika) von Kuruman, Südafrika, aus am 31. Dezember 1992.

Die größte von einer Frau geflogene Entfernung beträgt 285 km, erreicht am 25. Dezember 1995 von Kat Thurston (Großbritannien) von Kuruman, Südafrika, aus.

Britons Richard und Guy Westgate flogen am 23. Dezember 1995 von Kuruman, Südafrika, 200 km weit mit einem Tandem-Gleitschirm.

HÖCHSTER FLUG MIT SPIELZEUGBALLONS
Im September 1987 stellte Ian Ashpole einen Höhenweltrekord beim Flug mit Spielzeugballons auf, als er eine Höhe von 3,05 km über Ross-on-Wye, Herefordshire, Großbritannien, erreichte. Ashpole wurde mit einem Heißluftballon in die angestrebte Höhe gebracht. Dort trennte er sich von dem Heißluftballon und schnitt nacheinander alle 400 mit Helium gefüllten Spielzeugballons mit einem Durchmesser von 61 cm ab, die ihn in der Luft gehalten hielten. Nachdem er sich von sämtlichen Ballons befreit hatte, begann er, mit einer Geschwindigkeit von ungefähr 144 km/h frei zu fallen, bevor er seinen Fallschirm öffnete.

GRÖSSTE HÖHENGEWINNE
4,53 km Höhe erreichte der britische Gleitschirm-Pilot Robby Whittal im Brandvlei, Südafrika, am 6. Januar 1993.

Der Rekord bei den Frauen liegt bei 4,32 km und wurde von Kat Thurston (Großbritannien) in Kuruman, Südafrika, am 1. Januar 1996 aufgestellt. Bei Tandemgleitschirmen liegt der Rekord bei 4,38 km, aufgestellt von Richard und Guy Westgate (Großbritannien) in Kuruman, Südafrika, am 1. Januar 1996.

GRÖSSTE SPRUNGHÖHE
Harry Froboess aus der Schweiz sprang am 22. Juni 1936 ohne Fallschirm aus 120 m von dem Luftschiff *Hindenburg* in den Konstanzer See.

Den höchsten Sprung von einem Sprungbrett wagte aus einer Höhe von 53,9 m Olivier Favre aus der Schweiz in Villers-le-Lac, Frankreich, am 30. August 1987. Die amerikanische Wasserspringerin Lucy Wardle sprang am 6. April 1985 aus einer Höhe von 36,8 m im Ocean Park, Hongkong.

Die höchsten Kopfsprünge werden von professionellen Springern aus einer Höhe von 26,7 m von dem Felsen La Quebrada („der Durchbruch im Felsen") in Acapulco, Mexiko, durchgeführt. Die Hauptfelsen, die sich 6,4 m von der Absprungstelle entfernt befinden, erfordern einen Weitsprung von 8,22 m. Das Wasser ist 3,65 m tief.

SKY-SURFEN
Skysurfer in Südkalifornien, USA, versuchten sich 1980 zunächst auf Styropor-Brettern im freien Fall. Der erste Sprung auf einem Brett stehend gelang 1987 in Frankreich durch Joel Cruciani.

BUNGEE-SPRINGEN
Bungee-Springen stammt von den Osterinseln in Südpazifik, wo Ortsansässige seit Tausenden von Jahren 15–24 m hohe Türme bestiegen, Kletterpflanzen an ihren Knöcheln befestigten und kopfüber in die Tiefe sprangen. Im Jahr 1970 besuchte der Fotograf und Autor Kal Muller die Insel und versuchte als erster Ausländer den Sprung. Die erste kommerzielle Einrichtung öffnete 1988 in Neuseeland.

Auf Rädern

RADFAHREN

MEISTE OLYMPIATITEL

Jeweils drei: Paul Masson (Frankreich) 1896, Francisco Verri (Italien) 1906, Robert Charpentier (Frankreich) 1936. Zwei: Daniel Morelon (Frankreich) 1968 und 1972. Morelon gewann ebenfalls eine Silber- im Jahr 1976 und eine Bronzemedaille im Jahr 1964.

MEISTE WELTMEISTERTITEL

Koichi Nkano (Japan) gewann im Profisprint zwischen 1977 und 1986 zehn Titel.

Sieben Amateurtitel gewann Daniel Morelon (Frankreich) im Sprint (1966, 1967, 1969–71, 1973 und 1975) und Leon Meredith (Großbritannien) über 100 km mit Schrittmacher (1904–05, 1907–09, 1911 und 1913).

MEISTE SIEGE BEI DER TOUR DE FRANCE

Fünf Siege gelangen Jacques Anquetil (Frankreich) 1957 und von 1961–1964, Eddy Merckx (Belgien) von 1969–1972 und 1974, Bernard Hinault (Frankreich) von 1978–1979, 1981–1982 und 1985 und Miguel Induráin (Spanien) von 1991 bis 1995.

MEISTE WELTTITEL DER DAMEN

Jeannie Longo (Frankreich) gewann zehn Titel im Verfolgungsrennen (1986 und 1988–89), im Straßenrennen (1985–87, 1989 und 1995), im Punktefahren (1989) und im Zeitahren (1995 und 1996). Zusätzlich zu ihren Welttiteln hat Longo unzählige Weltrekorde aufgestellt, darunter die gegenwärtige 1-Stunden-Marke und im Jahr 1996 gewann sie Olympiagold. Sie wird weltweit als die größte Radsportlerin aller Zeiten angesehen.

KNAPPSTER SIEG

1989 siegte Greg LeMond (USA) über Laurent Fignon (Frankreich) nach 23 Tagen und einer Strecke von 3.267 km mit einer Differenz von 8 Sekunden. LeMonds Zeit betrug 87 Stunden 38 Minuten 35 Sekunden.

SCHNELLSTES EINTAGES-RADRENNEN

Die 551–620 km von Bordeaux nach Paris haben die höchste Durchschnittsgeschwindigkeit von 47,186 km/h (Herman van Springel, Belgien, 1981) Er legte 584,5 km in 13 Stunden 35 Minuten 18 Sekunden zurück.

GRÖSSTE RENNHÖHE

Die Kanadier Bruce Bell, Philip Whelan und Suzanne MacFadyen fuhren am 25. Januar 1991 in einer Rekordhöhe von 6.960 m auf die Spitze des Berges Aconcagua, Argentinien. Diese Leistung wurde am 11.März 1993 von Mozart Hastenreiter Catão (Brasilien) und am 6. Januar 1994 von Tim Summer und Jonathan Green (Großbritannien) egalisiert.

MOTORRÄDER

SCHNELLSTE MOTORRADRENNSTRECKEN

Die höchste Rundendurchschnittsgeschwindigkeit von 257,958 km/h erreichte Yvon du Hamel (Kanada) auf einer umgebauten 903er Vier-Zylinder-Kawasaki Z 1 auf dem 4,02 km langen Daytona International Speedway, Florida, im März 1973. Seine Rundengeschwindigkeit betrug 56,149 Sekunden.

Die schnellste Straßenstrecke aller Zeiten war Francorchamps in der Nähe von Spa, Belgien. Eine Runde der 14,12 km langen Strecke wurde in 3 Minuten 50,3 Sekunden bei einer Durchschnittsgeschwindigkeit von 220,721 km/h von Barry Sheene (Großbritannien) auf einer 495cc Vier-Zylinder-Suzuki während des Belgischen Grand Prix am 3. Juli 1977 erzielt.

LÄNGSTE MOTORRADRENNSTRECKE

Auf der 60,72 km langen „Gebirgs"-Strecke auf der Isle of Man wurden seit 1911 die wichtigsten TT-Rennen ausgetragen.

MEISTE MOTOCROSS-SIEGE

Der Motocross-Sport als eine organisierte Sportart entwickelte sich in den 20er Jahren in Großbritannien. Joël Robert (Belgien) gewann die Rekordanzahl von sechs 250er-Motocross-Weltmeisterschaften, im Jahr 1964 und von 1968–1972. Zwischen dem 25. April 1964 und dem 18. Juni 1972 gewann er ebenfalls die Rekordanzahl von 50 Grand Prix der 250er-Klasse.

ERFOLGREICHSTE MOTORRADFAHRER

Giacomo Agostini (Italien) gewann 15 Weltmeisterschaften: Sieben auf einer 350er cc von 1968 bis 1974 und acht auf einer 500er cc von 1966–1972 und im Jahr 1975. Agostini ist auch der einzige Mann, der zwei Weltmeisterschaften in fünf aufeinanderfolgenden Jahren gewann (die Titel in der 350er- und 500er-Klasse von 1968–1972).

iacomo Agostini gewann 22 Rennen (68 auf einer 500er nd 54 auf einer 350er) bei den Veltmeisterschaftsserien zwichen dem 24. April 1965 nd dem 25. September 1977, arunter die Rekordanzahl on 19 Rennen im Jahr 1970. ieser Saisongesamtsieg wurde 966 von Mike Hailwood Großbritannien) egalisiert.

ngel Roldan Nieto (Spanien) ewann sieben 125er-Titel 1971–72, 1979 und 1981–84) nd eine Rekordanzahl von echs Rennen auf einer 50er 1969–70, 1972 und 1975–77).

Phil Read (Großbritannien) gewann eine Rekordanzahl von vier Titeln auf einer 250er in den Jahren 1964, 1965, 1968 und 1971.

HÖCHSTE GESCHWINDIGKEIT

Die höchste Durchschnittsgeschwindigkeit in der Tour de France betrug 39,504 km/h, 1992 von Miguel Induráin (Spanien) erzielt. Induráin ist der Sieger von fünf aufeinanderfolgenden Rennen und hat ebenfalls 1992 und 1993 sowohl den Giro d'Italia und die Tour de France gewonnen. Er beendete im Jahr 1996 seine Laufbahn.

Der Schweizer Rolf Biland gewann 1978–1979, in den Jahren 1981 und 1983 sowie von 1992 bis 1994 eine Rekordanzahl von sieben Welttiteln im Seitenwagenrennen.

MEISTE TOURIST-TROPHY-SIEGE

Der Rekord für die größte Anzahl von Siegen bei den TT-Rennen auf der Isle of Man beträgt 23, der von Joe Dunlop (Irland) zwischen 1977 und 1998 aufgestellt wurde.

Vier Siege (Formel 1, Junior, Senior und Produktion) gelangen Phillip McCallen (Irland) im Jahr 1996.

HÖCHSTE TOURIST-TROPHY-GESCHWINDIGKEITEN

Der Rekord auf der TT-Rennbahn auf der Isle of Man beträgt 198,92 km/h, aufgestellt von Carl Fogarty am 12. Juni 1992.

Am 12. Juni 1992 stellte Steve Hislop beim Gewinn des Senior-TT auf einer Norton den Geschwindigkeitsrekord von 1 Stunde 51 Minuten 59,6 Sekunden auf, das entspricht einer Durchschnittsgeschwindigkeit von 195,17 km/h.

Der Rekord für die schnellste von einer Frau auf der „Gebirgs"-Rennbahn erzielten Durchschnittsgeschwindigkeit liegt bei 181,92 km/h: Sandra Barnett (Großbritannien) gelang dies am 4. Juni 1997 bei den Junioren-TT.

Street und Beach Sport

HÖCHSTER SPRUNG AUF INLINES
Die ersten Inline-Skates gehen auf die Zeit um 1100 zurück, als Arktisbewohner Tierknochen an ihren Schuhen befestigten, um das Laufen über Eis zu verbessern. Die heutigen Inline-Skates wurden erstmals 1960 von der Chicago Skate Company hergestellt. Den höchsten Sprung schaffte Randolph Sandoz (Schweiz) in Amsterdam, Niederlande, am 15. Dezember 1996 mit 2,7 m.

SKATEBOARDFAHREN
HÖCHSTGESCHWINDIGKEITEN
Die höchste aufgezeichnete Geschwindigkeit auf einem Skateboard beträgt 126,12 km/h. Roger Hickey (USA) erzielte sie auf einer Strecke in der Nähe von Los Angeles, Kalifornien, am 15. März 1990. Er lag dabei auf dem Bauch. Der Geschwindigkeitsrekord im Stehen beträgt 89,20 km/h und wurde von Roger Hickey in San Demas, Kalifornien, am 3. Juli 1990 aufgestellt.

Eleftherios Argiropoulos fuhr vom 4. zum 5. November 1993 in 36 Stunden 33 Minuten 17 Sekunden in Ekali, Griechenland, 436,6 km.

INLINE-SKATING UND ROLLSCHUH-HOCKEY
GRÖSSTE BARGELDGEWINNE
The Ultimate Inline Challenge bietet einen Bargeldgewinn von 60.000 Dollar (ca. 105.600 DM). Zur Veranstaltung – sie wird von Rollerblade veranstaltet – gehören 20-km-Läufe und 1.500-m-Sprints.

SCHNELLSTE STRASSENZEITEN
Eddy Matzger (USA) lief in Long Beach, Kalifornien, USA, im Februar 1991 insgesamt 34,82 km in einer Stunde.

Kimberly Ames (USA) stellte einen 24-Stunden-Rekord auf, als sie in Portland, Oregon, USA, am 2. Oktober 1994 455,5 km fuhr.

Im Schlepp eines Porsches erreichte Dirk Auer (Bundesrepublik Deutschland) am 7. Dezember 1997 auf der SASN-Piste einen Geschwindigkeitsrekord auf Inline-Skates mit 307 km.

LÄNGSTE STRECKE
Im März 1996 begann Fabrice Gropaiz aus Frankreich einen 30.500 km langen Lauf auf Inline-Skates rund um die Welt, den er in San Francisco, USA, startete. Im August lief er durch Mexiko, nachdem er die USA durchquert hatte, und zu Beginn des Jahres 1997 erreichte er Europa. Im Oktober 1997 lief er von Paris, Frankreich, nach St. Petersburg, Rußland, wo er seine Fahrt aufgrund der zugefrorenen Straßen unterbrach und neue Sponsoren auftrieb. Im April 1998 durchquerte er Australien, bevor er nach Rußland zurückkehrte, wo die Straßen nun befahrbar waren.

HÖCHSTE BERGTOUR MIT INLINE-SKATES
Im Januar 1998 fuhren Eddy Matzger (USA) und Dave Cooper (USA) auf der Murango-Straße des Kilimandscharo, dem höchsten Berg Afrikas, hinauf und herunter. Es dauerte sechs Tage, den 5.895 m hohen Berg zu erklimmen. Sie konnten rund 30 % der Zeit rollen.

LÄNGSTE INLINE-SKATE-TOUR
In 128 Tagen fuhr die fünfköpfige Inline-Skate-Gruppe der „One Globe–One Skate" Aktion 1997 durch fünf Kontinente und 17 Länder. Sie legten dabei 10.0048 km zurück.

STREET LUDGE
HÖCHSTGESCHWINDIGKEIT
Am 29. Mai 1998 stellte Tom Mason aus Van Nuys, Kalifornien, USA, einen offiziellen Weltrekord im Straßenrodeln auf, als er eine Geschwindigkeit von 130,8 km/h in Mount Whitney, Kalifornien, USA, erreichte. Mason, der 1995 mit dem Straßenrodeln begann, schaffte den Rekord auf einem 10-kg-Schlitten.

MEISTE TITEL
Michael Sherlock (USA) gewann 1996 und 1997 das Rennen der EDI-Serie und hat drei Goldmedaillen bei den ESPN-Sommer-X-Spielen 1996 im Massenrodeln und 1997 im Massenrodeln sowie im Doppel gewonnen. 1997 erhielt er ebenfalls die Silbermedaille im Supermassenrodeln bei den ESPN-Sommer-X-Spielen.

SCHNELLSTER RAKETEN-STREET LUDGE
Am 15. Mai 1998 stellte Billy Copeland, ein Druckmaschinenbediener aus Ashland City, Tennessee, USA, einen Geschwindigkeitsweltrekord beim Raketen-Straßenrodeln auf, als er mit einer Starthilfsrakete eine Geschwindigkeit von 113 km/h über 45,7 m in Kern County, Kalifornien, USA, erreichte. Er begann die 3,6 km lange Strecke an einem Hang und zündete die Raketen am hinteren Teil des 2,1 m langen Straßenschlittens bei 105 km/h. Die acht Aerotech G64 White Lightning-Raketenmotoren können paarweise oder alle auf einmal gezündet werden. Copelands Geschwindigkeit wurde von einer Radargeschwindigkeitspistole gestoppt. Er betreibt das Straßenrodeln seit 1992 als Hobby und behauptet, mit Raketenantrieb inoffiziell Geschwindigkeiten von über 129 km/h erreicht zu haben. Die Hügel um seine Heimatstadt herum waren nicht steil genug, um ihn auf mehr als 97 km/h zu beschleunigen, deshalb stieg er auf Raketen um.

HÖCHSTE SKATEBOARDSPRÜNGE

Weltmeisterschaften im Skateboardfahren werden mit Unterbrechungen seit 1966 durchgeführt. Der Skateboard-Hochsprungrekord beträgt 1,67 m. Trevor Baxter aus Burgess Hill, East Sussex, Großbritannien, stellte ihn in Grenoble, Frankreich, am 14. September 1982 auf. Den Hochsprungrekord aus der Luft von einer Halfpipe mit 3,6 m stellte Sergie Ventura (USA) auf.

VOLLEYBALL

MEISTE WELTMEISTERSCHAFTSTITEL

Die UdSSR gewannen die Rekordanzahl von sechs Titeln (1949, 1952, 1960, 1962, 1978 und 1982) bei den Herren und fünf Titel (1952, 1956, 1960, 1970 und 1990) bei den Damen.

MEISTE OLYMPIAMEDAILLEN

Inna Valerijewna Riskal (UdSSR) gewann bei den Damen vier Medaillen, 1964 und 1976 Silber sowie 1968 und 1972 Gold.

Juri Michailowitsch Pojarkow (UdSSR) gewann drei Medaillen, 1964 und 1968 die Gold- und 1972 die Bronzemedaille.

Katsutoshi Nekoda (Japan) gewann 1972 Gold, 1968 Silber und 1964 Bronze.

BEACHVOLLEYBALL

BESTVERDIENENDER SPIELER

Karch Kiraly aus San Clemente, Kalifornien, USA, nahm vom Hallenvolleyballfeld Abschied, nachdem er die amerikanische Hallenmannschaft 1984 und 1988 bei den Olympischen Spielen zum Sieg geführt hatte. Er wurde fünfmal MVP (wertvollster Spieler) bei den amerikanischen Profi-Spielern und der erste Beachvolleyballer, der Siegprämien von mehr als 2 Mio. Dollar (ca. 3,5 Mio. DM) erhielt. Kiraly ist der bestverdienende Beachvolleyballer aller Zeiten, mit Einnahmen von 2,58 Mio. Dollar (ca. 4,5 Mio. DM) bis März 1997.

Karolyn Kirby aus San Diego, Kalifornien, USA, ist mit Siegprämien von insgesamt über 650.000 Dollar (ca. 1,14 Mio. DM) heutzutage die am besten verdienende Spielerin im Beachvolleyball. Sie hatte in 30 Grand-Slam-Veranstaltungen Rekordeinnahmen von 110.000 Dollar (ca. 193.000 DM), und kam dabei rekordverdächtige 25mal unter die letzten vier. Kirby war bei der WPVA (Women's Professional Volleyball Association – Vereinigung der Profi-Volleyballerinnen) 61mal auf dem ersten Platz.

ROLLSCHUHLIMBO

Nur 11,94 cm lagen zwischen dem Boden und der Stange, unter der die Rollschuhläuferin Syamala Gowri (* 1988) am 10. Mai 1993 in Hyderabad, Andhra Pradesh, Indien, durchfuhr.

HÖCHSTER BMX-SPRUNG

Timo Pritzel sprang mit seinem BMX-Rad am 5. April 1998 von einer 1,80 m hohen Absprungrampe über eine 4,90 m hohe Latte.

SCHNELLSTER TRETROLLER

Mit einem selbstgebauten Tretroller (Trottinett) mit 24 PS-Motor erreichte Felix Peter am 16. August 1997 eine Höchstgeschwindigkeit von 160 km/h. Trittbrett und Karosserie des Rollers sind aus ultraleichter Kohlenfaser gefertigt. Die Rekordfahrt fand anläßlich einer Flugshow in Allenrhein (Bundesrepublik Deutschland) statt.

MEISTE SIEGE BEIM BEACHVOLLEYBALL

Beachvolleyball ist in den USA besonders beliebt und hatte sein Olympiadebüt im Jahr 1996 bei den Sommerspielen in Atlanta. Der erfolgreichste Beachvolleyballer der Welt ist Sinjin Smith (USA), der das ersten Open-Turnier seiner Laufbahn 1977 und danach weitere 139mal gewann. Er wurde mit 21 Jahren Beachvolleyball-Profi und gewann 1992 als zweiter Spieler 1 Mio. Dollar (ca. 1,76 Mio. DM).

wintersport

SNOWBOARD

MEISTE WELTCUP-TITEL

Den Rekord für die meisten Weltcup-Titel hält mit elf Karine Ruby (Frankreich): in der Kombination von 1996 bis 1998, im Slalom von 1996 bis 1998, im Riesenslalom von 1995 bis 1998 und im Snowboard-Cross 1997.

Die meisten Weltcup-Titel der Männer gewann mit drei Mike Jacoby (USA): in der Kombination 1996 und im Riesenslalom 1995 und 1996.

MEISTE WELTMEISTERSCHAFTS-TITEL

Die meisten Weltmeisterschafts-Titel (einschließlich olympischer) gewann mit drei Karine Ruby (Frankreich): im Riesenslalom 1996 und 1998 (olympisch) und den Snowboard-Cross 1997. Kein Mann hat mehr als einen Titel gewonnen.

SKIBOB

HÖCHSTE GESCHWINDIGKEIT

Der Rekord für die höchste je erreichte Geschwindigkeit auf einem Skibob beträgt 166 km/h, aufgestellt von Erich Brenter (Österreich) 1964 in Cervinia, Italien.

MEISTE WELTMEISTERSCHAFTS-TITEL

Die meisten Weltmeisterschafts-Titel der Männer gewann mit drei Walter Kronseil (Österreich) von 1988 bis 1990.

Der Rekord für die meisten Weltmeisterschaftstitel in der Einzel-Kombination beträgt vier, erreicht von Petra Tschach-Wlezcek (Österreich) 1988 bis 1991.

CRESTA RUN

MEISTE SIEGE IM CRESTA RUN

Die meisten Siege im Grand National gewann mit acht Nino Bibbia, der Olympiasieger 1948, von 1960 bis 1964 und 1966, 1968 und 1973; und Franco Gansser (Schweiz) 1981, 1983 bis 1986, 1988 bis 1989 und im Jahr 1991.

SCHNELLSTE CRESTA-LAUFZEITEN

Den Rekord für die schnellste je gelaufene Zeit auf der 1.212 m langen Cresta-Rennstrecke, die ein Gefälle von 157 m hat, beträgt 50,41 Sekunden, erreicht von Christian Bertschinger (Schweiz) am 23. Februar 1992. Bertschingers Durchschnittsgeschwindigkeit betrug 86,56 km/h.

Am 15. Januar 1995 stellte Johannes Badrutt (Schweiz) einen Rekord von 41,27 Sekunden ab Junction bei einer Höhe von 890 m auf.

BOB- UND RODELSPORT

MEISTE TITEL UND MEDAILLEN

Der Weltmeistertitel im Viererbob wurde von der Schweiz 20mal gewonnen (1924, 1936, 1939, 1947, 1954-57, 1971-73, 1975, 1982-83, 1986-90 und 1993). Diese Gesamtzahl umfaßt auch den Rekord von fünf olympischen Siegen (1924, 1936, 1956, 1972 und 1988).

Die Schweiz hat den Titel im Zweierbob 17mal gewonnen (1935, 1947-50, 1953, 1955, 1977-80, 1982-83, 1987, 1990, 1992 und 1994). Diese Zahl umfaßt den Rekord von vier Olympia-Erfolgen (1948, 1980, 1992 und 1994).

Eugenio Monti gehörte elf Weltmeisterschafts-Mannschaften von 1957 bis 1968 an (acht Zweier- und drei Vierer-Mannschaften).

Die meisten Medaillen gewann mit sieben (einmal Gold, fünfmal Silber, einmal Bronze) Bogdan Musiol (ehemalige DDR/Bundesrepublik Deutschland) 1980 bis 1992.

SNOWBOARD-MODE

Beim Debüt des Snowboard-Sports bei den Olympischen Winterspielen 1998 machten sich die Hersteller als Sponsoren für Snowboarder harte Konkurrenz. Zu den von Olympiasiegern getragenen Marken gehörten Van und Quicksilver. Die größten Markennamen sind zur Zeit West Beach und Bonfire, jüngere Snowboarder ziehen jedoch die angesagteren Volcom und Four Square vor.

SNOWBOARD-CHAMPION

Rechts feiert Ross Rebagliati, Kanada, seinen Sieg im Riesenslalom der Männer bei den Olympischen Spielen in Nagano. Rebagliati wurde 1971 geboren und lebt in Vancouver, British Columbia, Kanada. Vor seinem Erfolg hatte er nur ein Riesenslalom-Rennen bei einer Weltmeisterschaft oder Weltcup-Serie gewonnen. Hinter ihm steht Thomas Prugger, Italien, der für die Silbermedaille nur 0,02 Sekunden hinter Rebagliati ankam.

SNOWBOARD-WETTBEWERBE
Klas Vangen (Norwegen) trainiert hier gerade die Snowboard Halfpipe für die Olympischen Winterspiele 1998. Snowboarding ist mittlerweile Teil der Fédération Internationale de Ski. 1995 begann die World Cup Serie, die Weltmeisterschaft folgte im Jahr darauf. Wettbewerbe gibt es im Slalom, Parallel Slalom, Riesenslalom, der Halfpipe und im Snowboard-Cross.

RODELN

MEISTE TITEL
Der Rekord für die meisten gewonnenen Weltmeisterschafts-Titel (einschließlich olympischer Titel) beträgt sechs, erreicht von Georg Hackl (ehemalige DDR/Bundesrepublik Deutschland): im Einsitzer 1989, 1990, 1992, 1994, 1997 und 1998.

Stefan Krauße und Jan Behrendt (beide ehemalige DDR/Bundesrepublik Deutschland) halten mit sechs den Rekord für die meisten Zweisitzer-Titel (1989, 1991-93, 1995 und 1998).

HÖCHSTE GESCHWINDIGKEIT
Den Rekord für die größte fotografisch gemessene Geschwindigkeit hält mit 137,4 km/h Asle Strand (Norwegen), aufgestellt am 1. Mai 1982 auf der Tandadalens Linbana, Sälen, Schweden.

GRÖSSTER SALTO
Einen Salto rückwärts sprangen am 24. Oktober 1982 81 Trickskifahrer Hand-in-Hand in Sölden, Österreich. Der Sprung von einer 140 m breiten Spezialschanze gelang ohne Sturz.

SCHNELLSTER EISSEGLER
Die höchste offiziell verzeichnete Geschwindigkeit eines Eisseglers beträgt 230 km/h, erreicht von John Buckstaff 1938 in einem heckgesteuerten A-Klasse-Segler auf dem Lake Winnebago, Wisconsin, USA.

WINTER X GAMES

Die Winter X Games, das größte Extremsport-Spektakel der Welt, wurde 1997 von ESPN ins Leben gerufen. Die gezeigten Sportarten sind Eisklettern, wo die Teilnehmer einen 20 m hohen künstlichen gefrorenen Wasserfall erklimmen, Mountainbike-Schneerennen, Free Skiing, Skiboard, Snowboard und Snowcross. Wettbewerber aus den USA, Rußland, Australien, Südkorea, Schweden und Deutschland maßen sich bei den Winter X Games 1998 in Colorado, USA.

MEISTE MEDAILLEN IM EISKLETTERN
Die meisten Medaillen im Eisklettern gewann mit drei Will Gadd (USA); die Bronzemedaille für Schwierigkeit 1997 und die Goldmedaillen für Geschwindigkeit und Schwierigkeit 1998.

MEISTE MEDAILLEN IM MOUNTAINBIKE-SCHNEERENNEN
Die meisten Medaillen im Mountainbike-Schneerennen gewann mit drei Cheri Elliott (USA); die Goldmedaille für Geschwindigkeit 1997 und die Silbermedaillen für Geschwindigkeit und Schwierigkeit 1998.

HÖCHSTE GESCHWINDIGKEIT EINES SCHNEE-MOUNTAINBIKES
Die höchste auf einem Schnee-Mountainbike verzeichnete Geschwindigkeit bei den Winter X Games beträgt 117,48 km/h, erreicht von Jan Karpie (USA).

Im wasser

SURFEN

GRÖSSTER SURFWETTBEWERB

Die G-Shock US Open im Surfen, die in Huntington Beach, Kalifornien, stattfinden, gelten als der größte Surfwettbewerb der Welt. Der Wettbewerb, Bestandteil der Weltmeisterschafts-Qualifikationsserie, hat seit seiner Einführung im Jahr 1994 jedes Jahr mehr als 200.000 Zuschauer und rund 700 Teilnehmer angezogen. Das Preisgeld beträgt insgesamt 155.000 Dollar (ca. 280.000 DM).

HÖCHSTE EINNAHMEN

Kelly Slater (USA) erzielte in der Saison 1997 den Rekordbetrag von 208.200 Dollar (ca. 366.000 DM).

SURFEN

Surfen, das sich aus dem polynesischen Brauch ableitet, auf Kanus zu stehen, entstand in den 50er Jahren und ist jetzt ein international anerkannter Sport mit einer etablierten Weltmeisterschaft.

Nachdem er ungefähr 200 Amateurwettbewerbe gewonnen hatte, wurde Slater im Alter von 19 Jahren Profi und 1992 mit 20 Jahren der jüngste Weltmeister. *Black and White*, ein 1990 erschienenes Video, zeigte ihn bei traditionellen Surfmanövern. Er gewann 1994, 1995 und 1996 drei weitere Weltmeistertitel.

HÖCHSTE EINNAHMEN WÄHREND EINER LAUFBAHN

Kelly Slater (USA) hatte bis zum Ende der Saison 1997 Rekordeinnahmen von 654.495 Dollar (ca. 1,15 Mio. DM). Im Jahr 1991 wurde der Surfer von diversen Sponsoren und großen Surfbekleidungsunternehmen umworben.

MEISTE TITEL BEI SERIENWETTKÄMPFEN DER PROFIS

Der Titel bei den Herren wurde 1975 und von 1979 bis 1982 fünfmal von Mark Richards (Australien) gewonnen.

Der Profi-Titel bei den Damen wurde viermal von Frieda Zamba (USA) gewonnen, 1984–1986 und 1988, und von Wendy Botha (Australien, früher Südafrika) 1987, 1989, 1991 und 1992.

MEISTE MEISTERSCHAFTSTITEL BEI DEN AMATEUREN

Die meisten Titel, nämlich drei, gewann Michael Nowakow (Australien) in der Disziplin Kneeboard 1982, 1984 und 1986.

Joyce Hoffman (USA) gewann 1965 und 1966 und Sharon Weber (USA) 1970 sowie 1972 je zwei Titel.

WASSERSKI

MEISTE TITEL

Die USA gewann die Mannschaftsmeisterschaften von 1957 bis 1989 bei 17 aufeinanderfolgenden Ereignissen.

Die Kombinations-Weltmeisterschaften wurden fünfmal von Patrice Martin (Frankreich), 1989, 1991, 1993, 1995 und 1997, gewonnen.

Der Rekord für die meisten Titel bei den Kombinations-Weltmeisterschaften der Damen halten Willa McGuire (USA) 1949, 1950 und 1955 und Liz Allan-Shetter (USA) in den Jahren 1965, 1969 und 1975 mit je drei Siegen. Liz Allan-Shetter gewann drei Titel in Einzeldisziplinen. Sie ist auch die einzige Person, die in einem Jahr alle vier Titel, Slalom, Springen, Trick und Kombination, im Jahr 1969 in Kopenhagen, Dänemark, gewann.

Brett Wing (Australien) gewann drei Kombinations-Barfuß-Weltmeisterschaften im Jahr 1978, 1980 und 1982.

HÖCHSTE WELLEN

Waimea Bay, Hawaii, USA, soll die dauerhaft höchsten Wellen bieten, die oft an die Grenze der Befahrbarkeit von 9–11 m gehen. Im Jahr 1998 kündigte K2, der Ski- und Snowboard-Hersteller, eine neue Surfbekleidungsserie und gleichzeitig die K2 „Big Wave Challenge" an, bei der ein Preisgeld von 50.000 Dollar (ca. 88.000 DM) für den Reiter der größten Welle geboten wurde. Der Wettkampf, der Surfer aus der ganzen Welt angelockt hatte, wurde von dem 26jährigen Taylor Knox aus Carlsbad, Kalifornien, gewonnen. Sein Siegesritt (links abgebildet) gelang in Todos Santos, einem abgetrennten Surfplatz vor der mexikanischen Küste, auf einer 15,24 m hohen Welle. Knox, der 1997 auf Platz 9 der Weltrangliste gesetzt wurde, nahm seit 1992 an den Wettbewerben der Tour der Surfprofis teil und reist nun auf der Welttour der Elitesurfer. Die Küsten von Mexiko bieten einige der besten Surfplätze der Welt. Die längsten durchgeführten Ritte auf Meereswellen können ungefähr 1,7 km lang werden und sind vier- bis sechsmal im Jahr möglich, wenn sich reitbare Wellen in der Bucht von Matanchan in der Nähe von San Blas, Nayarit, Mexiko, brechen.

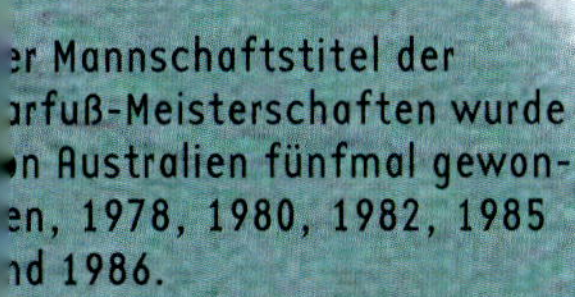

er Mannschaftstitel der arfuß-Meisterschaften wurde on Australien fünfmal gewonnen, 1978, 1980, 1982, 1985 nd 1986.

ÖCHSTGESCHWINDIGKEITEN

ie höchste Geschwindigkeit ines Wasserskiläufers beträgt 30,26 km/h, Christopher Massey ustralien) erzielte sie auf em Hawkesbury River, Windsor, ustralien, am 6. März 1983. ein Motorbootfahrer war tanley Sainty.

onna Patterson Brice (USA) tellte mit 178,8 km/h in ong Beach, Kalifornien, am 1. August 1977 einen Rekord ei den Damen auf.

er offizielle Barfuß-Geschwindigkeitsrekord beträgt 218,44 km/h, er Scott Pellaton (USA) über ine Strecke von 402 m in handler, Arizona, im November 989 gelang.

EISTE WASSERSKILÄUFER N EINEM BOOT

m 18. Oktober 1986 waren 00 Läufer auf Doppelski über ine Seemeile (1,8 km) an em Kreuzer Reef Cat in Cairns, ueensland, Australien, vertaut. iese Leistung, die vom Cairns nd District Powerboating and ki Club organisiert worden war, wurde dann mit 100 Läufern auf inzelski wiederholt.

KANUFAHREN

MEISTE OLYMPIAMEDAILLEN

Gert Fredriksson (Schweden) gewann von 1948 bis 1960 die Rekordanzahl von sechs olympischen Goldmedaillen. Er erhielt ebenfalls eine Silber- und eine Bronzemedaille, so daß er insgesamt acht Medaillen bekam.

Die meisten Goldmedaillen gewann Birgit Schmidt (ehemalige DDR/ Bundesrepublik Deutschland) von 1980 bis 1996. Schmidt gewann ebenfalls dreimal Silber, womit sie Fredrikssons Gesamtzahl von acht Medaillen egalisierte.

MEISTE WELT- UND OLYMPIATITEL

25 Welttitel (einschließlich Olympiatiteln) wurden von Birgit Schmidt zwischen 1979 und 1996 gewonnen.

Der Rekord bei den Herren liegt bei 13, der von Gert Fredriksson von 1948 bis 1960, Rüdiger Helm (DDR) von 1976 bis 1983 und Iwan Patzaichin (Rumänien) von 1968 bis 1984 aufgestellt wurde.

HÖCHSTGESCHWINDIGKEITEN

Bei den Weltmeisterschaften von 1995 gewannen der ungarische Vierer den Titel über 200 m in 13,227 Sekunden mit einer Durchschnittsgeschwindigkeit von 23,05 km/h.

Am 4. August 1992 legte der deutsche Viererkajak, der Olympiasieger in Barcelona, Spanien, 1.000 m in 2 Minuten 52,17 Sekunden mit einer Durchschnittsgeschwindigkeit von 20,90 km/h zurück.

WILDWASSERRAFTING UND -KAJAK

ERFOLGREICHSTE NATION IM WILDWASSERRAFTING

Slowenien wurde bei jeder Rafting-Weltmeisterschaft (1995, 1996 und 1997) Kombinationsweltmeister. Bei jeder Meisterschaft gewann es den ersten Platz in allen drei Disziplinen (Raftsprint, Raftslalom und Raftabfahrt), außer bei der Abfahrt im Jahr 1996, die von Südafrika gewonnen wurde.

ERFOLGREICHSTE NATIONEN BEIM WILDWASSERKAJAK

Die erfolgreichsten Nationen sind bis heute Kroatien (das die Weltmeisterschaft 1996 gewann) und Simbabwe (das die Weltmeisterschaft 1997 gewann). Wildwasserkajak ist seit 1996 Bestandteil der Rafting-Weltmeisterschaften.

BOARDSAILING

Boardsailing wurde 1984 bei den Olympischen Spielen eingeführt. Das erste Gold gewann Stephan van den Berg (Niederlande), der ebenfalls die Rekordanzahl von fünf Weltmeistertitel zwischen 1979 und 1983 gewann. Die höchste Gesamtgeschwindigkeit eines Boardsailers beträgt 45,34 Knoten (84,02 km/h) und wurde 1993 von Thierry Bielak (Frankreich) in Camargue, Frankreich, erzielt.

SCHWIERIGSTER FLUSS

Der Fluß Kali Gandaki in Zentralnepal, eine beliebte Strecke für Wildwasserrafting, windet sich durch entlegene Canyons und tiefe Schluchten, ist voller intensiver Stromschnellen und wird mit 6+ bewertet. Flüsse werden nach Schwierigkeitsgrad zwischen 1 und 6 bewertet. Die Weltmeisterschaften im Rafting fanden bisher schon dreimal in Wassergebieten Simbabwes statt.

zahlen daten fakten

Auf den folgenden Seiten sind sportliche Rekorde verzeichnet, für die in den jeweiligen Kapiteln kein Platz war. Die Rekorde sind alphabetisch geordnet.

American football

WELTREKORDE IM AMERICAN FOOTBALL
NFL-Rekorde
MEISTE PUNKTE
Karriere: 2.002
George Blanda, Chicago Bears, Baltimore Colts, Houston Oilers, Oakland Raiders, 1949–1975

TERRELL DAVIS VON DEN DENVER BRONCOS WURDE ZUM TEUERSTEN SPIELER BEIM SUPER BOWL XXXII. IHM GELANGEN DREI REKORDVERDÄCHTIGE TOUCHDOWNS, UND DENVER GEWANN DEN SUPER BOWL ZUM ERSTEN MAL NACH FÜNF VERSUCHEN, ALS SIE DIE GREEN BAY 31 ZU 24 BESIEGTEN.

JACK TRAGIS ZEIGT STOLZ SEINEN PAZIFIK-HEILBUTT, DEN ER VOR DER KÜSTE VON ALASKA, USA, GEFANGEN HAT. MAN SIEHT DIE CHARAKTERISTISCHE WEISSE „BLINDE“ SEITE DES PLATTFISCHES. DIE AUGEN SIND AUF DER ANDEREN SEITE, DIE GEWÖHNLICH BRAUN, DUNKELGRÜN ODER SCHWARZ IST.

Saison: 176
Paul Hornung, Green Bay Packers, 1960
Spiel: 40
Ernie Nevers, Chicago Cardinals gegen Chicago Bears, 28. November 1929
MEISTE TOUCHDOWNS
Karriere: 166
Jerry Rice, San Francisco 49ers, 1985–97
Saison: 25
Emmitt Smith, Dallas Cowboys, 1995
Spiel: 6
Ernie Nevers, Chicago Cardinals gegen Chicago Bears, 28. November 1929
William Jones, Cleveland Brows gegen Chicago Bears, 25. November 1951
Gale Sayers, Chicago Bears gegen San Francisco 49ers, 12. Dezember 1965
MEISTE YARDS
Kariere: 16.726
Walter Payton, Chicago Bears, 1975–87
Saison: 2.105
Eric Dickerson, Los Angeles Rams, 1984
Spiel: 275
Walter Payton, Chicago Bears gegen Minnesota Vikings, 20. November 1977
MEISTE YARDS BEIM ANNEHMEN
Karriere: 16.455
Jerry Rice, San Francisco 49ers, 1985–97
Saison: 1.848
Jerry Rice, San Francisco 49ers, 1995
Spiel: 336
Willie Anderson, Los Angeles Rams gegen New Orleans Saints, 26. November 1989
MEISTE YARDS BEIM VORSTOSSEN UND ANNEHMEN
Karriere: 21.803
Walter Payton, Chicago Bears, 1975–87
Saison: 2.535
Lionel James, San Diego Chargers, 1985
Spiel: 404
Glyn Milburn, Denver Broncos gegen Seattle Seahawks, 10. Dezember 1995
MEISTE YARDS BEIM DURCHGANG
Karriere: 55.416
Dan Marino, Miami Dolphins, 1983–97
Saison: 5.084
Dan Marino, Miami Dolphins, 1984
Spiel: 554
Norm Van Brocklin, Los Angeles Rams gegen New York Yanks, 28. September 1951
MEISTE ZU ENDE GEFÜHRTE DURCHGÄNGE
Karriere: 4.453
Dan Marino, Miami Dolphins, 1983–97
Saison: 404
Warren Moon, Houston Oilers, 1991
Spiel: 45
Drew Bledsoe, New England Patriots gegen Minnesota Vikings, 13. November 1994
PASSFÄNGER
Karriere: 1.057
Jerry Rice, San Francisco 49ers, 1985–97
Saison: 123
Herman Moore, Detroit Lions, 1995
Spiel: 18
Tom Fears, Los Angeles Rams gegen Green Bay Packers, 3. Dezember 1950
MEISTE TOUCHDOWN-DURCHGÄNGE
Karriere: 385
Dan Marino, Miami Dolphins, 1983–97
Saison: 48
Dan Marino, Miami Dolphins, 1984
Spiel: 7
Sid Luckman, Chicago Bears gegen New York Giants, 14. November 1943
Adrian Burk, Philadelphia Eagles gegen Washington Redskins, 17. Oktober 1954
George Blanda, Houston Oilers gegen New York Titans, 19. November 1961
Y.A. Tittle, New York Giants gegen Ashington Redskins, 28. Oktober 1962
Joe Kapp, Minnesota Vikings gegen Baltimore Colts, 28. September 1969
Tore
Karriere: 385
Gary Anderson, Pittsburgh Steelers, Philadelphia Eagles, San Francisco 49ers, 1982–97
Saison: 37
John Kasay, Carolina Panther, 1996
Spiel: 7
Jim Bakken, St. Louis Cardinals gegen Pittsburgh Steelers, 24. September 1967
Rich Karlis, Minnesota Vikings gegen Los Angeles Rams, 5. November 1989
Chris Boniol, Dallas Cowboys gegen Green Bay Packers, 18. November 1996
SUPER BOWL & KARRIERE-REKORDPUNKTE
Spiel: 18
Roger Craig (San Francisco 49ers), 1985
Jerry Rice (San Francisco 49ers), 1990 und 1995
Ricky Watters (San Francisco 49ers), 1995
Terrell Davis (Denver Broncos), 1998
Karriere: 42
Jerry Rice, 1989–90, 1995
TOUCHDOWNS
Spiel: 3
Roger Craig, 1985
Jerry Rice, 1990 und 1995
Ricky Watters, 1990
Terrell Davis, 1998
Karriere: 7
Jerry Rice, 1989–90, 1995
TOUCHDOWN-DURCHGÄNGE
Spiel: 6
Steve Young (San Francisco 49ers), 1995
Karriere: 11
Joe Montana (San Francisco 49ers), 1982, 1985, 1989–90
MEISTE YARDS BEIM DURCHGANG
Spiel: 357
Joe Montana, 1989
Karriere: 1.142
Joe Montana, 1982, 1985, 1989–90
MEISTE YARDS BEIM FANGEN
Spiel: 215
Jerry Rice, 1989
Karriere: 512
Jerry Rice, 1989–90, 1995
MEISTE YARDS BEIM VORSTOSSEN
Spiel: 204
Timmy Smith (Washington Redskins), 1988
Karriere: 354
Franco Harris (Pittsburgh Steelers), 1975–76, 1979–80
ABGESCHLOSSENE DURCHGÄNGE
Spiel: 31
Jim Kelly (Buffalo Bills), 1994
Karriere: 83
Joe Montana, 1982, 1985, 1989–90
PASSFÄNGER
Spiel: 11
Dan Ross (Cincinnati Bengals), 1982
Jerry Rice, 1989
Karriere: 28
Jerry Rice, 1989–90, 1995
TORE
Spiel: 4
Don Chandler (Green Bay Packers), 1968
Ray Wersching (San Francisco 49ers), 1982
Karriere: 5
Ray Wersching, 1982, 1985
WERTVOLLSTER SPIELER
Joe Montana, 1982, 1985, 1990

Angelweltrekorde

ANGELWELTREKORDE*
Süßwasser und Salzwasser
*Mit Angelgeräten, die von der International Game Fish Association im Januar 1998 zugelassenen wurden.
Großer Pfeilhecht: 38,55 kg
John W. Helfrich, Christmas Island, Kiribati, 11. April 1992
Streifenbarsch: 35,60 kg
Albert R. McReynolds, Atlantic City, New Jersey, USA, 21. September 1982

…chkopf-Katzenfisch: 41,3 kg
…ke Rogers, Lake Lewisville,
…xas, USA, 28. März 1982
…lantik-Kabeljau: 44,79 kg
…phonse J. Bielevich, Isle of Shoals,
…w Hampshire, USA, 8. Juni 1969
…eeraal: 60,44 kg
… Evans, Berry Head, Devon,
…oßbritannien, 5. Juni 1995
…zifischer Heilbutt: 459,0 kg
…ck Tragis, Dutch Harbor,
…aska, USA, 11. Juni 1996
…nigsmakrele: 40,82 kg
…rton I. Thomton
…y West, Florida, USA, 16. Februar 1976
…hwarzer Marlin: 707,61 kg
…fred C. Glassell Jr.
…bo Blanco, Peru, 4. August 1953
…ordischer Hecht: 25,00 kg
…thar Louis, Grefeern-See, Bundesre-
…ublik Deutschland, 16. Oktober 1986
…azifischer) Seglerfisch: 100,24 kg
… W. Stewart, Santa Cruz Island,
…uador, 12. Februar 1947
…lantischer Lachs: 35,89 kg
…enrik Henriksen, Tana River, Norwegen, 1928
…ammerhai: 449,50 kg
…llen O. Sarasota, Florida, USA, 30. Mai 1982
…eringshai: 230,00 kg
…ristopher Bennett, Pentland Firth,
…aithness, Großbritannien, 9. März 1993

badminton

BADMINTON-WELTREKORDE
Weltmeisterschaften
Die meisten Siege, nämlich zehn, bei den Mannschaftsweltmeisterschaften im **Badminton der Männer** um den Thomas Cup (eingeführt 1948) wurden von Indonesien erzielt (1958, 1961, 1964, 1970, 1973, 1976, 1979, 1984, 1994 und 1996).
Bei den Mannschaftsweltmeisterschaften im **Badminton der Frauen** um den Uber Cup (eingeführt 1956) wurden von Japan (1966, 1969, 1972, 1978 und 1981) und China (1984, 1986, 1988, 1990 und 1992) fünf Siege erzielt.

bogenschießen

WELTREKORDE IM BOGENSCHIESSEN
Männer (FITA-Einzelrunden)
FITA: Oh Kyo-moon (Südkorea) erzielte 1995 1.368 von 1.440 möglichen Punkten.

Mannschaft: Südkorea (Kim Soon-nyung, Lee Eun-Kyung, Cho Yuon-jeong) erzielte 1992 4.094 von 4.320 möglichen Punkten.
HALLE (18 m)
Männer
Magnus Pettersson (Schweden) erzielte 1995 596 von 600 möglichen Punkten.
Frauen
Lina Herasymenko (Ukraine) erzielte 1996 591 von 600 möglichen Punkten.
HALLE (25 m)
Männer
Magnus Pettersson (Schweden) erzielte 1993 593 von 600 möglichen Punkten.
Frauen
Petra Ericsson (Schweden) erzielte im Jahr 1991 592 von 600 möglichen Punkten.

cricket

Einzelrekorde im Cricket
ERSTE KLASSE (FC) und TESTLAUF-BATTING
Meiste Runs: FC 61.237
Sir Jack Hobbs (Durchschnitt 50,65)

Rodney Marsh, Australien (96 Tests), 1970–84
Meiste Fänge: FC 1.473
Robert Taylor, Derbyshire, Großbritannien, 1960–88
Test: 343
Rodney Marsh, Australien, 1970–84
Meiste Stumpings: FC 418
Leslie Ames (1905–90) Kent, Großbritannien, 1926–51
Test: 52
William Oldfield, Australien (54 Tests), 1920–37
Fielding
Meiste Fänge: FC 1.018
Frank Woolley, Kent, Großbritannien, 1906–38
Test: 156
Allan Border, Australien (156 Tests), 1978–94
TESTSERIEN
Batting
Meiste Runs: 974
Sir Donald Bradman (Durchschnitt 139,14), Australien gegen Großbritannien (5), 1930
Meiste Läufe: 5
Sir Clyde Leopold Walcott, West Indies gegen Australien (5), 1954/55
Höchster Durchschnitt: 563,00

KIM KYUNG-WOOK AUS SÜDKOREA BEIM GEWINN DER OLYMPISCHEN GOLDMEDAILLE IM EINZEL DER DAMEN IM JAHR 1996. SÜDKOREA IST EINE DER FÜHRENDEN MANNSCHAFTEN, DIE SEIT 1984 ALLE OLYMPISCHEN GOLDMEDAILLEN IN DEN FRAUEN-DISZIPLINEN GEWONNEN HAT.

MICHAEL JOHNSON BEIM GEWINN DES OLYMPIATITELS 1996 IN ATLANTA ÜBER 200 M IN EINER REKORDZEIT VON 19,32 SEKUNDEN. ER ÜBERTRAF DAMIT DEN DAMALS AM LÄNGSTEN BESTEHENDEN LEICHTATHLETIKREKORD, DIE 19,79 SEKUNDEN VON PIETRO MENNEA VOM FEBRUAR 1979.

…uchshai: 363,80 kg
…ianne North, Tutukaka, Neuseeland,
…. Februar 1981
…eißer Hai: 1208,38 kg
…lfred Dean, Ceduna,
…üdaustralien, 21. April 1959
…eißer Stör: 212,28 kg
…oey Pallotta III
…enicia, Kalifornien, USA, 9. Juli 1983
…chwertfisch: 536,15 kg
… Marron, Iquique, Chile, 17. Mai 1953
…achforelle: 6,57 kg
…r. W. J. Cook, Nipigon River, Ontario,
…anada, Juli 1916
Braune Forelle: 18,25 kg
Howard L. Collins, Heber Springs, Arkansas, USA, 9. Mai 1992
Seeforelle: 30,16 kg
Rodney Harback, Great Bear Lake, Northwest Territories, Kanda, 19. Juli 1991
Regenbogenforelle: 19,10 kg
David Robert White
Bell Island, Alaska, USA, 22. Juni 1970
Blauflossen-Thunfisch: 679,00 kg
Ken Fraser, Aulds Cove, Neuschottland, Kanada, 26. Oktober 1979
Gelbflossen-Thunfisch: 176,35 kg
Curt Wiesenhutter, San Benedicto Island, Mexiko, 1. April 1977
Wahoo: 158,8 kg
Keith Winter, Loreto, Baja California, Mexiko, 10. Juni 1996

90 m: Wladimir Jeschejew (UdSSR) erzielte im Jahr 1990 330 von 360 möglichen Punkten.
70 m: Jackson Fear (Australien) erzielte 1997 345 von 360 möglichen Punkten.
50 m: Kim Kyung-ho (Südkorea) erzielte 1997 351 von 360 möglichen Punkten.
30 m: Han Seung-hoon (Südkorea) erzielte im Jahr 1994 exakt die maximalen 360 von 360 möglichen Punkten.
Mannschaft: Südkorea (Oh Kyo-moon, Lee Kyung-chul, Kim Jae-pak) erzielte 1995 4.053 von 4.320 möglichen Punkten.
Frauen (FITA-Einzelrunden)
FITA: Kim Jung-rye (Südkorea) erzielte 1995 1.377 von 1.440 möglichen Punkten.
70 m: Chung Chang-sook (Südkorea) erzielte 1997 341 von 360 möglichen Punkten.
60 m: He Ying (China) erzielte 1995 349 von 360 möglichen Punkten.
50 m: Kim Moon-sun (Südkorea) erzielte 1996 345 von 360 möglichen Punkten.
30 m: Joanne Edens (Großbritannien) erzielte im Jahr 1990 357 von 360 möglichen Punkten.

Surrey, Großbritannien, 1905–34
Test: 11.174 Allan Border (Durchschnitt 50,56) Australien (156 Tests), 1978–94
Die meisten Läufe: FC 197
Sir Jack Hobbs (in 1315 Innings) Surrey, Großbritannien, 1905–34
Test: 34 Sunil Gavaskar (in 214 Innings) Indien, 1971–87
Höchster Durchschnitt: FC 95, 14
Sir Donald Bradman New South Wales/ Südaustralien/Australien, 1927-49 (28.067 Runs in 338 Innings, einschließlich 43 Not-outs)
Test: 99,94
Sir Donald Bradman (6.996 Runs in 80 Innings), Astralien (52 Tests), 1928-48
BOWLING
Meiste 3-Pins: FC 4.187
Wilfried Rhodes (Durchschnitt 16,17) Yorkshire, Großbritannien 1898-1930
Test: 434
Kapil Dev Nikhanj (Durchschnitt 29,62), Indien, (131 Tests), 1978–94
Niedrigster Durchschnitt: Test 10,75
George Lohmann (112 Dreistäbe), Großbritannien (18 Tests), 1886–96) (mindestens 25 Dreistäbe)
3-Pins-Halten
Meiste Aufgaben: FC 1.649
Robert Taylor
Derbyshire, Großbritannien, 1960–88
Test: 355

Walter Hammond, Großbritannien gegen Neuseeland (2), 1932/33 (563 Runs, 2 Inns, 1 Not-out)

darts

DART-PUNKTEREKORDE
24 STUNDEN
Männer
(8 Spieler): 1.722.249
Broken Hill Darts Club in Broken Hill, New South Wales, Australien, 28.–29. September 1985.
1.843.850 Punkte; Darts-Club 2000, Huttwil (CH) 24.–25. Mai 1997 am Bull-Shooter
Frauen
(8 Spieler): 830.737
Durch eine Mannschaft aus Cornwall Inn, Killurin, Co Wexford, Irland, 1.–2. August 1997.
Einzel: 567.145
Kenny Fellowes bei The Prince of Wales, Cashes Green, Glos, Großbritannien, 28.–29. September 1996.
Bull und 25 s: (8 Spieler): 526.750 von einer Mannschaft im George Inn, Morden, Surrey, Großbritannien, 1.–2. Juli 1994.

10 STUNDEN
Die meisten Trebles: 3.056 (von 7.992 Darts) Paul Taylor in Woodhouse Tavern, Leytonstone, London, Großbritannien, 19. Oktober 1985. Die meisten Doubles: 3.265 (von 8451 Darts) Paul Taylor im Lord Brooke, Walthamstow, London, Großbritannien, 5. September 1987.
Höchste Punktzahl: 465.919 (Mit Wiederaufnahme eigener Darts) Jon Archer und Neil Rankin in Royal Oak, Cossington, Leics, Großbritannien, 17. November 1990.
6 STUNDEN
Männer: 210.172
Russell Locke im Hugglescote Working Mens Club, Coalville, Leics, Großbritannien, 10. September 1989.
Frauen: 99.725
Karen Knightly im Lord Clyde,Leyton, Großbritannien, 17. März 1991.
MILLION AND ONE UP
Männer: (8 Spieler) 36.583 Darts Mannschaft im Buzzy's Pub and Grub, Lynn, Massachusetts, USA, 19.–20. Oktober 1991.
Frauen (8 Spielerinnen) 70.019 Darts „Delinquents"-Mannschaft im Top George, Combe Martin, Devon, Großbritannien, 11.–13. September 1987.

1.500 m: 1:46.43 Min.
Ådne Søndrål (Norwegen)
Calgary, Kanada, 28. März 1998
3.000 m: 3:48.91 Min.
Bart Veldkamp (Niederlande)
Calgary, Kanada, 21. März 1998
5.000 m: 6:21.49 Min.
Gianni Romme (Niederlande)
Calgary, Kanada, 27. März 1998
10.000 m: 13:08.71 Min.
Gianni Romme (Niederlande)
Calgary, Kanada, 29. März 1998
Frauen
500 m: 37.55 Sek.
Catriona Le May Doan Kanada,
Calgary, Kanada, 29. Dezember 1997
1.000 m: 1:14.96 Min.
Christine Witty (USA)
Calgary, Kanada, 28. März 1998
1.500 m: 1:56.93 Min.
Anni Friesinger (Bundesrepublik Deutschland) Calgary, Kanada, 29. März 1998
3.000 m: 4:01.67 Min.
Gunda Niemann-Stirnemann (Bundesrepublik Deutschland)
Calgary, Kanada, 27. März 1998
5.000 m: 6:58.63 Min.
Gunda Niemann-Stirnemann (Bundesrepublik Deutschland)
Calgary, Kanada, 28. März 1998

3.000-relay: 4:16.26 Min.
Süd Korea
Nagano, Japan, 17. Februar 1998
Meiste Olympia-Titel: Männer
Clas Thunberg (Finnland) gewann fünf Goldmedallien 1924 und 1928; Eric Arthur Heiden (USA) gewann fünf in Lake Placid, New York, USA, 1980. Clas Thunberg gewann zusätzlich noch eine Silber- und eine Bronzemedaille; Ivar Ballangrud (Norwegen) gewann viermal Gold, zweimal Silber und einmal Bronze, 1928–36.
Meiste Olympia-Titel: Frauen
Lidiya Pavlovna Skoblikova (ehemalige UdSSR) gewann sechs Goldmedaillen im Eisschnellauf 1960 (zwei) und 1964 (vier). Karin Kania (ehmalige DDR) gewann acht Medaillen, drei Gold, vier Silber und eine Bronze, 1980–88.
Meiste WM-Titel: Männer
Oscar Mathisen (Norwegen) errang fünf Medaillen zwischen 1908–14; Clas Thunberg 1923, 1925, 1928–29 sowie 1931.
Ids Postma (Niederlande) erreichte 153.367 Punkte in Heerenven, Niederlande, vom 13.–15. März 1998.

Afrikanischer Nationencup (1957): 4
Ghana, 1963, 1965, 1978, 1982
Ägypten, 1957, 1959, 1986, 1998
Europameisterschaften (1958): 3
Bundesrepublik Deutschland, 1972, 1980, 1996
Clubbereich
Weltklubmeisterschaft (1960): 3
Peñarol (Uruguay), 1961, 1966, 1982
Nacional (Uruguay), 1971, 1980, 1988
Mailand (Italien), 1969, 1989, 1990

Europa
UEFA Cup (1955): 3
Barcelona (Spanien), 1958, 1960, 1966
Europa-Cup (1956): 6
Real Madrid (Spanien), 1956–60, 1966
Pokal der Pokalsieger (1960): 4
Barcelona, 1979, 1982, 1989, 1997
Südamerika
Copa Libertadores (1960): 7
Independiente (Argentinien), 1964–65, 1972–75, 1984

Afrika
Pokal der Landesmeister (1964): 4
Zamalek (Ägypten), 1984, 1986, 1993, 1996
Cup der Pokalsieger (1975): 4
Al Alhy Cairo (Ägypten), 1984–86, 1993

Die kanadische Läuferin Catriona Le May Doan gewinnt die Eisschnellauf-WM in Berlin mit einem neuen Streckenrekord. Le May Doan ist auch die Weltrekord-Halterin über 500 Meter mit einer Zeit von 37.55 Sekunden.

Ronaldo spielt für Barcelona während des Europacup-Finales gegen Ajax Amsterdam 1997, kurz vor seinem Wechsel zu Inter Mailand. Barcelona gewann das Spiel mit 1:0. Es war der vierte Sieg und damit ein eigener Rekord.

eislaufen

EISKUNSTLAUF
Meiste Einzeltitel
Die meisten Einzeltitel, nämlich zehn, errang Ulrich Salchow (Schweden), 1901–05 und 1907–11. Auf die gleiche Anzahl kam bei den Frauen Sonja Henie zwischen 1927 and 1936.
Meiste Paarlauf-Titel
Irina Rodnina gewann zehn Paarlauf-Titel, vier mit Aleksey Nikolayevich Ulanov, 1969–72, und sechs mit ihrem Mann Aleksandr Gennadyevich Zaitsev, 1973–78. Sechs Eistanztitel gewannen Lyudmila Alekseyevna Pakhomova und ihr Mann Aleksandr Georgiyevich Gorshkov (ehemalige UdSSR), 1970–74 und 1976. Sie gewannen den ersten Olympischen Eistanztitel überhaupt im Jahr 1976.

EISSCHNELLAUF
Männer
500 m: 34.82 Sek.
Hiroyasu Shimizu (Japan)
Calgary, Kanada,
28. März 1998
1.000 m: 1:09.60 Min.
Sylvain Bouchard (Kanada)
Calgary, Kanada, 29. Dezember 1998

WELTREKORDE KURZSTRECKE
Männer
500 m: 41.938 Sek.
Nicola Franceschina (Italien)
Bormio, Italien, 29. März 1998
1.000 m: 1:28.23 Min.
Marc Gagnon (Kanada)
Seoul, Süd Korea, 4. April 1997
1.500 m: 2:15.50 Min.
Kai Feng (China)
Habin, China, 1. November 1997
3.000 m: 4:53.23 Min.
Lee Seung-chan (Süd Korea)
Peking, China,
23. November 1997
5.000-relay: 7:00.042 Min.
Süd Korea
Nagano, Japan, 30. März 1997
Frauen
500 m: 44.867 Sek.
Isabelle Charset (Kanada)
Nagano, Japan, 29. März 1997
1.000 m: 1:31.991 Min.
Yang Yang (China)
Nagano, Japan, 21. Februar 1998
1.500 m: 2:25.17 Min.
Kim Yun-mi (Süd Korea)
Harbin, China, 2. Dezember 1995
3.000 m: 5:02.19 Min.
Chun Lee-kyung (Süd Korea)
Gyovik, Norwegen, 19. März 1995

Meiste WM-Titel: Frauen
Gunda Niemann-Stirnemann (Bundesrepublik Deutschland) gewann zwischen 1991 und 1993 sowie von 1995–98 insgesamt sechs Medaillen. Sie hält ebenso den Rekord mit 163.02 Punkten, die sie in Heerenven, Niederlande, vom 13.–15. März 1998 erreichte.

fussball

INTERNATIONALE FUSSBALLWETTBEWERBE
Meiste Siege
NATIONALER BEREICH
Olympische Spiele (1896) (inoffiziell bis 1908): 3
Großbritannien, 1900, 1908, 1912
Ungarn, 1952, 1964, 1968
Südamerikanische Meisterschaften (1910) (Copa America seit 1975): 15
Argentinien, 1910, 1921, 1925, 1927, 1929, 1937, 1941, 1945-7, 1955, 1957, 1959, 1991, 1993
Asian Cup (1956): 3
Iran, 1968, 1972, 1976
Saudi-Arabien, 1984, 1988, 1996

gewichtheben

GEWICHTHEBEN
Am 1. Januar 1993 führte die International Weightlifting Federation (IWF) modifizierte Gewichtsklassen ein, die existierende Rekorde aufhoben. Unten eine Liste auf der Basis der neuen Klassen (Stand 31. Dezember 1997).
Körpergewicht 54 kg
Reißen: 132.5 kg
Halil Mutlu (Türkei)
Atlanta, USA, 20. Juli 1996
Stoßen: 160.5 kg
Lan Shizang (China)
Chiang Mai, Thailand, 6. Dezember 1997
Total: 290 kg
Halil Mutlu (Türkei)
Istanbul, Türkei, 18. November 1994
Körpergewicht 59 kg
Reißen: 140 kg
Hafiz Suleymanoğlü (Türkei)
Warschau, Polen, 3. Mai 1995
Stoßen: 170 kg
Nikolai Peshalov (Bulgarien)
Warschau, Polen, 3. Mai 1995
Total: 307.5 kg
Tang Ningsheng (China)
Atlanta, USA, 21. Juli 1996

Körpergewicht 64 kg
Reißen: 150 kg
Yang Guohua (China)
Pusan, Süd Korea,
12. Mai 1997
Stoßen: 187.5 kg
Valerios Leonidis (Griechenland)
Atlanta, USA, 22. Juli 1996
Total: 335 kg
Naim Suleymanoğlü (Türkei)
Atlanta, USA, 22. Juli 1996
Körpergewicht 70 kg
Reißen: 163 kg
Wan Jianhui (China)
Guangzhou, China, 9. Juli 1997
Stoßen: 195.5 kg
Zhan Xugang (China)
Chiang Mai, Thailand,
9. Dezember 1997
Total: 357.5 kg
Zhan Xugang (China)
Atlanta, USA, 23. Juli 1996
Körpergewicht 76 kg
Reißen: 170 kg
Ruslan Savchenko (Ukraine)
Melbourne, Australien,
16. November 1993
Stoßen: 208 kg
Pablo Lara (Cuba)
Szekszárd, Ungarn, 20. April 1996

Total: 420 kg
Akakide Kakhiasvilis (Griechenland)
Atlanta, USA, 28. Juli 1996
Körpergewicht 108 kg
Reißen: 200 kg (
Timur Taimazov (Ukraine)
Istanbul, Türkei, 26. November 1994
Stoßen: 236 kg
Timur Taimazov (Ukraine)
Atlanta, USA, 29. Juli 1996
Total: 435 kg
Timur Taimazov (Ukraine)
Istanbul, Türkei, 26. November 1994
Körpergewicht über 108 kg
Reißen: 205 kg
Aleksandr Kurlovich (Belarus)
Istanbul, Türkei, 27. November 1994
Stoßen: 262.5 kg
Andrey Chemerkin (Russland)
Chiang Mai, Thailand,
14. Dezember 1997
Total: 462.5 kg
Andrey Chemerkin (Russland)
Chiang Mai, Thailand, 14. Dezember 1997

GEWICHTHEBEN FRAUEN
Körpergewicht 46 kg
Reißen: 81.5 kg
Jiang Yinsu (China)
Pusan, Süd Korea, 11. Mai 1997

Total: 220 kg
Chen Xiaomin (China)
Hiroshima, Japan, 4. Oktober 1994
Körpergewicht 64 kg
Reißen: 107.5 kg
Chen Xiaomin (China)
Guangzhou, China, 10. Juli 1997
Stoßen: 130.5 kg
Shi Lihua (China)
Lahti, Finland, 9. August 1997
Total: 235 kg
Li Hongyun (China)
Istanbul, Türkei, 22. November 1994
Körpergewicht 70 kg
Reißen: 105.5 kg
Xiang Fenglan (China)
Chiang Mai, Thailand, 11. Dezember 1997
Stoßen: 131 kg Xiang Fenglan (China)
Chiang Mai, Thailand,
11. Dezember 1997
Total: 235 kg
Xiang Fenglan (China)
Chiang Mai, Thailand, 11. Dezember 1997
Körpergewicht 76 kg
Reißen: 107.5 kg
Hua Ju (China)
Chiang Mai, Thailand, 12. Dezember 1997
Stoßen: 140.5 kg
Hua Ju (China)
Chiang Mai, Thailand, 12. Dezember 1997

Andrzej Stanaszek, 1994
Deadlift: 256
E S Bhaskaran (Indien), 1993
Total: 592,5
Andrzej Stanaszek, 1996
56 kg
Squat: 287,5
Magnus Carlsson (Schweden), 1996
Bench press:187,5
Magnus Carlsson, 1996
Deadlift: 289,5
Lamar Gant (USA), 1982
Total: 637,5
Hu Chun-hsing (Taipei), 1997
60 kg
Squat: 295,5
Magnus Carlsson, 1994
Bench press: 185
Magnus Carlsson, 1997
Deadlift: 310
Lamar Gant,1988
Total: 707,5
Joe Bradley, 1982
67.5 kg
Squat: 303
Wade Hooper (USA), 1997
Bench press: 200,5
Aleksey Sivokon (Kasachstan), 1997
Deadlift: 316
Daniel Austin (USA), 1991

ZHAN XUGANG AUS DER VOLKSREPUBLIK CHINA SETZT NEUE REKORDE BEI DEN OLYMPISCHEN SPIELEN 1996 IN ATLANTA. AUFGRUND EINER NEUREGELUNG DURCH DIE OBERSTE SPORTKOMMISSION WURDE IHM AUCH IM JAHR 1998 WEITERHIN DIE BESTMARKE ZUERKANNT.

DER US-SPRINTER MAURICE GREEN, 100-METER WELTMEISTER DES JAHRES 1997, SETZTE SEINE SIEGESSERIE AUCH IN DER 1997/1998-HALLENSAISON FORT. IHM GELANG IN SEVILLA EIN NEUER 60-METER-REKORD.

Total: 372.5 kg
Pablo Lara (Kuba)
Szekszárd, Ungarn, 20 April 1996
Körpergewicht 83 kg
Reißen: 180 kg
Pyrros Dimas (Griechenland)
Atlanta, USA, 26. Juli 1996
Stoßen: 214 kg
Zhang Yong (China)
Guangzhou, China, 12. Juli 1997
Total: 392.5 kg
Pyrros Dimas (Griechenland), Atlanta, USA,26. Juli 1996
Körpergewicht 91 kg
Reißen: 187.5 kg
Aleksey Petrov (Russland)
Atlanta, USA, 27. Juli 1996
Stoßen: 228.5 kg
Akakide Kakhiasvilis (Griechenland)
Warschau, Polen, 6. Mai 1995
Total: 412.5 kg
Aleksey Petrov (Russland)
Sokolov, Tschechische Republik,
7. Mai 1994
Körpergewicht 99 kg
Reißen: 192.5 kg
Sergey Syrtsov (Russland)
Istanbul, Turkei,
25. November 1994
Stoßen: 235 kg
Akakide Kakhiasvilis (Griechenland)
Atlanta, USA, 28. Juli 1996

Stoßen: 105.5 kg
Xing Fen (China), Guangzhou, China,
8. Juli 1997
Total: 185 kg
Guang Hong (China),Yachiyo, Japan,
4. April 1996
Körpergewicht 50 kg
Reißen: 88 kg
Jiang Baoyu (China), Pusan, Süd Korea,
3. Juli 1995
Stoßen: 110.5 kg
Liu Xiuhua (China), Hiroshima, Japan,
3. Oktober 1994
Total: 197.5 kg
Liu Xiuhua (China) Hiroshima, Japan,
3. Oktober 1994
Körpergewicht 54 kg
Reißen: 93.5 kg
Yang Xia (China), Guangzhou, China,
9. Juli 1997
Stoßen: 117.5 kg
Mengh Xiajuan (China), Chiang Mai,
Thailand, 8. Dezember 1997
Total: 207.5 kg
Yang Xia (China),Guangzhou, 9. Juli 1997
Körpergewicht 59 kg
Reißen: 100 kg
Zou Feie (China),Pusan, Süd Korea,
13. Mai 1997
Stoßen: 125 kg
Suta Khassaraporn (Thailand).
Jakarta, Thailand, 13. Oktober 1997

Total: 247.5 kg
Hua Ju (China)
Chiang Mai, Thailand, 12. Dezember 1997
Körpergewicht 83 kg
Reißen: 117.5 kg
Tang Weifang (China)
Chiang Mai, Thailand, 13. Dezember 1997
Stoßen: 143 kg
Tang Weifang (China)
Chiang Mai, Thailand, 13. Dezember 1997
Total: 260 kg
Tang Weifang (China)
Chiang Mai, Thailand, 13. Dezember 1997
Körpergewicht über 83 kg
Reißen: 112.5 kg
Wang Yanmei (China)
Guangzhou, China, 14. Juli 1997
Stoßen: 155 kg
Li Yajuan (China)
Melbourne, Australien,
20. November 1993
Total: 260 kg
Li Yajuan (China)
Melbourne, Australien,
20. November 1993

GEWICHTHEBEN-DREIKAMPF (ALLE GEWICHTE IN KILOGRAMM)
MÄNNER
52 kg
Squat: 277,5
Andrzej Stanaszek (Polen), 1997
Bench press: 177,5

Total: 765
Aleksey Sivokon (Kasachstan), 1994
75 kg
Squat: 328
Ausby Alexander (USA), 1989
Bench press: 217,5
James Rouse (USA), 1980
Deadlift: 337,5
Daniel Austin, 1994
Total: 850
Rick Gaugler (USA), 1982
82.5 kg
Squat: 379,5
Mike Bridges (USA), 1982
Bench press: 240
Mike Bridges, 1981
Deadlift: 357,5
Veli Kumpuniemi (Finnland), 1980
Total: 952,5
Mike Bridges, 1982
90 kg
Squat: 375
Fred Hatfield (USA), 1980
Bench press:255
Mike MacDonald (USA), 1980
Deadlift: 372,5
Walter Thomas (USA), 1982
Total: 937,5
Mike Bridges, 1980
100 kg
Squat: 423
Ed Coan (USA), 1994

Bench press: 261,5
Mike MacDonald, 1977
Deadlift: 390
Ed Coan, 1993
Total: 1035
Ed Coan, 1994
110 kg
Squat: 415
Kirk Karwoski (USA), 1994
Bench press: 270
Jeffrey Magruder (USA), 1982
Deadlift: 395
John Kuc (USA), 1980
Total: 1.000
John Kuc, 1980
125 kg
Squat: 455
Kirk Karwoski, 1995
Bench press: 278,5
Tom Hardman (USA), 1982
Deadlift: 387,5
Lars Norén (Schweden), 1987
Total: 1.045
Kirk Karwoski, 1995
125+ kg
Squat: 447.5
Shane Hamman (USA), 1994
Bench press: 322,5
James Henderson (USA), 1997
Deadlift: 406

56 kg
Squat: 191.5
Carrie Boudreau (USA), 1995
Bench press: 122.5
Valentina Nelubova (Russland), 1997
Deadlift: 222.5
Carrie Boudreau, 1995
Total: 522.5
Carrie Boudreau, 1995
60 kg
Squat: 210
Beate Amdahl (Norwegen), 1993
Bench press: 118
Helena Heiniluoma (Finnland), 1996
Deadlift: 213.5
Ingeborg Marx (Belgien), 1997
Total: 525, Ingeborg Marx, 1997
67.5 kg
Squat: 230
Ruthi Shafer (USA), 1984
Bench press: 120
Vicki Steenrod (USA), 1990
Deadlift: 244
Ruthi Shafer, 1984
Total: 572.5
Lisa Sjöstrand (Schweden), 1997
75 kg
Squat: 245
Anne Sigrid Stiklestad (Norwegen), 1997
Bench press: 145.5

golf

WELTREKORDE IM GOLFSPIELEN
MEISTE GOLFTITEL
Open: 6
Harry Vardon (1870–1937) 1896, 1898–99, 1903, 1911, 1914
Amateurtitel: 8
John Ball (1861–1940) 1888, 1890, 1892, 1894, 1899, 1907, 1910, 1912
US Open: 4
Willie Anderson (1880–1910) 1901, 1903–05
Robert Tyre „Bobby" Jones jr. (1902–1971) 1923, 1926, 1929–30
William Hogan 1948, 1950–51, 1953
Jack Nicklaus 1962, 1967, 1972, 1980
US-Amateurtitel: 5
Robert Jones jr. 1924–25, 1927–28 und 1930
US PGA: 5
Walter Hagan 1921, 1924–27,
Jack Nicklaus 1963, 1971, 1973, 1975 und 1980
US Masters: 6
Jack William Nicklaus
1963, 1965–66, 1972, 1975, 1986

Höhengewinn: 4343 m, Larry Tudor (USA), Owens Valley, Kalifornien, 4. August 1985.
Größte Entfernung (Frauen): 335,8 km Kari Castle (USA), Owens Valley, 22. Juli 1991.
Höhengewinn (Frauen): 3970 m Judy Leden (Großbritannien), Kuruman, Südafrika, 1. Dezember 1992.
Weltmeisterschaften
Die Weltmeisterschaften (1976 offiziell eingeführt) wurden am häufigsten von Großbritannien gewonnen (1981, 1985, 1989 und 1991).

kanuweltrekorde

KANUWELTREKORDE
Meiste Titel bei Weltmeisterschaften und Olympischen Spielen
Männer
Der Rekord liegt bei 13 und wird von Gert Fredriksson, 1948–60, Rüdiger Helm (DDR), 1976–83 und Iwan Patzaichin (Rumänien), 1968–84 gehalten.
Frauen
Einschließlich der Olympischen Spiele

Jack Nicklaus gewann in seiner Karriere ungewöhnlich viele Majors. Obwohl seine Hauptbeschäftigung mittlerweile das Golfplatzdesign ist, setzt sich seine Erfolgsserie fort. Hier beweist er dies gerade durch seinen sechsten Platz bei den Masters im Jahr 1998.

Steve Redgrave, hier zusammen mit seinem langjährigen Partner Matthew Pinsent, auf dem Weg zum olympischen Gold bei den Spielen 1996 in Atlanta. Dies war Redgraves vierter olympischer Sieg in Folge. Danach gewann er 1997 noch seinen elften WM-Titel.

Lars Norén, 1988
Total: 1.100
Bill Kazmaier (USA), 1981
Frauen
44 kg
Squat: 162.5
Raija Koskinen (Finnland), 1997
Bench press: 85
Svetlana Tesleva (Russland), 1996
Deadlift: 165,5
Anna-Liisa Prinkkala (Finnland), 1998
Total: 397,5
Raija Koskinen, 1997
48 kg
Squat: 171
Raija Koskinen (Finnland), 1997
Bench press: 100
Marlina (Indonesien), 1997
Deadlift: 182,5
Majik Jones (USA), 1984
Total: 415
Yelena Yamkich (Russland), 1997
52 kg
Squat: 182,5
Oksana Belova (Russland), 1997
Bench press: 107,5
Anna Olsson (Schweden), 1997
Deadlift: 197.5
Diana Rowell (USA) 1984
Total: 475
Oksana Belova, 1997

Marina Zhguleva (Russland), 1997
Deadlift: 252.5
Yelena Sukhoruk, 1995
Total: 605
Yelena Sukhoruk, 1995
82,5 kg
Squat: 242.5
Anne Sigrid Stiklestad (Norwegen), 1997
Bench press: 151
Natalia Rumyantseva (Russland), 1997
Deadlift: 257.5
Cathy Millen (Neuseeland), 1993
Total: 637.5
Cathy Millen, 1993
90 kg
Squat: 260
Cathy Millen, 1994
Bench press: 162.5
Cathy Millen, 1994
Deadlift: 260
Cathy Millen, 1994
Total: 682.5
Cathy Millen, 1994
90+kg
Squat: 277.5
Juanita Trujillo (USA), 1994
Bench press: 175
Chao Chen-yeh (Taipei), 1997
Deadlift: 262.5
Katrina Robertson (Australien), 1997
Total: 657.5
Lee Chia-sui (Taipei), 1997

US Open der Frauen: 4
Betsy Earle-Rawls 1951, 1953, 1957, 1960
4, Mickey Wright 1958–59, 1961, 1964
US Amateurtitel der Frauen: 6
Glenna Collett Vare 1922, 1925, 1928–30, 1935
Britische Titel der Frauen: 4
Charlotte Pitcairn Leitch 1914, 1920–21, 1926
Joyce Wethered 1922, 1924–25, 1929

Anmerkung: Nicklaus ist der einzige Golfspieler, der fünf große Titel zweimal gewonnen hat (die Titel bei den Open, US Open, Masters, PGA und US Amateur-Titeln). 1930 erzielte Bobby Jones einen einzigen „Grand Slam" bei den US- und British Open- und Amateur-Titeln.

hängegleiten

WELTREKORDE IM HÄNGEGLEITEN
Die Fédération Aéronautique Internationale erkennt Weltrekorde für Rigidwing, Exwing und Multiplace-Exwing an. Diese Rekorde sind die größten in jeder Kategorie.
Größte Entfernung im Streckenflug: 495 km, Larry Tudor (USA) von Rock Springs, Wyoming, 1. Juli 1994.

wurden 25 Welttitel von Birgit Schmidt, 1979-95 gewonnen.
Höchste Geschwindigkeit
Der deutsche Olympiasieger im Vier-Mann-Kajak in Barcelona, Spanien, 1992, benötigte über 1000 m 2 Minuten und 52,17 Sekunden.

leichtathletik

LEICHTATHLETIK-WELTREKORDE
Männer
Stadion-Weltrekorde, die von der International Amateur Athletic Federation zusammengestellt wurden. Vollständig automatische Zeitmessung ist für Disziplinen von bis zu 400 Metern obligatorisch.
Laufen
100 m: 9,84 Sek.
Donovan Bailey (Kanada)
Atlanta, USA, 27. Juli 1996
200 m: 19,32 Sek.
Michael Johnson (USA)
Atlanta, USA, 1. August 1996
400 m: 43,29 Sek.
Harry Lee „Butch" Reynolds Jr. (USA) Zürich, Schweiz, 17. August 1988

00 m: 1:41,11 Min.
ilson Kipketer (Dänemark), Köln, Bun-
esrepublik Deutschland, 24. August 1997
000 m: 2:12,18 Min.
ebastian Coe (Großbritannien)
slo, Norwegen, 11. Juli 1981
.500 m: 3:27,37 Min.
oureddine Morceli (Algerien)
izza, Frankreich, 12. Juli 1995
Meile: 3:44,39 Min.
oureddine Morceli (Algerien)
ieti, Italien, 5. September 1993
2.000 m: 4:47,88 Min.
oureddine Morceli (Algerien)
Paris, Frankreich, 3. Juli 1995
3.000 m: 7:20,67 Min.
Daniel Komen (Kenia)
Rieti, Italien, 1. September 1996
5.000 m: 12:39,74 Min.
Daniel Komen (Kenia)
Brüssel, Belgien, 22. August 1997
10.000 m: 26:27,85 Min.
Paul Tergat (Kenia)
Brüssel, Belgien, 22. August 1997
20.000 m: 56:55,6 Min.
Arturo Barrios (Mexiko, jetzt USA)
La Flèche, Frankreich, 30. März 1991
25.000 m: 1:13:55,8 Std.
Toshihiki Seko (Japan)
Christchurch, Neuseeland, 22. März 1981

4 x 800 m: 7:03,89 Min.
Großbritannien (Peter Elliott, Garry Peter Cook, Steve Cram, Sebastian Coe)
Crystal Palace, London, 30. August 1982
4 x 1.500 m: 14.38,8 Min.
Bundesrepublik Deutschland (Thomas Wessinghage, Harald Hudak, Karl Fleschen, Michael Lederer) Köln, Deutschland, 17. August 1977

SPRUNG- UND WURFDISZIPLINEN
Hochsprung: 2,45 m
Javier Sotomayor (Kuba)
Salamanca, Spanien, 27. Juli 1993
Stabhochsprung (A): 6,14 m
Sergej Nasarowitsch Bubka (Ukraine),
Setriere, Italien, 1. Juli 1994
Weitsprung: 8,95 m
Mike Powell (USA)
Tokyo, Japan, 30. August 1991
Dreisprung: 18,29 m
Jonathan David Edwards (Großbritannien)
Göteborg, Schweden, 7. August 1995
Kugelstoßen: 23,12 m
Randy Barnes (USA)
Los Angeles, Kalifornien, USA
20. Mai 1990
Diskuswerfen: 74,08 m
Jürgen Schult (DDR), Neubrandenburg, ehemalige DDR, 6. Juni 1986

Laufen
100 m: 10,49 Sek.
Delorez Florence Griffith Joyner (USA)
Indianapolis, Indiana, USA, 16. Juli 1988
200 m: 21,34 Sek.
Delorez Florence Griffith Joyner (USA)
Seoul, Südkorea, 29. September 1988
400 m: 47,60 Sek
Marita Koch (DDR)
Canberra, Australien, 6. Oktober 1985
800 m: 1:53,28 Min.
Jarmila Kratochvílová (Tschechoslowakei), München, Bundesrepublik Deutschland, 26. Juli 1983
1.000 m: 2:28,98 Min.
Swetlana Masterkowa (Rußland)
Brüssel, Belgien, 23. August 1996
1.500 m: 3:50,46 Min.
Qu Yunxia (China)
Peking (China), 11. September 1993
1 Meile: 4:12,56 Min.
Swetlana Masterkowa (Rußland)
Zürich, Schweiz, 14. August 1996
2.000 m: 5:25,36
Sonia O'Sullivan (Irland)
Edinburgh, Großbritannien,
8. Juli 1994
3.000 m: 8:06,11 Min.
Wang, Junxia (China)
Peking, China, 13. September 1993

4 x 400 m: 3:15,17 Min.
UdSSR (Tatjana Ledowskaja, Olga Nasarowa, Maria Pinigina, Olga Brysgina)
Seoul, Südkorea, 1. Oktober 1988
4 x 800 m: 7:50,17 Min.
UdSSR (Nadeshda Olisarenko, Ljubow Gurina, Ljudmilla Borisowa, Irina Podjalowskaja) Moskau, UdSSR, 5. August 1984

SPRUNG- UND WURFDISZIPLINEN
Hochsprung: 2,09 m
Stefka Kostadinowa (Bulgarien)
Rom, Italien, 30. August 1987
Stabhochsprung: 4,59 m
Emma George (Australien)
Brisbane, Australien, 20. März 1998
Weitsprung: 7,52 m
Galina Tschistjakowa (UdSSR)
Leningrad, UdSSR, 11. Juni 1988
Dreisprung: 15,50 m
Inessa Krawets (Ukraine)
Göteborg, Schweden, 10. August 1995
Kugelstoßen: 22,6374 m
Natalja Wenediktowna Lisowskaja (UdSSR)
Moskau, UdSSR, 7. Juni 1987
Diskuswerfen: 76,80 m
Gabriele Reinsch (DDR), Neubrandenburg, ehemalige DDR, 9. Juli 1988
Hammerwerfen: 69,58 m
Mihaela Melinte (Rumänien)

Ashia Hansen aus Grossbritannien setzt eine neue Hallendreissprungrekordmarke für Frauen mit einem Sprung von 15,16 m während der europäischen Hallenmeisterschaften in Valencia, Spanien.

Sergej Bubka aus der Ukraine dominiert den Stabhochsprung seit mehr als 15 Jahren, in denen er mehrere Hallen- und Arenaweltrekorde aufstellet. Er ist der einzige Athlet, weiblich oder männlich, der in derselben Disziplin alle sechs Weltmeisterschaften gewonnen hat.

30.000 m: 1:29:18,8 Std.
Toshihiki Seko (Japan), Christchurch, Neuseeland, 22. März 1981
1 Stunde: 21.101 m
Arturo Barrios (Mexiko, jetzt USA)
La Flèche, Frankreich, 30 März 1991
110 m Hürden: 12,91 Sek.
Colin Ray Jackson (Großbritannien), Stuttgart, Bundesrepublik Deutschland, 20. August 1993
400 m Hürden: 46,78 Sek.
Kevin Curtis Young (USA)
Barcelona, Spanien, 6. August 1992
3.000 m Hindernislauf: 7:55,72 Min.
Bernard Barmasai (Kenia)
Köln, Deutschland, 24. August 1997
4 x 100 m: 37,40 Sek.
USA (Michael Marsh, Leroy Burrell, Dennis A. Mitchell, Carl Lewis) Barcelona, Spanien, 8. August 1992 und USA (John A. Drummond Jr., Andre Cason, Dennis A. Mitchell, Leroy Burrell) Stuttgart, Bundesrepublik Deutchland, 2. August 1993
4 x 200 m: 1:18,68 Min.
Santa Monica Track Club (USA)
(Michael Marsh, Leroy Burrell, Floyd Wayne Heard, Carl Lewis)
Walnut, Kalifornien, USA, 17. April 1994
4 x 400 m: 2:54,29 Min.
USA (Andrew Valmon, Quincy Watts, Butch Reynolds, Michael Duane Johnson)
Stuttgart, Deutschland, 21. August 1993

Hammerwerfen: 86,74 m
Juri Georgiewitsch Sedikh (UdSSR, jetzt Rußland) Stuttgart, Bundesrepublik Deutschland, 30. August 1986
Speerwerfen: 98,48 m
Jan Zelezny (Tschechische Republik)
Jena, Deutschland, 25. Mai 1996
(A) Das ist ein Höhenrekord, die Bestmarke in geringerer Höhe beträgt 6,13 m, aufgestellt von Sergej Bubka in Tokio, Japan, am 19. September 1992.
Zehnkampf: 8.891 Punkte
Dan Dion O'Brien (USA), Talence, Frankreich, 4.–5. September 1992
Tag 1: 100 m: 10,43 Sekunden;
Weitsprung: 8,98 m;
Kugelstoßen: 16,69 m;
Hochsprung: 2,07 m;
400 m: 48,51 Sekunden,
Tag 2: 110 m Hürden: 13,98 Sekunden;
Diskuswerfen: 48,56 m;
Stabhochsprung: 5,00 m;
Speerwerfen: 62,58 m;
1500 m: 4:42,10 Minuten

FRAUEN-WELTREKORDE
Stadion-Weltrekorde für die Frauen-Disziplinen, zusammengestellt von der International Amateur Athletic Federation. Vollständig elektronische Zeitmessung ist für sämtliche Disziplinen bis zu 400 Metern obligatorisch.

5.000 m: 14:28,09 Min.
Jiang Bo (China)
Peking, China, 23. Oktober 1997
10.000 m: 29:31,78 Min.
Wang Junxia (China)
Peking, China, 8. September 1993
20.000 m: 1:06:48,8 Std.
Isumi Maki (Japan)
Amagasaki, Japan, 20. September 1993
25.000 m: 1:29:29,2 Std.
Karolina Szabo (Ungarn)
Budapest, Ungarn, 23. April 1988
30.000 m: 1:47:05,6 Std.
Karolina Szabo (Ungarn)
Budapest, Ungarn, 23. April 1988
1 Stunde: 18,084 m
Silvana Cruciata (Italien)
Rom, Italien, 4. Mai 1981
100 m Hürden: 12,21 Sek.
Jordanka Donkowa (Bulgarien)
Stara Sagora, Bulgarien, 20. August 1988
400 m Hürden: 52,61 Sek.
Kim Batten (USA)
Göteborg, Schweden, 11. August 1995
4 x 100 m: 41,37 Sek.
DDR (Silke Gladisch, Sabine Rieger, Ingrid Auerswald, Marlies Göhr)
Canberra, Australien, 6. Oktober 1985
4 x 200 m: 1:28,15 Min.
DDR (Marlies Göhr, Romy Müller, Bärbel Wöckel, Marita Koch)
Jena, ehemalige DDR, 9. August 1980

Bukarest, Rumänien, 11. März 1997
Speerwerfen: 80,00 m
Petra Felke (DDR), Potsdam, ehemalige DDR, 9. September 1988
Siebenkampf: 7.291 Punkte
Jacqueline Joyner-Kersee (USA)
Seoul, Südkorea,
23.–24. September 1988
100 m Hürden: 12,69 Sekunden;
Hochsprung: 1,86;
Kugelstoßen: 15,80 m;
200 m: 22,56 Sekunden;
Weitsprung: 7,27 m;
Speer: 45,66 m;
800 m: 2 Minuten 08,51 Sekunden

HALLENREKORDE IM LAUFEN DER MÄNNER
In Runden durchgeführte Laufdisziplinen müssen auf einer Bahn mit einem Umfang stattfinden, der nicht über 200 Meter liegt.
50 m: 5,56 Sek.* Donovan Bailey (Kanada) Reno, NV, USA, 9. Februar 1996
* Dies ist ein Höhenrekord, die Bestzeit bei geringerer Höhe: 5,61 Sekunden, Manfred Kokot (DDR), Berlin, ehemalige DDR, 4. Februar 1973 und James Sanford (USA), San Diego, Kalifornien, USA, 20. Februar 1981.
60 m: 6,39 Sek
Maurice Greene (USA)
Madrid, Spanien, 3. Februar 1998

200 m: 19,92 Sek.
Frank Fredericks (Namibia)
Liévin, Frankreich, 18. Februar 1996
400 m: 44,63 Sek.
Michael Johnson (USA)
Atlanta, Georgia, USA, 4. März 1995
800 m: 1:42,67 Min.
Wilson Kipketer (Dänemark)
Paris, Frankreich, 9. März 1997
1.000 m: 2:15,26 Min.
Noureddine Morceli (Algerien)
Birmingham, West Midlands, Großbritannien, 22. Februar 1992
1.500 m: 3:31,18 Min.
Hicham El Gerrouj (Marokko)
Stuttgart, Bundesrepublik Deutschland, 2. Februar 1997
1 Meile: 3:48,45 Min.
Hicham El Gerruj (Marokko) Ghent, Belgien, 12. Februar 1997
3.000 m: 7:24,90 Min.
Daniel Komen (Kenia)
Budapest, Ungarn, 6. Februar 1998
5.000 m: 12:51,48
Daniel Komen (Kenia)
Stockholm, Schweden, 19. Februar 1998
50 m Hürden: 6,25 Sek.
Mark McKoy (Kanada)
Kobe, Japan, 5. März 1986

Chris Boardman in Aktion bei der Hallen-Weltmeisterschaft von 1996. Er verbesserte den Weltrekord über 4.000 Meter Einzel-Verfolgung um mehr als neun Sekunden.

Percy Montgomery aus Südafrika ist gerade dabei, die ersten Punkte des phänomenalen Sieges seines Teams über Schottland mit 68:10 einzuleiten. Dies war die größte Niederlage mit britischer Beteiligung bei internationalen Wettbewerben.

60 m Hürden: 7,30 Sek.
Colin Jackson (Großbritannien)
Sindelfingen, Bundesrepublik Deutschland, 6. März 1994
4 x 200 m: 1:22,11 Min.
Großbritannien (Linford Christie, Darren Braithwaite, Ade Mafe, John Regis)
Glasgow, Großbritannien, 3. März 1991
4 x 400 m: 3:03,05 Min.
Bundesrepublik Deutschland (Rico Lieder, Jens Carlowitz, Karsten Just, Thomas Schönlebe)
Sevilla, Spanien, 10. März 1991
5.000 m Gehen: 18:07,08 Min.
Michail Schtschennikow (Rußland)
Moskau, Rußland, 14. Februar 1995

* Ben Johnson (Kanada) lief die 50 m am 31. Januar 1987 in Ottawa, Kanada, in 5,55 Sekunden, diese Zeit wurde jedoch durch sein nach seiner Disqualifikation bei den Olympischen Spielen 1988 abgelegtes Eingeständnis, Medikamente genommen zu haben, ungültig.

SPRUNG- UND WURFDISZIPLINEN
Hochsprung: 2,43 m
Javier Sotomayor (Kuba)
Budapest, Ungarn, 4. März 1989
Stabhochsprung: 6,15 m
Sergej Nasarowitsch Bubka (Ukraine)
Donezk, Ukraine, 21. Februar 1993
Weitsprung: 8,79 m
Carl Lewis (USA)
New York, USA, 27. Januar 1984
Dreisprung: 17,83 m
Alliacer Urrutia (Kuba), Sindelfingen, Bundesrepublik Deutschland, 1. März 1997
Kugelstoßen: 22,66 m
Randy Barnes (USA), Los Angeles, Kalifornien, USA, 20. Januar 1989
Siebenkampf: 6.476 Punkte, Dan Dion O´Brien (USA), Toronto, Kanada, 13.–14. März 1993: 60 m: 6,67 Sekunden; Weitsprung: 7,84 m; Kugelstoßen: 16,02 m; Hochsprung: 2,13 m; 60 m Hürden: 7,85 Sekunden; Stabhochsprung: 5,20 m; 1.000 m: 2:57,96 Min.

HALLENWELTREKORDE DER FRAUEN
IM LAUFEN
50 m: 5,96 Sek.
Irina Priwalowa (Rußland)
Madrid, Spanien, 9. Februar 1995
60 m: 6,92 Sek.
Irina Priwalowa (Rußland)
Madrid, Spanien, 11. Februar 1993
200 m: 21,87 Sek.
Merlene Ottey (Jamaica)
Liévin, Frakreich, 13. Februar 1993
400 m: 49,59 Sek.
Jarmila Kratochvílová (Tschechoslowakei)
Mailand, Italien, 7. März 1982
800 m: 1:56,36 Min.
Maria Lurdes Mutola (Mocambique)
Liévin, Frankreich, 22. Februar 1998
1.000 m: 2:31,23 Min.
Maria Lurdes Mutola (Mocambique)
Stockholm, Schweden, 25. Februar 1996
1.500 m: 4:00,27 Min.
Doina Melinte (Rumänien), East Rutherfort, New Jersey, USA, 9. Februar 1990
1 Meile: 4:17,14 Min.
Doina Melinte (Rumänien), East Rutherfort, New Jersey, USA, 9. Februar 1990
3.000 m: 8:33,82 Min.
Elly van Hulst (Niederlande)
Budapest, Ungarn, 4. März 1989
5.000 m: 15:03,17 Min.
Elizabeth McColgan (Großbritannien)
Birmingham, West Midlands, Großbritannien, 22. Februar 1992
50 m Hürden: 6,58 Sek.
Cornelia Oschkenat (DDR), Berlin, ehemalige DDR, 20. Februar 1988
60 m Hürden: 7,69 Sek.
Ljudmilla Narosilenko (Rußland)
Tscheljabinsk, Rußland, 4. Februar 1993
4 x 200 m: 1:32,55
S.C.Eintracht Hamm (Bundesrepublik Deutschland) (Helga Arendt, Silke-Beate Knoll, Mechthild Kluth, Gisela Kinzel)
Dortmund, Deutschland, 19. Februar 1988
4 x 400 m: 3:26,84 Min.
Rußland (Tatjana Tschebikina, Olga Gontscharenko, Olga Kotliarowa, Tatjana Alexejewa)
Paris, Frankreich, 9. März 1997
3.000 m Gehen: 11:44,00 Min.
Alina Iwanowa (Ukraine)
Moskau, Rußland, 7. Februar 1992

SPRUNG- UND WURFDISZIPLINEN
Hochsprung: 2,07 m
Heike Henkel (Bundesrepublik Deutschland), Karlsruhe, Bundesrepublik Deutschland, 9. Februar 1992
Stabhochsprung: 4,55 m
Emma George (Australien)
Adelaide, Australien, 26. März 1998
Weitsprung: 7,37 m
Heike Drechsler (DDR)
Wien, Österreich, 13. Februar 1988
Dreisprung: 15,16 m
Ashia Hansen (Großbritannien)
Valencia, Spanien, 28. Februar 1998
Kugelstoßen: 22,50 m
Helena Fibingerová (Tschechoslowakei)
Jablonec, Tschechoslowakei, 19. Februar 1977
Fünfkampf: 4991 Punkte
Irina Belowa (Rußland), Berlin, Deutschland, 14.–15. Februar 1992.

RADFAHRWELTREKORDE
Diese Rekorde sind von der Internationalen Radfahrvereinigung (UCI) anerkannt. Vom 1. Januar 1993 an unterscheidet sie nicht mehr zwischen den von professionellen Fahrern und Amateuren aufgestellten, in der Halle und auf der Straße aufgestellten oder Höhen- und Meeresspiegelrekorden.
Männer
Stehender Start ohne Schrittmacher
1 km: 1:00,613 Min.
Shane Kelly (Australien)
Bogotá, Kolumbien, 26. September 1995
4 km: 4:11,114 Min.
Chris Boardman (Großbritannien), Manchester, Großbritannien, 29. August 1996
Mannschaftsfahren 4 km: 4:00,958 Min.
Italien, Manchester, 31. August 1996
1 Stunde (Kilometer): 56,3759
Chris Boardman (Großbritannien), Manchester, Großbritannien, 6. September 1996
Fliegender Start ohne Schrittmacher
200 Meter: 9,865 Sek.
Curtis Harnett (Kanada)
Bogotá, Kolumbien, 28. September 1995
500 Meter: 26,649 Sek.
Alexandr Kiritschenko (UdSSR)
Moskau, UdSSR, 29. Oktober 1988
Frauen
Stehender Start ohne Schrittmacher
500 m: 34,017 Sek.
Felicia Ballanger (Frankreich)
Bogotá, Kolumbien, 29. September 1995
3 km: 3:30,974 Min.
Marion Clignet (Frankreich), Manchester, Großbritannien, 31. August 1996
1 Stunde (Kilometer): 48,159
Jeanie Longo-Ciprelli (Frankreich)
Mexiko-Stadt, 26. Oktober 1996
Fliegender Start ohne Schrittmacher
200 Meter: 10,831 Sek.
Olga Sljusarjewa (Rußland)
Moskau, Rußland, 25. April 1993
500 Meter: 29,655 Sek., Erika Salumäe (UdSSR) Moskau, UdSSR, 6. August 1987

RUDERREKORDE
Weltmeisterschaften
Weltmeisterschaften im Rudern im Unterschied zu den Olympischen Spielen gibt es seit 1962, zunächst alle vier Jahre, von 1974 an jährlich, mit Ausnahme der olympischen Jahre. Steven Redgrave gewann zusätzlich zu seinen olympischen Erfolgen elf Goldmedaillen, gewann Titel im Zweier mit Steuermann 1986, Zweier ohne Steuermann 1987, 1991, 1993–95, Vierer mit Steuerermann 1997. Francesco Esposito (Italien) gewann neun Titel: Zweier mit Steuermann 1980–84, 1988, 1994 und Vierer mit Steuermann 1990, 1992. Bei den Frauen gewann Yelena Tereshina sieben Goldmedaillen von 1978–86. Im Einer gewann Peter-Michael Kolbe (Bundesrepublik Deutschland) fünfmal, 1975, 1978, 1981, 1983 und 1986; Pertti Karppinen, 1979 und 1985 und bei den Olympiaden 1976, 1980 und 1984; Thomas Lange (ehemalige DDR/Bundesrepublik), 1987, 1989 und 1991 sowie bei zwei Olympiaden 1988 und 1992.
Meiste Olympische Goldmedaillen
Steven Redgrave (Großbritannien) errang vier, im Vierer mit Steuermann (1984) sowie im Zweier ohne Steuermann (1988, 1992 und 1996).
Kathleen Heddle and Marnie McBean errangen drei, im Zweier ohne Steuermann 1992, im Achter 1992 und im Zweier 1996.

…chnellste Zeit
…e Rekordzeit für 2.000 m im gezeiten…eien Wasser liegt bei 5:23,90 Minuten …2,22 km/h) des holländischen National…eams im Achter in Duisburg, Bundesre…ublik Deutschland, am 19. Mai 1996.

…er Rekord bei den Frauen liegt bei …58,50 Minuten (20,08 km/h) durch …umänien in Duisburg, Bundesrepublik …eutschland, am 19. Mai 1996.

…er Rekord im Einer beträgt 6 Minuten …7.03 Sekunden (18.13 km/h) durch Juri …anson (Estonien) in Luzern, Schweiz, …m 9. Juli 1995. Bei den Frauen liegt er …ei 7 Minuten 17.09 Sekunden (16.47 …m/h) durch Silken Laumann (Kanada) in …uzern, Schweiz, am 17. Juli 1995.

rugby

…UGBY WELTREKORDE
…VM
…ie Weltmeisterschaft wurde 1954 ein…eführt. Australien gewann 1957, 1968, …970, 1977, 1988, 1992 und 1995.

Der höchste kulminierte Punktestand nach dem neuen Punktesystem in einem Spiel zwischen zwei der acht Favoriten liegt bei 93 Punkten: Neuseeland schlug Schottland 62:31 in Dunedin, Neuseeland, am 15. Juni 1996.

Der höchste Punktestand bei einem internationalen Spiel der britischen Inseln liegt bei 68 Punkten, im Spiel Südafrika gegen Schottland (10) in Murrayfield, Edinburgh, Großbritannien, am 6. Dezember 1997.

segeln

SEGELREKORDE
Olympische Titel
Der erste Sportler, der jemals bei vier aufeinanderfolgenden Olympischen Spielen Gold gewann, war Paul Elvstrøm (Dänemark), in der Firefly-Klasse im Jahr 1948 sowie in der Finn-Klasse im Jahr 1952, 1956 und 1960. Paul Elvstrøm gewann außerdem acht weitere Titel in sechs verschiedenen Klassen.

segelfliegen

WELTREKORDE IM SEGELFLIEGEN
DER EINSITZER
Freier Streckenflug: 1.460,8 km
Hans-Werner Grosse (Bundesrepublik Deutschland) Lübeck, von Deutschland nach Biarritz, Frankreich, 25. April 1972.
Zielstreckenflug: 1.383 km
Gérard Herbaud (Frankreich) Vinon, von Frankreich nach Fes, Marokko, 17. April 1992
Jean Noël Herbaud (Frankreich) Vinon, Von Frankreich nach Fes, Marokko, 17. April 1992
Zielflug mit Rückkehr zum Startort: 1.646,68 km
Thomas L. Knauff (USA) von Gliderport nach Williamsport Pennsylvania, USA, 25. April 1983
Absolute Höhe: 14.938
Rober R. Harris (USA) Kalifornien, USA, 17. Februar 1986
Höhengewinn: 12.894 m
Paul F. Bikle (USA) Mojave, Lancaster, Kalifornien, USA, 25. Februar 1961

für Gewehr und Pistole in Zehntelpunkte unterteilt ist. Unten sind Weltrekorde aufgeführt, wie sie die UIT für die 15 Olympischen Disziplinen akzeptiert. Der Höchststand ist für die jeweiligen Schüße in Klammern plus der zusätzlichen Runde aufgelistet.
Männer
Freigewehr 50 m 3 x 40 Schüsse
1.287,9 (1.186+101,9)
Rajmond Debevec (Slovenien)
München, Bundesrepublik,
29. August 1992
Freigewehr 50 m 60 Schüsse liegend
704.8 (600 + 104,8)
Christian Klees (Bundesrepublik)
Atlanta, Georgia, USA,
25. Juli 1996
Luftgewehr 10 m 60 Schüsse
700,2 (596 + 104,2)
Leif Steinar Rolland (Norwegen)
München, Bundesrepublik,
20. Mai 1997
Freie Pistole 50 m 60 Schüsse
675,3 (580 + 95,3)
Taniu Kiriakov (Bulgarien)
Hiroshima, Japan,
21. April 1995
Schnellfeuerpistole 25 m 60 Schüsse
699,7 (596 + 107,5)

Das Jacht des amerikanischen Teams im Einsatz während des Amérca's Cup. Die Amerikaner dominieren diesen Wettbewerb seit seit Einführung im Jahr 1870, sie verloren den Cup nur zweimal.

Christian Klees gewinnt hier gerade olympisches Gold während der Spiele von 1996 im 50 Meter-Wettbewerb. Nach perfekten 600 Punkten in der Klassifikationsrunde round, setzt er im Finale eine Rekordmarke mit 104.8 Punkten.

Internationale Wettbewerbe
Das Höchstergebnis bei einem internationalen Wettbewerb ist der 86:6 Sieg von Australien über Südafrika in Gateshead, Großbritannien, am 10. Oktober 1995.
Internationale Einzelrekorde
Höchstpunktzahl: 32, Andrew Johns (Australien) gegen Fiji in Newcastle, Australien, am 12. Juli 1996 und Bobby Goulding (Großbritannien) gegen Fiji, Nadi, Fiji, am 5. Oktober 1996. Jim Sullivan (Wigan) spielte bei den meisten internationalen Begegnungen (60 für Wales und Großbritannien, 1921–39), trat die meisten Tore (160) und machte die meisten Punkte (329).
Titel der Ruby Union
Der World Cup wurde 1987, 1991 und 1995 ausgetragen, die Gewinner waren Neuseeland, Australien und Südfrika.
Meiste internationale Spiel
Philippe Sella spielte 1982–95 in 111 Begegnungen für Frankreich.
Höchster Sieg
Neuseeland schlug Japan 145:17 in Bloemfontein, Südafrika, am 4. Juni 1995.

Hongkong schlug Singapore 164:13 in einem World-Cup-Qualifikationsspiel in Kuala Lumpur, Malaysia, am 27. Oktober 1994.

AMERICA'S CUP
Seit dem 8. August 1870 fanden insgesamt 29 Wettkämpfe statt, die die USA jedesmal mit Ausnahme von 1983 (Australien) und 1995 (Neuseeland) gewann. Bei Einzelrennen waren die US-Sportler in 81 Rennen erfolgreich. Ausländische Herausforderer siegten bei 13 Rennen.
Meiste Teilnahmen am America's Cup
Dennis Conner nahm seit 1974 insgesamt sechsmal Teil.
Meiste Teilnehmer
Die meisten teilnehmenden Nationen (drei Boote pro Nation sind erlaubt) hat der Admiral's Cup, der vom Royal Ocean Racing Club organisiert wird. 19 Nationen nahmen 1975, 1977 und 1979 am Rennen teil. Großbritannien gewann neunmal.
Höchstgeschwindigkeit
Die höchste je gemessene Geschwindigkeit eines Segelbootes über 500 Meter liegt bei 46.52 knots (86.21 km/h). Dieses Rekordtempo wurde erreicht vom Boot *Yellow Pages Endeavour* mit Simon McKeon und Tim Doddo (Australien) am Sandy Point bei Melbourne, Australien, am 26. Oktober 1993.

GESCHWINDIGKEIT BEI DREIECKSSTRECKENFLUG
100 km: 217,41 km/h
James Payne (USA), Kalifornien, USA, 4. März 1997
300 km: 176,99 km/h
Beat Bünzli (Schweiz), Bitterwasser, Namibia, 14. November 1985
500 km: 171,7 km/h
Hans-Werner Grosse (Bundesrepublik Deutschland), Mount Newman, Australien, 31. Dezember 1991
750 km: 161,33 km/h
Hans-Werner Grosse (Bundesrepublik Deutschland), Alice Springs, Australien, 10. Januar 1988
1.250 km: 143,46 km/h
Hans-Werner Grosse (Bundesrepublik Deutschland), Alice Springs, Australien, 10. Januar 1987

schiessen

SPORTSCHIESSEN – EINZELREKORDE
1986 führte die International Shooting Union (UIT) neue Regeln für Meisterschaften und Weltrekorde ein. Die meisten Ausrichter führen nun eine zusätzliche Runde ein, bei der das Ziel

Ralf Schumann (Bundesrepublik)
Barcelona, Spanien,
8. Juni 1994
Luftpistole 10 m 60 Schüsse
695,1 (593 + 102,1)
Sergey Pyzhyanov (UdSSR)
München, Bundesrepublik,
13. Oktober 1989
Bewegliches Ziel 10 m 30/30 Schüsse
687,9 (586 + 101,9)
Ling Yang (China)
Mailand, Italien,
6. Juni 1996
Skeet 125 Ziele
150 (125 + 25)
Marcello Tittarelli (Italien)
Suhl, Bundesrepublik,
11. Juni 1996
Ennio Falco (Italien)
Lonato, Italien,
13. Mai 1997
Trap 125 Ziele
150 (125 + 25)
Jan Henrik Heinrich (Bundesrepublik)
Lonato, Italien, 5. Juni 1996
Andrea Benelli (Italien)
Suhl, Bundesrepublik,
11. Juni 1996
Double Trap 150 Ziele
191 (143 + 48)
Joshua Lakatos (USA)
Barcelona, Spanien, 15. Juni 1993

Frauen
Standardgewehr
50 m 3 x 20 Schüsse
689,7 (592 + 97,7)
Vessela Letcheva (Bulgarien)
München, Bundesrepublik,
15. Juni 1995
Luftgewehr 10 m 40 Schüsse
501,5 (398 + 103,5)
Vessela Letcheva (Bulgarien)
Havana, Kuba12. April 1996
Sportpistole 25 m 60 Schüsse
696,2 (594 + 102,2)
Diana Jorgova (Bulgarien)
Mailand, Italien, 31. Mai 1994
Luftpistole 10 m 40 Schüsse
492,7 (392 + 100.7)
Jasna Sekaric (Jugoslawien)
Nafels, Schweiz, 22. September 1996

skifahren

SKIREKORDE
Meiste Olympiatitel
Männer
ALPIN: 3
Toni Sailer (Österreich), Abfahrt, Slalom, Riesenslalom, 1956
Jean-Claude Killy (Frankreich) Abfahrt, Slalom, Riesenslalom, 1968,
Alberto Tomba (Italien)*
Abfahrt, Riesenslalom, 1988;
Riesenslalom, 1992
NORDISCH: 8
Bjørn Dæhlie (Norwegen)
15 km, 50 km, 4 x 10-km 1992;
10 km, 15 km 1994
10 km, 50 km, 4 x 10-km 1998
SKISPRUNG: 4
Matti Nykänen (Finnland)
70-m-Schanze 1988;
90-m-Schanze 1984, 1988
Frauen
ALPIN: 3
Vreni Schneider (Schweiz) Slalom, Riesenslalom 1988; Slalom 1994
Katja Seizinger (Bundesrepublik) Abfahrt 1994; Kombination, Abfahrt 1998
Deborah Campagnoni (Itaien) Super Riesenslalom 1992; Riesenslalom 1994; Riesenslalom 1998
NORDISCH: 6
Lyubov Yegorova (Russland)
10 km, 15 km 4 x 5-km 1992;
5 km, 10 km, 4 x 5-km 1994
***Meiste Medaillen**
12 (Männer), Bjørn Dæhlie (Norwegen), 1992–98. Zehn (Frauen) Raisa Smetanina (UdSSR), vier Gold, fünf Silber and eine Bronze in nordischen Disziplinen, 1976–92.
Im alpinen Ski liegte der Rekord bei fünf: Alberto Tomba gewann Silber 1992 und 1994 im Slalom; Vreni Schneider gewann Silber in der Kombination und Bronze im Riesenslalom 1994; Katja Seizinger gewann Bronze 1992 und 1998 Super Riesenslalom; Kjetil André Aamodt (Norwegen) gewann eine Gold (Super Riesenslalom 1992), zwei Silber (Abfahrt, Kombination 1994) und zwei Bronze (Riesenslalom 1992, Super Riesenslalom 1994).
Meiste World Cup-Siege
Alpin Ski (seit 1967)
Männer
Kombination: 5
Marc Girardelli (Luxemburg), 1985–86, 1989, 1991, 1993
Abfahrt: 5
Franz Klammer (Österreich), 1975–78,1983
Slalom: 8
Ingemar Stenmark (Schweden), 1975–81, 1983
Riesenslalom: 7
Ingemar Stenmark (Schweden), 1975–76, 1978–81, 1984
Super Riesenslalom: 4
Pirmin Zurbriggen (Schweiz) 1987–90
Zwei Männer gewannen vier Titel in einem Jahr: Jean-Claude Killy (Frankreich) gewann alle vier (Kombination, Slalom, Abfahrt, Riesenslalom) 1967
Frauen
Kombination: 6
Annemarie Moser-Pröll (Österreich), 1971–75, 1979
Abfahrt: 7
Annemarie Moser-Pröll, 1971–75, 1978–79
Slalom: 6
Vreni Schneider (Schweiz) 1989–90, 1992–95
Riesenslalom: 5
Vreni Schneider (Switzerland), 1986–87, 1989, 1991, 1995
Super Riesenslalom: 5
Katja Seizinger (Bundesrepublik) 1993–96, 1998
NORDISCH (seit 1981)
Männer
Skisprung: 4
Matti Nykänen (Finnland), 1983, 1985–86, 1988

KATJA SEIZINGER HATTE 1997/1998 EINE HÖCHST ERFOLGREICHE SAISON, IN DER SIE ZUM FÜNFTEN MAL DIE WELTMEISTERSCHAFT IM RIESENSLALOM, ZWEI GOLD- SOWIE EINE BRONZEMEDAILLE BEI DEN WINTERSPIELEN 1998 GEWANN.

Cross-country: 5
Gunde Svan (Schweden), 1984–86, 1988–89
Bjørn Dæhlie (Norwegen), 1992–93, 1995–97

squash

SQUASH REKORDE
WELTMEISTERSCHAFTEN
Medaillen für Teams der Männer: sechs für Australien 1967, 1969, 1971, 1973, 1989 und 1991; Pakistan 1977, 1981, 1983, 1985, 1987 und 1993.
Bei den Frauen sind es vier Medaillen: England, 1985, 1987, 1989 und 1990 und Australien 1981, 1983, 1992 und 1994.
Jansher Khan (Pakistan) gewann acht World Open Medaillen 1987, 1989–90, 1992–96.
Jahangir Khan (Pakistan) gewann sechs World Open Medaillen 1981–85 und 1988, und den International Squash Rackets Federation Welttitel im Einzel 1979, 1983 und 1985.
Geoffrey B. Hunt (Australien) gewann vier World Open Medaillen 1976–77 und 1979–80 und drei World Amateur, 1967, 1969 und 1971.

schwimmen

WELTREKORDE IM SCHWIMMEN
(In 50m Pools aufgestellt)
Männer
Freistil
50 m: 21.81 Sek.
Tom Jager (USA)
Nashville, Tennessee, USA,
24. März 1990
100 m: 48.21 Sek.
Aleksandr Popov (Russland)
Monte Carlo, 18. Juni 1994
200 m: 1:46.69 Min.
Giorgio Lamberti (Italien)
Bonn, Bundesrepublik Deutschland,
15. August 1989
400 m: 3:43.80 Min.
Kieren John Perkins (Australien)
Rom, Italien, 9. September 1994
800 m: 7:46.00 Min.
Kieren John Perkins (Australien)
Victoria, Kanada, 24. August 1994
1.500 m: 14:41.66 Min.
Kieren John Perkins (Australien)
Victoria, Kanada,
24. August 1994
4 x 100 m: 3:15.11 Min.
USA (David Fox, Joe Hudepohl, Jon Olsen, Gary Hall)
Atlanta, USA, 12. August 1995
4 x 200 m: 7:11.95 Min.
CIS (Dmitriy Lepikov, Vladimir Pyechenko, Venyamin Tayanovich, Yevgeniy Sadovyi)
Barcelona, Spanien,
27. Juli 1992
Brustschwimmen
100 m: 1:00.60 Min.
Frédéric Deburghgraeve (Belgien)
Atlanta, USA, 20. Juli 1996
200 m: 2:10.16 Min.
Michael Ray Barrowman (USA)
Barcelona, Spanien, 29. Juli 1992
Schmetterling
100 m: 52.15 Sek.
Michael Klim (Australien)
Australien, 9. Oktober 1997
200 m: 1:51.76 Min.
James Hickman (Großbritannien)
Paris, Frankreich, 28. März 1998
Rücken
100 m: 53.86 Sek.
Jeff Rouse (USA) Barcelona, Spanien,
31. Juli 1992
200 m: 1:56.57 Min.
Martin López-Zubero (Spanien)
Tuscaloosa, Alabama, USA,
23. November 1991
Lagen
200 m: 1:58.16
Jani Nikanor Sievinen (Finnland)
Rom, Italien,
11. September 1994
400 m: 4:12.30
Tom Dolan (USA)
Rom, Italien,
6. September 1994
4 x 100-m: 3:34.84
USA (Gary Hall Jr, Mark Henderson, Jeremy Linn, Jeff Rouse)
Atlanta, Georgia, USA,
26. Juli 1996
Frauen
Freistil
50 m: 24.51 Sek.
Le Jingyi (China)
Rom, Italien,
11. September 1994
100 m: 54.01 Sek.
Le Jingyi (China)
Rom, Italien,
5. September 1994
200 m: 1:56.78 Min.
Franziska van Almsick (Bundesrepublik Deutschland) Rom, Italien,
6. September 1994

JAMES HICKMAN (GROSSBRITANNIEN) STARTET – MIT DER GELBEN KAPPE – DEN 100 M SCHMETTERLING-WETTBEWERB IN SHEFFIELD, GROSSBRITANNIEN, BEI EINER DER WORLD CUP-RENNEN DER 1997/98ER SAISON. HICKMAN GELANG EBENSO EIN NEUER 200 M-WELTREKORD IN PARIS.

0 m: 4:03.8 Min.
iet B Evans (USA)
oul, SüdKorea, 22. September 1988
0 m: 8:16.22 Min.
net Evans (USA)
kio, Japan,
). August 1989
500 m: 15:52.10 Min.
net Evans (USA)
lando, Florida, USA, 26. März 1988
x 100-m: 3:37.91 Min.
ina (Le Jingyi, Shan Ying, Le Ying, Lu
n) Rom, Italien,
September 1994
x 200-m: 7:55.47 Min.
)R (Manuela Stellmach, Astrid Strauss,
nke Möhring, Heike Friedrich)
traßburg, Frankreich, 18. August 1987
rustschwimmen
0 m: 1:07.02 Min.
enelope „Penny" Heyns (Südafrika)
tlanta, Georgia, USA, 21. Juli 1996
0 m: 2:24.76 Min.
ebecca Brown (Australien)
risbane, Australien, 16. März 1994
chmetterling
0 m: 57.93 Sek.
ary Terstegge Meagher (USA)
rown Deer, Wisconsin, USA,
6. August 1981

200 m: 2:05.96 Min.
Mary Terstegge Meagher (USA)
Brown Deer, Wisconsin, USA,
13. August 1981
Rücken
100 m: 1:00.16 Min.
He Cihong (China)
Rom, Italien, 10. September 1994
200 m: 2:06.62 Min.
Krisztina Egerszegi (Ungarn)
Athen, Griechenland,
25. August 1991
Lagen
200 m: 2:09.72 Min.
Wu Yanyan (China)
Shanghai, China,
17. Oktober 1997
400 m: 4:34.79 Min.
Chen Yan (China)
Shanghai, China,
17. Oktober 1997
4 x 100-m: 4:01.67 Min.
China (He Cihong, Dai Guohong, Liu Limin, Le Jingyi) Rom, Italien,
10. September 1994
Kurzstrecken-Weltrekorde
(In 25m-Pools aufgestellt)
Männer
Freistil
50 m: 21.50 Sek.
Aleksandr Popov (Russland)
Desenzano, Italien, 13. März 1994

100 m: 46.74 Sek.
Aleksandr Popov (Russland)
Gelsenkirchen, Bundesrepublik Deutschland, 19 März 1994
200 m: 1:43.64 Min.
Giorgio Lamberti (Italien)
Bonn, Bundesrepublik Deutschland,
11. Februar 1990
400 m: 3:40.46 Min.
Danyon Loader (Neuseeland)
Sheffield, Großbritannien,
11. Februar 1995
800 m: 7:34.90 Min.
Kieren Perkins (Australien)
Sydney, Australien,
25. Juli 1993
1,500 m: 14:26.52 Min.
Kieren Perkins (Australien)
Auckland, Neuseeland, 14. Juli 1993
4 x 50-m: 1:27.62 Min.
Schweden
Stavanger, Norwegen, 2. Dezember 1994
4 x 100-m: 3:12.11 Min.
Brasilien, Palma de Mallorca, Spanien,
5. Dezember 1993
4 x 200-m: 7:02.74 Min.
Australien
Göteborg, Schweden, 18. April 1997
Rücken
50 m: 24.25 Sek.
Chris Renaud (Kanada)
St Catharine's, Kanada,
28. Februar 1997
100 m: 51.43 Sek.
Jeff Rouse (USA)
Sheffield, Großbritannien,
12. April 1993
200 m: 1:52.51 Min.
Martin Lopez-Zubero (Spanien)
Gainesville, Florida, USA,
10. April 1991
Brustschwimmen
50 m: 26.97 Sek.
Mark Warnecke (Bundesrepublik Deutschland),
Paris, Frankreich, 8. Februar 1997
Sydney, NSW, Australien,
22. Januar 1998
Paris, Frankreich, 28. März 1998
100 m: 59.02 Sek.
Frédéric Deburghgraeve (Belgien)
Bastogne, Belgien, 17. Februar 1996
200 m: 2:07.79 Min.
Adrey Korneev (Russland)
Paris, Frankreich, 28. März 1998
Schmetterling
50 m: 23.35 Sek.
Denis Pankratov (Russland)
Paris, Frankreich, 8. Februar 1997
100 m: 51.07 Sek.
Michael Klim (Australien)
Sydney, Australien, 22. Januar 1998

Mark Warnecke (Bundesrepublik Deutschland) hat seinen Brustschwimm-Weltrekord von 26,97 Sekunden bemerkenswerterweise bei drei verschiedenen Wettbewerben aufstellen können.

Brenda Nichols Baldwin gelang 1997 der erste Sprung einer Frau über mehr als 50 Meter im Wasserskiing mit einer Weite von 50,5 m. 1970 gelang dem Amerikaner Mike Suyderhoud als erster Mann ein Sprung über mehr als 50 m.

200 m: 1:51.76 Min.
James Hickman (Großbritannien)
Paris, Frankreich,
28. März 1998
Lagen
100 m: 53.10 Sek.
Jani Nikanor Sievinen (Finnland)
Malmö, Schweden, 30. Januar 1996
200 m: 1:54.65 Min.
Jani Sievinen (Finnland)
Kuopio, Finnland,
21. Januar 1994
400 m: 4:05.41 Min.
Marcel Wouda (Niederlande)
Paris, Frankreich,
8. Februar 1997
4 x 50-m: 1:36.69 Min.
Auburn Aquatics
Auburn, New York, USA,
9. April 1996
4 x 100-m: 3:30.66 Min.
Australien
Göteborg, Schweden,
17. April 1997
Frauen
Freistil
50 m: 24.23 Sek.
Le Jingyi (China)
Palma de Mallorca, Spanien,
3. Dezember 1993
100 m: 53.01 Sek.
Le Jingyi (China)
Palma de Mallorca, Spanien,
2. Dezember 1993
200 m: 1:54.17 Min.
Claudia Poll (Costa Rica)
Gothenburg, Schweden,
18. April 1997
400 m: 4:00.03 Min.
Claudia Poll (Costa Rica)
Göteborg, Schweden,
19. April 1997
800 m: 8:15.34 Min.
Astrid Strauss (DDR)
Bonn, Bundesrepublik Deutschland,
6. Februar 1987
1.500 m: 15:43.31 Min.
Petra Schneider (DDR) Gainesville, Florida, USA,
10. Januar 1982
4 x 50-m: 1:40.63 Min.
Bundesrepublik Deutschland,
Espoo, Finnland,
22. November 1992
4 x 100-m: 3:34.55 Min.
China, Göteborg, Schweden,
19. April 1997

4 x 200-m: 7:51.92 Min.
China, Göteborg, Schweden,
17. April 1997
Rücken
50 m: 27.64 Sek.
Bai Xiuyu (China)
Desenzano, Italen, 12. März 1994
100 m: 58.50 Sek.
Angel Martino (USA)
Palma de Mallorca, Spanien,
3. Dezember 1993
200 m: 2:06.09 Min.
He Cihong (China) Palma de Mallorca, Spanien, 5. Dezember 1993
Brustschwimmen
50 m: 30.77 Sek.
Han Xue (China)
Gelsenkirchen, Bundesrepublik Deutschland, 2. Februar 1997
100 m: 1:05.70 Min.
Samantha Riley (Australien)
Rio de Janeiro, Brasilien,
2. Dezember 1995
200 m: 2:20.85 Min.
Samantha Riley (Australien)
Rio de Janeiro, Brasilien,
1. Dezember 1995
Schmetterling
50 m: 26.48 Sek.
Jenny Thompson (USA)
Toronto, Kanada, 29. November 1997
100 m: 57.79 Sek.
Jenny Thompson (USA)
Gothenburg, Schweden, 19 April 1997
200 m: 2:05.65 Min.
Mary Terstegge Meagher (USA)
Gainesville, Florida, USA, 2. Januar 1981

wasserski

WASSERSKI WELTREKORDE
TRICKS
Männer: 11.680 Punkte
Cory Pickos (USA)
Zachary, Louisiana, USA, 10. Mai 1997
Frauen: 8.580 Punkte
Tawn Larsen (USA)
Groveland, Florida, USA,
4. Juli 1992.
SPRINGEN
Männer 67,8 m
Bruce Neville (Australien)
Orangeville, Kanada, 27. Juli 1997
John Swanson (USA)
Bow Hill, Washington, USA,
13. September 1997
Frauen: 50,5 m
Brenda Nichols Baldwin (USA)
Okahumpka, Florida,
USA, 27. April 1997

Register

Merkblatt für Rekordanmeldungen

REKORDBEDINGUNGEN

Ein Rekord für das GUINNESS BUCH DER REKORDE ist eine Anstrengung, die erstmals vollbracht wird oder eine vorhandene Leistung verbessert und interessant genug ist, um öffentliches Interesse zu wecken und damit Gegenstand eines weitverbreiteten, möglichst internationalen Wettbewerbs zu werden. Eine Rekordleistung sollte besondere Fähigkeiten erfordern, meßbar und vergleichbar sein und ungewöhnliche Dimensionen (Menge, Größe, Geschwindigkeit etc.) erreichen.

Wir raten dringend von Rekordversuchen ab, die in irgendeiner Art und Weise die Gesundheit des Rekordlers oder anderer Beteiligter gefährden könnten. Extreme Rekorde sind nur deshalb im Buch, weil sie von professionellen Stuntmen unter sorgfältigsten Sicherheitsbedingungen vollbracht wurden. Der Guinness Verlag übernimmt keine Verantwortung für Unfälle oder Krankheiten, die im Zusammenhang mit einem Rekordversuch entstehen können. Wir schlagen vor, daß in allen Fällen eine medizinische Versorgung gewährleistet ist.

Neben diesen allgemeinen Rekordbedingungen gibt es viele spezielle Richtlinien, die die Vergleichbarkeit der Rekordleistung sicherstellen sollen. Rekordanwärter sollten die Rahmenbedingungen der existierenden Rekorde beachten oder die Richtlinien bei der Redaktion erfragen.

NEUE RICHTLINIEN

Nach Absprache mit den weltweiten Redaktionen des GUINNESS BUCHS DER REKORDE haben wir für eine bessere Vergleichbarkeit einige Rekordrichtlinien überarbeitet:

- Neue Ausdauerleistungen akzeptieren wir nur noch in den Kategorien 1 Stunde oder maximal 24 Stunden, wobei die Zeit nur den Rahmen für die meßbare und vergleichbare Leistung darstellt. Beispiel: 24 Stunden Aerobic werden erst durch die Rekordmenge der beteiligten Sportler zum Rekord.
- Back-, Koch- oder Tafel-/Thekenrekorde, die eine möglichst große Länge erzielen wollen, werden nur noch akzeptiert, wenn die erreichte Strecke „aus einem Stück" besteht, also der längste Kuchen nicht aus Einzelstücken zusammengesetzt ist oder die Tische der längsten Grilltafel ohne eine Lücke aneinanderstehen.
- Rekordleistungen in einer sehr speziellen Unterkategorie werden mit den Rekorden der übergeordneten Kategorie verglichen. Beispiel: Der längste Buttermandelstreuselkuchen konkurriert mit dem längsten Streuselkuchen.
- Stapelrekorde müssen ohne Bauhilfen/Fixierungen entstanden sein.

ANMELDUNG

- Eine Ankündigung vor dem tatsächlichen Versuch ist nicht erforderlich. Melden Sie Ihren Rekord immer erst nach dem Rekordversuch an.
- Dokumentieren Sie Ihren Rekordversuch mit Fotos, Videos, Aufzeichnungen oder Protokollen. Die Redaktion des GUINNESS BUCHS DER REKORDE kann keine offiziellen Beobachter vor Ort schicken.
- Das Anmeldeformular erhalten Sie – außer im Buch – auch im Internet (www.guinness-verlag.de) oder gegen einen frankierten Rückumschlag von der Redaktion.

Benutzen Sie zur Anmeldung nur das Anmeldeformular, und schicken Sie es uns rechtzeitig vor dem Einsendeschluß zu. Telephonische oder gefaxte Anmeldungen werden nicht akzepiert, das Anmeldeformular können wir Ihnen auch nicht zufaxen.

- Anmeldeschluß für Rekordversuche ist jeweils der 1. April des Jahres. Erst danach beginnen wir damit, die eingegangenen Rekorde zu prüfen. Wegen der vielen Rekordanmeldungen dauert es ca. 6 Monate, bis Sie wieder von uns hören. Im schlimmsten Fall können also Monate vergehen, bis Sie z.B. nach Ihrer Anmeldung am 2. April 19 im November 2000 von uns hören. Wir schicken Ihnen aber auf jed Fall ohne zusätzliche Aufforderung entweder eine Ablehnung od eine Rekordurkunde zu. Leider können wir in der Zwischenzeit kei Auskunft darüber geben, welche Chancen Ihr Rekordversuch hat. V verschicken auch keine Bestätigung über den Eingang Ihr Rekordanmeldung.
- Jeder Rekordversuch muß von drei unabhängigen, volljährigen Zeuge die sich untereinander ablösen können, protokolliert und bestäti werden (Beginn, Ende, Pausen, Spiele, Ergebnisse etc.). Die A schriften der Zeugen müssen Sie uns mitteilen. Sportrekorde müsse immer unter der Aufsicht von mindestens einem Mitglied ein offiziellen Sportverbandes/-vereines der jeweiligen Sportart aufg stellt werden.
- Rekordversuche müssen in der Öffentlichkeit stattfinden, der Zutri muß für jedermann möglich sein. Unterstützt werden die Zeuger aussagen durch Bestätigungen von Verbänden, Dienststellen, info mativen Presseveröffentlichungen, notariellen Beurkundungen od Rundfunk-/Fernsehberichten.

Ein Rekord für das GUINNESS BUCH DER REKORDE kostet nichts und wir auch nicht vergütet. Der Rekordhalter stellt seine Informationen de Verlag kostenfrei zur Verfügung. Dazu gehören auch Fotos, Videos etc. die der Verlag frei verwenden darf. Bitte stellen Sie sicher, daß Sie di Rechte an den von Ihnen zugesandten Materialien (z.B. Photos vo Berufsphotographen) innehaben. Der Verlag wird gegebenenfalls Ihr Materialien verwenden, ohne das Copyright nochmals geprüft zu haber Der Verlag behält sich vor, Ihre Informationen und Materialen für all Verwendungszwecke im Zusammenhang mit dem GUINNESS BUCH DE REKORDE, also auch für Presseberichterstattung, Verwendung im Inter net, auf einer CD-ROM, einem Kalender, zu Werbe- und Promo tionzwecken etc., einzusetzen.

BUCHEINTRAG

Auch wenn die Bedingungen für eine Aufnahme in das GUINNESS BUCH DE REKORDE erfüllt sind, behält sich der Verlag in jedem Fall di Entscheidung vor, einen Rekord in die nächste Ausgabe des jährlic erscheinenden Buches aufzunehmen oder nicht. Die Gründe dafür sin immer redaktioneller Art.

Auch wenn Sie alle Vorschläge auf dieser Seite beachten, kann es sein daß Ihre Leistung nicht als Rekord im Sinne des GUINNESS BUCHS DE REKORDE anerkannt wird. Wir wünschen uns, daß Ihnen Ih Rekordversuch trotzdem Spaß gemacht hat. Denn der Spaß an der Sach ist die eigentliche Grundidee des GUINNESS BUCHS DER REKORDE.

Gutes Gelingen wünscht Ihnen

Ihre Redaktion
GUINNESS BUCH DER REKORDE
Guinness Redaktion,
Postfach 130444,
20139 Hamburg
E-Mail: info@guinness-verlag.de
GUINNESS BUCH DER REKORDE im Internet: www.guinness-verlag.de

Rekord-Anmeldung

DER REKORD WURDE AUFGESTELLT VON:

Name, Vorname:

Geurtsdatum:

Beruf :

Telefon/Fax:

Straße, Hausnummer

E-Mail:

PLZ, Ort:

Ort, Datum, Unterschrift

WELCHER REKORD WURDE AUFGESTELLT (bitte Beschreibung in einem Satz)?

Fakten zum Rekord

Wo wurde der Rekord aufgestellt?

Wann wurde er aufgestellt?

(Bitte ankreuzen)

- **Der Rekord ist neu.**
- **Der Rekord übertrifft den auf Seite .... im GUINNESS BUCH DER REKORDE Ausgabe .... aufgeführten.**

Er ist dokumentiert durch:

- Fotos über den Rekord
- Urkunden
- Dokumente
- Video über den Rekord
- Beglaubigungen
- etc.

Ein Foto des/der Rekordlers/Rekordlerin/Rekordler ist Pflicht.

DER REKORD WURDE UNTERSTÜTZT DURCH:

(Institutionen, Unternehmen, Medien, Vereine etc.):

1. Zeuge: Vorname, Name

Straße, Hausnummer

PLZ, Ort,

Unterschrift

2. Zeuge: Vorname, Name

Straße, Hausnummer

PLZ, Ort,

Unterschrift

3. Zeuge: Vorname, Name

Straße, Hausnummer

PLZ, Ort,

Unterschrift

IMPRESSUM

ISBN: 3-89681-002-2

Redaktionsanschrift:
Redaktion
GUINNESS BUCH DER REKORDE
Harvestehuder Weg 42
20149 Hamburg
Tel. 040-44188488

GUINNESS BUCH DER REKORDE im Internet:
www.guinness-verlag.de

E-Mail:
info@guinness-verlag.de

Redaktionsstand:
1. April 1998

Redaktionsschluß für die nächste Ausgabe:
1. April 1999

Redaktion:
Hans Kettwig

Redaktionelle Mitarbeit:
Margaret Weirich, Jan Keimer

Bildredaktion:
Gregory King, London

Design:
Lesley Horowitz,
Dominic Sinesio, London
und The Office, New York

Covergestaltung:
Ron Callow, Design 23, London und The Office, New York

Deutsche Gestaltung:
servicemedia,
Ralf Schneider

Schlußredaktion:
Peter Dwertmann

Herstellung:
Roland Kraft

Reproduktionen:
Alphabeta
Druckformdienst GmbH, Hamburg

Druck und Verarbeitung:
Mohndruck Graphische Betriebe GmbH, Gütersloh

Printed in Germany

BILDNACHWEIS

6/7 Daniel Arsenault/Image Bank, 8/9 Rupert Thorpe/Splash, Corbis, Rex Features, Spelling Productions, 10/11 Michel Euler/AP, Movie Stars, Reed Saxon/AP, 12/13 Fox, Harpo IncNelson Machin/ABC/APMark Selinger/Outline/Katz, 14/15 Fred Jewel/AP, Antonio Calanni/AP, Jytte Nielsen/AP, Steve Stevett/AP, 16/17 Corbis, Mitchell Gerber/Corbis, George Bodnar/Idols, Mario Testino/Wea, 18/19 Neil Munns/PA, Solo Syndication (5), Dana Lixenberg/Outline/Katz, Andrew Eccles/Outline/KatzDarryl Estrine/Katz, 20/21 Jacqueline Arzt/AP, Tim Page/Corbis, Brian Rasic/Rex Features, 22/23 Max Nash/AP, Alexander Zemlianichenko/AP, Ron Edmonds/AP, 24/25 Damian Dovarganes/AP, Neal Preston/Corbis, Hello! Magazine, Neal Preston/Corbis, 26/27 Michael Stephens/PA,Giovanni Diffidenti/AP , 28/29 Tony Garcia/Tony Stone, Derek Berwin/Image Bank, 30/31 Mike Fiala/AP, Andy Caulfield/Image Bank, Jonathan Exley/AP, 32/33 Anatoly Maltsev/AP, Emil Wamsteker/AP, 34/35 Lennox McLendon/AP, EFE/AP, Van Der Lende/Image Bank, Sipa/Rex Features, Mitchell Funk/Image Bank, 36/37 Lionel Cironneau/AP, James Marshall/Corbis, Ralph Merlino/Rex Features, 38/39 Sakchai Lalit/AP, Levi Strauss & Co, 40/41 Sean Dempsey/PA, 42/43 Andy Caulfield/Image Bank, John Moore/AP, Nevada Wier/Corbis, Gina Glover/Corbis, 44/45 Kelly Mooney/Corbis, Katsumi Kasahara/AP, David J. Coulson/AP, Jack Dempsey/AP, 46/47 AP, PA, Ed Reinke/AP, 48/49 Terry Richards/Sun/Sipa/Rex Features, Sipa/Rex Features, Green Tree Financial Corp/AP, Noemi Bruzak/AP, 50/51 Ron Tom/Fox Television, 52/53 Angeli/Alpha, John Connor Press, 54/55 Kevin Rubio & Shant Jordan/Pat Perez of TheForce.net, Susan Goldman/APKevin Fleming/Corbis, 56/57 Michael Lipchitz/AP, Sven Kaestner/AP, Roundtree/Image Bank, 58/59 Anthony Johnson/Image Bank, Michel Lipchitz/AP, Nils Jorgenson/Rex Features, Kelly Mooney/Corbis, Manuel Moura/EPA/PA, 60/61 D.W. Hamilton/Image Bank, 62/63 The Purcell Team/Corbis, Mark Lennihan/AP, 64/65 David Atlan/FSP, Robert Schumann, Ponomareff/FSP, Mitchell Gerber/Corbis, 66/67 Hulton Deutsch Collection/Corbis, Bill Waugh/AP, Larry Keenan/Image Bank, Bill Sikes/AP, Angeli/Alpha, 68/69 Reinhard Eisele/Corbis, Lennox McLendon/AP, Jeff Scheid/APSaloo Choudhury, 70/71 Chris Brandis/AP, Jalil Bounhar/AP, Chas Breton/Western Daily Press/PA, Rob Orchiston/AP, David Thompson/AP, 72/73 Flip Chalfant/Image Bank, A.F. Singer/CBS/AP,PA,AP, 74/75 Tomek Sikora/Image Bank, 76/77 Pat Roque/AP, Bardos&Bardos/Image Bank, AP, 78/79 Mahaux/Image Bank, Tim Wright/Corbis, AP, Adam Stoltman/AP, 80/81 Christopher Cormack/Corbis, Farmers Museum/AP, Eric Draper/AP, 82/83 Saurabh Das/AP, Pete Souza/Gamma Liason/FSP, Joan Esteve/EFE/AP, 84/85 Barry Sweet/AP, UPI/Bettmann/Corbis, Wolfgang Kaehler/Corbis, 86/87 Jean-Marc Bouju/AP, 88/89 Guinness TV, Liu Hong Shing/AP, Ferry/Gamma/Liason/FSP, 90/91 Derek Berwin/Image Bank, Bernhard Kunz/AP, Science Pictures/Corbis, Prof. Brimal C. Ghosh, Mary Clark/Cordaiy/Corbis, Guinness TV, 92/93 Shakhverdiev/Sipa Press/Rex Features, Tassanee Vejpongsa/AP, Kumar Ajit/Gamma Liason/FSP, 94/95 Mohamed El-Dakhakhny/AP, Michael Kardis/AP, Sygma, 96/97 NIBSC/Science Photo Library, Wellcome Trust, A. Gragera/Latin Stock/Science Photo Library, PA, 98/99 Garry Gay/Image Bank, Lacy Atkins/AP, Science Pictures/Corbis, Benn Mitchell/Image Bank, Pat Lacroix/Image Bank, 100/101 Sipa Press/Rex Features, Ben Simmons/Sipa/Rex Features, Long Photography/AP, Dave Hogan/Rex Features, 102/103 Dave G. Houser, Corbis, Greg Williams/Rex Features, 104/105 Damon Winter/AP, Steve Haworth/Zuma/Boomerang, Grace Martin, Ian Waldie/Rex Features, 106/107 Derek Berwin/Image Bank, 108/109 Joseph Van Os/Image Bank, Keren Su/Oxford Scientific Films, Ueno Zoo/AP, Richard Packwood/Oxford Scientific Films, 110/111 National Geographic/Images,Sherwin Crasto/AP, National Geographic/Images, 112/113 Norbet Wu/Oxford Scientific Films, James D Watt/Planet Earth, 114/115 Barry Sweet/APNational Geographic, ImagesPaulo De Oliveira/Planet Earth, Derek Berwin/Image Bank, 116/117 National Geographic/Images, Hoang Dinh Nam/AFP/PA, James Carmichael/Image Bank, Joseph van Os/Image Bank, 118/119 Derek Berwin/Image Bank, Grant V. Faint/Image Bank, 120/121 Luis Castaneda/Image Bank, Michael Caulfield/AP, P. Goetgeluck/Image Bank, Oxford Scientific Films, 122/123 Minnesota Pollution Control Agency/AP, Wellcome Trust, Anthony Bannister/ABPL/Corbis, Steve Austin/Papilio/Corbis, Craig Line/AP, 124/125 Alain Chambon/Image Bank, Luis Castaneda/Image Bank, Reuters, 126/127 LM Otero/AP, Chris Huxley/Planet Earth, A Boccaccio/Image Bank, 128/129 Lou Krasky/AP, Michel Springler/AP, Peter Lomas, Pierre Thielemans/AP, Tad Motoyama/AP, 130/131 Charles Dharapak/AP, Susan Ragan/AP, EPA/PA, Sharon Robinson, 132/133 JS Sira/Garden PIcture Library, C. Fairweather/Garden PIcture Library, AP, John Glover/Garden PIcture Library, JS Sira/Garden PIcture Library, 134/135 Grant V. Faint/Image Bank, Kjell Sandved/Oxford Scientific Films, Robert A. Jureit/Planet Earth, 136/137 Jack Smith/AP, Mata Kokkali/AP,F Ruggeri/Image Bank, Roslin Institute/PA, 138/139 Steve Bronstein/Image Bank,Andre Gallant/Image Bank, 140/141 Nasa, Bob Rowan/Corbis, 142/143 Kit Kittle/Corbis, Owen Franken/Corbis, White/Packert/Image Bank, 144/145 Susan Werner/Tony Stone, 146/147 Pete Turner/Image Bank, Earl Kowall/Corbis, Frans Lemmens/Image Bank, Eye Ubiquitous/Corbis, 148/149 Eric Draper/AP, Roger Ressmeyer/Corbis, Santiago Lyon/AP, Image Bank, Ian Lambot/Foster and Partners, 150/151 Dusan Vranic/AP, Volkswagen Press, McLaren Cars Ltd, Combidrive Ltd, 152/153 Marty Lederhandler/AP, Renault/PA, Honda/PA, Chrysler Corp/AP, Donald Stampfli/AP, 154/155 George Hall/Corbis, Sergei Karpukhin/AP, Museum of Flight/Corbis, 156/157 George Hall/Corbis, Pete Turner/Image Bank, Murad Sezer/AP, 158/159 Peter Cosgrove/AP, Mauel Podio/EFE/AP, Guilo Broglio/AP, Terje Rakke/Image Bank, 160/161 Steve Dunwell/Image Bank, T. Anderson/Image Bank, 162/163 Phillipe Scali/Guinness Media, Paris, Lee Kirton/GT interactive, 164/165 NEC, Transducers Inc, Nintendo Corporation, Swatch, Katsumi Kasahara/AP, Panasonic, 166/167 Michael Schmelling/AP, Lennox McLendon/AP, Charles Ommanney/Rex Features, 168/169 Virgin Records, AP, Michael Probst/AP, 170/171 Adam Nadel/AP, IBM/AP, Nasa/Corbis, 172/173 Lego,K atsumi Kasahara/AP, Stephen Marks/Image Bank, Itsuo Inouye/AP, Michael Tweed/AP, 174/175 Neal Preston/Corbis, Image Bank, 20th Century Fox, 176/177 Lennox McLendon/AP, Jim Tuten/Busch Gardens/AP, Rui Vieira/PA, 178/179 Nasa/AP, EFE/TV/AP, Silvina Frydlewsky/AP, White Sands Missile Range/AP, AP, 180/181Nasa, 182/183 H De Lespinasse/Image Bank, 184/185 Lionel Cironneau/AP, Heinz Ducklau/AP, Gianni Dagli Orti/Corbis, Dimitar Deinov/AP, MGM, 186/187 Peter Lauth/Keystone/AP, Undersea Imaging Intl/AP, Ajit Kumar/AP, David Longstreath/AP, 188/189 Eva Miessler/Ecoscene/Corbis, Tim Wright/Corbis, Bernama/AP, Martin Mejia/AP, 190/191 Roger Ressmeyer/Corbis, The Purcell Team/Corbis, 192/193, Guinness 194/195 20th Century Fox, Warner Bros, 196/197 AP, Kobal, 198/199 Gary Russ/Image Bank, Kobal, 200/201 AP, 202/203 Katsumi Kasahara/AP, Susan Goldman/AP, Kevin Fleming/Corbis, 204/205 Disney, 20th Century Fox, 206/207 Richard Drew/AP, Whitney Museum of Modern Art/AP, Dr G Gerster/Comstock, Bilderberg Archive, 208/209 Joan Marcus/AP, Nigel Teare/AP, 210/211 John Parkin/AP, Guinness TV, Mark Fallander/AP, AP, 212/213Tomek Sikora/Image Bank, 214/215 Barry Marsden/Idols, David Fisher/LFI, William Rutten/Idols, Lousia Buller/PA, 216/217 LFI, Ted Hawes/LFI, Neil Munns/PA, 218/219 Barry Marsden/Idols, King Collection/Retna, David Atlas/Retna, Baron Wolman/Retna, Gene Kirkland/Idols, Andy Earl/Retna, 220/221 David Reed/Corbis, Sean Dempsey/PA, Sergey Sergeyev/Idols, Kevorn Djansezian/AP, 222/223 LFI, Y.Lenquette/Vision/Idols, Nick Elgar/LFI, Gregg De Guire/LFI, 224/225 Neal Preston/Corbis, Jose Caruci/AP. David Fisher/LFI, Diego Giudice/AP, Thomas Kienzle/AP, 226/227 Erich Auerbach/Corbis, UPI/Bettmann/Corbis, Hulton-Deutsch/Corbis, Jon Riley/Tony Stone, 228/229 Stephanie Maze/Corbis, Sven Kaestner/AP, Jan Bauer/AP, Richard Glover/Corbis, Peter Finger/Corbis, 230/231 Advertising Archives, Baush & Lomb, Kathy Willens/AP, 232/233 Laurent Rebouirs/AP, Michel Euler/AP, Michel Lipchitz/AP, 234/235 Kirthmon Dozier/AP, 236/237 Empics, Leo Vogelzang/Empics, 228/239 Christian Liewig/Corbis, Tony Marshall/Empics, Remy de la Mauviniere/AP, Michael Steele/Empics, 240/241 Remy de la Mauviniere/AP, Denis Paquin/AP, Keystone/AP, News Ltd/AP. 242/243 Brian K. Diggs/AP, Thomas Kienzle/AP, Kevork Djansezian/AP, Steve Holland/AP, 244/245 Eric Draper/AP, Alexander Zemlianichenko/AP, Beth A. Keiser/AP, Lynne Sladky/AP, 246/247 John Bazemore/AP, Tsugufumi Matsumoto/AP, Gordon Gillespie, Dennis Paquin/AP, 248/249 Michael Conroy/AP, Tannen Maury/AP, Mark J. Terrill/AP, 250/251 Luca Bruno/AP, David Graham/AP, 252/253 Tom Strattman/AP, David Longstreath/AP, Neal Preston/Corbis, 254/255 Paul Sakuma/AP, Claudio Scaccini/AP, Luca Bruno/AP, 256/257 Tom Pidgeon/AP, Sports Illustrated/AP, Terje Rakke/Image Bank, M. Tcherevkoff/Image Bank, 258/259 Itsuo Inouye/AP, Jack Smith/AP, Jay Silverman/Image Bank, AP, 260/261 Rudolf Rupperath, MAMP/Sipa/Rex Features, Image Bank, Terje Rakke/Image Bank, 262/263 Mathew Ashton/Empics, Jozef Klamar/AP, Presse Sport/Empics, 264/265 Corbis, Guinness TV, Chien-Min Chung/AP, Kevork Djansezian/AP, 266/267 Robert F. Bukaty/AP, 268/269 Tony Arruza/Corbis, K2 surf, AP, Tom King/Image Bank, Patrick Ward/Corbis.

ALLE ANDEREN: Guinness Verlag GmbH, dpa